Lizzy Frisroe 14-15 A-15 KG          A-16 LH
Reagan Trivette 15-16                 A-17 LH
Grace Bartle  A-17 SAS                A-18 CLS
MARY PARKER LYNCH 18-19  A-19 CLS

## Cover photography

**Front Cover** ©David Sanger/The Image Bank/Getty Images
**Back Cover** Level 1a: ©David Noble/Travel Pictures; Level 1b: ©Patrice Coppee/Workbook Stock/Getty Images; Level 1: ©Travelpix Ltd/Stone/Getty Images; Level 2: ©David Sanger/The Image Bank/Getty Images; Level 3: ©Shaen Adey/Gallo Images/Getty Images

HOLT McDOUGAL

# Discovering FRENCH Today!

## FRENCH 2
## Blanc

**Jean-Paul Valette**

**Rebecca M. Valette**

## HOLT McDOUGAL

 HOUGHTON MIFFLIN HARCOURT

# Reprise

**DIGITAL FRENCH**
my.hrw.com

# Unité 1

## Qui suis-je? ...................28

# Unité 2

## Le week-end, enfin! ............98

**DIGITAL FRENCH**
my.hrw.com

# Unité 3

## Bon appétit! ........................ 150

# Unité 4

## Loisirs et spectacles! ......... 204

DIGITAL FRENCH
my.hrw.com

# Unité 5

## Vive le sport! 270

🌐 **DIGITAL FRENCH**
my.hrw.com

# Unité 6

## Chez nous ................................................. 318

# Unité 7

## Soyez à la mode! ................ 368

# Unité 8

## Bonnes vacances!

# Unité 9

## Bonne route

# Bonjour à nouveau! Hello again!

We hope that you had a very pleasant summer vacation and we would like to welcome you to another year of **DISCOVERING FRENCH TODAY!** With this book you will learn to communicate and to express yourselves effectively on many aspects of daily life: meeting people, inviting friends, going out together, ordering food, choosing clothes, exercising and staying fit, and planning vacations. You will also be able to describe past events and talk about your plans for the future.

At the beginning, you may want to review some basic vocabulary and structures which you learned last year. The opening section entitled _Reprise_ is designed to facilitate and guide your review. You may also want to familiarize yourself with the review charts and summaries in _Appendix A_ on pages R2–R12. Finally, the _À votre tour_ section will encourage you to apply the material you have reviewed in communicative contexts.

In addition to language activities, you will continue to discover France and other areas of the French-speaking world. Since nations have become increasingly interdependent, it is important to understand other peoples and cultures. French is an international language and the French-speaking countries form a diverse and dynamic segment of the world community. In the _Images du monde francophone_ sections of your book, you will read about the history, customs, and traditions of people who live not only in France, but also in parts of Canada, Europe, and Africa.

We trust that you will find the many varied activities in this book both helpful and interesting in re-**DISCOVERING** the excitement of learning **FRENCH!**

Et maintenant, bonne chance et en avant avec le français!

Jean-Paul Valette    Rebecca M. Valette

RUE VALETTE

# Reprise

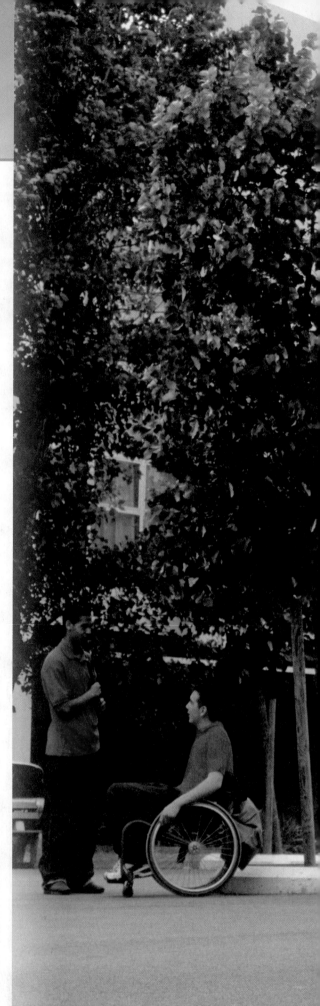

## Entre amis

**FAISONS CONNAISSANCE!**

**RAPPEL 1 Les nombres, la date, l'heure et le temps**

**RAPPEL 2 Les choses de la vie courante**

**RAPPEL 3 Les activités**

**À VOTRE TOUR!**

### THÈME ET OBJECTIFS

In **Reprise**, you will meet new friends who live in different regions of France.

You will also have the opportunity to activate some of the basic communication skills that you learned last year.

In particular, you will review how to ...

- count
- give the date and tell time
- talk about the weather
- describe various things you own
- talk about places you you often go
- talk about your daily activities
- say what you like and don't like to do
- ask and answer questions

**DIGITAL FRENCH** my.hrw.com
**ONLINE STUDENT EDITION** with...

**performance space**

**News Networking**

**@HOMETUTOR**

- Audio Resources
- Video Resources
- Interactive Flashcards
- WebQuest

*PRACTICE FRENCH WITH HOLT MCDOUGAL APPS!*

# Faisons connaissance! AUDIO ◀

À quelle école vas-tu?

Quelles sont tes matières préférées?

Qu'est-ce que tu fais quand tu n'étudies pas?

Quel rêve° est-ce que tu aimerais° réaliser?

Nous avons posé° ces questions à quatre jeunes Français.
Voici leurs réponses.

### Frédéric Chauveau, 16 ans

Je vais au lycée Schoelcher à Fort-de-France. Mes matières préférées sont l'histoire et les langues. J'étudie l'anglais et l'espagnol. J'étudie aussi la biologie parce que je veux être médecin.°

J'étudie beaucoup, mais je n'étudie pas tout le temps.° Quand je n'étudie pas, j'écoute mes CD. J'aime toutes° sortes de musique: le rock, le rap, le jazz … et même° la musique classique. Je surfe sur le Net et je télécharge° de la musique.

Mon rêve? Faire un voyage autour du monde,° mais d'abord,° je dois réussir mon bac!°

### Stéphanie Delage, 14 ans

Je vais au collège Émile Zola à Toulouse. À l'école, j'aime tout° sauf° les maths. (Le professeur est trop strict!)

En dehors de° mes études, j'aime surtout° le sport. En hiver, je fais du ski, généralement avec ma famille. En été, je fais de l'escalade° et je joue au tennis. Je ne suis pas une championne, mais je joue assez bien.

Mon rêve? Aller au Tibet et faire l'ascension° de l'Himalaya.

### Jean-Philippe Pons, 14 ans

Je vais au collège des Barattes à Annecy. Mes matières préférées? Euh … je n'ai pas de matière préférée sauf le sport et le dessin.°

J'aime sortir° avec mes copains. Le samedi on va au cinéma. Quand il y a un concert à la Maison des Jeunes,° on va au concert. Parfois° quelqu'un° organise une soirée. Alors, on va chez ce copain (ou cette copine) et on danse …

Mon rêve? Gagner à «La roue° de la fortune»!

---

**rêve** *dream*  **aimerais** *would like*  **posé** *asked*  **médecin** *doctor*  **tout le temps** *all the time*  **toutes** *all*  **même** *even*
**télécharge** *download*  **autour du monde** *around the world*  **d'abord** *first*  **bac** *high school diploma*  **tout** *everything*
**sauf** *except*  **En dehors de** *Outside of*  **surtout** *especially*  **l'escalade** *rock climbing*  **l'ascension** *climb*  **dessin** *drawing*
**sortir** *to go out*  **Maison des Jeunes** *Youth Center*  **Parfois** *Sometimes*  **quelqu'un** *someone*  **roue** *wheel*

## Corinne Van Dinh, 15 ans

Je vais au lycée Saint-Grégoire à Tours. Je suis assez bonne en maths. J'aime aussi l'informatique et l'économie.

Qu'est-ce que je fais quand je n'étudie pas? Ça dépend! À la maison, j'aime jouer avec mon ordinateur. (C'est un cadeau° de mon oncle qui travaille dans une boutique d'informatique.) Le week-end, j'aime faire des promenades à vélo avec mes copines. J'aime aussi danser. Malheureusement,° mes parents sont assez stricts. Alors, je ne sors° pas très souvent.

Mon rêve? Visiter les États-Unis et passer six mois dans une famille américaine.

**cadeau** *present*    **Malheureusement** *Unfortunately*    **sors** *go out*

---

**VOCABULAIRE**    ## La vie scolaire *(School life)*

*les écoles (schools)*

| | |
|---|---|
| **un collège** *middle school* | **une école privée** *private school* |
| **un lycée** *(senior) high school* | **une école publique** |

*les études (f.) (studies), les matières (f.) (school subjects)*

| | |
|---|---|
| **un cours** *class, course* | **une classe** *class* |
| **l'histoire** *(f.)* | **les langues** *(f.) languages* |
| **la géographie (la géo)** | **le français** |
| **l'économie** *(f.)* | **l'anglais** *(m.)* |
| **la philosophie (la philo)** | **l'espagnol** *(m.)* |
| **les maths** *(f.)* | **l'allemand** *(m.) German* |
| **les sciences** *(f.)* | |
| **la physique** | **la musique** |
| **la chimie** *chemistry* | **les arts** *(m.)* **plastiques** *art* |
| **la biologie (la bio)** | |
| **l'informatique** *(f.) computer science* | **le sport** |
| **la technologie (la techno)** | **l'éducation** *(f.)* **physique** |

→ In casual speech, French people often shorten certain words. For example, they say:

**la géo** for **la géographie**
**la philo** for **la philosophie**
**la techno** for **la technologie**

---

*FLASH* **d'information**

1. Fort-de-France is the main city of Martinique, a French island in the Caribbean West Indies.

2. French schools are often named after famous people.

   - Victor Schoelcher (1804–1893) helped to abolish slavery in the French colonies (1848).

   - Émile Zola (1840–1902) was a writer and journalist known for his defense of civil liberties.

3. The **baccalauréat** (or **bac**) is awarded to students who pass a national examination at the end of their secondary school studies. This diploma allows students to enter the university.

# Et vous?

**PARLER** Maintenant, parlez de vous. Pour cela, complétez les phrases avec l'une des expressions suggérées, ou avec une expression de votre choix.

1. Je vais dans …
   - un collège
   - un lycée
   - une école privée

2. Je vais à l'école …
   - à pied (on foot)
   - à vélo
   - en voiture
   - en car scolaire (school bus)
   - en bus

3. Ma matière préférée est …
   - le français
   - l'anglais
   - l'histoire
   - les maths
   - l'informatique
   - les arts plastiques
   - la musique
   - l'éducation physique
   - ?

4. J'ai parfois (sometimes) des difficultés …
   - en français
   - en maths
   - ?

5. En général, je pense (think) que les professeurs de mon école sont …
   - sympathiques
   - amusants
   - intéressants
   - patients
   - stricts
   - ?

6. À la maison, quand je n'étudie pas, je préfère …
   - regarder la télé
   - écouter mes CD
   - téléphoner à mes copains
   - surfer sur le Net
   - jouer aux jeux vidéo
   - ?

QUELLE EST TA MATIÈRE PRÉFÉRÉE?

TU VOIS, C'EST LA CHIMIE!

7. Le week-end, je préfère …
   - rester chez moi
   - aller en ville avec mes copains
   - pratiquer mon sport favori
   - ?

8. Quand je reste à la maison, je dois (have to) …
   - étudier
   - ranger (pick up) ma chambre
   - aider mes parents
   - ?

9. Quand je suis en ville avec mes copains, je préfère …
   - aller au cinéma
   - aller dans les magasins
   - aller au restaurant
   - ?

10. Quand je suis à une boum, je préfère …
    - danser
    - manger
    - parler avec mes copains
    - écouter de la musique

**11.** Quand je suis en
vacances, je préfère …

- rester chez moi
- travailler pour gagner
  de l'argent
- voyager avec ma famille
- aller en colonie de
  vacances *(camp)*
- aller à la plage avec
  mes copains
- ?

**12.** Quand je vais au cinéma,
je préfère voir *(see)* …

- un film d'aventures
- un film de science-fiction
- un film policier
- une comédie
- un drame psychologique
- ?

**13.** À la télévision,
je préfère regarder …

- les comédies
- les feuilletons
  *(soap operas, series)*
- les jeux télévisés
  *(game shows)*
- les clips *(music videos)*
- ?

**14.** Ma musique préférée est …

- le rock
- le rap
- la musique classique
- le jazz
- ?

**15.** Quand je suis à
la plage, je préfère …

- nager
- jouer au volley
- faire du jogging
- bronzer *(get a tan)*
- ?

**16.** Mon sport préféré est …

- le basket
- le volley
- le football américain
- le tennis
- le snowboard
- la natation *(swimming)*
- ?

**17.** Avec mon argent,
je préfère acheter …

- des CD
- des magazines
- des livres
- des jeux vidéo
- des vêtements
- ?

**18.** Un jour, j'espère …

- gagner à «La roue
  de la fortune»
- faire un voyage autour
  du monde *(around
  the world)*
- avoir une voiture
  de sport
- ?

# Rappel 1

# Les nombres, la date, l'heure et le temps

QUATRE-VINGT-SEPT ...    QUATRE-VINGT-HUIT ...    QUATRE-VINGT-NEUF ...    QUATRE-VINGT-DIX ...    QUATRE-VINGT-ONZE ...

## FLASH d'information

Note that in French script, the "*1*" is written with an upstroke, and the "*7*" is written with a bar across the stem.

*1*  *11*
*7*  *77*

## Révision

To review French numbers, turn to Appendix A, p. R2.

## 1  C'est combien? PARLER

4€  15€  35€  60€

**1.** Le sandwich coûte …
♦ deux euros
♦ quatre euros
♦ huit euros

**2.** Le livre coûte …
♦ onze euros
♦ treize euros
♦ quinze euros

**3.** Le jean coûte …
♦ dix-sept euros
♦ vingt-cinq euros
♦ trente-cinq euros

**4.** Le MP3 coûte …
♦ seize euros
♦ soixante euros
♦ soixante-dix euros

95€  330€  2,000€  140€

**5.** La montre coûte …
♦ quatre-vingt-quinze euros
♦ soixante-quinze euros
♦ cent quinze euros

**6.** Le vélo coûte …
♦ trois cents euros
♦ cent trente-trois euros
♦ trois cent trente euros

**7.** L'ordinateur coûte …
♦ deux cents euros
♦ deux mille euros
♦ cent vingt euros

**8.** L'appareil-photo coûte …
♦ quatorze euros
♦ quatre-vingts euros
♦ cent quarante euros

## NOTE *Culturelle*

### L'euro, monnaie européenne

La France et les autres pays de l'Union européenne ont une monnaie commune: **l'euro. L'euro**, représenté par le symbole **€**, est divisé en 100 centimes.

Voici les sept billets et les huit pièces de la monnaie européenne:

**2** Écoutez bien!

**ÉCOUTER** Le professeur va choisir des nombres entre 0 et 100. Écoutez chaque nombre et indiquez si ce nombre est sur la carte A, sur la carte B, ou sur aucune des deux *(neither)*.

▶ trois    Oui, A.
   trente   Non.
   onze     Oui, B.

**A**

76   34   18
51   15   22   3
85   93   27   68

**B**

11   39   98   82
16   45   84        6
61   42   71

**3** Les séries

**PARLER** Continuez chaque série en ajoutant deux nombres.

**a.** 4, 8, 12 …          **c.** 11, 22, 33 …          **e.** 110, 220, 330 …
**b.** 5, 10, 15 …         **d.** 50, 60, 70 …

**4** Joyeux anniversaire! **PARLER/ÉCRIRE**

1. L'anniversaire de Patrick, c'est …
2. L'anniversaire de Christine, c'est …
3. L'anniversaire de Sophie, c'est …
4. L'anniversaire de Jean-Claude, c'est …
5. L'anniversaire d'Isabelle, c'est …
6. L'anniversaire d'Aïcha, c'est …

**5** Questions personnelles

**PARLER/ÉCRIRE** Parlons de toi.

1. Quel jour est-ce aujourd'hui? Et demain?
2. Quel est ton jour préféré?
3. Quel est ton mois préféré?
4. Quand est-ce, ton anniversaire?
5. Quand est-ce, l'anniversaire de ton meilleur *(best)* copain ou ta meilleure copine?

janvier **12** Christine
mars **1** Aïcha
avril **6** Patrick
juillet **18** Isabelle
août **23** Jean-Claude
octobre **1** Sophie

**Révision**

To review dates and days of the week, turn to Appendix A, p. R2.

**FLASH d'information**

French time is six hours ahead of New York time and nine hours ahead of California time.

**6** Quelle heure est-il? **PARLER/ÉCRIRE**

| 1 | 2 | 3 | 4 | 5 | 6 |

**Révision**

To review how to tell time, turn to Appendix A, p. R3.

**Révision**

To review the seasons and the weather, turn to Appendix A, p. R3.

**7** Quel temps fait-il? **PARLER/ÉCRIRE**

1. Selon (*According to*) vous, quel est le mois?
2. Est-ce que c'est l'été ou l'automne?
3. Est-ce qu'il fait beau ou mauvais?
4. Est-ce qu'il fait chaud ou froid?

5. Selon vous, quel est le mois?
6. Est-ce que c'est l'hiver ou le printemps?
7. Est-ce qu'il fait chaud ou froid?
8. Est-ce qu'il pleut ou est-ce qu'il neige?

# Les choses de la vie courante

**Révision**

To review the definite and indefinite articles, turn to Appendix A, pp. R4 and R5.

**1** **Mes préférences**

**PARLER/ÉCRIRE** Dites ce que vous préférez.

▶ la gymnastique ou le jogging?
**Je préfère le jogging. (Je préfère la gymnastique.)**

1. le foot ou le basket?
2. le cinéma ou le théâtre?
3. l'histoire ou les sciences?
4. le rap ou la musique classique?

5. le jus d'orange ou la limonade?
6. les pizzas ou les hamburgers?
7. la glace à la vanille ou la glace au chocolat?
8. la cuisine chinoise ou la cuisine mexicaine?

♻ **RAPPEL**

In French, the DEFINITE ARTICLE **(le, la, l', les)** is used with nouns taken in a general sense.

J'aime **les sports et la musique.**

*I like **sports and music.***

**Révision**

To review the names of everyday objects and clothes, turn to Appendix A, pp. R4 and R5.

**2** **Qu'est-ce que c'est?**

**PARLER/ÉCRIRE** Identifiez les choses suivantes. Pour cela, complétez les phrases avec les noms de la liste.

C'est …

| 1 | 2 | 3 | 4 | 5 |

C'est … /
Ce sont …

| 6 | 7 | 8 | 9 | 10 |

un appareil-photo
un blouson
un bureau
des chaussures
une chemise
des lunettes de soleil
un manteau
une montre
un stylo
une voiture

**3** *Qu'est-ce qu'ils portent?*

**PARLER/ÉCRIRE** Décrivez les vêtements des personnes suivantes.

1. Aujourd'hui, je porte …
2. Le professeur porte …

3. L'élève à ma droite *(right)* porte …
4. L'élève à ma gauche *(left)* porte …

---

▶ **How to talk about things:**

| | | |
|---|---|---|
| **Qu'est-ce que c'est?** | *What's that? What is it?* | |
| **C'est …** | *That is …* | **C'est** un MP3. |
| **Ce sont …** | *Those are …* | **Ce sont** des CD. |
| **Voici/voilà …** | *This (Here) is …* | **Voici** ma maison et … |
| | *These (Here) are …* | **voilà** la maison de mon copain. |
| **Qu'est-ce qu'il y a … ?** | *What is there … ?* | **Qu'est-ce qu'il y a** dans le garage? |
| **Il y a …** | *There is (are) …* | **Il y a** une voiture. |
| **Il n'y a pas …** | *There is (are) no …* | **Il n'y a pas** de moto. |
| **Est-ce qu'il y a … ?** | *Is (Are) there … ?* | **Est-ce qu'il y a** des vélos? |

---

**4** *Qu'est-ce qu'il y a?*

**PARLER/ÉCRIRE** Pour chaque illustration, nommez au moins quatre objets.

1. Sur le bureau, il y a …

2. Dans la chambre, il y a …

3. Dans la valise bleue, il y a …

4. Dans la valise rouge, il y a …

♻ **RAPPEL**

In negative sentences, **un, une, des** become **de (d').**

Le professeur porte **une** cravate.　　Philippe **ne** porte **pas de** cravate.

Anne a **un** ordinateur.　　Je **n'**ai **pas d'**ordinateur.

J'ai **des** amis à Paris.　　Je **n'**ai **pas d'**amis à Québec.

**5** *Et vous?*

**PARLER/ÉCRIRE** Complétez les phrases suivantes avec une expression de votre choix.

1. J'ai … Je n'ai pas …
2. Pour mon anniversaire, je voudrais …
3. Mes parents ont … Ils n'ont pas …
4. Dans ma chambre, il y a … Il n'y a pas …
5. Dans la classe, il y a … Il n'y a pas …
6. Mon copain (ma copine) a … Il (elle) n'a pas …

♻ **RAPPEL**

The DEFINITE ARTICLES **le** and **les** contract with **à** *(to, at)* and **de** *(of, from).*

à + le → au　　　　de + le → du

à + les → aux　　　de + les → des

**Révision**

To review contractions, turn to Appendix A, p. R6.

♻ **RAPPEL**

There are two constructions with **jouer** *(to play).*

**jouer à** + sport, game　　　Est-ce que tu **joues au tennis**?

**jouer de** + musical instrument　　Mon cousin **joue de la clarinette.**

**6** *Qu'est-ce qu'ils font?* **PARLER/ÉCRIRE**

| Vincent | Anne et Léa | Pauline | Monsieur Laval | Éric et Marc | Élodie |

1. Est-ce que Vincent va à l'école ou au café?
2. Est-ce qu'Anne et Léa sont au stade ou à la piscine?
3. Est-ce que Pauline vient de la plage ou de la bibliothèque?
4. Est-ce que Monsieur Laval rentre du parc ou du supermarché?
5. Est-ce qu'Éric et Marc jouent aux jeux vidéo ou aux cartes?
6. Est-ce qu'Élodie joue de la guitare ou du banjo?

**Révision**

To review the names of places, turn to Appendix A, p. R6.

**7** *Où vont-ils?*

**PARLER/ÉCRIRE** Dites où vont les personnes suivantes. Soyez logique.

▶ Le docteur va à l'hôpital.

| le docteur | | le stade |
| les touristes | | la pharmacie |
| la chimiste | va | le musée |
| la pharmacienne | vont | l'hôpital |
| les athlètes | | le laboratoire |

► *How to indicate where things are located:*

 **sur**

 **devant**

 **à gauche (de)***

*Nous sommes devant le musée.*

 **sous**

**derrière**

 **à droite (de)***

 **près (de)***

**dans**

 **entre**

 **à côté (de)***

 **loin (de)***

➔ The expressions with an asterisk (*) are used with **de** when followed by a noun. Compare:

| | |
|---|---|
| Le stade est **loin**. | *The stadium is **far (away)**.* |
| Le stade est **loin de** l'école. | *The stadium is **far from** the school.* |

---

**8** **Pas de chance** *(Bad luck)*

**PARLER/ÉCRIRE** Décrivez la scène. Pour cela, complétez les phrases avec les expressions de lieu *(place)* qui conviennent.

1. L'homme est … la voiture.
2. Le chien est … la voiture.
3. La caravane est … la voiture.
4. Les vélos sont … la voiture.
5. Le policier est … la voiture.
6. Les outils *(tools)* sont … la voiture.

**9** **En ville**

**PARLER** Vous voyagez en France. Demandez à un(e) camarade où sont les endroits suivants. Il (Elle) va répondre en utilisant une expression de lieu.

► la bibliothèque? (l'église)
—Pardon, monsieur (mademoiselle), où est la bibliothèque?
—Elle est derrière l'église.
—Merci.

1. la statue? (l'église)
2. le musée? (le Café des Artistes)
3. l'Hôtel du Parc? (le café et le supermarché)
4. le cinéma? (le supermarché)
5. le cinéma? (la bibliothèque)

## RAPPEL

To express POSSESSION or relationship, we use POSSESSIVE ADJECTIVES, such as **mon, ma, mes,** etc.

### Révision

To review the forms of the possessive adjectives, turn to Appendix A, p. R7.

## 10 Dialogue

**PARLER** Jean-Paul et Amélie parlent de leurs affaires. Avec un(e) camarade, jouez les deux rôles.

## 11 À qui est-ce? *(Whose is it?)*

**PARLER** Complétez les dialogues avec **son, sa** ou **ses.**

C'est la maison de Thomas?

Oui, c'est sa maison.

1. —C'est la maison de Claire?
   —Non, ce n'est pas … maison.
2. —C'est l'appareil-photo de Marc?
   —Oui, c'est … appareil-photo.
3. —Ce sont les cousines d'Éric?
   —Non, ce ne sont pas … cousines.
4. —C'est le copain de Thomas?
   —Oui, c'est … copain.
5. —C'est l'amie de Patrick?
   —Non, ce n'est pas … amie.

6. —Ce sont les livres du professeur?
   —Oui, ce sont … livres.
7. —C'est l'ordinateur de ta copine?
   —Oui, c'est … ordinateur.

## 12 Relations personnelles

**PARLER/ÉCRIRE** On fait beaucoup de choses avec ses amis ou sa famille. Exprimez cela en utilisant les adjectifs possessifs qui conviennent.

▶ Paul et Marc invitent / copains **Paul et Marc invitent leurs copains.**

1. J'invite / amie française
2. Nathalie invite / cousin
3. Alice et Léa vont en ville avec / cousin
4. François et Thomas dînent avec / amies

5. Nous téléphonons à / grand-mère
6. Vous rendez visite à / oncle
7. Nous voyageons avec / parents
8. Vous jouez au foot avec / copains

### ♻ RAPPEL

To point out specific objects or people, the French use DEMONSTRATIVE ADJECTIVES (**ce, cette, …**).

To ask about specific objects or people, they use INTERROGATIVE ADJECTIVES (**quel, quelle, …**).

**Révision**

To review the forms of **ce** and **quel,** turn to Appendix A, p. R7.

## 13 Au grand magasin

**PARLER** Vous êtes dans un grand magasin avec un(e) ami(e) français(e). Jouez les dialogues d'après le modèle.

▶ —Combien coûte cette veste?
   —Quelle veste?
   —Cette veste-ci!
   —Elle coûte cent cinquante euros.

150€

1
80€

2
25€

3
230€

4
18€

5
30€

6
75€

# Les activités

## 1  Qu'est-ce qu'ils font? PARLER/ÉCRIRE

1. Est-ce qu'elle mange une glace ou un croissant?
2. Est-ce qu'il achète une pizza ou un sandwich?
3. Est-ce qu'ils habitent à Québec ou à Paris?

4. Est-ce qu'ils visitent l'Italie ou la France?
5. Est-ce qu'ils voyagent en voiture ou en avion?
6. Est-ce qu'ils écoutent la radio ou un lecteur MP3?

7. Est-ce qu'ils jouent au volley ou au tennis?
8. Est-ce qu'elle porte un short ou un maillot de bain?
9. Est-ce qu'il porte un survêtement ou un tee-shirt?

### ♻ RAPPEL

To describe what people do, we use verbs. Many French verbs end in **-er.**

### Révision

To review common **-er** verbs and their forms, turn to Appendix A, p. R8.

## 2 Les voisins (Neighbors)

**PARLER/ÉCRIRE** Décrivez les activités des personnes suivantes.

1. Béatrice …
2. Les copains …
3. Vous …
4. Tu …
5. Les Thomas …
6. Tu …
7. Nous …
8. Vous …
9. Monsieur Carton …

---

 **RAPPEL**

To make a sentence negative, use the following pattern:

| **ne** + verb + **pas** | Je **ne** parle **pas** italien. | Vous **ne** travaillez **pas.** |
|---|---|---|
| ↓ | | |
| **n'** (+ vowel sound) | Je **n'**habite **pas** en France. | Nous **n'**étudions **pas.** |

---

## 3 Oui ou non?

**PARLER/ÉCRIRE** Dites si oui ou non les autres personnes et vous faites les choses suivantes.

▶ Mes grands-parents …
  • habiter en France?

Mes grands-parents habitent en France.

Mes grands-parents n'habitent pas en France.

1. À la maison, je …
   • téléphoner souvent?
   • aider mes parents?
   • préparer le dîner?
2. En classe, nous …
   • écouter toujours le professeur?
   • parler français?
   • manger des sandwichs?
   • apporter nos CD?
3. Le week-end, je …
   • étudier?
   • retrouver *(meet)* mes copains?
   • louer un film?
   • acheter des vêtements?

4. Mon copain/Ma copine …
   • parler espagnol?
   • jouer au tennis?
   • danser bien?
5. Mes cousins …
   • habiter au Canada?
   • voyager souvent?
   • téléphoner tous les mois *(every month)*?

6. Pendant les vacances, mes copains et moi, nous …
   • travailler?
   • nager?
   • organiser des boums?

7. En général, les jeunes Américains …
   • étudier beaucoup?
   • aimer la musique classique?
   • rester à la maison pendant les vacances?
8. En France, on …
   • parler anglais?
   • manger bien?
   • jouer au baseball?

▶ *How to talk about what you like, want, can do, and must do:*

| **Qu'est-ce que tu aimes faire?** | | **Qu'est-ce que tu peux faire?** | |
|---|---|---|---|
| **J'aime ...** | *I like ...* | **Je peux ...** | *I can, I am able to ...* |
| **Je n'aime pas ...** | | **Je ne peux pas ...** | |
| **Je préfère ...** | *I prefer ...* | | |

| **Qu'est-ce que tu veux faire?** | | **Qu'est-ce que tu dois faire?** | |
|---|---|---|---|
| **Je veux ...** | *I want ...* | **Je dois ...** | *I must, I should, I have to ...* |
| **Je ne veux pas ...** | | | |
| **Je voudrais ...** | *I would like ...* | **Je ne dois pas ...** | |

Qu'est-ce que tu aimes faire?

J'aime le tennis mais je préfère le volley.

→ Note the use of **je veux bien** as an answer to an invitation.

—Tu veux jouer au volley?　　　—Oui, **je veux bien.** *(I would, I'd like to.)*

---

**4**  Et toi?

**PARLER/ÉCRIRE** Indiquez vos préférences en complétant les phrases avec une expression de votre choix.

En général,
Avec mes amis,
Avec ma famille
Le week-end,
Pendant les vacances,
Quand je suis seul(e) *(by myself)*,

j'aime ...
je n'aime pas ...
je préfère ...

---

 RAPPEL

The most common way to form a YES/NO QUESTION is to put **est-ce que** at the beginning of the sentence.

**Révision**

To review questions formed with **est-ce que**, turn to Appendix A, p. R10.

---

**5** Invitations

**PARLER** Choisissez une activité et invitez vos camarades à faire cette activité avec vous. Ils vont accepter ou refuser. S'ils refusent, ils vont donner une excuse.

▶ —Est-ce que tu veux jouer au volley avec moi?
　—Oui, je veux bien.
　(Je regrette, mais je ne peux pas. Je dois rester à la maison.)

| INVITATIONS | EXCUSES |
|---|---|
| dîner | étudier |
| jouer au foot | travailler |
| jouer au volley | rentrer |
| écouter des CD | aider mon frère |
| regarder la télé | préparer le dîner |
| acheter des chaussures | retrouver mon copain |
| visiter le musée | retrouver ma copine |
| jouer aux jeux vidéo | rester à la maison |

**6** **Conversations**

**PARLER** Demandez à vos camarades s'ils font les choses suivantes.

> Est-ce que
> tu organises souvent
> des fêtes?

> Oui, j'organise
> souvent des fêtes.

▶ organiser souvent des fêtes?

1. parler italien?
2. jouer du banjo?
3. chanter dans une chorale?
4. rester à la maison le samedi?
5. travailler le week-end?
6. apporter ton portable en classe?

(Non, je n'organise
pas souvent de fêtes.)

7. dîner souvent au restaurant?
8. manger à la cantine *(school cafeteria)*?
9. aimer surfer sur l'Internet?

♻ **RAPPEL**

To ask for SPECIFIC INFORMATION, use the following construction:

> **QUESTION WORD + est-ce que + rest of sentence**

**Où est-ce que** tu habites?          *Where do you live?*

**Révision**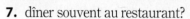

To review how to form questions with question words, turn to Appendix A, p. R10.

▶ **How to ask for information:**

| | | |
|---|---|---|
| **où?** | *Where?* | **Où** est-ce que ta mère travaille? |
| **quand?** | *When?* | **Quand** est-ce que vous jouez au foot? |
| **comment?** | *how?* | **Comment** est-ce que tu chantes? Bien ou mal? |
| **pourquoi?** | *why?* | **Pourquoi** est-ce que tu étudies le français? |
| **à quelle heure?** | *at what time?* | **À quelle heure** est-ce qu'on dîne? |
| **qui?** | *who(m)?* | **Qui** est-ce que tu invites à la boum? |
| **à qui?** | *to whom?* | **À qui** est-ce que Marc téléphone? |
| **avec qui?** | *with whom?* | **Avec qui** est-ce que tes amis jouent au basket? |
| **qu'est-ce que** | *what?* | **Qu'est-ce que** vous achetez? |
| **de quoi?** | *about what?* | **De quoi** est-ce que tu parles? |

> Qu'est-ce que
> vous achetez?

→ To ask WHO DOES SOMETHING, the construction is **qui** + VERB:

**Qui** téléphone?     **Qui** parle espagnol?

**7** **Conversations**

**PARLER** Posez des questions à vos camarades sur leurs activités.

1. habiter (où?)
2. rentrer à la maison (à quelle heure?)
3. dîner (à quelle heure?)
4. jouer au volley (avec qui?)
5. regarder la télé (quand?)
6. acheter tes vêtements (où?)
7. retrouver tes copains (quand?)
8. voyager (avec qui?)

▶ rentrer à la maison (comment?)
—Comment est-ce que tu rentres à la maison?
—Je rentre à la maison en bus
(à vélo, à pied … ).

## 8 Au téléphone

**PARLER** Complétez la conversation suivante avec les expressions interrogatives qui conviennent. Ensuite, jouez cette conversation avec un(e) camarade.

▶ —**À quelle heure** est-ce que tu dînes aujourd'hui?      —À huit heures.

1. —Et … tu vas manger?
   —Euh, une omelette.
2. —Dis, … tu fais samedi soir?
   —Je vais aller à une boum.
3. —Oh? … organise la boum?
   —C'est ma cousine Corinne.

4. —… est-ce que tu invites à la boum?
   —J'invite Christine.
5. —Et … est-ce que tu vas danser?
   —Avec toutes *(all)* mes copines.

6. —… est-ce que tu ne vas pas au concert le week-end prochain?
   —Parce que je n'ai pas de billet *(ticket)*.

## 9 Qui?

**PARLER/ÉCRIRE** Répondez aux questions en donnant le nom de la personne.

| Mme Caron | M. Lemaigre | M. Laplanche | Véronique | Jean-Pierre | Alice |

1. Qui entend le téléphone?
2. Qui vend des glaces?
3. Qui choisit une veste?
4. Qui répond au téléphone?
5. Qui attend un taxi?
6. Qui grossit?

### ♻ RAPPEL
A few French verbs end in **-ir** and **-re**.
Many of these verbs follow a regular pattern.

### Révision ➡
To review **-ir** and **-re** verbs, turn to Appendix A, p. R11.

## 10 Quel verbe?

**PARLER/ÉCRIRE** Complétez les phrases suivantes avec les verbes de la liste. Soyez logique.

1. Hélène travaille dans un magasin. Elle … des montres.
2. Tu joues mal. Tu … ton match.
3. Vous étudiez beaucoup. Vous … toujours aux examens.
4. Nous sommes au régime *(on a diet)*. Nous …
5. Éric et Marc sont en vacances. Ils … à leurs grands-parents.
6. Madame Leduc est à l'arrêt de bus *(bus stop)*. Elle … l'autobus.
7. Philippe achète des vêtements. Il … un pantalon bleu.
8. Ces personnes mangent trop *(too much)*. Elles …
9. Je suis dans ma chambre. Je … mes devoirs et après je regarde la télé.
10. S'il te plaît, parle plus fort *(louder)*. Mon grand-père n' … pas très bien.
11. Nous sommes de bons élèves. Nous … toujours aux questions du professeur.
12. Les vacances commencent en juin. Elles … en septembre.

choisir
finir
grossir
maigrir
réussir

attendre
entendre
perdre
rendre visite
répondre
vendre

When we talk to or about others, or about ourselves, we use PRONOUNS. Review the forms of subject and STRESS PRONOUNS in the sentences on the right.

| SUBJECT PRONOUNS | STRESS PRONOUNS | |
|---|---|---|
| je (j') | moi | **Moi, je** parle français. |
| tu | toi | **Toi, tu** étudies l'espagnol. |
| il | lui | **Lui, il** habite en France. |
| elle | elle | **Elle, elle** aime voyager. |
| nous | nous | **Nous, nous** jouons bien au tennis. |
| vous | vous | **Vous, vous** chantez mal. |
| ils | eux | **Eux, ils** aiment danser. |
| elles | elles | **Elles, elles** ne voyagent pas souvent. |

→ Stress pronouns are used:

| | |
|---|---|
| • in sentences with no verb | Qui parle français? **Moi! Pas toi!** |
| • after **c'est** and **ce n'est pas** | **C'est lui. Ce n'est pas moi.** |
| • to reinforce the subject | **Eux, ils** voyagent souvent. |
| • before and after **et** and **ou** (or) | **Eux et moi,** nous sommes amis. |
| • after prepositions such as: | |
|    **pour** (for) | Je travaille **pour lui.** |
|    **avec** (with) | Vous jouez au volley avec **eux.** |
|    **chez** (home, at home; | Tu ne vas pas **chez toi.** |
|      to or at someone's house) | Tu vas **chez nous.** |

## ⑪ Questions et réponses

**PARLER/ÉCRIRE** Répondez aux questions en utilisant des pronoms.

▶ Patrick dîne avec Corinne? (non)
**Non, il ne dîne pas avec elle.**

1. Marc étudie avec Caroline? (oui)
2. Alice danse avec François? (non)
3. Paul joue au tennis avec sa copine? (oui)
4. Philippe voyage avec ses parents? (non)
5. Michèle dîne chez ses cousines? (oui)
6. Léa travaille pour Monsieur Laval? (non)
7. Thomas travaille pour son oncle? (oui)
8. Monsieur Denis travaille pour ses clients? (oui)

## ⑫ L'orage (The storm)

**PARLER/ÉCRIRE** Il y a un orage et tout le monde reste à la maison. Dites cela en utilisant la construction **chez** + pronom accentué.

▶ je / dîner
**Je dîne chez moi.**

1. tu / étudier
2. nous / dîner
3. Monsieur Leblanc / travailler
4. vous / regarder la télé
5. Patrick et Marc / jouer au ping-pong
6. mes copines / préparer l'examen
7. je / écouter la radio
8. Marc / jouer aux jeux vidéo

♻ **RAPPEL**

To make suggestions or to give ADVICE or ORDERS, we use the IMPERATIVE form of the verb.

**Révision**

To review the forms of the imperative, turn to Appendix A, p. R12.

♻ **RAPPEL**

Note the use of **moi** in affirmative commands:

**Téléphone-moi!** *Call me!*
**Apporte-moi** ce livre! *Bring me that book!*

### 13 S'il te plaît

**PARLER** Vous êtes dans les circonstances suivantes. Demandez à un(e) camarade de faire certaines choses pour vous.

▶ J'ai soif. (donner de la limonade)

1. J'ai des difficultés avec le problème de maths. (aider)
2. Je suis seul(e) *(alone)* ce week-end. (inviter à ta boum)
3. Je voudrais téléphoner à ton cousin Alain. (donner son numéro de téléphone)
4. J'ai faim. (apporter un sandwich)
5. Je suis seul(e) ce soir. (téléphoner)
6. Je voudrais téléphoner. (prêter ton portable)
7. Je voudrais écrire. (prêter ton stylo)

> **Donne-moi de la limonade, s'il te plaît!**

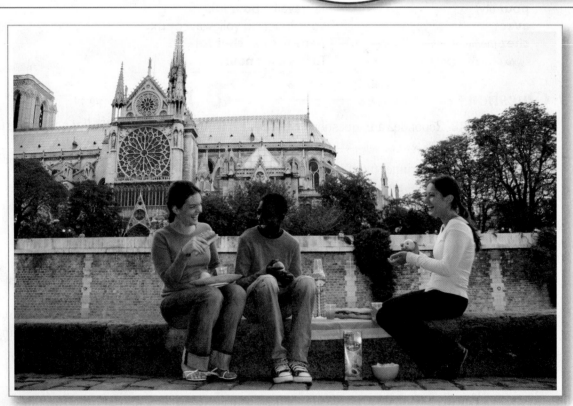

## 14 Bons conseils *(Good advice)*

**PARLER/ÉCRIRE** Donnez des conseils ou des ordres aux personnes suivantes.
(Vos conseils peuvent être affirmatifs ou négatifs.)

Joue bien!

Ne restez pas dehors.

**1.** Votre copain va jouer au tennis.

▶ • jouer bien
  • gagner ton match
  • perdre

**2.** Il pleut et vos deux petits frères sont dehors *(outside)*.

▶ • rester dehors
  • jouer au basket
  • rentrer à la maison

**3.** Votre copine a un examen important demain.

  • étudier
  • regarder la télé
  • écouter tes CD

**4.** Vous faites du baby-sitting pour les enfants des voisins.

  • manger vos spaghetti
  • finir votre dîner
  • jouer avec les allumettes *(matches)*

## 15 C'est le week-end

**PARLER** Proposez à un(e) camarade de faire les choses suivantes.
Il (Elle) va accepter.

▶ visiter le musée

**1.** jouer au basket
**2.** jouer aux jeux vidéo
**3.** inviter des copains
**4.** rendre visite à nos amis
**5.** dîner au restaurant
**6.** organiser une fête
**7.** louer un DVD
**8.** regarder un film à la télé

On visite le musée?

D'accord! Visitons le musée.

# À votre tour!

## 1 Situations

**PARLER** Imagine you are in the following situations. Your partner will take the other role and answer your questions.

**1.** You meet a friend at the tennis club. Ask your friend …
- if he/she likes tennis
- how well he/she plays
- if he/she wants to play with you

**2.** You want to give a party for the members of the French Club, but you need help. Ask a friend …
- if he/she has a boom box
- if he/she can bring some CD's
- if he/she wants to organize the party with you

**3.** You meet a French student on the bus. Ask this student …
- where he/she lives
- if he/she studies English at school
- if he/she likes to travel
- which cities he/she wants to visit

**4.** You are new at school. Ask another student …
- if he/she likes his/her teachers
- where the library is
- at what time the French class ends

**5.** You are new in the neighborhood and don't know your way around. Ask your neighbor …
- if there is a shopping center
- where he/she buys his/her clothes
- where he/she buys his/her shoes

**6.** You are hosting a French exchange student at your home. Ask this student …
- at what time he/she wants to have dinner
- if he/she wants to eat a pizza
- what he/she wants to watch on TV after **(après)** dinner

**7.** Your French pen pal is visiting you this summer. Ask your pen pal …
- if he/she likes to swim
- if he/she has a swimming suit
- if he/she has sunglasses
- if he/she wants to go **(aller)** to the pool with you

**2** **L'horaire des classes**

**ÉCRIRE** Write out your class schedule in French. Give the following information:

- the days of the week
- the periods and their times
- your classes and other school activities

**3** **En vacances en France**

**ÉCRIRE** You are going to go to France this summer. Make a list of eight things (clothes or other items) that you want to take along.

mes lunettes de soleil
mon appareil-photo

**4** **Mes préférences**

**ÉCRIRE** Write five things you like to do and four things you do not like to do.

J'aime
Je n'aime pas

**5** **Une lettre à Christine**

**ÉCRIRE** Write a letter to your French pen pal, Christine, telling her about yourself.

➔ Give the date.
➔ Tell Christine …
   - your name
   - where you live
   - what school you go to
   - what subjects you study
   - what sports you play
   - what other things you like to do

le 7 mai
Chère Christine,
Je m'appelle

# Unité 1

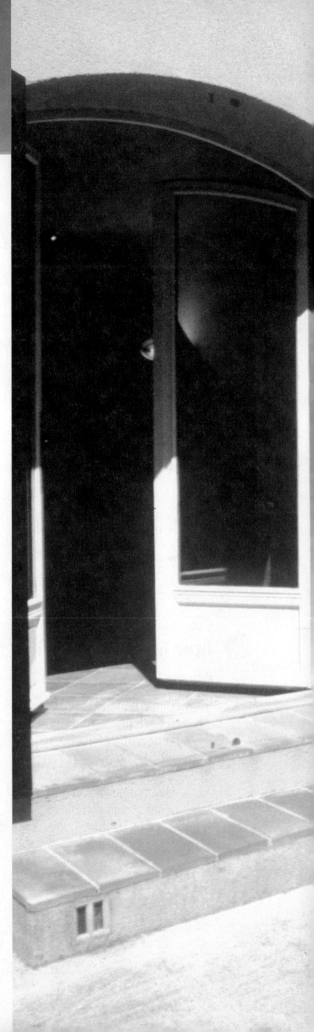

## Qui suis-je?

## THÈME ET OBJECTIFS

### Culture

In this unit, you will discover more about the diversity of France and its people.

### Communication

**You will learn ...**

- to give basic information about yourself and your family
- to name many professions
- to describe your friends and other people
- to say how you feel
- to talk about what you plan to do and what you have recently done

**You will also be able ...**

- to introduce your friends to other people
- to make a telephone call

**DIGITAL FRENCH** my.hrw.com
*ONLINE STUDENT EDITION* with...

performance)space

News Networking

@HOMETUTOR

- Audio Resources
- Video Resources
- Interactive Flashcards
- WebQuest

*PRACTICE FRENCH WITH HOLT MCDOUGAL APPS!*

# Je me présente

## Aperçu culturel ... Qui suis-je?

La France a une population de 63 millions d'habitants. Les Français sont d'origines très diverses. La majorité sont d'origine européenne, mais beaucoup sont d'origine africaine et asiatique. La France a aussi un grand nombre d'immigrés. Ces immigrés viennent principalement d'Afrique du Nord (Algérie, Maroc, Tunisie), et aussi d'autres pays européens (Portugal, Italie, Espagne, Turquie).

La majorité des Français habitent dans les villes, mais 20 pour cent de la population habitent à la campagne ou dans des villages de moins de 2 000 habitants.

**1.** *Maxime Cavagnac*
habite à Carcassonne, une petite ville de 40 000 habitants dans le sud de la France. Son père est vétérinaire. Sa mère travaille pour l'office du Tourisme.

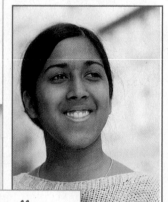

**2.** *Fatima Khareb*
est née en France, mais ses parents sont d'origine algérienne. Elle habite avec sa famille dans la banlieue de Marseille, la deuxième ville française.

**3.** *Mathilde Kieffer*
a dix-huit ans. Elle prépare le bac au lycée Jean Monnet à Strasbourg. Si elle réussit, elle va continuer ses études à l'université. Elle voudrait être avocate.

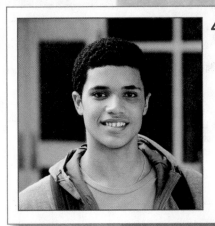

**4. *Clément Boutin***
a vingt ans. Il habite à Tours où il est étudiant en médecine. Il est originaire de la Guadeloupe où il compte retourner après ses études.

**5. *Mélanie Pasquier***
a dix-neuf ans. Elle habite à Avignon, mais elle fait ses études à l'Université de Provence à Aix. Elle voudrait être professeur d'espagnol comme sa mère.

**6. *Stéphane Pelard,***
26 ans, est steward pour Air France. Il voyage beaucoup. Il est récemment marié. Sa femme est artiste. Ils habitent à la campagne. Ils n'ont pas d'enfants, mais ils ont un chien et un chat. Ils adorent les animaux.

**7. *Monsieur Nguyen***
habite à Paris dans le quatorzième arrondissement. Il est originaire du Viêt-Nam. Il possède un restaurant (vietnamien, bien sûr!) où il travaille avec sa femme et ses enfants.

## COMPARAISONS *Culturelles*

Faites des recherches et écrivez un petit «Aperçu culturel» sur les États-Unis. Indiquez la population, les origines des habitants, et quel pourcentage habite à la campagne ou dans des villages.

### Et vous?
Imaginez que vous allez passer quinze jours en France chez une des personnes ci-dessus *(above)*. Quelle famille choisissez-vous? Pourquoi?

## A VOCABULAIRE  L'identité

| le PRÉNOM et le NOM | Comment t'appelles-tu? | Je m'appelle Charlotte Lacour. |
|---|---|---|
| la NATIONALITÉ | Quelle est ta nationalité? De quelle nationalité es-tu? | Je suis française. |
| le DOMICILE | Où habites-tu? Quelle est ton adresse? Quel est ton numéro de téléphone? | J'habite à Tours. J'habite 45, rue Jeanne d'Arc. C'est le 02-47-35-82-07. |
| l'ÂGE | Quel âge as-tu? | J'ai quinze ans. |
| le LIEU et la DATE de NAISSANCE | Où es-tu né(e)? Quand es-tu né(e)? | Je suis née à Paris. Je suis née le 3 mai 1990. |

| | | | |
|---|---|---|---|
| le prénom: | *first name* | le lieu: | *place* |
| le nom: | *name, last name* | la date: | *date* |
| l'adresse: | *address* | la naissance: | *birth* |
| le numéro de téléphone: | *phone number* | je suis né(e): | *I was born* |

**1** **Et vous?**

**PARLER** Présentez-vous à la classe. Donnez votre nom et votre prénom, votre nationalité, votre adresse et votre âge.

**2** **Le club français**

**PARLER** Vous êtes secrétaire du club français. Choisissez un(e) camarade et demandez-lui les renseignements *(information)* suivants:

- son nom
- son âge
- son lieu de naissance
- sa date de naissance

*Le club français*

Nom:_____

Prénom:_____ Âge:_____

Lieu de naissance:_____

Ville:_____

Code Postal:_____Téléphone:_____

**VOCABULAIRE** **La nationalité**

**J'ai un copain (une copine) …**

| | | |
|---|---|---|
| anglais(e) | américain(e) | canadien (canadienne) |
| français(e) | mexicain(e) | italien (italienne) |
| japonais(e) | cubain(e) | haïtien (haïtienne) |
| chinois(e) | portoricain(e) | |
| | | vietnamien (vietnamienne) |
| **belge** (Belgian) | **espagnol(e)** (Spanish) | **cambodgien (cambodgienne)** |
| **suisse** (Swiss) | **allemand(e)** (German) | **indien (indienne)** |
| **russe** (Russian) | | **coréen (coréenne)** (Korean) |

*J'ai une copine canadienne.*

**3** *Au club international*

**PARLER** Il y a beaucoup de jeunes de nationalités différentes au club international. Faites la connaissance des personnes suivantes d'après le modèle.

▶ Erika (Berlin)

Comment t'appelles-tu?

Je m'appelle Erika.

Où habites-tu?

J'habite à Berlin.

Tu es allemande?

Oui, je suis allemande.

**1.** Nicole (Genève)

**2.** Pierre (Québec)

**3.** Silvia (Rome)

**4.** Michiko (Tokyo)

**5.** Lin (Beijing)

**6.** José (San Juan)

**7.** Luisa (Acapulco)

**8.** Olga (Moscou)

## B VOCABULAIRE    La famille et les amis

> Tu as des frères et des soeurs?

> Oui, j'ai une soeur.

—Tu as des frères et des soeurs?
  Non, je suis **enfant unique.**
  Oui, j'ai un frère./J'ai une soeur.

| **un(e) enfant unique** *only child* |
| --- |

—Comment s'appelle-t-il/elle?
  Il s'appelle Philippe.
  Elle s'appelle Véronique.

—Est-ce qu'il/elle est **plus jeune** que toi?
  Non, il/elle est **plus âgé(e).**

| **plus jeune** *younger* |
| --- |
| **plus âgé(e)** *older* |

—Quel âge a-t-il/elle?
  Il/Elle a dix-sept ans.

—Est-ce que ton oncle est **marié**?
  Non, il est | **célibataire.**
              | **divorcé.**

| **marié** *married* |
| --- |
| **célibataire** *single* |
| **divorcé** *divorced* |

### Les gens

**La famille**

| | | | |
| --- | --- | --- | --- |
| **un parent** *(parent, relative)* | **la mère** | **un enfant** *(child)* | **la soeur** |
| **le père** | **la belle-mère** | **le frère** | **la demi-soeur** |
| **le beau-père** | *(stepmother,* | **le demi-frère** | *(stepsister,* |
| *(stepfather,* | *mother-in-law)* | *(stepbrother,* | *half sister)* |
| *father-in-law)* | **la femme** *(wife)* | *half brother)* | **la fille** *(daughter)* |
| **le mari** *(husband)* | **la grand-mère** | **le fils** *(son)* | **la petite-fille** |
| **le grand-père** | **la tante** *(aunt)* | **le petit-fils** *(grandson)* | **la cousine** |
| **l'oncle** | | **le cousin** | **la nièce** |
| | | **le neveu** *(nephew)* | |

*[handwritten:* le parrian- god-father *]*
*[handwritten:* la marraine- god-morher *]*
*[handwritten:* le filleul- god-son *]*
*[handwritten:* la filleule- god-daughter *]*

**Les amis**

| | | | |
| --- | --- | --- | --- |
| **un ami** | **une amie** | **le meilleur** *(best)* **ami** | **la meilleure amie** |
| **un copain** | **une copine** | **le meilleur copain** | **la meilleure** |
| **un camarade** | **une camarade** | | **copine** |
| **un voisin** *(neighbor)* | **une voisine** | | |

*[handwritten:* un *]*
*[handwritten:* un pot - pal *]*

**Les personnes**

| | |
| --- | --- |
| **une personne** | **les gens** *(people)* |

→ **Une personne** is always feminine.
→ **Des gens** is masculine plural.

**4** *Questions personnelles* **PARLER/ÉCRIRE**

1. Est-ce que tu es enfant unique?
2. Est-ce que tu as des frères et des sœurs? Combien? Comment s'appellent-ils/elles? Quel âge ont-ils/elles?
3. Comment s'appelle ton meilleur copain? Es-tu plus jeune ou plus âgé(e) que lui? Es-tu plus jeune ou plus âgé(e) que ta meilleure copine?
4. As-tu des oncles et des tantes? Est-ce qu'ils sont mariés, célibataires ou divorcés?
5. As-tu des cousins et des cousines? Est-ce qu'ils habitent près d'ici? Est-ce que tu vas chez eux pendant les vacances?
6. Est-ce que tes voisins ont des jeunes enfants? Est-ce que tu fais du baby-sitting pour eux?

**5** *La famille Moreau*

**PARLER/ÉCRIRE** Lisez le texte suivant. Puis, sur une feuille de papier, établissez l'arbre généalogique de la famille Moreau.

**Albert**

**Monique**

Albert Moreau a 66 ans.

Sa femme Monique a 63 ans.

Ils ont deux enfants, Françoise (32 ans) et Jean-Pierre (41 ans).

Françoise Moreau est célibataire.

Jean-Pierre Moreau est marié. Sa femme et lui ont un fils, Éric (12 ans) et une fille, Véronique (10 ans).

La femme de Jean-Pierre s'appelle Élisabeth. Elle a 39 ans. Elle est enfant unique. Elle a une fille Sandrine (16 ans) de son premier mariage.

| **Françoise** | **Jean-Pierre** | **Élisabeth** | **Éric** | **Véronique** | **Sandrine** |

**a.** Sur la base de l'arbre généalogique que vous avez établi, déterminez si les phrases suivantes sont vraies ou fausses.

1. Éric est le petit-fils d'Albert et de Monique Moreau.
2. Françoise Moreau a un neveu et une nièce.
3. La tante d'Éric est mariée.
4. Élisabeth Moreau a un frère.
5. Sandrine est la demi-sœur d'Éric.
6. Éric et Véronique n'ont pas de cousins.
7. Sandrine a un demi-frère.
8. Jean-Pierre Moreau est le beau-père de Sandrine.

**b.** Expliquez la relation familiale qui existe entre les personnes suivantes.

▶ Françoise/Monique    **Françoise est la fille de Monique.**

1. Élisabeth / Jean-Pierre
2. Élisabeth / Véronique
3. Albert / Véronique
4. Éric / Sandrine
5. Monique / Éric
6. Jean-Pierre / Sandrine

**C** | **VOCABULAIRE** | **La profession**

—Que fait ta mère?
Elle est photographe.

—Que fait ton père?
Il est comptable.
Il travaille dans **un bureau**.

—Qu'est-ce que tu voudrais faire **plus tard**?
Je voudrais être ingénieur.

| | |
|---|---|
| **un bureau** | *office* |
| **plus tard** | *later on* |

→ After **être**, the French do not use **un/une** with the name of a profession.

Ma tante est **médecin**.  *My aunt is **a doctor**.*
Je voudrais être **acteur**.  *I would like to be **an actor**.*

EXCEPTION: **un/une** are used when the profession is modified by an adjective.
Gérard Depardieu est **un acteur français**.

---

**6** *Quelle est leur profession?*

**PARLER/ÉCRIRE** Informez-vous sur les personnes suivantes et dites quelle est leur profession.

1. Madame Simon travaille dans un bureau, mais elle n'est pas secrétaire. Dans son travail, elle fait des additions et des soustractions. Elle est …

2. Monsieur Lemay travaille dans un hôpital. Il aide les malades *(patients)*, mais il n'est pas médecin. Il est …

3. Madame Sanchez représente ses clients en justice. Elle est spécialiste en droit *(law)* international. Elle est …

4. Monsieur Montel travaille chez lui. Dans son travail il utilise un ordinateur et beaucoup de papier. Son rêve *(dream)* est de recevoir le prix Nobel de littérature. Il est …

5. En ce moment, ma cousine travaille pour un magazine, mais elle n'est pas journaliste. Elle n'est pas photographe, mais les photographes prennent beaucoup de photos d'elle. Elle est …

6. Madame Durand travaille pour une compagnie spécialisée dans l'électronique. Elle travaille sur les plans d'un nouvel ordinateur. Elle est …

7. Mon oncle travaille dans un magasin. Il vend des radios et des ordinateurs. Il est …

**RECHERCHE**
Ingénieur projets et développement
Automobile
Fonction : Chef de projet
Niveau recherché : 1 à 5 ans
Plein temps
Souhaité : anglais/allemand

**VROUM !**

**RECHERCHE**
- **Secrétaire bilingue :** français/espagnol expérience souhaitée
- **Chauffeurs Poids Lourds** débutant accepté, salaire motivant
- **Mécaniciens** Niveau BEP, expérience nécessaire

Envoyer CV et lettre de motivation à
**Service-Express**
Zone Industrielle Nord, 64100 Pau

*vétérinaire*

@**HOME**TUTOR
my.hrw.com

## VOCABULAIRE Quelques professions

**Les professions médicales**
un(e) dentiste
un médecin *(doctor)*, un docteur
un infirmier (une infirmière) *(nurse)*
un pharmacien (une pharmacienne) *(pharmacist)*
un(e) vétérinaire

**Les professions techniques**
un ingénieur *(engineer)*
un programmeur (une programmeuse)
un technicien (une technicienne)
un informaticien (une informaticienne) *(computer specialist)*

Je suis médecin.

Je suis dentiste.

Je suis employée de bureau.

**Les professions légales et commerciales**
un avocat (une avocate) *(lawyer)*
un vendeur (une vendeuse) *(salesperson)*
un homme (une femme) d'affaires *(businessperson)*

**Les professions administratives**
un(e) comptable *(accountant)*
un employé (une employée) de bureau *(office worker)*
un patron (une patronne) *(boss)*
un(e) secrétaire

Je suis dessinatrice.

**Les professions artistiques et littéraires**
un acteur (une actrice)
un(e) cinéaste *(filmmaker)*
un(e) photographe
un(e) journaliste
un écrivain *(writer)*
un dessinateur (une dessinatrice) *(designer, draftsperson)*
un mannequin *(fashion model)*

---

### 7 *Expression personnelle*

**PARLER/ÉCRIRE** Complétez les phrases suivantes avec le nom d'une profession.

1. Je voudrais être …
2. Mon copain veut être …
3. Ma copine veut être …
4. Quand on est bon en maths, on peut être …
5. Quand on aime le théâtre, on peut être …
6. Quand on a du talent artistique, on peut être …
7. Quand on veut être riche, on peut être …
8. Quand on a un bon style, on peut être …

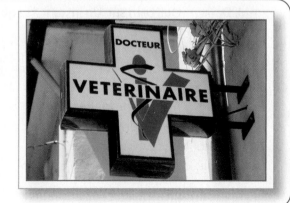

## D VOCABULAIRE — Les présentations

Jean-Paul présente son copain Marc à sa cousine Zoé.

Jean-Paul présente Zoé à son voisin, Monsieur Vidal.

| | |
|---|---|
| JEAN-PAUL: | Zoé, **je te présente** mon copain Marc. |
| ZOÉ: | Bonjour! |
| MARC: | Bonjour! |

| | |
|---|---|
| JEAN-PAUL: | Monsieur Vidal, **je voudrais vous présenter** ma cousine Zoé. |
| M. VIDAL: | **Enchanté.** *(Glad to meet you.)* |
| ZOÉ: | **Enchantée.** |

### 8 Présentez vos copains! PARLER

1. Choisissez deux camarades de classe et présentez-les l'un à l'autre.
2. Choisissez un(e) camarade de classe et présentez-le (la) à votre professeur.

## E VOCABULAIRE — Au téléphone

Michel Legrand téléphone à sa copine Christine Duval.
C'est le père de Christine qui répond.

| | |
|---|---|
| M. DUVAL: | Allô! |
| MICHEL: | Allô! Bonjour, monsieur. Ici Michel Legrand. |
| M. DUVAL: | Bonjour, Michel. |
| MICHEL: | Est-ce que **je pourrais** *(could I)* parler à Christine? |
| M. DUVAL: | Oui, bien sûr. Un instant. **Ne quittez pas.** *(Hold on.)* |

(Si Christine n'est pas là.)

| | |
|---|---|
| M. DUVAL: | Je suis **désolé** *(sorry)*. Christine n'est pas à la maison. |
| MICHEL: | Alors, **je rappellerai** *(I'll call back)* plus tard. |
| M. DUVAL: | D'accord! Au revoir, Michel. |
| MICHEL: | Au revoir, monsieur. |

Allô! Bonjour, monsieur.

@ HOME**TUTOR**
my.hrw.com

**9** *Conversation dirigée*

**PARLER** Fabrice veut téléphoner à sa copine Catherine. C'est Fatima, la soeur de Catherine, qui répond. Jouez les deux rôles.

| Fabrice | | | Fatima |
|---|---|---|---|
| Say hello to Fatima. Say who you are. Ask how she is. | → ↙ | Answer that you are fine. | |
| Ask if you can speak to Catherine. | → ↙ | Say you are sorry. She is not home. | |
| Ask where she is. | ⇄ | Say that she is in town. | |
| Thank Fatima and say that you will call later. | → | Say good-bye to Fabrice. | |

## Au jour le jour

### Messages téléphoniques

Qui: *Marc Blomet*

Quand: *samedi* 18 h. 30

Numéro de téléphone: 01.42.22.65.31

Message: *Confirme rendez-vous de demain après-midi.*

1. Qui a téléphoné?
2. À quelle heure est-ce qu'il a téléphoné?
3. Pourquoi est-ce qu'il a téléphoné?
4. Est-ce qu'il a laissé son numéro de téléphone?

Qui: *Brigitte Duchemin*

Quand: *ce matin / 11 h.*

Numéro de téléphone: 02.35.67.12.49

Message: *Boum chez elle samedi à 16 h. Répondre avant vendredi.*

1. Qui a téléphoné?
2. Quand est-ce qu'elle a téléphoné?
3. Pourquoi est-ce qu'elle a téléphoné?
4. Qu'est-ce qu'on doit faire pour accepter l'invitation?

## Au jour le jour

### Un faire-part de mariage

*Charlotte et Stéphane*

*vous invitent à venir*

*célébrer leur mariage*

*le 28 juillet à 15 heures*
*en L'Église de Vernon*

---

*Le Docteur et Madame François VALETTE*

*ont la joie de vous annoncer le mariage*

*de leur fille Charlotte*

*avec Stéphane PELARD.*

*125, rue de l'Ermitage, 37100 Tours*

*Monsieur et Madame Robert SADDO*

*Monsieur et Madame Guy PELARD*

*ont la joie de vous annoncer le mariage*

*de leur petit-fils et fils Stéphane*

*avec Charlotte VALETTE.*

*10, rue Poliveau, 75005 Paris*

*36, rue de Saint Nom, 78112 Fourgueux*

- Quel événement est annoncé?
- Où et quel jour est-ce que cet événement est célébré?
- Comment s'appelle la mariée?
- Comment s'appellent ses parents? Où habitent-ils?
- Comment s'appelle le marié?
- Comment s'appellent ses grands-parents?
- Comment s'appellent ses parents?

# Le carnet du jour

Quand on veut annoncer un événement familial important (naissance, mariage, anniversaire, etc.), on peut mettre une annonce dans «Le carnet du jour».

## le carnet du jour

### naissances

**Yves et Catherine JAMIN**

ont la joie d'annoncer
la naissance de leur fille
**Anne-Sophie**
à Paris, le 5 novembre 2004.

**Mme Pierre DELAFON**

est heureuse de faire part
de la naissance de sa petite fille
**Coralie**
chez
**Vincent DELAFON**
et Pascale, née Lescure,
Toulon, le 29 octobre 2004.

- Quel événement est annoncé?
- Où est née Anne-Sophie?
- Quel jour est-elle née?
- Quel âge a-t-elle aujourd'hui?
- Comment s'appellent ses parents?

- Quel événement est annoncé?
- Où est née Coralie?
- Quel jour est-elle née?
- Comment s'appelle sa grand-mère?
- Comment s'appellent ses parents?

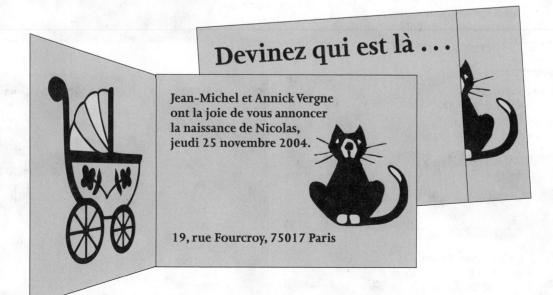

**Devinez qui est là . . .**

Jean-Michel et Annick Vergne
ont la joie de vous annoncer
la naissance de Nicolas,
jeudi 25 novembre 2004.

19, rue Fourcroy, 75017 Paris

# Armelle a un nouveau copain

Cette jeune femme s'appelle Claire. C'est elle qui va vous présenter les différentes scènes de la vidéo.
Écoutez bien ce qu'elle dit!

Dans le premier épisode, nous allons rencontrer Armelle et Corinne.

Armelle et Corinne sont deux copines. Elles ont quinze ans. Elles vont au lycée Berthollet à Annecy.

Cet après-midi, Corinne est à la bibliothèque municipale. Sa copine Armelle arrive.

— Salut, Corinne.

— Tiens, salut, Armelle. Ça va?

— Oui, ça va.

— Qu'est-ce que tu fais?

— Eh bien, tu vois, je suis en train de préparer mon cours d'histoire … Et toi?

— J'ai un rendez-vous.

— Avec qui?

— Eh bien, avec mon nouveau copain.

— Tiens, tu as un nouveau copain? … Dis moi, comment est-il ton copain? Je parie qu'il est blond et grand!

— Eh bien, non. Il n'est pas blond. Il est brun et il n'est pas très grand.

— Est-ce qu'il est mignon?

— Oui, assez.

— Sympa?

— Oui, très sympa.

@HOMETUTOR
my.hrw.com

Qui c'est?

Je te l'ai dit: C'est un garçon brun, pas très grand, assez mignon et très sympathique.

Je sais … Je sais … Mais, comment est-ce qu'il s'appelle?

Non, mais dis donc, Corinne, tu es vraiment curieuse aujourd'hui.

Écoute, … ne sois pas si mystérieuse!

Excuse-moi, mais je dois partir … Je ne veux pas être en retard à mon rendez-vous.

Armelle part pour son mystérieux rendez-vous.

Salut, Corinne.

Bon … Salut!

Corinne reste à la bibliothèque pour étudier.

à suivre° …

à suivre … *to be continued*

## Compréhension

1. Où se passe° la scène?
2. Qui sont Armelle et Corinne?
3. Qu'est-ce qu'Armelle annonce à Corinne?
4. Comment est le nouveau copain d'Armelle?
5. Qu'est-ce que Corinne veut aussi savoir°?
6. Où va Armelle à la fin° de la scène?

**se passe** *takes place* **savoir** *to know* **la fin** *end*

## A   Les expressions avec *être*

Review the forms of the verb **être** *(to be)*.

| | | | | | |
|---|---|---|---|---|---|
| Je | **suis** | d'accord. | Nous | **sommes** | à l'heure. |
| Tu | **es** | au lycée. | Vous | **êtes** | en avance. |
| Il/Elle/On | **est** | au café. | Ils/Elles | **sont** | en retard. |

→ The IMPERATIVE forms of **être** are irregular.

| | |
|---|---|
| **Sois** logique. | ***Be*** *logical.* |
| **Soyez** généreux. | ***Be*** *generous.* |
| **Soyons** optimistes. | ***Let's*** *be optimistic.* |

### VOCABULAIRE   Quelques expressions avec *être*

▶ *How to agree with someone:*

**être d'accord (avec)**
   Vous **êtes d'accord avec** moi?    *Do* you *agree with* me?

▶ *How to say what someone is currently (busy) doing:*

**être en train de** + INFINITIVE
   Nous **sommes en train d**'étudier.    *We are busy studying.*

▶ *How to say what belongs to someone:*

**être à** + NAME OF PERSON (OR STRESS PRONOUN)
**À qui est** cette montre?    *Who(m) does this watch belong to?*
                               *Whose watch is this?*

Elle **est à** Patrick.    *It belongs to Patrick.*
Elle **n'est pas à** moi.    *It doesn't belong to me.*

▶ *How to talk about being on time:*

| **être à l'heure** | *to be on time* | Je **suis** toujours **à l'heure.** |
| **être en avance** | *to be early* | Mes amis **sont** souvent **en avance.** |
| **être en retard** | *to be late* | Aujourd'hui tu **es en retard.** |

## 1 Où sont-ils? Que font-ils?

**PARLER/ÉCRIRE** Pour chaque personne, choisissez un endroit et dites où cette personne est. Dites aussi ce qu'elle est en train de faire.

| PERSONNES | ENDROITS | ACTIVITÉS |
|---|---|---|
| je | dans la cuisine | dîner |
| tu | dans la rue | faire du roller |
| vous | dans un magasin | organiser une fête |
| nous | au garage | préparer le dîner |
| Stéphanie | au stade | acheter des vêtements |
| Alice et Paul | au restaurant | jouer au foot |
| | chez un copain | réparer le vélo |

▶ Je suis chez un copain.
Je suis en train d'organiser une fête.

## 2 À qui est-ce? *(Whose is it?)*

**PARLER** Demandez à qui sont les objets suivants. Un(e) camarade va répondre.
(Attention: **à + le = au; à + les = aux**)

▶ l'appareil-photo (Charlotte)

— À qui est l'appareil-photo? À toi?
— Non, il n'est pas à moi. Il est à Charlotte.

**1.** le DVD (Thomas)
**2.** le livre (le professeur)
**3.** l'ordinateur (mon cousin)
**4.** le portable (le cousin d'Antoine)

**5.** la tablette (mon copain)
**6.** la veste (le copain d'Éric)
**7.** la moto (ma voisine)
**8.** la voiture rouge (les voisins)

## 3 Questions personnelles **PARLER/ÉCRIRE**

**1.** Es-tu toujours d'accord avec tes copains?
avec tes parents? avec tes professeurs?
Quand est-ce que tu n'es pas d'accord avec eux?
**2.** En général, est-ce que les élèves sont à l'heure
pour la classe de français?
Et le professeur?
Et toi, es-tu toujours à l'heure?
**3.** Quand tu as un rendez-vous, est-ce que tu es généralement en retard ou en avance?
Et le copain (ou la copine) avec qui tu as rendez-vous, est-ce qu'il/elle est à l'heure?
Qu'est-ce que tu fais quand tes amis ne sont pas à l'heure?

**À L'HEURE**

• **Bleu, blanc, rouge**
Une montre dynamique qui plaît aux jeunes. Prix spécial: 15 euros

**B**  ## Les adjectifs: formes et position

### FORMS

Review the endings of regular adjectives:

|  | SINGULAR | PLURAL |  |  |
|---|---|---|---|---|
| MASCULINE | — | -s | petit | petits |
| FEMININE | -e | -es | petite | petites |

→ Adjectives that end in **-e** in the masculine singular do not add another **-e** in the feminine singular.

Marc est **dynamique**.            Hélène est **dynamique** aussi.

→ Adjectives that end in **-s** in the masculine singular remain the same in the masculine plural.

Philippe est **français**.            Éric et Patrick sont **français** aussi.

→ Adjectives that do not follow the above patterns are IRREGULAR.

Alain est **beau**.            Stéphanie est **belle**.
Mon grand-père est **vieux**.            Ma tante est **vieille**.
J'ai un **nouveau** copain.            Qui est ta **nouvelle** copine?

### POSITION

Most adjectives come AFTER the noun they modify.

J'ai des amis **sympathiques**.            Mes parents ont une voiture **japonaise**.

→ The following adjectives, however, usually come BEFORE the noun:

| | | |
|---|---|---|
| **grand ≠ petit** | big ≠ small | Mes voisins ont une **petite** voiture. |
| **bon (bonne) ≠ mauvais** | good ≠ bad | Claire est une **bonne** élève. |
| **beau (belle)** | beautiful | Vous avez une **belle** maison. |
| **nouveau (nouvelle)** | new | Paul a un **nouveau** portable. |
| **vieux (vieille)** | old | J'ai un **vieux** vélo. |
| **joli** | pretty | Tu as une **jolie** montre. |
| **jeune** | young | Nous avons un **jeune** professeur. |

→ The adjectives **beau**, **nouveau**, and **vieux** become **bel**, **nouvel**, and **vieil** before a vowel sound.

un **bel** appartement            un **nouvel** ami            un **vieil** homme

## VOCABULAIRE   Quelques descriptions

**ADJECTIFS**

| | | |
|---|---|---|
| **riche ≠ pauvre** | *rich ≠ poor* | |
| **content ≠ triste** | *happy ≠ sad* | |
| **juste ≠ injuste** | *fair ≠ unfair* | |
| **poli ≠ impoli** | *polite ≠ impolite* | |
| **drôle ≠ pénible** | *funny ≠ boring* | |

| | |
|---|---|
| **sensible** | *sensitive* |
| **sympathique (sympa)** | *nice* |
| **aimable** | *pleasant, nice* |
| **bête** | *dumb, silly* |
| **égoïste** | *selfish* |
| **timide** | *shy* |

MON CHIEN EST BÊTE!

**ADVERBES**

| | | |
|---|---|---|
| **très** | *very* | Ma tante Lucie est **très** sympa. |
| **trop** | *too* | Ne sois pas **trop** triste. |
| **assez** | *rather, pretty* | Mon petit frère est **assez** drôle. |

---

**4**  ## Comment sont-ils?

**PARLER/ÉCRIRE** Complétez les descriptions avec un adjectif du **Vocabulaire.**

1. Marc n'aime pas aider ses copains. C'est un garçon …
2. Alice invite ses copains chez elle. C'est une amie …
3. Mes voisins sont millionnaires. Ce sont des gens …
4. Stéphanie a beaucoup d'humour. C'est une fille …
5. Isabelle n'aime pas parler en public. C'est une fille …
6. Madame Labalance donne le même *(same)* salaire aux employés qui font le même travail. C'est une patronne …
7. Florence dit *(says)* toujours «s'il vous plaît» et «merci». C'est une fille …
8. Le petit garçon pleure *(cries)* beaucoup. C'est un garçon …

---

**5**  ## L'idéal

**PARLER/ÉCRIRE** Décrivez l'idéal pour les personnes suivantes. Utilisez les adjectifs suggérés dans des phrases affirmatives ou négatives.

▶ une bonne vendeuse
  **Une bonne vendeuse est polie et aimable.**
  **Elle n'est pas impatiente.**

1. le copain idéal
2. la copine idéale
3. un bon professeur
4. une bonne secrétaire
5. une bonne patronne
6. un bon avocat
7. les bons employés
8. les bons élèves

| | | |
|---|---|---|
| amusant | bête | optimiste |
| compétent | efficace *(efficient)* | pessimiste |
| distant | dynamique | idéaliste |
| intéressant | juste | |
| indifférent | injuste | poli |
| intelligent | aimable | impoli |
| patient | honnête | |
| impatient | malhonnête | spontané |
| tolérant | sévère | réservé |
| strict | sincère | organisé |

### C  Quelques adjectifs irréguliers

Many irregular adjectives follow predictable patterns:

• Adjectives in **-eux**

|  | MASCULINE | FEMININE |  |  |
|---|---|---|---|---|
| **SINGULAR** | -eux | -euse | Alain est **sérieux.** | Alice est **sérieuse.** |
| **PLURAL** | -eux | -euses | Ses amis sont **sérieux.** | Ses amies sont **sérieuses.** |

• Adjectives in **-al**

|  | MASCULINE | FEMININE |  |  |
|---|---|---|---|---|
| **SINGULAR** | -al | -ale | Paul est **original.** | Valérie est **originale.** |
| **PLURAL** | -aux | -ales | Il a des amis **originaux.** | Elle a des amies **originales.** |

• Adjectives with irregular feminine forms

| MASCULINE | FEMININE |  |  |
|---|---|---|---|
| -if | -ive | Paul est **actif.** | Sylvie est **active.** |
| -el | -elle | Éric est **ponctuel.** | Sa soeur est **ponctuelle.** |
| -on | -onne | Ce sandwich est **bon.** | Cette glace est **bonne.** |
| -en | -enne | Marc est **canadien.** | Alice est **canadienne.** |

### VOCABULAIRE  La personnalité

| [-eux/-euse] | ambitieux | ennuyeux *(boring)* | heureux *(happy)* |
|---|---|---|---|
|  | consciencieux | généreux | malheureux *(unhappy)* |
|  | curieux | sérieux | paresseux *(lazy)* |
| [-al (-aux)] | génial *(great)* | libéral | original |
| [-if/-ive] | actif | impulsif | naïf |
|  | imaginatif | intuitif | sportif *(athletic)* |
| [-el/-elle] | intellectuel | ponctuel | spirituel *(witty)* |
| [-on/-onne] | mignon *(cute)* |  |  |
| [-en/-enne] | musicien *(musical)* |  |  |

Je suis sportif.

Je suis sportive aussi.

@**HOME**TUTOR
my.hrw.com

**6** ⬛ **Substitutions**

**PARLER/ÉCRIRE** Remplacez les noms soulignés par les noms entre parenthèses.
Faites les changements nécessaires.

▶ Mon oncle n'est pas toujours ponctuel. (mes cousines)
  **Mes cousines ne sont pas toujours ponctuelles.**

1. Mon copain est génial. (ma cousine / mes amis)
2. Ma mère est assez libérale. (mon père / mes profs / mes grands-parents)
3. La secrétaire de Madame Lebeau est très sérieuse. (les employés / le patron / les filles)
4. Cette actrice est très originale. (cet écrivain / ces dessinateurs / ces artistes françaises)
5. Votre voisine n'est pas très sportive. (tes sœurs / mon frère / nos cousins)
6. Ton frère est très mignon. (la nouvelle élève / tes copines / le copain d'Isabelle)

**7** ⬛ **Préférences personnelles**

**PARLER/ÉCRIRE** Demandez à vos camarades quelles qualités ils préfèrent.

▶ impulsif ou patient?
  —**Préfères-tu les personnes impulsives ou les personnes patientes?**
  —**Je préfère les personnes impulsives. (Je préfère les personnes patientes.)**

1. sportif ou intellectuel?
2. imaginatif ou réaliste?
3. actif ou paresseux?
4. intuitif ou logique?

5. calme ou ambitieux?
6. sérieux ou original?
7. consciencieux ou négligent?
8. ennuyeux ou impulsif?

**8** ⬛ **Une question de personnalité**

**PARLER/ÉCRIRE** Ces filles sont vos amies.
Décrivez la personnalité de chacune *(each one)*.
Pour cela, utilisez un adjectif du **Vocabulaire.**

▶ Zoé prépare toujours ses devoirs avant le dîner.

1. Béatrice est toujours à l'heure à ses rendez-vous.
2. Stéphanie adore nager. Elle fait du ski, fait du jogging et joue au tennis.
3. Hélène adore raconter *(to tell)* des histoires drôles.
4. Alice aide toujours ses amis.
5. Valérie chante dans la chorale. Elle joue aussi de la guitare.
6. Charlotte déteste étudier. Elle préfère regarder la télé … ou dormir *(sleep)*.
7. Après le lycée, Isabelle veut créer sa propre *(own)* compagnie.
8. Nathalie a un copain sympathique et des parents généreux. Elle est toujours contente.

▶ Elle est consciencieuse.

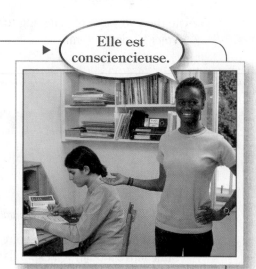

## D   *C'est* ou *il est*

Compare the use of **c'est** and **il/elle est** to describe people or things.

| **C'est** + NAME<br>**C'est** + ARTICLE + NOUN + (ADJECTIVE)<br>**C'est** + ARTICLE + ADJECTIVE + NOUN | **Il/Elle est** + ADJECTIVE |
|---|---|

| | |
|---|---|
| **C'est** André.<br>**C'est** un copain.<br>**C'est** un copain généreux. | **Il est** sympathique. |

| | |
|---|---|
| **C'est** Stéphanie.<br>**C'est** une cousine.<br>**C'est** une fille très drôle. | **Elle est** intelligente. |

| | |
|---|---|
| **C'est** le vélo de Paul.<br>**C'est** un bon vélo. | **Il est** vieux. |

| | |
|---|---|
| **C'est** une Renault.<br>**C'est** une petite voiture. | **Elle est** rapide *(fast)*. |

→ **C'est** is also used with **mon** and **ma**.
   C'est **mon copain.**          C'est **ma cousine.**

→ Note the negative and plural forms of **c'est:**
   C'est Paul.                      **Ce n'est pas** Éric.
   Ce sont mes copains.            **Ce ne sont pas** mes cousins.

→ Note the two ways of referring to professions:
   Voici Madame Rémi.              **Elle est** architecte.
                                   **C'est** une architecte.

# À votre tour!

**OBJECTIFS**

Now you can . . .
• describe people

 **Digital performance space**

**1**  **Autoportrait** *(Self-portrait)*

**PARLER/ÉCRIRE** Faites votre autoportrait dans une lettre à un(e) correspondant(e) français(e). Mentionnez
   • les aspects positifs de votre personnalité
   • quelques *(a few)* aspects négatifs.
Si possible, donnez des exemples pour vos qualités et vos petits défauts *(defects)*.

**STRATEGY Writing**

List some adjectives that describe your strengths and your weaknesses. Then think of examples or situations to illustrate each adjective and write your composition.

| QUALITÉS | DÉFAUTS |
|---|---|
| _____ | _____ |
| _____ | _____ |

@**HOME**TUTOR
my.hrw.com

**9** 𝒫résentations

**PARLER/ÉCRIRE** Luc présente certaines personnes et montre certaines choses à ses amis. Jouez le rôle de Luc.

- Marie
- une cousine
- canadienne
- une fille géniale

C'est Marie.
C'est ma cousine.
Elle est canadienne.
C'est une fille géniale.

- ma mère
- pharmacienne
- généreuse

**1**

- Monsieur Sanchez
- mon prof d'espagnol
- mexicain
- très strict
- un bon prof

**2**

- mes voisins
- des gens intéressants
- aimables et polis

**3**

- Attila
- mon chien
- un terrier
- très intelligent

**4**

- mon vélo
- anglais
- un VTT
- trop petit pour moi

**5**

- la voiture de mon oncle
- une Renault
- une voiture française
- confortable
- économique

**6**

**2** 𝓛a personne mystérieuse

**PARLER/ÉCRIRE** En groupe de trois ou quatre, choisissez une personne connue et décrivez-la en un ou deux paragraphes.

Ensuite, lisez cette description au reste de la classe. Qui va découvrir l'identité de cette personne mystérieuse?

*Personnes connues*
- *un acteur*
- *une chanteuse*
- *une actrice*
- *un(e) athlète*
- *un chanteur*

🌐 **LESSON REVIEW**
my.hrw.com

# Lecture  Un jeu: Qui est-ce?

Quatre amies sont à la table d'un café à Paris.

Ces amies sont de quatre nationalités différentes. Il y a …

**une Française**  **une Américaine**  **une Anglaise**  **une Allemande**

Elles ont aussi des professions différentes. Il y a …

**une étudiante**  **une photographe**  **une journaliste**  **une pianiste**

Lisez ce que disent ces quatre amies et déterminez par déduction logique la nationalité et la profession de chacune.

### Sylvie

Je suis souvent à Paris pour mon travail, mais je n'habite pas à Paris. Je parle français et anglais. Je parle aussi allemand parce que mon père est allemand, mais je ne suis pas allemande. Je travaille pour un journal, mais je ne suis pas journaliste.

### Pauline

J'habite à Paris. Je parle très bien français, mais je ne suis pas française. En fait, je ne suis pas européenne. J'aime cependant l'histoire européenne, mais je ne suis pas étudiante.

Additional readings @ **my.hrw.com**
**FRENCH**
**InterActive Reader**

### Christine

Moi aussi, je suis souvent à Paris.
J'adore cette ville! Je parle français et
allemand. J'aime beaucoup la musique
mais je ne suis pas musicienne. En ce
moment, je suis en train de préparer
un article sur le jazz en Europe.

### Olga

Je suis à Paris parce que je suis
en vacances. Je parle assez bien
français. Au lycée, c'est ma matière
favorite. Je parle aussi allemand, mais
ce n'est pas ma langue maternelle.

|  | française | américaine | anglaise | allemande |
|---|---|---|---|---|
| Sylvie |  |  |  |  |
| Pauline | X |  |  |  |
| Christine |  |  |  |  |
| Olga |  |  |  |  |

### SUGGESTIONS:

• Copiez les grilles° à droite sur
  une feuille de papier.
• Pour trouver la solution, procédez
  par élimination successive.
  (Par exemple: Pauline dit qu'elle
  n'est pas française. Mettez un «X»
  dans la case° «française».)

|  | étudiante | photographe | journaliste | planiste |
|---|---|---|---|---|
| Sylvie |  |  |  |  |
| Pauline |  |  |  |  |
| Christine |  |  |  |  |
| Olga |  |  |  |  |

**grilles** *grids* **case** *box*

# Allons dans un café!

Dans l'épisode précédent, Armelle a parlé de son nouveau copain. Dans cet épisode, nous allons faire la connaissance du nouveau copain d'Armelle. Il s'appelle Pierre et il a quinze ans et demi.

**Près du lac d'Annecy**

Armelle arrive à son rendez-vous. Pierre l'attend.

Salut, Pierre! Ça va?

Oui, ça va. Et toi?

Ça va.

Qu'est-ce qu'on fait?

Je ne sais pas … on peut faire une promenade?

Tu sais, je suis un peu fatiguée.

Alors, … euh … allons dans un café.

Il y a un café là-bas.

D'accord, allons-y!

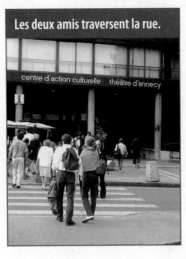

**Les deux amis traversent la rue.**

centre d'action culturelle    théâtre d'annecy

**Il y a beaucoup de circulation aujourd'hui.**

Fais attention!

@ **HOME**TUTOR
my.hrw.com

**Au café**

Tu as soif?

Oui, et j'ai faim aussi.

Tu veux un sandwich?

Non, j'ai plutôt envie d'une glace ...

**Pierre appelle le garçon.**

S'il vous plaît ...

Vous désirez?

Une glace à la framboise et un diabolo-menthe ...

Et pour vous, monsieur?

Une orange pressée. Merci!

**Le garçon apporte les boissons et la glace.**

**Soudain, Pierre voit quelqu'un.**

Tiens, regarde là-bas!

**Qui est-ce?**

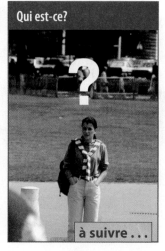

?

à suivre ...

## Compréhension

1. Comment s'appelle le nouveau copain d'Armelle?

2. Où vont Pierre et Armelle?

3. Pourquoi est-ce que Pierre doit faire attention?

4. Qu'est-ce qu'Armelle commande?°

5. Qu'est-ce que Pierre commande?

6. Qu'est-ce qui se passe° à la fin de la scène?

**commande** *order*  **se passe** *happens*

### A Les expressions avec *avoir*

Review the forms of the verb **avoir** *(to have)*.

| | |
|---|---|
| J' **ai** un portable. | Nous **avons** un rendez-vous. |
| Tu **as** un problème. | Vous **avez** une nouvelle voiture. |
| Il/Elle/On **a** un examen. | Ils/Elles **ont** beaucoup de copains. |

### VOCABULAIRE Quelques expressions avec *avoir*

▶ *How to talk about age:*

**Quel âge as**-tu?      *How old are you?*
Ma mère **a 39 ans.**      *My mother is 39 (years old).*

▶ *How to describe certain feelings and states:*

| | | |
|---|---|---|
| avoir faim/soif | *to be hungry/thirsty* | Tu **as faim**? |
| avoir chaud/froid | *to be hot, warm/cold* | Nous **avons froid.** |
| avoir raison/tort | *to be right/wrong* | Les élèves **ont tort.** |
| avoir peur | *to be afraid* | Je **n'ai pas peur.** |
| avoir sommeil | *to be sleepy, tired* | Mon frère **a sommeil.** |
| avoir de la chance | *to be lucky* | Vous **avez de la chance.** |
| avoir l'air + ADJECTIVE | *to seem, look* | Marc **a l'air** fatigué. |

▶ *How to express needs, desires and intentions:*

**avoir besoin de** + NOUN OR INFINITIVE
  **J'ai besoin d'**argent.      *I need money.*
  Nous **avons besoin de** travailler.      *We need to work.*
**avoir envie de** + NOUN OR INFINITIVE
  Alice **a envie d'**une glace.      *Alice wants an ice cream.*
  Qu'est-ce que tu **as envie de** manger?      *What do you feel like eating?*
**avoir l'intention de** + INFINITIVE
  Léa **a l'intention de** voyager.      *Léa intends to travel.*

▶ *How to ask what's wrong:*

**Qu'est-ce que tu as?**      *What's wrong (with you)?*
**Qu'est-ce qu'il y a?**      *What's the matter?*

## 1 Le bonheur *(Happiness)*

**PARLER/ÉCRIRE** Expliquez pourquoi les personnes suivantes sont heureuses.

▶ nous / un bon prof de français
**Nous avons un bon prof de français.**

1. vous / des parents généreux
2. moi / des copains sympathiques
3. toi / un nouveau portable
4. Éric / une nouvelle copine
5. nous / une grande maison
6. les profs / des élèves intelligents
7. les Lacour / des voisins aimables
8. ma soeur / un job intéressant

## 2 Oh là là!

**PARLER/ÉCRIRE** Que disent les personnes suivantes?

J'ai faim!

4+4 = 5

## 3 Projets

**PARLER/ÉCRIRE** Dites ce que les personnes suivantes ont envie de faire. Dites aussi de quoi elles ont besoin.

> une raquette
> un job
> un vélo
> un passeport
> une batte
> un maillot de bain
> un lecteur MP3
> un télescope
> dix dollars

▶ Philippe / jouer au baseball
**Philippe a envie de jouer au baseball. Il a besoin d'une batte.**

1. nous / aller à la campagne
2. Mme Lasalle / visiter l'Égypte
3. vous / nager
4. toi / écouter de la musique
5. moi / jouer au tennis
6. Hélène / regarder les étoiles *(stars)*
7. Patrick / gagner de l'argent
8. mes copains / manger une pizza

**B** **Les expressions avec *faire***

Review the forms of the verb **faire** *(to do).*

| | | | | | |
|---|---|---|---|---|---|
| Je | **fais** | un sandwich. | Nous | **faisons** | attention. |
| Tu | **fais** | tes devoirs. | Vous | **faites** | un voyage. |
| Il/Elle/On | **fait** | une promenade. | Ils/Elles | **font** | la vaisselle. |

**Faire** is one of the most common French verbs. Its basic meaning is *to do, to make.*

Qu'est-ce que **tu fais**?    *What are you doing?*

**VOCABULAIRE**    **Quelques expressions avec *faire***

▶ *How to talk about activities one is engaged in:*

faire $\left\{ \begin{array}{l} \text{du} \\ \text{de la} \\ \text{des} \end{array} \right\}$ + SCHOOL SUBJECT    *to study*

+ SPORT OR PASTIME    *to be active in, to do*

Nous **faisons de l'anglais.**
Mes amis **font du roller.**
Il **fait de la photo.**

→ In negative sentences, **faire du, de la, des (de l')** become **faire de (d').**

—Vous **faites de la** gymnastique aujourd'hui?
—Non, nous **ne faisons pas de** gymnastique.

▶ *How to talk about many common activities:*

| | | |
|---|---|---|
| **faire attention** | *to pay attention, be careful* | **Fais attention!** |
| **faire ses devoirs** | *to do one's homework* | Tu **fais tes devoirs.** |
| **faire une promenade** | *to go for a walk, ride* | Je **fais une promenade.** |
| **faire la cuisine** | *to cook, to do the cooking* | Nous **faisons la cuisine.** |
| **faire la vaisselle** | *to do the dishes* | Qui **fait la vaisselle**? |
| **faire les courses** | *to do the (food) shopping* | Papa **fait les courses.** |

**4** *Qu'est-ce qu'ils font?*

**PARLER/ÉCRIRE** Complétez les dialogues et dites ce que font les personnes suivantes.

| 1. | 2. | 3. | 4. |
|---|---|---|---|
|  |  |  |  |
| —Qu'est-ce que vous … ?<br>—Nous … | —Qu'est-ce que tu … ?<br>—Je … | —Qu'est-ce qu'il … ?<br>—Il … | —Qu'est-ce qu'elles … ?<br>—Elles … |

@ **HOME**TUTOR
**my.hrw.com**

## ⑤ Études professionnelles

**PARLER/ÉCRIRE** Pour chaque personne, choisissez un sujet d'étude et une profession.

| PERSONNES | SUJETS D'ÉTUDE | PROFESSIONS |
|---|---|---|
| Éric | l'informatique | artiste |
| Véronique | la biologie | avocat(e) |
| Sylvie | les arts plastiques | chimiste |
| mon copain | l'allemand | interprète |
| ma copine | la chimie | programmeur (programmeuse) |
| la fille des voisins | le droit *(law)* | médecin |

▶ Éric fait de la chimie. Il veut être chimiste.

## ⑥ Conversation

**PARLER** Demandez à vos camarades s'ils font les choses suivantes. (Vous pouvez continuer la conversation avec des questions comme **où? quand? avec qui?**)

▶ le ski

1. le jogging
2. la gymnastique
3. la photo
4. le camping
5. le vélo
6. le ski nautique
7. le skate
8. le théâtre
9. la danse
10. le roller

Tu fais du ski?

Oui, je fais du ski.

(Non, je ne fais pas de ski.)

Quand?

Pendant les vacances d'hiver.

Où?

Dans le Colorado.

## ⑦ Questions personnelles  **PARLER/ÉCRIRE**

1. Fais-tu des maths? de l'espagnol? de la chimie? de l'informatique?
2. En général, quand fais-tu tes devoirs, avant ou après le dîner?
3. Est-ce que tu fais attention quand le professeur parle? quand tu as un examen? quand tu traverses *(cross)* la rue?
4. Qui fait les courses dans ta famille? dans quel supermarché?
5. Est-ce que tu aimes faire la cuisine? Quelles sont tes spécialités?
6. Est-ce que tu fais la vaisselle de temps en temps *(from time to time)*? Généralement, qui fait la vaisselle chez toi?
7. Est-ce que tu aimes faire des promenades? Quelles sortes de promenades fais-tu? des promenades à pied? à vélo? en voiture?

## C Les questions avec inversion

There are several ways of asking questions in French. When the <u>subject</u> of the sentence is a <u>pronoun</u>, questions can be formed by INVERTING (that is, *reversing the order* of) the subject and the verb.

Compare the two ways of asking the same question:

| WITH INTONATION | WITH INVERSION |
|---|---|
| **Tu as** un vélo? | **As-tu** un vélo? |
| **Vous êtes** français? | **Êtes-vous** français? |
| **Elle vend** des ordinateurs? | **Vend-elle** des ordinateurs? |
| **Ils habitent** à Québec? | **Habitent-ils** à Québec? |

YES/NO QUESTIONS can be formed with inversion according to the pattern:

> VERB + SUBJECT PRONOUN (+ REST OF SENTENCE)
>
> **Parlez-vous** français?

→ In inverted questions, the verb and the subject pronoun are joined with a hyphen.

→ In inverted questions, the sound / t / is pronounced between the verb and the subject pronouns **il, elle, ils, elles,** and **on.**

Note that if the **il/elle/on**-form of the verb ends in a vowel, the letter **-t-** is inserted between the verb and the pronoun.

> Il a un job.  **A-t-il** un bon job?
>
> Elle travaille.  **Travaille-t-elle** beaucoup?

INFORMATION QUESTIONS are formed with inversion according to the pattern:

> INTERROGATIVE EXPRESSION + VERB + SUBJECT PRONOUN (+ REST OF SENTENCE)
>
> Où **habites-tu?**       Avec qui **dînez-vous** ce soir?
> Quand **travaille-t-il?**   Pourquoi **sont-ils** en retard?

### 8 Conversation

**PARLER** Posez des questions à vos camarades. Utilisez l'inversion.

▶ où / habiter?

1. dans quelle rue / habiter?
2. à quels sports / jouer?
3. quand / faire tes devoirs?
4. quelle classe / préférer?
5. combien de frères et de soeurs / avoir?
6. quels programmes / regarder à la télé?
7. quel type de musique / aimer?
8. dans quel magasin / acheter ton sac?

J'habite à Marseille (à Memphis ... ).

Où habites-tu?

**9** **Conversation**

**PARLER** Demandez à vos camarades de parler des personnes suivantes en utilisant l'inversion.

▶ ton copain
  • aimer la musique?
—Parle-moi de ton copain.
—D'accord!
—Aime-t-il la musique?
—Oui, il aime la musique.
  (Non, il n'aime pas
  la musique.)

**1.** ta copine
  • être sportive?
  • faire du jogging?
  • avoir un vélo?

**2.** tes voisins
  • être sympathiques?
  • avoir des enfants?
  • parler français?

**3.** ta tante
  • habiter à Denver?
  • parler français?
  • être professeur?

**4.** tes cousins
  • aimer le rock?
  • avoir beaucoup de CD?

# À votre tour!

**OBJECTIFS**

Now you can ...
• talk about your activities
• express your feelings

*Digital* **performance))space**

**1** **Situation: Au Café**

**PARLER** You are in a café in Paris with your partner. Ask your partner ...
  • if he/she is thirsty
  • if he/she is hungry
  • if he/she feels like eating a sandwich
  • what he/she feels like doing afterwards **(après)**
  • what he/she intends to do tonight **(ce soir)**

**2** **Correspondance**

**ÉCRIRE** You have just gotten a new French e-mail pal. Write a letter describing yourself and your favorite activities. Ask your French friend for corresponding information. Mention:

  • your name
  • how old you are
  • how many brothers and sisters you have
  • a few artistic activities you do
  • a few outdoor activities
  • a few things you do to help at home

▶ Je m'appelle [Nico]. Et toi?

**ACTIVITÉS ARTISTIQUES**
le piano
le dessin (art)
la poterie
la photo
la danse
??

**ACTIVITÉS EXTÉRIEURES**
le VTT
le roller
la photo
le skate
le vélo
le jogging
la natation
le ski
??

**LESSON REVIEW**
my.hrw.com

# Lecture
# Les objets parlent!

Il est minuit. Est-ce que tout le monde° dort?° Non, les différents objets de la maison n'ont pas sommeil aujourd'hui. Ils parlent de leur travail. Chacun° décrit ce qu'il fait d'une façon° humoristique. Lisez ce qu'il dit. Pouvez-vous deviner° quel est l'objet qui parle?

**tout le monde** *everyone*    **dort** *is asleep*    **Chacun** *Each one*    **d'une façon** *in a manner*    **deviner** *guess*

**1. la voiture**

**2. le téléviseur**

**3. le réfrigérateur**

**4. le lave-vaisselle**

**5. la cuisinière**

**6. le radiateur**

**A**

Quand il fait froid, vous avez besoin de moi parce que j'ai chaud. Quand il fait chaud, j'ai froid et vous n'avez pas besoin de moi. Je travaille pour vous en hiver. En été, j'ai sommeil et je dors.°

**je dors** *I sleep*

**B**

Je n'ai pas froid et je n'ai pas chaud. Je n'ai pas soif et je n'ai pas très faim. En général, je ne travaille pas quand vous travaillez, mais je travaille quand vous ne travaillez pas. Je finis mon travail quand vous avez sommeil.

**C**

Je n'ai jamais chaud. J'ai froid en hiver et j'ai froid en été aussi. Je n'ai pas de chance parce que je dois travailler pour vous le jour et la nuit. Je n'ai jamais sommeil.

**D**

Je travaille dans votre cuisine. En général, je travaille avant le dîner. Quand je travaille, j'ai toujours chaud. Et quand j'ai chaud, vous devez faire attention!

**E**

Je travaille aussi dans votre cuisine. Vous avez besoin de moi après le dîner, surtout° si vous n'avez pas envie de faire la vaisselle. J'ai toujours très soif. Et quand je finis mon travail, j'ai très chaud.

**surtout** *especially*

**F**

Pendant la semaine vous avez besoin de moi pour aller à votre travail. Le week-end, vous avez besoin de moi pour faire les courses. Je travaille aussi pour vous quand vous avez envie de faire une promenade à la campagne.° Je n'ai pas faim, mais j'ai soif de temps en temps.

**la campagne** *the countryside*

# Ça, c'est drôle!

Dans l'épisode précédent, Pierre et Armelle sont allés dans un café. Pendant la conversation, Pierre a remarqué quelqu'un dans la rue.

Qui est la personne que Pierre a vue? C'est Corinne qui revient de la bibliothèque.

Tu vois la fille qui vient là-bas? C'est ma cousine.

Ça, par exemple! Corinne est ta cousine?

Ouais. Tu connais Corinne?

Bien sûr! C'est ma meilleure amie.

Ça, c'est drôle! On invite Corinne?

Oui, si tu veux.

Attends une minute. Je vais la chercher.

Pierre traverse la rue pour retrouver Corinne.

Eh bien, qu'est-ce que tu fais là?

Je viens de la bibliothèque. Et toi?

Et moi, je viens du café d'en face …

@**HOME**TUTOR
my.hrw.com

Tu es là depuis longtemps?

Non, je viens d'arriver … Enfin, je suis là depuis vingt minutes. Tu viens prendre un pot?

Ah, je dois rentrer chez moi.

Allez, allez … Viens donc! Je vais te présenter à ma copine.

Tiens, tu as une copine maintenant!

Eh bien, oui … Allez, viens, viens!

Au café, Corinne est très surprise de revoir son amie Armelle.

Corinne sait maintenant qui est le nouveau copain d'Armelle.

Alors, si je comprends bien, ton nouveau copain …

Eh bien, c'est ton cousin Pierre!

Corinne s'installe au café et les trois amis continuent leur conversation.

## Compréhension

1. Qui est la personne qui passe dans la rue?

2. Pourquoi est-ce qu'Armelle est surprise?

3. Que fait Pierre ensuite?°

4. Qu'est-ce que Pierre propose à Corinne? Est-ce que Corinne accepte?

5. Pourquoi est-ce que Corinne est surprise quand elle voit Armelle?

**ensuite** *next*

AVANT

OÙ VAS-TU?

À LA MONTAGNE. JE VAIS FAIRE DU SKI!

APRÈS

D'OÙ VIENS-TU?

DE LA MONTAGNE. JE VIENS DE FAIRE DU SKI!

---

### A  Le verbe *aller*; la construction *aller* + infinitif

Review the forms of the verb **aller** *(to go)* in the following sentences.

| aller | | | aller + INFINITIVE | | |
|---|---|---|---|---|---|
| Je | **vais** | à la plage. | Je | **vais nager** | à la piscine. |
| Tu | **vas** | chez toi. | Tu | **vas dîner** | au restaurant. |
| Alice | **va** | au stade. | Elle | **va regarder** | un match de foot. |
| Nous | **allons** | à Paris. | Nous | **allons visiter** | le musée d'Orsay. |
| Vous | **allez** | au musée. | Vous | **allez regarder** | des sculptures. |
| Mes amis | **vont** | au café. | Ils | **vont retrouver** | des copains. |

To express what they ARE GOING (OR NOT GOING) TO DO, the French use the construction:

> **aller** + INFINITIVE

Je **vais jouer** au foot.  *I **am going to play** soccer.*
Nous **n'allons pas travailler**.  *We **are not going to work**.*

→ Note the expression:

| **aller chercher** | *to go get* | Alice **va chercher** son cousin à l'aéroport. |
|---|---|---|
| | *to pick up* | Je dois **aller chercher** un livre à la bibliothèque. |

## 1 Où et comment?

**PARLER/ÉCRIRE** Dites où vont les personnes suivantes.
Dites aussi comment elles vont à chaque endroit
en utilisant l'une des expressions à droite.

| à pied | à vélo | en bus | en taxi |
| en voiture | en métro | en avion | |

▶ les élèves / au lycée
**Les élèves vont au lycée.**
**Ils vont au lycée en bus (à vélo, en métro ... ).**

1. moi / en ville
2. mon copain / à l'école
3. nous / à la campagne *(countryside)*
4. les voisins / au supermarché
5. les touristes / à l'aéroport
6. ma mère / à son travail
7. vous / à Fort-de-France
8. toi / en France

## 2 Bonnes décisions

**PARLER/ÉCRIRE** Pour le premier janvier, les personnes suivantes prennent
de bonnes décisions. Dites si oui ou non elles vont faire les choses suivantes.

▶ Monsieur Laboule / grossir?
**Il ne va pas grossir.**

1. moi / réussir à mes examens?
2. toi / être en retard?
3. les élèves / étudier?
4. nous / écouter le prof?
5. Monsieur Nicot / fumer *(smoke)*?
6. vous / faire attention en classe?
7. Christine / regarder des films stupides?
8. la secrétaire / perdre *(waste)* son temps?

## 3 Qu'est-ce qu'ils vont aller chercher?

**PARLER/ÉCRIRE** Dites ce que les personnes suivantes vont aller chercher.

▶ J'ai soif.     **Je vais aller chercher un jus de fruit.**

les billets *(tickets)*
son passeport
des CD de rock
un pull
un sandwich
un jus de fruit

1. Tu as froid.
2. Nous organisons une soirée.
3. François va aller au Japon.
4. Vous allez au concert.
5. Les enfants ont faim.

## 4 Aller, avoir ou faire?

**ÉCRIRE** Complete the following sentences with the appropriate forms of **aller,
avoir** and **faire.** Be logical in your choice of verbs.

1. Charlotte — une raquette. Elle — sur le court. Elle — un match de tennis.
2. Nous — au supermarché. Nous — les courses. Nous — besoin d'argent pour payer.
3. Tu — une promenade. Tu — en ville. Tu — rendez-vous avec une copine.
4. Je — dans ma chambre. Je — mes devoirs. Je (J') — une classe demain.
5. Vous — un passeport. Vous — un voyage. Vous — au Canada.
6. Mes copains — besoin d'exercice. Ils — au parc. Ils — du jogging.

### B  Le verbe *venir;* la construction *venir de* + infinitif

Review the forms of **venir** *(to come)* in the following sentences.

|         |       |        |              |            |           |             |
|---------|-------|--------|--------------|------------|-----------|-------------|
| **PRESENT** | Je | **viens** | du café. | Nous | **venons** | du restaurant. |
|         | Tu | **viens** | de la plage. | Vous | **venez** | de l'hôtel. |
|         | Alice | **vient** | de Lyon. | Mes amis | **viennent** | du stade. |

→ The following verbs are conjugated like **venir:**

| **devenir** | *to become* | Vous **devenez** très bons en français! Bravo! |
|-------------|-------------|------------------------------------------------|
| **revenir** | *to come back* | Ma copine **revient** de Monaco demain! |

To express what they HAVE JUST DONE, the French use the construction:

> **venir de** + INFINITIVE

Je **viens de rencontrer** Marc.              *I (have) just met Marc.*
Ton frère **vient de téléphoner.**           *Your brother (has) just called.*
Mes copains **viennent d'arriver.**          *My friends (have) just arrived.*

MES AMIS VIENNENT DU STADE.

MES AMIS VIENNENT D'ARRIVER.

### 5  Qui vient?

**PARLER/ÉCRIRE**  Philippe veut savoir qui vient à sa boum. Complétez les dialogues avec les formes appropriées de **venir.**

1. —Est-ce que tu … ?
   —Bien sûr, je …

2. —Et vous, est-ce que vous … ?
   —Non, nous ne … pas. Nous allons chez nos cousins ce jour-là.

3. —Marc et Véronique … , n'est-ce pas?
   —Bien sûr, ils … Ils aiment danser.

4. —Est-ce que Pauline … ?
   —Non, elle ne … pas. Elle est malade *(sick)*.

**6** *Qu'est-ce qu'ils viennent de faire?*

**PARLER/ÉCRIRE** Regardez les illustrations et dites ce que les personnes viennent de faire. Utilisez votre imagination!

▶ Maxime vient de jouer au tennis.
(Maxime vient de perdre son match.)

▶ Maxime

**1.** Christine

**2.** M. Lebrun

**3.** Sabine

**4.** M. et Mme Masson

**5.** mes copains

**7** *Avant et après*

**PARLER/ÉCRIRE** Dites ce que les personnes de la colonne A viennent de faire en choisissant une activité de la colonne B. Dites ce qu'elles vont faire après, en choisissant une activité de la colonne C.

| A | B | C |
|---|---|---|
| moi | dîner | nager |
| toi | mettre *(set)* la table | dîner |
| nous | faire les courses | regarder la télé |
| Monsieur Leblanc | arriver à la plage | téléphoner à la police |
| mes copains | arriver à la maison | préparer le dîner |
| vous | avoir un accident | acheter une moto |
| | gagner à la loterie | aller au cinéma |
| | finir les devoirs | rentrer à la maison |

▶ Je viens de dîner. Je vais aller au cinéma (regarder la télé).

## C  Le présent avec *depuis*

Read the following pairs of sentences. In each pair, the first sentence describes what people <u>are doing</u>. The second sentence describes how long they <u>have been doing</u> this. Compare the verbs in French and English:

| | |
|---|---|
| Nous **habitons** à Genève. | *We **live** in Geneva.* |
| Nous **habitons** à Genève **depuis mai.** | *We **have been living** in Geneva **since May.*** |
| J'**étudie** le français. | *I **am studying** French.* |
| J'**étudie** le français **depuis deux ans.** | *I **have been studying** French **for two years.*** |

To express what people have been doing <u>since</u> or <u>for</u> a certain time, the French use the construction:

| PRESENT + **depuis** + { | DURATION OF ACTIVITY | Je **travaille** ici **depuis** cinq jours. |
|---|---|---|
| | STARTING POINT IN TIME | Je **travaille** ici **depuis** lundi. |

→ Note the interrogative expressions:

| **depuis quand?** | *since when?* | **Depuis quand** es-tu ici? |
|---|---|---|
| **depuis combien de temps?** | *how long?* | **Depuis combien de temps** attends-tu? |

### 8 *Expression personnelle*

**PARLER/ÉCRIRE** Complétez les phrases suivantes avec l'une des expressions suggérées.

1. Je fais du français …
2. Je vais dans ce lycée …
3. Je connais mon meilleur copain (ma meilleure copine) …
4. Nous habitons dans notre maison (notre appartement) …
5. Mes voisins habitent ici …
6. J'ai un vélo …

- depuis moins *(less)* d'un an
- depuis plus *(more)* d'un an
- depuis plus de deux ans
- depuis plus de cinq ans
- depuis plus de dix ans

### 9 *Depuis quand?*

**PARLER** Dites depuis quand les personnes suivantes font certaines choses.

▶ vous/attendre le bus/dix minutes

J'attends le bus depuis dix minutes.

1. ma cousine / être infirmière / décembre
2. Monsieur Arnaud / travailler pour Air France / deux ans
3. vous / utiliser cet ordinateur / six semaines
4. nous / faire de l'informatique / trois mois
5. ma tante / être avocate / six ans
6. nos voisins / venir dans ce club / juin

# À votre tour!

**OBJECTIFS**

Now you can . . .
• talk about your plans
• say what you have just done

Digital **performance))space**

## 1 Conversation dirigée

**PARLER** Vincent rencontre sa cousine Aurélie dans un café. Jouez les deux rôles.

| Vincent | | | Aurélie |
|---|---|---|---|
| | Says hello to Aurélie and asks her what she is doing. | → ← | Says she is waiting for her friend Philippe. |
| | Asks her how long she has been waiting. | → ← | Answers since 3 o'clock. |
| | Asks her what she is going to do if (**si**) Philippe does not come. | → ← | Says that she is going to go to a movie. |
| | Asks if he can come with her. | → | Says of course and suggests that they go to the movies now. |

## 2 Dans la rue

**PARLER** It is Saturday afternoon. You meet your partner in town. Ask your partner …
- where he/she is coming from
- what he/she has just been doing
- where he/she is going to go now
- what he/she is going to do

## 3 Depuis quand?

**PARLER/ÉCRIRE** Demandez à cinq personnes différentes depuis combien de temps elles habitent dans votre ville. Donnez les résultats de votre enquête oralement ou par écrit.

| Ma ville: | |
|---|---|
| Nom: | |
| 1. Éric | habite ici depuis … |
| 2. | |
| 3. | |

## 4 Le week-end prochain

**ÉCRIRE/PARLER** Dans un court paragraphe, décrivez vos projets pour le week-end prochain. Ensuite, comparez vos réponses avec les réponses de vos camarades. Vous pouvez mentionner …
- où vous allez aller (quand et avec qui)
- ce que vous allez faire
- ce que vous n'allez pas faire

LESSON REVIEW
my.hrw.com

# Lecture  Un déjeuner gratuit

Un jeune homme et une jeune fille sont dans un restaurant. Ils viennent de déjeuner. Qui va payer le repas?° «C'est simple, dit le jeune homme, nous allons jouer à un jeu.° Regardons les personnes qui passent dans la rue. Nous allons essayer° de deviner° où vont aller ces personnes. Si je devine correctement leur destination, c'est toi qui paies. Si tu devines correctement, c'est moi qui paie.» «D'accord!» répond la jeune fille.

Cinq personnes passent dans la rue.

- La première personne est un homme avec un paquet.°
- La seconde personne est une dame très élégante.
- La troisième personne est un jeune homme aux cheveux longs.°
- La quatrième personne est une petite fille de douze ans.
- La cinquième personne est une vieille dame avec une canne.

«Puisque° j'ai inventé le jeu, c'est moi qui vais commencer», dit le jeune homme. «Bon, d'accord, dit la jeune fille. Quels sont tes pronostics?»

«Eh bien, voilà, répond le jeune homme, ce n'est pas très difficile.

- L'homme avec le paquet va aller à la poste.
- La dame élégante va aller à la parfumerie.
- Le jeune homme aux cheveux longs va aller chez le coiffeur.
- La petite fille va aller à la pâtisserie.
- La vieille dame va aller à la pharmacie.»

«Tes choix sont logiques, dit la jeune fille, mais je crois° que tu as tort. Voici mes pronostics:

- L'homme avec le paquet va aller à la pâtisserie.
- La dame élégante va aller à la pharmacie.
- Le jeune homme aux cheveux longs va aller à la parfumerie.
- La petite fille va aller chez le coiffeur.
- La vieille dame va aller à la poste.»

**repas** *meal* **jeu** *game* **essayer** *to try* **deviner** *to guess* **paquet** *package*
**aux cheveux longs** *with long hair* **Puisque** *Since* **crois** *believe*

«Tu as vraiment beaucoup d'imagination, dit le jeune homme à la jeune fille. J'espère° aussi que tu as assez d'argent pour payer mon repas!»

«Tu es vraiment très sûr de toi, répond la jeune fille. Avant de° déclarer victoire, regarde donc où vont les cinq passants!»

Le jeune homme et la jeune fille regardent les cinq personnes aller à leur destination. Comme° la jeune fille l'a prédit,° l'homme avec le paquet va à la pâtisserie. La dame élégante va à la pharmacie. Le jeune homme aux cheveux longs va à la parfumerie. La petite fille va chez le coiffeur. La vieille dame va à la poste.

«Alors, qui a gagné?» demande la jeune fille.

«Euh … eh bien, c'est toi. Mais vraiment, tu as une chance extraordinaire! Comment est-ce que tu as pu deviner correctement la destination de chaque personne?»

«Ce n'est pas par chance. J'habite dans ce quartier° depuis dix ans. Alors, je connais° tout le monde° ici … L'homme avec le paquet est allé à la pâtisserie parce que c'est lui le pâtissier. La dame élégante est allée à la pharmacie parce que son fils est malade. La petite fille est allée chez le coiffeur pour voir son père qui est le propriétaire° de la boutique. La vieille dame est allée à la poste parce qu'elle écrit° tous les jours à son petit-fils qui habite au Japon.»

«Et le jeune homme aux cheveux longs?»

«Ah oui, le jeune homme aux cheveux longs … Et bien, c'est mon fiancé et demain, c'est mon anniversaire. Alors, j'ai pensé° qu'il m'achèterait° un petit cadeau … Voilà, c'est très simple. Et merci pour cet excellent repas!»

### Avez-vous compris?

**Qui sont ces personnes?**

1. L'homme avec le paquet est …
   a. le pâtissier
   b. le coiffeur
   c. un étudiant

2. La dame très élégante va acheter …
   a. des croissants
   b. des médicaments
   c. des timbres *(stamps)*

3. Le jeune homme aux cheveux longs est …
   a. le fils de la dame élégante
   b. le fiancé de la jeune fille
   c. le pâtissier

4. La petite fille de douze ans est …
   a. la soeur du jeune homme
   b. la nièce de la dame élégante
   c. la fille du coiffeur

5. La vieille dame a un petit-fils qui …
   a. est au Japon
   b. travaille à la poste
   c. est malade

**espère** *hope* **Avant de** *Before* **Comme** *As* **a prédit** *predicted*
**quartier** *neighborhood* **connais** *know* **tout le monde** *everyone*
**propriétaire** *owner* **écrit** *writes* **ai pensé** *thought* **achèterait** *would buy*

# Tests de contrôle

By taking the following tests, you can check your progress in French and also prepare for the unit test. Write your answers on a separate sheet of paper.

**1** **L'intrus** *(The intruder)*

**Review...**
• vocabulary: pp. 32-34, 37, 47-48

In each of the following categories, there is an item that does not fit. It is the intruder. Find it.

|  |  |  |  |  |
|---|---|---|---|---|
| Objets: | voiture | ~~copain~~ | portable | guitare |
| **1.** Personnes: | voisin | copine | maison | camarade |
| **2.** Identité: | nom | prénom | âge | argent |
| **3.** Famille: | mari | voisin | neveu | petit-fils |
| **4.** Nationalités: | russe | mignon | chinois | suisse |
| **5.** Professions: | ordinateur | écrivain | avocat | comptable |
| **6.** Qualités: | aimable | pénible | ambitieux | génial |
| **7.** Défauts *(faults):* | impoli | égoïste | paresseux | juste |

**2** **Le bon adjectif**

**Review...**
• adjective forms: pp. 46, 48

Complete the following descriptions with the appropriate forms of the adjectives in parentheses.

|  |  |  |
|---|---|---|
| **1.** (japonais) | une voiture … | des ordinateurs … |
| **2.** (riche) | un homme … | des personnes … |
| **3.** (généreux) | une tante … | des grands-parents … |
| **4.** (original) | une artiste … | des écrivains … |
| **5.** (ponctuel) | des garçons … | des filles … |
| **6.** (sportif) | une amie … | des copains … |
| **7.** (canadien) | ma cousine … | mes copines … |

**3** **Le bon verbe**

**Review...**
• irregular verbs: pp. 44, 56, 58, 66, 68

Complete the following sentences with the appropriate forms of the verbs in parentheses.

|  |  |  |
|---|---|---|
| **1.** (être) | Nous — américains. | Mes cousins — français. |
| **2.** (avoir) | Tu — quinze ans. | Quel âge — tes cousins? |
| **3.** (faire) | Vous — un barbecue. | Les voisins — un pique-nique. |
| **4.** (aller) | Je — à un concert. | Mes amis — à un match de foot. |
| **5.** (venir) | Mon copain — chez moi. | Les touristes — au musée. |

## 4 Contextes et dialogues

Choose the logical completions.

**Review...**
• expressions and constructions: pp. 44, 56, 58, 66, 68, 70

**1.** *Thomas parle avec Émilie.*

**T:** Tu (**as / es**) faim?

**E:** Non, je (**vais / viens de**) dîner.

**T:** Est-ce que tu as (**envie / besoin**) d'aller au cinéma?

**E:** Oui, je voudrais voir «Casablanca».

**T:** Tu as (**tort / raison**). C'est un très bon film. À quelle heure est-ce qu'il commence?

**E:** À huit heures.

**T:** Oh là là! Il est huit heures dix. Nous sommes (**en retard/ en avance**)!

**2.** *Laura arrive seule (alone) à la boum de Nicolas.*

**N:** Comment? Tu ne (**viens / vas**) pas avec ton frère?

**L:** Non, il est à la maison.

**N:** Qu'est-ce qu'il (**va / fait**)?

**L:** Il (**est en train / vient**) d'étudier.

**N:** Pourquoi?

**L:** Il a (**envie / besoin**) de préparer l'examen de maths.

**N:** Ah, dommage!

**3.** *Marc parle à Lise, une nouvelle copine.*

**M:** Tu (**vas / viens**) de Québec?

**L:** Oui, je suis canadienne.

**M:** (**Quand / Depuis quand**) est-ce que tu habites à Québec?

**L:** Depuis toujours. C'est la ville où (**je suis née / j'habite**).

**4.** *Pauline rencontre son copain Daniel.*

**P:** Oh là là, tu (**regardes / as l'air**) fatigué.

**D:** C'est vrai. Je (**vais / viens de**) faire un match de foot.

**P:** Est-ce que tu as (**besoin / envie**) d'un soda?

**D:** Ah oui, j'ai très (**soif / faim**).

## 5 Composition: Un copain / Une copine

*Digital performance space*

Write a paragraph of eight sentences describing a friend of yours. Be sure to mention:

• your friend's name
• how old he/she is
• his/her nationality
• where he/she lives

• how long he/she has lived there
• two personality traits
• two physical traits
• if he/she is a very good friend

---

**STRATEGY Writing**

| **1** | **2** | **3** |
|---|---|---|
| Make notes in French listing the above information. | Organize your ideas and write your paragraph. | Read over your paragraph checking spelling and agreement. |

# Vocabulaire

## POUR COMMUNIQUER

### Introducing people

| | |
|---|---|
| **Je te présente …** | *I introduce to you …* |
| **Je voudrais vous présenter …** | *I would like to introduce … to you.* |
| **Enchanté(e).** | *Glad to meet you.* |

### Talking about future plans

| | |
|---|---|
| **Qu'est-ce que tu voudrais faire plus tard?** | *What would you like to do later on?* |
| **Je voudrais être [médecin].** | *I'd like to be [a doctor].* |

### Making a phone call

| | |
|---|---|
| **Est-ce que je pourrais parler à … ?** | *Could I speak to … ?* |
| **Ne quittez pas.** | *Hold on.* |
| **Je suis désolé(e) …** | *I am sorry …* |
| **Je rappellerai.** | *I'll call back.* |

### Asking what's wrong

| | |
|---|---|
| **Qu'est-ce que tu as?** | *What's wrong (with you)?* |
| **Qu'est-ce qu'il y a?** | *What's the matter?* |

## MOTS ET EXPRESSIONS

### L'identité

| | | | |
|---|---|---|---|
| **l'âge** | *age* | **une adresse** | *address* |
| **un domicile** | *place of residence* | **la date** | *date* |
| **le lieu** | *place* | **la date de naissance** | *birthday* |
| **un nom** | *name, last name* | **une nationalité** | *nationality* |
| **un numéro de téléphone** | *phone number* | **une profession** | *profession* |
| **un prénom** | *first name* | | |

### Les gens

| | | | |
|---|---|---|---|
| **un ami** | *friend* | **une amie** | *friend* |
| **un copain** | *friend* | **une copine** | *friend* |
| **un camarade** | *classmate, friend* | **une camarade** | *classmate, friend* |
| **un voisin** | *neighbor* | **une voisine** | *neighbor* |
| **les gens** | *people* | **une personne** | *person* |

### La famille

| | | | |
|---|---|---|---|
| **un parent** | *parent, relative* | **une famille** | *family* |
| **un enfant** | *child* | **une enfant** | *child* |
| **le mari** | *husband* | **la femme** | *wife* |
| **le père** | *father* | **la mère** | *mother* |
| **le beau-père** | *stepfather, father-in-law* | **la belle-mère** | *stepmother, mother-in-law* |
| **le fils** | *son* | **la fille** | *daughter* |
| **le frère** | *brother* | **la soeur** | *sister* |
| **le demi-frère** | *stepbrother, half brother* | **la demi-soeur** | *stepsister, half sister* |
| **l'oncle** | *uncle* | **la tante** | *aunt* |
| **le cousin** | *cousin* | **la cousine** | *cousin* |
| **le neveu** | *nephew* | **la nièce** | *niece* |
| **le grand-père** | *grandfather* | **la grand-mère** | *grandmother* |
| **le petit-fils** | *grandson* | **la petite-fille** | *granddaughter* |

## Les professions

| | | |
|---|---|---|
| un acteur | une actrice | actor (actress) |
| un avocat | une avocate | lawyer |
| un cinéaste | une cinéaste | filmmaker |
| un comptable | une comptable | accountant |
| un dentiste | une dentiste | dentist |
| un dessinateur | une dessinatrice | designer, draftsperson |
| un docteur | [un docteur] | doctor |
| un écrivain | [un écrivain] | writer |
| un employé de bureau | une employée de bureau | office worker |
| un homme d'affaires | une femme d'affaires | businessperson |
| un infirmier | une infirmière | nurse |
| un informaticien | une informaticienne | computer specialist |
| un ingénieur | [un ingénieur] | engineer |
| un journaliste | une journaliste | journalist |
| un mannequin | [un mannequin] | fashion model |
| un médecin | [un médecin] | doctor |
| un patron | une patronne | boss |
| un pharmacien | une pharmacienne | pharmacist |
| un photographe | une photographe | photographer |
| un programmeur | une programmeuse | programmer |
| un secrétaire | une secrétaire | secretary |
| un technicien | une technicienne | technician |
| un vendeur | une vendeuse | salesperson |
| un vétérinaire | une vétérinaire | veterinarian |
| | | |
| un bureau | | office |

## Adjectifs

| | | | | |
|---|---|---|---|---|
| actif (-ive) | active | libéral (pl. -aux) | liberal |
| aimable | pleasant, nice | malheureux (-euse) | unhappy |
| ambitieux (-euse) | ambitious | meilleur | best |
| bête | dumb, silly | mignon(ne) | cute |
| consciencieux (-euse) | conscientious | musicien(ne) | musical |
| content | happy | naïf (-ïve) | naive |
| curieux (-euse) | curious | original (pl. -aux) | original |
| drôle | funny | paresseux (-euse) | lazy |
| égoïste | selfish | pauvre | poor |
| ennuyeux (-euse) | boring | pénible | boring |
| généreux (-euse) | generous | poli | polite |
| génial (pl. -aux) | great | ponctuel(le) | punctual |
| heureux (-euse) | happy | riche | rich |
| imaginatif (-ive) | imaginative | sensible | sensitive |
| impoli | impolite | sérieux (-euse) | serious |
| impulsif (-ive) | impulsive | spirituel(le) | witty |
| injuste | unfair | sportif (-ive) | athletic |
| intellectuel(le) | intellectual | sympathique, sympa | nice |
| intuitif (-ive) | intuitive | timide | shy |
| juste | fair | triste | sad |

### Adjectifs qui précèdent le nom

| | | | |
|---|---|---|---|
| beau (belle) | *beautiful* | mauvais | *bad* |
| bon (bonne) | *good* | nouveau (nouvelle) | *new* |
| grand | *big* | petit | *small* |
| jeune | *young* | vieux (vieille) | *old* |
| joli | *pretty* | | |

### Adjectifs de nationalité

| | | | |
|---|---|---|---|
| allemand(e) | *German* | français(e) | *French* |
| américain(e) | *American* | haïtien(ne) | *Haitian* |
| anglais(e) | *English* | indien(ne) | *Indian* |
| belge | *Belgian* | italien(ne) | *Italian* |
| cambodgien(ne) | *Cambodian* | japonais(e) | *Japanese* |
| canadien(ne) | *Canadian* | mexicain(e) | *Mexican* |
| chinois(e) | *Chinese* | portoricain(e) | *Puerto Rican* |
| coréen(ne) | *Korean* | russe | *Russian* |
| cubain(e) | *Cuban* | suisse | *Swiss* |
| espagnol(e) | *Spanish* | vietnamien(ne) | *Vietnamese* |

### Adjectifs: la famille

| | | | |
|---|---|---|---|
| célibataire | *single* | plus âgé(e) | *older* |
| divorcé(e) | *divorced* | plus jeune | *younger* |
| marié(e) | *married* | unique | *only* |

### Expressions avec *être*

| | | | |
|---|---|---|---|
| être d'accord (avec) | *to agree (with)* | être à l'heure | *to be on time* |
| être en train de + INFINITIVE | *to be busy …* | être en avance | *to be early* |
| être à + NAME OF PERSON | *to belong to …* | être en retard | *to be late* |

### Expressions avec *avoir*

| | | | |
|---|---|---|---|
| avoir de la chance | *to be lucky* | avoir l'air + ADJECTIVE | *to seem, look* |
| avoir chaud | *to be hot, warm* | avoir besoin de + NOUN | *to need (something)* |
| avoir faim | *to be hungry* | avoir besoin de + INFINITIVE | *to have to (do something)* |
| avoir froid | *to be cold* | avoir envie de + NOUN | *to want (something)* |
| avoir peur | *to be afraid* | avoir envie de + INFINITIVE | *to feel like (doing something)* |
| avoir raison | *to be right* | avoir l'intention de + INFINITIVE | *to intend, plan to (do something)* |
| avoir soif | *to be thirsty* | | |
| avoir sommeil | *to be sleepy, tired* | | |
| avoir tort | *to be wrong* | | |
| avoir … ans | *to be … years old* | | |

Interactive Flashcards
@ HOMETUTOR
my.hrw.com

**Expressions avec *faire***

| | | | |
|---|---|---|---|
| **faire attention** | *to pay attention, be careful* | **faire du (de la)** + SCHOOL SUBJECT | *to study* |
| **faire la cuisine** | *to cook, to do the cooking* | **faire du (de la)** + SPORT OR PASTIME | *to play, do* |
| **faire la vaisselle** | *to do the dishes* | | |
| **faire les courses** | *to do the (food) shopping* | | |
| **faire ses devoirs** | *to do one's homework* | | |
| **faire une promenade** | *to go for a walk, ride* | | |

**Verbes irréguliers**

| | | | |
|---|---|---|---|
| **aller** | *to go* | **venir** | *to come* |
| **aller** + INFINITIVE | *to be going (to do)* | **venir de** + INFINITIVE | *to have just (done)* |
| **aller chercher** | *to go get, to pick up* | **devenir** | *to become* |
| | | **revenir** | *to come back* |

**Expressions utiles**

| | | | |
|---|---|---|---|
| **assez** | *rather, pretty* | **depuis** | *since* |
| **très** | *very* | **depuis quand?** | *since when?* |
| **trop** | *too* | **depuis combien de temps?** | *how long?* |
| | | **plus tard** | *later* |

## Interlude 1

# LE CONCERT DES
# Diplodocus

---

**PRE-READING STRATEGY** Avant de lire

Before you begin reading an article in a magazine, you probably glance at the title and the illustrations to get a general idea about the topic. Use this same approach when reading French. For example, with this story …

- First, look at the title and study the headings and the four cartoons.
- Then, with a partner, try to guess what will happen in the story.
- Finally, as you read, see how many of your guesses are right.

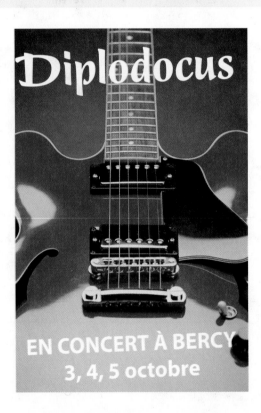

Diplodocus

EN CONCERT À BERCY
3, 4, 5 octobre

---

### Expressions utiles

*To talk about when things happen:*

| | | |
|---|---|---|
| **tôt ≠ tard** | *early ≠ late* | Catherine doit rentrer **tôt** ce soir. |
| **la première fois** | *the first time* | C'est **la première fois** qu'elle rentre **tard.** |
| **la troisième fois** | *the third time* | C'est **la troisième fois** qu'elle entend ce groupe. |
| **la dernière fois** | *the last time* | C'est **la dernière fois** qu'elle va au concert. |
| **la prochaine fois** | *next time* | **La prochaine fois** elle va préparer son examen. |

## SCÈNE 1

### Chez les Lagrange: 7 heures et demie

> DIS DONC, CATHERINE, OÙ VAS-TU?

> JE VAIS CHEZ SUZANNE.

Les Lagrange viennent de dîner. Catherine, la fille aînée,° met son manteau. Sa mère veut savoir où elle va ce soir.

—Dis donc, Catherine, où vas-tu?

—Je vais chez Suzanne.

—Chez Suzanne? Mais c'est la troisième fois que tu vas chez elle cette semaine. Qu'est-ce que tu vas faire là-bas?

—Euh … , je vais étudier avec elle. Nous allons préparer ensemble l'examen de maths.

—Dans ce cas, d'accord. Mais promets-moi de rentrer tôt à la maison.

—Sois tranquille, Maman. Je vais revenir à onze heures.

| Mots utiles | |
|---|---|
| ensemble ≠ seul | together ≠ alone |
| être tranquille | to relax, be calm |

**aînée** *older*

### Avez-vous compris?

**1.** Qu'est-ce que Catherine va faire chez Suzanne?
**2.** À quelle heure est-ce qu'elle doit rentrer?

## SCÈNE 2

### Au Café de l'Esplanade: 8 heures

TU VIENS?

JE VOUDRAIS BIEN VENIR, MAIS ...

En réalité Catherine ne va pas chez Suzanne. Elle va au Café de l'Esplanade. Pourquoi va-t-elle là-bas? Parce que ce soir elle a rendez-vous avec son copain Jean-Michel.

Catherine arrive au café à huit heures. Jean-Michel est là depuis dix minutes.

—Salut, Catherine, ça va?

—Oui, ça va.

—Dis, j'ai une surprise!

—Ah bon? Quoi?

—Je viens d'acheter deux billets pour le concert des Diplodocus.

—Pour ce soir?

—Oui, pour ce soir. Tu viens?

—Euh ... Je voudrais bien venir, mais ... j'ai un problème.

Catherine explique la situation à Jean-Michel. Elle explique en particulier qu'elle doit être chez elle à onze heures.

—Ce n'est pas un problème. J'ai ma moto. Je vais te ramener chez toi après le concert.

—Bon, alors d'accord.

Et Catherine et Jean-Michel vont au concert sur la moto de Jean-Michel.

> **Mots utiles**
>
> | | |
> |---|---|
> | **avoir rendez-vous** | to have a date |
> | **un billet** | ticket |
> | **ramener** | to bring back, take home |

### Avez-vous compris?

**1.** Est-ce que Catherine va chez Suzanne pour étudier? Pourquoi pas?

**2.** Quelle est la surprise de Jean-Michel?

**3.** Quel est le problème de Catherine?

## SCÈNE 3

### Au concert: 9 heures moins le quart

> VOUS ÊTES UNE FAN DES DIPLODOCUS?

> OUI, ILS SONT SUPER-COOLS!

Ce soir les Diplodocus vont donner leur grand concert de l'année. Il y a beaucoup de monde dans la salle. Il y a aussi la télévision. Jean-Michel et Catherine viennent d'arriver. Une journaliste s'approche de° Catherine.

—Bonjour, mademoiselle, vous êtes une fan des Diplodocus?

—Oui, ils sont super-cools! J'ai tous leurs CD.

—Vous venez souvent ici?

—Non, je ne viens pas très souvent. C'est la première fois que je viens cette année.

—Merci, mademoiselle.

Le concert commence. Tout le monde crie et applaudit. C'est vraiment un concert extraordinaire.

| Mots utiles | |
|---|---|
| **beaucoup de monde** | *a lot of people* |
| **la salle** | *concert hall* |
| **crier** | *to shout, scream* |

**s'approche de** *comes over to*

### Avez-vous compris?

**1.** Avec qui est-ce que Catherine parle dans la salle?
**2.** Qu'est-ce que Catherine pense des Diplodocus?
**3.** Comment est le concert?

## SCÈNE 4

### Chez les Lagrange: 11 heures

Jean-Michel vient de raccompagner Catherine. Catherine rentre chez elle. Elle regarde sa montre. Ouf! Il est exactement onze heures.

Catherine va dans le salon. Ses parents sont en train de regarder la télé. En exclusivité, il y a justement° un reportage° sur le concert des Diplodocus.

—D'où viens-tu, Catherine?

—Euh … eh bien, je viens de chez Suzanne.

(En ce moment apparaît l'interview de Catherine.)

REGARDE CETTE FILLE! TU NE TROUVES PAS QUE VOUS VOUS RESSEMBLEZ?

EUH, C'EST QUE …

—Tiens, c'est curieux … Regarde cette fille. Tu ne trouves pas que vous vous ressemblez comme deux gouttes d'eau?

—Euh … c'est que …

—Inutile d'insister. La prochaine fois, dis la vérité.° C'est plus simple.

Confuse, Catherine va dans sa chambre. Cette expérience lui a donné° une bonne leçon. C'est la première fois qu'elle a menti à ses parents. C'est aussi la dernière.

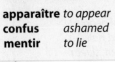

ILS SE RESSEMBLENT COMME DEUX GOUTTES D'EAU.

### Mots utiles

**apparaître** *to appear*
**confus** *ashamed*
**mentir** *to lie*

justement *at that moment*    reportage *news story*
dis la vérité *tell the truth*    lui a donné *gave her*

### Avez-vous compris?

1. Est-ce que Catherine rentre à l'heure ou en retard?
2. Quelle est la réaction de ses parents quand ils regardent l'interview de Catherine à la télé?
3. Qu'est-ce que Catherine décide?

## READING STRATEGY  L'Art de la lecture

When you read a new selection in French, you should first go through it quickly to get the general meaning. Then you can go back and work out the meanings of new words and expressions. Some of these may be so unfamiliar that you will need to look them up: these words and expressions are glossed for you or listed in the **Mots utiles** boxes.

Sometimes, though, you will not need a dictionary to find out the meanings of unfamiliar French words. You will be able to guess them because they look like English words.
For example, it is not hard to understand **un concert** or **une surprise.**

Words that look alike in French and English and have similar meanings are called COGNATES or **mots apparentés** *(related words).* French-English cognates help make reading easier, but they present certain problems:

- They are never pronounced the same in French and English.
- They are often spelled somewhat differently in the two languages.
- They may not have quite the same meaning in the two languages.

### Exercice de lecture

Make a list of ten cognates that you encountered in the reading.

- Which words are spelled exactly the same in French and English?
- Which words are spelled differently?

# La France et L'Europe

## La France et ses Régions

- La France est un pays° de l'Europe de l'ouest.
- Elle a une population de 63 millions d'habitants.
- C'est une république avec un président élu° pour cinq ans.
- Le drapeau° français est bleu, blanc et rouge.
- La fête nationale est le 14 juillet.
- La devise° de la France est «Liberté, Égalité, Fraternité».

**La France** est divisée° administrativement en 22 grandes régions et 96 départements. Les grandes régions correspondent plus ou moins° aux anciennes° provinces françaises. Chaque° province a son histoire, ses coutumes° et ses traditions.

**Paris** est la capitale de la France. C'est une très grande ville. Onze millions de personnes (c'est-à-dire, presque° un Français sur six) habitent dans la région parisienne. Avec ses parcs, ses jardins, ses grandes avenues, ses musées et ses monuments, Paris est une très belle ville. C'est aussi un grand centre artistique et intellectuel. Voilà pourquoi on appelle souvent Paris la «Ville lumière».°

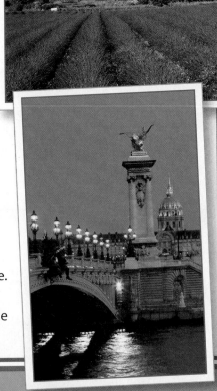

**pays** *country*   **élu** *elected*   **drapeau** *flag*   **devise** *motto*   **divisée** *divided*   **plus ou moins** *more or less*
**anciennes** *former*   **Chaque** *Each*   **coutumes** *customs*   **presque** *almost*   **«Ville lumière»** *"City of Light"*

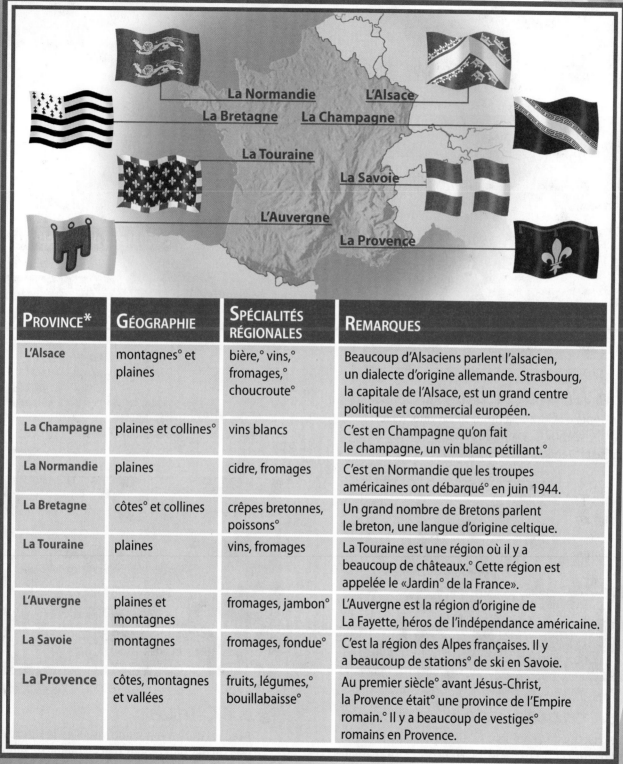

| PROVINCE* | GÉOGRAPHIE | SPÉCIALITÉS RÉGIONALES | REMARQUES |
|---|---|---|---|
| L'Alsace | montagnes° et plaines | bière,° vins,° fromages,° choucroute° | Beaucoup d'Alsaciens parlent l'alsacien, un dialecte d'origine allemande. Strasbourg, la capitale de l'Alsace, est un grand centre politique et commercial européen. |
| La Champagne | plaines et collines° | vins blancs | C'est en Champagne qu'on fait le champagne, un vin blanc pétillant.° |
| La Normandie | plaines | cidre, fromages | C'est en Normandie que les troupes américaines ont débarqué° en juin 1944. |
| La Bretagne | côtes° et collines | crêpes bretonnes, poissons° | Un grand nombre de Bretons parlent le breton, une langue d'origine celtique. |
| La Touraine | plaines | vins, fromages | La Touraine est une région où il y a beaucoup de châteaux.° Cette région est appelée le «Jardin° de la France». |
| L'Auvergne | plaines et montagnes | fromages, jambon° | L'Auvergne est la région d'origine de La Fayette, héros de l'indépendance américaine. |
| La Savoie | montagnes | fromages, fondue° | C'est la région des Alpes françaises. Il y a beaucoup de stations° de ski en Savoie. |
| La Provence | côtes, montagnes et vallées | fruits, légumes,° bouillabaisse° | Au premier siècle° avant Jésus-Christ, la Provence était° une province de l'Empire romain.° Il y a beaucoup de vestiges° romains en Provence. |

*These names correspond to the traditional provinces. For the names of the regions of France, see map on page R13.

**montagnes** *mountains* **bière** *beer* **vins** *wines* **fromages** *cheeses* **choucroute** *sauerkraut* **collines** *hills* **pétillant** *sparkling* **ont débarqué** *landed* **côtes** *coastline* **poissons** *fish* **châteaux** *castles* **Jardin** *Garden* **jambon** *ham* **fondue** *melted cheese dish* **stations** *resorts* **légumes** *vegetables* **bouillabaisse** *fish chowder* **siècle** *century* **était** *was* **romain** *Roman* **vestiges** *ruins*

# Sur les routes de France

**1 Le Mont-Saint-Michel**

**2 Le château de Chambord**

**3 Le Futuroscope**  **7 Le lac d'Annecy**

**5 Le pont du Gard**

**6 Grasse**

**4 Carcassonne**

## 1 Le Mont-Saint-Michel

On appelle le Mont-Saint-Michel la «Merveille° de l'Occident». C'est une île où se trouve° une église protégée° par des remparts.

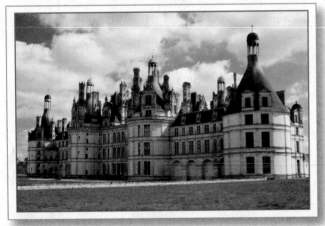

## 2 Le château de Chambord

Le château de Chambord est un château de la Loire. Construit° en 1519 par le roi° François 1er, ce château a 440 pièces,° 63 escaliers° et exactement 365 cheminées.° En été, il est illuminé la nuit.°

## 3 Le Futuroscope

Avec ses attractions audio-visuelles, le Futuroscope est l'un des plus grands parcs à thème du monde.° Ici on peut voyager virtuellement dans l'espace ou plonger° au fond° de l'océan.

**Merveille** *Wonder*  **se trouve** *is located*  **protégée** *protected*  **Construit** *Built*  **roi** *King*  **pièces** *rooms*  **escaliers** *staircases* **cheminées** *fireplaces*  **la nuit** *at night*  **du monde** *in the world*  **plonger** *to dive*  **au fond** *to the depths*

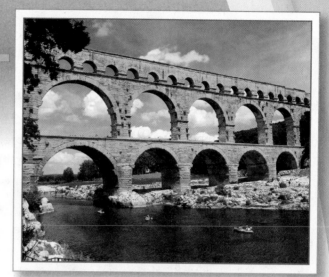

## 4 Carcassonne

Carcassonne est une ville médiévale entourée°
de remparts.

## 5 Le pont du Gard

Le pont du Gard a trois niveaux° différents.
Construit par les Romains en l'an 40 de notre
ère, ce monument est resté° intact pendant deux
mille ans.

## 6 Grasse

Dans la région de Grasse, on cultive des fleurs.°
Ces fleurs sont utilisées par l'industrie de la
parfumerie. Les parfums français sont vendus dans
le monde entier.

## 7 Le lac d'Annecy

Le lac d'Annecy est situé dans les Alpes.
En été, on fait de la voile et de la planche
à voile. En hiver, on fait du ski dans les
stations de ski de la région.

### ET VOUS?

Indiquez les trois endroits que vous aimeriez
le plus visiter. Expliquez pourquoi et comparez
vos préférences avec vos camarades.

---

**entourée** *surrounded*   **niveaux** *levels*   **est resté** *has remained*
**fleurs** *flowers*

# Le calendrier des fêtes°

**Entre le 1ᵉʳ janvier et le 31 décembre, on célèbre beaucoup de fêtes en France. Voici quelques-unes de ces fêtes.**

| DATE | FÊTE |
|------|------|
| 1ᵉʳ janvier | le jour de l'an |
| 6 janvier | la fête des Rois° |
| 2 février | la Chandeleur° |
| février ou mars (un mardi) | Mardi Gras |
| mars ou avril (un dimanche) | Pâques° |
| 1ᵉʳ mai | la fête du Travail° |
| 14 juillet | la fête nationale |
| 1ᵉʳ novembre | la Toussaint° |
| 11 novembre | l'anniversaire de l'Armistice |
| 25 décembre | Noël |

## Le jour de l'an

Ce jour-là, la coutume est de rendre visite à ses grands-parents. Les grands-parents donnent un peu d'argent à leurs petits-enfants. Cela s'appelle «les étrennes».

## La fête des Rois

Pour célébrer cette fête, on mange un gâteau spécial qui s'appelle la «galette des rois». Dans ce gâteau, il y a un petit objet de porcelaine. La personne qui trouve cet objet est le roi ou la reine.° Tout le monde félicite le roi et la reine du jour.

## La Chandeleur

Le jour de la Chandeleur, il est traditionnel de faire des crêpes. Chaque° personne fait une crêpe en tenant° une pièce de monnaie° dans la main gauche. On fait sauter° la crêpe. Si la crêpe tombe bien° dans la poêle,° c'est bon signe. Cela signifie qu'on aura° de l'argent toute l'année.°

---

**fêtes** *holidays*   **les Rois** *Three Kings*   **Chandeleur** *Candlemas*   **Pâques** *Easter*   **fête du Travail** *Labor Day*   **Toussaint** *All Saints' Day*   **reine** *queen*   **Chaque** *Each*   **en tenant** *while holding*   **pièce de monnaie** *coin*   **fait sauter** *flips*   **tombe bien** *lands right*   **poêle** *frying pan*   **aura** *will have*   **toute l'année** *all year long*

## Mardi Gras

Cette fête s'appelle aussi le Carnaval. Elle a lieu° 40 jours avant Pâques. C'est une fête très joyeuse. Le Carnaval de Nice, en Provence, est très célèbre.° Il y a des défilés° de chars,° des bals masqués et on danse dans les rues.

## Le 14 juillet

Les Français célèbrent leur fête nationale le 14 juillet. Cette fête commémore le commencement de la Révolution française en 1789. À Paris, il y a un défilé militaire sur les Champs-Élysées. Le soir, il y a des orchestres dans les rues et tout le monde danse. Il y a aussi un grand feu d'artifice.°

## Noël

Noël est la fête de la famille. Dans les familles catholiques, on va à la messe° de minuit. Après la messe, il y a le «réveillon». Le réveillon est un repas léger:° huîtres,° boudin blanc° … et champagne. Le jour de Noël, on fait un grand repas familial.

La veille° de Noël, les petits enfants mettent leurs chaussures devant° la cheminée.° Est-ce que le père Noël va passer cette nuit? Et qu'est-ce qu'il va mettre dans leurs chaussures?

**a lieu** *takes place* **célèbre** *famous* **défilés** *parades* **chars** *floats*
**feu d'artifice** *fireworks* **messe** *Mass* **léger** *light* **huîtres** *oysters*
**boudin blanc** *meatless milk-based sausage* **veille** *night before*
**devant** *in front of* **cheminée** *fireplace*

### COMPARAISONS CULTURELLES
Quelles fêtes sont les mêmes en France et aux États-Unis? Quelles fêtes sont différentes? Choisissez une fête typiquement américaine et décrivez-la.

# Le Tour de France

En juillet, un grand événement sportif passionne° les Français de tout âge. Cet événement c'est le Tour de France. Le Tour de France est la plus grande° course° cycliste du monde. C'est aussi la plus longue et la plus difficile.

## Une course d'endurance

Le Tour de France est une course d'endurance. Il commence vers° le 1er juillet dans une ville de province. Il finit trois semaines plus tard à Paris, en général sur les Champs-Élysées. Pendant ces trois semaines, les coureurs° parcourent° environ° 3 800 kilomètres. Chaque année, l'itinéraire est un peu différent, mais il finit toujours à Paris.

Le Tour de France est divisé° en 20 étapes° environ. Chaque jour, il y a une étape. Ces étapes ont de 40 à 300 kilomètres. Les étapes les plus difficiles et les plus dangereuses sont les étapes de montagne. Beaucoup de coureurs abandonnent dans les Alpes ou les Pyrénées. Il y a aussi deux ou trois étapes «contre la montre».° Dans ces étapes, les coureurs courent° individuellement.

## Le maillot° jaune

À la fin de chaque étape, les officiels établissent le classement° général. Ce classement est basé sur le temps total de tous les coureurs. Le premier au classement général est le coureur qui a le temps total minimum. Ce coureur porte le fameux «maillot jaune».

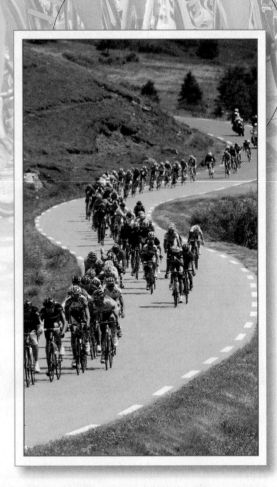

---

**passionne** *captivates the interest of* **la plus grande** *the biggest* **course** *race* **vers** *around* **coureurs** *racers* **parcourent** *cover* **environ** *about* **divisé** *divided* **étapes** *stages* **«contre la montre»** *"against the clock"* **courent** *race* **maillot** *jersey* **classement** *ranking*

| | |
|---|---|
| **LE TOUR 2011 en chiffres** | |
| Date de départ | le 2 juillet |
| Date d'arrivée | le 24 juillet (à Paris) |
| Distance totale | 3 400 kilomètres environ |
| Nombre d'étapes | 21 |
| Étape la plus longue | Dinan — Lisieux: 226,5 kilomètres |
| Étape la plus courte | Les Essarts — Les Essarts (contre la montre: 23 kilomètres |
| Nom du vainqueur° | Cadel Evans (Australie) |

## Les participants

Chaque année, environ 200 coureurs participent au Tour de France. Ces coureurs sont répartis° en équipes° différentes. La majorité des coureurs sont français, mais il y a aussi des Italiens, des Espagnols, des Belges, des Allemands, des Luxembourgeois, des Hollandais, des Anglais … et des Américains! En fait, le grand héros moderne est un champion américain, Lance Armstrong. Il a gagné sept Tours de France (en 1999, 2000, 2001, 2002, 2003, 2004 et 2005) après sa victoire sur le cancer.

## La Grande Boucle féminine

Il y a aussi un Tour de France féminin. La Grande Boucle féminine ne suit pas° le même° itinéraire que le Tour masculin, mais généralement elle finit aussi à Paris sur les Champs-Élysées.

**CONNEXIONS Courses cyclistes**

Consultez les sites Internet du Tour de France et de la Grande Boucle féminine pour découvrir l'itinéraire de cette année. Qui ont été les champions?

**vainqueur** *winner* **répartis** *divided* **équipes** *teams*
**ne suit pas** *does not follow* **même** *same*

# Ici aussi, on parle français

Le français est non seulement° la langue officielle de la France. C'est aussi l'une des langues officielles dans quatre autres° pays° européens: la Belgique, le Luxembourg, la Suisse et Monaco. Dans ces pays, une partie de la population parle français.

## La Belgique

La Belgique est un pays de 10 millions d'habitants, situé° au nord-est de la France. C'est une monarchie avec un roi. Le roi actuel° s'appelle Albert II. La capitale de la Belgique est Bruxelles. Bruxelles est le siège° de certaines institutions de l'Union européenne.

La Belgique a trois langues officielles: le français, le néerlandais° et l'allemand. Trente-cinq pour cent (35%) des Belges parlent français.

## Le Luxembourg

Le Luxembourg est un petit pays de 500 000 habitants situé à l'est° de la Belgique. Les langues officielles sont le français, l'allemand et le luxembourgeois, qui est un dialecte allemand.

La capitale du pays s'appelle aussi Luxembourg. Comme° Bruxelles, cette ville est un centre européen important.

## Monaco

Situé sur la Méditerranée près de l'Italie, Monaco est un tout petit° pays avec une population de 30 000 personnes. Les habitants de Monaco s'appellent les Monégasques. Monaco est une principauté° gouvernée par un prince, le prince Albert II. La langue officielle est le français.

Chaque année a lieu° le Grand Prix de Monaco. C'est une course automobile très difficile qui est disputée° dans les rues de la ville.

---

**seulement** *only*  **autres** *other*  **pays** *countries*  **situé** *located*  **actuel** *present*  **siège** *seat*  **néerlandais** *Dutch*  **est** *east*
**Comme** *Like*  **tout petit** *very small*  **principauté** *principality*  **a lieu** *takes place*  **disputée** *held*

## La Suisse

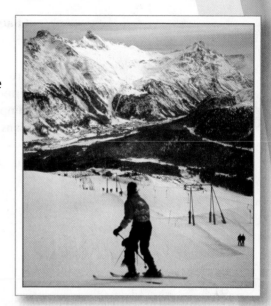

La Suisse est un pays de 7 millions d'habitants situé à l'est de la France. La Suisse est la plus ancienne république d'Europe. C'est une république fédérale qui est divisée en 23 cantons.

Il y a quatre langues nationales en Suisse: l'allemand, le français, l'italien et le romanche. On parle français dans les cantons de l'ouest. La ville de Genève est située dans la partie française. C'est le siège de certaines agences des Nations unies et de la Croix-Rouge° Internationale.

La Suisse est un pays de vallées et de hautes° montagnes: les Alpes. En hiver, beaucoup de touristes européens et américains vont en Suisse pour faire du ski.

## Quelques faits supplémentaires

En Belgique et au Luxembourg, on utilise les euros, comme en France. En Suisse, on utilise les francs suisses.

Le français qu'on parle en Belgique et en Suisse est un peu différent du français de France. Par exemple, quand on compte …

| on dit: | | au lieu de: |
|---------|-----------------------|----------------|
| 70 | septante | soixante-dix |
| 80 | octante (ou huitante) | quatre-vingts |
| 90 | nonante | quatre-vingt-dix |

**CONNEXIONS  Voyage en Europe francophone**
Avec deux ou trois camarades, choisissez un de ces pays européens francophones et préparez une petite brochure touristique. Présentez les sites à visiter et les activités que le pays offre aux touristes.

**Croix** *Cross*  **hautes** *high*

# Rencontres ... au Futuroscope

Chaque° année, le Futuroscope attire° des millions de visiteurs, principalement des jeunes, qui viennent avec leurs parents, leurs amis ou leur école. Ce grand parc à thème futuristique offre un grand nombre d'attractions audio-visuelles. Des techniques cinématographiques très sophistiquées donnent aux spectateurs l'impression d'hyper-réalité. Ces spectateurs deviennent participants dans un monde° virtuel fantastique. Ils sont catapultés dans l'espace. Ils explorent les mystères du monde sous-marin.° Ils voyagent dans la jungle tropicale. Ils vivent° à l'époque des dinosaures.

Le magazine *Info-jeunes* a demandé à plusieurs° visiteurs de décrire leurs expériences.

## Cécile (16 ans)

C'est la première fois° que je viens ici. J'ai beaucoup aimé «Le Défi° d'Atlantis». On plonge° dans la mer et on découvre la cité d'Atlantis. Là, on participe à une course° de chars° pour sauver° la ville. Il faut° éviter° beaucoup d'obstacles différents. C'est génial.

## Clément (15 ans)

J'habite dans la région. Alors, je viens assez souvent avec mes copains. Aujourd'hui nous sommes allés à «Métropole Défi». C'est un jeu vidéo géant où on joue par équipes. Il faut passer par un labyrinthe, sauter° sur un trampoline aérien, éviter des barrières magnétiques et affronter° toutes sortes° de dangers. C'est super!

## Monsieur Bertin (38 ans)

Je suis allé à «Astrotour» avec mes deux enfants. Ils ont beaucoup aimé ce voyage dans l'espace, mais moi, j'ai eu le vertige. Quand je suis sorti, j'avais mal à la tête et mal à l'estomac. Les sensations fortes,° c'est bien ... mais c'est pas pour moi.

## CONNEXION  Parc à thème français

Imaginez que vous allez visiter le Futuroscope avec deux ou trois camarades. Préparez votre visite. Pour cela, cherchez le site du Futuroscope sur l'Internet et choisissez trois attractions qui vous intéressent. Décrivez ces attractions.

**Chaque** *Each*  **attire** *attracts*  **monde** *world*  **sous-marin** *underwater*
**vivent** *live*  **plusieurs** *several*  **fois** *time*  **Défi** *Challenge*
**plonge** *dives*  **course** *race*  **chars** *chariots*  **sauver** *to save*
**il faut** *one must*  **éviter** *avoid*  **sauter** *jump*  **affronter** *confront*
**toutes sortes** *all kinds*  **fortes** *strong*

## LE SAVEZ-VOUS?

1. Les Français votent pour leur président …
   a. tous les trois ans
   b. tous les cinq ans
   c. tous les sept ans

2. La fête nationale française est …
   a. le 4 juillet
   b. le 14 juillet
   c. le 11 novembre

3. La Bretagne est une province …
   a. de la Belgique
   b. de la Suisse
   c. de la France

4. Pour skier, les Français vont …
   a. en Savoie
   b. en Touraine
   c. en Champagne

5. Les Romains ont construit *(built)* …
   a. le château de Chambord
   b. le Mont-Saint-Michel
   c. le pont du Gard

6. Le Futuroscope est …
   a. une ville très moderne
   b. un film de science-fiction
   c. un parc à thème

7. La «galette des rois» est …
   a. un gâteau
   b. une fête
   c. un parfum

8. À Paris, il y a un grand défilé militaire …
   a. le 1er mai
   b. le 14 juillet
   c. le Mardi Gras

9. Le Tour de France est …
   a. une course automobile
   b. une course cycliste
   c. un match de foot

10. Le Tour de France finit …
    a. à Paris
    b. dans les Alpes
    c. au Futuroscope

11. Lance Armstrong est un …
    a. astronaute
    b. champion cycliste
    c. coureur automobile *(racing driver)*

12. Bruxelles est la capitale …
    a. de la Belgique
    b. de la Suisse
    c. du Luxembourg

13. Le plus petit pays où on parle français est …
    a. Monaco
    b. le Luxembourg
    c. la Suisse

14. Le Grand Prix de Monaco est …
    a. une course automobile
    b. un festival de cinéma
    c. une décoration militaire

15. En Suisse, on utilise …
    a. l'euro
    b. la livre sterling
    c. le franc suisse

# Unité 2

# Le week-end, enfin!

## THÈME ET OBJECTIFS

### Culture

**In this unit, you will learn …**

- what French young people do on weekends
- how to take the subway in Paris

### Communication

**You will learn how …**

- to describe your own weekend activities:
  whether you stay home or go to town
- to talk about your other leisure activities
- to describe what you see when you go for a walk or a drive in the country

**You will also be able …**

- to describe what you did yesterday, last weekend, or last summer
- to talk more generally about what happened in the past

**DIGITAL FRENCH** my.hrw.com
**ONLINE STUDENT EDITION with...**

**performance)space**

**News + Networking**

**@HOMETUTOR**

- Audio Resources
- Video Resources
- Interactive Flashcards
- WebQuest

*PRACTICE FRENCH WITH HOLT MCDOUGAL APPS!*

# Les activités du week-end

### Aperçu culturel … **Le week-end**

Les jeunes Français profitent du week-end pour sortir. Ils sortent souvent avec leurs copains. L'après-midi, ils vont dans les magasins ou au café. Le soir, ils vont au cinéma ou au concert. Parfois, ils vont à la campagne avec leurs parents. Pour beaucoup de Français, le week-end est aussi l'occasion de rendre visite aux autres membres de la famille.

## *Samedi*

**1.** Le samedi, Mathilde suit des cours de théâtre à la Maison des Jeunes de la ville où elle habite. Les MJC (Maisons des Jeunes et de la Culture) offrent un grand choix d'activités artistiques et culturelles: ciné-club, photo, poterie, batik, etc. On peut aussi suivre des cours de danse, de gymnastique et de judo.

**2.** Le samedi après-midi, Karine et Sophie adorent «faire les magasins». Cela ne signifie pas nécessairement qu'elles achètent quelque chose. Elles regardent simplement …

**3.** Quand Julien et ses copains n'ont rien de spécial à faire, ils vont au café. Là, ils discutent, ou bien ils regardent les gens qui passent dans la rue.

@ **HOME**TUTOR
my.hrw.com

**4.** Le samedi soir, les jeunes Français aiment sortir. Ce soir Sabine va au ciné avec sa bande de copains.

## *Dimanche*

**5.** Le dimanche, Sophie va souvent dîner chez ses grands-parents qui ont une maison à la campagne.

**6.** Le dimanche après-midi, Michel fait une promenade à la campagne avec sa famille.

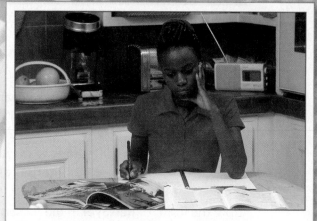

**7.** Le dimanche soir, Claire est à la maison. Elle finit ses devoirs pour les cours de lundi.

### COMPARAISONS *Culturelles*

Faites un sondage *(poll)* parmi vos camarades de classe. Comment les jeunes Américains de votre région passent-ils le week-end? Quelles sont les similarités et les différences avec les activités des jeunes Français?

**Et vous?**

Imaginez que vous allez passer le week-end en France chez une des personnes ci-dessus *(above)*. Qui choisissez-vous? Pourquoi?

## A VOCABULAIRE  Un week-end en ville

—Qu'est-ce que tu vas faire ce week-end?

Je vais | **sortir** avec des copains.
**travailler**
**rester** à la maison

| **sortir** *to go out* |

*Qu'est-ce que tu vas faire ce week-end?*

*Je vais rester à la maison.*

### Activités de week-end

| OÙ? | POUR FAIRE QUOI? |
|---|---|
| **On va ...** **en ville** | **aller dans les magasins.** **faire des achats** *(to go shopping)* **chercher un nouveau DVD** |
| **au ciné** | **voir un film.** |
| **au café** | **rencontrer des copains.** **retrouver des amis** |
| **au stade** | **assister à** \| **un match de foot.** **un concert de rock** |
| **à la piscine** **à la plage** | **nager.** **prendre un bain de soleil** *(sunbath)* **bronzer** |
| **On reste ...** **à la maison** | **aider ses parents.** **laver la voiture** **nettoyer le garage** **ranger sa chambre** **ranger ses affaires** *(things)* |

| **chercher** *to look for* |

| **voir** *to see* |

| **assister à** *to attend* |

| **prendre** *to take* |
| **bronzer** *to get a tan* |

| **laver** *to wash* |
| **nettoyer\*** *to clean* |
| **ranger** *to pick up* |
| **ranger** *to put away* |

---

\*Note the forms of **nettoyer** in the present tense: je **nettoie**, tu **nettoies**, il **nettoie**, nous **nettoyons**, vous **nettoyez**, ils **nettoient**

## 1 Et vous?

**PARLER/ÉCRIRE** Indiquez vos préférences en complétant les phrases suivantes. Comparez vos réponses avec vos camarades.

**1.** Le week-end, je préfère …
- rester à la maison
- sortir avec mes copains
- faire du baby-sitting
- ?

**2.** Quand je sors avec mes copains, je préfère …
- aller dans les magasins
- voir un film
- dîner au restaurant
- ?

**3.** En général, je préfère assister à …
- un concert de jazz
- un concert de rock
- un concert de musique classique
- ?

**4.** Quand je vais à la plage ou à la piscine, je préfère …
- nager
- rencontrer d'autres *(other)* gens
- prendre un bain de soleil
- ?

**5.** En général, je préfère faire mes achats …
- dans un grand centre commercial
- dans le quartier où j'habite
- au centre-ville *(downtown)*
- ?

**6.** Quand je veux être utile *(helpful)* à la maison, je préfère …
- laver la voiture
- nettoyer la cuisine
- ranger ma chambre
- ?

## 2 Conversation

**PARLER** Avec vos camarades de classe, faites des conversations selon le modèle.

Où vas-tu ce week-end?

Je vais à la piscine.

Qu'est-ce que tu vas faire là-bas?

Je vais nager.

(Je vais retrouver mes copains.)

### B VOCABULAIRE    Un week-end à Paris

Qu'est-ce que tu vas faire samedi après-midi?

Je vais voir un film.

—Qu'est-ce que tu vas faire samedi après-midi?

Je vais | voir un film au Quartier Latin.
| assister à un concert à la Villette
| faire une promenade sur les Champs-Élysées

—Comment vas-tu aller là-bas?

Je vais | marcher.
| **aller à pied**
| prendre | le bus
| | le métro

| **aller à pied** *to walk* |

**Dans le métro**

Je vais acheter | **un billet** *(ticket)* de métro.
| **un ticket** de métro

Je vais | prendre la direction Balard.
| **monter** à Opéra
| **descendre** à Concorde

| **monter** *to get on* |
| **descendre** *to get off* |

## *Au jour le jour*

### Le métro de Paris

Comment visiter Paris? C'est simple! Faites comme les Parisiens. Prenez le métro! Le métro de Paris est pratique et très économique. Un billet de métro coûte 1,70 euros. Avec ce billet vous pouvez° aller où vous voulez.°

Le métro de Paris est très étendu.° Il y a 14 lignes différentes et 300 stations. Pour savoir° comment aller à votre destination, vous devez° consulter le plan° du métro. Dans certaines stations de métro, il y a un plan lumineux.° Ce plan indique la ligne que vous devez prendre, et si c'est nécessaire, la station où vous devez changer.

**pouvez** *can* **voulez** *want*
**étendu** *spread out, extensive*
**savoir** *to know* **devez** *have to*
**plan** *map* **lumineux** *with lights*

| Si vous voulez visiter: | Votre station de métro: |
|---|---|
| l'Arc de Triomphe | Étoile |
| la Tour Eiffel | Trocadéro |
| le Centre Pompidou | Châtelet |
| le Louvre | Louvre |
| le Musée d'Orsay | Solférino |
| les Invalides | Invalides |
| les Champs-Élysées | Étoile ou Franklin-Roosevelt |

## 3 À Paris en métro

**PARLER** Regardez le plan du métro. Utilisez ce plan pour répondre aux questions suivantes.

1. Béatrice habite près de l'Arc de Triomphe. Où est-ce qu'elle prend le métro pour aller à l'école?
   - **a.** à Étoile
   - **b.** à Montparnasse Bienvenüe
   - **c.** à Trocadéro

2. Des touristes veulent visiter le Centre Pompidou. Où est-ce qu'ils vont descendre?
   - **a.** à Opéra
   - **b.** à République
   - **c.** à Châtelet

3. Isabelle a rendez-vous avec un copain dans un café des Champs-Élysées. Elle prend le métro. À quelle station est-ce qu'elle va descendre?
   - **a.** à Invalides
   - **b.** à Franklin-Roosevelt
   - **c.** à Bastille

4. Thomas et Christine vont aller voir une exposition. Ils descendent du métro à Solférino. Quel musée est-ce qu'ils vont visiter?
   - **a.** le Louvre
   - **b.** le Centre Pompidou
   - **c.** le Musée d'Orsay

5. Des étudiants américains sont dans un hôtel du Quartier Latin. Ce matin, ils prennent le métro et descendent à Trocadéro. Quel monument est-ce qu'ils vont visiter?
   - **a.** la Tour Eiffel
   - **b.** l'Opéra de la Bastille
   - **c.** l'Arc de Triomphe

6. Delphine et Lucie viennent de voir un film aux Champs-Élysées. Elles vont dîner dans un restaurant près de l'Opéra. Elles prennent le métro à Franklin-Roosevelt. À quelle station est-ce qu'elles vont changer de métro?
   - **a.** à Concorde
   - **b.** à Opéra
   - **c.** à Étoile

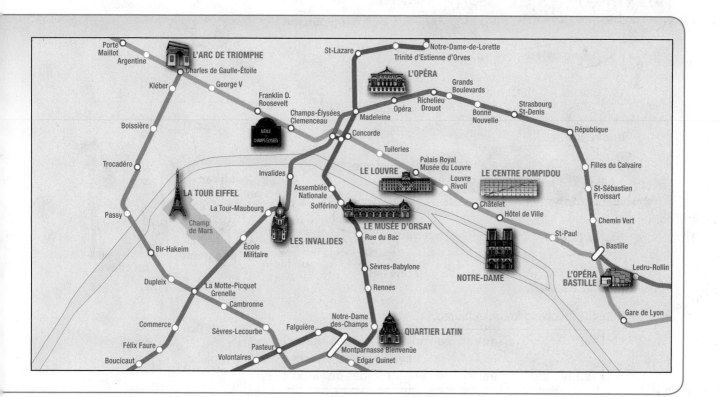

## C VOCABULAIRE — Un week-end à la campagne 🔊

—Où allez-vous **passer** le week-end?

Nous allons passer le week-end **à la campagne** *(in the country)*.

Nous allons │ **partir** samedi matin.
│ **rentrer** dimanche soir

—Quand on est à la campagne, on peut …

**faire un pique-nique**

| **faire** │ **une promenade** *(walk, ride)* | **à pied** |
| **un tour** *(walk, ride)* | **à vélo** |
| **une randonnée** *(hike, long ride)* | **à cheval** *(on horseback)* |

**aller à la pêche** *(to go fishing)*

| **passer** *to spend (time)* |
| **partir** *to leave* |
| **rentrer** *to come back* |

> Où allez-vous passer le week-end?

> Nous allons passer le week-end à la campagne.

### À la campagne

**Quelques endroits**

une forêt

un arbre

une rivière

un lac

**Quelques animaux**

une feuille

un poisson

un écureuil

un oiseau

une ferme

une prairie

une plante

un cochon

un canard

un champ

une vache

un lapin

une poule

un cheval

une fleur

➔ Note the following irregular plurals.

| -al | → | -aux | un anim**al** | des anim**aux** |
| | | | un chev**al** | des chev**aux** |
| -eau | → | -eaux | un ois**eau** | des ois**eaux** |

## NOTE *Culturelle*

### Les Français et la nature

Les Français adorent la nature et les animaux. Les gens qui habitent dans les grandes villes aiment avoir des fleurs et des plantes dans leur appartement. Le week-end, ils vont souvent à la campagne chez des amis ou chez des parents.° Le dimanche, quand il fait beau, ils font des pique-niques sur l'herbe° et des promenades dans les champs ou dans les forêts. Les jeunes peuvent faire des randonnées à vélo ou aller à la pêche dans les lacs et les rivières.

**parents** *relatives*  **l'herbe** *grass*

### Et vous?

• Est-ce qu'il y a des plantes ou des fleurs chez vous?
• Est-ce que vous allez parfois à la campagne ou dans la forêt? Où?
• Où est-ce que vous aimez faire des pique-niques?
• Qu'est-ce que vous faites quand vous êtes à la campagne?

4  **Les photos de Jean-Claude**

**PARLER** Quand il va à la campagne, Jean-Claude aime prendre des photos. Regardez ces photos et faites correspondre chaque photo avec le commentaire de Jean-Claude.

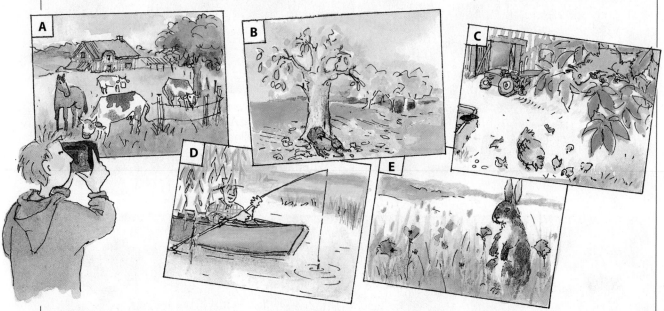

1. Cet homme sur le lac, c'est mon oncle Édouard. Il adore aller à la pêche, mais il n'a pas de chance. En général, il ne prend pas de poissons.
2. C'est le printemps. Il y a des fleurs dans les champs. Ce lapin n'a pas peur de moi.
3. C'est l'automne. Les arbres perdent leurs feuilles. Devant l'arbre, il y a un écureuil.
4. Pendant les vacances d'été, je rends souvent visite à mes grands-parents. Ils ont une ferme en Normandie. Dans la prairie à côté de leur ferme il y a un cheval et des vaches.
5. Le fermier vient de passer. Les poules mangent. Les oiseaux aussi. L'écureuil sur la branche attend son tour *(turn)*.

# Pierre a un rendez-vous

Dans cette unité, nous allons faire la connaissance de Madame et Monsieur Duval, les parents de Pierre. Nous sommes samedi aujourd'hui. Pierre est chez lui.

Cet après-midi, Pierre a rendez-vous avec Armelle. Il s'apprête à partir quand sa mère lui demande ce qu'il va faire …

Dis donc, Pierre, pourquoi est-ce que tu mets ta veste?

Je vais sortir.

Où vas-tu?

J'ai rendez-vous avec Armelle … Nous allons au cinéma.

Une seconde … Dis-moi, est-ce que tu as fini ton travail?

Mais oui, tu sais bien, je l'ai fini hier soir.

@**HOME**TUTOR
my.hrw.com

Et tu as rangé ta chambre?

Bien sûr que j'ai rangé ma chambre. J'ai même passé l'aspirateur.

Est-ce que tu as téléphoné à ta tante Caroline? C'est son anniversaire aujourd'hui.

T'en fais pas, je n'ai pas oublié. Je lui ai téléphoné hier soir.

Dis, Maman, je peux partir?

Mais oui! Amuse-toi bien.

Pierre embrasse sa mère. Puis, il sort et va à son rendez-vous avec Armelle ...

à suivre . . .

## Compréhension

1. Où et quand se passe la scène?

2. Qu'est-ce que Madame Duval veut savoir?

3. Qu'est-ce qu'elle demande aussi?

4. Qu'est-ce que Pierre a fait hier soir?

5. Où va Pierre à la fin de la scène?

## A Le passé composé avec *avoir*

To describe past actions, the French use a past tense called the passé COMPOSÉ.
Note the forms of the passé composé in the following sentences.

| | |
|---|---|
| J'ai **acheté** un jean. | *I **bought** a pair of jeans.* |
| Marc **a choisi** une veste. | *Marc **chose** a jacket.* |
| Nous **avons attendu** nos copains. | *We **waited for** our friends.* |

### FORMS

The passé composé consists of two words. For most verbs, the passé composé
is formed as follows:

> PRESENT of **avoir** + PAST PARTICIPLE

| PASSÉ COMPOSÉ | PRESENT of **avoir** | + | PAST PARTICIPLE |
|---|---|---|---|
| J'**ai** **visité** Paris. | j' **ai** | | |
| Tu **as** **visité** Québec. | tu **as** | | |
| Il/Elle/On **a** **visité** un musée. | il/elle/on **a** | | visité |
| Nous **avons** **visité** Dakar. | nous **avons** | | |
| Vous **avez** **visité** Genève. | vous **avez** | | |
| Ils/Elles **ont** **visité** Monaco. | ils/elles **ont** | | |

@HOMETUTOR
my.hrw.com

The past participle of regular verbs ending in **-er, -ir,** and **-re** is formed by replacing the infinitive ending as follows:

| | INFINITIVE ENDING | PAST PARTICIPLE ENDING | | |
|---|---|---|---|---|
| VERBS IN -er | -er → | -é | travailler | J'ai **travaillé**. |
| VERBS IN -ir | -ir → | -i | finir | Nous avons **fini**. |
| VERBS IN -re | -re → | -u | attendre | Sophie a **attendu**. |

### USES

The passé composé is used to describe actions and events *that took place in the past.*
It has several English equivalents.

**J'ai visité** Montréal.
{
*I **visited** Montreal.*
*I **have visited** Montreal.*
*I **did visit** Montreal.*
}

## 1 Au grand magasin

**PARLER/ÉCRIRE** Dites ce que chacun a acheté le week-end dernier *(last weekend).*

▶ Stéphanie

Stéphanie a acheté un jean.

1. Isabelle
2. nous
3. moi
4. toi
5. on
6. Alice
7. mes cousins
8. M. Simard

## 2 La fête

**PARLER** Ce week-end, Grégoire et Amélie organisent une fête. Jouez les deux rôles.

▶ inviter nos copains

As-tu invité nos copains?

Oui, j'ai invité nos copains.

1. finir les décorations
2. nettoyer la maison
3. ranger le salon
4. louer un DVD
5. choisir la musique
6. apporter les sandwichs
7. chercher des sodas
8. acheter les pizzas

**Quand?**

Pendant les vacances, nous avons voyagé.

| | | |
|---|---|---|
| **hier** | *yesterday* | **Hier,** nous avons joué au volley. |
| **samedi dernier** | *last Saturday* | **Samedi dernier,** nous avons joué au foot. |
| **avant** | *before* | J'ai fait mes devoirs **avant** le week-end. |
| **après** | *after* | Vous avez lavé la vaisselle **après** le dîner? |
| **pendant** | *during* | **Pendant** les vacances, nous avons voyagé. |
| **d'abord** | *first* | **D'abord,** j'ai acheté du pain *(bread).* |
| **ensuite** | *then* | **Ensuite,** j'ai préparé des sandwichs. |
| **finalement** | *finally* | **Finalement,** nous avons mis *(set)* la table. |
| **enfin** | *at last* | **Enfin,** nous avons dîné. |

**3** **Samedi dernier**

**PARLER/ÉCRIRE** Dites ce que les personnes suivantes ont fait samedi dernier.

| | **CLAIRE** | **PAUL ET VINCENT** | **NOUS** | **VOUS** |
|---|---|---|---|---|
| **samedi matin** | • ranger sa chambre | • nettoyer le garage | • travailler dans le jardin | • aider vos parents |
| **samedi après-midi** | • attendre une copine <br>• assister à un concert avec elle | • jouer au tennis <br>• perdre | • retrouver des amis <br>• visiter un musée | • acheter des vêtements <br>• choisir une casquette |
| **samedi soir** | • finir ses devoirs <br>• répondre à une lettre | • écouter la radio <br>• entendre un concert | • préparer le dîner <br>• manger une pizza | • rendre visite à des amis <br>• dîner chez eux |

▶ Samedi matin, Claire a rangé sa chambre. Samedi après-midi, elle a …

**4** **Et vous?**

**PARLER/ÉCRIRE** Dites ce que vous avez fait. Si possible, décrivez deux ou trois activités pour chaque moment. Attention: n'utilisez pas le verbe **aller.**

1. Hier avant le dîner, j' …
2. Après le dîner, j' …
3. Ce matin, pendant la classe, les élèves …
4. À la maison samedi dernier, j' …

5. Chez mon copain, nous …
6. Pour ma fête d'anniversaire, j'ai …
7. Pour la fête de Thanksgiving, nous …
8. Pendant les vacances, mes copains et moi, nous …

## B  Le passé composé: forme négative

Compare the affirmative and negative forms of the passé composé in the sentences below.

AFFIRMATIVE                          NEGATIVE

J'**ai invité** Paul.            Je **n'ai pas invité** Marc.          *I **did not invite** Marc.*
Éric **a vendu** sa guitare.    Il **n'a pas vendu** son vélo.        *He **did not sell** his bike.*

In the negative, the passé composé is formed as follows:

| PASSÉ COMPOSÉ (negative) | = | PRESENT of **avoir** (negative) | + | PAST PARTICIPLE |
|---|---|---|---|---|
| Je **n'ai pas** **étudié.** | | je **n'ai pas** | | |
| Tu **n'as pas** **étudié.** | | tu **n'as pas** | | |
| Il/Elle/On **n'a pas** **étudié.** | | il/elle/on **n'a pas** | | |
| Nous **n'avons pas** **étudié.** | | nous **n'avons pas** | | **étudié** |
| Vous **n'avez pas** **étudié.** | | vous **n'avez pas** | | |
| Ils/Elles **n'ont pas** **étudié.** | | ils/elles **n'ont pas** | | |

### 5  Conversation

**PARLER**  Demandez à vos camarades s'ils ont fait
les choses suivantes le week-end dernier.

▶ jouer au basket?       ▶ étudier?

1. travailler?
2. surfer sur le Net?
3. jouer aux jeux vidéo?
4. organiser une soirée?
5. assister à un match de foot?
6. ranger ta chambre?

7. retrouver des amis?
8. finir un livre?
9. choisir des vêtements?
10. perdre *(waste)* ton temps *(time)*?
11. rendre visite à un copain?
12. rendre visite à tes cousins?

> Tu as joué au basket?
>
> Tu as étudié?
>
> Oui, j'ai joué au basket.
>
> Non, je n'ai pas étudié.

### 6  Tant pis! *(Too bad!)*

**PARLER/ÉCRIRE**  Les personnes suivantes n'ont pas certaines choses.
Expliquez ce qu'elles n'ont pas fait.

▶ Françoise n'a pas sa raquette.
   **Elle n'a pas joué au tennis.**

1. Vous n'avez pas de lecteur MP3.
2. Nous n'avons pas nos maillots de bain.
3. Vous n'avez pas de billets *(tickets)*.
4. Les élèves n'ont pas de chance.

5. Marc n'a pas de patience.
6. Tu n'as pas de télé.
7. Caroline n'a pas de livres.
8. Je n'ai pas faim.

> dîner
> nager
> étudier
> jouer au tennis
> réussir à l'examen
> attendre son copain
> écouter de la musique
> regarder le match de foot
> assister au concert

## C  Les questions au passé composé

Note how questions are asked in the passé composé.

**Tu as travaillé** ce week-end?          *Did you work this weekend?*

**Est-ce que Paul a travaillé** aussi?     *Did Paul work too?*

**Qu'est-ce que tu as acheté?**           *What did you buy?*

**Où est-ce qu'Alice a acheté** cette veste?  *Where did Alice buy that jacket?*

Questions in the passé composé are formed according to the following pattern:

> INTERROGATIVE FORM of **avoir** + PAST PARTICIPLE

### YES/NO QUESTIONS

| INTONATION | **Tu as … ?** | **Tu as** travaillé? |
|---|---|---|
| WITH **est-ce que** | **Est-ce que tu as … ?** | **Est-ce que tu as** travaillé? |

### INFORMATION QUESTIONS

| WITH **est-ce que** | **Quand est-ce que tu as … ?**<br>**Qu'est-ce que tu as … ?** | **Quand est-ce que tu as** dîné?<br>**Qu'est-ce que tu as** mangé? |
|---|---|---|

→ When the subject of the question is a pronoun, inversion may be used.

**As-tu … ?**      **As-tu** dîné?      **A-t-il … ?**      **A-t-il** travaillé?

### 7  Conversation

**PARLER** Demandez à vos camarades ce qu'ils ont fait hier. Si c'est nécessaire, imaginez une réponse.

> À qui est-ce que tu as téléphoné?

> J'ai téléphoné à mon oncle (à une copine, aux voisins … ).

▶ à qui / téléphoner?
1. avec qui / étudier?
2. qui / rencontrer après la classe?
3. où / dîner?
4. à quelle heure / dîner?
5. quel programme / regarder à la télé?
6. quelle station de radio / écouter?
7. quel magazine / regarder?
8. quand / préparer tes devoirs?

### 8  Bavardages

**PARLER** Lisez ce que les personnes suivantes ont fait. Avec un(e) camarade, parlez de leurs activités.

▶ Léa a joué au tennis. (avec qui? avec Éric)
  —Léa a joué au tennis.
  —Ah bon! Avec qui est-ce qu'elle a joué?
  —Elle a joué avec Éric.

1. Zoé a téléphoné. (à quelle heure? à six heures)
2. Anne a voyagé au Canada. (comment? en train)
3. Laure a acheté un pull. (où? au Bon Marché)
4. Luc a visité Moscou. (avec qui? avec sa mère)
5. Paul a trouvé un job. (où? dans un café)
6. Éric et Lise ont dîné en ville. (où? à l'Écluse)
7. Les voisins ont téléphoné. (quand? lundi)
8. Caroline a visité Genève. (quand? en octobre)

**9** **Un week-end à Paris**

**PARLER** Des camarades de classe ont passé un week-end à Paris. Posez-leur des questions sur leur voyage.

► quand / visiter Paris?      en avril

1. comment / voyager?
   en métro
2. où / dîner?
   au Pied de Cochon
3. qui / rencontrer?
   beaucoup de gens sympa

4. quel musée / visiter?
   le Musée d'Orsay
5. quels souvenirs / acheter?
   des posters
6. à quel concert / assister?
   à un concert de jazz

Quand est-ce que vous avez visité Paris?

Nous avons visité Paris en avril.

**10** **Questions et réponses**

**PARLER** Léa demande à Paul ce qu'il a fait samedi dernier. Jouez les deux rôles avec un/une camarade. Posez des questions et choisissez une réponse logique.

► acheter à la librairie *(bookstore)*

LÉA:  Qu'est-ce que tu as acheté à la librairie?
PAUL:  J'ai acheté un dictionnaire.

- regarder à la télé
- écouter à la radio
- acheter pour l'anniversaire de ton père

- apporter à la fête
- vendre à ton cousin
- manger au restaurant
- choisir à Mod'Shop

| | |
|---|---|
| une pizza | des CD de rock |
| une cravate | un dictionnaire |
| des tee-shirts | un film d'aventures |
| un concert de jazz | mon vélo |

**VOCABULAIRE**    **Expressions pour la conversation**

► *How to ask people if they have ever done something:*

| **déjà** | *ever, already* | — Est-ce que tu as **déjà** visité Paris? |
| | | — Oui, j'ai **déjà** visité Paris. |
| **ne ... jamais** | *never* | — Non, je **n'**ai **jamais** visité Paris. |

**11** **Conversation**

**PARLER** Demandez à vos camarades s'ils ont déjà fait les choses suivantes. (S'ils répondent affirmativement, demandez des précisions avec des questions comme **quand? où? avec qui? pourquoi?** etc.)

► visiter Québec?

1. voyager en avion?
2. dîner dans un restaurant vietnamien?
3. manger des escargots *(snails)*?
4. gagner à la loterie?

5. jouer dans un film?
6. participer à un marathon?
7. visiter le Futuroscope?
8. assister à un concert de rock?

Tu as déjà visité Québec?

Oui, j'ai déjà visité Québec.

Quand?

Pendant les vacances.

(Je n'ai jamais visité Québec.)

## D  Les verbes *prendre* et *mettre*

Review the forms of the verbs **prendre** *(to take)* and **mettre** *(to put, put on)*.

| INFINITIVE | | prendre | | | mettre | |
|---|---|---|---|---|---|---|
| **PRESENT** | Je | **prends** | un taxi. | Je | **mets** | ma veste. |
| | Tu | **prends** | ton vélo. | Tu | **mets** | un pull. |
| | Il/Elle/On | **prend** | le métro. | Il/Elle/On | **met** | un CD. |
| | Nous | **prenons** | nos livres. | Nous | **mettons** | la télé. |
| | Vous | **prenez** | le bus. | Vous | **mettez** | la radio. |
| | Ils/Elles | **prennent** | des photos. | Ils/Elles | **mettent** | des sandales. |

### Prendre

→ When used with meals, foods, and beverages, **prendre** means *to have.*

Qu'est-ce que **tu prends**?           *What **are you having**?*

**Je prends** un café et un croissant.     *I'm **having** a cup of coffee and a croissant.*

→ The following verbs are conjugated like **prendre**:

| | | |
|---|---|---|
| **apprendre** | *to learn* | Nous **apprenons** le français. |
| **apprendre à** + INFINITIVE | *to learn how to* | Charlotte **apprend** à danser. |
| **comprendre** | *to understand* | Les élèves **comprennent** le prof. |

### Mettre

→ **Mettre** has the following meanings:

*to put on, wear (clothes)*     Tu **mets** ta nouvelle veste?

*to turn on (the radio, TV)*     **Mets** la radio, s'il te plaît.

*to set (the table)*     Qui va **mettre** la table?

→ The following verbs are conjugated like **mettre**:

| | | |
|---|---|---|
| **permettre** | *to let, allow, permit* | **Permets**-tu à ton frère d'écouter ton MP3? |
| **promettre** | *to promise* | Je **promets** d'être patient. |

### 12  *Quel verbe?*

**PARLER/ÉCRIRE** Complétez les phrases avec l'un des verbes suggérés. Soyez logique.

1. Les élèves ne … pas la question du professeur.
2. Philippe … des photos avec son nouvel appareil-photo.
3. Les touristes … un taxi pour aller au musée.
4. Je … d'être sérieux et de travailler plus.
5. Pourquoi est-ce que tu ne … pas à ton frère d'écouter ton MP3?
6. Quand il pleut, nous … un imper.
7. Est-ce que vous … à faire du ski?
8. Je ne … pas pourquoi tu es fâché *(upset)*.

> apprendre
> comprendre
> prendre
> mettre
> permettre
> promettre

**13** **Questions personnelles** PARLER/ÉCRIRE

1. Quand tu vas à l'école, est-ce que tu prends le bus? Et tes copains?
2. Est-ce que tu comprends l'espagnol? le russe? le vietnamien? Et tes parents?
3. Est-ce que tu apprends à jouer du piano? à jouer de la guitare? à jouer au tennis?
4. Quels vêtements est-ce que tu mets quand il fait chaud? quand il fait froid?
5. Quand tu étudies, est-ce que tu mets la radio? la télé? un CD?

# À votre tour!

**OBJECTIFS**

Now you can …
• talk about past activities

*Digital* performance space

**1** **Situation: Un**  **voyage au Canada**

**PARLER** Your partner is back from a short trip to French-speaking Canada. Ask your partner …

- how he/she traveled
- if he/she visited Montreal or Quebec
- if he/she met any Canadian students
- if he/she spoke French or English
- if he/she bought souvenirs (**des souvenirs**), and if so, what

**2** **Interviews: Hier soir**

**ÉCRIRE/PARLER** Faites une liste de cinq choses que vous avez faites hier soir. Interviewez trois camarades et demandez-leur s'ils ont fait ces choses. Comparez vos réponses.

Zoé, as-tu regardé la télé hier soir?

As-tu aidé ta mère?

Oui, j'ai regardé la télé.

Non, je n'ai pas aidé ma mère.

**3** **Le week-end dernier**

**ÉCRIRE/PARLER** Écrivez un petit paragraphe où vous décrivez plusieurs choses que vous avez faites le week-end dernier. Donnez des détails. Vous pouvez utiliser les suggestions suivantes.

- téléphoner (à qui? quand?)
- rencontrer (qui? où?)
- visiter (quoi? quand? avec qui?)
- acheter (quelles choses? où?)
- regarder (quels programmes? quand?)
- dîner (où? avec qui? quand?)

Ensuite, comparez vos réponses aux réponses de vos camarades.

| Mes activités | Zoé |
|---|---|
| regarder la télé | ✓ |
| aider ma mère | ✗ |
| ranger ma chambre | |
| téléphoner à un copain | |
| étudier | |

# Lecture Dans l'ordre, s'il vous plaît!

Les paragraphes suivants décrivent certains événements passés. Malheureusement,° l'ordre logique des phrases n'a pas été respecté. Reconstituez les paragraphes en mettant les phrases dans l'ordre logique.

**Malheureusement** *Unfortunately*

## A. Un dîner entre copains

Nous avons dîné.

Ma copine a préparé le repas.

Mon copain a fait les courses.

Après le dîner, j'ai fait la vaisselle.

## B. Le concert

Elles ont regardé la page des spectacles.

Nicole a acheté les billets.

Hélène et Nicole ont acheté le journal.°

Elles ont assisté au concert.

Après le concert, elles ont dîné ensemble.

Elles ont choisi un concert très intéressant.

Pendant le concert, elles ont retrouvé des copains.

**journal** *newspaper*

Additional readings @ **my.hrw.com**

## C. Un match de tennis

Nous avons fini le match à quatre heures.

J'ai gagné le deuxième set et le match.

Pascal a perdu le premier set.

Nous avons fait un match.

Après le match, nous avons fait une promenade à vélo.

Hier après-midi, j'ai joué au tennis avec mon cousin Pascal.

## D. Une invitation

*Sa soeur Françoise a répondu.*

*Nous avons dîné dans un restaurant japonais.*

*Samedi, j'ai téléphoné à Marie-Laure.*

*Alors, j'ai invité Françoise au restaurant.*

*Elle a accepté mon invitation.*

*Elle a dit que Marie-Laure n'était ° pas à la maison.*

**était** *was*

## E. Un job d'été

J'ai trouvé un job dans un supermarché.

Avec l'argent que j'ai gagné, j'ai acheté une tablette.

L'été dernier, je n'ai pas voyagé.

J'ai travaillé là-bas pendant deux mois.

J'ai cherché un job.

# Les achats de Corinne

Samedi dernier, Pierre est allé à un rendez-vous avec Armelle. Il est parti de chez lui à deux heures.

Pierre a retrouvé Armelle. Puis ils sont allés au cinéma. Là, ils ont vu *L'Homme invisible*.

Après le film, ils ont fait une promenade en ville.

Ensuite, ils sont allés dans un café. Là, ils ont vu Corinne.

Ça va?

Au café, les trois amis parlent de leurs activités.

D'où venez-vous comme ça?

Nous sommes allés au ciné.

Qu'est-ce que vous avez vu?

L'Homme invisible.

Moi, je l'ai vu la semaine dernière. C'est super, hein?

Oui, c'est pas mal!

Et toi, qu'est-ce que tu as fait?

Eh bien, tu vois, j'ai fait des achats.

Qu'est-ce que tu as acheté?

Ben, tu vois, j'ai acheté un tee-shirt ... J'ai aussi acheté des magazines ...

Ah tiens ... j'ai acheté quelque chose de marrant!

Qu'est-ce que c'est?

C'est un crocodile!

C'est vrai, c'est marrant!

Tu le veux? Je te le donne.

Pierre a accepté le cadeau de sa cousine. Puis, vers sept heures, Pierre, Armelle et Corinne sont rentrés chez eux.

Corinne et Armelle ont pris le bus.

Pierre est rentré chez lui à pied.

à suivre ...

## Compréhension

1. Où sont allés Pierre et Armelle samedi après-midi?

2. Où sont-ils allés après? Qui ont-ils rencontré?

3. Qu'est-ce que Corinne a acheté?

4. Qu'est-ce qu'elle a donné à Pierre?

## A  Le verbe *voir*

Note the forms of the irregular verb **voir** *(to see)*.

| INFINITIVE | voir | | |
|---|---|---|---|
| **PRESENT** | Je **vois** le prof. | Nous **voyons** un western. | |
| | Tu **vois** ta copine. | Vous **voyez** une comédie. | |
| | Il/Elle/On **voit** un film. | Ils/Elles **voient** souvent leurs copains. | |

→ Note the expression **aller voir** *(to go see).*

—Tu vas **aller voir** le film?    *Are you going **to go see** the movie?*

—Je ne peux pas. Je dois **aller voir** ma tante.    *I can't. I have **to go see** my aunt.*

### 1  Qu'est-ce qu'on voit?

**PARLER/ÉCRIRE** Dites ce que les personnes voient dans les circonstances suivantes.

▶ Patrick est au cinéma.
  **Il voit un film d'aventures.**

1. Nous sommes à Paris.
2. Les touristes visitent New York.
3. Tu es à l'aéroport.
4. Je nage dans une rivière.
5. Vous faites une promenade dans la forêt.
6. Mélanie visite une ferme.
7. On est au jardin botanique.

> *des avions*
> *des poissons*
> *des plantes et des fleurs*
> *des oiseaux et des écureuils*
> *des lapins et des poules*
> *la Statue de la Liberté*
> *la Tour Eiffel*
> *un film d'aventures*

### 2  Questions personnelles  PARLER/ÉCRIRE

1. Est-ce que tu vois bien? Est-ce que tu as besoin de lunettes? Est-ce que tu portes des verres de contact *(contact lenses)*?
2. Est-ce que tu vois souvent tes cousins? tes grands-parents? Quand?
3. Est-ce que tu vas voir un film le week-end prochain *(next)*? Où? Avec qui? Quel film est-ce que tu vas voir?

## B Quelques participes passés irréguliers

Many irregular verbs have irregular PAST PARTICIPLES.
Note the PAST PARTICIPLES of the following verbs.

| avoir | eu | Cet hiver, Cécile **a eu** la grippe *(flu)*. |
| être | été | Moi, **j'ai été** malade *(sick)*. |
| faire | fait | Nous **n'avons pas fait** nos devoirs. |
| mettre | mis | Est-ce que tu **as mis** la table? |
| prendre | pris | Je **n'ai pas pris** ton appareil-photo. |
| voir | vu | Nous **n'avons pas vu** François après la classe. |

→ The verb **être** has two meanings in the passé composé. Compare:

Juliette **a été** malade.                    *Juliette **has been** sick.*
Elle **a été** à l'hôpital.                    *She **went** to the hospital.*

→ Verbs conjugated like **mettre** and **prendre** have similar past participles.

| **promettre** | **promis** | **J'ai promis** d'aider mon grand-père. |
| **comprendre** | **compris** | Nous **n'avons pas compris** la question. |

→ The passé composé of **il y a** is **il y a eu**.

**Il y a eu** un bon film à la télé.            ***There was** a good movie on TV.*

---

### 3 Qu'est-ce qu'ils ont fait?

**PARLER/ÉCRIRE** Expliquez ce que les personnes suivantes ont fait samedi dernier.

▶ Éric (prendre le métro / être en ville)
**Éric a pris le métro.**
**Il a été en ville.**

1. vous (être dans les magasins / faire des achats)
2. nous (mettre des jeans / être à la campagne / faire un pique-nique)
3. les touristes (voir l'Arc de Triomphe / prendre des photos)
4. moi (mettre mon maillot de bain / prendre un bain de soleil)
5. toi (faire une promenade à vélo / avoir un accident / être à l'hôpital)
6. Léa (avoir envie de sortir *(go out)* / faire un tour en ville)

### 4 Conversation

**PARLER** Demandez à vos camarades s'ils ont fait les choses suivantes le week-end dernier. Si oui, continuez le dialogue (par exemple, avec **où? quand? comment? pourquoi? avec qui?**).

▶ faire un pique-nique?

Tu as fait un pique-nique?
Oui, j'ai fait un pique-nique.
Où?
À la campagne.
Avec qui?
Avec ma famille.

(Non, je n'ai pas fait de pique-nique.)

1. faire un tour en voiture?
2. faire des achats?
3. avoir un rendez-vous?
4. être à la campagne?
5. être en ville?
6. prendre des photos?
7. voir un film?
8. voir tes cousins?

**C** *Quelqu'un, quelque chose* **et leurs contraires**

Note how the following expressions are used in the present and the passé composé.

| **quelqu'un** *(somebody, someone)* | **ne ... personne** *(nobody, not anyone)* |
|---|---|
| J'invite **quelqu'un**. | Je n'invite **personne**. |
| J'ai invité **quelqu'un**. | Je n'ai invité **personne**. |

| **quelque chose** *(something)* | **ne ... rien** *(nothing, not anything)* |
|---|---|
| Je fais **quelque chose**. | Je **ne** fais **rien**. |
| J'ai fait **quelque chose**. | Je **n'**ai **rien** fait. |

→ The above expressions can be the subject of the sentence.

   **Quelqu'un** a téléphoné.          **Personne** n'a travaillé.

**Ne ... personne** and **ne ... rien** are negative expressions that require **ne** before the verb.

→ In one-word answers, **personne** and **rien** can stand alone.

   —Qui as-tu rencontré?          —Qu'est que tu as fait?
   **—Personne.**                        **—Rien.**

→ In the passé composé, the word order is:

| **ne** + **avoir** + PAST PARTICIPLE + **personne** | Je n'ai vu **personne**. |
|---|---|
| **ne** + **avoir** + **rien** + PAST PARTICIPLE | Je **n'**ai **rien** vu. |

**5** **Un cambriolage** *(A burglary)*

**PARLER** Le week-end dernier, l'appartement de Monsieur Dupont a été cambriolé *(burglarized)*. L'inspecteur de police pose certaines questions à Monsieur Dupont, qui répond négativement.
Jouez les deux rôles.

> Vous avez vu quelqu'un?

> Non, je n'ai vu personne.

▶ voir quelqu'un?

1. voir quelque chose?
2. entendre quelqu'un?
3. entendre quelque chose?
4. parler à quelqu'un?
5. observer quelque chose?
6. téléphoner à quelqu'un?
7. faire quelque chose?

@**HOME**TUTOR
my.hrw.com

## D Le passé composé du verbe *aller*

Note the forms of the passé composé of the verb **aller** in the sentences below.
Pay attention to forms of the past participle.

Samedi, Éric **est allé** au musée.    *On Saturday, Eric **went** to the museum.*
Anne et Alice **sont allées** à une fête.    *Anne and Alice **went** to a party.*

The passé composé of **aller** is formed with **être** according to the pattern:

PRESENT of **être** + PAST PARTICIPLE

→ The past participle takes endings to agree with the subject.

| | MASCULINE | FEMININE |
|---|---|---|
| **AFFIRMATIVE** | je suis **allé**<br>tu es **allé**<br>il est **allé**<br>nous sommes **allés**<br>vous êtes **allés**<br>ils sont **allés** | je suis **allée**<br>tu es **allée**<br>elle est **allée**<br>nous sommes **allées**<br>vous êtes **allées**<br>elles sont **allées** |
| **NEGATIVE** | je ne suis pas **allé** | je ne suis pas **allée** |
| **INTERROGATIVE** | tu es **allé?**<br>es-tu **allé?**<br>est-ce que tu es **allé?** | tu es **allée?**<br>es-tu **allée?**<br>est-ce que tu es **allée?** |

## 6 Qui est allé où?

**PARLER/ÉCRIRE** Dites où ces personnes sont allées ce week-end en complétant
les phrases suivantes.

Philippe

Claire

Patrick et Ousmane

Mélanie et Sylvie

▶ <u>Patrick et Ousmane sont</u> allés au musée.

| SAMEDI MATIN | SAMEDI SOIR | DIMANCHE |
|---|---|---|
| **1.** … allé en ville. | **5.** … allée au cinéma. | **9.** … allées à une boum. |
| **2.** … allées au stade. | **6.** … allés à un concert. | **10.** … allé au restaurant. |
| **3.** … allée à la plage. | **7.** … allées à un rendez-vous. | **11.** … allée à la campagne. |
| **4.** … allés à la pêche. | **8.** … allé chez Corinne. | **12.** … allés au café. |

### 7 Où et quoi?

**PARLER/ÉCRIRE** Pour chaque personne, choisissez un endroit où elle est allée et dites ce qu'elle a fait là-bas. Soyez logique!

▶ Juliette est allée chez les voisins. Elle a fait du baby-sitting.

| QUI? | OÙ? | QUOI? |
|---|---|---|
| moi | au café | bronzer |
| Jérôme | au ciné | danser |
| Juliette | au stade | faire des achats |
| nous | à l'aéroport | voir un film |
| vous | au supermarché | faire les courses |
| M. Renaud | au centre commercial | faire du baby-sitting |
| les touristes | à la plage | retrouver des copains |
| toi | dans une discothèque | voir un match de foot |
| | chez les voisins | prendre l'avion |

---

**VOCABULAIRE** **Quelques expressions de temps**

| maintenant | avant | après |
|---|---|---|
| aujourd'hui | hier | demain |
| ce matin | hier matin | demain matin |
| cet après-midi | hier après-midi | demain après-midi |
| ce soir *(tonight)* | hier soir | demain soir |
| lundi | lundi dernier *(last)* | lundi prochain *(next)* |
| ce week-end | le week-end dernier | le week-end prochain |
| cette semaine | la semaine dernière | la semaine prochaine |
| ce mois-ci | le mois dernier | le mois prochain |
| cet été | l'été dernier | l'été prochain |
| cette année *(year)* | l'année dernière | l'année prochaine |

---

### 8 Conversation

**PARLER** Demandez à vos camarades de décrire ce qu'ils ont fait et ce qu'ils vont faire.

Qu'est-ce que tu as fait … ?  Qu'est-ce que tu vas faire … ?

Qu'est-ce que tu as fait ce matin?

Je suis allée à l'école.

Qu'est-ce que tu vas faire ce soir?

Je vais étudier.

| | | | |
|---|---|---|---|
| ▶ ce matin | 3. dimanche matin | ▶ ce soir | 8. samedi prochain |
| 1. hier soir | 4. l'été dernier | 6. demain matin | 9. le mois prochain |
| 2. samedi soir | 5. le mois dernier | 7. demain soir | 10. l'été prochain |

@**HOME**TUTOR
my.hrw.com

 **Occupations**

**PARLER** Composez des dialogues en faisant les substitutions suggérées. ▶ voir le prof après la classe?
aller à la bibliothèque

1. faire tes devoirs?
   aller au ciné
2. ranger ta chambre?
   aller en ville
3. faire les courses?
   aller à un rendez-vous
4. aider ton petit frère?
   aller au café
5. rendre visite à ta grand-mère?
   ??
6. préparer l'examen?
   ??

Tu as vu le prof après la classe?

Ah non, je n'ai pas eu le temps.

Qu'est-ce que tu as fait alors?

Je suis allée à la bibliothèque.

# À votre tour!

Digital
**Performance space**

**OBJECTIFS**

Now you can ...
• talk about places you have gone and what you did there

**1** **Situation: Au cinéma**

**PARLER** Your partner went to a movie last weekend with a friend. You want to know what they did.

Ask your partner ...
• with whom he/she went to the movies
• to which movie theater they went
• which movie they saw
• what they did afterwards

**2** **Une carte postale**

**LIRE/ÉCRIRE** Lisez la carte postale de Philippe.

*Ma chère Christine,*
*Il a fait très beau ce week-end.*
*Nous sommes allés à la campagne.*
*Nous avons fait une promenade à pied. Nous avons vu beaucoup d'animaux. J'ai pris des photos.*
*Le soir, nous sommes allés dans un restaurant.*

*Je t'embrasse,*
*Philippe*

Mlle Christine Lukas
146, rue Jeanne d'Arc
37000 Tours
FRANCE

Maintenant, écrivez une carte postale à un copain (une copine). Dans cette carte, décrivez votre week-end. Dites où vous êtes allés et ce que vous avez fait.

 **LESSON REVIEW**
my.hrw.com

# Lecture Quatre amies

Quatre amies sont dans un café. Elles s'appellent:

**Ariane, Béatrice, Florence et Michèle.**

Ces filles parlent de ce qu'elles ont fait samedi dernier. Écoutez bien ce qu'elles disent. Pouvez-vous trouver le nom de chaque fille?

- Qui est Ariane?
- Qui est Florence?
- Qui est Béatrice?
- Qui est Michèle?

*fille numéro un*

Samedi après-midi, j'ai fait des achats. Je suis d'abord allée au Printemps où j'ai acheté une robe. J'ai aussi acheté une cravate pour l'anniversaire de mon père. Ensuite, je suis allée à la Boîte à Musique où j'ai écouté des CD, mais là je n'ai rien acheté. Après, j'ai téléphoné à mon copain Jean-Luc. Nous sommes allés Chez Luigi, un très bon restaurant italien. Après, nous sommes allés à un concert de reggae.

**Cette fille s'appelle ...**

Samedi matin, j'ai fait les courses. Samedi après-midi, je suis allée au cinéma. J'ai vu une comédie américaine très très drôle. Au cinéma, j'ai retrouvé mon cousin Laurent. Après le film, nous sommes allés dans un café. À six heures, Laurent est allé à un rendez-vous. Moi, le soir, je suis allée à la boum de ma copine Isabelle. Là, j'ai beaucoup dansé. J'ai aussi fait la connaissance d'un garçon très sympathique!

**Cette fille s'appelle ...**

*fille numéro deux*

Pour trouver la solution, il faut savoir les choses suivantes:

- Ariane parle italien, mais elle déteste la cuisine italienne.
- Les parents de Béatrice sont divorcés.
- Florence n'aime pas danser.
- Samedi dernier, Michèle n'a pas dépensé d'argent.

**Suggestion:** Cherchez d'abord le nom de la fille qui n'a rien dépensé. Procédez ensuite par élimination progressive.

*fille numéro trois*

Samedi après-midi, j'ai fait un tour en ville. D'abord, je suis allée à la bibliothèque. J'ai pris un livre sur l'art mexicain. Ensuite, je suis allée chez ma cousine Frédérique. J'ai dîné chez elle. Après le dîner, nous sommes allées au théâtre. C'est Frédérique qui a payé les billets.

**Cette fille s'appelle ...**

Samedi matin, je suis allée à mon cours de gym avec Amélie. À midi, nous sommes allées dans un restaurant où nous avons mangé une excellente pizza. Après, nous sommes allées au musée voir une exposition° de photos. Ensuite, je suis rentrée chez moi° et j'ai dîné avec mes parents. Après le dîner, je suis allée dans ma chambre et j'ai commencé mes devoirs. J'ai beaucoup de travail pour lundi!

**Cette fille s'appelle ...**

*fille numéro quatre*

**exposition** *exhibit*   **je suis rentrée chez moi** *I went home*

# Tu es sorti?

Dans l'épisode précédent, Pierre est allé au cinéma avec Armelle. Après le film, ils sont allés dans un café où ils ont rencontré Corinne. Corinne a donné quelque chose à Pierre. Il est maintenant sept heures et demie. Les Duval sont prêts à dîner, mais Pierre n'est pas rentré.

Monsieur Duval s'impatiente un peu.

Tu sais où est Pierre?

Mais oui, il est sorti …

Il est parti à deux heures et il n'est pas encore rentré!?

Il est sorti, il est sorti … Mais il sort tout le temps en ce moment … Quand est-ce qu'il est parti?

Je ne sais pas, moi … Vers deux heures …

Ne te fâche pas, Jacques! C'est samedi aujourd'hui …

À ce moment, la porte s'ouvre. C'est Pierre qui rentre.

Tiens, le voilà!

Bonsoir, Maman … Bonsoir, Papa …

my.hrw.com

M. Duval n'est pas très content. Il veut savoir où est allé Pierre.

Tu es allé au cinéma? C'est bien joli, ça, mais je parie que tu as oublié ton examen!

Quel examen?

Eh ben, oui … Je suis allé au ciné avec Armelle.

Alors, tu es sorti, comme ça?

Eh bien, ton examen de maths!

Mais non, Papa. C'est toi qui as oublié! Tu sais bien que je l'ai passé la semaine dernière et que j'ai eu la meilleure note de la classe.

On a rencontré Corinne. Regarde ce qu'elle m'a donné!

Ah oui, c'est vrai.

C'est marrant!

Monsieur Duval a retrouvé sa bonne humeur … La famille passe à la salle à manger pour le dîner.

Bon! Passons à table!

FIN

## Compréhension

1. Où se passe la scène?
2. Pourquoi M. Duval est-il impatient?
3. Qu'est-ce qu'il demande à sa femme?
4. Qu'est-ce qu'il demande à Pierre?
5. Que répond Pierre?
6. Qu'est-ce qu'il montre à son père?
7. Que font Pierre et ses parents après?

LE LIÈVRE ET LA TORTUE

DÉPART

IL EST DESCENDU CHEZ UN COPAIN.

ELLE EST ALLÉE DIRECTEMENT AU BUT.

IL EST SORTI APRÈS LE DÉJEUNER.

LE LIÈVRE ET LA TORTUE SONT PARTIS ENSEMBLE.

IL EST RESTÉ POUR DÉJEUNER.

## A  Les verbes comme *sortir* et *partir*

A few verbs ending in **-ir** are conjugated like **sortir** *(to go out, get out)* and **partir** *(to leave).*

| INFINITIVE | sortir | partir | ENDINGS |
|---|---|---|---|
| PRESENT | Je **sors** avec un ami.<br>Tu **sors** demain soir?<br>Éric **sort** avec Sophie.<br>Nous **sortons** ce soir.<br>Vous **sortez** souvent?<br>Ils/Elles **sortent** samedi. | Je **pars** à midi.<br>Tu **pars** dimanche?<br>Il/Elle/On **part** dans une heure.<br>Nous **partons** en voiture.<br>Vous **partez** en vacances?<br>Ils/Elles **partent** en juillet. | **-s**<br>**-s**<br>**-t**<br>**-ons**<br>**-ez**<br>**-ent** |
| PASSÉ COMPOSÉ | Je **suis** **sorti(e).** | Je **suis** **parti(e).** | |

→ The passé composé of **sortir** and **partir** is formed with **être.**

→ **Dormir** *(to sleep)* follows the same pattern. However, its passé composé is formed with **avoir.**

| PRESENT | je **dors** | nous **dormons** |
|---|---|---|
| | tu **dors** | vous **dormez** |
| | il/elle/on **dort** | ils/elles **dorment** |
| PASSÉ COMPOSÉ | j'ai **dormi** | |

### 1  *Questions personnelles* PARLER/ÉCRIRE

1. En général, à quelle heure est-ce que tu pars à l'école?
2. À quelle heure est-ce que tu es parti(e) ce matin?
3. En général, est-ce que tes parents partent de la maison avant ou après toi?
4. Est-ce que tu vas partir en vacances cet été? Où vas-tu aller?
5. Est-ce que tu es parti(e) en vacances l'été dernier? Où es-tu allé(e)?
6. Est-ce que tu sors souvent le week-end? Avec qui?
7. Est-ce que tu es sorti(e) le week-end dernier? Où es-tu allé(e)?
8. En général, est-ce que tu dors bien? Combien d'heures dors-tu?
9. Combien d'heures as-tu dormi la nuit dernière?

IL EST TOMBÉ.

IL EST MONTÉ DANS UN ARBRE POUR
VOIR OÙ ÉTAIT LA TORTUE.

ELLE EST PASSÉE DEVANT
L'ARBRE AVANT LE LIÈVRE.

LE LIÈVRE
EST ARRIVÉ
LE DERNIER.

LA TORTUE EST ARRIVÉE
LA PREMIÈRE.

## B  Le passé composé avec *être*

Note the forms of the passé composé in the following sentences:

| | |
|---|---|
| Olivier **est allé** au cinéma. | *Olivier **went** to the movies.* |
| Laure **est sortie** avec un copain. | *Laure **went out** with a friend.* |
| Claire et Hélène **ne sont pas parties** à la campagne. | *Claire and Hélène **did not leave** for the country.* |

The passé composé of certain verbs of motion like **aller,**
**sortir,** and **partir** is formed according to the pattern:

> PRESENT of **être** (affirmative or negative) + PAST PARTICIPLE

→ When the passé composé is formed with **être,**
the past participle agrees with the subject.

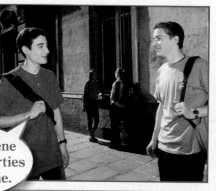

Claire et Hélène
ne sont pas parties
à la campagne.

### 2  Qui est sorti?

**PARLER/ÉCRIRE** Dites qui est sorti et qui n'est pas sorti ce week-end.

▶ Charlotte a vu un film à la télé.
  **Elle n'est pas sortie.**

1. Nous avons étudié.
2. Michèle et Monique ont dîné au restaurant.
3. Vous avez fait une promenade à vélo.
4. Jacqueline a fait du baby-sitting.
5. Monsieur Dupont a travaillé dans le jardin.

6. Tu as vu un copain au café.
7. J'ai organisé une soirée chez moi.
8. François et Vincent sont allés au ciné.
9. Vous avez dormi.
10. Les voisins ont fait un pique-nique.

**VOCABULAIRE** **Les verbes conjugués avec *être***

*Je suis allée au cinéma.*

| | | | |
|---|---|---|---|
| **aller** | **allé** | *to go* | Je **suis allée** au cinéma. |
| **sortir** | **sorti** | *to go out, get out* | Mélanie **est sortie** avec Christophe. |
| **partir** | **parti** | *to leave* | Mes parents **sont partis** en vacances. |
| **arriver** | **arrivé** | *to arrive* | Vous **êtes arrivés** à midi. |
| **entrer** | **entré** | *to enter, come in* | Nous **sommes entrés** dans le café. |
| **rentrer** | **rentré** | *to return, go home, get back* | Nous **sommes rentrés** lundi. |
| **retourner** | **retourné** | *to return* | Léa **est retournée** à Paris. |
| **monter** | **monté** | *to go up* | Alice **est montée** dans sa chambre. |
| | | *to get on* | Les touristes **sont montés** dans le bus. |
| **descendre** | **descendu** | *to go down* | Anne **est descendue** dans la cave *(cellar)*. |
| | | *to get off* | Je **suis descendu** de l'avion à Nice. |
| **passer** | **passé** | *to pass, go by* | Cécile **est passée** par *(by)* le parc. |
| **rester** | **resté** | *to stay* | Les touristes **sont restés** à l'hôtel. |
| **tomber** | **tombé** | *to fall* | L'enfant **est tombé** dans la rue. |
| **venir** | **venu** | *to come* | Quand est-ce que vous **êtes venus?** |
| **revenir** | **revenu** | *to come back* | Paul **est revenu** hier. |
| **devenir** | **devenu** | *to become* | Christine **est devenue** très pâle. |

→ Note how **entrer** is used with a PREPOSITION in French.

| Nous **sommes entrés** | **dans** | le restaurant. |
|---|---|---|
| *We · entered* | *—* | *·the restaurant.* |

→ When **passer** means to spend *(time)*, it is conjugated with **avoir**.

**J'ai passé** une semaine à Lyon.    *I **spent** a week in Lyon.*

→ The verb **arriver** may also mean to *happen* as in the following expression:

**Qu'est-ce qui est arrivé?**    *What happened?*

**3** **Un week-end à Paris**

**PARLER/ÉCRIRE** Des copains ont passé un week-end à Paris. Dites ce que chacun a fait.

1. nous / arriver à Paris à neuf heures
2. mes copains / monter à la Tour Eiffel
3. Catherine / descendre dans le métro
4. vous / passer par l'Arc de Triomphe
5. Éric / rester une heure dans un café
6. Nathalie / venir au Musée d'Orsay avec nous
7. Isabelle et Christine / sortir avec des copains
8. moi / retourner à l'hôtel en taxi
9. nous / partir dimanche soir
10. Léa et Zoé / rentrer chez elles

**4** ✏️ *Oui ou non?*

**PARLER/ÉCRIRE** Lisez ce que les personnes ont fait et dites si oui ou non elles ont fait les choses entre parenthèses.

▶ Nous avons fait une promenade. (rester à la maison?)

Nous ne sommes pas restés à la maison.

1. Philippe a travaillé l'été dernier. (partir en vacances?)
2. Claire est restée chez elle. (sortir?)
3. Les touristes ont pris un taxi. (arriver à l'heure à l'aéroport?)
4. Ma cousine a eu la grippe *(flu)*. (venir chez nous?)
5. Vous avez rendu *(returned)* les livres. (passer à la bibliothèque?)
6. Mes copains ont raté *(missed)* le dernier bus. (rentrer à pied?)
7. Jean-François est resté dans sa chambre. (descendre pour le dîner?)
8. Ma grand-mère a eu un accident. (tomber dans les escaliers *[stairs]*?)

**5** 📝 *Un séjour à Paris*

**LIRE/ÉCRIRE** Béatrice a visité Paris. Dans son agenda elle a pris quelques notes. Regardez bien ses notes et répondez aux questions.

| | |
|---|---|
| mercredi 18 juin | arrivée-gare de Lyon, 8h30<br>hôtel Esmeralda<br>visite du Louvre<br>dîner à l'Hippopotame |
| jeudi 19 juin | matin: visite du musée Picasso<br>midi: rendez-vous avec Claudine<br>  cinéma<br>soir: dîner chez Claudine |
| vendredi 20 juin | matin: Tour Eiffel<br>après-midi: Bon Marché<br>  pantalon, 2 chemises (60 euros)<br>soir: dîner avec Marc, discothèque |
| samedi 21 juin | départ-aéroport d'Orly<br>11h15 |

1. Quel jour est-ce que Béatrice est arrivée à Paris?
2. Quel jour est-ce qu'elle est partie de Paris?
3. Combien de temps est-elle restée?
4. Comment est-elle arrivée à Paris?
5. Comment est-elle partie?
6. Dans quel hôtel est-elle restée?
7. Quel jour est-ce qu'elle est montée à la Tour Eiffel?
8. Quel jour est-ce qu'elle a visité le Louvre?
   Quel autre *(other)* musée a-t-elle visité?
9. Quel jour est-ce qu'elle a fait des achats?
   Où est-elle allée? Qu'est-ce qu'elle a acheté?
   Combien d'argent a-t-elle dépensé?
10. Où a-t-elle dîné le premier jour?
11. Avec qui a-t-elle dîné le deuxième jour?
12. Quand est-ce qu'elle a dîné avec Marc?
    Qu'est-ce qu'ils ont fait après?

**6** *Conversation*

**PARLER** Demandez à vos camarades si oui ou non ils ont fait les choses suivantes.

Est-ce que tu es allée au Japon?

Oui, je suis allée au Japon.

(Non, je ne suis pas allée au Japon.)

▶ aller au Japon

1. aller au Tibet
2. visiter Beijing
3. monter dans un hélicoptère
4. faire un voyage en ballon
5. descendre dans un sous-marin *(submarine)*
6. voir les pyramides d'Égypte
7. dîner dans un restaurant japonais
8. sortir avec une personne célèbre *(famous)*

**7 Le 14 juillet**

**LIRE/ÉCRIRE** Dites ce que ces personnes ont fait pour la fête nationale (le 14 juillet).

1. vous / regarder le défilé *(parade)*
2. Zoé / passer sur les Champs-Élysées
3. nous / voir le feu d'artifice *(fireworks)*
4. Marc / écouter la musique militaire
5. mes amies / monter à la Tour Eiffel
6. vous / aller au concert public
7. toi / retrouver tes copains
8. nous / sortir avec nos cousins
9. Éric et Léa / danser dans la rue
10. moi / rentrer très tard

**8 Qu'est-ce que tu as fait?**

**PARLER** Composez des dialogues en faisant les substitutions suggérées.

*Qu'est-ce que tu as fait samedi soir?*

*Je suis sorti.*

*Tu es allé au ciné?*

*Non, j'ai dîné avec un copain.*

1. • hier après-midi
   • aller en ville
   • faire des achats?
   • voir un film

2. • hier soir
   • rester chez moi
   • regarder la télé?
   • faire mes devoirs

3. • dimanche matin
   • aller chez ma grand-mère
   • rentrer en bus?
   • prendre un taxi

4. • le week-end dernier
   • partir à la campagne
   • aller à la pêche?
   • faire un pique-nique

5. • l'été dernier
   • visiter Paris
   • monter à la Tour Eiffel?
   • avoir le vertige (feel dizzy)

6. • pendant les vacances
   • aller dans l'Arizona
   • descendre dans le Grand Canyon?
   • être trop fatigué(e)

**9 Une lettre**

**PARLER/ÉCRIRE** Complétez la lettre de Véronique à Frédéric avec le passé composé des verbes suggérés.

Cher Frédéric,

Le week-end dernier, je __(aller)__ chez ma cousine Nathalie qui habite à Versailles. Nous __(jouer)__ au ping-pong et après, nous __(sortir)__. Nous __(prendre)__ le bus et nous __(aller)__ en ville pour faire des achats. Nous __(rencontrer)__ des copains et nous __(aller)__ au café avec eux. Nous __(rester)__ une heure là-bas. Après, nous __(partir)__ et nous __(aller)__ dans un restaurant italien où nous __(manger)__ une excellente pizza. Ensuite, nous __(aller)__ au cinéma où nous __(voir)__ un western. Nathalie __(rester)__ en ville, mais moi, je __(prendre)__ le train et je __(rentrer)__ chez moi.

Je t'embrasse,
*Véronique*

Maintenant composez une lettre où vous décrivez votre week-end.

@**HOME**TUTOR
my.hrw.com

## C L'expression *il y a*

Note the use of **il y a** *(ago)* in the following sentences.

Marc a téléphoné **il y a une heure.**     *Marc called **an hour ago.***
Je suis allé à Paris **il y a six mois.**     *I went to Paris **six months ago.***

To express how long ago a certain event took place, the French use the expression:

**il y a** + ELAPSED TIME

**10 Quand?**

Nicolas a acheté un chien il y a un mois.

**PARLER/ÉCRIRE** Dites quand les personnes suivantes ont fait certaines choses.

▶ Nicolas / acheter un chien / un mois

1. Annette / téléphoner / une semaine
2. Isabelle / organiser une soirée / dix jours
3. Pauline / partir en Italie / deux jours
4. Christine / téléphoner / deux heures
5. Thomas / rentrer de Québec / cinq jours
6. Jérôme / venir / deux jours

# À votre tour!

**OBJECTIFS**

Now you can ...
• talk about weekend events
• write mini-stories

## 1 Situation:  Lundi matin

**PARLER** It is Monday morning. With your partner, talk about what you both did last weekend.

You may ask each other ...
• if you went out Saturday night
• where you went and what you did
• at what time you came home
• if you stayed home on Sunday (if not, where you went and what you did)

## 2 Racontez une histoire

**Écrire** Choisissez l'une des histoires suivantes. Utilisez votre imagination et complétez cette histoire. Ajoutez un minimum de cinq phrases.

• Dimanche dernier, je ne suis pas resté(e) chez moi. J'ai pris le bus et je suis allé(e) en ville. Dans la rue, j'ai rencontré Philippe, mon copain français. Nous sommes allés dans un café. Ensuite, ...

• Le week-end dernier, j'ai été invité(e) par mes cousins qui habitent à la campagne. Je suis arrivé(e) chez eux vendredi soir. Samedi matin, nous ...

• La nuit dernière, j'ai entendu un bruit *(noise)* très très étrange. Je suis sorti(e) de mon lit. J'ai mis mes vêtements. Ensuite, ...

• L'été dernier, mes parents ont acheté une caravane *(camping trailer)*. Alors, évidemment nous ne sommes pas restés chez nous. Nous avons fait un grand voyage. Nous sommes partis le ... et nous ...

**LESSON REVIEW**
my.hrw.com

# Lecture Ici tout va bien!

Monsieur Petit travaille pour une compagnie internationale.
Dans son travail, il voyage beaucoup. Cette année, il est allé au
Canada. Il est resté deux mois là-bas. Sa femme est allée avec lui,
mais leur fils Antoine, 18 ans, est resté à la maison. Un jour ils
ont reçu° la lettre suivante.

**ont reçu** *received*

Chers parents,

J'espère que votre voyage est agréable. Ici tout va bien.
Samedi dernier je suis allé déjeuner chez ma nouvelle copine,
Véronique, et ensuite nous sommes sortis. Véronique et sa soeur
Annick sont venues à la maison. Je leur ai proposé de faire une
promenade dans votre nouvelle voiture. (J'ai trouvé les clés sur le
bureau de Papa.) Nous sommes d'abord allés à la campagne.
Ensuite, nous sommes allés au restaurant. Après, nous sommes
allés écouter du jazz dans un club. Finalement, à minuit, j'ai
raccompagné Véronique et Annick chez elles.

Additional readings @ **my.hrw.com**

FRENCH
InterActive**Reader**

J'ai eu un petit problème avec la voiture, mais heureusement ce n'est pas très grave. Voilà ce qui s'est passé.° Quand je suis arrivé chez Véronique, sa sœur a crié: «Attention, il y a un chat!» J'ai vu le chat, mais je n'ai pas vu le mur. Alors, je suis rentré dans le mur de la maison de Véronique. Rassurez-vous, nous sommes sortis indemnes° de cet accident. C'est l'essentiel, n'est-ce pas?

Je vous embrasse et je vous attends avec impatience.

Antoine

P.S. Les parents de Véronique ne sont pas très contents. Ils vous attendent aussi avec impatience.

**ce qui s'est passé** *what happened*   **sommes sortis indemnes** *came out OK*

**Mots utiles**

| heureusement | *fortunately* | Heureusement, Antoine n'a pas fait de mal *(did not hurt) au chat.* |
| maleureusement | *unfortunately* | Malheureusement, il est rentré dans le mur. |

## Vrai ou faux?

1. Les parents d'Antoine sont au Canada.
2. La nouvelle copine d'Antoine s'appelle Annick.
3. Le père d'Antoine a une nouvelle voiture.
4. Antoine, Véronique et Annick sont sortis samedi soir.
5. Ils sont rentrés à onze heures.
6. Avec la voiture, Antoine est rentré dans un arbre.
7. Les jeunes sont sortis indemnes de l'accident.
8. La voiture est sortie indemne de l'accident.

# Tests de contrôle

By taking the following tests, you can check your progress in French and also prepare for the unit test. Write your answers on a separate sheet of paper.

**1** **Le choix logique** ——————————————————————

*Review...*
• vocabulary:
pp. 102, 104, 106

Complete each of the following sentences with the option that logically fits.

**1.** Julie est en ville. Elle fait — .   **(des achats / ses devoirs / la vaisselle)**

**2.** Ce soir, je ne vais pas rester à la maison. Je vais — .   **(étudier / sortir / aider ma mère)**

**3.** Léa prend un bain de soleil. Elle aime — .   **(bronzer / nager / laver sa voiture)**

**4.** Cet après-midi, je vais — ma chambre.   **(chercher / ranger / laver)**

**5.** Patrick aime marcher. Il va en ville — .   **(en bus / en métro / à pied)**

**6.** Au stade, nous avons — à un bon match.   **(assisté / regardé / écouté)**

**7.** Julie achète un — de métro.   **(billet / arbre / champ)**

**8.** Nous allons — samedi et rentrer dimanche.   **(partir / aller / rester)**

**9.** Regarde — dans l'arbre.   **(le lapin / la vache / l'oiseau)**

**10.** Dans cette rivière, il y a beaucoup de — .   **(fleurs / feuilles / poissons)**

**2** **Le verbe logique** ——————————————————————

*Review...*
• verbs:
pp. 116, 132, 134

Complete each of the following sentences with the appropriate option.

**1.** Luc habite en Égypte. Il — l'arabe.   **(met / prend / comprend)**

**2.** Avant le dîner, on — la table.   **(met / prend / fait)**

**3.** Nicolas est dans sa chambre. Il — .   **(dort / sort / part)**

**4.** Le bus — dans dix minutes.   **(sort / part / va)**

**5.** J'ai eu un accident. Je suis — de vélo.   **(tombé / venu / monté)**

**6.** Claire est — chez elle à dix heures.   **(rentrée / sortie / devenue)**

**3** **Samedi dernier** ——————————————————————

*Review...*
• passé composé:
regular and
irregular past
participles:
pp. 110-111, 123

Complete the following sentences with the PASSÉ COMPOSÉ of the verbs in parentheses.

**1.** Nous — à un match. **(assister)**

**2.** Tu — tes copains. **(attendre)**

**3.** Vous — vos devoirs. **(finir)**

**4.** J'— des vêtements. **(choisir)**

**5.** Mes soeurs — au volley. **(jouer)**

**6.** Léa — à un mail. **(répondre)**

**7.** J'— une promenade. **(faire)**

**8.** Vous — en ville. **(être)**

**9.** Nous — un film. **(voir)**

**10.** Tu — des CD. **(mettre)**

**11.** Alice — un accident. **(avoir)**

**12.** Marc et Paul — des photos. **(prendre)**

## 4 Être ou avoir?

Complete the following sentences with the PASSÉ COMPOSÉ of the verbs in parentheses

1. Pauline — chez elle. Elle — sa chambre.
2. Nous — Paris. Nous — à la Tour Eiffel.
3. Isabelle et Céline — des copines. Elles — au cinéma.
4. Léa — avec Éric. Ils — dans un restaurant chinois.
5. Mes copains — aux jeux vidéo. Après, ils — un film.
6. Le train — de Paris à 8 heures. Il — à Marseille à midi 30.

(rester / ranger)
(visiter / monter)
(retrouver / aller)
(sortir / dîner)
(jouer / regarder)
(partir / arriver)

> **Review...**
> • passé composé:
> pp. 110-111,
> 133-134

## 5 Contextes et dialogues

Complete the following dialogues with the appropriate options.

1. *Paul et Léa parlent du week-end.*

   **P:** Tu fais **(une chose / quelque chose)** ce week-end?
   **L:** Non, je ne fais **(pas / rien)**.
   **P:** Est-ce que tu as **(déjà / d'abord)** visité le zoo de Vincennes?
   **L:** Non, je n'ai **(jamais / rien)** été là-bas.
   **P:** Allons-y *(Let's go there)* samedi **(prochain / dernier)**.
   **L:** Bonne idée. **(Dans / Pendant)** la visite, je vais prendre des photos des animaux.

2. *Antoine rencontre Zoé au café.*

   **A:** Tu attends **(quelqu'un / quelque chose)**?
   **Z:** Non, je n'attends **(personne / une personne)**.
   **A:** Tu veux aller voir *Fantômas* au Majestic?
   **Z:** J'ai **(déjà / souvent)** vu ce film.
   **A:** Quand?
   **Z:** **(Depuis / Il y a)** deux jours.
   **A:** Dommage!

> **Review...**
> • expressions and
> constructions:
> pp. 112, 115, 124,
> 126, 137

## 6 Composition: Un week-end à Paris

Imagine that you won a round-trip ticket for a weekend in Paris. Write a paragraph in which you describe what you did, using the PASSÉ COMPOSÉ.
Mention ...

- how many days you stayed in Paris
- when you left
- what places or monuments you saw
- how you went there (on foot? by subway?)

- where else you went
- whom you met
- what you bought
- which day you came back

| **STRATEGY** Writing | | |
|---|---|---|
| **1** | **2** | **3** |
| Sketch out your responses in French. | Write your paragraph, using the passé composé. | Read over what you have written, checking spelling and verb forms. |

# Vocabulaire

## POUR COMMUNIQUER

**Talking about past events**

| | |
|---|---|
| **Qu'est-ce qui est arrivé?** | *What happened?* |
| **J'ai attendu mon ami.** | *I waited for my friend.* |
| **Il n'est pas venu.** | *He didn't come.* |

**Saying how long ago something happened**

| | |
|---|---|
| **Marc a téléphoné il y a une heure.** | *Marc phoned an hour ago.* |

## MOTS ET EXPRESSIONS

### En métro

| | | | |
|---|---|---|---|
| **un billet (de métro)** | *subway ticket* | **monter** | *to get on* |
| **un ticket (de métro)** | *subway ticket* | **descendre** | *to get off* |

### À la campagne

| | | | |
|---|---|---|---|
| **un arbre** | *tree* | **la campagne** | *country(side)* |
| **un champ** | *field* | **une ferme** | *farm* |
| **un lac** | *lake* | **une feuille** | *leaf* |
| | | **une fleur** | *flower* |
| **un bain de soleil** | *sunbath* | **une forêt** | *forest* |
| | | **une plante** | *plant* |
| | | **une prairie** | *prairie* |
| | | **une rivière** | *river* |

### Les animaux

| | | | |
|---|---|---|---|
| **un canard** | *duck* | **une poule** | *hen* |
| **un cheval (des chevaux)** | *horse* | **une vache** | *cow* |
| **un cochon** | *pig* | | |
| **un écureuil** | *squirrel* | | |
| **un lapin** | *rabbit* | | |
| **un oiseau (des oiseaux)** | *bird* | | |
| **un poisson** | *fish* | | |

### Verbes réguliers

| | |
|---|---|
| **aider** | *to help* |
| **assister à** | *to attend* |
| **bronzer** | *to get a tan* |
| **chercher** | *to look for* |
| **laver** | *to wash* |
| **nager** | *to swim* |
| **nettoyer (je nettoie)** | *to clean* |
| **passer** | *to spend (time)* |
| **ranger** | *to pick up; to put away* |
| **rencontrer** | *to meet* |
| **rentrer** | *to come back; to go home* |
| **rester** | *to stay* |
| **retrouver** | *to meet* |
| **travailler** | *to work* |

### Verbes irréguliers

| | |
|---|---|
| **mettre** | *to put, put on* |
| **permettre** | *to let, allow, permit* |
| **promettre** | *to promise* |
| **partir** | *to leave* |
| **sortir** | *to go out* |
| **dormir** | *to sleep* |
| **prendre** | *to take* |
| **apprendre (à)** | *to learn* |
| **comprendre** | *to understand* |
| **voir** | *to see* |
| **aller voir** | *to go see* |

## Expressions avec *aller*

| | |
|---|---|
| aller à la pêche | *to go fishing* |
| aller à pied | *to walk* |
| aller dans les magasins | *to go shopping* |

## Expressions avec *faire*

| | |
|---|---|
| faire des achats | *to go shopping* |
| faire un pique-nique | *to have a picnic* |
| faire une promenade | *to go for a walk, ride* |
| faire une randonnée | *to for a hike, long ride* |
| faire un tour à cheval | *to go for a horseback ride* |
| faire un tour à pied | *to go for a walk* |
| faire un tour à vélo | *to go for a bike ride* |

## Verbes conjugués avec *être*

| | | | |
|---|---|---|---|
| aller | *to go* | rentrer | *to return, go home, to get back* |
| arriver | *to arrive; to happen* | rester | *to stay* |
| descendre | *to go down; to get off* | retourner | *to return* |
| devenir | *to become* | revenir | *to come back* |
| entrer | *to enter, come in* | sortir | *to go out, get out* |
| monter | *to go up; to get on* | tomber | *to fall* |
| partir | *to leave* | venir | *to come* |
| passer | *to pass, go by* | | |

## Expressions affirmatives et négatives

| | | | |
|---|---|---|---|
| quelqu'un | *somebody* | ne … personne | *nobody* |
| quelque chose | *something* | ne … rien | *nothing* |
| déjà | *already, ever* | ne … jamais | *never* |

## Expressions de temps

| | | | |
|---|---|---|---|
| après | *after* | hier | *yesterday* |
| avant | *before* | hier matin | *yesterday morning* |
| d'abord | *first* | hier soir | *last night, yesterday evening* |
| enfin | *at last* | l'été dernier | *last summer* |
| ensuite | *then* | l'année dernière | *last year* |
| finalement | *finally* | | |
| pendant | *during* | | |
| | | maintenant | *now* |
| | | aujourd'hui | *today* |
| | | ce matin | *this morning* |
| | | ce mois-ci | *this month* |
| | | ce soir | *tonight* |
| | | demain | *tomorrow* |
| | | demain après-midi | *tomorrow afternoon* |
| | | lundi prochain | *next Monday* |
| | | la semaine prochaine | *next week* |

# Interlude 2

# Camping de printemps

**PRE-READING STRATEGY** Avant de lire

The title of the reading is easy to understand. This is a story about camping in the springtime. Have you ever been camping? What are some of the things one can enjoy on a camping trip? Can you think of any possible discomforts or problems one might encounter?

As you will see, this is a story about three boys who set out on a peaceful weekend trip only to find some unexpected excitement.

A. Les préparatifs

l'itinéraire

le casque

la carte

la tente

Il a fait très froid ce printemps et Jean-Christophe n'a pas encore° eu l'occasion d'utiliser la tente de camping qu'il a reçue° pour son anniversaire. Finalement, la semaine dernière, la météo° a annoncé du beau temps pour toute la semaine. Jean-Christophe a donc décidé de faire du camping ce week-end. Il a proposé à Vincent et à Thomas, deux copains de lycée, de venir avec lui. Les deux garçons ont accepté avec plaisir l'invitation de Jean-Christophe. Oui, mais où aller?

**pas encore** *not yet*   **a reçue** *received*   **météo** *weather report*

**Mots utiles**

| | |
|---|---|
| **utiliser** | *to use* |
| **donc** | *therefore, so* |
| **seulement** | *only* |
| **puisque** | *since* |
| **prêt(e)** | *ready* |

**Giverny**

**Une maison normande**

**Vauville**

LA NORMANDIE

Le Havre
Rouen
la Seine
St-Lô  Caen
Évreux
Paris
Alençon

0    100    200 km

★ Paris

le porte-bagages

le scooter

| | |
|---|---|
| JEAN-CHRISTOPHE: | Allons en Normandie! |
| VINCENT: | Bonne idée, c'est une région que je ne connais° pas très bien. |
| THOMAS: | Et ce n'est pas très loin, c'est seulement à 200 kilomètres d'ici. Avec nos scooters, on peut faire ça dans la journée. |
| JEAN-CHRISTOPHE: | Bon, puisque vous êtes d'accord, je vais préparer l'itinéraire. Rendez-vous samedi matin chez moi à huit heures. D'accord? |
| VINCENT: | D'accord! |
| THOMAS: | D'accord, et à samedi. |

Vendredi soir après le dîner, Jean-Christophe a pris une carte et il a choisi un itinéraire qu'il a marqué au crayon rouge. Ensuite, il est allé dans sa chambre et il a choisi quelques vêtements qu'il a mis dans un grand sac avec sa tente. Puis, il est allé au garage et il a mis le sac sur le porte-bagages de son scooter. Tout est maintenant prêt pour le départ.

**connais** *know*

### Avez-vous compris?

**1.** Pourquoi est-ce que Jean-Christophe veut faire du camping?
**2.** Où est-ce que les trois garçons ont l'intention d'aller? Est-ce loin?
**3.** Comment vont-ils voyager?

## B. Une longue journée

Samedi matin à huit heures, Vincent et Thomas sont arrivés en scooter chez Jean-Christophe. Jean-Christophe a mis son casque. Il est monté sur° son scooter et les trois garçons sont partis en direction de la Normandie …

À midi, ils se sont arrêtés° et ils ont fait un pique-nique, puis ils sont remontés sur leurs scooters et ils ont continué leur route. En fin d'après-midi, ils sont arrivés en Normandie. Vers six heures, Jean-Christophe a donné le signal de l'arrêt.°

| | |
|---|---|
| JEAN-CHRISTOPHE: | On s'arrête ici pour la nuit? |
| VINCENT: | Oui, je suis fatigué. |
| THOMAS: | Moi aussi. Où est-ce qu'on va camper? |

Jean-Christophe a regardé la carte.

| | |
|---|---|
| JEAN-CHRISTOPHE: | Il y a une rivière près d'ici. Ça vous va? |
| VINCENT: | Oui, bien sûr. |
| THOMAS: | Allons-y. |

Quelques minutes plus tard, les garçons sont arrivés au bord de la rivière. Ils sont descendus de leurs scooters et ils ont commencé à préparer le terrain pour la nuit. Malheureusement, ce n'est pas l'endroit idéal pour camper.

| | |
|---|---|
| THOMAS: | Zut! Un moustique! |
| VINCENT: | Aïe! Moi aussi, je me suis fait piquer° par un moustique. |
| JEAN-CHRISTOPHE: | Aïe! Et moi aussi! |
| VINCENT: | C'est la rivière qui attire° ces sales bêtes° … Si nous restons ici, nous allons être dévorés.° |
| JEAN-CHRISTOPHE: | Tu as raison. Allons un peu plus loin. |

**Mots utiles**

| | |
|---|---|
| **en fin de** | *at the end of* |
| **vers** | *toward, around* |
| **fatigué(e)** | *tired* |
| **au bord de** | *at the edge of* |
| **un moustique** | *mosquito* |

**est monté sur** *got on*
**se sont arrêtés** *stopped*
**le signal de l'arrêt** *the sign to stop*
**je me suis fait piquer** *I got stung*
**attire** *attracts*
**sales bêtes** *nasty beasts*
**dévorés** *eaten up*

### Avez-vous compris?

1. À quelle heure est-ce que les garçons ont déjeuné?
2. À quelle heure est-ce qu'ils ont décidé de s'arrêter pour la nuit?
3. Pourquoi est-ce que le bord de la rivière n'est pas l'endroit idéal?

## C. Un endroit tranquille

du bois

un taureau

Jean-Christophe et ses deux copains ont pris leur matériel de camping et ils sont remontés sur leurs scooters. Quelques kilomètres plus loin, ils ont trouvé une prairie isolée° et ils ont décidé de s'arrêter là pour la nuit. Jean-Christophe et Thomas ont commencé à monter° la tente. Vincent est allé chercher du bois pour faire un feu. Il est vite revenu avec une nouvelle° pour ses copains.

| | |
|---|---|
| VINCENT: | Regardez, il y a une vache là-bas. |
| JEAN-CHRISTOPHE: | Ce n'est pas une vache. C'est un taureau. |
| THOMAS: | Est-ce qu'il est dangereux? |
| JEAN-CHRISTOPHE: | Euh … je ne sais pas. |

Brusquement, le taureau s'est mis à° courir dans la direction des garçons.

| | |
|---|---|
| VINCENT: | Il n'a pas l'air très content. |
| THOMAS: | C'est vrai! Il n'est certainement pas très heureux qu'on occupe son territoire. |
| VINCENT: | On reste ici? |
| JEAN-CHRISTOPHE: | Non, il vaut mieux partir! |

Et, à nouveau,° les trois garçons ont pris leur matériel et ils sont repartis. Finalement, à huit heures, ils sont arrivés près d'une forêt.

| | |
|---|---|
| THOMAS: | Ici, au moins, il n'y a pas de taureau furieux. |
| VINCENT: | Et pas de moustiques. |
| JEAN-CHRISTOPHE: | Alors, c'est ici que nous allons camper. |

### Mots utiles

| | |
|---|---|
| un feu | fire |
| courir | to run |
| il vaut mieux | it is better |
| au moins | at least |
| allumer | to light |
| tout le monde | everyone |

Jean-Christophe a vite installé la tente. Vincent a allumé un feu et Thomas a préparé un excellent dîner. Tout le monde a mangé avec appétit. Après le dîner, Vincent a pris sa guitare et ses copains ont chanté avec lui. Enfin, à dix heures et demie, les trois garçons sont allés dans la tente, heureux d'avoir trouvé un endroit si tranquille pour passer la nuit.

**isolée** *isolated* **monter** *to put up, pitch*
**une nouvelle** *news* **s'est mis à** *began to*
**à nouveau** *again*

### Avez-vous compris?

1. Pourquoi est-ce que les garçons n'ont pas fait de camping dans la prairie isolée?
2. Quels sont les avantages de l'endroit près de la forêt?
3. Comment ont-ils passé la soirée?

## D. Une nuit mouvementée

Cette nuit-là, Vincent n'a pas très bien dormi.
Vers trois heures du matin, il est sorti de la tente
pour prendre l'air. Soudain, il a vu une lueur
bleue dans le ciel … Puis une lueur rouge …
Puis une lueur verte …
Il est rentré dans la tente pour alerter
ses copains.

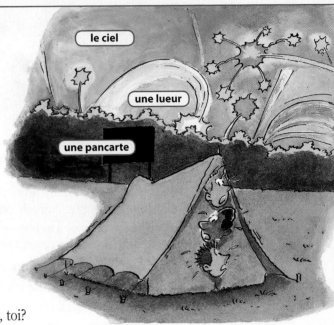

le ciel

une lueur

une pancarte

| | |
|---|---|
| VINCENT: | Dites, les gars,° je viens de voir quelque chose d'extraordinaire. |
| JEAN-CHRISTOPHE: | Quoi? |
| VINCENT: | Il y a des lueurs dans le ciel. |
| THOMAS: | Mais, mon pauvre vieux, ce sont des éclairs. |
| VINCENT: | Des éclairs? Tu as déjà vu des éclairs bleus, rouges et verts, toi? |
| JEAN-CHRISTOPHE: | Tu as rêvé! |

Tout à coup, des explosions ont interrompu le silence
de la nuit. Bang! Poum! Bang! Bang! Poum!

### Mots utiles

| | |
|---|---|
| un éclair | *(flash of) lightning* |
| rêver | *to dream* |
| tout à coup | *suddenly* |
| un bruit | *noise* |
| en vitesse | *very quickly, fast* |
| fou (folle) | *crazy* |

**gars = garçons**

---

**READING STRATEGY  L'Art de la lecture**

You may have noticed that in French, as in English, certain words are related to one another:
they belong to the same WORD FAMILY. For instance:

- **une soirée** *(evening)*    is related to    **un soir** *(evening)*
- **la fin** *(end)*    is related to    **finir** *(to finish)*
- **en vitesse** *(very quickly)*    is related to    **vite** *(quickly)*

Often you will discover the meaning of a word or expression you have not seen before if you
can relate it to a word you already know.

### Exercice de lecture

Can you guess the meanings of these words from the story? What words that you recognize
are they related to?

- Jean-Christophe a mis le sac sur **le porte-bagages** de son scooter.
- On peut faire 200 kilomètres dans **la journée**.
- Vincent est revenu avec **une nouvelle** pour ses copains.

Jean-Christophe a ouvert° la tente. Il a entendu des bruits étranges, puis des voix humaines très près. Bientôt° une douzaine d'hommes armés ont encerclé la tente. Les garçons sont sortis de la tente en vitesse.

Le chef de la bande d'hommes a demandé à Jean-Christophe:

| | |
|---|---|
| LE CHEF: | Qu'est-ce que vous faites ici? |
| JEAN-CHRISTOPHE: | Euh, eh bien, nous faisons du camping. |
| LE CHEF: | Du camping? Mais vous êtes complètement fous. Vous voulez mourir?° |
| JEAN-CHRISTOPHE: | *(tremblant)* Euh, non, pourquoi? |
| LE CHEF: | Comment? Vous n'avez pas vu la pancarte quand vous êtes entrés dans cette forêt? |
| JEAN-CHRISTOPHE: | Euh, non. |
| LE CHEF: | Regardez-la quand vous partirez.° Et maintenant, décampez° en vitesse. |

Les trois garçons ont vite démonté° la tente, puis ils ont quitté les lieux° précipitamment.° Quand ils sont sortis de la forêt, ils ont vu une énorme pancarte avec cette inscription:

Dimanche soir, Jean-Christophe est rentré chez lui, fatigué, mais content d'avoir utilisé sa tente.

**DANGER**

TERRAIN MILITAIRE
MANOEUVRES DE PRINTEMPS
DÉFENSE ABSOLUE D'ENTRER°

**a ouvert** *opened* **Bientôt** *Soon* **mourir** *to die* **partirez** *will leave* **décampez** *break camp and leave* **ont démonté** *took down* **ont quitté les lieux** *left* **précipitamment** *very quickly* **défense absolue d'entrer** *absolutely no trespassing*

### Avez-vous compris?

1. Qu'est-ce que Vincent a vu à trois heures du matin?
2. Pourquoi est-ce que le chef dit que les garçons sont complètement fous?
3. Que dit la pancarte?

Many French-English cognates follow predictable patterns. Knowing the patterns will make it easier for you to recognize new words. From time to time in the readings, cognate patterns will be introduced in small boxes, like the ones below.

**Cognate pattern:** -ant ↔ -ing

tremblant ↔ *trembling*
amusant ↔ *?*
intéressant ↔ *?*

**Cognate pattern:** -ment ↔ -ly

certainement ↔ *certainly*
complètement ↔ *?*
brusquement ↔ *?*

**Cognate pattern:** é- ↔ s-

étrange ↔ *strange*
un état ↔ *?*
étudier ↔ *?*

**Cognate pattern:** -x ↔ -ce

une voix ↔ *voice*
un choix ↔ *?*
un prix ↔ *?*

# Bon appétit!

## THÈME ET OBJECTIFS

### Culture

**In this Unit, you will learn …**

- where French people do their shopping
- what kinds of foods are typically served in French and Québecois restaurants

### Communication

**You will learn how …**

- to talk about your favorite foods and beverages
- to order in a French café or restaurant
- to shop for food in a French market

**You will also be able …**

- to express what you want to do, what you can do and what you must do

**DIGITAL FRENCH** my.hrw.com
*ONLINE STUDENT EDITION with…*

**performance space**

**News + Networking**

**@ HOMETUTOR**

- Audio Resources
- Video Resources
- Interactive Flashcards
- WebQuest

*PRACTICE FRENCH WITH HOLT MCDOUGAL APPS!*

# La nourriture et les boissons

## Aperçu culturel ... Où faites-vous les courses?

Quand on est pressé,° on peut faire les courses au supermarché. Là, on trouve tous les produits° nécessaires à la préparation des repas. Quand on a le temps, on peut acheter ces produits dans des boutiques spécialisées. Dans chaque quartier,° il y a une boulangerie, une pâtisserie, une boucherie, une crémerie et une épicerie.

**pressé** *in a hurry*   **produits** *products*   **quartier** *neighborhood*

**Une boulangerie**

**Une pâtisserie**

1. Pour le pain et les croissants, on va à la boulangerie. Le pain préféré des Français est la «baguette». C'est un pain long et croustillant.°

   Les pâtisseries vendent aussi du pain et toutes sortes de gâteaux: tartes, brioches, éclairs, etc. Certaines pâtisseries vendent des glaces et des bonbons.

   **croustillant** *with a crunchy crust*

**Une boucherie**

**Une charcuterie**

2. Pour la viande (boeuf, veau, poulet), on va à la boucherie. Pour le porc, les saucisses et les plats préparés, on va à la charcuterie.

@HOMETUTOR
my.hrw.com

**Une crémerie**

**3.** Pour le lait, le beurre et les oeufs, on va à la crémerie. Les crémeries vendent aussi des fromages. La France produit 400 différentes sortes de fromage. Quand on aime le fromage, on a le choix!°

**choix** *choice*

**Une épicerie**

**4.** L'épicerie est une sorte de petit supermarché. Ici on vend toutes sortes de produits différents: lait, fromages, riz, spaghetti, jus de fruits, eau minérale, etc. Les épiceries ont aussi un choix limité de fruits et de légumes.

**5.** Dans beaucoup de villes françaises, il y a un marché en plein air.° Le marché a lieu un jour fixe de la semaine, le mardi ou le vendredi, par exemple. Les fermiers de la région viennent au marché vendre les produits de leurs fermes. On a, par conséquent, un grand choix de légumes et de fruits frais.°

**marché en plein air** *outdoor market* **frais** *fresh*

**Un marché en plein air**

## COMPARAISONS CULTURELLES

Est-ce que dans votre quartier il y a des boutiques spécialisées comme en France? Qu'est-ce qu'on achète dans ces boutiques?

### Et vous?

Selon vous *(In your opinion)*, quels sont les avantages et les inconvénients respectifs du supermarché et des boutiques spécialisées (par exemple, prix, qualité du service, rapidité des courses, etc.)?

## A | VOCABULAIRE | Les repas

> Où est-ce que tu vas déjeuner?

> Je vais déjeuner au restaurant.

—Où est-ce que tu vas **déjeuner?**
Je vais déjeuner | à **la cantine de l'école.**
au restaurant
chez moi

| **déjeuner** *to have lunch* |
| **la cantine** *cafeteria* |

### Les repas

| **Noms** | | **Verbes** | |
|---|---|---|---|
| un repas | meal | prendre le petit déjeuner | to have breakfast |
| le petit déjeuner | breakfast | déjeuner | to have lunch |
| le déjeuner | lunch | dîner | to have dinner |
| le dîner | dinner | | |
| | | | |
| la cuisine | cooking, cuisine | | |
| la nourriture | food | | |

### La table

> Je vais mettre la table.

un verre
une cuillère
une serviette
une assiette
une fourchette
un couteau
une tasse

### *F*LASH d'information

**Les fast-foods en France**

Quand ils ont faim, les jeunes Français vont souvent dans un fast-food. Ces restaurants, simples et bon marché, servent des repas à l'américaine (salades, poulet ou hamburgers, frites) ou des plats italiens (pizzas, paninis).

# 1 Et vous?

**PARLER/ÉCRIRE** Indiquez vos préférences en complétant les phrases suivantes.

**1.** Mon repas préféré est …

- le petit déjeuner
- le déjeuner
- le dîner
- … ?

**2.** Pendant la semaine, je déjeune …

- à la cantine
- chez moi
- dans un fast-food
- … ?

**3.** En général, nous dînons …

- entre cinq heures et six heures
- entre six heures et sept heures
- entre sept heures et huit heures
- … ?

**4.** En semaine, je prends mon petit déjeuner …

- seul(e)
- avec mes frères et soeurs
- avec toute ma *(my whole)* famille
- … ?

**5.** Le week-end, je préfère déjeuner …

- chez moi
- chez mes copains
- au restaurant avec ma famille
- dans un fast-food avec mes copains

**6.** La nourriture de la cantine de l'école est …

- mauvaise
- assez bonne
- bonne
- excellente

**7.** Je préfère la nourriture …

- mexicaine
- italienne
- chinoise
- … ?

**8.** Quand je dois aider pour le repas, je préfère …

- faire les courses
- mettre la table
- faire la vaisselle
- … ?

# 2 Quels ustensiles?

**PARLER/ÉCRIRE** Vous avez commandé *(ordered)* les choses suivantes. Dites de quels ustensiles vous avez besoin.

▶ Pour le steak …

**1.** Pour la soupe …
**2.** Pour le beurre *(butter)* …
**3.** Pour le café …
**4.** Pour la glace …
**5.** Pour le thé …
**6.** Pour la viande *(meat)* …
**7.** Pour les spaghetti …
**8.** Pour la limonade …

Pour le steak, j'ai besoin d'un couteau.

## B | VOCABULAIRE | Au café

**▶ Pour commander:**

| | |
|---|---|
| | **commander** *to order* |

—S'il vous plaît, monsieur/mademoiselle!

—**Vous désirez?** *(May I help you?)*

—Je voudrais un croque-monsieur.

—Et **comme** *(for, as)* boisson?

—Donnez-moi un café, s'il vous plaît.

*S'il vous plaît, monsieur.*

*Vous désirez?*

*Je voudrais un croque-monsieur.*

**▶ Pour payer:**

—**L'addition**, s'il vous plaît.
   Est-ce que **le service** est **compris?**

| |
|---|
| **payer** *to pay* |
| **l'addition** (f) *check, bill* |
| **le service** *tip, service charge* |
| **compris** *included* |

---

**FLASH d'information**

En France le service, ou **pourboire°** (15%), est compris dans l'addition. Souvent les gens laissent° quelques pièces de monnaie° comme pourboire supplémentaire.°

**pourboire** *tip*   **laissent** *leave*   **pièces de monnaie** *small change (coins)*   **supplémentaire** *extra*

---

## Au café

**un plat** *(dish)*
  un croissant
  **un croque-monsieur**
    *(grilled ham-and-cheese sandwich)*
  un sandwich
    un sandwich au **saucisson** *(salami)*
    un sandwich au **fromage** *(cheese)*
    un sandwich au **jambon** *(ham)*
    un steak-frites *(steak with French fries)*
un dessert
  **un yaourt** *(yogurt)*
    un yaourt **nature**
    un yaourt **à la fraise** *(strawberry)*
**une boisson** *(beverage)*
  un café
  **un chocolat** *(cocoa, hot chocolate)*
  **un thé** *(tea)*
    **un thé glacé** *(iced tea)*
  **un soda** *(carbonated soft drink)*

une omelette
  une omelette **nature** *(plain)*
  une omelette aux **champignons** *(mushrooms)*
une pizza
  une pizza aux **anchois** *(anchovies)*
une salade
  une salade verte
  une salade de tomates

**une glace** *(ice cream)*
  une glace **au chocolat**
  une glace **à la vanille**

**une limonade** *(lemon soda)*
**une eau minérale** *(mineral water)*

## 3 S'il vous plaît!

**PARLER/ÉCRIRE** Commandez les choses suivantes.

▶ S'il vous plaît, je voudrais un café!

## 4 Au «Balto»

**PARLER** Vous êtes dans un café qui s'appelle Le Balto. Le garçon arrive. Complétez les deux dialogues suivant les instructions. Ensuite, jouez ces dialogues avec vos camarades de classe.

### A

—Bonjour, monsieur (mademoiselle).
Vous désirez?
*Ask for a sandwich.*—

—Quelle sorte de sandwich?
*Ask for a sandwich of your choice.*—

—Et comme boisson?
*Ask for your favorite cold drink.*—

*You are ready to pay.*
*Ask for the check.*—

—Voilà.
*The waiter gives you the check.*

*Ask if the tip is included.*—

—Oui, monsieur (mademoiselle).
Il est compris dans le prix *(price)*.

### B

—Bonjour, mademoiselle (monsieur).
Vous désirez?
*Ask if they have ice cream.*—

—Mais, bien sûr, mademoiselle (monsieur).
*Ask for your favorite kind of ice cream.*—

—Et comme boisson?
*Ask for iced tea.*—

—Je regrette, mais nous n'avons pas cela.
*Ask for another beverage.*—

—Très bien, mademoiselle (monsieur).

---

### *F*LASH d'information

Les Français consomment beaucoup d'eau minérale: en moyenne *(on the average)* 120 litres par an. Ces eaux minérales viennent de sources *(springs)* situées dans les régions volcaniques. Elles contiennent des minéraux qui sont bons pour la santé *(health)*. On distingue entre:

l'eau plate *(still water)*    l'eau gazeuse *(sparkling water)*

## C VOCABULAIRE  Un repas

> Quel est ton plat préféré?

> C'est le poulet rôti.

▶ *Pour exprimer ses préférences:*

—Quel est ton plat **préféré**?

| **préféré** *favorite* |

—C'est le **poulet rôti**.

| **le poulet rôti** *roast chicken* |

| **J'adore …** *I love*  **J'aime …** *I like* | **Je n'aime pas tellement …** *I don't like … that much*  **Je déteste …** *I hate* |

### Les plats

**Pour le petit déjeuner**

| **le pain** | **les céréales** (f.) | **la confiture** | **un oeuf** | **des oeufs sur le plat** |

**Pour le déjeuner et le dîner**

| **les hors-d'oeuvre** (m.) *(appetizers)* | **le jambon** *(ham)* **la soupe** | **le saucisson** *(salami)* **le céleri** | **le melon** |
|---|---|---|---|
| **la viande** *(meat)* | **le poulet** *(chicken)* **le porc** | **le rosbif** *(roast beef)* | **le veau** *(veal)* |
| **le poisson** *(fish)* | **le thon** *(tuna)* | **la sole** | **le saumon** *(salmon)* |
| **les autres plats** (m.) | **les spaghetti** (m.) | **les frites** (f.) *(French fries)* | **le riz** *(rice)* |
| **la salade et le fromage** | **la salade** | **le fromage** *(cheese)* | **le yaourt** |
| **le dessert** | **le gâteau** *(cake)* | **la tarte** *(pie)* | **la glace** |
| **les boissons** (f.) *(beverages)* | **l'eau** (f.) *(water)* **le jus d'orange** | **l'eau minérale** **le jus de pomme** *(apple)* | **le lait** *(milk)* **le jus de raisin** *(grape)* |
| **les ingrédients** (m.) | **le beurre** *(butter)* **la margarine** | **le sel** *(salt)* **le sucre** *(sugar)* **le poivre** *(pepper)* | **le ketchup** **la mayonnaise** **la moutarde** *(mustard)* |

## 5 Préférences personnelles

**PARLER/ÉCRIRE** Dites si oui ou non vous aimez les choses suivantes.

- J'adore …
- J'aime beaucoup …
- Je n'aime pas tellement …
- Je déteste …

▶ J'adore le poisson.
(Je n'aime pas tellement le poisson.)

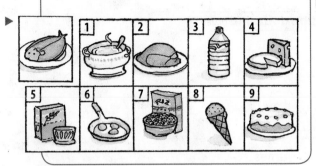

## 6 S'il vous plaît

**PARLER** Vous dînez avec un(e) ami(e) français(e). Demandez-lui les choses suivantes.

## 7 Invités (Guests)

**PARLER** Vous avez invité des camarades chez vous. Demandez-leur leurs préférences.

▶ poisson ou viande?

1. saumon ou thon?
2. jambon ou rosbif?
3. poulet ou veau?
4. oeufs sur le plat ou oeufs brouillés (scrambled)?
5. spaghetti ou frites?
6. fromage ou yaourt?
7. gâteau au chocolat ou gâteau à l'orange?
8. glace au café ou glace à la vanille?

(Je préfère le poisson.)

## 8 Et les autres?

**PARLER/ÉCRIRE** Complétez les phrases suivantes en indiquant les préférences alimentaires de chacun. Si c'est nécessaire, utilisez votre imagination.

| Mon copain | | |
|---|---|---|
| Ma copine | aime beaucoup | |
| Mon père | n'aime pas tellement | ?? |
| Ma mère | déteste | |
| Mon chien | | |
| Mon chat | | |

### D | VOCABULAIRE — Les courses *(food shopping)*

▶ *Pour faire les courses au marché:*

**Vous désirez?**

**Je voudrais**
un kilo de tomates.

—**Vous désirez?**

Je voudrais | **un kilo** de tomates.
| **une livre** de carottes.

| **un kilo** | kilo (1,000 grams = 2.2 lbs) |
| **une livre** | pound (500 grams) |

—**Et avec ça?** *(Anything else?)*
Donnez-moi aussi **une douzaine** d'oeufs.

| **une douzaine** dozen |

—**C'est tout?** *(Is that all?)*
Oui, c'est tout.
**Ça fait combien?** *(How much does that come to?)*

—Alors, ça fait quatre euros cinquante.

## Fruits et légumes

un fruit
un légume

un pamplemousse
une orange
une pomme
une poire
une fraise
une cerise
une salade
une carotte
une tomate
des petits pois
des haricots verts
une banane
une pomme de terre

@**HOME**TUTOR
my.hrw.com

**9** **Les courses**

**PARLER/ÉCRIRE** Vous allez préparer les plats suivants. Décrivez les légumes et les fruits que vous allez acheter.

▶ des frites       **Je vais acheter des pommes de terre.**

| | | |
|---|---|---|
| **1.** une salade de tomates | **3.** une soupe de légumes | **5.** un repas végétarien |
| **2.** une salade de fruits | **4.** une tarte aux fruits | **6.** une grande salade |

**10** **Au marché**

**PARLER** Vous faites les courses au marché. Complétez le dialogue avec le marchand en suivant les instructions. Jouez ce dialogue avec un(e) camarade.

**Vous désirez, mademoiselle?**

**Et avec ça?**

**C'est tout?**

*Ask for one vegetable and give the quantity you want.*

*Ask for two of your favorite fruits and specify the quantities.*

*Say that is all and ask how much it will cost.*

**Ça fait huit euros.**

**Merci, et au revoir.**

*Give the money to the vendor.*

*Say good-bye.*

**11** **Qu'est-ce que vous préférez?**

**PARLER/ÉCRIRE** Indiquez vos préférences.

▶ pour le petit déjeuner: un oeuf ou des céréales?       **Je préfère des céréales (un oeuf).**

**1.** pour le petit déjeuner: un pamplemousse ou une orange?
**2.** après le déjeuner: une pomme ou une poire? des cerises ou des fraises?
**3.** avec le poulet: des haricots verts ou des petits pois?
**4.** avec le bifteck: des pommes de terre ou des carottes?
**5.** comme salade: une salade de tomates ou une salade de concombre *(cucumber)*?
**6.** pour le dessert: une tarte aux pommes ou une tarte aux poires?
**7.** comme glace: une glace à la vanille ou une glace à la fraise?

## Au jour le jour

### Déjeuner à Québec

Vous voyagez au Canada. Aujourd'hui vous êtes à Québec. Où allez-vous déjeuner? Si vous voulez, vous pouvez aller à l'Érable.

Regardez le menu. Les omelettes sont évidemment la spécialité de ce restaurant, mais il y a d'autres plats au menu.

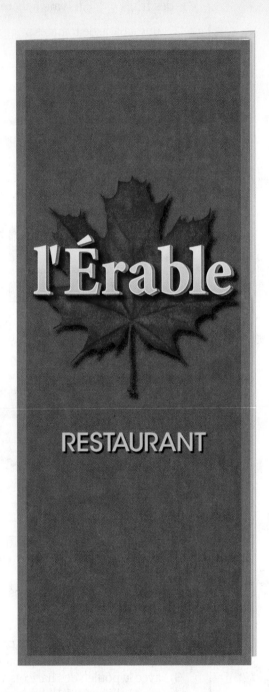

#### LE MENU

#### Les omelettes

1. Combien d'omelettes différentes y a-t-il au menu?
2. Parmi *(Among)* ces omelettes, quelle est votre omelette favorite? Combien est-ce qu'elle coûte?
3. Qu'est-ce qu'il y a dans une omelette espagnole? dans une omelette western?
4. Dans quelles omelettes est-ce qu'il y a des tomates? des pommes de terre? des oignons?

#### Les salades et les plats divers

1. Allez-vous prendre une salade ou une soupe? Qu'est-ce que vous avez choisi?
2. Comment dit-on «hamburger» à Québec?
3. Qu'est-ce que vous allez choisir si vous avez très faim?
4. Qu'est-ce que vous allez commander si vous n'avez pas très faim?

#### Les crêpes et les desserts

1. Comment dit-on «glace» à Québec?
2. Choisissez une crêpe. Qu'est-ce qu'il y a dans cette crêpe?
3. Quel dessert avez-vous choisi? Quel est son ingrédient principal?

#### Les boissons

1. Comment dit-on «boisson» à Québec? Comment dit-on «soda»?
2. Qu'est-ce que vous avez choisi comme boisson?

#### UN REPAS COMPLET

1. Imaginez que vous allez prendre un repas complet.
   - Vous voulez dépenser seulement 10 dollars. Choisissez un plat principal, un dessert et une boisson.
     Qu'est-ce que vous avez choisi?
     Combien coûte votre repas?
   - Vous avez très faim. Choisissez un plat froid, un plat chaud, un dessert et une boisson.
     Qu'est-ce que vous avez choisi?
     Combien coûte votre repas?

2. Avec un(e) camarade qui va jouer le serveur (la serveuse), composez et jouez un dialogue où vous commandez votre repas.

## OMELETTES

**Omelette nature**     **5,50**
Plain omelette

**Omelette aux fines herbes**     **5,95**
Omelette with fine herbs

**Omelette aux champignons**     **6,50**
**et fromage**
Omelette with mushrooms and cheese

**Omelette jambon et fromage**     **6,50**
Omelette with ham and cheese

**Omelette espagnole: tomates pelées,   6,50**
poivrons et oignons**
Omelette with tomatoes, green peppers
and onions

**Omelette lyonnaise: oignons**     **5,95**
Omelette with onions

**Omelette niçoise: tomates pelées   6,50**
et fonds d'artichauts**
Omelette with tomatoes and artichoke hearts

**Omelette paysanne: lardons, pommes 6,50**
de terre, fines herbes et oignons hachés**
Omelette with thick bacon, potatoes,
onions and fine herbs

**Omelette western: jambon, pommes   6,50**
de terre et oignons**
Omelette with ham, potatoes and onions

**Omelette provençale: tomates**     **6,50**
pelées, ail et persil**
Omelette with tomatoes, garlic and parsley

## SALADES

**Salade maison**     **3,25**
House salad

**Salade César**     **3,95**
Caesar salad

**Salade de poulet**     **6,75**
Chicken salad

## DIVERS

**Soupe aux pois**     **2,75**
Canadian pea soup

**Soupe à l'oignon gratinée**     **4,00**
Baked French onion soup

**Croque-monsieur**     **6,25**
Grilled bread with ham and cheese

**Hambourgeois deluxe**     **6,75**
Hamburger deluxe garnished

## CRÊPES FRANÇAISES À LA POÊLE

**Fraises et crème glacée**     **5,50**
Strawberries and ice cream

**Pêches et crème glacée**     **5,50**
Peaches and ice cream

**Poires et crème glacée**     **5,50**
Pears and ice cream

**Ananas et crème glacée**     **5,50**
Pineapple and ice cream

**Bleuets et crème glacée**     **5,50**
Blueberries and ice cream

## DESSERTS

**Tarte au sucre**     **3,50**
Sugar pie

**Tarte aux pommes**     **3,00**
Apple pie

**Mousse au chocolat**     **2,95**
Chocolate mousse

**Shortcake aux fraises**     **3,50**
Strawberry shortcake

**Gâteau Forêt noire**     **3,50**
Black Forest cake

**Gâteau au fromage**     **3,50**
Cheesecake

**Salade de fruits**     **3,50**
Fruit salad

**Fraises à la crème**     **3,50**
Strawberries with cream

**Cassata maison**     **3,50**
House Italian ice cream

## BREUVAGES

**Jus d'orange**     **1,75**
Orange juice

**Jus de pomme**     **1,75**
Apple juice

**Jus de pamplemousse**     **1,75**
Grapefruit juice

**Nectar de poire**     **1,95**
Pear juice

**Nectar d'abricot**     **1,95**
Apricot juice

**Jus de tomate**     **1,95**
Tomato juice

**Liqueurs douces**     **1,95**
Soft drinks

*Bon Appétit!*

# Au supermarché

Nous sommes samedi. Pierre a décidé d'aller faire un pique-nique à la campagne demain avec sa copine Armelle et sa cousine Corinne. Cet après-midi, les trois amis vont faire les courses pour le pique-nique. Ils vont au supermarché.

**D'abord, ils prennent un chariot.**

*Qu'est-ce qu'on achète?*

*Euh … bon, d'abord, achetons du pain.*

**Ils vont à la boulangerie.**

*Deux baguettes, s'il vous plaît. Merci.*

**À la charcuterie, Pierre, Armelle et Corinne décident ce qu'ils vont acheter.**

*Qu'est-ce que je prends pour les sandwiches. Du saucisson?*

*Ah, non, prends plutôt du jambon!*

*Armelle, tu veux du jambon?*

*Oui, j'aime mieux ça.*

*Bon alors, je prends du jambon.*

À la crémerie, ils ont un grand choix de produits.

*Je prends du fromage?*

*Ah non, prends plutôt du yaourt.*

Après, ils vont choisir leurs boissons.

*Qu'est-ce que je prends comme boisson? Il y a de l'eau minérale … du jus d'orange et de la limonade … Qu'est-ce que vous voulez?*

*De la limonade!*

*D'accord pour la limonade.*

*On prend des fruits?*

*Oui, c'est bon pour la santé!*

Ils pèsent les fruits sur la balance.

Enfin, ils vont à la caisse. Pierre met les provisions dans son filet.

*Bon, j'emporte tout ça chez moi. On se voit demain pour le pique-nique. Allez, salut Armelle.*

*Salut, à demain.*

*Oui, à demain.*

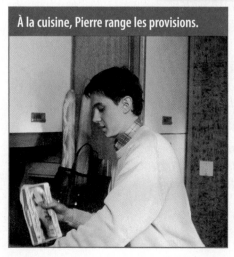

À la cuisine, Pierre range les provisions.

Voilà - tout est prêt pour le pique-nique!

*à suivre …*

## Compréhension

1. Où vont Pierre, Armelle et Corinne?
2. Qu'est-ce qu'ils achètent au rayon° boulangerie?
3. Qu'est-ce qu'ils achètent au rayon charcuterie?
4. Quelles boissons achètent-ils?
5. Qu'est-ce qu'ils vont faire demain?

**rayon** *section*

## A Les verbes *vouloir, pouvoir* et *devoir*

Note the forms of the irregular verbs **vouloir**, **pouvoir**, and **devoir**.

| INFINITIVE | vouloir | pouvoir | devoir |
|---|---|---|---|
| **PRESENT** | je **veux**<br>tu **veux**<br>il/elle/on **veut**<br><br>nous **voulons**<br>vous **voulez**<br>ils/elles **veulent** | je **peux**<br>tu **peux**<br>il/elle/on **peut**<br><br>nous **pouvons**<br>vous **pouvez**<br>ils/elles **peuvent** | je **dois**<br>tu **dois**<br>il/elle/on **doit**<br><br>nous **devons**<br>vous **devez**<br>ils/elles **doivent** |
| **PASSÉ COMPOSÉ** | j'**ai voulu** | j'**ai pu** | j'**ai dû** |

*Vouloir* means to *want*. It can be followed by a NOUN or an INFINITIVE.

| **Veux-tu** une glace? | *Do you want an ice cream cone?* |
|---|---|
| **Voulez-vous** déjeuner avec nous? | *Do you want to have lunch with us?* |

→ To express a request politely, the French use **je voudrais** instead of **je veux**.

| **Je voudrais** une glace. | *I would like an ice cream cone.* |
|---|---|
| **Je voudrais** déjeuner. | *I would like to have lunch.* |

→ To accept an offer, the French often use the expression **je veux bien**.

| —Tu veux déjeuner avec moi? | *Do you want to have lunch with me?* |
|---|---|
| —Oui, **je veux bien.** | *Yes, I would love to.* |

*Pouvoir* has several English equivalents.

| can | Est-ce que tu **peux** faire les courses? | *Can you do the food shopping?* |
|---|---|---|
| may | Est-ce que je **peux** entrer? | *May I come in?* |
| to be able | Jacques ne **peut pas** venir ce soir. | *Jacques is not able to come tonight.* |

*Devoir* is usually followed by an INFINITIVE. Note its English equivalents.

| should | Nous **devons** étudier ce soir. | *We should study tonight.* |
|---|---|---|
| must | Vous **ne devez pas** sortir. | *You must not go out.* |
| have | Je **dois** préparer le dîner. | *I have to fix dinner.* |

→ When **devoir** is followed by a NOUN, it means to *owe*.
| Je **dois** vingt euros à mon frère. | *I owe my brother 20 euros.* |
|---|---|

## 1 Le dîner

**PARLER/ÉCRIRE** Pour le dîner, chacun veut faire une chose différente.

▶ Claire / aller dans un restaurant chinois
**Claire veut aller dans un restaurant chinois.**

1. nous / dîner en ville
2. Olivier / rester à la maison
3. toi / manger un steak
4. vous / commander une pizza
5. moi / aller dans un restaurant vietnamien
6. Jérôme et Patrick / faire un pique-nique
7. Isabelle / dîner à huit heures
8. David et François / dîner à sept heures

## 2 C'est impossible!

**PARLER/ÉCRIRE** Les personnes suivantes n'ont pas certaines choses. Dites quelle activité de la liste elles ne peuvent pas faire.

▶ Marc n'a pas sa raquette.
**Il ne peut pas jouer au tennis.**

1. Nous n'avons pas de vélo.
2. Je n'ai pas mon maillot de bain.
3. Éric n'a pas de couteau.
4. Tu n'as pas de fourchette.
5. Nous n'avons pas nos livres.
6. Alice n'a pas de portable.
7. Les touristes n'ont pas d'appareil-photo.
8. Vous n'avez pas d'ordinateur.
9. Léa n'a pas son MP3.

> étudier
> écouter de la musique
> nager
> jouer au tennis
> prendre des photos
> manger un steak
> manger des spaghetti
> faire une promenade à la campagne
> téléphoner
> surfer sur le Net

## 3 Que doivent-ils faire?

**PARLER/ÉCRIRE** Dites ce que les personnes doivent faire pour atteindre *(to reach)* leurs objectifs.

▶ Marc veut manger une pizza.
**Il doit aller dans un restaurant italien.**

1. Je veux manger des tacos.
2. Tu veux manger un hamburger.
3. Monsieur Legros veut maigrir.
4. Mes copains veulent préparer un repas.
5. Vous voulez réussir à l'examen.
6. Nous voulons gagner de l'argent.

> étudier
> trouver un job
> aller au marché
> faire les courses
> faire de l'exercice
> aller dans un restaurant italien
> aller dans un restaurant mexicain
> aller dans un fast-food

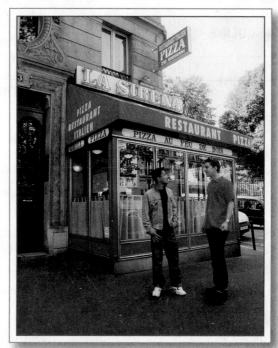

## B L'article partitif: *du, de la*

Look carefully at the pictures below.

The pictures on the left represent <u>whole</u> items: a whole chicken, a whole melon, a whole head of lettuce, a whole pie. The nouns are introduced by INDEFINITE ARTICLES: **un, une.**

The pictures on the right represent a <u>part</u> or <u>some quantity</u> of these items: a serving of chicken, a piece of melon, some leaves of lettuce, a slice of pie. The nouns are introduced by PARTITIVE ARTICLES: **du, de la.**

| Voici … **un** poulet | | Voilà … **du** poulet | |
|---|---|---|---|
| **un** melon | | **du** melon | |
| **une** salade | | **de la** salade | |
| **une** tarte | | **de la** tarte | |

### FORMS

The partitive article has the following forms:

| | | |
|---|---|---|
| **MASCULINE** | **du**<br>**de l'** (+ VOWEL SOUND) | **du** fromage, **du** pain<br>**de l'**argent |
| **FEMININE** | **de la**<br>**de l'** (+ VOWEL SOUND) | **de la** salade, **de la** limonade<br>**de l'**eau |

### USES

Partitive articles are used to refer to A CERTAIN QUANTITY or A CERTAIN AMOUNT of something. Note how they are used in the sentences below.

Voici **du pain** …
 et voilà **de la confiture.**

*Here is **some bread** …*
 *and there is **some jam.***

Philippe mange **du fromage.**
Nous achetons **de l'eau minérale.**

*Philippe is eating **(some) cheese.***
*We are buying **(some) mineral water.***

—Est-ce que tu veux **de la salade?**
—Oui, donne-moi **de la salade.**

*Do you want **(any, some) salad?***
*Yes, give me **some salad.***

### LANGUAGE COMPARISON

While the words *some* or *any* are often omitted in English, the articles **du** and **de la** must be used in French.

Est-ce que tu veux de la salade?

Oui, donne-moi de la salade.

## 4 Pique-nique

**PARLER** Béatrice a invité ses copains à un pique-nique. Elle leur demande s'ils ont faim ou soif et elle leur offre quelque chose. Jouez les rôles de Béatrice et de ses copains. Faites les substitutions suggérées.

1. faim
   du poulet
2. soif
   de l'eau minérale
3. soif
   du jus d'orange
4. faim
   de la glace

5. faim
   du jambon
6. soif
   du thé glacé
7. soif
   du jus de pomme
8. faim
   du pain et du fromage

Tu as <u>soif</u>?

Oh là là, oui, j'ai soif.

Tu veux <u>de la limonade</u>?

Oui, donne-moi de la limonade, s'il te plaît.

## 5 Une invitation

**PARLER** Vous avez invité des copains à déjeuner chez vous. Offrez à vos copains le choix entre les choses suivantes. Ils vont indiquer leurs préférences.

▶ (le) lait ou (l')eau?

1. (la) soupe ou (le) melon?
2. (le) saucisson ou (le) jambon?
3. (le) poisson ou (la) viande?
4. (le) rosbif ou (le) poulet?
5. (le) saumon ou (la) sole?
6. (le) ketchup ou (la) mayonnaise?
7. (le) beurre ou (la) margarine?
8. (le) fromage ou (le) yaourt?
9. (le) gâteau ou (la) glace?
10. (le) jus d'orange ou (l') eau minérale?

Tu veux du lait ou de l'eau?

Je voudrais de l'eau (du lait).

## 6 Au «Petit Vatel»

**PARLER** Vous déjeunez au restaurant Le Petit Vatel. Vous demandez les choses suivantes au serveur (à la serveuse). Jouez les dialogues avec un(e) camarade.

—Je voudrais du pain, s'il vous plaît.

—Voilà du pain, monsieur (mademoiselle).

  1 2 3

### C  L'article partitif dans les phrases négatives

Note the forms of the partitive articles in the negative sentences below.

| AFFIRMATIVE | NEGATIVE | |
|---|---|---|
| Tu veux **du pain**? | Non, merci, je **ne** veux **pas de pain.** | *I don't want (any) bread.* |
| Tu as pris **de la tarte**? | Non, je **n'**ai **pas** pris **de tarte.** | *I didn't have (any) pie.* |
| Tu bois **du café**? | Non, je **ne** bois **jamais de café.** | *I never drink (any) coffee.* |
| Il y a **de l'eau minérale**? | Non, il **n'**y a **plus d'eau minérale.** | *There is no more mineral water.* |

After NEGATIVE EXPRESSIONS, such as **ne ... pas, ne ... jamais,** and **ne ... plus** *(no more)*:

> **du, de la (de l') → de (d')**

→ Note the use of **pas de** in short answers.
   Non, merci, **pas de café** pour moi.   ***No coffee** for me, thanks.*

## 7  Au café

**PARLER** Le serveur (La serveuse) propose certaines choses aux clients. Jouez les rôles en faisant les substitutions suggérées.

> Qu'est-ce que vous désirez dans votre hamburger?

> Voulez-vous aussi du ketchup?

> Je voudrais de la moutarde.

> Merci, pas de ketchup.

1. avec votre steak
   des frites
   de la salade
2. dans votre café
   du lait
   du sucre
3. sur votre pizza
   des olives
   du saucisson
4. dans votre sandwich
   du jambon
   du beurre
5. sur votre gâteau
   de la crème
   du chocolat
6. sur votre salade
   de la mayonnaise
   du poivre

## 8  Un végétarien

**PARLER/ÉCRIRE** François est végétarien. Il ne mange pas de viande, mais il aime d'autres choses. Hier il a déjeuné au restaurant. Dites si oui ou non il a mangé les choses suivantes.

▶ le poulet?
  —Non, il n'a pas mangé de poulet.

▶ la salade?
  —Oui, il a mangé de la salade.

1. le thon?
2. le rosbif?
3. le veau?
4. le riz?
5. le jambon?
6. le porc?
7. la glace?
8. le gâteau?

## 9 Les courses

**PARLER/ÉCRIRE** Zoé a fait les courses ce matin mais elle a oublié *(forgot)* certaines choses. Comparez la liste de Zoé avec ses achats. Dites ce qu'elle a acheté et ce qu'elle n'a pas acheté.

Zoé a acheté du pain. Elle n'a pas acheté de fromage.

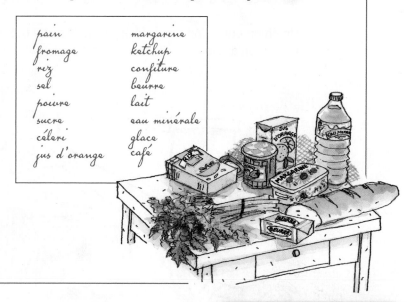

pain · margarine
fromage · ketchup
riz · confiture
sel · beurre
poivre · lait
sucre · eau minérale
céleri · glace
jus d'orange · café

# À votre tour!

## 1 Les repas d'hier

**PARLER/ÉCRIRE** Demandez à plusieurs camarades ce qu'ils ont pris hier au petit déjeuner, au déjeuner et au dîner. Inscrivez les résultats de votre enquête dans un tableau.

| NOM | PETIT DÉJEUNER | DÉJEUNER | DÎNER |
|---|---|---|---|
| Sylvie | des céréales, du lait, … | du poulet, … | |
| 1. | | | |

## 2 Invitation

**PARLER/ÉCRIRE** Vous allez inviter votre partenaire à dîner chez vous.

• Faites une liste de cinq choses que vous allez servir.
• Demandez à votre partenaire s'il/si elle mange ces choses.
• Si nécessaire, modifiez votre menu.

Additional readings @ **my.hrw.com**
FRENCH
**InterActive Reader**

# Lecture Histoire de chien

Un chien entre dans un café. Il s'assied° à une table, puis il appelle° le garçon.
Le garçon arrive.

—Vous désirez?

—Je voudrais un sandwich au jambon.

—Avec ou sans° moutarde?

—Avec de la moutarde.

—Et avec ça?

—Donnez-moi aussi une salade.

—Avec de la vinaigrette?

—Oui, avec de la vinaigrette.

—Et que voulez-vous comme boisson?

—Donnez-moi de l'eau.

—De l'eau minérale?

—Oui, de l'eau minérale.

—Je vous apporte ça tout de suite.

**s'assied** *sits down*  **appelle** *calls*  **sans** *without*

## Café le Vendôme

| | PRIX |
|---|---|
| un sandwich au jambon | |
| moutarde | |
| une salade vinaigrette | |
| eau minérale | |
| Service et Taxe Compris | |

Un client a vu la scène. Très étonné,° il dit au garçon:

—Ça, vraiment, c'est extraordinaire!

Le garçon répond:

—Oui, vraiment, c'est extraordinaire. Ce chien vient ici depuis dix ans, et c'est la première fois qu'il commande de l'eau avec son repas. D'habitude° il prend toujours du jus de tomate.

**étonné** *astonished*   **D'habitude** *Usually*

## Vrai ou faux?

1. Le chien commande un sandwich au fromage.
2. Le chien veut de la moutarde.
3. Le chien prend une salade.
4. Le chien ne veut pas de vinaigrette.
5. Le chien prend de l'eau minérale.
6. D'habitude le chien commande du jus de tomate.

# Leçon 11

# Jérôme invite ses copains

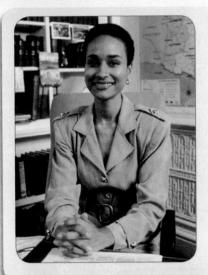

Dans le dernier épisode, Pierre, Armelle et Corinne ont fait les courses pour un pique-nique.

Dans ce nouvel épisode, vous allez faire la connaissance de Jérôme. Jérôme est le grand frère de Pierre. Il a 19 ans. Il est étudiant à l'université. Maintenant il n'habite plus avec sa famille. Il a un appartement en ville avec d'autres étudiants. De temps en temps, il revient chez ses parents. Ce soir, par exemple …

Jérôme est allé au cinéma avec Bernard, son camarade de chambre, et Cécile, une copine d'université. Après le film, les trois amis sont allés chez les parents de Jérôme. Maintenant ils sont dans la cuisine.

Vous voulez boire quelque chose?

Oui, je veux bien.

Oui, moi, aussi.

Il y a du jus de pomme et de la limonade. Cécile, qu'est-ce que tu veux?

Je préfère la limonade.

Et toi, Bernard? Tu préfères le jus de pomme ou la limonade?

Donne-moi donc aussi de la limonade.

Dis, Jérôme, j'ai un peu faim. Tu n'as pas quelque chose à manger?

Attends, je vais voir.

Il y a du pain. Je peux faire des sandwichs. Il y a du jambon et du pâté. Qu'est-ce que vous préférez?

Moi, je préfère le jambon.

Et toi, Bernard?

Moi aussi, je préfère le jambon.

Les amis mangent avec grand appétit.

Tiens, il y a des yaourts.

Apporte-les. C'est excellent pour la santé.

Et pour la ligne!

Les amis ont fini leur repas. Bernard et Cécile partent.

Salut!

Salut! … À demain! Salut, Cécile!

Salut! Et merci pour cet excellent repas.

Oui, merci!

Jérôme reste chez ses parents pour la nuit.

à suivre . . .

## Compréhension

1. Qui est Jérôme?

2. Où habite-t-il?

3. Qu'est-ce qu'il a fait ce soir?

4. Qu'est-ce que les amis boivent?°

5. Qu'est-ce qu'ils mettent dans leurs sandwichs?

6. Qu'est-ce qu'ils mangent ensuite?

7. Qu'est-ce qu'ils font après le repas?

**boivent** *drink*

JE DÉTESTE LES OEUFS BROUILLÉS!

OEUFS FRAIS

## A Le verbe *boire*

Note the forms of the irregular verb **boire** *(to drink)*.

| INFINITIVE | boire | | |
|---|---|---|---|
| PRESENT | Je **bois** du lait.<br>Tu **bois** du soda.<br>Il/Elle/On **boit** de l'eau. | Nous **buvons** du café.<br>Vous **buvez** du thé glacé.<br>Ils/Elles **boivent** du jus d'orange. | |
| PASSÉ COMPOSÉ | J'**ai bu** de l'eau minérale. | | |

### 1 Nous avons soif!

**PARLER/ÉCRIRE** Dites ce que les personnes suivantes boivent. Vous pouvez utiliser les expressions suggérées ou autre chose *(something else)*.

1. À la boum, tu …
2. Au petit déjeuner, je …
3. Au pique-nique, nous …
4. À la cantine de l'école, vous …
5. Chez nous, nous …
6. Les personnes qui veulent maigrir …
7. Ma copine …
8. Mes grands-parents …
9. Quand il fait chaud, on …
10. Quand il fait froid, on …

> du lait
> du café
> de l'eau
> de l'eau minérale
> de la limonade
> du thé glacé
> du jus d'orange
> du citron pressé
> ??

## B  Les verbes comme *acheter, préférer* et *payer*

Verbs like **acheter, préférer,** and **payer** have a STEM CHANGE in the **je-, tu-, il-,** and **ils-** forms of the present tense.

| INFINITIVE | acheter | préférer | payer |
|---|---|---|---|
| STEM CHANGE | e → è | é → è | y → i |
| PRESENT | j' **achète**<br>tu **achètes**<br>il/elle/on **achète**<br>nous **achetons**<br>vous **achetez**<br>ils/elles **achètent** | je **préfère**<br>tu **préfères**<br>il/elle/on **préfère**<br>nous **préférons**<br>vous **préférez**<br>ils/elles **préfèrent** | je **paie**<br>tu **paies**<br>il/elle/on **paie**<br>nous **payons**<br>vous **payez**<br>ils/elles **paient** |
| PASSÉ COMPOSÉ | j'**ai acheté** | j'**ai préféré** | j'**ai payé** |

## VOCABULAIRE  Quelques verbes

| | | |
|---|---|---|
| **acheter** | to buy | J'**achète** du pain et du fromage. |
| **amener** | to bring (someone) | J'**amène** un copain au pique-nique. |
| **préférer** | to prefer | Je **préfère** dîner au restaurant. |
| **espérer** | to hope | J'**espère** avoir un «A» à l'examen. |
| **payer** | to pay, pay for | Je **paie** l'addition. |
| **envoyer** | to send | J'**envoie** un mail à mon cousin. |
| **nettoyer** | to clean | Je **nettoie** le garage. |

### 2 Substitutions

**PARLER/ÉCRIRE** Faites de nouvelles phrases avec les sujets entre parenthèses.

1. Vous amenez des copains à la fête. (toi, François, Cécile et Christine)
2. Vous envoyez un mail au professeur. (moi, ma copine, les élèves)
3. Vous espérez aller à Montréal cet été. (le professeur, toi, mes parents)
4. Vous nettoyez le garage. (moi, Marc, nous)
5. Vous payez la note *(bill)*. (ma soeur, tu, nous)

### 3 Questions personnelles

**PARLER/ÉCRIRE** Parlons de toi.

1. Qu'est-ce que tu achètes avec ton argent?
2. Quand tu vas au restaurant avec des copains, en général qui paie? Et quand tu vas au restaurant avec ta famille?
3. Qu'est-ce que tu espères faire ce week-end? cet été? après le lycée?
4. Quand tu vas à une soirée, est-ce que tu amènes des copains? Qui? Qui as-tu amené à la dernière soirée? Qui vas-tu amener à la prochaine soirée?
5. Quand tu es en vacances, est-ce que tu envoies des cartes postales? À qui?

## C Le choix des articles

Articles are used much more frequently in French than in English. The choice of a DEFINITE, INDEFINITE, or PARTITIVE article depends on what is being described.

| USE | TO DESCRIBE | | |
|---|---|---|---|
| the DEFINITE article **le, la, l', les** | a noun used in the GENERAL sense | J'aime **le** gâteau.<br>*(As a rule) I like cake.* | |
| | a SPECIFIC thing | Voici **le** gâteau.<br>*Here is the cake (I baked).* | |
| the INDEFINITE article **un, une, des** | one (or several) WHOLE items | Voici **un** gâteau.<br>*Here is a (whole) cake.* | |
| the PARTITIVE article **de, de la, de l'** | SOME, A PORTION or A CERTAIN AMOUNT of something | Voici **du** gâteau.<br>*Here is some (a serving, a piece of) cake.* | |

### 4 Activités

**PARLER** Jérôme et Armelle parlent de ce qu'ils ont fait. Jouez les dialogues en faisant les substitutions suggérées.

1. déjeuner en ville
   manger?
   soupe et poulet

2. aller à un pique-nique
   apporter?
   eau minérale et jus d'orange

3. dîner dans un restaurant japonais
   commander?
   poisson et riz

4. dîner chez un copain
   manger?
   rosbif et salade

@HOMETUTOR
my.hrw.com

→ The DEFINITE article is used generally after the following verbs:

aimer | Mes amis **aiment la** glace.
préférer | Moi, je **préfère le** gâteau.

→ The PARTITIVE article is often (but not always) used after the following verbs and expressions:

| voici | boire | acheter | avoir |
|-------|-------|---------|-------|
| voilà | manger | vendre | vouloir |
| il y a | prendre | commander | |

Depending on the context, however, the definite and indefinite articles may also be used with the above verbs.

Je commande **la glace**. | *I am ordering **the ice cream (on the menu)**.*
Je commande **une glace**. | *I am ordering **an ice cream (= one serving)**.*
Je commande **de la glace**. | *I am ordering **(some) ice cream**.*

→ The French do not use the partitive article with a noun that is the subject of the sentence.

Il y a **du lait** et **de la glace** dans le réfrigérateur.

BUT: **Le lait** et **la glace** sont dans le réfrigérateur.

→ The partitive article may also be used with nouns other than foods.

As-tu **de l'argent**? | *Do you have **(any, a certain amount of) money**?*
Cet artiste a **du talent**. | *This artist has **(some, a certain amount of) talent**.*

**5** *Quand on aime quelque chose ...*

**PARLER/ÉCRIRE** Dites ce que les personnes suivantes aiment et expliquez ce qu'elles ont fait.

▶ M. Lebeuf / la viande (acheter)

Monsieur Lebeuf aime la viande.
Alors, il a acheté de la viande.

1. Philippe / la salade (manger)
2. Claire / la sole (commander)
3. Madame Brochet / le poisson (acheter)
4. Marc / l'eau minérale (boire)
5. Sylvie / la confiture (prendre)
6. Mademoiselle Lafontaine / l'eau (prendre)
7. Véronique / le fromage (acheter)
8. Madame Jarret / le rosbif (commander)

## 6 À la cantine

**PARLER/ÉCRIRE** Nous sommes à la cantine du lycée Descartes. Décrivez ce que mangent et boivent les élèves.

▶ Christine

Christine mange du poisson, des frites et une pomme. Elle boit du lait.

**Christine**

**Guillaume**

**Caroline**

**Frédéric**

**Delphine**

## 7 Expression personnelle

**PARLER/ÉCRIRE** Complétez les phrases avec le nom d'un plat ou d'une boisson.

1. J'aime …
2. Je n'aime pas …
3. Mon dessert préféré est …
4. À la cantine de l'école, il y a souvent …
5. Il n'y a pas souvent de …
6. Ce matin, au petit déjeuner, j'ai bu …
7. Hier soir, j'ai mangé …
8. Dans notre réfrigérateur, il y a …
9. Le jour de mon anniversaire, je voudrais manger …

# À votre tour!

**OBJECTIFS**

Now you can …
• order a meal
• plan a menu

**Digital Performance space**

## 1 Au «Relais Régal»

**LIRE/PARLER** Vous voyagez en France avec des copains. Vous déjeunez au Relais Régal. Choisissez un menu et expliquez ce menu à vos copains.

Je vais choisir le menu …
Comme hors-d'oeuvre, il y a …
 Il y a aussi …
Comme plat principal, il y a …
 Il y a aussi …
Comme dessert, il y a …
Comme boisson, il y a …

| Relais Régal | | |
|---|---|---|
| MENU TOURISTIQUE à 9,50 € | MENU RÉGAL à 12 € | MENU GASTRONOMIQUE à 18 € |
| soupe à l'oignon ou melon poulet rôti salade glace café | salade de tomates ou saucisson rôti de boeuf salade fromage tarte aux pommes café ou thé | jambon d'Auvergne ou saumon fumé rôti de porc ou sole meunière salade fromage gâteau au chocolat eau minérale et café |

## 2 Une invitation à dîner

**PARLER** Imagine that you are inviting a friend to dinner. Since you are a good host/hostess, you want to serve what your friend likes. Ask …

- at what time he/she has dinner
- if he/she eats meat
- if so, what meat he/she prefers
- if he/she likes vegetables
- what vegetables he/she prefers
- if he/she prefers cake or ice cream
- what he/she drinks

## 3 Un client difficile

**PARLER** You are a waiter/waitress in a French restaurant. Today you have a customer who is very hard to please: every time you suggest something, this customer says that he/she does not like it. With a partner, act out the skit.

## 4 Un bon repas

**PARLER/ÉCRIRE** You and a classmate have decided to prepare a fancy meal. You will make a suggestion for the first course and your classmate will accept or refuse. If he/she refuses, he/she will make another suggestion. Take turns suggesting the courses. Continue the conversation until you agree on your menu. Then prepare your shopping list.

—Comme hors-d'oeuvre, on peut manger du saucisson.

—Je n'aime pas le saucisson, mais on peut manger du melon.

—D'accord, moi aussi, j'aime le melon. Achetons un melon.

MENU
hors-d'oeuvre
plat principal
légumes
dessert
boisson

Courses
• melon

**LESSON REVIEW**
my.hrw.com

# Lecture Nourriture et langage

Qu'est-ce qu'un «navet»?° Cela dépend à qui ou de quoi vous parlez. Pour le cuisinier,° un navet est un légume, mais pour le cinéphile,° c'est un très mauvais film. Une «patate» est le terme familier qu'on emploie pour désigner une pomme de terre, mais c'est aussi une personne stupide et maladroite.° Une «bonne poire» peut être servie au dessert, mais c'est aussi une personne généreuse, mais naïve.

Il existe beaucoup d'expressions françaises qui utilisent le vocabulaire de l'alimentation. Voici certaines de ces expressions. Est-ce que vous pouvez deviner leur sens?°

**navet** *turnip* **cuisinier** *cook* **cinéphile** *movie lover* **maladroite** *clumsy* **deviner leur sens** *guess what they mean*

**1** Jean-Claude dit à ses copains:
«Ce week-end j'ai vu un navet.»
Qu'est-ce qu'il veut dire?

• Je suis allé à la campagne.
• J'ai acheté des légumes.
• J'ai vu un mauvais film.

**2** Corinne dit à son cousin:
«Tu racontes° des salades.»
Qu'est-ce qu'elle veut dire?

• Tu manges trop.
• Tu es végétarien.
• Tu ne dis pas la vérité.

**racontes** *are talking about*

**3** Cécile dit à sa copine:
«Je n'ai pas un radis.»
Qu'est-ce qu'elle veut dire?

• Je n'ai pas d'argent.
• Je n'ai pas de copain.
• Je ne veux pas aller au supermarché.

Additional readings @ **my.hrw.com**
FRENCH
InterActive Reader

4. Guillaume dit à ses copains:
«Mon oncle Gérard a du pain sur
la planche.»°
Qu'est-ce qu'il veut dire?

- Mon oncle est très riche.
- Mon oncle a beaucoup de travail.
- Mon oncle est boulanger.

**planche** board

5. Mélanie dit à Claire:
«Ce n'est pas du gâteau.»
Qu'est-ce qu'elle veut dire?

- C'est mauvais.
- C'est difficile.
- Ce n'est pas intéressant.

6. Carole dit à son frère:
«Occupe-toi° de tes oignons.»
Qu'est-ce qu'elle veut dire?

- Va chez le dentiste.
- Va dans la cuisine et prépare le repas.
- Occupe-toi de tes affaires.

**occupe-toi** mind

## COMPARAISONS DE LANGUE

En anglais, il existe aussi beaucoup d'expressions qui utilisent le vocabulaire
de l'alimentation. Par exemple,

*It's a piece of cake!   He's a good egg.   She tried to butter me up.*

Connaissez-vous d'autres expressions? Si vous voulez, vous pouvez développer
une version anglaise de ce quiz et l'envoyer à une classe correspondante en France.

# L'addition, s'il vous plaît!

Hier soir, Jérôme est revenu chez ses parents avec ses copains Bernard et Cécile. Les trois copains ont mangé et bu ce que Pierre avait acheté pour le pique-nique. Maintenant, on est dimanche matin. Pierre va à la cuisine.

Là, il a une mauvaise surprise!

Un peu plus tard, Jérôme arrive à la cuisine.

Dis donc, Jérôme, viens voir ici! C'est toi qui as bu les bouteilles de limonade?

Euh, oui, c'est moi … avec mes copains qui sont venus hier soir.

Et les tranches de jambon? Où est-ce qu'elles sont?

Ben … on les a mangées.

Et les pots de yaourt? C'est aussi vous qui les avez pris?

Ben oui, c'est nous … Pourquoi?

Pourquoi?! … Alors là vraiment, tu exagères! Tes copains et toi, vous avez mangé et bu tout ce que j'ai acheté pour notre pique-nique!

Quel pique-nique?

Le pique-nique qu'on doit faire aujourd'hui avec Armelle et Corinne.

Oh, excuse-moi. Je ne savais pas. Écoute, je vais te donner de l'argent pour faire les courses.

Pour faire les courses? Mais Jérôme, c'est dimanche et le supermarché est fermé.

Heureusement, il y a une solution.

Quelle solution?

Eh ben, il faut nous inviter au restaurant.

Qui, nous?

Eh ben, Corinne, Armelle et moi.

Bon! D'accord.

Au restaurant. Pierre, Armelle, Corinne et Jérôme ont bien mangé! Jérôme appelle le garçon.

Monsieur, l'addition, s'il vous plaît.

Le garçon a apporté l'addition à Jérôme.

Qu'est-ce qu'il y a?

Eh bien, dis donc, ton pique-nique me coûte drôlement cher!

Tout le monde remercie Jérôme pour le repas.

FIN

## Compréhension

1. Quel jour sommes-nous aujourd'hui?

2. Quelle mauvaise surprise Pierre a-t-il?

3. Qu'est-ce que Jérôme propose d'abord à Pierre?

4. Pourquoi est-ce que cette solution ne marche pas?

5. Quelle autre solution Pierre propose-t-il?

6. Pourquoi est-ce que le pique-nique coûte cher à Jérôme?

## VOCABULAIRE Les quantités

Je vais acheter …

un kilo de pommes

une douzaine d'oeufs

un litre de lait

un paquet de café

un sac d'oranges

une boîte de céréales

une bouteille d'eau minérale

une livre de beurre

une boîte de thon

un pot de mayonnaise

un morceau de fromage

une tranche de jambon

→ To express quantity, the French use the construction:

| EXPRESSION OF QUANTITY + **de** + NOUN |
| --- |

| un morceau | *piece* |
| --- | --- |
| un paquet | *pack, package* |
| un pot | *jar* |
| un sac | *bag* |
| une boîte | *box, can* |
| une bouteille | *bottle* |
| une tranche | *slice* |

## 1 Les courses

**PARLER** Jean-Paul va faire les courses. Il demande à sa mère ce qu'il faut acheter. Jouez les deux rôles.

Oui, achète
**une boîte** de
petits pois.

Est-ce que
je dois acheter
**des petits pois?**

1. des poires
   un kilo
2. du lait
   deux litres
3. des fraises
   une livre
4. des oeufs
   une douzaine
5. de la margarine
   un pot
6. du fromage
   un grand morceau
7. du jambon
   trois tranches
8. des enveloppes
   un paquet
9. de la limonade
   une bouteille
10. du thon
    deux boîtes

## 2 Les courses de Monsieur Finbec

**PARLER/ÉCRIRE** Monsieur Finbec a fait les courses ce matin. Dites ce qu'il a acheté en complétant les phrases avec des quantités. Soyez logique!

1. D'abord, Monsieur Finbec est passé à la crémerie *(dairy store)*. Là, il a acheté <u>deux bouteilles (trois litres)</u> de lait, … de beurre, … de yaourt et … de fromage.

2. Après, il est passé chez le marchand de fruits et légumes. Il a acheté … de pommes, … de tomates et … d'oranges.

3. Ensuite, il est allé à l'épicerie *(grocery shop)* où il a acheté … de thon, … de café, … d'eau minérale et … de jambon.

4. Finalement, il est passé à la papeterie *(stationery store)* où il a acheté … d'enveloppes.

## A Expressions de quantité

In the sentences on the right, the expression of quantity
**beaucoup** *(much, many, a lot)* is used to introduce nouns.

*Tu as de l'argent?*

| | |
|---|---|
| Tu manges **du** pain? | Oui, je mange **beaucoup de** pain. |
| Tu as **de l'**argent? | Non, je n'ai pas **beaucoup d'**argent. |
| Tu bois **de la** limonade? | Oui, je bois **beaucoup de** limonade. |
| Tu as **des** copains? | Oui, j'ai **beaucoup de** copains. |

Many, but not all, expressions of quantity introduce nouns
according to the construction:

> EXPRESSION OF QUANTITY + **de** + NOUN

*Non, je n'ai pas beaucoup d'argent.*

## VOCABULAIRE   Expressions de quantité avec *de*

| | | |
|---|---|---|
| **assez de** | *enough* | Est-ce que tu as **assez d'**argent? |
| **beaucoup de** | *a lot, much, very much*<br>*a lot, many* | Philippe n'a pas **beaucoup de** patience.<br>Nous avons **beaucoup de** copains. |
| **trop de** | *too much*<br>*too many* | M. Legros mange **trop de** viande.<br>Nous avons **trop d'**examens. |
| **peu de** | *little, not much*<br>*few, not many* | Tu as **peu de** patience.<br>Vous avez **peu de** livres intéressants. |
| **un peu de** | *a little, a little bit of* | Donne-moi **un peu de** fromage. |
| **combien de** | *how much*<br>*how many* | **Combien d'**argent as-tu?<br>**Combien de** sandwichs veux-tu? |

*Donne-moi un peu de fromage.*

→ When the above expressions of quantity do not introduce nouns, they are used
without **de**.

| | |
|---|---|
| J'étudie **beaucoup**. | *I study a lot.* |
| Vous mangez **trop**. | *You eat too much.* |

@HOMETUTOR
my.hrw.com

**3** **Réponses personnelles**

**PARLER/ÉCRIRE** Répondez aux questions suivantes en utilisant une des expressions suggérées dans des phrases affirmatives ou négatives.

▶ Tu as de l'argent?
  **Oui, j'ai beaucoup (assez) d'argent**
  **(Non, je n'ai pas beaucoup d'argent.)**

  | assez | beaucoup | trop | peu |

1. Tu as des copains sympathiques?
2. Tu as des profs intéressants?
3. Tu as des vacances?
4. Tu as des examens?
5. Tu manges du pain?
6. Tu bois du lait?
7. Tu fais de l'exercice?
8. Tu fais des progrès en français?

**4** **Conversation**

**PARLER** Demandez à vos camarades s'ils font les choses suivantes. Ils vont répondre en utilisant une expression de quantité.

▶ étudier

1. travailler
2. téléphoner
3. dormir
4. voyager
5. chatter sur le Net
6. regarder la télé
7. sortir le week-end
8. écouter la radio

Est-ce que tu étudies?

J'étudie beaucoup (trop, peu).

(Je n'étudie pas beaucoup [assez].)

---

**VOCABULAIRE** | **D'autres expressions de quantité**

| un(e) autre | another | Veux-tu **un autre** croissant? |
| d'autres | other | As-tu fait **d'autres** sandwichs? |
| plusieurs | several | J'ai acheté **plusieurs** livres. |
| quelques | some, a few | Nous avons invité **quelques** amis. |

**5** **Au pique-nique**

**PARLER** Vous avez invité vos camarades à un pique-nique. Offrez-leur une seconde fois *(another time)* les choses suivantes. Ils vont accepter ou refuser.

▶ une orange

1. un sandwich
2. une tranche de pizza
3. un morceau de fromage
4. une pomme
5. un verre de limonade
6. un paquet de chips

Tu veux une autre orange?

Oui, merci, donne-moi une autre orange.

(Non, merci, je n'ai pas faim.)

## B L'adjectif *tout*

The adjective **tout (le)** agrees in gender and number with the noun it introduces.
Note the four forms of **tout** (*all*):

|  | **SINGULAR** | **PLURAL** |  |  |
|---|---|---|---|---|
| **MASCULINE** | **tout (le)** | **tous (les)** | **tout le** groupe | **tous les** garçons |
| **FEMININE** | **toute (la)** | **toutes (les)** | **toute la** classe | **toutes les** filles |

→ Note the following English equivalents:

| | | |
|---|---|---|
| **tout le, toute la** | *all the* <br> *the whole* | J'ai bu **toute la limonade.** <br> Alain a mangé **tout le gâteau.** |
| **tous les, toutes les** | *all (the)* <br> *every* | **Tous les** invités (*guests*) sont ici. <br> Je fais les courses **toutes les semaines.** |

→ In the above expressions, the definite article **(le, la, les)** may be replaced by a possessive or a demonstrative adjective.

J'ai invité **tous mes copains.**     *I invited **all my friends.***

→ **Tout** is used in several common expressions:

> **tout le monde**   *everybody, everyone*     Où est **tout le monde?**
> **tout le temps**   *all the time*     Olivier mange **tout le temps.**

→ **Tout** may be used alone with the meaning *all, everything.*

**Tout** est possible.     ***Everything** is possible.*

### 6 La gourmandise (Gluttony)

**PARLER/ÉCRIRE** Les personnes suivantes sont des gourmands (*gluttons*). Expliquez pourquoi.

▶ Patrick / manger / la glace
**Patrick a mangé toute la glace.**

1. Valérie / manger / le fromage
2. Frédéric / finir / les gâteaux
3. Sophie / boire / le jus d'orange
4. Jean-Claude / prendre / la tarte
5. Juliette / manger / les fraises
6. Éric / boire / l'orangeade
7. Delphine / prendre / les cerises
8. Marc / finir / les desserts

### 7 Quand?

**PARLER/ÉCRIRE** Voici certaines choses que nous faisons régulièrement. Complétez les phrases par **tous (toutes) les** + expression de temps.

▶ J'écoute de la musique <u>tous les jours (tous les week-ends).</u>

▶ Je téléphone à mes cousins <u>toutes les semaines (tous les dimanches, tous les mois).</u>

1. Je regarde la télé …
2. Je fais mon lit …
3. Je range ma chambre …
4. Je vais au cinéma …
5. Je vais en ville …
6. Je vais au restaurant …
7. Mon père (Ma mère) fait les courses …
8. Le professeur donne un examen …
9. Je vois mon copain …

@HOMETUTOR
my.hrw.com

## C L'expression *il faut*

Note the use of the expression **il faut** in the following sentences.

À l'école, **il faut étudier.**      *At school, **one has to study.***

Pour être heureux, **il faut avoir des amis.**      *To be happy, **you (people, we) must have friends.***

To express a GENERAL OBLIGATION or NECESSITY, the French use the construction:

> **il faut** + INFINITIVE

→ To express what one SHOULD NOT do, the French use **il ne faut pas** + INFINITIVE.

**Il ne faut pas perdre** son temps.      ***You should not** waste your time.*

→ To express PURPOSE, the French use the construction **pour** + INFINITIVE.

**Pour réussir,** il faut travailler.      ***(In order) to succeed,** you have to work.*

### 8 Oui ou non?

**PARLER/ÉCRIRE** Dites ce qu'il faut faire et ce qu'il ne faut pas faire.

▶ Pour réussir à l'examen

- étudier          **Pour réussir à l'examen, il faut étudier.**
- être paresseux          **Il ne faut pas être paresseux.**

**1.** Pour être en bonne santé *(health)* …
- faire de l'exercice
- fumer *(smoke)*
- manger trop de viande
- boire de l'eau minérale

**2.** Pour être heureux …
- être pessimiste
- avoir des amis sympathiques
- avoir beaucoup d'argent
- être égoïste

**3.** Quand on est en classe …
- écouter le professeur
- dormir
- mâcher *(chew)* du chewing-gum
- répondre aux questions

**4.** Quand on est invité à dîner …
- être poli avec tout le monde
- manger tous les plats
- manger avec les mains
- remercier *(thank)* l'hôtesse

---

# À votre tour!

**Digital performance space**

### 1 Le pique-nique

**PARLER/ÉCRIRE** Avec votre partenaire, vous avez décidé d'organiser un pique-nique pour huit personnes. Décidez des choses que vous allez acheter et en quelles quantités. Écrivez votre liste de courses.

On achète du thon?

D'accord, achetons du thon.

Combien de boîtes est-ce qu'on achète?

Achetons cinq boîtes.

*cinq boîtes de thon*

LESSON REVIEW
my.hrw.com

# Lecture   La recette du croque-monsieur

Vous êtes dans un café en France et vous avez faim. Qu'est-ce que vous allez commander? Peut-être un sandwich ou une salade. Si vous préférez manger quelque chose de chaud, vous pouvez choisir une omelette ou une pizza. Ou bien, vous pouvez faire comme beaucoup de jeunes Français et commander un «croque-monsieur».

Les croque-monsieur sont des sandwichs chauds faits avec du jambon et du fromage. Pour manger un croque-monsieur, vous n'avez pas besoin d'aller en France. Vous pouvez le préparer chez vous. Voici une recette très simple.

## Les ingrédients

Pour faire deux croque-monsieur, il faut:°

- 4 tranches de pain
- 2 tranches de jambon
- 4 tranches de gruyère°
- un peu de beurre
- un peu de gruyère râpé°
- de la moutarde de Dijon (facultatif°)

(Les tranches de jambon et de fromage doivent avoir les mêmes dimensions que les tranches de pain.)

**il faut** *one needs*   **gruyère** *a type of cheese*   **râpé** *grated*   **facultatif** *optional*

Additional readings @ **my.hrw.com**
**FRENCH**
**InterActive** **Reader**

## La recette

1. Allumez le gril° du four.

2. Dans une poêle,° faites fondre° un peu de beurre.

3. Avec une cuillère à café, passez le beurre fondu sur les tranches de pain.

4. Sur une plaque,° mettez deux tranches de pain (côté beurré° contre° la plaque).

5. Sur chaque tranche, mettez successivement:
   • un peu de moutarde
   • une tranche de fromage
   • une tranche de jambon
   • une autre tranche de fromage

6. Recouvrez avec une autre tranche de pain beurré (côté beurré à l'extérieur).

7. Mettez les deux croque-monsieur au four pendant trois minutes.

8. Avec une spatule, retournez les deux croque-monsieur. Remettez° au four pendant une ou deux minutes.

9. Mettez le gruyère râpé sur les croque-monsieur. Remettez au four pendant une minute.

10. Retirez° du four et mettez les deux croque-monsieur sur deux assiettes. Mangez chaud. Bon appétit!

**\*À noter:** Vous pouvez faire aussi des «croque-madame». Pour cela, mettez un oeuf frit sur chaque croque-monsieur.

**gril** *broiler* **poêle** *frying pan* **fondre** *melt* **plaque** *baking sheet* **côté beurré** *buttered side* **contre** *against* **Remettez** *Put back* **Retirez** *Take out*

# Tests de contrôle

By taking the following tests, you can check your progress in French and also prepare for the unit test. Write your answers on a separate sheet of paper.

**Review...**
• vocabulary: pp. 158, 160

## 1 Les catégories

Determine to which of the categories on the right the following products belong.

▶ le porc      **Le porc est une viande.**

1. le beurre      5. une poire      9. les petits pois
2. le veau      6. la tarte      10. le jambon
3. une orange      7. les haricots      11. le fromage
4. le gâteau      8. une pomme      12. un pamplemousse

| viande |
| produit laitier *(dairy product)* |
| légume |
| fruit |
| dessert |

**Review...**
• vocabulary and constructions: pp. 154, 156, 158, 186, 188, 189

## 2 Le choix logique

Complete the following sentences with the appropriate options.

1. En général, on — à midi.      **(déjeune / prend le petit déjeuner)**
2. Voici — pour le café.      **(une tasse / une fourchette)**
3. Et voilà — pour le steak.      **(une cuillère / un couteau)**
4. Voulez-vous un sandwich — ?      **(aux champignons / au jambon)**
5. Préfères-tu manger une pizza ou — ?      **(un croque-monsieur / une boisson)**
6. Après le repas, le serveur apporte *(brings)* — .      **(l'addition / le menu)**
7. Je vais mettre — dans mon thé.      **(du poivre / du sucre)**
8. J'ai acheté une douzaine — .      **(d'oeufs / de petits pois)**
9. Où est — de jus d'orange?      **(le paquet / la bouteille)**
10. Papa a acheté — de beurre.      **(une livre / un litre)**
11. Veux-tu — de fromage?      **(une boîte / un morceau)**
12. Tu grossis parce que tu manges — .      **(assez / trop)**
13. J'ai mis — sel dans la soupe.      **(trop / trop de)**
14. Donne-moi — croissant, s'il te plaît.      **(un autre / quelques)**
15. J'ai acheté — jeux vidéo.      **(beaucoup / plusieurs)**

**Review...**
• irregular verbs: pp, 166, 176

## 3 La bonne forme

Complete the following sentences with the appropriate forms of the verbs in parentheses.

1. **(vouloir)**   Mes copains — aller au cinéma. Est-ce que tu — voir ce film?
2. **(pouvoir)**   Élise — organiser une boum samedi. Est-ce que vous — venir?
3. **(devoir)**   Je — rentrer chez moi. Nous — faire nos devoirs.
4. **(boire)**   Vous — du jus d'orange. Mes copains — du jus de raisin.

## 4 Contextes et dialogues

Complete the following dialogues with the appropriate options.

**Review...**
• use of articles:
  pp. 168, 170,
  178-179

**1.** *Zoé et Julie sont au restaurant.*
   **Z:** Est-ce que tu veux **(du / le)** poulet?
   **J:** Non, je n'aime pas **(la / de la)** viande.
   **Z:** Il y a aussi **(un / du)** saumon.
   **J:** Excellent! J'adore **(le / du)** poisson!

**2.** *Claire et Thomas entrent dans une boulangerie.*
   **C:** J'achète **(le / du)** pain?
   **T:** Bien sûr, nous n'avons pas **(de / du)** pain à la maison.
   **C:** Est-ce que je prends aussi **(une / de la)** tarte?
   **T:** Écoute, moi je préfère **(le / du)** gâteau au chocolat.
   **C:** Bon, je vais prendre **(un / du)** gâteau.

## 5 Composition: Un repas à l'école

Digital
**performance space**

In a short paragraph describe a recent meal you had at school. Use the
PASSÉ COMPOSÉ in complete sentences. Mention …

- at what time you had lunch
- what you ate
- what you drank
- what you had for dessert
- what food you liked
- what food you did not like

---

**STRATEGY Writing**

| **1** | **2** | **3** |
|---|---|---|
| Note down your answers to the above questions. | Write out your paragraph. | Check your composition to be sure you have used the appropriate passé composé forms. Also check whether you used the correct articles. |

# Vocabulaire

## POUR COMMUNIQUER

### Ordering at a café
| | |
|---|---|
| **Vous désirez?** | *What would you like?* |
| **Et comme dessert?** | *And for dessert?* |
| **Le service est compris.** | *The tip (service charge) is included.* |

### Expressing food preferences
| | |
|---|---|
| **Quel est ton plat préféré?** | *What is your favorite dish?* |
| **J'adore …** | *I love …* |
| **Je n'aime pas tellement …** | *I don't like … that much.* |

### Shopping for food
| | |
|---|---|
| **Vous désirez?** | *May I help you?* <br> *What would you like?* |
| **Et avec ça?** | *Anything else?* |
| **C'est tout?** | *Is that all?* |
| **Ça fait combien?** | *How much does that come to?* |

## MOTS ET EXPRESSIONS

### Au restaurant
| | | | |
|---|---|---|---|
| **un couteau** | *knife* | **l'addition** | *check, bill* |
| **le déjeuner** | *lunch* | **une assiette** | *plate* |
| **le dîner** | *dinner* | **la cantine** | *cafeteria* |
| **le petit déjeuner** | *breakfast* | **une cuillère** | *spoon* |
| **un plat** | *dish* | **la cuisine** | *cooking, cuisine* |
| **le pourboire** | *tip* | **une fourchette** | *fork* |
| **un repas** | *meal* | **une serviette** | *napkin* |
| **le service** | *tip, service charge* | **une tasse** | *cup* |
| **un verre** | *glass* | | |

### La nourriture
| | | | |
|---|---|---|---|
| **les anchois** | *anchovies* | **une banane** | *banana* |
| **le beurre** | *butter* | **une boisson** | *beverage, drink* |
| **le céleri** | *celery* | **une carotte** | *carrot* |
| **un champignon** | *mushroom* | **les céréales** | *cereal* |
| **un chocolat** | *hot chocolate, cocoa* | **une cerise** | *cherry* |
| **un croque-monsieur** | *grilled ham and cheese* | **la confiture** | *jam* |
| **un dessert** | *dessert* | **l'eau** | *water* |
| **le fromage** | *cheese* | **l'eau minérale** | *mineral water* |
| **un fruit** | *fruit* | **une fraise** | *strawberry* |
| **le gâteau** | *cake* | **les frites** | *French fries* |
| **des haricots verts** | *green beans* | **la glace** | *ice cream* |
| **un hors-d'oeuvre** | *appetizer* | **une glace à la vanille** | *vanilla ice cream* |
| **un ingrédient** | *ingredient* | **une glace au chocolat** | *chocolate ice cream* |
| **le jambon** | *ham* | **une limonade** | *lemon soda* |
| **le jus d'orange** | *orange juice* | **la margarine** | *margarine* |
| **le jus de pomme** | *apple juice* | **la mayonnaise** | *mayonnaise* |
| **le jus de raisin** | *grape juice* | **la moutarde** | *mustard* |
| **le ketchup** | *ketchup, catsup* | **la nourriture** | *food* |
| **le lait** | *milk* | **une omelette** | *omelet* |

## La nourriture (suite)

| | | | | | |
|---|---|---|---|---|---|
| un légume | vegetable | le rosbif | roast beef | une omelette nature | plain omelet |
| le melon | melon | le saucisson | salami | | |
| un oeuf | egg | le saumon | salmon | une orange | orange |
| un oeuf sur le plat | fried egg | le sel | salt | une poire | pear |
| le pain | bread | un soda | soft drink | une pomme | apple |
| un pamplemousse | grapefruit | les spaghetti | spaghetti | une pomme de terre | potato |
| des petits pois | peas | le sucre | sugar | | |
| un plat | dish | un thé | tea | une salade | salad, lettuce |
| le poisson | fish | un thé glacé | iced tea | la sole | sole |
| le poivre | pepper | le thon | tuna | la soupe | soup |
| le porc | pork | le veau | veal | la tarte | pie |
| le poulet | chicken | un yaourt | yogurt | une tomate | tomato |
| le poulet rôti | roast chicken | un yaourt à la fraise | strawberry yogurt | la viande | meat |
| le riz | rice | | | | |

## Les quantités

| | | | | |
|---|---|---|---|---|
| un kilo | kilogram | une boîte | box; can |
| un litre | liter | une bouteille | bottle |
| un morceau | piece | une douzaine | dozen |
| un paquet | pack, package | une livre | pound |
| un pot | jar | une tranche | slice |
| un sac | bag | | |

## Expressions de quantité

| | |
|---|---|
| assez de | enough |
| beaucoup de | much, many, a lot of |
| combien de | how much, how many |
| peu de | not much, not many, few |
| un peu de | a little, a little bit of |
| trop de | too much, too many |
| ne … plus de | no more |
| un(e) autre | another |
| d'autres | other |
| plusieurs | several |
| quelques | some, a few |

## Expressions avec tout

| | |
|---|---|
| tout/toute/tous/toutes | all |
| tout le/toute la | all the, the whole |
| tous les/toutes les | all (the), every |
| tout le monde | everybody, everyone |
| tout le temps | all the time |

## Verbes réguliers

| | |
|---|---|
| acheter (j'achète) | to buy |
| amener (j'amène) | to bring (someone) |
| commander | to order |
| déjeuner | to have lunch |
| détester | to dislike, to hate |
| dîner | to have dinner |
| envoyer (j'envoie) | to send |
| espérer (j'espère) | to hope |
| nettoyer (je nettoie) | to clean |
| payer (je paie) | to pay, pay for |
| préférer (je préfère) | to prefer |

## Verbes irréguliers

| | |
|---|---|
| boire | to drink |
| devoir | must, to have (to); to owe |
| pouvoir | can, may, to be able |
| vouloir | to want |
| mettre la table | to set the table |
| prendre le petit déjeuner | to have breakfast |
| il faut + INFINITIVE | one must, one has to, it is necessary |

# Interlude 3

# Quatre Surprises

**PRE-READING STRATEGY  Avant de lire**

The title of this reading is easy to understand: "Four Surprises."

Take a moment to skim over the story, reading the paragraphs below the subheads. The first section is entitled **L'invitation**. Can you figure out what kind of an invitation it is?

Now look at the pictures. What do you think the four surprises are? Write down your four guesses on a piece of paper. Then read the story to see how many you got right.

## L'invitation

Paul et David sont deux étudiants américains. Avec l'argent qu'ils ont économisé cette année, ils ont décidé de passer un mois en France. Ils viennent d'arriver à Paris. Malheureusement, ils n'ont pas d'amis français.

> PAUL: Tu connais des gens à Paris?
>
> DAVID: Non, je ne connais personne. Et toi?
>
> PAUL: Moi non plus. Attends, si! Ma soeur Christine a une correspondante° française qui habite à Paris. Je crois° que j'ai son nom dans mon carnet d'adresses.

Paul regarde dans son carnet d'adresses.

> PAUL: Voilà. La copine de ma soeur s'appelle Nathalie Descroix. J'ai son numéro de téléphone …
>
> DAVID: Eh bien, téléphone-lui!
>
> PAUL: Bon, d'accord. Je vais lui téléphoner.

Paul compose° le numéro de Nathalie. Celle-ci° répond. Paul explique qu'il est le frère de Christine et qu'il est à Paris avec un copain. Nathalie propose d'inviter les deux garçons à déjeuner.

> NATHALIE: Tu es libre mardi en huit?°
>
> PAUL: Oui, bien sûr.
>
> NATHALIE: Est-ce que tu veux déjeuner chez moi avec ton copain?
>
> PAUL: Avec grand plaisir. Où est-ce que tu habites?
>
> NATHALIE: J'habite une modeste chambre d'étudiante au 125, rue de Sèvres.
>
> PAUL: À quel étage?
>
> NATHALIE: Au sixième étage. Donc, je vous attends° mardi en huit à midi. Mais je vous préviens, ce sera° un repas très simple.
>
> PAUL: Merci beaucoup pour ton invitation. À bientôt.
>
> NATHALIE: Au revoir, à bientôt.

Dans son carnet, Paul note la date du 8 juillet.

### Avez-vous compris?

1. Qui sont Paul et David?
2. Qui est Nathalie?
3. Où habite Nathalie?
4. Qu'est-ce que Nathalie propose?

### Mots utiles

| | |
|---|---|
| un carnet d'adresses | address book |
| expliquer | to explain |
| libre | free |
| un étage | floor |
| prévenir | to warn, tell in advance |

**correspondante** *pen pal*  **crois** *believe, think*
**compose** *dials*  **Celle-ci** *The latter (= Nathalie)*
**mardi en huit** *a week from Tuesday*
**je vous attends** *I'm expecting you*  **sera** *will be*

## Première surprise

Le 8 juillet, Paul et David ont mis leurs plus beaux
vêtements. Ils ont acheté un gros bouquet
de fleurs et il sont allés chez Nathalie.

Arrivé devant l'immeuble° du 125, rue de Sèvres,
Paul a regardé son carnet. «Nathalie habite
au sixième étage.» Paul et David sont entrés dans
l'immeuble. Puis ils ont monté les escaliers et
compté les étages. «Deux, trois, quatre, cinq, six.»

> PAUL:  Nous sommes au sixième étage.
>
> DAVID:  Et voilà la chambre de Nathalie.

Sur une porte, il y a en effet° une carte avec le nom: DESCROIX.

Paul a sonné. Pas de réponse.
Il a sonné deux fois,° trois fois, quatre fois … Toujours pas de réponse.

> DAVID:  Tu es sûr que Nathalie habite ici?
>
> PAUL:  Mais oui. Son nom est inscrit° sur la porte.
>
> DAVID:  Regarde, il y a une enveloppe sous le tapis.
>
> PAUL:  C'est sûrement pour nous.

Paul a ouvert° l'enveloppe. Il a trouvé° des clés avec
la note suivante:°

> *Chers amis,*
>
> *Excusez-moi si je ne suis pas ici pour vous
> accueillir.° Ce matin, j'ai dû aller à l'hôpital
> rendre visite à une amie qui a eu un accident. Ce
> n'est pas grave, mais je ne serai pas de retour°
> avant trois heures.*
>
> *Entrez chez moi et faites comme chez vous.
> Le déjeuner est préparé. Ne m'attendez pas.*
>
> *À bientôt,
> N.D.*

### Mots utiles

| | |
|---|---|
| gros, grosse | *big, large* |
| les escaliers | *stairs* |
| compter | *to count* |
| sonner | *to ring (the doorbell)* |
| un tapis | *rug* |
| une clé | *key* |

### Avez-vous compris?

1. Quel jour est-ce que Paul et David sont allés chez Nathalie?
2. Comment sont-ils montés chez elle?
3. Quelle est la première surprise?

---

**immeuble** *(apartment) building*  **en effet** *in fact*  **fois** *times*  **inscrit** *written*  **a ouvert** *opened*  **a trouvé** *found*
**suivante** *following*  **pour vous accueillir** *to welcome you*  **je ne serai pas de retour** *I won't be back*

## Deuxième surprise

Paul a pris les clés et il a ouvert la porte.

Une autre surprise attend les deux garçons. En effet, ce n'est pas dans «une modeste chambre d'étudiante» qu'ils sont entrés, mais dans un appartement relativement petit, mais très moderne et très confortable.

Et sur la table de la salle à manger est servi un magnifique repas froid. Il y a du saumon fumé,° du poulet rôti° avec de la mayonnaise, une salade, un grand nombre de fromages différents et, comme dessert, un énorme gâteau au chocolat.

DAVID: Nathalie a parlé d'un repas très simple, mais en réalité, elle a préparé un véritable festin.°

PAUL: C'est vrai. Nous allons nous régaler!°

DAVID: On commence?

PAUL: Non! Attendons Nathalie. C'est plus poli.

DAVID: Tu as raison. Attendons-la!

Paul et David ont attendu, mais il est maintenant une heure et Nathalie n'est toujours pas là.

DAVID: J'ai faim.

PAUL: Moi aussi, j'ai une faim de loup.°

DAVID: Alors, déjeunons! Après tout, Nathalie a dit de ne pas attendre.

Les garçons ont pris plusieurs tranches° de saumon fumé. «Hm, c'est délicieux.» Puis, ils ont mangé du poulet rôti. «Fameux° aussi!» Puis ils ont pris de la salade et ils ont goûté à tous les fromages. Finalement, ils sont arrivés au dessert. Ils ont pris un premier morceau de gâteau au chocolat, puis un deuxième, puis un autre et encore° un autre … Bientôt, ils ont fini tout le gâteau.

DAVID: Quel repas merveilleux! Nathalie est une excellente cuisinière.°

PAUL: C'est vrai … Mais, euh, maintenant je suis fatigué.

DAVID: Euh, moi aussi …

Paul et David ont quitté la table. Ils se sont assis° sur le sofa. Quelques minutes plus tard, ils sont complètement endormis.°

Pendant qu'ils dormaient° le téléphone a sonné plusieurs fois. Dring, dring, dring, dring, dring … Mais personne n'a répondu.

**du saumon fumé** *smoked salmon* **rôti** *roast* **véritable festin** *real feast*
**Nous allons nous régaler!** *We're going to enjoy a delicious meal!*
**j'ai une faim de loup** *I'm as hungry as a wolf* **tranches** *slices*
**Fameux** *Great* **encore** *still* **cuisinière** *cook* **se sont assis** *sat down*
**endormis** *asleep* **dormaient** *were sleeping*

### Mots utiles

| | |
|---|---|
| **énorme** | *enormous* |
| **commencer** | *to begin* |
| **poli(e)** | *polite* |
| **plusieurs** | *several* |
| **goûter** | *to taste* |

### Avez-vous compris?

1. Quelle est la deuxième surprise?
2. Qu'est-ce qu'il y a pour le déjeuner? Qu'est-ce que Paul et David pensent du repas?
3. Pourquoi n'ont-ils pas répondu au téléphone?

## Troisième surprise

Il est maintenant trois heures. Quelqu'un est entré dans l'appartement. Paul et David se sont réveillés.°

DAVID: Tiens, voilà Nathalie.

PAUL: Bonjour, Nathalie.

Mais la personne qui est entrée n'est pas Nathalie. C'est une dame d'une cinquantaine d'années,° très élégante. Elle a l'air très surprise.

LA DAME: Qu'est-ce que vous faites ici?

Paul et David, à leur tour,° sont très surpris.

PAUL: Nous attendons notre amie Nathalie.

LA DAME: Votre amie Nathalie n'habite pas ici.

DAVID: Mais alors, chez qui sommes-nous?

LA DAME: Vous êtes chez moi.

PAUL: Mais alors, qui êtes-vous?

Maintenant la dame sourit.

LA DAME: Je suis la tante de Nathalie et vous, vous êtes certainement ses amis. À votre accent, je vois que vous êtes américains. Elle m'a parlé de vous.

PAUL: Oh, excusez-nous, madame. Nathalie s'est trompée° quand elle nous a donné son adresse. Elle a dit qu'elle habitait° au sixième étage.

La dame semble s'amuser.°

LA DAME: Mais non, elle ne s'est pas trompée. Nathalie habite bien° une chambre d'étudiante au sixième, l'étage au-dessus. C'est vous qui vous êtes trompés! Vous êtes ici au cinquième étage.

DAVID: Au cinquième étage? Je ne comprends pas! Nous avons compté les étages.

LA DAME: Votre erreur est bien excusable. Notre premier étage en France correspond au deuxième étage américain. Ainsi, vous avez pensé être au sixième étage. En réalité, vous êtes seulement au cinquième.

PAUL: Ça, par exemple!°

DAVID: Et le repas?

LA DAME: Je l'ai préparé pour des amis qui viennent passer la journée à Paris.

PAUL: Et la note sous le tapis?

LA DAME: Je l'ai écrite pour dire à mes amis que … Mais, au fait,° où sont-ils?

Le téléphone sonne à nouveau. La dame va répondre. Elle revient au bout de quelques minutes.

LA DAME: Ce sont justement mes amis qui viennent de téléphoner. Ils m'ont dit qu'ils ont téléphoné plusieurs fois. Ils ont eu une panne° …

PAUL: Tout s'explique!°

LA DAME: Pour vous et pour moi, mais pas pour Nathalie. Ma nièce vous attend certainement. Allez vite chez elle!

### Mots utiles

| | | | |
|---|---|---|---|
| **sourire** | to smile | **une erreur** | mistake, error |
| **sembler** | to seem | **à nouveau** | again |
| **au-dessus** | above | **au bout de** | at the end of |

### Avez-vous compris?

1. Qui est la personne qui est entrée dans l'appartement? Pourquoi a-t-elle l'air très surprise?
2. Quelle est la troisième surprise?
3. Pour qui le repas a-t-il été préparé?

**se sont réveillés** *woke up*
**d'une cinquantaine d'années** *about fifty years old*
**à leur tour** *in turn*  **s'est trompée** *made a mistake*
**habitait** *lived*  **s'amuser** *to be amused*
**bien** *indeed*  **Ça, par exemple!** *What do you know!*
**au fait** *as a matter of fact*  **panne** *breakdown*
**Tout s'explique!** *That explains everything!*

## Quatrième et dernière surprise

Paul et David sont montés à l'étage supérieur.
Ils ont sonné à l'appartement de Nathalie.
Celle-ci a ouvert la porte.

PAUL: Bonjour! Nathalie?

Nathalie a l'air étonnée.

NATHALIE: Oui, c'est moi. Et vous, vous êtes … ?

PAUL: Je suis Paul. Et voici mon copain David.

NATHALIE: Ah, enchantée! Quelle bonne surprise!

Paul, à son tour, est très étonné de l'air surpris de Nathalie.

PAUL: Euh … nous nous excusons de° …

NATHALIE: Ne vous excusez pas. Je suis très contente
de vous voir. Vous avez de la chance car°
j'avais l'intention d'aller au cinéma cet après-midi.

PAUL: Au cinéma? Et l'invitation à déjeuner?

NATHALIE: Quel déjeuner? … Ah, oui. J'espère que vous n'avez pas
changé d'avis. Je compte absolument sur vous mardi prochain.

DAVID: Comment? Ce n'est pas pour aujourd'hui?

PAUL: Tu as dit «mardi huit». Nous sommes bien
le 8 juillet aujourd'hui!

NATHALIE: Non, j'ai dit «mardi en huit». C'est différent.
«Mardi en huit» signifie le mardi de la
semaine prochaine. Mais au fait, vous avez
probablement faim. Malheureusement,
je n'ai rien préparé. Ah, si, attendez. J'ai
un gâteau au chocolat. Je vais le chercher.°

DAVID: Euh, non merci. Pas aujourd'hui.

NATHALIE: Comment? Vous n'aimez pas le gâteau
au chocolat?

DAVID: Si, mais …

**nous nous excusons de** *we're sorry to*
**car = parce que   Je vais le chercher.** *I'll go get it.*

### Mots utiles

| | |
|---|---|
| **supérieur(e)** | *higher* |
| **étonné(e)** | *astonished, surprised* |
| **changer d'avis** | *to change one's mind* |
| **signifier** | *to mean* |

### Avez-vous compris?

1. Qui habite à l'étage supérieur?
2. Quelle est la quatrième surprise de Paul et de David et la cause de leur erreur?
3. Pourquoi est-ce qu'ils ne veulent pas manger le gâteau de Nathalie?

## READING STRATEGY  L'Art de la lecture

By now you know that there is not always a word-for-word correspondence between French and English. For example, the French say **je m'appelle** … *(I call myself … )*, whereas Americans normally say *my name is* … However, you can frequently guess what a French phrase means, even though in English you would express it differently.

For example, in the story you have just read, when Nathalie's aunt enters the apartment, **elle a l'air très surprise** (word-for-word: *"she has the air very surprised"*). You know what this description means, even though in normal English you would word it differently, saying: *she looks (or seems) very surprised*.

### Exercice de lecture

How would you express the following phrases in everyday English? (You may want to go back to the story and see how they are used.)

- **mardi en huit** *("Tuesday in eight")*
- **à bientôt** *("till soon")*
- **être de retour** *("to be of return")*
- **faites comme chez vous** *("do as at your house")*

Cognate pattern:  ^ ↔ -s-

un hôpital ↔ *hospital*
une forêt ↔ *?*
un poulet rôti ↔ *?*

Cognate pattern:  -(vowel) ↔ -te

poli ↔ *polite*
absolu ↔ *?*
favori ↔ *?*

Cognate pattern:  -té ↔ -ty

la réalité ↔ *reality*
la société ↔ *?*
l'autorité ↔ *?*

Cognate pattern:  -eur ↔ -or

une erreur ↔ *error*
un inspecteur ↔ *?*
un réfrigérateur ↔ *?*

Liberté • Égalité • Fraternité
RÉPUBLIQUE FRANÇAISE

# Unité 4

## Loisirs et spectacles!

## THÈME ET OBJECTIFS

### Culture

In this unit, you will learn …

- where French young people like to go in their free time
- what kind of entertainment they prefer

### Communication

**You will also learn …**

- to describe and discuss various forms of entertainment
- to discuss the types of movies you like
- to talk about your favorite stars
- to extend, accept, and turn down invitations

**You will also learn …**

- to describe your relationships with other people

**DIGITAL FRENCH** my.hrw.com
**ONLINE STUDENT EDITION with…**

performance)space

News+Networking

@HOMETUTOR

- Audio Resources
- Video Resources
- Interactive Flashcards
- WebQuest

*PRACTICE FRENCH WITH HOLT MCDOUGAL APPS!*

# Allons au spectacle

## Aperçu culturel ... **Le monde des spectacles**

Musique ou cinéma? Quel spectacle choisir quand on veut sortir? Pour la majorité des Français, le cinéma est de loin le spectacle favori. Les jeunes y vont généralement avec leurs copains le samedi après-midi ou le samedi soir. Leurs films préférés sont les films d'aventures et les films comiques.

Quand ils ont assez d'argent pour acheter des billets, les jeunes vont aussi au concert. Là, ils peuvent écouter et applaudir leurs chanteurs et leurs groupes favoris.

### Au cinéma

**1.** Ces jeunes font la queue pour aller voir le dernier film de leurs acteurs préférés.

### Le Stade de France

**2.** Le Stade de France, près de Paris, a une capacité de 80 000 spectateurs. On vient ici pour voir les matchs de foot internationaux et aussi pour écouter les grandes stars de la chanson et du rock.

### Juliette Binoche

**3.** Cette actrice française est parfaitement bilingue. Pour son rôle d'infirmière dans le film *Le Patient anglais*, Juliette Binoche a obtenu l'Oscar du meilleur second rôle féminin. Elle a aussi joué le rôle principal dans le film *Chocolat*.

### Gérard Depardieu

**4.** Grand, costaud, sympathique, Gérard Depardieu est l'un des acteurs préférés des Français. Acteur aux multiples talents, il joue des rôles très différents dans un grand nombre de films. Il a joué le rôle principal dans le film *Cyrano*.

### Audrey Tautou

**5.** Après de brillantes études scientifiques au lycée, Audrey Tautou a décidé de devenir actrice. Aujourd'hui c'est l'une des jeunes stars du cinéma français. Elle est connue° pour son rôle d'Amélie, une jeune fille naïve, mais optimiste et généreuse.

**connue** *known*

### MC Solaar

**6.** MC Solaar est né à Dakar, au Sénégal, mais il est de nationalité française. C'est le «Monsieur Rap» français. Dans ses chansons, il exprime des messages positifs contre la violence et pour la paix universelle.

**7.** La princesse Erika, chanteuse française de reggae, est la petite fille d'une princesse africaine. Très généreuse, elle donne des concerts pour les enfants des pays du tiers monde.

### Princesse Erika

### COMPARAISONS *Culturelles*

Allez dans un magasin de musique ou consultez des sites sur l'Internet pour obtenir des exemples de chansons de MC Solaar ou de la princesse Erika … ou d'un autre chanteur français. Comparez cette musique à la musique américaine. Quelles sont les ressemblances et les différences?

**Et vous?**
Faites une liste des actrices et des acteurs français que vous connaissez. Dans quels films ont-ils joué?

**A** | **VOCABULAIRE** | **Les spectacles**

—Tu sors souvent?
    Oui, je sors assez souvent.

| Je vais au concert | **une fois** (once) | **par semaine.** |
| | **deux fois** (twice) | **par mois** |
| | **trois fois** (three times) | **par an** |

▶ *On va …    pour …*

| au cinéma | voir | **un film.** |
| (au ciné) | | **un acteur/une actrice** |

| au théâtre | voir | **une pièce de théâtre** (play). |
| | | **une comédie musicale** (musical) |

| au concert | entendre | **un orchestre** (band, orchestra). |
| | | **un groupe** |
| | | **un chanteur/une chanteuse** (singer) |
| | | **une chanson** (song) |

| au musée | voir | **une exposition** (exhibit). |

| au stade | assister à | **un match** (game). |
| | voir | **une équipe** (team). |
| | | **un joueur/une joueuse** (player) |

▶ *Quand on va à un concert …*

On **laisse** la voiture au parking.
On **cherche** des sodas.
On **cherche** sa place (seat).
On **trouve** sa place.
Après, on **garde** le programme.
On n'**oublie** pas l'événement (event).

| **laisser** | to leave, to let |
| **chercher** | to get, pick up |
| **chercher** | to look for |
| **trouver** | to find |
| **garder** | to keep |
| **oublier** | to forget |

**1** **Conversation**

**PARLER** Demandez à vos camarades qui
sont leurs personnes favorites.
[Attention: **favori** (m.), **favorite** (f.)]

▶ l'acteur

Qui est ton acteur favori?

C'est
Brad Pitt.

| | |
|---|---|
| **1.** l'actrice | **7.** le joueur de basket |
| **2.** la chanteuse | **8.** la joueuse de tennis |
| **3.** le chanteur | **9.** le joueur de baseball |
| **4.** l'orchestre | **10.** le joueur de football |
| **5.** le groupe | **11.** l'équipe de baseball |
| **6.** la chanson | **12.** l'équipe de basket |

**2** **Combien de fois?**

**PARLER/ÉCRIRE** Décrivez vos loisirs en choisissant un élément de chaque colonne.

| Je vais | au cinéma | une fois par semaine |
|---|---|---|
| | au théâtre | une ou deux fois par mois |
| | au concert | une ou deux fois par an |
| | au musée | plusieurs fois par an |
| | au stade | pratiquement jamais |

**3** **Questions personnelles** **PARLER/ÉCRIRE**

1. Est-ce que tu es allé(e) au cinéma récemment *(recently)*? Où? Quel film est-ce que tu as vu? Comment as-tu trouvé le film? bon ou mauvais?
2. Qui sont tes acteurs et tes actrices préférés? Dans quels films jouent-ils?

3. Est-ce que tu vas souvent au concert? Quel genre de musique est-ce que tu préfères? le rock? le rap? le reggae? la musique classique?
4. Est-ce que tu joues dans un orchestre? dans un groupe musical? Comment s'appelle-t-il?

5. Est-ce qu'il y a un théâtre dans ton école? Si oui, est-ce que tu aimes assister aux pièces? Quelle pièce as-tu vu récemment?
6. Est-ce que tu as joué dans une pièce de théâtre ou dans une comédie musicale? Quel rôle? As-tu eu peur d'oublier ton texte?

7. Est-ce que tu joues dans une équipe? Dans quelle sorte d'équipe? basket? baseball? football? hockey?
8. Est-ce que tu assistes aux matchs de football de ton école? Comment est-ce que tu encourages les joueurs?

9. Est-ce qu'il y a un musée dans ta ville? Comment s'appelle-t-il?
10. Est-ce que tu es allé(e) à une exposition récemment? Où? Qu'est-ce que tu as vu?

**B** | **VOCABULAIRE** | **Au cinéma**

—Quel film est-ce qu'on joue?
　Qu'est-ce qu'on joue?
　　On joue *Tigre et dragon*.

—Quelle **sorte** | de film est-ce?
　Quel **genre**

　　C'est un film d'aventures.

| | |
|---|---|
| **une sorte** | *kind, sort* |
| **un genre** | *type, kind* |

—À quelle heure **commence** | le film?
　　　　　　　　　　　　　　 | **la séance**

　　Il/Elle commence à huit heures et demie.

| | |
|---|---|
| **commencer** | *to begin* |
| **la séance** | *show* |

—Combien **coûtent** | les **billets**?
　　　　　　　　　　 | les **places**

　　Ils/Elles coûtent 7 euros.

| | |
|---|---|
| **coûter** | *to cost* |
| **un billet** | *ticket* |

Quel film est-ce qu'on joue?

On joue Tigre et dragon.

---

**Quel genre de film est-ce?**

**C'est ...**

　　**un film d'aventures** *(action movie)*　　**une comédie**
　　**un film policier** *(detective movie)*　　**une comédie musicale**
　　**un film d'horreur**
　　**un film de science-fiction**
　　**un drame psychologique**
　　**un dessin animé** *(cartoon)*

---

## NOTE *Culturelle*

### Le cinéma français

La France produit beaucoup de films. Chaque année,° une sélection de ces films est présentée à un jury qui décide du meilleur film. Les résultats sont annoncés à une soirée de gala qui a lieu° à Paris en février au Théâtre du Châtelet. Le meilleur film, le meilleur acteur et la meilleure actrice reçoivent° un **César** qui est l'équivalent de l'«Oscar» américain.

En juillet, les Français célèbrent la **Fête du cinéma.** Pendant les trois jours de cette fête, ils peuvent voir tous° les films qu'ils veulent pour un prix très réduit.°

**chaque année** *every year*　**a lieu** *takes place*
**reçoivent** *receive*　**tous** *all*　**réduit** *reduced*

**@HOMETUTOR**
my.hrw.com

**4** 𝒜u cinéma 💬

**PARLER** Ce soir, vous avez décidé d'aller au cinéma. Choisissez un film de la liste. Demandez à un(e) camarade s'il (si elle) veut venir avec vous. Votre partenaire va vous demander des précisions. Composez le dialogue en suivant les instructions et jouez ce dialogue en classe.

| | |
|---|---|
| VOUS: | Est-ce que tu veux aller au *(name of movie theater)?* |
| PARTENAIRE: | *Ask what is playing.* |
| VOUS: | … |
| PARTENAIRE: | *Ask what kind of movie it is.* |
| VOUS: | … |
| PARTENAIRE: | *Ask what the tickets cost.* |
| VOUS: | … |
| PARTENAIRE: | *Ask when the movie starts.* |
| VOUS: | … |
| PARTENAIRE: | *Decide whether you want to go or not and give your reasons why.* |

### LES FILMS DE LA SEMAINE

| CINÉMA | FILM | PREMIÈRE SÉANCE À | PRIX DES BILLETS |
|---|---|---|---|
| Vox | LA MENACE FANTÔME | 18 h 30 | 8€ |
| Majestic | LES PIRATES DE L'ÎLE ROUGE | 20 h | 7€ |
| Palace | LES EXTRA-TERRESTRES CONTRE-ATTAQUENT | 19 h 30 | 8€ |
| Gaumont | Astérix et Obélix: Mission Cléopâtre | 19 h | 7€ |
| Studio 25 | LE RETOUR DE DRACULA | 19 h 45 | 8€ |

### CONNEXIONS

Do you know the names of any French movie stars? The next time you go to a video store, look for French movies on the shelf for "foreign films". Make a list of the main actors and actresses that appear in more than three movies. Have any of them appeared in American movies too?

**C** VOCABULAIRE **Les invitations**

> Dis, Jérôme, est-ce que tu es libre samedi?
>
> Oui, je suis libre.

▶ **Comment inviter quelqu'un:**

—Dis, Jérôme, est-ce que tu es **libre** samedi?  **libre** *free*
   Oui, je suis libre.

   Non, | je ne suis pas libre.
        | je suis **occupé(e)**  **occupé** *busy*

—Est-ce que tu veux | sortir              | avec moi?
                    | dîner              |
                    | aller au cinéma    |
                    | voir une exposition |

**5** **Invitations**

Créez des dialogues où vous invitez des copains aux spectacles suivants.

> Qu'est-ce que tu fais samedi?
>
> Je suis libre.

> Tu veux voir un film avec moi?
>
> Oui, avec plaisir. Quel film?

> Monsieur Zèbre.
>
> Où?

▶ samedi

Monsieur Zèbre
le Rex

**1.** dimanche

Les aventures des Cybernautes
le Cyrano

**2.** lundi soir

Roméo et Juliette
Le Théâtre Français

**3.** mardi soir

CONCERT DE MANU CHAO
L'OLYMPIA

**4.** mercredi après-midi

Exposition Cézanne
le Musée d'Orsay

▶ *Comment accepter l'invitation:*

| | |
|---|---|
| **D'accord.** | **d'accord**  *OK, all right* |
| **Oui, je veux bien.** | |
| **Volontiers!** | **volontiers**  *Sure! I'd love to!* |
| **Avec plaisir!** | **le plaisir**  *pleasure* |
| **Oui, super! Bonne idée!** | **une idée**  *idea* |

▶ *Comment refuser poliment l'invitation:*

| | |
|---|---|
| **Je regrette.** | **regretter**  *to be sorry* |
| **Je suis désolé(e).** | **désolé**  *very sorry* |
| **Je voudrais bien …** *(I would like to)* | |
| **Je te remercie …** *(I thank you)* | |

mais … je ne peux pas.
j'ai d'autres **projets**          **un projet**  *plan*
je n'ai pas **le temps**          **le temps**  *time*
je dois travailler

## 6  Situations

**PARLER**  Avec vos camarades, composez des dialogues correspondant aux situations suivantes. Jouez ces dialogues en classe.

Au Rex.

D'accord.

Alors, à samedi!

**5.** demain          **6.** ??

**MATCH de FOOTBALL**

**France - Italie**

??
??

le Parc des Princes

**Béatrice**

**1.** Béatrice téléphone à Jean-Paul.
Elle propose d'aller à un concert de rock.
Jean-Paul demande quand.
Béatrice répond samedi.
Jean-Paul accepte.

**Jean-Paul**

**2.** Ousmane veut sortir avec Amélie.
Elle n'est pas libre samedi, mais elle est libre dimanche. Ousmane invite Amélie dans un restaurant japonais. Elle accepte l'invitation.

**Amélie et Ousmane**

**Grégoire et Zoé**

**3.** Grégoire propose à Zoé d'aller au cinéma lundi et au théâtre jeudi.
Zoé n'aime pas tellement Grégoire.
Elle refuse les deux invitations en inventant des excuses différentes.

## Au jour le jour

**Au concert en France**

Eric Vincent
à l'Olympia

jeudi 12 janvier à 20h30

**1.** Quel spectacle est annoncé sur cette affiche?

**2.** Comment s'appelle le chanteur? De quel instrument joue-t-il?

**3.** Où a lieu *(takes place)* le concert?

**4.** Quel jour a lieu le concert?

**5.** À quelle heure est la séance?

Additional readings @ **my.hrw.com**
FRENCH
InterActive Reader

## Quelques grands succès du cinéma

Voici les titres français et les titres anglais de dix grands succès du cinéma.
Ces titres ne sont pas placés dans le même ordre. Pouvez-vous faire
correspondre les titres français et les titres anglais de ces films?

**● ● ● ● ● ● ● ● ● ● ● ● CINÉMA REX ● ● ● ● ● ● ● ● ● ● ● ●**

| | | | |
|---|---|---|---|
| 1. | **Autant en emporte le vent** | a. | **Star Wars** |
| 2. | **Le jour le plus long** | b. | **Schindler's List** |
| 3. | **Cendrillon** | c. | **Harry Potter and the Sorcerer's Stone** |
| 4. | **La guerre des étoiles** | d. | **The King's Speech** |
| 5. | **Harry Potter à l'école des sorciers** | e. | **Dead Poets Society** |
| 6. | **Il faut sauver le soldat Ryan** | f. | **Gone with the Wind** |
| 7. | **La liste de Schindler** | g. | **Cinderella** |
| 8. | **Le Cercle des poètes disparus** | h. | **Saving Private Ryan** |
| 9. | **Minuit à Paris** | i. | **The Longest Day** |
| 10. | **Le Discours du roi** | j. | **Midnight in Paris** |

### Discussion

Choisissez l'un de ces films et discutez de ce film avec vos camarades.
Voici quelques questions que vous pouvez poser:

- Quelle sorte de film est-ce?
- Qui sont les acteurs principaux?
- Où as-tu vu ce film? (au cinéma?
  à la télévision? sur DVD?)
- Quand as-tu vu ce film?
- Est-ce que tu as aimé ce film? Pourquoi
  ou pourquoi pas?

## Un jeu

En groupe, choisissez l'un des films de la liste ou
un film que vous avez vu récemment. Composez
un petit paragraphe où vous décrivez ce film.
Le porte-parole (spokesperson) du groupe
va lire la description au reste de la classe qui
va essayer de deviner (try to guess) le titre du film.

*C'est un film américain assez ancien. C'est un
film historique qui a lieu pendant la guerre
civile américaine. On assiste au siège d'Atlanta.*

*L'acteur principal est Clark Gable. Il joue le
rôle de Rhett Butler, un homme riche.*

*L'actrice principale est Vivien Leigh.
Elle joue le rôle de Scarlett O'Hara.*

LE TITRE DU FILM:
AUTANT EN EMPORTE LE VENT

# Un petit service

Ce week-end, il y a un grand concert à Annecy. Pierre voudrait bien aller au concert avec Armelle, mais il a un problème. Il n'a pas assez d'argent pour acheter les billets. Heureusement, Pierre a une ressource: son frère Jérôme.

**Pierre est à la maison. Il lit des bandes dessinées.**

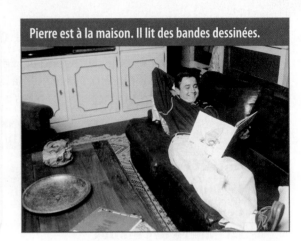

**Jérôme arrive. Pierre est très content de voir son frère.**

Tiens, Jérôme! Quelle bonne surprise! Ça va?

Oui, ça va, ça va.

Est-ce que je peux te demander un petit service? Est-ce que tu peux me prêter de l'argent?

Dis, dis, dis, Jérôme …

Oui?

Te prêter de l'argent? Non, mais dis donc, tu exagères! Je t'ai prêté cent francs la semaine dernière … que tu ne m'as pas rendus!

cent francs = *approximately* quinze euros

@HOMETUTOR
my.hrw.com

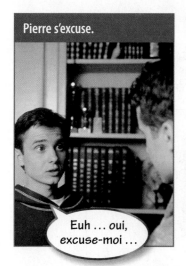

Pierre s'excuse.

Euh ... oui,
excuse-moi ...

Mais il insiste un peu ...

Alors, vraiment,
tu ne peux pas
m'aider?

Non!

Bon, et puis d'abord,
est-ce que tu peux me dire
pourquoi est-ce que tu as
besoin d'argent?

Euh ... c'est que
je voudrais inviter ma copine
Armelle au concert de
Mano Negra ... Et ...
je suis fauché!

Ah ça,
c'est bien toi! ... Bon!
Tu veux combien?

Oh ... tu peux
me prêter deux
cents francs?

D'abord, Jérôme refuse ...

Ah non!
C'est trop!

Bon, ben alors,
prête-moi cent
francs ... S'il te
plaît!

Tiens, voilà ...
Et écoute-moi bien ...
C'est la dernière fois que
je te prête de l'argent!
T'as compris? ...

Ouais, ouais, ouais j'ai
compris ... Merci, Jérôme!
T'es vraiment super!

Maintenant, Pierre peut inviter Armelle au concert.
Il est très heureux!

à suivre ...

deux cents francs = *approximately* trente euros

## Compréhension

1. Quel est le problème de Pierre?
2. Qu'est-ce qu'il demande à Jérôme?
3. Combien d'argent est-ce que Jérôme a prêté
   à Pierre la semaine dernière?
4. Combien d'argent est-ce que Pierre veut
   aujourd'hui?
5. Combien d'argent est-ce que Jérôme lui donne?

### A  Les pronoms compléments: *me, te, nous, vous*

The words in heavy type are called OBJECT PRONOUNS.

Note the form and position of these pronouns in the sentences below.

| | |
|---|---|
| —Tu **me** parles? | *Are you talking **to me?*** |
| —Oui, je **te** parle! | *Yes, I'm talking **to you!*** |
| —Tu **nous** invites au concert? | *Are you inviting **us** to the concert?* |
| —Oui, je **vous** invite. | *Yes, I'm inviting **you.*** |

### FORMS

The object pronouns that correspond to **je, tu, nous,** and **vous** are:

| je<br>tu | **me (m')**<br>**te (t')** | *me, to me*<br>*you, to you* | Éric **me** téléphone.<br>Anne **te** parle. | Il **m'**invite.<br>Elle **t'**écoute aussi. |
|---|---|---|---|---|
| nous<br>vous | **nous**<br>**vous** | *us, to us*<br>*you, to you* | Tu **nous** téléphones.<br>Je **vous** parle. | Tu **nous** invites.<br>Je **vous** écoute. |

→ **Me** and **te** become **m'** and **t'** before a VOWEL SOUND.

### POSITION

In French, object pronouns come IMMEDIATELY BEFORE the verb.

AFFIRMATIVE

Je **te** téléphone ce soir.

Tu **nous** invites au cinéma.

NEGATIVE

Je ne **te** téléphone pas demain.

Tu ne **nous** invites pas au concert.

## 1 Conversation

**PARLER** Demandez à vos camarades s'ils vont faire les choses suivantes pour vous. Ils vont accepter.

▶ inviter au ciné?
—Tu m'invites au ciné, d'accord?
—D'accord, je t'invite au ciné.

1. inviter au concert?
2. téléphoner ce soir?
3. aider à faire le problème de maths?
4. passer tes notes de français?
5. attendre après la classe?
6. amener au musée?
7. rendre visite ce week-end?
8. apporter un sandwich?

## 2 Mes amis et moi

**PARLER/ÉCRIRE** Choisissez trois personnes de la liste et dites ce qu'elles font ou ce qu'elles ne font pas pour vous. Pour cela, utilisez les verbes suggérés dans des phrases de votre choix. Utilisez aussi votre imagination!

- mon frère
- ma soeur
- mon copain
- ma copine
- mes voisins
- mes cousins
- mes professeurs
- mon chien
- mon chat
- ma grand-mère

aimer
écouter
obéir
*(to obey)*
téléphoner
comprendre
parler
inviter
rendre visite

▶ **Mon chien m'aime mais il ne m'obéit pas.**

▶ **Ma copine me téléphone tous les jours après le dîner.**

## VOCABULAIRE Rapports et services personnels

| | | |
|---|---|---|
| **présenter … à** | *to introduce … to* | Je **présente** mon copain **à mes parents.** |
| **apporter … à** | *to bring … to* | Tu **apportes** un cadeau *(gift)* **à ta mère.** |
| **donner … à** | *to give … to* | Éric **donne** son adresse **à Pauline.** |
| **montrer … à** | *to show … to* | Nous **montrons** nos photos **à nos amis.** |
| **prêter … à** | *to lend, loan … to* | Anne **prête** son vélo **à Valérie.** |
| **rendre … à** | *to give back … to* | Je **rends** le dictionnaire **au prof.** |

Je rends le dictionnaire au prof.

## 3 Pas de problème!

**PARLER/ÉCRIRE** Les personnes soulignées ont besoin de certaines choses. Heureusement, elles ont des amis qui les aident. Expliquez cela d'après le modèle. Faites des phrases en utilisant le pronom qui correspond à la personne soulignée.

▶ Tu as soif. (Béatrice / apporter de la limonade)
**Pas de problème! Béatrice t'apporte de la limonade.**

1. Nous avons faim. (Marc / apporter des sandwichs)
2. Vous organisez une soirée. (Céline / prêter ses CD)
3. Je ne comprends pas la leçon. (Pauline / montrer ses notes)
4. Tu veux prendre une photo. (Nicolas / prêter son appareil-photo)
5. Je veux téléphoner à Sophie. (Sa cousine / donner son numéro de téléphone)
6. Nous allons à Paris. (Thomas / donner l'adresse de son copain français)
7. Vous voulez étudier. (Philippe / rendre vos livres)
8. Tu veux faire une promenade à la campagne. (Vincent / rendre ton vélo)
9. Tu veux rencontrer de nouveaux copains. (Sophie / présenter à ses amis)

## B Les pronoms *me, te, nous, vous* à l'impératif

Look at the following commands. Compare the position and form of the object pronouns.

| AFFIRMATIVE | NEGATIVE |
|---|---|
| Téléphone-**moi** ce soir. | Ne **me** téléphone pas après onze heures. |
| Invite-**moi** au concert. | Ne **m'**invite pas au théâtre. |
| Apportez-**nous** une pizza. | Ne **nous** apportez pas de sandwichs. |

In AFFIRMATIVE commands, the object pronoun comes AFTER the verb and is attached with a hyphen.

→ Note: **me** becomes **moi.**

In NEGATIVE commands, the object pronoun comes BEFORE the verb.

---

### 4 Emprunts *(Borrowing things)*

**PARLER** Demandez à vos camarades de vous prêter certaines choses et expliquez pourquoi.

S'il te plaît, prête-moi ton vélo.

Pourquoi?

Je voudrais aller à la campagne.

Bon, d'accord. Voilà mon vélo.

1. ton MP3
   écouter de la musique
2. ta batte
   jouer au baseball
3. ton portable
   téléphoner à un copain
4. 4 euros
   acheter un magazine
5. 8 euros
   aller au cinéma
6. 20 euros
   acheter un cadeau pour l'anniversaire d'un copain

---

### 5 S'il te plaît

**PARLER** Vous êtes dans les situations suivantes. Demandez à vos camarades de faire certaines choses pour vous. Utilisez les verbes de la liste.

> donner   montrer   prêter   rendre   apporter

▶ J'ai soif.
   … un verre d'eau.

S'il te plaît, apporte-moi (donne-moi) un verre d'eau.

1. J'ai faim.
   … un sandwich.
2. Je voudrais téléphoner à Marc.
   … son numéro de téléphone.
3. Je voudrais étudier ce soir.
   … mon livre de français.
4. Je vais acheter de la limonade.
   … où est le supermarché.
5. Je n'ai pas d'argent.
   … dix euros.
6. Je voudrais organiser une boum.
   … ta radio.
7. Je dois prendre le train.
   … où est la gare.
8. Je voudrais aller chez ta cousine.
   … son adresse.

**6** **Un voyage à Québec**

**PARLER** Vous faites un voyage à Québec. Demandez certains services aux personnes suivantes.

▶ au garçon de café
  • apporter un sandwich ▶

S'il vous plaît, monsieur, apportez-moi un sandwich.

**1.** au chauffeur de taxi
  • aider avec les bagages
  • montrer la ville
  • amener à mon hôtel

**2.** au réceptionniste de l'hôtel
  • montrer ma chambre
  • prêter un plan *(map)* de Québec
  • donner l'adresse d'un bon restaurant

**3.** au garçon de café
  • montrer le menu
  • donner de l'eau
  • apporter une glace

**4.** à la serveuse du restaurant
  • apporter le menu
  • montrer les spécialités
  • donner l'addition

**7** **Non, merci!**

**PARLER** Demandez à vos camarades de <u>ne pas</u> faire certaines choses et expliquez pourquoi.

▶ téléphoner ce soir
  (Je dois étudier.)
  —Ne me téléphone
  pas ce soir.
  —Ah bon? Pourquoi?
  —Je dois étudier.

**1.** téléphoner demain
  (Je ne suis pas chez moi.)
**2.** rendre visite samedi
  (Je vais chez mes cousins.)
**3.** attendre après la classe
  (Je vais chez le dentiste.)

**4.** envoyer un mail
  (Je n'ai pas d'ordinateur.)
**5.** inviter au concert
  (Je dois travailler.)
**6.** parler en espagnol
  (Je ne comprends pas.)

## C · Les pronoms compléments à l'infinitif

Note the position of the object pronouns when used with an infinitive.

| | |
|---|---|
| —Tu vas **m'inviter** au concert? | *Are you going to **invite me** to the concert?* |
| —Bien sûr, je vais **t'inviter.** | *Of course I'm going to **invite you.*** |
| —Tu peux **nous prêter** 20 euros? | *Can you **lend us** 20 euros?* |
| —Non, je ne peux pas **vous prêter** 20 euros. | *No, I cannot **lend you** 20 euros.* |

In an infinitive construction, the object pronoun comes immediately BEFORE the infinitive.

| SUBJECT AND VERB | + | OBJECT PRONOUN | + | INFINITIVE |
|---|---|---|---|---|
| Je vais | | **te** | | téléphoner demain |
| Je ne peux pas | | **vous** | | inviter dimanche. |

### 8 Prête-moi …

**PARLER** Demandez à vos copains de vous prêter les choses suivantes. Ils vont accepter ou refuser.

S'il te plaît, prête-moi ta raquette.

D'accord, je vais te prêter ma raquette.

(Non, je ne vais pas te prêter ma raquette.)

### 9 Désolé!

**PARLER** Demandez à votre camarade de faire certaines choses pour vous. Votre camarade ne peut pas les faire et va vous donner une raison pour son refus.

▶ prêter 20 euros
  —Dis, prête-moi 20 euros, s'il te plaît.
  —Désolé(e), mais je ne peux pas te prêter 20 euros.
  —Ah bon? Pourquoi?
  —Je n'ai pas d'argent.

1. inviter ce week-end
2. donner l'adresse de Pauline
3. amener au concert
4. montrer tes photos
5. acheter un sandwich
6. aider à faire le problème de maths

**RAISONS**

Je n'ai pas mon album.
Je n'ai pas d'argent.
Je vais aller à la campagne.
Je n'ai pas compris.
Je suis fauché(e) *(broke)*.
Je ne sais pas où elle habite.
Je n'ai pas de voiture.

# À votre tour!

*Digital* **performance space**

## 1 Échanges

**PARLER** Negotiate an exchange of services or favors with a classmate. Continue the dialogue until you both agree to a fair trade-off. You may want to use verbs like **inviter, donner, prêter, acheter, vendre,** and **aider.**

> Dis, Tom, invite-moi au ciné!

> D'accord, je t'invite au ciné si tu m'invites au restaurant après.

> Écoute, je ne peux pas t'inviter au restaurant, mais je peux t'acheter une glace.

> Bon, d'accord.

## 2 À Québec

**PARLER** You are visiting your friend who lives in Quebec. Since this is your first time there, you ask your friend to do a few things for you. (You may use the suggestions in parentheses or think of something else.) Your friend will accept and tell you when he/she is going to do these things.

Ask your partner to do at least three of the following things:
- to show you … (la Citadelle? le Vieux Québec? his/her school? … )
- to take **(amener)** you … (to a hockey game? to a concert? … )
- to introduce you … (to his/her friends? to his/her cousins? … )
- to lend you … (his/her bicycle? his/her camera? … )
- to give you … (a map **[un plan]** of Quebec? the address **[l'adresse]** of a good restaurant? … )
- to invite you … (to the theater? to the movies? … )

> Dis, Françoise, montre-moi la Citadelle.

> D'accord, je vais te montrer la Citadelle demain après-midi (samedi matin, dimanche … ).

**LESSON REVIEW**
my.hrw.com

# Lecture  Le courrier du coeur

Voici trois lettres adressées à Lucile, une conseillère° qui a réponse à tous vos problèmes sentimentaux. Les réponses de Lucile sont sur la page de droite. Attention, les réponses ne sont pas dans le même ordre que les lettres.

Est-ce que vous pouvez faire correspondre chaque lettre avec la réponse de Lucile?

**conseillère** *advisor*

Chère Lucile,

J'ai 16 ans. J'ai des parents généreux, des amis sympathiques ... et pourtant° je suis malheureux. Voici mon problème: je suis amoureux d'°une jeune fille très timide. En classe, elle me regarde tout le temps, mais elle ne me parle jamais. Et pourtant, je suis sûr qu'elle me trouve sympathique.

Qu'est-ce que je dois faire? Est-ce que vous pouvez m'aider?

Désespéré

Chère Lucile,

J'ai un copain. Il s'appelle Christian et il est très sympa. Il dit qu'il m'aime ... Le problème est que j'ai une rivale. Non, ce n'est pas une autre fille. C'est la moto de Christian. Le week-end, il passe plus de temps° avec elle qu'avec moi. Qu'est-ce que je peux faire contre une moto? Répondez-moi vite, s'il vous plaît.

Désolée

Chère Lucile,

Ce week-end, je dois sortir avec un garçon qui m'a offert° une bouteille° de parfum très cher pour mon anniversaire. Le problème est que je déteste ce parfum. Quand je le mets, je suis toujours malade. Je ne veux pas offenser mon ami, mais il m'est impossible de mettre son parfum. Qu'est-ce que vous me conseillez de faire?

Allergique

**pourtant** *however*   **amoureux de** *in love with*   **plus de temps** *more time*   **a offert** *gave*   **bouteille** *bottle*

Additional readings @ **my.hrw.com**
**FRENCH**
**InterActive Reader**

Chère Désolée,          Cher Désespéré,          Chère Allergique,

Vous avez tort d'être jalouse. Bien sûr, votre rivale a des séductions mécaniques que vous n'avez pas. Mais elle ne peut pas parler ni° penser et surtout elle ne peut pas aimer.

Votre problème est que vous avez peur de monter à moto … et vous avez raison!

*Lucile*

Soyez honnête avec vous-même. Votre véritable allergie n'est pas le parfum. C'est le garçon qui vous a offert ce parfum. Êtes-vous sûre de vos sentiments envers lui?

*Lucile*

Qui est le plus timide? Votre amie ou vous? Si vous êtes vraiment amoureux d'elle, faites le premier pas.

*Lucile*

## COMMENT ÉCRIRE À UN AMI FRANÇAIS:

- Mettez la date en haut et à droite de la page.
- Commencez votre lettre avec le nom de votre ami(e):

   *Cher Paul,*
   *Chère Nathalie,*
- Si vous connaissez très bien cette personne, vous pouvez écrire:

   *Mon cher Paul,*
   *Ma chère Nathalie,*
- Écrivez votre lettre.
- Terminez votre lettre par l'une des formules suivantes:

   *Je t'embrasse,*
   *Je t'embrasse affectueusement,*
   *Bien à toi,*
   *Amicalement,*
   ou plus simplement:

   *Ton ami(e)*
- Signez lisiblement.

**ni** *or*

# Dans une boutique de disques

Dans l'épisode précédent, Pierre a emprunté cent francs à son frère Jérôme. Avec cet argent, il a acheté deux billets pour le concert de Mano Negra.

Cet après-midi, Pierre et Armelle sont allés au concert.

Après le concert, ils sont allés dans un magasin de disques pour acheter le dernier compact de ce groupe.

Dans le magasin, Armelle parle à l'employé. Pendant ce temps, Pierre écoute de la musique.

> Pardon, monsieur. Est-ce que vous avez le dernier CD de Mano Negra?

> Je regrette, mais nous ne l'avons plus. Nous avons vendu le dernier ce matin. Mais nous avons d'autres CD de ce groupe … Tenez, vous connaissez ce compact?

> Non, je ne le connais pas …

@HOMETUTOR
my.hrw.com

Et toi, Pierre, tu le connais?

Oui, je le connais. Il est super!

Vous voulez l'écouter?

Oui, je vais l'écouter.

Armelle écoute le compact. Puis elle demande à Pierre son opinion.

Je l'achète?

Bien sûr. Si tu l'aimes bien, achète-le.

Armelle paie le compact. Elle demande à Pierre s'il veut venir l'écouter chez elle.

Tu veux venir l'écouter chez moi?

Bonne idée! Allons chez toi!

Pierre et Armelle sortent du magasin. Les deux amis vont chez Armelle.

DISQUE CASSETTE

PICHOLLET

à suivre . . .

## Compréhension

1. Que font Pierre et Armelle après le concert?

2. Qu'est-ce qu'Armelle veut acheter?

3. Pourquoi est-ce qu'elle ne peut pas l'acheter?

4. Qu'est-ce que l'employé lui propose?

5. Est-ce qu'elle achète le compact?

6. Qu'est-ce qu'elle propose à Pierre?

## A Le verbe *connaître*

Note the forms of the irregular verb **connaître** *(to know)*.

| INFINITIVE | connaître | |
|---|---|---|
| **PRESENT TENSE** | Je **connais** Philippe. | Nous **connaissons** Québec. |
| | Tu **connais** sa soeur. | Vous **connaissez** cet hôtel. |
| | Il/Elle/On **connaît** les voisins. | Ils/Elles **connaissent** ce café. |
| **PASSÉ COMPOSÉ** | J'ai **connu** Paul l'été dernier. | |

→ **Connaître** means *to know* in the sense of *to be acquainted* or *familiar with*. It is used primarily with PEOPLE and PLACES.

→ In the passé composé, **connaître** means *to meet for the first time*.

Où **as-tu connu** François?    Where **did you meet** François?

→ Note also the expression **faire la connaissance de** *(to meet, to get to know)*.

Où **as-tu fait la connaissance de** François?

→ The verb **reconnaître** *(to recognize)* is conjugated like **connaître**.

Je n'**ai** pas **reconnu** ta cousine.

**@HOME TUTOR**
my.hrw.com

**1** **Dix ans après**

**PARLER/ÉCRIRE** Les élèves du Lycée Turgo reviennent à leur école dix ans après.
Dites quelles personnes et quelles choses chacun reconnaît.

▶ Paul / Isabelle
**Paul reconnaît Isabelle.**

**1.** Florence / ses copains
**2.** nous / le prof d'anglais
**3.** vous / la directrice *(principal)*
**4.** moi / la bibliothèque
**5.** toi / le gymnase
**6.** mes copains / la cantine

**2** **Tu connais?**

**PARLER** Demandez à vos camarades
s'ils connaissent les personnes ou
les choses suivantes.

▶ Tu connais
ce monument?

Oui, c'est
la Statue de la Liberté.

(Non, je ne connais pas
ce monument.)

▶ **le monument**

**1. la ville**

**2. la cathédrale**

**3. la personne**

**4. le drapeau**

**5. le drapeau**

**6. le sport**

**7. l'homme**

## B Les pronoms compléments *le, la, les*

In each of the questions below, the noun in heavy type comes directly after the verb.
It is the DIRECT OBJECT of the verb. Note the form and position of the DIRECT OBJECT PRONOUNS
that are used to replace them.

| | | |
|---|---|---|
| Tu connais **Patrick**? | Oui, je **le** connais. | *Yes, I know **him**.* |
| Tu vois souvent **Anne**? | Oui, je **la** vois souvent. | *Yes, I see **her** often.* |
| Tu connais **mes copains**? | Oui, je **les** connais bien. | *Yes, I know **them** well.* |
| Tu invites **tes copines**? | Oui, je **les** invite. | *Yes, I invite **them**.* |

### FORMS

Direct object pronouns have the following forms:

| | SINGULAR | PLURAL | | | |
|---|---|---|---|---|---|
| **MASCULINE** | **le (l')** *him, it* | **les** *them* | Je **le** connais. | Je **l'**aime. | Je **les** invite. |
| **FEMININE** | **la (l')** *her, it* | | Je **la** connais. | Je **l'**aime. | Je **les** invite. |

→ Note that **le** and **la** become **l'** before a vowel sound.

The direct object pronouns **le**, **la**, **l'**, and **les** can refer to PEOPLE and THINGS.

Tu vois **Hélène**?        Oui, je **la** vois.    *Yes, I see **her**.*

Tu vois **cette affiche**?        Oui, je **la** vois.    *Yes, I see **it**.*

### 3 Le bon choix

**PARLER/ÉCRIRE** Complétez les réponses aux questions suivantes. Pour cela, remplacez les noms soulignés par les pronoms **le**, **la**, **l'** ou **les**.

▶ Tu connais Cécile?        **Oui, je la connais. C'est ma voisine.**

1. Tu connais Pierre et Alain?    Oui, je … connais. Ce sont des copains.
2. Tu invites Sylvie?    Oui, je … invite. C'est une bonne copine.
3. Tu aides ta mère?    Oui, je … aide. Elle a beaucoup de travail.
4. Tu écoutes ces chanteurs?    Oui, je … écoute. Ils sont excellents.
5. Tu connais cette comédie?    Oui, je … connais. Elle est très drôle.
6. Tu regardes le film?    Oui, je … regarde. Il est amusant.
7. Tu trouves tes notes?    Oui, je … trouve. Elles sont dans mon sac.
8. Tu gardes tes magazines?    Oui, je … garde. Ils sont intéressants.
9. Tu attends le bus?    Oui, je … attends. Il arrive dans cinq minutes.
10. Tu cherches ta casquette?    Oui, je … cherche. Où est-elle?

## POSITION

In general, the object pronouns **le, la, l',** and **les** come BEFORE the verb.

| AFFIRMATIVE | NEGATIVE |
|---|---|
| Je **le** connais. | Tu ne **le** connais pas. |

Qui connaît **Éric?**

→ In AFFIRMATIVE COMMANDS, the pronouns come AFTER the verb and are connected to it by a hyphen. In NEGATIVE COMMANDS, they come BEFORE the verb.

| AFFIRMATIVE | NEGATIVE |
|---|---|
| Oui, invite-**la.** | Non, ne **l'**invite pas. |
| Oui, achète-**les.** | Non, ne **les** achète pas. |

J'invite **Sylvie?**
J'achète **les billets?**

→ In INFINITIVE constructions, the pronouns come BEFORE the infinitive.

| AFFIRMATIVE | NEGATIVE |
|---|---|
| Je vais **le** regarder. | Marc ne va pas **le** regarder. |
| Je veux **les** écouter. | Je ne veux pas **les** écouter. |

Qui va regarder **le film?**
Tu veux écouter **ces CD?**

→ The verbs **attendre, chercher, écouter,** and **regarder** take direct objects in French, but not in English. Compare:

| attendre | Nous **attendons** | | le bus. | Nous **l'attendons.** |
|---|---|---|---|---|
| | *We are waiting* | *for* | *the bus.* | *We are waiting for it.* |

| chercher | Thomas **cherche** | | son sac. | Il le **cherche.** |
|---|---|---|---|---|
| | *Thomas is looking* | *for* | *his bag.* | *He is looking for it.* |

| écouter | Béatrice **écoute** | | ses amis. | Elle les **écoute.** |
|---|---|---|---|---|
| | *Béatrice listens* | *to* | *her friends* | *She listens to them.* |

| regarder | Pierre **regarde** | | Nicole. | Il la **regarde.** |
|---|---|---|---|---|
| | *Pierre looks* | *at* | *Nicole* | *He looks at her.* |

**4** **Un pique-nique**

**PARLER/ÉCRIRE** Vous allez à la campagne avec des copains. Décidez si oui ou non vous allez prendre les choses suivantes.

1. ton frisbee
2. ta tablette
3. tes CD
4. ta raquette de tennis
5. tes lunettes de soleil
6. ton vélo
7. tes livres
8. ton MP3
9. ton portable
10. ton pull

▶ ton appareil-photo?

Tu prends ton appareil-photo?

Oui, je le prends.

(Non, je ne le prends pas.)

<br>

**5** Conversation

**PARLER** Demandez à vos camarades s'ils font les choses suivantes. Ils vont répondre en utilisant un pronom.

▶ regarder souvent la télé?
— Est-ce que tu regardes souvent la télé?
— Oui, je la regarde souvent.
(Non, je ne la regarde pas souvent.)

1. regarder les matchs de foot à la télé?
2. écouter tes CD?
3. inviter souvent ton copain chez toi?
4. aider ta mère à la maison?
5. connaître bien tes voisins?
6. étudier tes leçons le dimanche?
7. ranger souvent ta chambre?
8. voir tes grands-parents le week-end?
9. aimer le rap?
10. aimer la cuisine chinoise?

**6** À Paris

**PARLER** Vous êtes à Paris avec des copains. Vous décidez de faire les choses suivantes.

▶ visiter le Musée d'Orsay?

On visite le Musée d'Orsay?

Oui, visitons-le!

1. visiter la Cité des Sciences?
2. prendre le métro?
3. acheter le plan *(map)* de Paris?
4. acheter ces affiches?
5. visiter cette église?
6. inviter nos copains français?

**7** Décisions

**PARLER** Dites à vos copains de faire ou de ne pas faire certaines choses suivant la situation.

▶ Catherine est sympathique.
(inviter?)
— Alors, invite-la!

▶ Thomas et Patrick sont pénibles.
(inviter?)
— Alors, ne les invite pas!

1. Ces chemises sont super. (acheter?)
2. Cette veste est trop chère. (acheter?)
3. Cette comédie est stupide. (regarder?)
4. Ce film est intéressant. (regarder?)
5. Nathalie est une bonne copine. (inviter?)
6. Jérôme et Marc sont snobs. (inviter?)
7. Isabelle est toujours en retard. (attendre?)
8. Marc vient dans dix minutes. (attendre?)

**8** Pas maintenant!

**PARLER** Jean-Paul demande à sa copine Christine quand elle va faire certaines choses. Jouez les deux rôles.

▶ visiter le Musée d'Orsay? (samedi après-midi)

1. voir l'Exposition Matisse? (dimanche)
2. voir le nouveau film de Depardieu? (vendredi soir)
3. écouter le nouveau CD de MC Solaar? (ce soir)
4. acheter les billets pour le concert? (demain)
5. rencontrer ton cousin Éric? (la semaine prochaine)
6. inviter tes copains? (le week-end prochain)

Quand est-ce que tu vas visiter le Musée d'Orsay?

Je vais le visiter samedi après-midi.

## C  Les compléments d'objet direct au passé composé

The sentences below are in the PASSÉ COMPOSÉ. Note the position of the DIRECT OBJECT PRONOUNS in the sentences on the right. Note also the forms of the PAST PARTICIPLE.

| | |
|---|---|
| As-tu invité **Marc**? | Oui, je **l'**ai **invité**. |
| As-tu invité **Juliette**? | Non, je ne **l'**ai pas **invitée**. |
| As-tu invité **tes cousins**? | Non, je ne **les** ai pas **invités**. |
| As-tu invité **tes amies**? | Oui, je **les** ai **invitées**. |

In the passé composé, the direct object pronoun comes immediately BEFORE the verb **avoir**.

| | AFFIRMATIVE | NEGATIVE |
|---|---|---|
| Voici Paul. | Je **l'**ai invité. | Je ne **l'**ai pas invité. |

In the passé composé, the past participle AGREES with a DIRECT OBJECT, if that direct object comes BEFORE the verb. Compare:

| NO AGREEMENT (direct object follows the verb) | AGREEMENT (direct object comes before the verb) |
|---|---|
| Marc a **vu** Nicole et Sylvie? | Oui, il **les** a vu**es** . |
| Éric n'a pas **apporté** sa guitare? | Non, il ne **l'** a pas **apporté**e. |

→ When the past participle ends in **-é, -i,** or **-u,** the masculine and feminine forms SOUND THE SAME.

→ When the past participle ends in **-s** or **-t,** the feminine forms SOUND DIFFERENT from the masculine forms.

| | | |
|---|---|---|
| (mon vélo) | Je l'ai **pris.** | Je l'ai **mis** dans le garage. |
| (ma guitare) | Je l'ai **prise.** | Je l'ai **mise** dans ma chambre. |

**9** *Hier soir*

**PARLER** Demandez à vos camarades s'ils ont fait les choses suivantes hier soir.

▶ regarder la télé?
—**Tu as regardé la télé?**
—**Oui, je l'ai regardée.**
  (**Non, je ne l'ai pas regardée.**)

1. écouter la radio?      5. écouter tes CD?
2. apprendre la leçon?    6. faire la vaisselle?
3. aider tes parents?     7. faire tes devoirs?
4. ranger ta chambre?     8. faire ton lit?

**10** *Chaque chose à sa place*

**PARLER** Demandez à vos camarades où ils ont mis certaines choses.

▶ ta bicyclette (au garage)
—**Où as-tu mis ta bicyclette?**
—**Je l'ai mise au garage.**

1. la glace (au réfrigérateur)
2. les assiettes (dans la cuisine)
3. la limonade (sur la table)
4. les livres (sur le bureau)
5. ton argent (à la banque)

**11** **Jean Pertout**

**PARLER/ÉCRIRE** Jean Pertout n'a jamais rien. Expliquez pourquoi il n'a pas les choses suivantes dans des phrases affirmatives ou négatives. Soyez logique!

▶ Il a le journal? (trouver)
  **Non, il ne l'a pas trouvé.**

▶ Il a les billets? (perdre)
  **Non, il les a perdus.**

1. Il a sa raquette? (laisser à la maison)
2. Il a ses livres? (oublier dans l'autobus)
3. Il a sa casquette? (oublier dans le magasin)
4. Il a son portable? (prendre)

5. Il a les magazines? (garder)
6. Il a son appareil-photo? (perdre)
7. Il a les billets de cinéma? (trouver)
8. Il a les DVD? (laisser chez un copain)

# À votre tour!

*Digital* **performance space**

### OBJECTIFS

Now you can . . .
• express yourself more fluently using pronouns

**1** *Un objet perdu*

**PARLER** Your partner is looking for something **(son portable? son livre de français? ses lunettes? sa casquette? … ?)**.

Ask your partner
• what he/she is looking for
• when he/she lost it
• if he/she left it at home

If appropriate, offer some helpful suggestions.
• if he/she forgot it on the school bus **(dans le car)**
• how he/she is going to find it

**2** *Quelques activités récentes*

**PARLER/ÉCRIRE** Faites une liste de quatre choses que vous avez faites récemment. Par exemple:
• voir (quel film? quel match sportif?)
• regarder (quel programme de télé?)
• écouter (quel CD? quel concert?)
• acheter (quelle chose?)
• rencontrer (qui?)

Puis demandez à vos camarades s'ils ont fait les mêmes choses. Si oui, demandez des détails.

Récemment j'ai vu *Fantômas*. Et toi, tu l'as vu?

Oui, je l'ai vu.

Ah bon. Où?

Je l'ai vu samedi dernier au Cinéplex.

🌐 **LESSON REVIEW**
my.hrw.com

Additional readings @ **my.hrw.com**
**FRENCH**
**InterActive Reader**

# Lecture Au jardin du Luxembourg*

Alain fait une promenade au jardin du Luxembourg.
Sur un banc il y a une jeune fille. Elle est jolie.
Alain ne la connaît pas, mais il voudrait bien
faire sa connaissance. Oui, mais comment?

Alain a une idée. Il s'approche de la
jeune fille et commence
une conversation.

*A park in Paris that is
 popular with students.

ALAIN: Tiens, quelle bonne surprise! Ça va?

LA FILLE: Oui, ça va! Mais … je ne vous connais pas!

ALAIN: Comment, vous ne me connaissez pas?
C'est moi, Alain.

LA FILLE: Vous êtes peut-être Alain, mais je ne vous connais pas.

ALAIN: Mais si, mais si … Je vous ai rencontrée cet été
en Angleterre. Vous vous souvenez° bien maintenant!

LA FILLE: J'ai passé mes vacances en Italie.

ALAIN: Tiens, c'est bizarre … Pourtant,° j'ai une excellente mémoire …
Où donc° est-ce que je vous ai rencontrée? Ah, oui!
Je vous ai rencontrée chez ma cousine, Laure Blanchet!
Vous la connaissez bien?

LA FILLE: Non, je ne la connais pas.

ALAIN: Bon, ça n'a pas d'importance. Est-ce que je peux vous
inviter à prendre quelque chose dans un café?

LA FILLE: Non, merci! Et ce jeune homme qui vient là-bas …
vous le reconnaissez, n'est-ce pas?

Alain regarde dans la direction indiquée par la jeune
fille. Il voit un jeune homme grand et athlétique.

ALAIN: Non, je ne le reconnais pas.

LA FILLE: C'est mon copain!

ALAIN: Ah bon, euh … je vois … Eh bien, au revoir!

**vous vous souvenez** *you remember*  **Pourtant** *And yet*  **Où donc** *So where*

## Vrai ou faux?

1. Alain a rencontré la jeune fille en Angleterre.
2. La jeune fille a rencontré Alain chez Laure Blanchet.
3. Alain veut faire la connaissance de la jeune fille.
4. La jeune fille veut faire la connaissance d'Alain.

# La voisine d'en bas

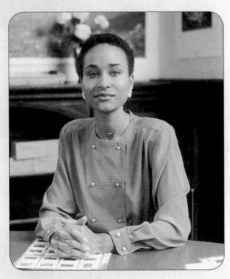

Dans l'épisode précédent, Armelle a acheté un nouveau compact. Armelle a proposé à Pierre d'écouter ce compact chez elle. Pierre a accepté l'invitation d'Armelle.

Maintenant les deux amis sont chez Armelle. Armelle met le compact qu'elle a acheté.

Armelle voudrait danser, mais Pierre ne semble pas très intéressé.

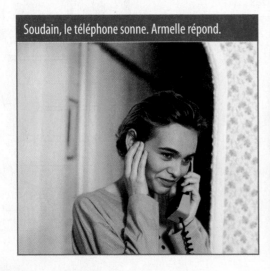

Soudain, le téléphone sonne. Armelle répond.

Qui est-ce qui t'a téléphoné?

C'est le voisin d'en haut.

Et qu'est-ce qu'il t'a dit?

Il m'a demandé de baisser le volume.

Après quelques minutes, le téléphone sonne à nouveau. Armelle répond.

C'est qui cette fois?

C'est la voisine d'en bas.

Et qu'est-ce qu'elle veut?

Elle m'a demandé d'augmenter le volume. Elle m'a dit que c'était son groupe préféré!

Et qu'est-ce que tu lui as répondu?

Je lui ai répondu que je ne pouvais pas faire ça. Mais je l'ai invitée à venir écouter la musique ici.

Quelqu'un sonne à la porte.

C'est la voisine d'en bas qui arrive. Elle est venue écouter son groupe préféré!

FIN

## Compréhension

1. Où se passe la scène?
2. Qui téléphone d'abord? Pourquoi?
3. Qui téléphone ensuite? Pourquoi?
4. Qu'est-ce qu'Armelle propose à sa voisine?

## A Les verbes *dire, lire* et *écrire*

The verbs **dire** *(to say, tell)*, **lire** *(to read)*, and **écrire** *(to write)* are irregular.

| INFINITIVE | | dire | | lire | | écrire |
|---|---|---|---|---|---|---|
| **PRESENT** | je | **dis** | je | **lis** | j' | **écris** |
| | tu | **dis** | tu | **lis** | tu | **écris** |
| | il/elle/on | **dit** | il/elle/on | **lit** | il/elle/on | **écrit** |
| | nous | **disons** | nous | **lisons** | nous | **écrivons** |
| | vous | **dites** | vous | **lisez** | vous | **écrivez** |
| | ils/elles | **disent** | ils/elles | **lisent** | ils/elles | **écrivent** |
| **PASSÉ COMPOSÉ** | j'ai | **dit** | j'ai | **lu** | j'ai | **écrit** |

→ The verb **décrire** *(to describe)* is conjugated like **écrire**.

### LANGUAGE COMPARISON

**Que (qu')** is often used after **dire** and similar verbs to introduce a clause.
In English, the equivalent *that* is often left out. In French, **que** must be used.

Pierre dit **que** le film est génial.  *Pierre says **(that)** the movie is great.*
Je pense **qu'**il a raison.  *I think **(that)** he's right.*

### 1 Après le film

**PARLER/ÉCRIRE** Des copains sont allés au cinéma. Maintenant ils parlent du film.
Décrivez ce que chacun dit.

▶ Pauline / le film est bon     Pauline dit que le film est bon.

1. nous / nous avons aimé le film
2. toi / le film est mauvais
3. moi / les acteurs jouent bien
4. Sophie / elle n'aime pas l'actrice principale
5. Frédéric et Marc / le film est trop long
6. vous / les billets sont trop chers

## VOCABULAIRE  On lit, on écrit, on dit

*Je lis une bande dessinée.*

**On lit …**

| | | | |
|---|---|---|---|
| **un journal** | *paper, newspaper* | **une bande dessinée** | *comic strip* |
| (*pl.* **journaux**) | | **une histoire** | *story, history* |
| **un magazine** | *magazine* | **une revue** | *magazine* |
| **un roman** | *novel* | | |

**On écrit …**

| | | | |
|---|---|---|---|
| **un mail (un mél)** | *e-mail* | **une carte** | *card* |
| **un journal** | *diary, journal* | **une carte postale** | *postcard* |
| **un poème** | *poem* | **une lettre** | *letter* |

**On dit …**

| | | | |
|---|---|---|---|
| **un mensonge** | *lie* | **la vérité** | *truth* |

➔ The French have two words that mean to *tell*.

| | | |
|---|---|---|
| **dire** | *to tell or say (something)* | **Dites**-nous la vérité. |
| **raconter** | *to tell or narrate (a story)* | **Racontez**-nous une histoire. |

**2** **À la bibliothèque**

**PARLER/ÉCRIRE** Les étudiants suivants sont à la bibliothèque. Dites ce que chacun lit et ce que chacun écrit.

▶ Jérôme (un magazine / une lettre)  **Jérôme lit un magazine. Après, il écrit une lettre.**

1. nous (un magazine de sport / des lettres)
2. Antoine (un livre d'histoire / des notes)
3. Françoise et Adèle (un article scientifique / un poème)
4. toi (une lettre / une carte postale à Jacques)
5. vous (un livre de français / un résumé *[summary]*)
6. moi (une carte postale / une lettre à Sylvie)
7. Annie (un mail / une réponse)

**3** **Questions personnelles** PARLER/ÉCRIRE

1. Quels journaux et quels magazines est-ce que tu lis?
2. Est-ce que tu lis des bandes dessinées? Quelle est ta bande dessinée favorite?
3. En général, est-ce que tu aimes lire? Est-ce que tu as lu un bon livre récemment? Quel est le titre de ce livre?
4. Est-ce que tu as lu un roman cet été? Quel roman?
5. En classe, est-ce que tu écris avec un stylo ou avec un crayon? Et quand tu écris une lettre?
6. Quand tu es en vacances, est-ce que tu écris des cartes postales? À qui est-ce que tu as écrit l'été dernier?
7. Est-ce que tu as écrit une lettre récemment? À qui as-tu écrit?
8. Est-ce que tu dis toujours la vérité? D'après toi, est-ce que les journalistes disent toujours la vérité? Et les hommes et les femmes politiques? Quand est-ce qu'ils disent des mensonges?

## B Les pronoms compléments *lui, leur*

In the questions below, the nouns in heavy type are INDIRECT OBJECTS.
These nouns represent PEOPLE and are introduced by **à**.

Note the form and position of the INDIRECT OBJECT PRONOUNS that are
used to replace the indirect objects in the answers.

| | |
|---|---|
| Tu parles **à Jean-Paul**? | Oui, je **lui** parle. |
| Tu téléphones **à Christine**? | Non, je ne **lui** téléphone pas. |
| Tu écris **à tes copains**? | Oui, je **leur** écris. |
| Tu rends visite **à tes cousines**? | Non, je ne **leur** rends pas visite. |

### FORMS

INDIRECT OBJECT PRONOUNS replace  à + nouns representing PEOPLE

They have the following forms:

| | SINGULAR | PLURAL | |
|---|---|---|---|
| **MASCULINE or FEMININE** | **lui** *(to) him, (to) her* | **leur** *(to) them* | Je **lui** parle. Je **leur** parle. |

## VOCABULAIRE  Quelques verbes suivis d'un complément indirect

| | | |
|---|---|---|
| **écrire à** | *to write (to* | J'**écris à ma cousine.** |
| **parler à** | *to speak, talk to* | Je **parle à mon professeur.** |
| **rendre visite à** | *to visit* | Nous **rendons visite à nos amis.** |
| **répondre à** | *to answer* | Les élèves **répondent au professeur.** |
| **téléphoner à** | *to phone, call* | Stéphanie **téléphone à Éric.** |
| | | |
| **acheter ... à** | *to buy for* | Madame Masson **achète** un vélo **à son fils.** |
| **demander ... à** | *to ask for* | Philippe **demande** 10 euros **à son père.** |
| **dire ... à** | *to say, tell (to)* | Je **dis** toujours la vérité **à mes parents.** |
| **donner ... à** | *to give (to)* | Thomas **donne** son adresse **à un copain.** |
| **emprunter ... à** | *to borrow from* | J'**emprunte** un livre **à mon prof.** |
| **montrer ... à** | *to show (to)* | Je **montre** mon album de photos **à Pauline.** |
| **prêter ... à** | *to lend, loan (to)* | Marc ne **prête** pas son portable **à son frère.** |

### LANGUAGE COMPARISON

▶ The verbs **téléphoner, répondre,** and **demander** take
indirect objects in French, but not in English. Compare:

| Je **téléphone** | à | Isabelle. | Je **lui téléphone.** |
|---|---|---|---|
| *I am calling* | | *Isabelle.* | *I am calling her.* |

Je téléphone à Isabelle.

@HOMETUTOR
my.hrw.com

## POSITION

The position of **lui** and **leur** is the same as that of the other object pronouns.

| | AFFIRMATIVE | NEGATIVE |
|---|---|---|
| PRESENT TENSE | Je **lui** parle. | Je ne **lui** parle pas. |
| IMPERATIVE | Parle-**lui**. | Ne **lui** parle pas. |
| INFINITIVE CONSTRUCTION | Je vais **lui** parler. | Je ne vais pas **lui** parler. |
| PASSÉ COMPOSÉ | Je **lui** ai parlé. | Je ne **lui** ai pas parlé. |

→ In the passé composé, there is NO AGREEMENT with a preceding indirect object.
Compare:

| | INDIRECT OBJECT (no agreement) | DIRECT OBJECT (agreement) |
|---|---|---|
| Voici **Nathalie**. | Je **lui** ai téléphoné. | Je **l**'ai invité**e**. |
| Voici **mes copains**. | Je **leur** ai parlé. | Je **les** ai rencontré**s** dans la rue. |

---

**4** *Générosité*

**PARLER/ÉCRIRE** Dites quelles choses vous prêtez aux personnes suivantes.

▶ Christine veut faire une promenade à la campagne.
**Je lui prête mon vélo.**

1. Éric et Vincent veulent prendre des photos.
2. Thomas veut téléphoner.
3. Catherine veut écrire à son copain.
4. Antoine et Jacques veulent faire un film.
5. Isabelle veut écouter de la musique.
6. Paul et Marc veulent étudier la leçon.

> mon caméscope
> *(camcorder)*
> mon MP3
> mes notes
> mon appareil-photo
> mon portable
> mon vélo
> mon stylo

**5** *Questions personnelles*

**PARLER/ÉCRIRE** Dans tes réponses, utilise les pronoms **lui** ou **leur**.

1. Le week-end, est-ce que tu rends visite à ton copain? à ta copine?
2. Pendant les vacances, est-ce que tu rends visite à tes cousins? à tes grands-parents?
3. Est-ce que tu écris souvent à tes grands-parents? à quelle occasion?
4. Est-ce que tu demandes des conseils *(advice)* à ta mère? à tes copains? à ton prof?
5. Est-ce que tu donnes des conseils à ton frère? à ta copine?
6. Quand tu as un problème, est-ce que tu parles à tes parents? à ton copain?
7. Est-ce que tu demandes de l'argent à tes parents? Pour quelle(s) raison(s)?
8. Est-ce que tu prêtes ton portable à ton frère? à ta soeur? à tes copains?
9. Est-ce que tu empruntes beaucoup de choses à tes copains? Qu'est-ce que tu leur empruntes?

### 6 Cadeaux

**PARLER/ÉCRIRE** Anne veut savoir ce que Joël va acheter et pour qui. Jouez les deux rôles.

▶ ANNE: **Qu'est-ce que tu achètes à <u>ton père</u> pour <u>son anniversaire</u>?**
JOËL: **Je vais lui acheter <u>une cravate</u>.**
ANNE: **Ah bon, et qu'est-ce que tu lui as acheté l'année dernière?**
JOËL: **Je lui ai acheté une cravate aussi.**
ANNE: **Vraiment? Tu n'as pas beaucoup d'imagination!**

1. ta mère / son anniversaire
   des fleurs

2. tes grands-parents / Noël
   une boîte de chocolats

3. ton copain / sa fête
   une casquette

4. tes cousins jumeaux *(twin)* / leur anniversaire
   des tee-shirts

### 7 Entre copains

**PARLER/ÉCRIRE** Dites ce que font les personnes suivantes pour leurs copains en répondant affirmativement aux questions. (Attention: Utilisez un pronom complément d'objet **direct** ou **indirect**.)

▶ Isabelle invite sa copine?
**Oui, elle l'invite.**

▶ Florence téléphone à Philippe?
**Oui, elle lui téléphone.**

1. Thomas écrit à Stéphanie?
2. Nicolas écoute Caroline?
3. Hélène comprend Patrick?
4. Catherine répond à Olivier?
5. Corinne rend visite à ses copains?
6. Jean-Claude attend Cécile après la classe?
7. Frédéric voit souvent ses cousines?
8. Jérôme dit la vérité à Éric?

### 8 Décisions

**PARLER/ÉCRIRE** Lisez les situations suivantes et dites ce que vous allez faire pour les personnes en question. Utilisez le pronom complément d'objet **direct** ou **indirect** qui convient.

▶ Un ami est à l'hôpital.
   • rendre visite?    **Je lui rends visite. (Je ne lui rends pas visite.)**

1. Il y a un étudiant français à votre école.
   Cet étudiant ne parle pas anglais.
   • parler français?    • présenter à vos copains?
   • inviter?    • téléphoner?

2. Vous avez un correspondant *(pen pal)* français qui arrive dans votre ville.
   • attendre à l'aéroport?    • inviter chez vous?
   • montrer votre ville?    • acheter un cadeau?

3. Vous avez une amie qui est très curieuse …
   et très bavarde *(talkative)*.
   • inviter chez vous?    • dire toujours la vérité?
   • montrer vos photos?

4. Il y a une nouvelle élève dans votre classe.
   Cette fille est très timide.
   • parler?    • aider?
   • inviter?

5. Un copain veut emprunter votre livre favori.
   En général, cet ami rend rarement les choses qu'il emprunte.
   • dire oui?    • prêter votre livre?
   • dire non?

6. Votre meilleure copine est en France.
   • écrire?    • téléphoner souvent?
   • oublier?    • envoyer un mail?

@HOMETUTOR
my.hrw.com

## C L'ordre des pronoms

The questions below contain both a DIRECT and an INDIRECT object.
Note the sequence of the corresponding pronouns in the answers.

—Léa, tu **me** prêtes **ton vélo**?

Oui, je **te le** prête.

—Éric, tu **nous** prêtes **tes CD**?

Non, je ne **vous les** prête pas.

—Claire **nous** laisse **sa tablette**?

Oui, elle **nous la** laisse.

—Tu donnes **ta photo** **à ta copine**?

Oui, je **la lui** donne.

—Tu prêtes **ton vélo** **à tes cousins**?

Non, je ne **le leur** prête pas.

—Tu montres **tes notes** **à ton copain**?

Oui, je **les lui** montre.

When the following object pronouns are used in the same sentence, the order is:

| me te nous vous | before | le la les |
|---|---|---|

| le la les | before | lui leur |
|---|---|---|

---

**9** Conversation

**PARLER** Demandez à vos camarades de faire les choses suivantes. Ils vont répondre oui ou non, en utilisant des pronoms.

▶ prêter tes CD?
—Tu me prêtes tes CD?
—Oui, je te les prête.
(Non, je ne te les prête pas.)

1. prêter ton portable?
2. donner ton numéro de téléphone?
3. donner dix dollars?
4. dire toujours la vérité?
5. montrer tes photos?
6. montrer la photo de ta copine?
7. prêter ton scooter?
8. présenter tes copains?

**10** Pourquoi pas?

**PARLER/ÉCRIRE** Complétez les dialogues suivants en utilisant des pronoms.

▶ —Est-ce que Pierre montre ses photos à ses cousins?
—Non, il ne les leur montre pas. Ils sont trop curieux.

1. —Est-ce que Stéphanie prête sa raquette à son frère?
—Non, … Il ne joue pas au tennis.
2. —Est-ce que Marc prête son appareil-photo à Claire?
—Non, … Elle casse *(breaks)* tout.
3. —Est-ce que Catherine montre son journal à sa petite soeur?
—Non, … Elle est indiscrète.
4. —Est-ce que Patrick prête ses CD à ses copains?
—Non, … Ils détestent le rock.

**D** **Le verbe *savoir*; *savoir* ou *connaître***

Note the forms of the verb **savoir** *(to know)*.

| INFINITIVE | savoir | |
|---|---|---|
| PRESENT | Je **sais** où tu habites.<br>Tu **sais** quand je pars.<br>Il/Elle/On **sait** avec qui tu sors. | Nous **savons** qui vous êtes.<br>Vous **savez** où je travaille.<br>Ils/Elles **savent** que tu es anglaise. |
| PASSÉ COMPOSÉ | J'**ai su** pourquoi tu es allé à Bruxelles. | |

The construction **savoir** + INFINITIVE means *to know how to do something*.

> **Savez-vous** faire la cuisine?    ***Do you know how** to cook? **(Can you** cook?)*

→ Both **savoir** and **connaître** mean *to know*. The chart shows when to use **connaître** and when to use **savoir**.

| **Connaître** means *to know* in the sense of *to be acquainted with* or *to be familiar with*. | |
|---|---|
| **connaître** + PEOPLE | Je **connais Jacqueline.**     Je ne **connais** pas **sa cousine.** |
| **connaître** + PLACES | Marc **connaît Lyon.**     Il **connaît un bon restaurant.** |

| **Savoir** means *to know* in the sense of *to know information* or *to know how*. | |
|---|---|
| **savoir** *(used alone)* | Je **sais!** Mon frère ne **sait** pas. |
| **savoir** + que … | Je **sais que** tu parles français. |
| **savoir** + si *(if, whether)* … | **Sais**-tu **si** Paul a une moto? |
| **savoir** + INTERROGATIVE EXPRESSION … | Je **sais où** tu habites.<br>Je **sais qui** a téléphoné.<br>Je ne **sais** pas **comment** je dois répondre.<br>Je ne **sais** pas **pourquoi** Claire ne vient pas. |
| **savoir** + INFINITIVE | Nous **savons jouer** aux jeux vidéo. |

**11** *Qu'est-ce qu'ils savent faire?*

**PARLER/ÉCRIRE** Expliquez ce que les personnes suivantes savent faire.

▶ Stéphanie joue aux cartes.    Elle sait jouer aux cartes.

1. Vous jouez au tennis.
2. Nous parlons français.
3. Je joue de la guitare.
4. Mon oncle fait la cuisine.
5. Tu nages.
6. Catherine pilote un avion.
7. Anne et Éric dansent le rock.
8. Ces garçons chantent.
9. Je développe mes photos.
10. Vous programmez un ordinateur.

## 12 Dommage!

**PARLER** Proposez à vos camarades de faire certaines choses. Ils vont refuser en expliquant pourquoi. (Ils peuvent considérer les suggestions de la liste.)

▶ On va à la plage?

1. On va à la discothèque?
2. On fait un match?
3. On prépare le dîner?
4. On s'inscrit *(join)* à la chorale?
5. On regarde un film italien?
6. On invite les étudiants mexicains?

chanter
danser
jouer au tennis
nager
parler italien
parler espagnol
faire la cuisine

On va à la plage?

Je ne sais pas nager.

Dommage!

## 13 Une fille bien informée

**PARLER/ÉCRIRE** Dites que Florence connaît les personnes suivantes. Dites aussi ce qu'elle sait à leur sujet *(about them)*.

▶ Jacques / où il habite
  **Florence connaît Jacques.**
  **Elle sait où il habite.**

1. Véronique / où elle habite
2. Monsieur Moreau / où il travaille
3. Paul / quand il joue au tennis
4. Annie / avec qui elle va au cinéma
5. Robert / à quelle heure il vient
6. Thérèse / qui est son acteur favori
7. cette fille / quels films elle aime

## 14 Connaître ou savoir?

**PARLER/ÉCRIRE** Complétez les phrases avec **sait** ou **connaît**.

1. Philippe … Alice.
2. Sophie ne … pas mes cousins.
3. Frédéric … un bon restaurant.
4. Stéphanie ne … pas à quelle heure est le film.
5. Thomas … où est le cinéma.
6. Jérôme … le propriétaire *(owner)* du cinéma.
7. Juliette … qui joue dans le film.
8. Pauline ne … pas cet acteur.

# À votre tour!

Digital
performance space

## 1 Une soirée musicale

**PARLER** You are organizing a musical talent show and you are looking for participants. Ask your partner …

• if he/she knows how to play the guitar
• if he/she knows how to dance
• what (other things) he/she knows how to do
• if he/she knows some good singers
• if he/she knows a good band

LESSON REVIEW
my.hrw.com

# Lecture  Es-tu une personne généreuse?

Tu as beaucoup d'amis, n'est-ce pas? Mais es-tu vraiment une personne généreuse?
Voici un test simple. Analyse les huit situations suivantes.
Réponds aux questions par oui ou par non.

**1.** Ce soir, il y a une comédie très intéressante à la télé. Ta mère (ou ton père) a beaucoup de travail à la cuisine. Est-ce que tu l'aides?

**A.** Oui, je l'aide.
**B.** Non, je ne l'aide pas.

**2.** Tu as l'intention d'aller à un match de hockey ce soir avec tes copains. Ton petit frère qui a neuf ans veut vous accompagner. Est-ce que tu l'amènes au match?

**A.** Oui, je l'amène.
**B.** Non, je ne l'amène pas.

**3.** Tu vas au cinéma. Le film va commencer dans une minute. Ta copine n'est pas arrivée. Est-ce que tu l'attends?

**A.** Oui, je l'attends.
**B.** Non, je ne l'attends pas.

**4.** Ta grand-mère est malade. Est-ce que tu lui téléphones pour prendre de ses nouvelles?

**A.** Oui, je lui téléphone.
**B.** Non, je ne le lui donne pas.

Additional readings @ **my.hrw.com**

**5.** Tu es dans l'autobus. Une vieille dame monte dans le bus mais il n'y a pas de siège° pour elle. Est-ce que tu lui donnes ton siège?

**A.** Oui, je lui donne mon siège.
**B.** Non, je ne lui donne pas mon siège.

**siège** *seat*

**6.** Un camarade de classe a perdu ses notes d'histoire. Est-ce que tu lui prêtes tes notes avant l'examen?

**A.** Oui, je lui prête mes notes.
**B.** Non, je ne lui prête pas mes notes.

**7.** Des copains organisent une fête, mais ils n'ont pas de musique. Est-ce que tu leur prêtes ton nouveau MP3?

**A.** Oui, je le leur prête.
**B.** Non, je ne le leur prête pas.

**8.** Tu as un billet pour le concert de ton groupe favori. Ta cousine voudrait aussi aller au concert, mais elle n'a pas de billet. Est-ce que tu lui donnes ton billet?

**A.** Oui, je le lui donne.
**B.** Non, je ne le lui donne pas.

---

**INTERPRÉTATION:**

Combien de réponses «A» avez-vous?

- de 6 à 8    Bravo! Tu es une personne généreuse et bien élevée. Tu as certainement beaucoup d'amis.
- de 3 à 5    Tu as assez bon caractère, mais tu n'es pas toujours sociable.
- 1 ou 2      La générosité n'est pas ta qualité principale. Fais un effort!
- 0           Sans commentaire!

# Tests de contrôle

By taking the following tests, you can check your progress in French and also prepare for the unit test. Write your answers on a separate sheet of paper.

## 1 Le choix logique

Complete each of the following sentences with the appropriate option.

**Review...**
- vocabulary and constructions: pp. 208, 210, 212-213, 219, 240

1. Je vais — une exposition au musée. **(assister à / voir)**
2. À quelle heure — le film? **(commence / joue)**
3. Julien cherche son sac mais il ne le — pas. **(trouve / laisse)**
4. Thomas n'a pas bonne mémoire. Il — tout. **(garde / oublie)**
5. Catherine est —. Elle fait ses devoirs. **(libre / occupée)**
6. Je suis — mais je ne peux pas sortir avec toi. **(malheureux / désolé)**
7. Léa — ses photos à sa cousine. **(prend / montre)**
8. Est-ce que tu peux — des sandwichs à la boum? **(apporter / rendre)**
9. Marc n'a pas d'argent. Il — 10 euros à son copain. **(prête / emprunte)**
10. Est-ce que tu peux me — ton numéro de téléphone? **(donner / prêter)**

## 2 La bonne forme

Complete the following sentences with the appropriate forms of the verbs in parentheses.

**Review...**
- irregular verbs: pp. 228, 238, 244

1. **(écrire)** J'— une lettre à ma cousine. Et vous, à qui — -vous?
2. **(lire)** Antoine — un livre. Ses copains — des magazines.
3. **(dire)** Est-ce que vous — la vérité? Moi, je la — toujours.
4. **(connaître)** Nous — Léa. Elle — nos copains.
5. **(savoir)** Mes amis — jouer du piano. Moi, je ne — pas.

## 3 Les relations personnelles

Complete the following sentences with the appropriate DIRECT or INDIRECT OBJECT PRONOUNS that correspond to the people in parentheses.

**Review...**
- object pronouns: pp. 230-231, 233, 240-241

1. (Pauline) Nicolas — téléphone. Il — invite au barbecue.
2. (Éric) Nous — connaissons bien. Nous — avons rendu visite hier.
3. (mes copains) Je — ai invités à la boum. Je — ai demandé d'apporter des sandwichs.
4. (le professeur) Les élèves — écoutent. Ils — demandent des conseils *(advice)*.
5. (ta cousine) Tu — écris pour son anniversaire. Tu ne — vois pas souvent.
6. (Léa et Zoé) Vous — parlez souvent. Vous — trouvez très sympathiques.
7. (Catherine) Est-ce que tu — as écrit? Est-ce que tu — as donné ton adresse?
8. (Nicolas) Je — ai rencontré samedi. Je — ai prêté mon vélo.

## ④ Contextes et dialogues

Complete the following dialogues with the appropriate options.

**Review...**
- use of object pronouns, **savoir** vs. **connaître:** pp. 218, 220, 230-231, 233, 243, 244

**1.** *Julien organise une boum. Élodie lui parle.*

**É:** Dis, tu **(me / m')** invites à ta boum?

**J:** Bien sûr! Je vais **(te / t')** inviter.

**É:** Tu invites Nicolas aussi?

**J:** Nicolas? Qui est-ce?

**É:** C'est mon cousin. Tu **(l' / lui)** as rencontré hier.

**J:** Ah oui, c'est vrai. Eh bien, donne- **(me / moi)** son numéro de téléphone. Je vais **(le / lui)** téléphoner.

**2.** *Léa parle à Thomas de Pauline.*

**L:** Tu **(sais / connais)** Pauline?

**T:** Bien sûr.

**L:** Tu **(sais / connais)** où elle habite?

**T:** Oui, j'ai son adresse. Pourquoi? Tu veux **(la / lui)** voir?

**L:** Oui, je **(la / lui)** ai prêté mes notes et elle ne **(me les / le leur)** a pas rendues.

**T:** Tiens, voilà son adresse.

**L:** Merci.

## ⑤ Composition: Un(e) ami(e)

Digital performance space

Write a paragraph describing your relationship with one of your friends (real or imaginary). Mention …

- your friend's name
- since when you have known him/her
- if you know where he/she was born
- if you know his/her parents
- if you see him/her often
- when you saw him/her last
- if you invited him/her to your birthday
- what present he/she gave you

**STRATEGY Writing**

**1**

Briefly note your answers to the above questions.

**2**

Write out your paragraph, incorporating the information requested.

**3**

Check whether you used **savoir** and **connaître** correctly.

Look over all the verbs: some should be in the present and others in the passé composé.

Also check your use of object pronouns and their position.

# Vocabulaire

## POUR COMMUNIQUER

**Extending an invitation**

| | |
|---|---|
| Est-ce que tu es libre samedi? | *Are you free Saturday?* |
| Non, je suis occupé(e). | *No, I'm busy.* |

**Accepting an invitation**

| | |
|---|---|
| D'accord! | *OK. All right.* |
| Oui, je veux bien. | *Yes, I want to.* |
| Volontiers! | *Sure! I'd love to!* |
| Avec plaisir! | *With pleasure.* |
| Bonne idée! | *Good idea.* |

**Turning down an invitation**

| | |
|---|---|
| Je regrette. | *I'm sorry.* |
| Je suis désolé(e). | *I'm (very) sorry.* |
| Je voudrais bien, mais … | *I'd like to, but …* |
| Je te remercie mais … | *I thank you, but …* |
| J'ai d'autre projets. | *I have other plans.* |
| Je n'ai pas le temps. | *I don't have the time.* |

## MOTS ET EXPRESSIONS

**Spectacles**

| | | | |
|---|---|---|---|
| un dessin animé | *cartoon* | une chanson | *song* |
| un drame psychologique | *psychological drama* | une comédie | *comedy* |
| un film | *movie* | une comédie musicale | *musical* |
| un film d'aventures | *action movie* | une équipe | *team* |
| un film d'horreur | *horror movie* | une exposition | *exhibit* |
| un film de science-fiction | *science fiction movie* | une pièce de théâtre | *play* |
| un film policier | *detective movie* | | |
| un groupe | *group* | | |
| un match | *game* | | |
| un orchestre | *band, orchestra* | | |

**Personnes**

| | | | |
|---|---|---|---|
| un acteur | *actor* | une actrice | *actress* |
| un chanteur | *singer* | une chanteuse | *singer* |
| un joueur | *player* | une joueuse | *player* |

**Au cinéma**

| | | | |
|---|---|---|---|
| un billet | *ticket* | une place | *seat* |
| un genre | *type, kind* | une séance | *show, showing* |
| | | une sorte | *kind, sort* |

**On lit, on dit, on écrit**

| | | | |
|---|---|---|---|
| un journal (des journaux) | *(news)paper; diary, journal* | une bande dessinée | *comic strip* |
| un magazine | *magazine* | une carte | *card* |
| un mail (mél) | *e-mail* | une carte postale | *postcard* |
| un mensonge | *lie* | une histoire | *story; history* |
| un poème | *poem* | une lettre | *letter* |
| un roman | *novel* | une revue | *magazine* |
| | | la vérité | *truth* |

Interactive Flashcards
@ **HOME**TUTOR
**my.hrw.com**

## Verbes réguliers

| | |
|---|---|
| chercher | *to get, to pick up; to look for* |
| commencer | *to begin* |
| coûter | *to cost* |
| garder | *to keep* |
| laisser | *to let, to leave* |
| oublier | *to forget* |
| raconter | *to tell, narrate (a story)* |
| regretter | *to be sorry* |
| remercier | *to thank* |
| trouver | *to find* |

## Verbes irréguliers

| | |
|---|---|
| connaître | *to know, to be familiar with* |
| savoir | *to know* |
| savoir + INFINITIVE | *to know how to* |
| dire | *to tell, say* |
| écrire | *to write* |
| lire | *to read* |

## Verbes suivis d'un complément indirect

| | |
|---|---|
| parler à | *to speak, talk to* |
| rendre visite à | *to visit* |
| répondre à | *to answer* |
| téléphoner à | *to phone, call* |

## Verbes suivis de deux compléments

| | |
|---|---|
| acheter ... à | *to buy ... for* |
| apporter ... à | *to bring ... to* |
| demander ... à | *to ask ... of* |
| dire ... à | *to say, tell ... to* |
| donner ... à | *to give ... to* |
| écrire ... à | *to write ... to* |
| emprunter ... à | *to borrow ... from* |
| montrer ... à | *to show ... to* |
| présenter ... à | *to introduce ... to* |
| prêter ... à | *to lend, loan ... to* |
| rendre ... à | *to give back ... to* |

## Compléments d'objet direct

| | |
|---|---|
| me | *me* |
| te | *you* |
| le (l') | *him, it* |
| la (l') | *her, it* |
| nous | *us* |
| vous | *you* |
| les | *them* |

## Compléments d'objet indirect

| | |
|---|---|
| me | *(to) me* |
| te | *(to) you* |
| lui | *(to) him* |
| lui | *(to) her* |
| nous | *(to) us* |
| vous | *(to) you* |
| leur | *(to) them* |

## Expressions de temps

| | |
|---|---|
| une fois | *once* |
| deux fois | *twice* |
| trois fois | *three times* |

| | |
|---|---|
| par semaine | *a week, per week* |
| par mois | *a month, per month* |
| par an | *a year, per year* |

Additional readings @ **my.hrw.com**

FRENCH
InterActive Reader

# Un Américain ~À Paris~

### PRE-READING STRATEGY  Avant de lire

Look at the title of this reading. Have you ever visited France or another foreign country? When we travel, we know we will find differences in language as well as in other customs. In China, for example, we would expect to hear people speak Chinese and to have our meals served with chopsticks.

What kinds of differences would you expect to discover in France? The American in this reading encountered some difficulties he did not anticipate.

Allez-vous visiter la France un jour? Si vous allez en France, vous observerez° certaines différences entre la vie quotidienne en France et aux États-Unis.

Ces différences ne sont pas très importantes, mais elles existent tout de même. Et parfois, elles sont la source de petits problèmes.

Voici certains problèmes qui sont arrivés à Harry Hapless, un touriste américain qui ne connaît pas très bien les habitudes françaises. Pouvez-vous expliquer la cause de ces problèmes?

**observerez** *will observe*

## Mots utiles

| | | | |
|---|---|---|---|
| **la vie quotidienne** | *daily life* | **une habitude** | *custom* |
| **tout de même** | *all the same, nevertheless* | **expliquer** | *to explain* |

**1** _____

| | | | |
|---|---|---|---|
| **le lendemain matin** | *the next morning* | **seulement** | *only* |
| **ouvert ≠ fermé** | *open ≠ closed* | **un jour férié** | *holiday* |

**2** _____

| | | | |
|---|---|---|---|
| **lent** | *slow* | **la note** | *bill* |
| **dur** | *hard, tough* | **un pourboire** | *tip* |
| **le mécontentement** | *displeasure* | **compris** | *included* |

**3** _____

| | | | |
|---|---|---|---|
| **un cadeau** | *gift, present* | **ouvrir** | *to open* |
| **énorme** | *large, enormous* | **l'amour** | *love* |
| **sonner** | *to ring (the doorbell)* | **le deuil** | *mourning* |

**1** Harry Hapless arrive en France le 30 avril au soir. Il prend un taxi et va directement à son hôtel. Le lendemain matin, qui est un mercredi, Harry dit: «J'ai besoin d'argent. Je vais aller changer des dollars à la banque.» La première banque où il va est fermée. La deuxième et la troisième aussi. En fait,° toutes les banques sont fermées ce matin. Pourquoi?

- En France, les banques sont ouvertes seulement l'après-midi.
- En France, les banques sont fermées le mercredi.
- En France, le premier mai est un jour férié.

**En fait** *in fact*

RÉPONSE

**2** Un soir, Harry Hapless va au restaurant et commande un steak-frites. Le service est lent. Le steak est dur.° Les frites sont froides. Le serveur n'est pas poli … Et l'addition est très chère: 30 euros! Pour montrer son mécontentement, Harry laisse un petit pourboire: deux euros seulement. L'attitude du serveur change. Il est maintenant très aimable avec Harry. Pourquoi?

- Le serveur a des remords.°
- Le serveur aime les touristes américains.
- En France, le pourboire est compris dans l'addition.

**dur** *tough*   **le remords** *regrets, remorse*

RÉPONSE

**3** Un jour, Harry Hapless est invité à dîner chez Jacques Lachance, son copain d'université. Harry, qui est un homme poli, veut apporter un cadeau à Madame Lachance, la femme de son copain. Oui, mais quoi? Harry sait que les Françaises aiment beaucoup les fleurs. Il passe chez une marchande de fleurs. Il regarde les roses, les tulipes, les bégonias, les géraniums … Finalement il choisit un énorme pot de chrysanthèmes. La marchande prend le pot, l'enveloppe dans du joli papier, décore le paquet° avec un ruban° et le donne à Harry. Très content de son achat, Harry arrive chez les Lachance. Il sonne. Son ami Jacques lui ouvre la porte. Harry entre et présente son cadeau à Madame Lachance. Celle-ci° le prend et remercie° Harry profusément … Mais quand elle ouvre le paquet, elle a l'air consternée. Pourquoi?

- Madame Lachance est allergique aux fleurs.
- En France, les chrysanthèmes sont un signe de grand amour.
- En France, les chrysanthèmes sont un signe de deuil.

**paquet** *package*   **ruban** *ribbon*   **Celle-ci** *The latter*   **remercie** *thanks*

RÉPONSE

## Interprétation

**1** **En France, le premier mai est un jour férié.**

En France et dans beaucoup d'autres pays, le premier mai est la fête du Travail. Évidemment, on ne travaille pas ce jour-là. Les magasins, les bureaux et les banques sont fermés. (Aux États-Unis, la fête du Travail est le premier lundi de septembre.)

**2** **En France, le pourboire est compris dans l'addition.**

Puisque le service de 15% (quinze pour cent) est compris dans l'addition, en général on laisse seulement quelques petites pièces de monnaie au serveur.

**3** **En France, les chrysanthèmes sont un signe de deuil.**

Le premier novembre, qui est la fête de la Toussaint,° les Français honorent leurs défunts.° Traditionnellement on va au cimetière° et on met des pots de chrysanthèmes sur la tombe des gens de sa famille.

**la Toussaint** *All Saints' Day* **défunts** *dead* **cimetière** *cemetery*

---

### Mots utiles

**4** _____

| | | | |
|---|---|---|---|
| **avoir mal aux dents** | *to have a toothache* | **un étage** | *floor (of a building)* |
| **un rendez-vous** | *appointment* | **un peintre** | *painter* |
| **un immeuble** | *building* | **un renseignement** | *information* |

**5** _____

| | | | |
|---|---|---|---|
| **la veille** | *the day before* | **rappeler** | *to remind* |
| **le vol** | *flight* | **la note** | *bill* |

**4** Harry Hapless a mal aux dents. Il a rendez-vous chez un dentiste qui habite dans un immeuble ancien. Arrivé dans cet immeuble, Harry demande à la concierge° à quel étage habite le dentiste. La concierge lui répond: «Le docteur Ledentu? C'est au cinquième étage, mais aujourd'hui l'ascenseur ne marche pas.»° Harry dit: «Ça ne fait rien,° je vais monter à pied.»

Harry monte les escaliers et compte les étages: deux, trois, quatre, cinq. «Je suis au cinquième étage», dit Harry, et il sonne. Un homme en blanc ouvre la porte. Ce n'est pas un dentiste mais un peintre. Harry lui explique qu'il a rendez-vous avec le docteur Ledentu. Le peintre lui répond: «Je ne connais pas le docteur Ledentu. Ici, c'est chez Madame Masson. Je repeins son appartement. Allez voir la concierge.»

Quel est le problème?

- Harry s'est trompé° d'étage.
- La concierge a donné un mauvais° renseignement à Harry.
- Ce jour-là, le docteur Ledentu s'est déguisé en° peintre.

**concierge** *building superintendent*   **ne marche pas** *isn't working*
**Ça ne fait rien** *That doesn't matter*   **s'est trompé** *made a mistake*
**mauvais** *wrong*   **s'est déguisé en** *disguised himself as*

RÉPONSE ▶

---

PARIS-NEW YORK 18h05

**5** Finalement, les vacances de Harry Hapless finissent. La veille de son départ il téléphone à la compagnie aérienne pour confirmer l'heure de son vol. L'employée lui rappelle que son avion est à 8 h 15. Elle lui recommande d'être à l'aéroport une heure et demie avant le départ.

Le lendemain, Harry veut profiter° de son dernier jour en France. Le matin, il fait une promenade à pied et prend quelques photos. À midi, il déjeune dans un bon restaurant. L'après-midi, il va dans les magasins et achète quelques souvenirs. Puis il retourne à son hôtel, paie sa note et prend un taxi. Arrivé à l'aéroport, il regarde sa montre et dit: «Il est 6 heures 15. J'ai encore deux heures avant le départ de mon avion.» Puis il va au comptoir° de la compagnie aérienne. Là, l'hôtesse lui dit: «Mais, Monsieur Hapless, le dernier avion pour New York est parti il y a dix minutes.»

Qu'est-ce qui s'est passé?°

- En France, les avions sont souvent en avance.
- L'employée a donné à Harry un mauvais renseignement.
- Harry ne sait pas comment fonctionne l'heure officielle.

**profiter** *to take advantage*   **comptoir** *counter*
**Qu'est-ce qui s'est passé?** *What happened?*

RÉPONSE ▶

## Interprétation

**4** **Harry s'est trompé d'étage.**

Il y a une différence d'un étage entre les étages français et américains. Voici la correspondance entre ces étages:

| ÉTAGES FRANÇAIS | ÉTAGES AMÉRICAINS |
|---|---|
| **rez-de-chaussée** | *first floor* |
| **premier étage** | *second (not first) floor* |
| **deuxième étage** | *third (not second) floor* |
| **dix-neuvième étage** | *twentieth (not nineteenth) floor* |

Ainsi, quand Harry Hapless pensait° qu'il était° au cinquième étage, il était en réalité au quatrième étage.

**pensait** *thought* **était** *was*

**5** **Harry ne sait pas comment fonctionne l'heure officielle.**

En France, on utilise l'heure officielle pour donner l'heure des trains, des avions, etc. L'heure officielle commence à 0 heure le matin et finit à 23 heures 59 le soir.

Harry Hapless pensait que son avion était à 8 h 15 du soir (ou 20 h 15 à l'heure officielle). En réalité, l'avion était à 8 h 15 du matin.

| ✈ ARRIVÉES INTERNATIONALES ✈ | | | | |
|---|---|---|---|---|
| LIGNE AÉRIENNE | ORIGINE | VOL | PORTE | HEURE |
| AEROFLOT | MOSCOU | 318 | B45 | ATTERRI |
| DELTA | NEW YORK | 53 | B18 | RETARDÉ |
| AIR FRANCE | GENÈVE | 44 | C31 | ANNULÉ |
| BRITISH AIRWAYS | DUBLIN | 645 | D23 | 15 H 32 |

| ✈ DÉPARTS INTERNATIONAUX ✈ | | | | |
|---|---|---|---|---|
| LIGNE AÉRIENNE | DESTINATION | VOL | PORTE | HEURE |
| TRANSMERIDIAN | ATHÈNES | 318 | A16 | EMBARQUEMENT |
| AIR FRANCE | ROME | 53 | C44 | 14 H 08 |
| SWISSAIR | BRUXELLES | 44 | B12 | 15 H 54 |
| AMERICAN AIR | DAKAR | 120 | F54 | 18 H 41 |

## READING STRATEGY L'Art de la lecture

Sometimes you can guess the meaning of a new French word because it looks like
an English word that you know. For example, in Episode 4 you encountered the phrase:

Harry monte **les escaliers** …

Perhaps the word **escaliers** reminded you of *escalator*, and then you figured out
that he must be going up the stairs.

### Exercice de lecture

Were you able to figure out the following words by using your knowledge of English?

Episode 3: Il passe chez **une marchande de fleurs.**

*Hint: What does a merchant do?*

Episode 3: Elle **enveloppe** le pot dans du joli papier.

*Hint: What happens when you are envelopped in fog?*

Episode 3: Madame Lachance a l'air **consternée.**

*Hint: How do people feel when they are in a state of consternation?*

Episode 4: C'est au cinquième étage, mais **l'ascenseur** ne marche pas.

*Hint: What does a hot-air balloon do when it ascends?*

Le Savoir Faire…
7 JOURS SUR 7
MARCHAND DE FLEURS
Compositions pour toutes cérémonies
01 45 75 04 50

# L'Amérique et la France d'outre-mer

Le Québec

Le Nouveau-Brunswick

La Nouvelle-Écosse

La Nouvelle-Angleterre

La Louisiane

Haïti

La Guadeloupe

La Martinique

La Guyane française

# Où et pourquoi parle-t-on français en Amérique?

Aux dix-septième et dix-huitième siècles,° la France avait° un vaste empire colonial en Amérique. Ceci explique la présence de la langue française sur ce continent. L'empire français comprenait° les éléments suivants:

## Le Canada

Autrefois, une grande partie du Canada était° française. Ce territoire s'appelait° la Nouvelle-France. En 1763, après une guerre° entre les Français et les Anglais, le territoire est devenu une colonie britannique. Beaucoup de Canadiens d'origine française ont cependant gardé° leurs coutumes, leurs traditions … et leur langue. Aujourd'hui, la majorité des Québécois° parlent français. On parle français aussi dans certaines parties de l'Ontario et des Provinces Maritimes (la Nouvelle-Écosse° et le Nouveau-Brunswick).

Aux dix-neuvième et vingtième siècles, un grand nombre de familles québécoises ont émigré aux États-Unis, principalement dans les états de la Nouvelle-Angleterre (le Maine, le Vermont, le New Hampshire, le Massachusetts, le Connecticut et le Rhode Island). Aujourd'hui, leurs descendants, les «Franco-Américains», sont deux millions.

## La Louisiane

En 1682, un explorateur français, Robert Cavelier de La Salle, est parti de la région des Grands Lacs en direction du golfe du Mexique. Après un long et difficile voyage, il a descendu tout le Mississippi. Il a donné aux territoires qu'il a traversés° le nom de Louisiane, en l'honneur du roi° de France, Louis XIV. (À cette époque, la Louisiane était toute la vallée du Mississippi.) La Louisiane est devenue espagnole en 1763, et française à nouveau en 1802. Finalement, en 1803, la France a vendu la Louisiane aux États-Unis pour 80 millions de francs.

Autrefois, on parlait° français à la Nouvelle-Orléans. Aujourd'hui, certaines familles parlent encore français dans la région des bayous.

## Haïti

Autrefois, Haïti était une colonie française et s'appelait Saint-Domingue. En 1801, les esclaves° noirs, sous la direction de leur chef Toussaint Louverture, se sont révoltés contre les Français. En 1804, ils ont obtenu leur indépendance. Haïti est devenue la première république noire. Aujourd'hui, beaucoup d'Haïtiens parlent français et créole.

## La Martinique et la Guadeloupe

Autrefois ces deux îles étaient des colonies françaises. Aujourd'hui, ce sont des départements français d'outre-mer.° À la Martinique et à la Guadeloupe, vous êtes en France, comme si vous étiez° à Paris.

---

**siècles** *centuries* **avait** *had* **comprenait** *included* **était** *was* **s'appelait** *was called* **guerre** *war*
**ont … gardé** *kept* **Québécois** *people of Quebec* **Nouvelle-Écosse** *Nova Scotia* **a traversés** *crossed*
**roi** *king* **parlait** *used to speak* **esclaves** *slaves* **d'outre-mer** *overseas*
**comme si vous étiez** *as if you were*

# Québec,
## la Belle Province

**Les Canadiens francophones° représentent presque° trente pour cent de la population canadienne. Ils habitent principalement dans la province de Québec, qu'on appelle souvent «la Belle Province».**

- La ville de Québec est la capitale administrative de cette province, mais la plus grande ville est Montréal.

- Le drapeau° québécois est bleu avec une croix° blanche et des fleurs de lys. Ce sont les emblèmes de l'ancienne France.

- La devise° du Québec est «Je me souviens».° Les Québécois se souviennent de leurs traditions, de leur culture et de leur langue.

Avec plus de° trois millions d'habitants, Montréal est la deuxième ville du Canada, après Toronto. C'est aussi la deuxième ville d'expression française du monde,° après Paris. Montréal est à la fois° une ville moderne avec des gratte-ciel et une ville historique avec des quartiers° anciens. Le «Vieux Montréal» est typiquement français avec ses cafés, ses restaurants et ses boutiques. Au centre de la ville, il y a aussi une immense ville souterraine° avec un métro et de longues galeries où on trouve des restaurants, des magasins, des cinémas, etc. En hiver, quand il fait très froid, c'est ici que les Montréalais font leur «magasinage».°

*Le Château Frontenac, Québec*

| | | | | |
|---|---|---|---|---|
| **francophones** *French speaking* | **presque** *almost* | **drapeau** *flag* | **croix** *cross* | **devise** *motto* |
| **«Je me souviens»** *"I remember"* | **plus de** *more than* | **du monde** *in the world* | **à la fois** *at the same time* | |

**quartiers** *districts*   **souterraine** *underground*   **«magasinage»** *shopping*

*La Ville Souterraine, Montréal*

## CONNEXIONS
### Visite à Québec

Imaginez que vous allez passer un week-end à Québec avec deux ou trois camarades. Établissez le programme de votre visite pour samedi et dimanche. Pour cela, cherchez sur l'Internet les sites officiels de Québec (en français, bien sûr!). Expliquez votre programme au reste de la classe.

## Carnaval à Québec

On célèbre le Carnaval de façons différentes dans les différentes parties du monde français. À Québec, le Carnaval, c'est la fête de la neige. En février, il y a dix jours de fêtes, d'activités et de compétitions diverses. La grande attraction est la course° de canoës sur le Saint-Laurent. Vingt équipes de cinq hommes participent à cette course très dangereuse et très mouvementée.° Il y a aussi des courses de voiture sur glace,° et des concours° de sculpture de glace et de neige. (Si on n'a pas peur du froid, on peut aussi mettre un maillot de bain et prendre un «bain de neige».)

La mascotte du Carnaval, c'est «Bonhomme», un grand bonhomme de neige° avec un bonnet rouge. Le premier jour du Carnaval, Bonhomme couronne° la reine° du Carnaval. Ensuite, il y a un grand feu d'artifice° et la fête commence!

## La Saint-Jean à Québec

La Saint-Jean a lieu° le 24 juin. C'est la fête nationale de la province de Québec. La Saint-Jean est une fête particulièrement importante pour les Québécois d'expression française. Elle est célébrée avec grande joie dans la ville de Québec.

Le matin, il y a des processions et des défilés° dans les rues de la ville. À midi, on pique-nique sur l'herbe. L'après-midi, il y a des compétitions sportives. Le soir, la ville entière assiste à un concert de musique folklorique et populaire sur les plaines d'Abraham, le grand parc historique. On chante et on allume un feu de joie° gigantesque. À minuit, il y a un feu d'artifice. «Vive le Québec!» «Vive les Québécois!»

## Le français au Québec

Le français qu'on parle à Québec est généralement semblable° au français qu'on parle en France. Mais il y a certaines différences. Notez, par exemple, comment on dit les choses suivantes en français et en québécois.

| français | québécois | français | québécois |
| --- | --- | --- | --- |
| Au revoir! | Bonjour! | la glace | la crème glacée |
| le week-end | la fin de semaine | la pastèque | le melon d'eau |
| le petit déjeuner | le déjeuner | le chewing-gum | la gomme |
| le déjeuner | le dîner | faire des achats | magasiner |
| le dîner | le souper | faire du shopping | dépenser |

Comprenez-vous les phrases suivantes?

- Bonjour et bonne fin de semaine!
- Je vais magasiner. Et toi?
- Après le dîner, qu'est-ce que tu préfères comme dessert? du melon d'eau ou de la crème glacée?

---

**course** *race* **mouvementée** *action-packed* **glace** *ice* **concours** *contests*
**bonhomme de neige** *snowman* **couronne** *crowns* **reine** *queen* **feu d'artifice** *fireworks*
**a lieu** *takes place* **défilés** *parades* **feu de joie** *bonfire* **semblable** *similar*

# Les Acadiens: du Canada à la Louisiane

Prenez une carte de la Louisiane et regardez bien la région à l'ouest et au sud de la Nouvelle-Orléans. Les paroisses° de cette région ont des noms français: Lafourche, Terrebonne, Vermilion, Saint Martin, Acadia, Lafayette, Iberville et, plus au nord, Avoyelles, Évangéline, Pointe Coupée.

Ici nous sommes au centre du pays° «cajun». Le mot° «cajun» vient du mot français «acadien». Dans ces paroisses en effet,° la majorité de la population est d'origine acadienne et beaucoup de gens comprennent le français. Qui sont les Acadiens? Quelle est leur origine? Pourquoi parlent-ils français?

NOUS SOMMES FIERS DE PARLER FRANÇAIS.

CONSEIL POUR LE DÉVELOPPEMENT
CODOFIL
DU FRANÇAIS EN LOUISIANE

Voici leur histoire . . .

L'histoire des Acadiens commence non pas en Louisiane mais au Canada. Les Acadiens sont en effet les descendants des premiers colons° français au Canada. Ces colons sont arrivés en 1604 dans l'est du Canada. Là, ils ont établi une colonie très prospère qu'ils ont appelée l'Acadie. (Cette région est aujourd'hui la Nouvelle-Écosse.) En 1713, la France a signé un traité° qui a cédé l'Acadie à l'Angleterre. L'Acadie est devenue une colonie britannique, mais les Acadiens ont voulu rester fidèles° à leurs traditions françaises. Ils ont décidé de préserver leur culture et leur langue. Ils ont refusé de prêter serment° à la couronne° britannique.

*«Le Grand Dérangement», Philadelphia, Pennsylvania, 1755, Robert Dafford.*

Le gouverneur anglais a décidé alors d'expulser° les Acadiens. En juin 1755, l'armée anglaise a attaqué les villages acadiens sans° défense. Toute la population a été faite prisonnière. Le gouverneur a donné l'ordre de brûler° les maisons, de détruire° les villages et finalement de déporter la population. Pour la majorité des Acadiens, un long et terrible exode° a commencé.

---

**paroisses** *parishes (counties)*  **pays** *country*  **mot** *word*  **en effet** *as a matter of fact*  **colons** *colonists*  **traité** *treaty*  **fidèles** *faithful*
**prêter serment** *pledge allegiance*  **couronne** *crown*  **expulser** *expel*  **sans** *without*  **brûler** *burn*  **détruire** *destroy*  **exode** *exodus*

C'est l'époque° du «grand dérangement».° Les soldats° anglais ont séparé les familles. Les hommes ont été déportés d'abord, puis les femmes et les enfants. Des groupes sont arrivés dans le Massachusetts, d'autres en Virginie, d'autres en Géorgie, d'autres dans les Antilles° … Finalement, les familles acadiennes se sont regroupées.° Certaines ont décidé d'aller en Louisiane qui était alors une colonie française.

Les premiers Acadiens sont arrivés en Louisiane vers 1760, après un voyage de 3 000 kilomètres et cinq ans d'exode. Là, ils ont reconstruit° leurs maisons, leurs écoles, leurs églises. Ils ont commencé une nouvelle existence où ils étaient° finalement libres.

De nouveaux immigrants sont arrivés en pays «cajun»: des Allemands, des Espagnols, des Anglais, des Africains et des Antillais … Certains ont appris le français et sont devenus Acadiens d'adoption. Aujourd'hui, les Acadiens sont très nombreux,° peut-être un million, peut-être plus.

## Évangéline

Le grand poète américain, Longfellow, a immortalisé l'exode cruel et tragique des Acadiens dans son poème *Evangeline*. Ce poème est basé sur une histoire vraie. Évangéline Bellefontaine, une jeune Acadienne, est fiancée à Gabriel Lajeunesse. Au moment où ils vont se marier, Évangéline et Gabriel sont déportés en Louisiane. Malheureusement, ils prennent des bateaux différents. Évangéline passe le reste de sa vie à rechercher la trace de son fiancé. Finalement, elle trouve Gabriel au moment où il va mourir.°

Aujourd'hui, on peut voir la statue d'Évangéline à côté de l'église Saint Martin de Tours à St. Martinville (Louisiane).

**époque** *period*   **dérangement** *turmoil*   **soldats** *soldiers*
**Antilles** *West Indies*   **se sont regroupées** *regrouped*
**ont reconstruit** *rebuilt*   **étaient** *were*
**nombreux** *numerous*   **mourir** *to die*

EVANGELINE

# Les Connaissez-vous?

**Connaissez-vous les personnes suivantes? Qu'est-ce qu'elles ont en commun?
Au moins° deux choses. Elles sont d'origine française et chacune a sa place dans
l'histoire américaine.**

### Paul Revere (1735–1818)

La famille de Paul Revere s'appelait° Rivoire. C'était une famille huguenote
d'origine française. Dans sa vie, Paul Revere a exercé un grand nombre
de métiers:° soldat, commerçant,° imprimeur,° graveur,° orfèvre° … Si Paul
Revere est resté célèbre, c'est à cause du rôle qu'il a joué pendant la
Révolution américaine.

### Jean-Baptiste Point du Sable (17??–1814)

Venait-il° du Canada? de la Louisiane ou de Saint-Domingue? On ne connaît
pas bien les origines de ce Français d'ascendance africaine. On sait que, vers°
1780, il est venu dans la région des Grands Lacs pour faire le commerce de
la fourrure° avec les Indiens. Il a établi plusieurs comptoirs° dans la région.
Pour sa maison, il a choisi un site près du lac Michigan. Autour de cette maison
s'est développé un petit village qui a grandi° très vite et est devenu Chicago.
Aujourd'hui, on considère Jean-Baptiste Point du Sable comme le fondateur°
de la troisième ville des États-Unis.

### Le marquis de La Fayette (1757–1834)

La Fayette était issu° d'une famille française très célèbre et très riche. À dix-huit
ans, il a entendu parler° de la Révolution américaine. Il a alors décidé de
rejoindre° les patriotes américains et de combattre° avec eux contre les Anglais.
Malheureusement, sa famille et ses amis se sont opposés à ses projets et le roi
de France lui a interdit° de partir. Que faire?

La Fayette n'a pas hésité longtemps. Il est allé en Espagne où il a acheté un
bateau avec son propre° argent et il est parti pour l'Amérique. Dès° son arrivée,
La Fayette s'est engagé° dans l'armée américaine. À vingt ans, le Congrès
continental l'a nommé général. Il est devenu l'ami de Washington, avec qui il
a participé aux grandes batailles de la guerre de l'Indépendance. La Fayette
est l'un des grands héros de la Révolution américaine.

### Jean Laffite (1780–18??)

Jean Laffite est un héros de légende. C'était le chef d'un groupe de
contrebandiers° qui opérait dans la région de la Nouvelle-Orléans. C'était aussi
un ardent patriote. Jean Laffite a défendu victorieusement la Nouvelle-Orléans
quand les Anglais ont attaqué cette ville en 1814. Après la guerre, il a
reconstitué son groupe de contrebandiers, puis il a mystérieusement disparu° …

**Au moins** *At least*   **s'appelait** *was named*   **métiers** *professions*   **commerçant** *businessman*
**imprimeur** *printer*   **graveur** *engraver*   **orfèvre** *silversmith*   **Venait-il?** *Did he come?*   **vers** *around*
**commerce de la fourrure** *fur trade*   **comptoirs** *trading posts*   **a grandi** *grew*   **fondateur** *founder*
**était issu** *came*   **a entendu parler** *heard about*   **rejoindre** *join*   **combattre** *fight*   **a interdit**
*forbade*   **propre** *own*   **Dès** *Immediately on*   **s'est engagé** *enlisted*   **contrebandiers** *smugglers*
**a … disparu** *disappeared*

## John James Audubon (1785–1851)

Où est né Audubon? À la Nouvelle-Orléans? À Haïti? En France?
Les origines de ce grand artiste restent mystérieuses. Après avoir fait
ses études en France, Audubon est arrivé à Philadelphie en 1803.
Puis, pendant trente ans, il a passé sa vie à voyager et à peindre° la
nature autour de lui. Dans son oeuvre° *Les oiseaux d'Amérique,* Audubon
combine le talent artistique avec l'esprit d'observation scientifique.

## Sarah Grimké (1792–1873) et Angélina Grimké (1805–1879)

Sarah et Angélina Grimké étaient issues d'une famille huguenote française
émigrée en Amérique au XVIIIᵉ siècle. Les deux soeurs ont consacré°
leur vie° à l'abolition de l'esclavage° aux États-Unis. Par leurs écrits° et
leurs discours,° elles ont joué un rôle très important dans la lutte° pour
l'émancipation des Noirs et pour les droits° de la femme. Leur neveu,°
Archibald Grimké (1849–1930), a continué leur lutte contre° la discrimination.
Il a été vice-président de la NAACP (Association nationale pour
l'avancement des personnes de couleur).

## John Charles Frémont (1813–1890)

Né en Géorgie, Frémont était le fils d'un officier français. Est-ce un héros ou
un aventurier? Peut-être les deux! Frémont a commencé sa carrière comme
professeur de mathématiques, mais bien vite, il a abandonné ce métier pour
devenir explorateur. C'est l'un des grands explorateurs de l'Ouest. Il a exploré
les montagnes Rocheuses,° le Nevada, l'Oregon. Arrivé en Californie en 1846,
il a proclamé l'indépendance de ce territoire espagnol. Puis il est devenu
gouverneur et sénateur du nouvel état. En 1856, Frémont a été le candidat
républicain aux élections présidentielles. Battu,° Frémont a continué à défendre
ses idées alors révolutionnaires: l'abolition de l'esclavage, la construction
d'un chemin de fer° transcontinental qui rejoindrait° le Pacifique. Plus tard,
Frémont a été gouverneur du territoire de l'Arizona.

L'histoire de ces personnes illustre la contribution des gens d'origine française à
l'histoire des États-Unis. Cette contribution est très importante. Pensez aux colons français
qui se sont installés° en Louisiane, aux soldats français qui ont combattu° pendant
la guerre de l'Indépendance, aux grands explorateurs qui ont parcouru° le continent
américain, aux chercheurs° d'or français qui sont arrivés en Californie en 1848 … Pensez
surtout aux deux millions de Franco-Américains qui vivent aujourd'hui aux États-Unis!

---

**CONNEXIONS  Histoire américaine**
Avec deux ou trois camarades, choisissez une de ces personnes présentées ici.
Expliquez pourquoi vous trouvez cette personne intéressante et écrivez
une courte biographie d'elle. (Sources: sites Internet, encyclopédies)

---

**peindre** *paint*  **oeuvre** *work*  **ont consacré** *devoted*  **vie** *life*  **esclavage** *slavery*  **écrits** *writings*
**discours** *speeches*  **lutte** *struggle*  **droits** *rights*  **neveu** *nephew*  **contre** *against*  **Rocheuses** *Rocky*
**Battu** *Defeated*  **chemin de fer** *railroad*  **rejoindrait** *would link*  **se sont installés** *settled*
**ont combattu** *fought*  **ont parcouru** *traveled through*  **chercheurs** *seekers*

# La France d'outre-mer

Il y a une France métropolitaine et une France d'outre-mer. La France d'outre-mer est constituée par° un certain nombre de départements et de territoires dispersés dans le monde entier.° Les départements et territoires d'outre-mer font partie intégrante de la France. Leurs habitants sont citoyens° français. Ils ont les mêmes droits et les mêmes obligations que tous les Français.

Voici quelques-uns de ces territoires et départements:

| Département/Territoire | Population | Capitale | Produits |
|---|---|---|---|
| La Martinique | 400 000 | Fort-de-France | sucre, bananes, ananas° |
| La Guadeloupe | 450 000 | Basse-Terre | sucre, bananes, ananas |
| La Guyane française | 150 000 | Cayenne | fruits tropicaux, sucre, bananes, riz,° tabac° |
| La Polynésie française | 200 000 | Papeete | fruits tropicaux, café, vanille, noix de coco° |

## Le créole

Quelle est la langue officielle de la Martinique? C'est le français, bien sûr! Mais à la maison et avec leurs amis, les jeunes Martiniquais parlent créole. Le créole reflète la personnalité et l'histoire de la Martinique. Cette langue originale est née du contact entre les Européens et les esclaves noirs. Influencé par les langues africaines, le créole contient° des mots d'origine française, anglaise, espagnole et portugaise. On parle aussi créole à la Guadeloupe et en Guyane française.

Voici certaines expressions créoles:

| créole | français |
|---|---|
| Ça ou fé? | Comment allez-vous? |
| Moin bien. | Je vais bien. |
| Ça ou lé? | Qu'est-ce que vous voulez? |
| Moin pa savé. | Je ne sais pas. |

Et voici un proverbe créole:

| | |
|---|---|
| Gros poisson ka mangé piti. | Les gros poissons mangent les petits. |

**constituée par** *made up of*   **dans le monde entier** *around the world*
**citoyens** *citizens*   **ananas** *pineapple*   **riz** *rice*   **tabac** *tobacco*
**noix de** *coconuts*   **contient** *contains*

# Le Carnaval à la Martinique

À la Martinique, le Carnaval est toujours une fête° extraordinaire. C'est la fête de la musique, de la danse, du rythme, de l'exubérance. C'est surtout la fête de la bonne humeur.

On prépare le Carnaval des mois à l'avance° … Finalement la semaine du Carnaval arrive. Le lundi, les jeunes gens mettent leurs masques et leurs costumes. Dans les rues, les orchestres de musique créole (clarinette, tambour° et banjo) jouent des airs typiques. Tout le monde chante et danse … Le mardi, c'est le jour des diables.° Ce jour-là, tout le monde porte des vêtements rouges.

Le Carnaval finit le mercredi. Ce jour-là, on met des vêtements blancs et noirs. Le soir, on brûle° «Vaval», une immense effigie de papier mâché qui représente le Carnaval. Le Carnaval est fini. «Au revoir, Vaval! À l'année prochaine!»

# Les fêtes de juillet à Tahiti

Tahiti est la plus grande île de la Polynésie française. En juillet, Tahiti est en fête. Il y a des danses folkloriques. Il y a des cérémonies traditionnelles. Il y a des défilés.° Il y a des épreuves° sportives. Mais le grand événement est la course de pirogues.° Chaque village a son équipage.° Ces équipages s'entraînent° pendant des semaines. Finalement le jour de la course arrive. Les équipages sont prêts.° Le signal du départ est donné. Qui va gagner cette année?

# La Guyane française

Située au nord-est de l'Amérique du Sud, la Guyane française est un pays de forêt équatoriale. Autrefois, la Guyane était une colonie pénale où étaient° déportés les criminels condamnés aux travaux forcés.° (Le bagne° le plus célèbre se trouvait° sur la fameuse «Île du Diable».°)

Avec la technologie moderne, le caractère de la Guyane a complètement changé. C'est en Guyane, en effet, que se trouve le centre spatial de Kourou. De ce centre sont lancées° les fusées° Ariane. Ces fusées, construites° par la France en coopération avec d'autres pays européens, sont utilisées pour le lancement de satellites européens, japonais … et américains.

---

**CONNEXIONS** En France d'outre-mer
Avec deux ou trois camarades, choisissez un département ou territoire d'outre-mer que vous aimeriez visiter. Préparez un poster illustré de photos. (Sources: sites Internet, brochures touristiques)

---

**fête** *festival* **à l'avance** *in advance* **tambour** *drum* **diables** *devils* **brûle** *burn* **défilés** *parades*
**épreuves** *competitions* **course de pirogues** *canoe race* **équipage** *crew* **s'entraînent** *train*
**prêts** *ready* **étaient** *were* **travaux forcés** *forced labor* **bagne** *prison* **se trouvait** *was located*
**«Île du Diable»** *Devil's Island* **lancées** *launched* **fusées** *rockets* **construites** *built*

# Rencontre avec Myrtise et Garine

**Myrtise Maurice et Garine Jean-Philippe sont étudiantes dans une université américaine. Elles sont amies et habitent dans le même appartement. Je les ai rencontrées chez elles. Elles étaient en train de faire la cuisine.**

JEAN-PAUL: Bonjour, Myrtise! Bonjour, Garine! Qu'est-ce que vous faites?

MYRTISE: Nous préparons un repas haïtien. Nous avons des invités ce soir.

JEAN-PAUL: Qu'est-ce qu'il y a au menu?

MYRTISE: Du lambi° avec du riz et de la «sauce pois».

JEAN-PAUL: Qu'est-ce que c'est?

MYRTISE: Le lambi, c'est un gros coquillage° qu'on trouve partout dans les Antilles. Et la sauce pois, c'est une sauce avec des haricots rouges.

JEAN-PAUL: Et toi, Garine, qu'est-ce que tu fais?

GARINE: Je fais des «bananes pesées». Ce sont des bananes frites. C'est aussi une spécialité haïtienne.

JEAN-PAUL: Vous êtes haïtiennes toutes les deux?

GARINE: Non, moi, je suis américaine, mais mes parents sont nés en Haïti.

JEAN-PAUL: Et toi, Myrtise?

MYRTISE: Moi, je suis haïtienne. Je suis venue ici à l'âge de douze ans avec ma famille.

JEAN-PAUL: Est-ce que tu parles français avec tes parents?

MYRTISE: Bien sûr! Nous parlons français et créole.

JEAN-PAUL: Et toi, Garine?

GARINE: Je comprends le créole, mais à la maison, mes parents préfèrent que je parle français.

JEAN-PAUL: Qu'est-ce que tu études à l'université?

GARINE: J'étudie les sciences sociales. Et après, je vais faire des études de droit.° Je voudrais être avocate.

JEAN-PAUL: Et toi, Myrtise?

MYRTISE: Je fais des études de psychologie. Je voudrais être psychologue pour enfants.

JEAN-PAUL: Ici, aux États-Unis?

MYRTISE: Non, après mes études je compte° retourner en Haïti.

JEAN-PAUL: Pourquoi?

MYRTISE: Parce que c'est mon pays … Il y a beaucoup de choses à faire là-bas …

GARINE: Au fait, Jean-Paul, est-ce que tu veux dîner avec nous?

JEAN-PAUL: Oui, avec plaisir!

---

**lambi** *conch*  **coquillage** *shellfish*  **droit** *law*  **compte** *plan*

> **CONNEXIONS Haïti**
> Avec deux ou trois camarades, préparez une présentation sur l'un des sujets suivants:
> • l'histoire d'Haïti
> • la musique haïtienne
> • la cuisine haïtienne

## LE SAVEZ-VOUS?

1. La Louisiane a été nommée ainsi en l'honneur …
   a. d'une province française
   b. d'une jeune fille française nommée Louisette
   c. du roi de France Louis XIV

2. Toussaint Louverture est …
   a. un explorateur français
   b. le premier gouverneur de la Louisiane
   c. le chef des esclaves haïtiens révoltés contre les Français

3. Aujourd'hui, la Martinique et la Guadeloupe sont …
   a. des pays indépendants
   b. des départements français
   c. des colonies espagnoles

4. La devise du Québec est …
   a. «Je me souviens.»
   b. «Vive la différence!»
   c. «Vive le français!»

5. Après Paris, la deuxième ville d'expression française du monde est …
   a. Québec
   b. Montréal
   c. la Nouvelle-Orléans

6. À Paris on dit «Au revoir». À Québec on dit …
   a. «Bonjour»
   b. «Bonne nuit»
   c. «Bon voyage»

7. Le mot «cajun» vient du mot français …
   a. «acadien»
   b. «canadien»
   c. «indien»

8. Avant de venir en Louisiane, les Acadiens habitaient (lived) …
   a. au Mexique
   b. en Nouvelle-Angleterre
   c. dans l'est du Canada

9. Certaines villes américaines sont nommées Lafayette en l'honneur …
   a. d'un explorateur français
   b. d'un général canadien
   c. d'un héros de la Révolution américaine

10. L'un des premiers gouverneurs de Californie était d'origine française. Il s'appelle …
    a. Paul Revere
    b. John Charles Frémont
    c. John James Audubon

11. Tahiti est une île …
    a. canadienne
    b. française
    c. haïtienne

12. Les jeunes Martiniquais parlent français et …
    a. créole
    b. espagnol
    c. italien

# Unité 5

## Vive le sport!

## THÈME ET OBJECTIFS

### Culture

**In this unit, you will learn ...**

- what sports French people enjoy
- how they keep in shape

### Communication

**You will learn how ...**

- to name and describe your favorite sports
- to talk about your daily activities and personal care

**You will also learn ...**

- to identify various parts of the body and describe a person's physical features
- to explain what you do to stay fit
- to let a doctor know what is wrong when you feel sick or in pain

**DIGITAL FRENCH** my.hrw.com
*ONLINE STUDENT EDITION with...*

**performance))space**

**News** + **Networking**

**@HOMETUTOR**

- Audio Resources
- Video Resources
- Interactive Flashcards
- WebQuest

*PRACTICE FRENCH WITH HOLT MCDOUGAL APPS!*

# Le sport, c'est la santé

## Aperçu culturel ... Le sport en France

«Un esprit sain dans un corps sain»[1] dit le proverbe. Les jeunes Français mettent ce proverbe en action en pratiquant toutes sortes de sports. 75% sont inscrits° dans un club sportif. À l'école ils font de la gymnastique et du jogging. Ils jouent aussi au foot, au volley et au basket. En dehors° de l'école, la pratique des sports varie avec les saisons: ski en hiver, tennis et natation au printemps et en été, planche à voile et escalade pendant les vacances.

[1]"A healthy mind *(spirit)* in a healthy body"
**inscrits** *registered*   **dehors** *outside*

**1.** La planche à voile est un sport très populaire sur les plages de la Méditerranée et de l'Atlantique. On peut aussi pratiquer ce sport à la Martinique.

**2.** À Noël et pendant les vacances de février, beaucoup de jeunes Français vont dans les stations de sports d'hiver des Alpes et des Pyrénées. Là, ils font du ski et surtout° du snowboard (ou surf des neiges). Deux jeunes Françaises, Isabelle Blanc et Karine Ruby, sont les championnes olympiques de cette spécialité.

**surtout** *especially*

**3.** L'escalade est un sport de montagne qu'on peut pratiquer en été. En ville, les jeunes peuvent s'entraîner° pour ce sport dans des installations spécialisées.

**s'entraîner** *to train*

**4.** Le vélo tout terrain°, ou VTT, est un autre sport de montagne. Aujourd'hui beaucoup de Français utilisent leur VTT pour circuler° en ville.

**vélo tout terrain** *mountain biking*   **circuler** *to get around*

@HOMETUTOR
my.hrw.com

**5.** Le roller est le nouveau sport à la mode°
dans les grandes villes et principalement à
Paris. Tous les vendredis soirs, 10 000 jeunes
Parisiens font la traversée° de leur ville en
roller. Ils sont accompagnés par des
policiers, eux aussi en roller.

**à la mode** *fashionable* **traversée** *crossing*

**6.** Le football reste le sport favori
des jeunes Français. Pendant la
semaine, ils pratiquent ce sport
au lycée ou dans des clubs
sportifs. Le week-end, ils
regardent leurs équipes favorites
à la télé. Zinedine Zidane, un
Français d'origine algérienne, est
l'un des meilleurs joueurs du
monde. Grâce à° lui, l'équipe de
France a gagné la Coupe
d'Europe et la Coupe du Monde.

**grâce à** *thanks to*

**7.** Dans les clubs sportifs, les jeunes
Français pratiquent d'autres sports,
comme le tennis, l'escrime°, la
gymnastique rythmique sportive (pour
les filles) et le judo (pour les garçons).
Ce sport de combat a été rendu°
populaire par les champions
olympiques français.

**crime** *fencing* **rendu** *made*

### COMPARAISONS *Culturelles*

Pourquoi faites-vous du sport? Voici la réponse des Français à cette question:
- pour le plaisir          80%      • pour le look          22%
- pour la santé *(health)*  70%      • pour la compétition   12%
- pour rencontrer des gens 27%

Faites un sondage dans votre classe et déterminez pourquoi vous faites
du sport. Comparez les réponses avec les réponses des Français.

### Et vous?
Est-ce que vous pratiquez les mêmes sports que les jeunes Français? Expliquez.

**A** | **VOCABULAIRE** | **Les sports individuels**

> Tu es sportive?

> Oui, je fais du sport.

—Tu es **sportif (sportive)**?
—Oui, je fais du sport.
—Quels sports est-ce que tu **pratiques**?
—Je fais de la gymnastique et du jogging.
—Est-ce que tu **cours** beaucoup?
—Je cours 20 kilomètres par semaine.

| **pratiquer** | *to practice* |

| **courir** | *to run* |

| INFINITIVE | courir | | |
|---|---|---|---|
| **PRESENT TENSE** | je **cours** | nous **courons** | |
| | tu **cours** | vous **courez** | |
| | il/elle/on **court** | ils/elles **courent** | |
| **PASSÉ COMPOSÉ** | j'**ai couru** | | |

### Quelques sports individuels

**le jogging**
**le patinage** *(ice skating)*
**le patin à roulettes** *(roller skating)*
**le roller** *(in-line skating)*
**le skate(board)**

**le ski**
**le ski nautique** *(waterskiing)*
**le surf** *(surfboarding)*
**le snowboard, le surf des neiges**

**le vélo** *(cycling)*
**le VTT** *(mountain biking)*

**l'escalade** *(f.) (rock climbing)*
**la marche à pied** *(hiking)*
**la gym(nastique)**

**l'équitation** *(f.) (horseback riding)*
**la natation** *(swimming)*
**la voile** *(sailing)*
**la planche à voile** *(windsurfing)*

→ To talk about individual sports, the French use the construction:

faire { **du** / **de la** / **de l'** } + NAME OF SPORT

Je **fais du vélo.**
Éric **fait de la voile.**
Nous **faisons de l'escalade.**

In negative sentences, **du/de la → de.**

Je **ne** fais **pas de** ski.

> COMMENT, PHILIPPE! TU ES EN VACANCES ET TU NE FAIS PAS DE SPORT?

> C'EST QUE J'HÉSITE ENTRE LE TENNIS, LE VOLLEY, LE GOLF, LA NATATION, LA VOILE, LA PLANCHE À VOILE, LE SKI NAUTIQUE...

## 1 Le sport et vous

**PARLER/ÉCRIRE** Indiquez vos préférences en complétant les phrases suivantes.

**1.** Je fais du sport …
- tous les jours
- une fois par semaine
- trois fois par semaine
- pratiquement jamais

**2.** Je fais du sport parce que …
- c'est amusant
- c'est bon pour la santé *(health)*
- c'est obligatoire à mon école
- ?

**3.** Je préfère courir …
- seul(e) *(alone)*
- avec un copain ou une copine
- avec mon chien
- ?

**4.** Je préfère faire de la natation …
- dans une piscine
- dans un lac
- dans une rivière
- à la mer *(ocean)*

**5.** En hiver, mon sport préféré est …
- le ski
- le patinage
- le surf des neiges
- ?

**6.** En été, mon sport préféré est …
- l'équitation
- la voile
- le ski nautique
- ?

**7.** Dans mon quartier, les jeunes font …
- du roller
- du skate
- du jogging
- ?

**8.** Je voudrais apprendre à faire …
- du surf
- du parachutisme
- du parapente *(parasailing)*
- de la plongée sous-marine *(scuba diving)*
- de l'escalade

## 2 Et vos camarades?

**PARLER** Demandez à vos camarades s'ils pratiquent les sports suivants. S'ils répondent que **oui**, continuez le dialogue avec des questions comme **où? quand? avec qui?**

▶ —Tu fais du jogging?
—Oui, je fais du jogging.
—(Non, je ne fais pas de jogging.)
—Où?
—Je fais du jogging dans les rues de mon quartier.
   (dans le parc de la ville, … ).

## 3 Le sport et la géographie

**PARLER/ÉCRIRE** Dites quels sports individuels on pratique dans les régions suivantes.

▶ À la Martinique …      À la Martinique, on fait de la voile, du ski nautique, de la planche à voile …

**1.** À Hawaii …
**2.** Dans le Colorado …
**3.** En Floride …
**4.** En Californie …
**5.** Dans ma région, en été …
**6.** Dans ma région, en hiver …

### B | VOCABULAIRE | Un peu de gymnastique

**Je lève le bras droit.**

**Je lève le bras gauche.**

**Je plie les jambes.**

**Je mets les mains derrière le dos.**

**Je mets les mains sur la tête.**

| **lever*** *to raise* | | **plier** *to bend* |

**Lever*** is conjugated like **acheter**: je lève, tu lèves, il lève, nous levons, vous levez, ils lèvent.

### Les parties du corps

**le corps** *(body)*

un doigt
la main
le bras
l'épaule *(f.)*
le coeur
le dos
le ventre
l'estomac *(m.)*
la jambe
le genou
le pied

**la tête** *(head)*

**la figure** *(face)*

les cheveux *(m.)*
un oeil (les yeux)
le nez
la bouche
une dent
une oreille
le cou

**4** **«Jacques a dit»**

**PARLER** Le jeu de **«Jacques a dit»** est l'équivalent du jeu américain *«Simon says».* Jouez à ce jeu avec vos camarades. Vous pouvez utiliser les instructions suivantes ou créer d'autres instructions.

▶ Jacques a dit / touchez les cheveux

Jacques a dit
«Touchez les cheveux.»

1. levez la main droite
2. levez la jambe gauche
3. levez la tête
4. mettez la main gauche derrière le dos
5. mettez la main droite sur l'oreille gauche
6. mettez un doigt sur le nez
7. mettez deux doigts sur la bouche

8. ouvrez *(open)* la bouche
9. fermez *(close)* les yeux
10. mettez les mains autour *(around)* du cou
11. pliez les genoux
12. montrez vos dents
13. mettez les mains sur les épaules
14. touchez votre pied gauche avec la main droite

**5** **Anatomie**

**PARLER/ÉCRIRE** Complétez les phrases suivantes avec la partie du corps qui convient.

▶ On mange …
**On mange avec la bouche et les dents.**

1. On regarde avec …
2. On court avec …
3. On écoute avec …
4. On joue au foot avec …

5. On respire *(breathes)* par …
6. On joue au basket avec …
7. On joue de la guitare avec …
8. On porte un chapeau sur …

### C · VOCABULAIRE · La santé 🔊

Ça va?

Non, ça ne va pas.

—Ça va? 😊 ☹️

| Oui, **ça va.** | Non, **ça ne va pas.** |
|---|---|
| Je suis **en forme** (in shape). | Je ne suis pas en forme. |
| Je suis **en bonne santé** (health). | Je suis en mauvaise santé. |
| Je me **sens** (feel) bien. | Je ne me sens pas bien. |
| Ça va **mieux** (better). | |

Qu'est-ce que tu as?

J'ai un rhume.

—**Qu'est-ce que tu as?** (What's wrong? What's the matter?)

| Je suis | **malade** (sick). | J'ai | **la grippe** (flu). |
|---|---|---|---|
| | **fatigué(e)** (tired) | | **un rhume** (cold) |

—**Où est-ce que tu as mal?** (Where does it hurt?)

| J'ai mal | **à la tête.** | (I have a headache. My head hurts.) |
|---|---|---|
| | **au ventre** | (I have a stomachache. My stomach hurts.) |
| | **au dos** | (I have a sore back. My back hurts.) |
| | **aux oreilles** | (I have an earache. My ears hurt.) |

→ To indicate where you have a pain or where you are sore, use the construction:

$$\text{avoir mal} \begin{cases} \textbf{au} \quad (\text{à l'}) \\ \textbf{à la} \quad (\text{à l'}) \\ \textbf{aux} \end{cases} + \text{PART OF THE BODY}$$

**6** 𝒜ïe! (Ouch!)

**PARLER** Demandez à vos camarades où ils ont mal.

▶ —Où as-tu mal?
—J'ai mal au pied.

**7** *Questions personnelles* **PARLER/ÉCRIRE**

1. Qu'est-ce que tu fais pour rester en bonne santé?
2. Est-ce que tu es en forme? Qu'est-ce que tu fais pour rester en forme?
3. Est-ce que tu as mal à la tête quand tu étudies trop? Quel médicament (medicine) est-ce que tu prends quand tu as mal à la tête? Et quand tu as mal au ventre?
4. Est-ce que tu as eu la grippe l'année dernière? Où est-ce que tu as eu mal?
5. Quels sports est-ce que tu pratiques? Est-ce que tu as mal après avoir pratiqué ces sports? Où?
6. Est-ce que tu es allé(e) chez le dentiste récemment? Pourquoi? Est-ce que ça va mieux maintenant?

**@HOMETUTOR**
my.hrw.com

**8** Ça va?

**PARLER** Créez des dialogues, suivant le modèle, en choisissant un élément de chaque colonne.

Ça va?

Non, j'ai mal aux yeux.

Vraiment? Qu'est-ce que tu as fait?

J'ai regardé la télé.

| A la partie du corps | B le problème |
|---|---|
| les yeux | courir |
| le nez | manger trop de chocolats |
| les dents | faire de la marche |
| les pieds | regarder la télé |
| les doigts | travailler dans le jardin |
| la tête | jouer de la guitare |
| le ventre | être piqué *(stung)* par |
| les jambes | un moustique |
| le dos | ?? |

## Au jour le jour

En été, beaucoup de Français passent leurs vacances dans les terrains de camping. Ces terrains de camping sont généralement bien équipés. Ils offrent souvent la possibilité de pratiquer différents sports.

Imaginez que, l'été prochain, vous allez faire du camping en France avec des copains. Vous êtes chargé(e) de trouver un terrain de camping.

Regardez la brochure.

- Comment s'appelle ce terrain de camping?

- Quelles activités est-ce que ce terrain de camping propose?

- Combien coûte le séjour *(stay)* de deux semaines en juillet?

- Quels autres services est-ce que le terrain de camping propose?

- Quand pensez-vous sont les semaines à 260 euros?

**sèche-cheveux** *hair dryer* **Animation** *organized social activities* **Location** *rental*

### Camping Le Ker

Spécial 2 semaines juillet-août €450 par semaine

Restauration : restaurant-crêperie, pizza au feu de bois

- ○ Café
- ○ Piscine extérieure et piscine couverte
- ○ Tennis
- ○ Volley-ball
- ○ Pétanque
- ○ Ping-pong
- ○ Badminton
- ○ Mini-golf
- ○ Aire de jeux pour les plus petits

Installations sanitaires récentes, coin bébé et sèche-cheveux

Animation    Soirées dansantes

Accès Internet    Possibilité de baby-sitting

Location : emplacement tente, caravane et aussi bungalow

## Semaine à partir de 260 euros*

*selon la saison.
Route de Mesquer    44 410 Piriac-sur-mer

# Un vrai sportif

Aimez-vous le sport? Comme beaucoup de jeunes Français, Pierre et Armelle font du sport assez souvent. En hiver ils font du ski dans les Alpes. En été, ils font de la natation et de la planche à voile sur le lac d'Annecy.

Ce matin, ils font du jogging ...

En route, ils voient quelqu'un qui fait du jogging aussi.

Tiens, regarde. C'est pas Jérôme là-bas?

Si, si, c'est lui.

Il fait souvent du jogging?

Oh ... Il en fait de temps en temps. Comme nous.

Salut!

Salut!

Salut!

Armelle et Pierre disent bonjour à Jérôme.

D'où viens-tu?

Je viens du gymnase.

Tu y vas souvent?

Ah oui! J'y vais tous les matins.

Jérôme, c'est quoi ton sport préféré?

Oh, tu sais, j'aime tous les sports. Mais maintenant ma spécialité, c'est le parapente.

Ah bon? Où est-ce que tu en fais?

À Talloires, au-dessus du lac. J'y vais tous les week-ends.

Tu vas y aller le week-end prochain?

Bien sûr. Je vais même participer à une compétition samedi matin avec mes copains. J'ai des chances de gagner.

Et tu n'as pas peur?

Non, pourquoi?

Parce que c'est dangereux, non?

Mais, non, c'est pas dangereux quand on est en forme, comme moi...

Allez, au revoir.

Jérôme continue son jogging.

Au revoir, champion!

Dis donc, ton frère, c'est un vrai sportif!

Armelle semble impressionnée par les exploits de Jérôme.

Tu parles!

Pierre, lui, n'est pas très impressionné. à suivre ...

## Compréhension

1. Qui est-ce que Pierre et Armelle rencontrent?

2. D'où vient Jérôme?

3. Quel est son sport préféré maintenant?

4. Qu'est-ce qu'il va faire samedi matin?

## A Le pronom y

Note the use of the pronoun **y** *(there)* in the answers to the following questions.

| | |
|---|---|
| Tu vas souvent **à la plage**? | Oui, j'**y** vais souvent en été. |
| Tu vas **au club** de sports le soir? | Non, je n'**y** vais pas. |
| Est-ce que tu vas **chez ton copain**? | Oui, j'**y** vais assez souvent. |
| Est-ce que ta raquette est **dans ta chambre**? | Non, elle n'**y** est pas. |
| Tu es allé **en France**? | Oui, j'**y** suis allé. |
| Est-ce qu'Éric est allé **chez son cousin**? | Non, il n'**y** est pas allé. |

The pronoun **y** is the equivalent of the English *there*. It replaces names of places introduced by PREPOSITIONS OF PLACE such as **à, en, dans, chez,** etc.

Like other object pronouns, **y** comes BEFORE the verb, except in affirmative commands.

→ Note the word order in negative sentences.

Je **n'y** vais **pas**.     Je **n'y** suis **pas** allé.

→ Note the position of **y** in affirmative commands. There is liaison between the verb and **y**.

| On va **au stade**? | Oui, allons - **y**! |
|---|---|
| Je vais **à la bibliothèque**? | Oui, vas - **y**! |

→ The expression **Vas-y!** is used to encourage people.

**Vas-y!**     *Go on! Go ahead! Keep going!*

→ The pronoun **y** may also replace **à** + NOUN designating a THING.

| Tu joues **au foot**? | Oui, j'**y** joue. |
|---|---|
| Tu réponds **à cette lettre**? | Non, je n'**y** réponds pas. |

→ Note the following conversational expressions with **y**.

| **Vas-y!** | *Go on! Go ahead! Keep going!* |
|---|---|
| **On y va?** | *Should we go? Are we going?* |
| **Allons-y!** | *Let's go!* |

**VOCABULAIRE**    **Quelques expressions de temps**

| | | |
|---|---|---|
| **souvent** | *often* | L'été, je vais **souvent** à la plage. |
| **quelquefois** | *sometimes* | Je joue **quelquefois** au volley. |
| **de temps en temps** | *from time to time* | Je vais **de temps en temps** à la campagne. |
| **parfois** | *occasionally* | Je fais **parfois** une promenade à vélo. |
| **rarement** | *seldom, rarely* | Je vais **rarement** chez mon cousin. |
| **ne ... presque jamais** | *almost never* | Je **ne** vais **presque jamais** au théâtre. |

**1** *Conversation*

**PARLER** Demandez à vos camarades s'ils vont aux endroits suivants. Ils vont répondre en utilisant une expression de temps.

▶ à la piscine?

1. à la bibliothèque?
2. au gymnase?
3. à la campagne?
4. au concert?
5. en ville?
6. au supermarché?
7. dans les magasins?
8. chez ton copain (ta copine)?
9. chez tes grands-parents?
10. chez le dentiste?

Tu vas à la piscine?

Oui, j'y vais de temps en temps (souvent).

(Non, je n'y vais presque jamais.)

**2** **Pas le week-end!**

**PARLER/ÉCRIRE** Le week-end on ne fait pas ce qu'on fait pendant la semaine. Exprimez cela en utilisant le pronom **y**.

▶ Nous déjeunons à la cantine de l'école.
   **Le week-end, nous n'y déjeunons pas.**

1. On va à l'école.
2. Ma mère va à son travail.
3. Je vais à la bibliothèque.
4. Les élèves sont en classe.
5. Vous restez chez vous.
6. Ma tante déjeune au restaurant.
7. Nous jouons au foot.
8. Vous jouez au volley.

**3** *Questions personnelles*

**PARLER/ÉCRIRE** Utilisez le pronom **y** dans vos réponses.

1. Maintenant, es-tu en classe?
2. Le samedi, vas-tu au cinéma?
3. Le dimanche, dînes-tu au restaurant?
4. Le week-end, restes-tu chez toi?
5. Es-tu allé(e) en France?
6. Es-tu allé(e) à Tahiti?
7. Es-tu monté(e) à la Statue de la Liberté?
8. Es-tu descendu(e) dans le Grand Canyon?

## B Le pronom *en*

Tu veux de l'eau minérale?

Oui, merci, j'en veux bien.

Note the use of the pronoun **en** in the answers to the questions below.

| | |
|---|---|
| Tu fais **du jogging**? | Oui, j'**en** fais. |
| Vous avez fait **de la gymnastique**? | Oui, nous **en** avons fait. |
| Tu veux **de l'eau minérale**? | Oui, merci, j'**en** veux bien. |
| Tu as mangé **des spaghetti**? | Oui, j'**en** ai mangé. |
| Tu ne fais pas **de ski,** n'est-ce pas? | Non, je n'**en** fais pas. |
| Tu ne veux pas **de frites,** n'est-ce pas? | Non, je n'**en** veux pas. |

### POSITION

Like other object pronouns, **en** comes BEFORE the verb except in affirmative commands.

→ Liaison is required after **en** when the verb begins with a vowel sound.

J'**en** ‿ai.                    Tu n'**en** ‿as pas.

→ Note the position of **en** in negative sentences.
   Je ne fais pas **de sport**.        Je n'**en** fais pas.
   Je n'ai pas acheté **de pain**.     Je n'**en** ai pas acheté.

→ Note the position of **en** in affirmative commands. There is liaison between the verb and **en**.
   Fais **de la gymnastique**.         Fais ‿ **en!**
   Prends **de l'eau minérale**.       Prends ‿ **en!**

Tu veux une orange?

Non, merci. Est-ce qu'il y a des pommes?

Oui, il y en a.

→ Note the position of **en** with il y **a**.
   Est-ce qu'il y a **des pommes**?    Oui, il y **en** a.
                                       Non, il n'y **en** a pas.

---

**4** **Vive les loisirs!**

Tu fais de la photo?

Oui, j'en fais.

**PARLER** Demandez à vos camarades s'ils pratiquent les sports suivants ou les activités suivantes.

▶ de la photo

1. du ski nautique
2. de la voile
3. de la planche à voile
4. de la danse moderne
5. de l'escalade
6. du patin à roulettes
7. du patinage
8. du camping
9. du ski
10. du surf
11. du roller
12. du VTT
13. du skate
14. du snowboard

(Non, je n'en fais pas.)

@**HOME**TUTOR
my.hrw.com

## USES

| The pronoun **en** replaces | { **du, de la (de l')** **des** **de (d')** } + | NOUN |
|---|---|---|
| Je voudrais **de la limonade.** | J'**en** voudrais. | *I would like **some**.* |
| On a acheté **des croissants.** | On **en** a acheté. | *We bought **some**.* |
| Je ne veux pas **de fromage.** | Je n'**en** veux pas. | *I don't want **any**.* |

## LANGUAGE COMPARISON

→ The pronoun **en** is often the equivalent of the English pronoun *some, any*. While these pronouns are sometimes omitted in English, **en** must always be used in French.

| Tu as **de l'argent**? | Oui, j'**en** ai. | *Yes, I have **(some)**.* |
|---|---|---|
| | Non, je n'**en** ai pas. | *No, I don't have **any**.* |

Tu as un MP3?

Oui, j'en ai un.

### Other uses of en

→ **En** replaces a noun introduced by **un** or **une**.

| Tu as **une tablette**? | Oui, j'en ai **une**. | *Yes, I have **one**.* |
|---|---|---|

→ Note that **un** and **une** are not used in negative sentences.

| Tu as **une voiture**? | Non, je n'**en** ai pas. | *No, I don't have **one**.* |
|---|---|---|

→ **En** replaces the preposition **de** + NOUN.

| Tu viens **de la plage**? | Oui, j'**en** viens. | *Yes, I am coming **from there**.* |
|---|---|---|
| Tu parles **de tes projets**? | Non, je n'**en** parle pas. | *No, I don't talk **about them**.* |
| Tu as besoin **de ton livre**? | Oui, j'**en** ai besoin. | *Yes, I need **it**.* |

→ **En** replaces a noun introduced by a NUMBER.

| Marc a **trois frères**. Et toi? | Moi, j'**en** ai **deux**. | *I have **two**.* |
|---|---|---|
| Sandrine a **trente livres**. | Moi, j'**en** ai **trente** aussi. | *I also have **thirty**.* |

Sandrine a trente CD. Moi, j'en ai trente aussi.

→ **En** replaces **de** + NOUN after an expression of QUANTITY.

| Tu as **beaucoup d'amis**? | Oui, j'**en** ai **beaucoup**. | *Yes, I have **many**.* |
|---|---|---|
| Tu as **assez d'argent**? | Non, je n'**en** ai pas **assez**. | *No, I don't have **enough**.* |

## 5 Un régime de championne

**PARLER** Un journaliste interviewe une athlète. Jouez les deux rôles.

▶ faire du jogging? (tous les matins)

Vous faites du jogging?

Oui, j'en fais tous les matins.

1. faire de la gymnastique? (tous les jours)
2. faire du vélo? (avant le dîner)
3. faire de la marche à pied? (quelquefois)
4. boire du jus d'orange? (au petit déjeuner)
5. boire de l'eau minérale? (à tous les repas)
6. manger du yaourt? (très souvent)
7. manger des produits naturels? (tout le temps)
8. donner des interviews? (de temps en temps)
9. prendre des vacances? (rarement)

**6** Pourquoi pas?

**PARLER** Nicolas demande à ses copains s'ils font certaines choses. Ils répondent négativement et expliquent pourquoi. Jouez les rôles et soyez logiques.

▶ manger de la viande?

—Tu manges de la viande?
—Non, je n'en mange pas.
—Ah bon? Pourquoi est-ce que tu n'en manges pas?
—Je suis végétarien(ne).

1. manger du sucre?
2. vouloir de l'eau?
3. vouloir du gâteau?
4. faire du jogging?
5. faire du camping?
6. prendre des photos?
7. faire de l'espagnol?

> Je n'ai pas d'appareil-photo.
> Je n'ai pas de tente.
> Je n'ai pas soif.
> Je n'ai pas faim.
> J'ai mal aux pieds.
> J'ai mal aux dents.
> Je suis végétarien(ne).
> Je ne suis pas doué(e) *(gifted)* pour les langues.

**7** Et vous?

**PARLER** Demandez à vos camarades s'ils mangent et s'ils boivent les choses suivantes.

| manger … | | boire … | |
|---|---|---|---|
| ▶ | 1 | 6 | 7 |
| 2 | 3 | 8 | 9 |
| 4 | 5 | 10 | 11 |

—Est-ce que tu manges du poisson?
—Oui, j'en mange de temps en temps (souvent, tous les jours, quelquefois).
(Non, je n'en mange presque jamais.)

**8** Nos possessions

**PARLER** Demandez à vos camarades s'ils ont les choses suivantes.

▶ une radio

1. un portable
2. un appareil-photo
3. un vélo
4. une guitare
5. une montre
6. un chien
7. un poisson rouge *(goldfish)*
8. une raquette de tennis
9. une batte de baseball
10. un ballon de basket

Tu as une radio?

Oui, j'en ai une.

(Non, je n'en ai pas.)

**9** Questions personnelles

**PARLER/ÉCRIRE** Utilisez le pronom *en* dans vos réponses.

1. Est-ce que tu as mangé des céréales ce matin? Est-ce que tu as bu du jus d'orange? du lait?
2. Est-ce que tu as fait du baby-sitting la semaine dernière? Pour qui?
3. Est-ce que tu as acheté des vêtements le week-end dernier? Où?
4. L'été dernier, est-ce que tu as fait de la natation? de la voile? de la planche à voile? Où?
5. Est-ce que tu as gagné de l'argent pendant les vacances? Comment?
6. Est-ce que tu as déjà fait du camping? Où? Quand? Avec qui?
7. Est-ce que tu as déjà fait du ski? du ski nautique? de l'escalade? Où? Quand?

@HOMETUTOR
my.hrw.com

| VOCABULAIRE | **Pour exprimer son opinion** |

| à mon avis | *in my opinion* | **À mon avis,** le français est une langue facile. |
| selon moi | *according to me* | **Selon moi,** le rugby est un sport trop violent. |
| d'après moi | *according to me* | **D'après moi,** la natation est un très bon exercice. |
| je pense que | *I think (that)* | **Je pense que** le jogging est un excellent sport. |
| je trouve que | *I think (that)* | **Je trouve qu'**on ne fait pas assez de sport à l'école. |
| je crois que | *I believe (that)* | **Je crois que** pour rester en forme, il faut faire du sport. |

→ **Penser** *(to think)* and **trouver** *(to find)* are regular **-er** verbs.

| INFINITIVE | **croire** *(to believe)* | |
| --- | --- | --- |
| **PRESENT TENSE** | je **crois** | nous **croyons** |
| | tu **crois** | vous **croyez** |
| | il/elle/on **croit** | ils/elles **croient** |
| **PASSÉ COMPOSÉ** | j'**ai cru** | |

**10** *Vous et le sport*

**PARLER/ÉCRIRE** Exprimez votre opinion sur les sports suivants.

| le VTT | le football américain | | dangereux | trop violent |
| le jogging | le karaté | | intéressant | très bon pour la santé |
| la planche à voile | le surf des neiges | est un sport | amusant | passionnant *(exciting)* |
| la marche à pied | l'escalade | | difficile | ennuyeux *(boring)* |

▶ À mon avis, (Je crois que) l'escalade est un sport très dangereux.

**OBJECTIFS**

Now you can . . .
• discuss your favorite sports
• answer questions using **y** and **en**

# À votre tour!

*Digital performance space*

**1** *Vive le sport!*

**ÉCRIRE** Faites une liste de quatre sports que vous aimez. Décrivez où et quand vous pratiquez ces sports.

le jogging
J'aime faire du jogging.
J'en fais dans mon quartier.
J'en fais deux ou trois fois par semaine.

le volley
J'aime jouer au volley.
J'y joue souvent à l'école.
J'y joue après les cours.

**2** *Vacances à la Martinique*

**PARLER** Your partner went to Martinique for spring vacation. Ask your partner at least four questions. For instance, ask if he/she . . .
• bought some souvenirs (**des souvenirs**)
• went sailing (**faire de la voile**)
• went to the beach every day
• met French young people
• often went to a restaurant
• took many photographs
• went windsurfing

🌐 **LESSON REVIEW**
my.hrw.com

Additional readings @ **my.hrw.com**
FRENCH
InterActive Reader

# Lecture  Quel sport est-ce?

Pouvez-vous identifier les sports suivants? Lisez les définitions et faites correspondre chaque définition avec l'illustration correspondante.

**1** C'est un sport d'hiver. Aux États-Unis, on en fait dans le Colorado, mais on n'en fait pas en Floride. En France, on en fait en Savoie, mais on n'en fait pas en Normandie.

**2** Ce sport est d'origine anglaise, mais aujourd'hui on y joue dans tous les pays du monde. En général, on y joue à deux,° mais on peut aussi y jouer à quatre. On n'y joue jamais à six.

**3** C'est un sport d'été. Pour pratiquer ce sport, il est nécessaire de savoir nager. On en fait à la mer° ou sur un lac, mais on n'en fait pas en piscine.

**4** C'est un sport d'équipe très populaire en France et dans les pays africains d'expression française. On y joue sur un terrain° rectangulaire avec un ballon rond. On peut utiliser les pieds et la tête, mais pas les mains. En semaine, les jeunes y jouent à l'école. Le week-end, ils regardent les matchs professionnels à la télé.

**à deux** *with two people*   **à la mer** *at the ocean*   **terrain** *field*

? le parapente

? l'équitation

? le ski nautique

? le snowboard

**5** Ce sport ne nécessite pas d'équipement spécial et il ne coûte rien. Tout le monde peut le pratiquer: hommes et femmes, jeunes et vieux. On peut en faire en toute saison, à toute heure de la journée et n'importe où:° en ville et à la campagne, dans la rue ou dans les parcs publics. C'est un excellent sport pour la santé, spécialement pour le coeur, pour les poumons° et pour les muscles des jambes.

**6** C'est un sport dangereux. Ce n'est pas un sport pour tout le monde, mais on peut le pratiquer à tout âge. Quand on en fait, on a l'impression de voler° comme un oiseau.

**7** Ce sport nécessite un équipement spécial et un excellent sens de l'équilibre. On peut le pratiquer dans la rue, mais ce n'est pas un sport pour tout le monde. Quand on en fait, il est recommandé de porter un casque.°

**8** Pour pratiquer ce sport, on doit aller à la campagne. On peut en faire seul,° mais généralement on en fait en groupe. On ne peut pas en faire sans° un fidèle° compagnon qui a quatre pattes° et qui ne parle pas.

**n'importe où** *anywhere* **poumons** *lungs* **voler** *to fly* **casque** *helmet* **seul** *alone*
**sans** *without* **fidèle** *faithful* **pattes** *feet*

**?** le football

**?** le skate

**?** le jogging

**?** le tennis

## LANGUAGE COMPARISON

Compare the word order in French and English when one noun modifies another:

**un sport d'hiver**

✕

*a winter sport.*

How many other examples of this pattern can you find in the reading?

# Jérôme se lève?

Dans l'épisode précédent, Jérôme nous a parlé de son sport préféré.

Aujourd'hui, c'est samedi. Jérôme doit participer à une compétition de parapente.

Ce matin, cependant, Jérôme a oublié de se réveiller. C'est son camarade Bernard qui va le réveiller.

Dis, Jérôme! Tu te lèves?!

Oui, je me lève … Quelle heure est-il?

Il est huit heures. Eh! Lève-toi! La compétition commence à dix heures.

Bon, bon … Je me lève.

Jérôme se lève.

Puis, il va dans la salle de bains. Là, il se regarde dans la glace.

Il se brosse les dents.

@HOMETUTOR
my.hrw.com

Puis, il se lave.

Enfin il s'habille.

Bernard s'impatiente un peu. Il appelle Jérôme.

Jérôme, qu'est-ce que tu fais?

Je m'habille!

Dépêche-toi!
On part dans
une minute.

J'arrive!

Jérôme se dépêche. Il quitte sa chambre et descend les escaliers à toute vitesse ...
Soudain, on entend un grand bruit!

AAAG!!

à suivre ...

## Compréhension

1. Où se passe la scène?
2. Pourquoi est-ce que Bernard vient dans la chambre de Jérôme?
3. Que fait Jérôme dans la salle de bains?
4. Qu'est-ce qui est arrivé à Jérôme en descendant les escaliers?

## A L'usage de l'article défini avec les parties du corps

Note the use of the definite article in the sentences below.

J'ai **les** cheveux bruns.     *I have brown hair.* (**My** *hair is brown.*)
Tu as **les** yeux bleus.     *You have blue eyes.* (**Your** *eyes are blue.*)

Lève **la** main.     *Raise* **your** *hand.*
Ferme **les** yeux.     *Close* **your** *eyes.*

### LANGUAGE COMPARISON

In French, parts of the body are usually introduced by the DEFINITE article **le, la,** or **les,** and not by a possessive adjective as in English.

### 1 Questions personnelles PARLER/ÉCRIRE

1. Est-ce que tu as les yeux bleus, bruns ou noirs?
2. Est-ce que tu as les cheveux courts *(short)* ou longs?
3. Est-ce que ta copine a les yeux marron?
4. Est-ce que ton copain a les cheveux blonds?
5. Qui a les yeux bleus dans la classe?
6. Qui a les cheveux noirs? Qui a les cheveux longs? Qui a les cheveux frisés *(curly)*?

## B Les verbes réfléchis

*Getting up, washing,* and *getting dressed* are activities that we do every day. In French, these activities are expressed by REFLEXIVE VERBS.

Note the forms of the French reflexive verbs in the sentences below.

> À quelle heure est-ce que tu te lèves?

> Je me lève à sept heures.

| | |
|---|---|
| Je **me lève** à sept heures. | *I get up at seven.* |
| Tu **te laves.** | *You wash up.* |
| Nous **nous habillons.** | *We are getting dressed.* |

REFLEXIVE VERBS are formed according to the following pattern:

> REFLEXIVE VERB = REFLEXIVE PRONOUN + VERB

Note the forms of the reflexive verbs **se laver** *(to wash up)* and **s'habiller** *(to get dressed)*:

| INFINITIVE | se laver | s' habiller |
|---|---|---|
| **PRESENT** | je **me lave**<br>tu **te laves**<br>il/elle/on **se lave** | je **m' habille**<br>tu **t' habilles**<br>il/elle/on **s' habille** |
| | nous **nous lavons**<br>vous **vous lavez**<br>ils/elles **se lavent** | nous **nous habillons**<br>vous **vous habillez**<br>ils/elles **s' habillent** |
| **NEGATIVE** | je **ne me lave pas** | je **ne m' habille pas** |
| **INTERROGATIVE** | Est-ce que **tu te laves?** | Est-ce que **tu t' habilles?** |

→ Reflexive pronouns represent the same person as the subject.

| | |
|---|---|
| Éric **se** lave. | *Éric is washing* **(himself).** |
| Nous **nous** habillons. | *We are getting* **(ourselves)** *dressed.* |

→ Reflexive pronouns come immediately before the verb.
Note that **me, te,** and **se** become **m', t',** and **s'** before a vowel sound.

IL LAVE SON ENFANT.          IL SE LAVE.

**2** **Après le match de basket**

**PARLER/ÉCRIRE** Des copains ont joué au basket. Après le match, ils se lavent.

▶ Stéphanie     **Stéphanie se lave.**

1. Patrick
2. Nathalie
3. Éric et Olivier
4. Corinne
5. nous
6. vous
7. moi
8. toi

---

**VOCABULAIRE**    **Les occupations de la journée**

| | | |
|---|---|---|
| **se réveiller** | *to wake up* | Je **me réveille** à sept heures. |
| **se lever** | *to get up* | Le dimanche, nous **nous levons** à neuf heures. |
| **se laver** | *to wash, to wash up* | Tu **te laves** avant le petit déjeuner. |
| **s'habiller** | *to get dressed* | Vincent **s'habille** pour la boum. |
| **se promener** | *to go for a walk* | Tu **te promènes** avec tes copains. |
| **se reposer** | *to rest* | Le week-end, nous **nous reposons**. |
| **se coucher** | *to go to bed* | Je **me couche** à neuf heures. |

*Tu te promènes?*

*Oui, j'aime beaucoup me promener.*

→ **Se lever** and se **promener** are conjugated like **acheter**.

je **me lève**      nous nous **levons**
je **me promène**      nous nous **promenons**

---

**3** **Qu'est-ce qu'ils font?**

**PARLER/ÉCRIRE** Complétez les phrases avec le pronom réfléchi qui convient.

▶ Thomas **se** lève à huit heures.

1. Les élèves … habillent pour aller à l'école.
2. Vous … lavez après le match de foot.
3. Nous … promenons à la campagne.
4. Le dimanche, mes parents … reposent.
5. Je … habille bien pour aller au restaurant.
6. À quelle heure est-ce que Brigitte … lève?
7. À quelle heure est-ce que tu … couches?
8. Le lundi, je … réveille à sept heures moins le quart.

**4** **Après le dîner**

**PARLER/ÉCRIRE** Dites si oui ou non les personnes suivantes se reposent après le dîner.

▶ Nous étudions.
    **Nous ne nous reposons pas.**

1. Madame Boulot travaille.
2. Tu fais la vaisselle.
3. Je range ma chambre.
4. Monsieur Canard lit le journal.
5. Les élèves préparent l'examen.
6. Nous regardons la télé.
7. Vous dormez.
8. Sophie écoute de la musique.
9. Je fais mes devoirs.
10. Mes copains vont au stade.

@**HOME**TUTOR
my.hrw.com

**5** *Expression personnelle*

**PARLER/ÉCRIRE** Complétez les phrases suivantes en utilisant les suggestions entre parenthèses.

1. En général, je me réveille …
   (à quelle heure?)
2. Le dimanche, je me lève …
   (à quelle heure?)
3. Je me lave …
   (avant ou après le petit déjeuner?)
4. Je m'habille …
   (dans ma chambre ou dans la salle de bains?)
5. Le week-end, je me promène souvent …
   (en ville ou à la campagne?)
6. En général, je me repose …
   (avant ou après le dîner?)
7. En général, je me couche …
   (à quelle heure?)

**6** *Équivalences*

**PARLER/ÉCRIRE** Lisez ce que font les personnes suivantes. Décrivez leurs activités en utilisant un verbe réfléchi équivalent à l'expression soulignée.

▶ Tu <u>vas au lit</u>.
  **Tu te couches.**

1. Catherine <u>met une belle robe</u>.
2. Nous <u>faisons une promenade</u> à la campagne.
3. Le dimanche, ma mère <u>ne travaille pas</u>.
4. Philippe <u>ouvre *(opens)* les yeux</u>.
5. Mes copains <u>font une promenade</u> en ville.
6. Je <u>sors du lit</u> à six heures et demie.
7. Tu <u>prends un bain</u> *(bath)*.
8. Vous <u>allez au lit</u>.
9. Tu <u>mets tes vêtements</u>.

**7** **Conversation**

**PARLER** Avec vos camarades, discutez de ce que vous faites en différentes circonstances.

| À quelle heure? | À quelle heure? | Où? | Comment? |
|---|---|---|---|
|  |  |  |  |
| le lundi?<br>le dimanche?<br>pendant les vacances?<br>**(se lever)** | pendant la semaine?<br>le samedi soir?<br>pendant les vacances?<br>**(se coucher)** | le week-end?<br>avec ta famille?<br>avec tes copains?<br>**(se promener)** | quand tu vas à l'école?<br>quand il fait chaud?<br>quand il fait froid?<br>quand tu vas à une boum?<br>**(s'habiller)** |

▶ —À quelle heure est-ce que tu te lèves le lundi?
  —Je me lève à sept heures et demie.

## C La construction: *je me lave les mains*

Note the use of REFLEXIVE VERBS and the DEFINITE ARTICLE.

| | |
|---|---|
| Je **me lave les** mains. | *I am washing my hands.* |
| Tu **te laves la** figure. | *You are washing your face.* |
| Stéphanie **se brosse les** dents. | *Stéphanie is brushing her teeth.* |

To describe actions that one performs on one's body,
French speakers use the construction:

| SUBJECT + REFLEXIVE VERB + DEFINITE ARTICLE + PART OF THE BODY | | | |
|---|---|---|---|
| **Je** | **me lave** | **les** | **cheveux.** |

EST-CE QUE TU TE LAVES LA FIGURE?

NON, JE ME LAVE LES MAINS.

## VOCABULAIRE La toilette

**Les articles de toilette**

| une brosse à dents | un peigne | une brosse à cheveux | du shampooing |
|---|---|---|---|

| du rouge à lèvres | du dentifrice | du savon | un rasoir |
|---|---|---|---|

| | | |
|---|---|---|
| **se laver (les cheveux)** | *to wash (one's hair)* | Est-ce que tu **te laves** les cheveux tous les jours? |
| **se brosser (les dents)** | *to brush (one's teeth)* | Je **me brosse** les dents après le dîner. |
| **se maquiller** | *to put on make-up* | Corinne **se maquille.** |
| **se peigner** | *to comb one's hair* | Éric **se peigne** souvent. |
| **se raser** | *to shave* | Mon père **se rase.** |

Claire se brosse les dents.

Jérôme se lave la figure.

Zoé se brosse les cheveux.

**(8)** **Dans la salle de bains**

**PARLER/ÉCRIRE** Les personnes suivantes sont dans la salle de bains. Dites ce qu'elles font en utilisant les éléments des colonnes A, B, C et D dans des phrases logiques. Combien de phrases pouvez-vous faire en cinq minutes?

| A | B | C | D |
|---|---|---|---|
| je | se laver | les dents | du shampooing |
| tu | se brosser | les mains | du dentifrice |
| Jacqueline | | les pieds | du savon |
| Paul et Marc | | les cheveux | une brosse à dents |
| nous | | la figure | une brosse à cheveux |
| vous | | | |

▶ Je me lave les mains avec du savon.

**(9)** **Questions personnelles** **PARLER/ÉCRIRE**

1. Est-ce que tu te brosses toujours les dents après le dîner?
2. Avec quel dentifrice est-ce que tu te brosses les dents?
3. Est-ce que tu te laves les mains avec de l'eau chaude ou de l'eau froide?
4. Avec quel savon est-ce que tu te laves?
5. Avec quel shampooing est-ce que tu te laves les cheveux?
6. Est-ce que tu te peignes souvent pendant la journée *(day)*?
7. Est-ce que les filles de ton âge se maquillent?
8. Est-ce que les garçons de ton âge se rasent?

# À votre tour!

**(1)** **La routine quotidienne** *(Daily routine)*

**PARLER/ÉCRIRE** Sur une feuille de papier, écrivez à quelle heure vous faites les choses suivantes. Puis demandez à trois camarades à quelle heure ils font les mêmes choses. Est-ce que quelqu'un a la même routine quotidienne que vous?

▶ se réveiller?
  se lever?
  partir pour l'école?
  rentrer à la maison?
  se coucher?

| Moi | Kathy | Jim |
|---|---|---|
| Je me réveille à 6h45. | 6h50 | |
| Je | | |
| Je | | |
| Je | | |
| Je | | |

# Lecture Pauvre Monsieur Bernard!

Il est sept heures du matin. Monsieur Bernard se réveille. Il se lève et va à la salle de bains.

La salle de bains est occupée.

|   |   |
|---|---|
| **M. Bernard:** | Toc, toc, toc!° |
| **Mme Bernard:** | Oui? |
| **M. Bernard:** | C'est toi, Monique? |
| **Mme Bernard:** | Oui, c'est moi. Je me lave. |
| **M. Bernard:** | Ah, excuse-moi. Je vais revenir. |

Et Monsieur Bernard retourne dans sa chambre.

Monsieur Bernard retourne à la salle de bains, mais elle est encore occupée.

|   |   |
|---|---|
| **M. Bernard:** | Toc, toc … Monique? |
| **Charlotte:** | Non, Papa! C'est Charlotte. |
| **M. Bernard:** | Mais qu'est-ce que tu fais? |
| **Charlotte:** | Je me lave les cheveux. |
| **M. Bernard:** | Tu te laves les cheveux? … Dépêche-toi! |
| **Charlotte:** | Je me dépêche, Papa. |

Monsieur Bernard retourne dans sa chambre.

**Toc, toc, toc!** *Knock, Knock!*

▶ *How to express yourself when you are in a rush:*

| | |
|---|---|
| **être pressé(e)** | *to be in a hurry, a rush* |
| **être prêt(e)** | *to be ready* |
| **toujours** | *still* |
| **ne … (pas) encore** | *still, not yet* |
| **se dépêcher** | *to hurry, to hurry up* |
| **tout de suite** | *right away* |
| **à toute vitesse** | *very quickly* |

Monsieur Bernard retourne à la salle de bains,
mais elle est toujours occupée.

**M. Bernard:** Toc, toc, toc!!!
Comment Charlotte, tu es
encore dans la salle de bains?

**François:** Ce n'est pas Charlotte.
C'est François.

**M. Bernard:** Qu'est-ce que tu fais?

**François:** Je me brosse les dents.

**M. Bernard:** Tu te brosses les dents …
Tu te brosses les dents …
Mais, dépêche-toi!
Je suis très pressé ce matin!

Monsieur Bernard retourne à la salle de bains.
Cette fois, elle n'est plus° occupée. Monsieur
Bernard se lave. Il se rase. Il s'habille à toute
vitesse. Puis il va dans la salle à manger.

Dans la salle à manger, la famille prend le petit déjeuner.

**Mme Bernard:** Tu veux du café, François?

**M. Bernard:** Quelle heure est-il?

**Mme Bernard:** Il est huit heures.

**M. Bernard:** Ah, mon Dieu!° Non, merci! Je suis
pressé. J'ai un rendez-vous° avec
le patron à huit heures et demie.
Je dois partir tout de suite. Au revoir.

**Mme Bernard:** Au revoir.

**Charlotte:** Au revoir, Papa.

**François:** Au revoir, et bonne journée!°

Monsieur Bernard met son manteau et son chapeau.
Il sort de chez lui sans° prendre de petit déjeuner.
Pauvre Monsieur Bernard!

**ne … plus** *no longer* **mon Dieu** *my goodness*
**rendez-vous** *appointment* **bonne journée** *have a good day*
**sans** *without*

Je **suis** très **pressée** ce matin.

Est-ce que tout le monde **est prêt**?

Vous êtes **toujours** au lit?

Vous **n'** êtes **pas encore** habillés?

**Dépêche-toi,** Monique.
**Dépêchez-vous,** les enfants.

Descendez **tout de suite.**

Il faut partir **à toute vitesse.**

# J'ai voulu me dépêcher

Dans l'épisode précédent, Jérôme devait participer à une compétition de parapente, mais il ne s'est pas levé à l'heure. Il a voulu se dépêcher. Mais il est tombé dans les escaliers et il s'est cassé la jambe.

Évidemment, il n'a pas pu participer à la compétition.

Maintenant il est dans le living de son appartement. Pierre lui téléphone.

Alors, cette compétition, ça s'est bien passé?

Euh … Pas vraiment. J'ai eu un accident.

Pas grave, j'espère.

Je me suis cassé la jambe.

Tu t'es cassé la jambe?! Comment ça? … Pendant la compétition?

Euh, non, … ce matin …

Pierre, très surpris, veut savoir ce qui s'est passé.

Eh ben, alors quoi? Qu'est-ce qui t'est arrivé?

Eh bien, voilà … J'étais en retard, alors j'ai voulu me dépêcher. Et paf! je suis tombé dans l'escalier!

Mon pauvre vieux! Est-ce qu'on peut te rendre visite?

Oui, si tu veux.

Peu après, Pierre et Armelle arrivent chez Jérôme.

Comment ça va?

Ça va mieux.

Tiens, on t'a apporté des magazines.

Dis, Jérôme, je peux écrire quelque chose sur ton plâtre?

Oui, vas-y.

Armelle prend un stylo et écrit sur le plâtre de Jérôme.

À Jérôme, Super champion de parapente, Armelle.

FIN

## Compréhension

1. Qu'est-ce qui est arrivé à Jérôme?

2. Qu'est-ce que Pierre veut savoir?

3. Que fait Armelle avec son stylo?

Avant — AMUSEZ-VOUS BIEN!

Après — MAIS QU'EST-CE QUE VOUS AVEZ FAIT?

NOUS NOUS SOMMES BIEN AMUSÉS!

## VOCABULAIRE    Quelques verbes réfléchis

| | | |
|---|---|---|
| **s'amuser** | *to have fun* | Je **m'amuse** toujours quand je suis avec mes copains |
| **s'arrêter** | *to stop* | Le bus **s'arrête** devant l'école. |
| **se dépêcher** | *to hurry* | Marc **se dépêche** parce qu'il a un rendez-vous. |
| **s'excuser** | *to apologize* | Je **m'excuse** parce que j'ai tort. |
| **se souvenir (de)** | *to remember* | Est-ce que tu **te souviens de** moi? |

Le bus s'arrête devant l'école.

→ **Se souvenir** is conjugated like **venir**.
  Je **me souviens.**    Nous **nous souvenons.**

---

**1**  *Oui ou non?*

**PARLER/ÉCRIRE** Lisez la description des personnes suivantes et dites si oui ou non elles font les choses entre parenthèses.

▶ Ces garçons sont impolis. (s'excuser?)
   **Ils ne s'excusent pas.**

1. Je suis pressé (*in a hurry*). (se dépêcher?)
2. Nous avons soif. (s'arrêter au café?)
3. Pauline est triste. (s'amuser?)
4. Les joueurs (*players*) continuent le match. (s'arrêter?)
5. Vous êtes polis. (s'excuser?)
6. Tu as une bonne mémoire. (se souvenir de tout?)
7. Nous sommes à une boum. (s'amuser?)
8. Je ne peux pas téléphoner à Marc. (se souvenir de son numéro de téléphone?)

## A  L'impératif des verbes réfléchis

Note the affirmative and negative forms of the imperative of the verb **se reposer** (*to rest*).

| AFFIRMATIVE | | NEGATIVE | |
|---|---|---|---|
| **Repose-toi!** | *Rest!* | **Ne te repose pas!** | *Don't rest!* |
| **Reposons-nous!** | *Let's rest!* | **Ne nous reposons pas!** | *Let's not rest!* |
| **Reposez-vous!** | *Rest!* | **Ne vous reposez pas!** | *Don't rest!* |

➔ In AFFIRMATIVE commands, reflexive pronouns come AFTER the verb and are attached to it by a hyphen. Note that **te** becomes **toi**.

➔ In NEGATIVE commands, reflexive pronouns come BEFORE the verb.

➔ The following reflexive verbs are often used in the imperative:

| **se taire** | *to be quiet* | **Tais-toi!** | **Taisez-vous!** |
| **s'asseoir** | *to sit down* | **Assieds-toi!** | **Asseyez-vous!** |

### 2  Publicité

**PARLER/ÉCRIRE**  Vous travaillez pour une agence de publicité (*ad agency*) française. Complétez les messages publicitaires avec une expression de la liste.

Lavez-vous les mains avec …
Lavez-vous les cheveux avec …
Brossez-vous les dents avec …
Brossez-vous les cheveux avec …
Réveillez-vous en musique avec …
Rasez-vous avec …

le dentifrice SOURIRE
le rasoir BLIP
le savon SUAVE
la brosse à dents DENTAL
RADIO TAM TAM
le shampooing CAPELLO
la brosse à cheveux PILOU

### 3  En colonie de vacances (At camp)

**PARLER/ÉCRIRE**  Dites à vos camarades de faire les choses entre parenthèses.

▶ Il est sept heures! (se réveiller)
   **Il est sept heures! Réveille-toi!**

1. Il est sept heures dix. (se lever)
2. Voici du savon! (se laver)
3. Voici un peigne! (se peigner)
4. Il fait très beau! (se promener)
5. Tu es en retard! (se dépêcher)
6. Voici une chaise! (s'asseoir)
7. Tu vas à la fête (*party*)! (s'amuser)
8. Tu as tort! (s'excuser)

### 4  Que répondre?

**PARLER/ÉCRIRE**  Votre copain français vous parle. Dites-lui ce qu'il doit faire. Pour cela, choisissez une expression de la liste.

| s'amuser | s'habiller bien |
| se dépêcher | s'arrêter à la banque |
| se reposer | se promener à la campagne |
| se coucher | |

▶ Je suis fatigué. —**Alors, repose-toi!**

1. J'ai un bus dans dix minutes.
2. Je vais à un concert avec des copains.
3. Je vais à un mariage.
4. J'ai sommeil.
5. J'ai besoin d'air pur.
6. J'ai besoin d'argent.

## B Le passé composé des verbes réfléchis

Note the forms of the passé composé of the reflexive verb **se laver**.

| | MASCULINE FORMS | | FEMININE FORMS | |
|---|---|---|---|---|
| **AFFIRMATIVE** | je **me suis** | **lavé** | je **me suis** | **lavée** |
| | tu **t'es** | **lavé** | tu **t'es** | **lavée** |
| | il/on **s'est** | **lavé** | elle **s'est** | **lavée** |
| | nous **nous sommes** | **lavés** | nous **nous sommes** | **lavées** |
| | vous **vous êtes** | **lavé(s)** | vous **vous êtes** | **lavée(s)** |
| | ils **se sont** | **lavés** | elles **se sont** | **lavées** |
| **NEGATIVE** | je **ne me suis pas** | **lavé** | je **ne me suis pas** | **lavée** |
| **INTERROGATIVE** | tu **t'es** | **lavé?** | tu **t'es** | **lavée?** |
| | est-ce que tu **t'es** | **lavé?** | est-ce que tu **t'es** | **lavée?** |

The passé composé of reflexive verbs is formed as follows:

> SUBJECT + REFLEXIVE PRONOUN + PRESENT OF **être** + PAST PARTICIPLE

In general (but not always) the past participle agrees with the subject.

Éric s'est promené.          Mélanie s'est promenée.

→ There is no agreement in the construction: REFLEXIVE VERB + PART OF BODY. Compare:

| AGREEMENT | NO AGREEMENT |
|---|---|
| **se laver** | **se laver les mains** |
| Paul et Vincent se sont lav**és**. | Ils se sont lav**é** les mains. |

### 5 Hier

**PARLER/ÉCRIRE** Décrivez ce que les personnes suivantes ont fait hier.

▶ Frédéric / se lever à sept heures
**Frédéric s'est levé à sept heures.**

1. Catherine / se réveiller à 7 h 30
2. Jean-Paul / se lever à 8 h 10
3. Monsieur Poly / se raser
4. Christine / se dépêcher pour prendre son bus
5. Madame Dumont / s'habiller élégamment pour aller au restaurant
6. Alice et Céline / se promener en ville
7. mon grand-père / se reposer
8. mes soeurs / se coucher à dix heures

### 6 Qui s'est amusé?

**PARLER/ÉCRIRE** Lisez ce que les personnes ont fait le week-end dernier et dites si oui ou non elles se sont amusées.

▶ Nous avons travaillé.
**Nous ne nous sommes pas amusés.**

1. Je suis allé à une boum.
2. Isabelle est sortie avec un copain.
3. Vous avez préparé l'examen.
4. Madame Lanson a travaillé.
5. Tu as vu une comédie très drôle.
6. Nous avons rencontré des copains à la plage.
7. Mon oncle a nettoyé son appartement.
8. Anne et Sophie sont allées danser.

my.hrw.com

**7** **Et vous?**

**PARLER** Demandez à vos camarades s'ils ont fait les choses suivantes dimanche dernier.

1. se lever tôt *(early)*?
2. se lever après dix heures?
3. se laver les cheveux?
4. se promener en ville?
5. s'amuser avec des copains?
6. se promener avec ta famille?
7. se reposer?
8. se coucher tôt?

▶ s'arrêter dans un café?

Tu t'es arrêtée dans un café?

Oui, je me suis arrêtée dans un café.

(Non, je ne me suis pas arrêtée dans un café.)

---

**C** **L'infinitif des verbes réfléchis**

Note the position of the reflexive pronoun in the following sentences.

Je vais **me promener**.      *I am going **to take a walk**.*
Nous n'allons pas **nous reposer**.      *We are not going **to rest**.*

In an INFINITIVE construction, the reflexive pronoun comes immediately BEFORE the infinitive.

→ Note that the reflexive pronoun always represents the same person as the subject.

**Tu** vas **te** promener.    **Véronique** va **se** promener.

---

**8** **En ville**

**PARLER/ÉCRIRE** Les personnes suivantes sont en ville. Dites où chacune va s'arrêter.

▶ J'ai faim.

à la poste
à la gare (station)
dans une banque
dans un magasin de vêtements
dans un café
dans une pizzeria
dans un parc

Je vais m'arrêter dans une pizzeria.

1. Tu as soif.
2. Vous voulez acheter une chemise.
3. Isabelle veut acheter des timbres *(stamps)*.
4. Nous voulons regarder les horaires *(schedules)* de train.
5. Les touristes veulent changer de l'argent.
6. J'ai envie de m'asseoir.

---

**9** **Vive le week-end!**

**PARLER/ÉCRIRE** Dites ce que les personnes suivantes vont faire ce week-end.

▶ Nous aimons la nature.
(se promener à la campagne)
**Nous allons nous promener à la campagne.**

1. J'aime dormir.
(se lever à onze heures)
2. Tu aimes faire des achats.
(se promener en ville)
3. Vous êtes fatigués.
(se reposer)
4. Catherine va danser.
(s'habiller élégamment)
5. Nous allons à une boum.
(s'amuser)
6. Mes copains vont au ciné.
(se coucher tard *[late]*)

# À votre tour!

**Digital Performance space**

## 1 Une page de journal

**LIRE/ÉCRIRE** Dans son journal, Stéphanie décrit les événements de la journée. Lisez le journal de Stéphanie et écrivez votre propre *(own)* journal—réel ou imaginaire—pour la journée d'hier.

> ### mardi 18 avril
>
> Je me suis levée à sept heures et quart comme d'habitude. Puis, je me suis lavée et je me suis habillée. (J'ai mis un jean et ma nouvelle chemise bleue.) J'ai pris le petit déjeuner avec mes parents (café au lait, pain grillé avec beurre et confiture). Ensuite, j'ai pris le bus et je suis arrivée au lycée à huit heures et demie pour la classe de français. Nous avons eu un examen assez difficile, mais je pense que j'ai réussi.
>
> À midi et demi, j'ai déjeuné à la cantine avec ma copine Catherine. Après le déjeuner, nous nous sommes promenées en ville. Nous nous sommes arrêtées dans les magasins mais nous n'avons rien acheté. Ensuite, nous sommes rentrées au lycée pour la classe d'anglais.
>
> Après les cours, je suis rentrée directement chez moi. Je me suis reposée un peu et j'ai commencé mes devoirs. Puis j'ai aidé ma mère à préparer le dîner. Nous avons dîné à sept heures et demie!
>
> Après le dîner, je suis montée dans ma chambre et j'ai fini mes devoirs. Ensuite, j'ai téléphoné à Catherine pour organiser la boum de samedi. J'ai lu un peu et je me suis couchée à dix heures et demie.

## 2 Un sondage

**PARLER/ÉCRIRE** Choisissez cinq camarades et demandez à chacun:

• à quelle heure il/elle s'est couché(e) hier soir

• à quelle heure il/elle s'est levé(e) ce matin

Inscrivez les résultats sur une feuille de papier et déterminez qui a le plus besoin de sommeil et qui a le moins besoin de sommeil.

| Nom: | ☾ | ☼ | heures de sommeil |
|---|---|---|---|
| Jennifer | 10 h 15 | 6 h 45 | 8 heures 30 minutes |

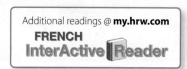

# Lecture La gymnastique du matin

## Scène 1

Il est sept heures du matin.

À cette heure, tout le monde met la télé pour regarder l'émission° du célèbre° Monsieur Muscle. Cette émission s'appelle «La gymnastique du matin».

À sept heures précises, Monsieur Muscle entre en scène.° C'est un homme jeune et athlétique. Il commence la leçon de gymnastique:

Couchez-vous sur le dos.

Une, deux, une, deux, levez la tête!

Une, deux, une, deux, levez les jambes!

Et maintenant, levez-vous.

Une, deux, une, deux, levez les bras!

Une, deux, une, deux, pliez les jambes!

Une, deux, une, deux, … !

Et tout le monde lève la tête, lève les jambes, lève les bras et plie les jambes avec Monsieur Muscle.

## Scène 2

Il est neuf heures du matin. Un homme rentre chez lui. Il a l'air pâle et fatigué. Sa femme est inquiète.°

**Femme:** Ça ne va pas?

**Homme:** Non, ça ne va pas.

**Femme:** Qu'est-ce que tu as?

**Homme:** J'ai mal à la tête, j'ai mal aux jambes, j'ai mal aux bras. J'ai mal partout.°

**Femme:** Est-ce que tu veux prendre ton petit déjeuner?

**Homme:** Non, je suis trop fatigué!

**Femme:** Mon pauvre chéri,° tu travailles trop. Repose-toi un peu!

**Homme:** Tu as raison, je vais me coucher.

Et l'homme est allé dans sa chambre. Là, il s'est regardé longuement° dans la glace. Puis, il s'est déshabillé° et il s'est couché.

Cet homme, vous l'avez certainement reconnu, c'est le célèbre Monsieur Muscle!

> **Mots utiles**
> Be careful not to confuse:
>
> | | | |
> |---|---|---|
> | **se reposer** | to rest | Claire est fatiguée. |
> | | | Elle a envie de **se reposer.** |
> | **rester** | to stay | Ce soir, elle ne va pas sortir. |
> | | | Elle va **rester** chez elle. |

**émission** *program*  **célèbre** *famous*  **en scène** *on stage*
**inquiète** *worried*  **partout** *all over*  **chéri** *darling*
**longuement** *for a long time*  **s'est déshabillé** *got undressed*

🌐 **LESSON REVIEW**
my.hrw.com

# Tests de contrôle

By taking the following tests, you can check your progress in French and also prepare for the unit test. Write your answers on a separate sheet of paper.

## 1 Le choix logique

**Review...**
- vocabulary and constructions: pp. 274, 276, 278, 292, 303

Complete each of the following sentences with the appropriate option.

1. Mélanie aime —. Elle fait du jogging tous les jours. **(courir / faire les courses)**
2. J'adore aller à la piscine. Mon sport préféré est —. **(la voile / la natation)**
3. À la montagne, on peut faire —. **(de l'escalade/ du ski nautique)**
4. J'ai joué au foot et maintenant j'ai mal —. **(aux jambes / à l'épaule)**
5. Ma mère va chez le dentiste. Elle a mal —. **(aux dents / au dos)**
6. Quand on mange trop, on a mal —. **(au cou / au ventre)**
7. Pierre a la grippe. Il est —. **(mauvais / malade)**
8. Élodie fait du sport. Elle est —. **(en forme / en avance)**
9. Éric va chez le coiffeur parce qu'il a — cheveux longs. **(les / ses)**
10. Pauline — les mains avant le dîner. **(lave / se lave)**
11. — sur cette chaise. **(Arrête-toi / Assieds-toi)**
12. Vous parlez trop. — , s'il vous plaît. **(Taisez-vous / Dépêchez-vous)**

## 2 Le bon verbe

**Review...**
- reflexive verbs: pp. 293, 294, 302

Complete each of the following sentences with the appropriate form of the reflexive verb which logically fits.

1. J'aime marcher. Je — souvent dans ce parc.
2. Quand j'ai tort, je —.
3. Julien — parce qu'il veut être à l'heure.
4. Vous — les mains avant le dîner.
5. Nous — quand nous sommes fatigués.
6. Mes parents — à 7 heures du matin.
7. Au cirque *(circus)*, les petits enfants — beaucoup.
8. Le bus — devant le théâtre.

s'amuser
s'arrêter
se dépêcher
s'excuser
se laver
se lever
se promener
se reposer

**3** Samedi dernier

Explain what people did by completing the following statements with the passé composé of the verbs in parentheses.

**1.** Nous — à huit heures. (se lever)
**2.** Ma grand-mère —. (se reposer)
**3.** Je — à minuit. (se coucher)
**4.** Léa et Zoé — à la boum. (s'amuser)
**5.** Vous — pour être à l'heure. (se dépêcher)
**6.** Mes cousins — à la campagne. (se promener)

*Review...*
• passé composé of reflexive verbs: p. 304

**4** Contextes et dialogues

Complete the following dialogues with **y** or **en**, as appropriate.

*Review...*
• use of **y** and **en**: pp. 282, 284

**(1)** *Monsieur Lenard s'est levé tôt (early) pour faire les courses. Madame Lenard lui parle.*
**Mme L:** Tu es allé à la boulangerie?
 **M. L:** Oui, j'— suis allé.
**Mme L:** Tu as pris du pain?
 **M. L:** Bien sûr, j'— ai pris.
**Mme L:** Tu as acheté des croissants?
 **M. L:** Oui, j'— ai acheté quatre.
**Mme L:** Magnifique! Allons prendre le petit déjeuner.

**(2)** *Nicolas et Pauline parlent de leurs sports préférés.*
**N:** Tu fais du jogging?
**P:** Oui, j'— fais tous les jours.
**N:** Tu joues au tennis?
**P:** J'— joue assez souvent.
**N:** Tu as une raquette?
**P:** Bien sûr, j'— ai une.
**N:** Tu veux aller au tennis club?
**P:** D'accord, Allons- — !

**5** Composition: La routine quotidienne

*Digital* performance space

In a short paragraph, describe some aspects of your daily life. Use complete sentences and respond to the following questions ...

• In general **(En général)**, at what time do you get up?
• At what time did you get up today?
• Do you wash your hair every day?
• Do you often comb your hair?

• Do you hurry to go to school?
• Do you rest before dinner?
• Do you brush your teeth after dinner?
• At what time did you go to bed yesterday?

---

**STRATEGY Writing**

**1**

Note your answers to the above questions.

**2**

Use your notes to write out your paragraph.

**3**

Read over your paragraph, paying special attention to the reflexive verbs. Note that some are in the present and others should be in the passé composé.

# Vocabulaire

## POUR COMMUNIQUER

**Talking about one's health**

| | | | |
|---|---|---|---|
| **Je suis en forme.** | *I am in shape.* | **Qu'est-ce que tu as?** | *What's wrong?* |
| **Je suis en bonne santé.** | *I am in good health.* | | *What's the matter?* |
| **Je me sens bien.** | *I feel fine.* | **Où est-ce que tu as mal?** | *Where does it hurt?* |
| **Ça va mieux.** | *I'm feeling better.* | | |

## MOTS ET EXPRESSIONS

**Sports individuels**

| | | | |
|---|---|---|---|
| **le jogging** | *jogging* | **l'équitation** | *horseback riding* |
| **le patin à roulettes** | *rollerskating* | **l'escalade** | *rock climbing* |
| **le patinage** | *skating* | **la gym(nastique)** | *gymnastics* |
| **le roller** | *in-line skating* | **la marche à pied** | *hiking* |
| **le skate(board)** | *skateboarding* | **la natation** | *swimming* |
| **le ski nautique** | *waterskiing* | **la planche à voile** | *windsurfing* |
| **le ski** | *skiing* | **la voile** | *sailing* |
| **le snowboard** | *snowboarding* | | |
| **le surf** | *surfboarding* | | |
| **le surf des neiges** | *snowboarding* | | |
| **le vélo** | *cycling* | | |
| **le VTT** | *mountain biking* | | |

**Les parties du corps**

| | | | | | |
|---|---|---|---|---|---|
| **un bras** | *arm* | **un genou** | *knee* | **une bouche** | *mouth* |
| **les cheveux** | *hair* | **un nez** | *nose* | **une dent** | *tooth* |
| **un coeur** | *heart* | **un oeil (les yeux)** | *eye(s)* | **une épaule** | *shoulder* |
| **un corps** | *body* | **un pied** | *foot* | **la figure** | *face* |
| **un cou** | *neck* | **un ventre** | *stomach* | **une jambe** | *leg* |
| **un doigt** | *finger* | | | **une main** | *hand* |
| **un dos** | *back* | | | **une oreille** | *ear* |
| **un estomac** | *stomach* | | | **une tête** | *head* |

**La toilette**

| | | | | | |
|---|---|---|---|---|---|
| **du dentifrice** | *toothpaste* | **du rouge à lèvres** | *lipstick* | **une brosse à cheveux** | *hairbrush* |
| **un peigne** | *comb* | **du savon** | *soap* | **une brosse à dents** | *toothbrush* |
| **un rasoir** | *razor* | **du shampooing** | *shampoo* | | |

**Adjectifs**

| | | | |
|---|---|---|---|
| **malade** | *sick* | **prêt** | *ready* |
| **fatigué** | *tired* | **sportif (-ive)** | *athletic* |
| **pressé** | *in a hurry, in a rush* | | |

## Verbes réguliers

| | |
|---|---|
| lever (je lève) | to raise |
| plier | to bend |
| pratiquer | to practice |

## Verbes irréguliers

| | |
|---|---|
| courir | to run |
| croire | to believe |

## Expressions avec *avoir*

| | |
|---|---|
| avoir mal | to be in pain |
| avoir mal à la tête | to have a headache |
| avoir mal au ventre | to have a stomachache |
| avoir mal au dos | to have a backache |
| avoir mal aux oreilles | to have an earache |
| avoir la grippe | to have the flu |
| avoir un rhume | to have a cold |

## Expressions avec *faire*

| | |
|---|---|
| faire du sport | to play sports |
| faire de la voile | to sail |
| faire de l'escalade | to do rock climbing |
| faire du ski | to ski |
| faire du vélo | to bike |

## Verbes réfléchis

| | | | |
|---|---|---|---|
| s'amuser | to have fun | se lever | to get up |
| s'arrêter | to stop | se maquiller | to put on make-up |
| se brosser (les dents) | to brush (one's teeth) | se peigner | to comb one's hair |
| se coucher | to go to bed | se promener | to go for a walk |
| se dépêcher | to hurry | se raser | to shave |
| s'excuser | to apologize | se reposer | to rest |
| s'habiller | to get dressed | se réveiller | to wake up |
| se laver (les cheveux) | to wash (one's hair) | se souvenir (de) | to remember |

## Phrases utiles

| | | |
|---|---|---|
| Assieds-toi. | Asseyez-vous. | Sit down. Be seated. |
| Tais-toi. | Taisez-vous. | Be quiet. |

## Expressions de temps

| | | | |
|---|---|---|---|
| à toute vitesse | (very) quickly | quelquefois | sometimes |
| de temps en temps | from time to time | rarement | seldom, rarely |
| ne … pas encore | not yet | souvent | often |
| ne … presque jamais | almost never | toujours | still, always |
| parfois | occasionally | tout de suite | right away |

## Pour exprimer son opinion

| | | | |
|---|---|---|---|
| à mon avis | in my opinion | je pense que | I think (that) |
| selon moi | according to me | je trouve que | I think (that) |
| d'après moi | according to me | je crois que | I believe (that) |

Additional readings @ **my.hrw.com**

**FRENCH**
**InterActive Reader**

**Interlude 5**

# Le véritoscope

**PRE-READING STRATEGY  Avant de lire**

Avec un «microscope», nous pouvons voir des objets très petits (*micro* = petit). Avec un «télescope», nous pouvons voir des choses qui sont loin de nous (*télé* = distance).

Par conséquent, avec un «véritoscope», nous pouvons voir la vérité. Mais, comment fonctionne cette machine imaginaire? Vous allez le découvrir en lisant cette histoire.

## 1  Une mauvaise nouvelle

Ce matin, Monsieur Dumas, avocat, est arrivé tard° à son bureau. Quand il est entré, Julien, le comptable, l'attendait.°

—Monsieur, je voudrais vous parler en privé.

—Mais qu'est-ce qu'il y a, Julien?

—Eh bien, monsieur, c'est arrivé encore une fois.

—Quoi?

—Quelqu'un a pris de l'argent dans la caisse.

—Combien?

—Cinq cents euros.

—Vous êtes sûr?

—Absolument sûr. J'ai compté l'argent hier soir et je l'ai recompté ce matin. Il manque cinq cents euros.

—Bien, bien, merci! Je vais voir ce que je peux faire.

**Mots utiles**

| | |
|---|---|
| **en privé** | *in private* |
| **qu'est-ce qu'il y a** | *what's wrong* |
| **encore une fois** | *once again* |
| **compter** | *to count* |
| **il manque …** | *… is missing* |

**tard** *late*   **l'attendait** *was waiting for him*

### Avez-vous compris?

**1.** Monsieur Dumas a un problème. Qu'est-ce que c'est?

**2.** Selon le comptable, combien d'argent est-ce qu'il manque dans la caisse?

## 2 Monsieur Dumas, en train de bricoler

Seul dans son bureau, Monsieur Dumas a réfléchi à la situation.
C'est la troisième fois en deux mois que «quelqu'un» s'est servi dans
la caisse. La première fois, c'était° cent euros. La deuxième fois,
c'était deux cents euros. Et maintenant, c'est cinq cents euros.

«Si cela continue comme cela,° je vais bientôt° être
ruiné» a pensé Monsieur Dumas. «Oui, mais que faire?
Appeler° la police? C'est inutile. La police a d'autres
choses à faire. Renvoyer tous mes employés? C'est impossible.
Un seul est coupable … Ah, j'ai trouvé la solution …»

Le week-end suivant. Monsieur Dumas n'est pas sorti
comme d'habitude. Il n'a pas dîné en ville. Il n'est pas
allé au théâtre. Il n'a pas joué au bridge à son club …
Il est resté chez lui. Et qu'est-ce qu'il a fait chez lui?
Il est descendu dans son atelier. Il a travaillé jour et nuit
sur un «projet spécial». Il faut dire° que Monsieur Dumas n'est pas
seulement un brillant avocat. C'est aussi un bricoleur de génie.°

### Mots utiles

| | |
|---|---|
| **seul** | *alone* |
| **réfléchir** | *to think, reflect* |
| **se servir** | *to help or serve oneself* |
| **renvoyer** | *to fire (an employee)* |
| **un seul** | *only one person* |
| **coupable** | *guilty* |

**c'était** *it was*  **comme cela** *like that*  **bientôt** *soon*  **Appeler** *Call*  **Il faut dire** *It should be said*
**bricoleur de génie** *brilliant tinkerer*

### Avez-vous compris?

**1.** Pourquoi est-ce que Monsieur Dumas ne peut pas renvoyer tous ses
employés?

**2.** Comment a-t-il passé son week-end?

## 3 La réunion de lundi matin

un paquet · un fil · un compteur · un récipient · une électrode

Lundi, Monsieur Dumas est sorti de chez lui avec un mystérieux paquet sous le bras. Puis il est allé à son bureau. Là, il a convoqué° tous ses employés pour une réunion.°

À dix heures, tout le monde était assis° autour de° la grande table dans la salle de réunion.° Il y avait° Alice et Claudine, les deux assistantes de Monsieur Dumas, Julien, le comptable, Madeleine, la réceptionniste, Gilbert, le secrétaire, et Pierrot, le garçon de courses.°

Monsieur Dumas est entré dans la salle avec son mystérieux paquet. Il a posé le paquet au centre de la table. Puis il a pris la parole.°

—J'ai le regret de vous annoncer qu'il y a un voleur° parmi° vous.

Silence dans la salle.

Monsieur Dumas a continué.

—À trois reprises° différentes, quelqu'un a pris de l'argent dans la caisse. Si le coupable se dénonce, je lui demanderai° de restituer° l'argent et l'affaire sera réglée. Est-ce que le coupable veut se dénoncer?

Personne n'a répondu.

—Eh bien, puisque personne n'est coupable, vous ne verrez pas° d'inconvénient à vous soumettre au test de vérité.

### Mots utiles

| | |
|---|---|
| **se dénoncer** | *to give oneself up* |
| **l'affaire sera réglée** | *the matter will be settled* |
| **puisque** | *since* |
| **s'allumer** | *to light up* |
| **rien à craindre** | *nothing to fear* |

**a convoqué** *called together* **réunion** *meeting* **assis** *seated* **autour de** *around* **salle de réunion** *conference room* **Il y avait** *There were* **garçon de courses** *errand boy* **a pris la parole** *began to speak* **voleur** *thief* **parmi** *among* **reprises** *occasions* **demanderai** *will ask* **de restituer** *to return* **ne verrez pas** *won't see*

Monsieur Dumas a ouvert° le mystérieux paquet. Les employés ont vu une étrange machine. L'élément central était un petit récipient rempli° d'eau. À ce récipient étaient attachés des électrodes, des fils électriques et un compteur.

—Cette machine s'appelle un véritoscope. C'est une machine ultrasensible qui capte° les impulsions nerveuses de l'individu.° Son fonctionnement est très simple. Elle est reliée° à une lampe dans mon bureau. Vous mettez la main dans l'eau et vous dites une phrase. Si vous dites la vérité, rien ne se passe.° Si vous ne dites pas la vérité, la machine détecte votre nervosité et la lampe qui est dans mon bureau s'allume. Évidemment,° cette machine fonctionne seulement° dans l'obscurité° la plus complète.

—Qu'est-ce qu'on fait? a demandé Madeleine, la réceptionniste.

—Et bien, vous allez tour à tour° mettre la main dans l'eau et vous allez dire: «Ce n'est pas moi qui ai pris l'argent.»

—Mais puisque personne n'est coupable … , a dit Pierrot, le garçon de courses.

—Alors, vous n'avez rien à craindre. C'est simplement un test pour confirmer votre innocence.

---

**Avez-vous compris?**

**1.** Qu'est-ce que Monsieur Dumas annonce à ses employés à la réunion de lundi matin?

**2.** Comment fonctionne le véritoscope?

---

**a ouvert** *opened*   **rempli (d')** *filled (with)*   **capte** *picks up*   **individu** *person*   **reliée** *linked*
**rien ne se passe** *nothing happens*   **Évidemment** *Obviously*   **seulement** *only*
**obscurité** *darkness*   **tour à tour** *one after the other*

## 4  Le moment de vérité

Monsieur Dumas a éteint° les lumières et il est sorti. Il est allé à son bureau où il a attendu dix minutes. Puis il est retourné dans la salle de réunion.

—Alors, est-ce que la lampe s'est allumée? a demandé Alice, la première assistante.

—Non, elle ne s'est pas allumée, a répondu Monsieur Dumas.

—Vous voyez, personne ici n'est malhonnête, a ajouté Claudine, la seconde assistante.

—Est-ce qu'on peut sortir? a demandé Gilbert, le secrétaire.

—Attendez un peu, a dit Monsieur Dumas. Montrez-moi d'abord vos mains.

Tout le monde a levé les mains.

—Eh bien, maintenant, je sais qui est le coupable. Voilà, j'ai oublié de vous dire que dans le liquide il y a un produit incolore qui devient vert au contact de la peau.

—C'est vrai, j'ai la main verte, a dit Madeleine.

—Et moi aussi, a dit Pierrot.

—Mais vous, Julien, a dit Monsieur Dumas, vous avez la main blanche. Expliquez-nous donc pourquoi vous n'avez pas voulu vous soumettre au test du véritoscope!

**a éteint**  *turned off*

| Mots utiles | |
|---|---|
| **une lumière** | *light* |
| **un produit** | *(chemical) product* |
| **incolore** | *colorless* |
| **la peau** | *skin* |

### Avez-vous compris?

**1.** Que font les employés pendant l'absence de Monsieur Dumas?

**2.** Comment Monsieur Dumas sait-il que c'est Julien le coupable?

## READING STRATEGY  L'Art de la lecture

You have probably noticed that in French, as in English, new words can be formed by adding PREFIXES. Here are some common French prefixes:

- **re-** (or **r-**) meaning *again, back, away, over*

| | |
|---|---|
| **recompter (re- + compter)** | *to count again, recount* |
| **revenir (re- + venir)** | *to come back* |
| **renvoyer (r- + envoyer)** | *to send away, fire* |
| **refaire (re- + faire)** | *to do over, redo* |

Exemples: Julien **a recompté** l'argent de la caisse.
Monsieur Dumas ne veut pas **renvoyer** tous ses employés.

- **in-** (or **im-**) meaning *not* and corresponding to the English *in-, un-, dis-, -less*

| | |
|---|---|
| **un inconvénient (in- + convénient)** | *inconvenience* |
| **incertain (in- + certain)** | *uncertain* |
| **incolore (in- + colore)** | *colorless* |

Exemples: Nous ne voyons pas d'**inconvénient** à ce test.
Monsieur Dumas a mis un produit **incolore** dans l'eau.

- **dé-** (or **d-**) corresponding to the English *dis-* or *des-*

| | |
|---|---|
| **découvrir (dé- + couvrir)** | *to discover* |
| **décrire (d- + écrire)** | *to describe* |

Exemple: Vous allez **découvrir** cela en lisant cette histoire.

- **mal-** meaning *evil* and corresponding to the English *un-, dis-, bad, evil*

| | |
|---|---|
| **malheureux (mal- + heureux)** | *unfortunate, unhappy* |
| **malhonnête (mal- + honnête)** | *dishonest* |
| **la malchance (mal- + chance)** | *bad luck* |
| **un malfaiteur (mal- + faiteur)** | *evildoer* |

Exemple: —Vous voyez, personne ici n'est **malhonnête**, a ajouté Claudine.

- **sous-** (or **sou-**) meaning *under* and corresponding to the English *sub-*

| | |
|---|---|
| **soumettre (sous- + mettre)** | *to submit* |

Exemple: Vous n'avez pas voulu vous **soumettre** au test du véritoscope.

# Unité 6

## Chez nous

## THÈME ET OBJECTIFS

### Culture

**In this unit, you will learn** …

- what the French mean when they talk about **chez moi**
- what French houses look like

### Communication

**You will learn how** …

- to tell where you live
- to describe your house, its rooms, and its furnishings

You will also learn to describe past events with more precision. You will be able …

- to say what you were doing at a certain time in the past
- to describe the background of a past action
- to talk about what you used to do on a regular basis

**DIGITAL FRENCH** my.hrw.com

*ONLINE STUDENT EDITION* with...

**performance)space**

**News + Networking**

**@HOMETUTOR**

- Audio Resources
- Video Resources
- Interactive Flashcards
- WebQuest

*PRACTICE FRENCH WITH HOLT MCDOUGAL APPS!*

# La maison

### Aperçu culturel ... Chez nous

La majorité des Français (57%) habitent dans des maisons individuelles. Dans la banlieue des villes, beaucoup de gens habitent dans des lotissements où les maisons sont modernes mais souvent identiques. Dans les petites villes et à la campagne, les maisons sont généralement anciennes et différentes les unes des autres. Dans le centre des grandes villes, les gens habitent en appartement, dans des immeubles de cinq ou six étages.

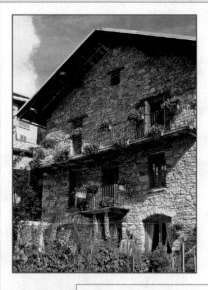

**1.** En France, les maisons individuelles sont généralement entourées d'un petit jardin avec des fleurs au printemps et en été. (Les Français aiment beaucoup cultiver les fleurs!)

**2.** Le salon, salle de séjour ou «living» est souvent la plus grande pièce de la maison. Il y a un sofa, des fauteuils et d'autres meubles modernes ou anciens. Beaucoup de familles françaises ont des meubles anciens qui sont transmis de génération en génération. Dans les appartements modernes, la salle à manger est l'extension du salon.

**3.** Les cuisines françaises sont généralement plus petites et aussi bien équipées que les cuisines américaines. C'est dans la cuisine qu'on prend le petit déjeuner le matin.

**4.** Les jeunes Français aiment décorer leur chambre avec des photos ou des posters. Cette chambre est leur domaine privé où ils étudient, écoutent de la musique et utilisent leur ordinateur. Parce que le salon est réservé à la famille, c'est dans leur chambre qu'ils invitent leurs amis.

**5.** La majorité des maisons françaises ont seulement une ou deux salles de bains. Ainsi, les jeunes Français doivent partager la salle de bains avec leurs frères et soeurs, et parfois avec leurs parents. Dans les maisons anciennes, les toilettes et la salle de bains sont séparées.

## COMPARAISONS *Culturelles*

Quelles similarités et quelles différences voyez-vous entre les maisons aux États-Unis et les maisons en France? Comparez les pièces suivantes:

- le salon
- la cuisine
- la salle de bains
- la salle à manger
- la chambre

## A VOCABULAIRE La résidence

*À quel étage habites-tu?*

*Au rez-de-chaussée.*

—Où habites-tu?

J'habite
- **dans une ville.**
- **dans le centre-ville**
- **dans un quartier** | **moderne** / **ancien**
- **dans la banlieue**
- **dans un lotissement**
- **dans un village**
- **à la campagne**

| **le centre-ville** *downtown* |
| **un quartier** *district, section, part* |
| **ancien(ne)** *old* |
| **la banlieue** *suburbs* |
| **un lotissement** *subdivision* |

—Dans quel genre de maison?

J'habite
- **dans un immeuble.**
- **dans un appartement**
- **dans une maison individuelle**

| **un immeuble** *apartment building* |
| **un appartement** *apartment* |

—À quel **étage** habites-tu?

J'habite
- **au rez-de-chaussée.**
- **au premier (1er) étage**
- **au troisième (3e) étage**
- **au neuvième (9e) étage**

| **un étage** *floor* |
| **le rez-de-chaussée** *ground floor* |

### 1 Questions personnelles PARLER/ÉCRIRE

1. Dans quelle ville (ou quel village) habites-tu? Depuis combien de temps est-ce que tu habites là?
2. Si tu habites dans une grande ville, est-ce que tu habites dans le centre ou dans un autre quartier?
3. Dans quel genre de maison habites-tu?
4. Si tu habites dans un immeuble, à quel étage est ton appartement? Si tu habites dans une maison, à quel étage est ta chambre?
5. Combien de pièces est-ce qu'il y a chez toi? Combien de chambres à coucher?
6. Quelle est la pièce la plus *(most)* confortable? la plus grande? Quelle est la pièce où vous passez le plus de temps en famille?
7. Est-ce que votre cuisine est grande? De quelle couleur sont les murs? De quelle couleur est le sol? et le plafond?
8. Est-ce qu'il y a un grenier chez toi? Qu'est-ce qu'il y a dans ce grenier?

### NOTE *Culturelle*

Il y a une différence d'un étage entre les étages français et les étages américains.

- Le rez-de-chaussée correspond au premier étage américain.
- Le premier étage français correspond au deuxième étage américain.
- Le deuxième étage français correspond au troisième étage américain.

```
4
3
2
1
RC
```

**Les parties de la maison**

le toit
le grenier
les escaliers (un escalier)
le premier étage
le jardin
le rez-de-chaussée
le garage
le sous-sol

**Les pièces de la maison**

**la chambre (à coucher)** *([bed]room)*
**la salle de bains** *(bathroom)*
**les toilettes (les WC)** *(toilet)*

**la cuisine** *(kitchen)*
**le living** *(informal living room)*
**le salon** *(formal living room)*
**la salle à manger** *(dining room)*

**la cave** *(cellar)*

**Une pièce** *(room)*

le couloir *(hall, corridor)*
le plafond
le mur
la fenêtre   le sol   la porte
une clé

***F**LASH* **d'information**

In French homes, the toilet typically is in a small room separate from the bathroom. **WC** (an abbreviation for the British *water closet*) is pronounced <u>double vécé</u> or simply <u>vécé</u>.

## ② *Un jeu de logique*

**ÉCRIRE** Lisez les phrases suivantes et décidez si elles sont logiques ou non. Écrivez les lettres correspondant à vos réponses sur une feuille de papier *(sheet of paper)*. Vous allez découvrir le mot français qui correspond à *skyscraper*.

|   |   | logique | | pas logique |
|---|---|---|---|---|
| **1.** | On se lave dans la salle de bains. | **1.** G | | F |
| **2.** | On dort dans la salle à manger. | **2.** U | | R |
| **3.** | On monte au premier étage par l'escalier. | **3.** A | | V |
| **4.** | On sort de la maison par la fenêtre. | **4.** X | | T |
| **5.** | On peut mettre des posters sur les murs. | **5.** T | | B |
| **6.** | On met les vieilles choses au grenier. | **6.** E | | M |
| **7.** | Le réfrigérateur est dans la cuisine. | **7.** C | | O |
| **8.** | La cave est généralement au sous-sol. | **8.** I | | S |
| **9.** | On marche sur le plafond. | **9.** T | | E |
| **10.** | Un écureuil peut se promener sur le toit. | **10.** L | | K |

| 1 | 2 | 3 | 4 | 5 | 6 | - | 7 | 8 | 9 | 10 |
|---|---|---|---|---|---|---|---|---|---|---|

## B VOCABULAIRE — Le mobilier *(furniture)* et l'équipement de la maison

Où est Papa?

Il est dans le salon.

**Dans le salon/le living**

**Dans la salle à manger**

un tableau *(painting)*

une étagère *(bookshelf)*

un sofa

un tapis *(rug, carpet)*

un fauteuil *(armchair)*

des rideaux *(m.)* *(curtains)*

une table

une chaise

---

### 3 Chaque chose à sa place

**PARLER/ÉCRIRE** Dites où se trouvent *(are located)* normalement les choses de la colonne de gauche.

| | | |
|---|---|---|
| le lait | | le bureau |
| les livres | | la cuisine |
| les vêtements | | les étagères |
| l'ordinateur | | la machine à laver |
| les assiettes propres *(clean)* | sur | le lave-vaisselle |
| les assiettes sales *(dirty)* | dans | le placard |
| les chemises sales | | le réfrigérateur |
| le tapis | | la salle de bains |
| le lavabo | | le sol |
| l'évier | | la table |

▶ Le lait est dans le réfrigérateur.

---

### 4 Déménagements *(Moving)*

**PARLER** Vous aidez votre copine française à emménager *(to move in)* dans sa nouvelle maison. Faites des dialogues suivant le modèle. Soyez logique!

Où est-ce que je mets la lampe?

Mets-la dans le salon.

---

**Dans la cuisine**

**des placards** (m.)
(cabinets)

**un grille-pain**
(toaster)

**un évier**
(kitchen sink)

**une cuisinière**
(stove, range)

**un four**
(oven)

**un four**
**à micro-ondes**
(microwave)

**un lave-vaisselle**
(dishwasher)

**une machine à laver**
(washing machine)

**un appareil**
(machine, appliance)

**un réfrigérateur**

**Dans une chambre**

**un placard**
(closet)

**une lampe**

**un meuble**
(piece of furniture)

**un bureau**
(desk)

**un lit** (bed)

**Dans la salle de bains**

**une glace**
(mirror)

**une baignoire**
(bathtub)

**une douche**
(shower)

**un lavabo**
(sink)

---

**5** *Chez vous*

**PARLER/ÉCRIRE** Décrivez le mobilier et l'équipement de votre maison. Donnez des détails.
(Vous pouvez utiliser les adjectifs de la liste dans des phrases affirmatives ou négatives.)

1. Dans le salon, il y a …
   ▶ Dans le salon, il y a un sofa vert. Il est assez vieux, mais il est très confortable. Il y a aussi …
2. Dans ma chambre, il y a …
3. Dans la cuisine, …
4. Dans la salle à manger, …

- grand(e) ≠ petit(e)
- ancien(ne) ≠ moderne
- vieux (vieille) (old) ≠ neuf (neuve) (new)
- confortable ≠ inconfortable
- pratique
- joli(e)

**6** *Ma chambre* **PARLER/ÉCRIRE**

1. Est-ce que ta chambre est une grande ou une petite pièce?
2. De quelle couleur sont les murs?
3. Est-ce qu'il y a des posters sur les murs? Qu'est-ce qu'ils représentent?
4. Est-ce qu'il y a un tapis sur le sol?
5. Combien de fenêtres est-ce qu'il y a? De quelle couleur sont les rideaux?
6. Est-ce que ta chambre a une salle de bains indépendante?
7. En général, est-ce que tu fermes *(close)* la porte quand tu es dans ta chambre?
8. Est-ce qu'il y a un couloir entre ta chambre et la chambre de tes parents?

### C VOCABULAIRE  Quelques actions

S'il te plaît, est-ce que tu peux …

| | | | |
|---|---|---|---|
| **ouvrir** la fenêtre? | | Ouvre la fenêtre! | |
| **fermer** la porte? | | Ferme la porte! | |
| **allumer** | la télé? | Allume | la télé! |
| **mettre** | | Mets | |
| **éteindre** | la radio? | Éteins | la radio! |

| **ouvrir** *to open* |
|---|
| **fermer** *to close* |
| **allumer** *to turn on* |
| **mettre** *to put on* |
| **éteindre** *to turn off* |

| INFINITIVE | ouvrir *(to open)* | | |
|---|---|---|---|
| **PRESENT** | J' **ouvre** | nous **ouvrons** | |
| | tu **ouvres** | vous **ouvrez** | |
| | il/elle/on **ouvre** | ils/elles **ouvrent** | |
| **PASSÉ COMPOSÉ** | j'**ai ouvert** | | |

→ French has two ways of saying *to turn off*.
  **Éteindre** is generally used with electrical power and heating systems.
  **Fermer** means to turn off any sort of switch, knob, or faucet.
    **Éteins** l'électricité.      **Ferme** l'eau.

→ Note the expression **fermer à clé** *(to lock)*.
    J'ai **fermé** la porte **à clé**.

→ The following verbs are conjugated like **ouvrir**:
  **couvrir**       *to cover*       Sophie **a couvert** son lit.
  **découvrir**     *to discover*    Nous **avons découvert** un joli fauteuil.

---

**7**  ***S'il te plaît!*** 💬

**PARLER** Demandez à vos camarades de faire certaines choses en complétant les phrases avec l'expression qui convient.

▶ Il fait chaud! (l'air conditionné)

1. Il fait froid. (la fenêtre)
2. Je voudrais regarder le match France-Italie. (la télé)
3. Je n'aime pas ce genre de musique. (la radio)
4. Je voudrais prendre mon vélo. (la porte du garage)
5. Je vais faire un gâteau. (le four)
6. Il faut économiser l'énergie. (cette lampe)
7. J'ai chaud. (le chauffage *[the heating]*)
8. J'ai froid. (la climatisation *[air conditioning]*)

S'il te plaît, est-ce que tu peux mettre l'air conditionné?

@HOMETUTOR
my.hrw.com

# Au jour le jour

## Les petites annonces

Quand on veut trouver un logement, on peut lire les petites annonces du journal. Ces annonces présentent une liste d'appartements à louer avec une courte description et le prix du loyer *(rent)*.

### Quel appartement?

Analysez les petites annonces et choisissez un appartement pour les personnes suivantes:

- un(e) étudiant(e)
- une personne célibataire
- une famille qui a deux enfants
- une famille qui a un enfant (un seul parent travaille)
- une famille qui a un enfant (les deux parents travaillent)

### Au téléphone

Vous avez décidé de louer l'un des cinq appartements. Vous téléphonez à l'agence immobilière *(real estate agency)* qui a mis l'annonce. Un agent, joué par un(e) camarade, vous répond. Composez et jouez le dialogue suivant.

- Confirmez le numéro de téléphone que vous appelez.
  *Allô, monsieur (mademoiselle). C'est bien le … ?*

- Dites que vous êtes intéressé(e) par l'annonce.
  *Je suis intéressé(e) par …*

- Demandez des détails sur l'appartement.
  Par exemple:
  *Où est-il situé?*
  *Est-ce que l'immeuble est moderne ou ancien?*
  *Combien de pièces est-ce qu'il y a?*
  *Combien de salles de bain?*
  *Est-ce que la cuisine est bien équipée?*
  *Quels appareils est-ce qu'il y a?*
  *Est-ce qu'il y a un living?*
  *Est-ce qu'il est grand ou petit?*
  *Quel est le prix de l'appartement?*

- Demandez quand vous pouvez visiter l'appartement.

**QUARTIER LATIN**
chambre d'étudiant
avec s.d.b.
possibilité cuisine
300 €
Tél: 01-42-21-35-64

**MONTMARTRE**
dans immeuble rénové
bel appt.
2 ch., s.d.b., w.c.
cuisine équipée
grand living
1 000 €
Tél: 01-44-61-12-49

**NATION**
immeuble moderne
studio, s.d.b.
kitchenette
550 €
Tél: 01-42-28-54-85

**PASSY**
superbe 5 pièces
3 ch., 2 bains
h. cft.
3 000 €
Tél: 01-46-95-16-02

**PARC MONCEAU**
immeuble ancien
2 ch., balcon
double living
tout confort
1 500 €
Tél: 01-45-12-70-36

### Une année à Paris

Imaginez que vous allez passer une année à Paris avec un(e) ami(e). Avec votre camarade, décidez de l'appartement que vous allez louer. Expliquez les raisons de votre choix. Vous pouvez considérer les éléments suivants:

- nombre de pièces
- confort
- prix

# C'est quelqu'un que tu connais

Est-ce que vous vous souvenez de Corinne? C'est la cousine de Pierre. Aujourd'hui, elle est chez Pierre avec sa copine Armelle. Les trois amis écoutent de la musique.

Sur la table, il y a un album de photos. Armelle veut le regarder.

Dis, Pierre, est-ce que je peux regarder l'album qui est sur la table?

Oui, bien sûr.

Qui est-ce, ce petit garçon qui joue de la trompette?

C'est quelqu'un que tu connais.

C'est vrai? Qui est-ce?

Eh bien, c'est moi quand j'avais sept ans.

Vraiment?

Mais oui, c'est lui. Tu sais, quand il était petit, Pierre était beaucoup moins mignon que maintenant.

Ha …

@HOMETUTOR
my.hrw.com

à suivre . . .

## Compréhension

1. Qu'est-ce qu'Armelle veut regarder?
2. Qui est le petit garçon sur la photo?
3. Qui est la petite fille?
4. Qu'est-ce que Pierre propose de faire samedi prochain?

## FLASH d'information

La France a un très grand nombre de châteaux historiques qui sont ouverts au public. Le plus célèbre de ces châteaux est le château de Versailles, près de Paris. C'est ici qu'a vécu Louis XIV° ou le «Roi Soleil»° (1638–1715), l'un des grands rois de l'histoire de France.

**Louis XIV** *Louis Quatorze*   **Roi Soleil** *Sun King*

## A   Le verbe *vivre*

Note the forms of the irregular verb **vivre** *(to live)*.

| INFINITIVE | vivre | |
|---|---|---|
| **PRESENT TENSE** | Je **vis** à Paris.<br>Tu **vis** à Québec.<br>Il/Elle/On **vit** bien en France. | Nous **vivons** à la campagne.<br>Vous **vivez** simplement.<br>Ils/Elles **vivent** bien. |
| **PASSÉ COMPOSÉ** | J'**ai vécu** deux ans à Toulouse. | |

→ Both **vivre** and **habiter** mean *to live.* **Habiter** is used only in the sense of *to live in a place.* Compare:

| | |
|---|---|
| *Alice **lives** in Paris.* | *She **lives** well.* |
| Alice **vit** à Paris. | Elle **vit** bien. |
| Alice **habite** à Paris. | — |

JE VIS POUR MANGER!

**PROVERBE**
*Il faut manger pour vivre et non pas vivre pour manger.*

## 1   Expression personnelle PARLER/ÉCRIRE

1. J'habite … (dans un immeuble? dans un lotissement? dans une maison individuelle? … ??)
2. Nous vivons dans notre maison (appartement) depuis … (un an? cinq ans? … ??)
3. Avant, nous avons vécu … (dans une autre ville? dans un autre état? … ??)
4. Dans ma région, on vit … (assez bien? bien? assez mal? … ??)
5. L'état où on vit le mieux *(the best)* est … (la Californie? le Texas? … ??)
6. Un jour, je voudrais vivre … (à Québec? à Paris? … ??)
7. Pour bien vivre, il faut … (être riche? avoir beaucoup de vacances? … ??)

@HOME**TUTOR**
my.hrw.com

## B  Révision: Le passé composé

Review the forms of the PASSÉ COMPOSÉ in the following pairs of sentences.

Où est-ce que tu es allé?

Je suis allé à Québec.

| WITH **AVOIR** | WITH **ÊTRE** |
|---|---|
| J'**ai visité** le Canada. | Je **suis allé(e)** à Québec. |
| Stéphanie **a pris** le bus. | Elle **est descendue** au centre-ville. |
| Les touristes **ont visité** Paris. | Ils **sont montés** à la Tour Eiffel. |
| Éric m'**a téléphoné**. | Il **n'est pas venu** chez moi. |

→ The passé composé of most verbs is formed with **avoir**.

→ The passé composé of several verbs of MOTION *(going, coming, staying)* is formed with **être**. (The past participles of these verbs agree with the subject.)

| | | | | |
|---|---|---|---|---|
| **aller (allé)** | **passer (passé)** | **monter (monté)** | **partir (parti)** | **venir (venu)** |
| **entrer (entré)** | **rester (resté)** | **descendre (descendu)** | **sortir (sorti)** | |

→ The passé composé of REFLEXIVE VERBS is formed with **être**.

Alice **s'est promenée** en ville.     Paul et Marc **se sont reposés**.

## 2  À Montréal

**PARLER/ÉCRIRE**  Les personnes suivantes habitent à Montréal. Dites ce qu'elles ont fait hier.

▶ mes parents (aller à l'Opéra de Montréal / voir «Carmen»)
**Mes parents sont allés à l'Opéra de Montréal. Ils ont vu «Carmen».**

1. moi (sortir / prendre le bus / faire une promenade dans le Vieux Montréal)
2. Stéphanie (passer à la Place Ville Marie / acheter des vêtements / choisir un jean)
3. toi (passer à la bibliothèque municipale / rendre les livres / choisir d'autres livres)
4. nous (prendre le métro / monter à Bonaventure / descendre à Mont-Royal)
5. les touristes (visiter le Parc Olympique / monter à la Tour Olympique / acheter des souvenirs)
6. Claire et Sophie (faire une promenade / s'arrêter dans une crêperie / manger une crêpe)
7. vous (se promener / s'arrêter au Parc du Mont-Royal / se reposer)

## 3  Conversations

**PARLER**  Des copains discutent de ce qu'ils ont fait. Jouez les rôles en faisant les substitutions.

Qu'est-ce que tu as fait samedi soir?

Et après?

Je suis allé au cinéma.

J'ai dîné chez ma cousine.

| | | |
|---|---|---|
| **1.** hier après-midi<br>    faire des achats<br>    rentrer chez moi | **3.** après le dîner<br>    finir mes devoirs<br>    se coucher | **5.** dimanche soir<br>    aider ma mère<br>    voir un film à la télé |
| **2.** à midi<br>    passer à la bibliothèque<br>    déjeuner à la cantine | **4.** samedi après-midi<br>    acheter des vêtements<br>    sortir avec des copains | **6.** samedi matin<br>    ranger ma chambre<br>    se promener |

### C — Le pronom relatif *qui*

RELATIVE PRONOUNS are used to CONNECT, or RELATE, sentences to one another. Note below how the two sentences on the left are joined into a single sentence on the right with the relative pronoun **qui**.

| | |
|---|---|
| J'ai <u>des copines</u>.<br><u>Elles</u> habitent à Paris. | J'ai des copines **qui** habitent à Paris.<br>*I have friends **who (that)** live in Paris.* |
| J'habite dans <u>un immeuble</u>.<br><u>Il</u> a 20 étages. | J'habite dans un immeuble **qui** a 20 étages.<br>*I live in a building **that** has 20 stories.* |

The relative pronoun **qui** *(who, that, which)* may refer to PEOPLE or THINGS. It is the SUBJECT of the verb that follows it.

### 4 · En ville

**PARLER/ÉCRIRE** Mélanie est en ville. Elle décrit ce qu'elle voit et ce qu'elle fait. Jouez le rôle de Mélanie.

▶ Je rencontre un copain.  **Je rencontre un copain qui va au cinéma.**
  Il va au cinéma.

1. Je parle à une dame.
   Elle attend le bus.
2. Je regarde des maisons.
   Elles ont une architecture intéressante.
3. Je rends visite à une copine.
   Elle habite dans la banlieue.
4. Je vais dans un café.
   Il sert *(serves)* d'excellents sandwichs.

5. J'entre dans un magasin.
   Il vend des jeux vidéo.
6. Je rencontre des copains.
   Ils vont à un concert.
7. Je vois des touristes.
   Ils prennent des photos.
8. Je prends un bus.
   Il va au centre-ville.

### 5 · Au choix

**PARLER/ÉCRIRE** Pour chaque catégorie, choisissez ce que vous préférez.

▶ une station de radio / jouer du rock ou de la musique classique?

1. une maison / avoir une piscine ou un beau jardin?
2. un quartier / être très calme ou très animé *(lively)*?
3. une ville / avoir beaucoup de magasins ou un grand parc?
4. des voisins / être sympathiques ou très riches?
5. des magasins / vendre des vêtements chers ou bon marché?
6. des copains / aimer les sports ou la musique?
7. un appartement / être moderne ou ancien?
8. des professeurs / donner de bonnes notes ou de bons conseils *(advice)*?

Je préfère une station de radio qui joue du rock (qui joue de la musique classique).

**@HOMETUTOR**
my.hrw.com

## D  Le pronom relatif *que*

Note below how the two sentences on the left are joined into a single sentence on the right with the RELATIVE PRONOUN **que**.

> Nous allons dans un café que je ne connais pas.
>
> Ah, bon? C'est vrai?

| | |
|---|---|
| J'ai des voisins. | J'ai des voisins **que** j'invite souvent. |
| Je les invite souvent. | *I have neighbors **whom (that)** I often invite.* |
| Nous allons dans un café. | Nous allons dans un café **que** je ne connais pas. |
| Je ne le connais pas. | *We are going to a café **that I** do not know.* |

The relative pronoun **que** *(whom, that, which)* may refer to PEOPLE or THINGS. It is the DIRECT SUBJECT of the verb that follows it.

### LANGUAGE COMPARISON

Although in English the object pronouns *whom, that,* and *which* are often omitted, in French the pronoun **que** cannot be left out.

> Voici l'affiche **que** je viens d'acheter.      *Here's the poster **(that)** I just bought.*

→ **Que** becomes **qu'** before a vowel sound.
     Alice regarde le magazine **qu'**elle a acheté.

---

The choice between **qui** and **que** is determined by their function in the sentence:
- **qui** is the SUBJECT of the verb that follows it
- **que** is the DIRECT OBJECT of the verb that follows it

Compare:

| SUBJECT (of **a**) | DIRECT OBJECT (of **je connais**) |
|---|---|
| Alice est une fille **qui** a beaucoup d'humour. | C'est une fille **que** je connais bien. |
| Paris est une ville **qui** a de beaux monuments. | C'est une ville **que** je connais bien. |

---

### 6  Expression personnelle

**PARLER/ÉCRIRE** Complétez les phrases suivantes avec une idée personnelle.

▶ … une ville que je voudrais visiter.
**Paris (Québec, San Francisco) est une ville que je voudrais visiter.**

1. … une ville que j'aime.
2. … un magazine que je lis.
3. … une émission de télé *(TV show)* que j'aime regarder.
4. … un film que je voudrais voir.
5. … une actrice que je voudrais rencontrer.
6. … un acteur que j'admire beaucoup.
7. … une personne que j'aimerais *(would like)* connaître.

### 7  Oui ou non?

**PARLER/ÉCRIRE** Expliquez ce que vous faites et ce que vous ne faites pas, suivant le modèle.

▶ le français est une langue (parler bien?)
**Le français est une langue que je (ne) parle (pas) bien.**

1. la biologie est une matière (étudier?)
2. l'espagnol est une langue (comprendre?)
3. San Francisco est une ville (connaître?)
4. mes voisins sont des gens (voir souvent?)
5. le président des États-Unis est une personne (admirer?)
6. Oprah Winfrey est une personne (trouver intéressante?)

**8** **Qu'est-ce qu'ils font?**

**PARLER/ÉCRIRE** Des amis sont allés en ville cet après-midi. Dites ce qu'ils font maintenant.

▶ Zoé / lire le livre / acheter
Zoé lit le livre qu'elle a acheté.

1. Léa / écouter le CD / acheter
2. Pauline / lire le magazine / prendre à la bibliothèque
3. Marc / téléphoner à la fille / rencontrer au café
4. nous / dîner avec les amis / retrouver
5. tu / parler du film / voir
6. Catherine / mettre la robe / choisir
7. mes copains / regarder le DVD / louer
8. je / manger la pizza / commander

**9** **La visite de la ville**

**PARLER/ÉCRIRE** Jean-Pierre montre sa ville à un copain américain. Complétez ses phrases avec **qui** ou **que**. ▶

Voici le bus **qui** va au centre-ville.

▶ Voici le bus **que** je prends pour aller à l'école.

1. Voici une boutique … vend des cartes postales.
2. Voici une boutique … n'est pas très chère.
3. Voici un musée … je visite souvent.
4. Voici un monument … tu dois visiter.
5. Voici un restaurant … sert des spécialités régionales.
6. Voici le restaurant … je préfère.
7. Voici un hôtel … est très confortable.
8. Voici un hôtel … les guides touristiques recommandent.

**10** **Commentaires personnels**

**PARLER/ÉCRIRE** Complétez les phrases en utilisant votre imagination.

▶ J'ai un copain qui …
J'ai un copain qui joue du piano (qui habite à Chicago, etc.).

▶ J'ai une copine que …
J'ai une copine que j'invite souvent chez moi (que mes parents aiment bien, etc.).

1. J'ai une copine qui …
2. J'ai un copain que …
3. J'ai des voisins qui …
4. J'ai des voisins que …
5. J'habite dans une ville qui …
6. J'habite dans une ville que …
7. J'ai une chambre qui …

# À votre tour!

**Digital performance space**

**1** **Une devinette** 🔊

**PARLER/ÉCRIRE** Décrivez en 5 ou 6 phrases une personne, un endroit ou un objet, mais ne mentionnez pas son nom. Proposez cette devinette à vos camarades.

C'est une ville qui est en France. C'est une ville qui a beaucoup de monuments. C'est une ville que les touristes américains aiment visiter … (Réponse: Paris)

**OBJECTIFS**

Now you can …
• use **qui** and **que** in descriptions

🌐 **LESSON REVIEW**
my.hrw.com

Additional readings @ **my.hrw.com**
**FRENCH**
**InterActive Reader**

# Lecture  Qu'est-ce qu'ils achètent?

Quatre personnes font des achats dans un centre commercial. Chaque personne achète quelque chose de différent. Lisez les descriptions suivantes et identifiez la chose que chaque personne achète.

- **Amélie** est en train de décorer sa chambre. Elle va dans un magasin qui vend des livres, des souvenirs et beaucoup d'autres objets. L'objet qu'elle achète est en papier° et représente son groupe favori. C'est quelque chose qu'elle peut mettre au mur de sa chambre.

- **Frédéric** veut acheter quelque chose pour l'anniversaire de sa mère. Le cadeau° qu'il choisit est fabriqué en France. C'est quelque chose qui sent° très, très bon.

- **Madame Durand** veut acheter un cadeau pour sa nièce qui va se marier l'été prochain. Elle va dans un magasin qui vend des appareils électroménagers°. Là, elle achète un appareil qu'on trouve généralement dans la cuisine. C'est une chose que beaucoup de personnes utilisent pour préparer leurs repas.

- **Monsieur Pascal** veut acheter quelque chose pour les amis qui l'ont invité à dîner chez eux. Il choisit quelque chose qu'on peut manger. Mais attention! Ce n'est pas très recommandé pour les personnes qui veulent maigrir.

**en papier** *made of paper*  **cadeau** *present, gift*  **sent** *smells*
**appareils électroménagers** *kitchen appliances*

| Amélie<br>Frédéric<br>Madame Durand<br>Monsieur Pascal | achète | une bouteille de parfum | une boîte de chocolats | un four à micro-ondes | un poster |
|---|---|---|---|---|---|

# À Menthon-Saint-Bernard

Dans l'épisode précédent, Pierre a proposé à Corinne et à Armelle de faire un tour à Menthon-Saint-Bernard, le village où il habitait quand il était petit.

Menthon-Saint-Bernard est un village très pittoresque, à une dizaine de kilomètres d'Annecy.

... beaucoup de chalets

Il y a un vieux château ...

... et une plage sur le lac.

**Pierre, Armelle et Corinne viennent d'arriver à Menthon-Saint-Bernard.**

C'est l'école où j'allais quand j'étais petit. Et là, c'est la cour où je jouais avec mes copains.

**Ils vont d'abord à l'école primaire.**

Tu vois cette école?

Oui.

Il paraît que tu étais une vraie terreur!

Au contraire! J'étais un élève-modèle!

**Ensuite, les trois amis vont à la plage.**

Ça, c'est la plage où nous allions en été. Tu te souviens, Corinne? C'est là où je t'ai appris à nager.

Pas du tout! C'est moi qui t'ai appris à nager.

Ah oui, peut-être ...

**Puis, ils vont à l'ancienne maison de Pierre.**

Et voilà la maison où nous habitions. Tu veux la voir?

Oui, je veux bien.

@HOMETUTOR
my.hrw.com

Dis donc, elle a beaucoup changé, ta maison.

C'est vrai.

Pierre explique comment était sa maison autrefois.

Là, il y avait des fleurs. Là, il y avait une table et des chaises. En été, c'était là où nous dînions quand il faisait beau.

C'était où, ta chambre?

C'était la chambre là-haut.

Et là, c'était ma chambre quand je venais vous voir en été.

Là, c'était le salon. Et là, c'était la salle à manger.

Et ici, c'était la porte de la cuisine.

En touchant la porte de la cuisine, Pierre déclenche l'alarme.

Driinng

Driinng

Driinng

Corinne et Armelle pensent qu'il vaut mieux° partir.

Les trois amis retournent à leurs scooters. Mais qu'est-ce qu'ils voient?

à suivre . . .

**Il vaut mieux** *It is better (to)*

## Compréhension

1. Où est Menthon-Saint-Bernard?
2. Où les amis vont-ils d'abord?
3. Où vont-ils ensuite?
4. Où vont-ils finalement?
5. Qu'est-ce qui arrive là-bas?

## A L'imparfait: formation

In French, as in English, people use different tenses to talk about the past.

- The most common past tense is the PASSÉ COMPOSÉ, which you have been using.
- Another frequently used past tense is the IMPERFECT, or L'IMPARFAIT.

In the French sentences below, the verbs are in the IMPERFECT.

| | |
|---|---|
| Où est-ce que tu **habitais** avant? | *Where **did** you **live** before?* |
| **J'habitais** à Bordeaux. | *I **lived** (**used to live**) in Bordeaux.* |
| Qu'est-ce que vous **faisiez** à six heures? | *What **were** you **doing** at six?* |
| Nous **finissions** nos devoirs. | *We **were finishing** our homework.* |

The imperfect is a *simple* tense. It consists of *one* word. It is formed as follows:

> IMPERFECT STEM + IMPERFECT ENDINGS

→ For all verbs (except **être**) the imperfect stem is derived as follows:

> IMPERFECT STEM = **nous**-form of PRESENT *minus* **-ons**

→ The IMPERFECT ENDINGS are the *same* for all verbs.

| TYPE OF VERB | | -er | -ir | -re | IRREGULAR | IMPERFECT ENDINGS |
|---|---|---|---|---|---|---|
| INFINITIVE | | parler | finir | vendre | faire | |
| PRESENT | nous | parlons | finissons | vendons | faisons | |
| IMPERFECT STEM | | parl- | finiss- | vend- | fais- | |
| IMPERFECT | je | parlais | finissais | vendais | faisais | -ais |
| | tu | parlais | finissais | vendais | faisais | -ais |
| | il/elle/on | parlait | finissait | vendait | faisait | -ait |
| | nous | parlions | finissions | vendions | faisions | -ions |
| | vous | parliez | finissiez | vendiez | faisiez | -iez |
| | ils/elles | parlaient | finissaient | vendaient | faisaient | -aient |
| NEGATIVE | je ne | parlais pas | | | | |
| INTERROGATIVE | est-ce que tu | parlais? | | | | |
| | | parlais-tu? | | | | |

→ Note how the above pattern applies to other verbs:

| | | | | | | |
|---|---|---|---|---|---|---|
| acheter: | nous **achet**ons | → j'**achet**ais | lire: | nous **lis**ons | → je **lis**ais |
| manger: | nous **mange**ons | → je **mange**ais | écrire: | nous **écriv**ons | → j'**écriv**ais |
| | | | prendre | nous **pren**ons | → je **pren**ais |
| sortir: | nous **sort**ons | → je **sort**ais | voir: | nous **voy**ons | → je **voy**ais |
| dormir: | nous **dorm**ons | → je **dorm**ais | boire: | nous **buv**ons | → je **buv**ais |

→ Note the imperfect forms of the following expressions:

| | | |
|---|---|---|
| il y a → **il y avait** | il neige → **il neigeait** | il pleut → **il pleuvait** |

**1 Les voisins**

**PARLER/ÉCRIRE** Vous habitez dans un immeuble à Genève. Dites où chaque personne de l'immeuble habitait avant.

▶ Catherine / à Lyon
**Avant, Catherine habitait à Lyon.**

1. Jérôme / à Bordeaux
2. Alice et Thomas / à la campagne
3. vous / dans la banlieue
4. toi / chez tes grands-parents
5. moi / dans un lotissement
6. nous / à San Francisco
7. Marc et André / à Paris
8. les Dupont / à Strasbourg

**2 Pendant la classe**

**PARLER/ÉCRIRE** Hier pendant la classe de français, personne n'écoutait le professeur. Chacun faisait autre chose. Dites ce que chacun faisait.

▶ Paul / regarder Juliette
**Paul regardait Juliette.**

1. Sophie / se regarder dans une glace
2. Jacques / manger du chocolat
3. vous / vous amuser
4. toi / te peigner
5. vous / parler à vos amis
6. moi / finir le problème de maths
7. nous / finir les exercices d'anglais
8. Pauline / répondre à une lettre

### 3 La tempête de neige *(The blizzard)*

**PARLER/ÉCRIRE** À cause de la tempête de neige, tout le monde était à la maison hier. Dites si oui ou non les personnes suivantes faisaient les choses indiquées pendant la tempête.

▶ Robert (jouer au foot?)
**Non, Robert ne jouait pas au foot.**

▶ Sophie (regarder la télé?)
**Oui, Sophie regardait la télé.**

1. nous (jouer aux cartes?)
2. vous (jouer au volley?)
3. toi (te promener à vélo?)
4. Charles (attendre le bus?)
5. Corinne (dormir?)

6. Sylvie et Claire (faire du jogging?)
7. moi (faire mes devoirs?)
8. ma mère (écrire des lettres?)
9. François (lire un livre?)
10. nous (faire une promenade?)

### B L'imparfait du verbe *être*

The imperfect of **être** has an irregular stem **ét-**. The endings are regular.

| | | | | | |
|---|---|---|---|---|---|
| j' | **étais** | *I was* | nous | **étions** | *we were* |
| tu | **étais** | *you were* | vous | **étiez** | *you were* |
| il/elle/on | **était** | *he/she/one was* | ils/elles | **étaient** | *they were* |

→ The imperfect of **être** is used to tell where people *were* or how they *were feeling*. It is NOT used to describe what they WERE DOING. Compare:

| IMPERFECT of **être** | | IMPERFECT of verb of action | |
|---|---|---|---|
| **J'étais** chez moi. | *I **was** at home.* | **J'étudiais.** | *I **was studying**.* |
| Alice **était** malade. | *Alice **was** sick.* | Elle **regardait** la télé. | *She **was watching** TV.* |

### 4 L'accident de voiture

**PARLER/ÉCRIRE** Hier, il y a eu un accident de voiture dans le quartier. Dites où chacun était et ce que chacun faisait au moment de l'accident.

▶ Thomas (au supermarché / faire les courses)
**Thomas était au supermarché. Il faisait les courses.**

1. nous (au café / boire une limonade)
2. Alice (à la bibliothèque / lire un livre)
3. vous (à la maison / faire la vaisselle)
4. toi (dans ta chambre / écrire une lettre)
5. les touristes (au jardin public / prendre des photos)

6. mon grand-père (chez lui / dormir)
7. moi (chez les voisins / faire du baby-sitting)
8. nous (dans la rue / faire du roller)
9. Léa (au restaurant / prendre un café)

@HOMETUTOR
my.hrw.com

## C  L'usage de l'imparfait: événements habituels

In the sentences below, people are talking about the past. On the left, they describe what
they *used to do* regularly. On the right, they describe what they *did* on a particular occasion.
Compare the verbs in each pair of sentences.

> Habituellement *(Usually)* …
>
> Je **regardais** les matchs de foot.
> Nous **allions** au cinéma.
> Paul **sortait** avec Nathalie.
>
> Un jour …
>
> J'**ai regardé** un film.
> Nous **sommes allés** à un concert.
> Il **est sorti** avec Nicole.

Although both the IMPERFECT and the PASSÉ COMPOSÉ are used to talk about the past,
each has a different function.

> The **IMPERFECT** is used to describe ***habitual actions and conditions*** that existed in the past.
> It describes what people USED TO DO, what USED TO BE.
>
> Quand **j'étais** jeune,       *When I **was** young,*
>   nous **habitions** à la campagne.        *we **lived (used to live)** in the country.*
>
> **J'allais** souvent à la pêche.       *I often **used to go (would go)** fishing.*

> The **PASSÉ COMPOSÉ** is used to describe ***specific past events.*** It describes what people DID,
> what TOOK PLACE, what HAPPENED.
>
> Ma mère **a acheté** une voiture.       *My mother **bought** a car.*
>
> Hier, nous **sommes allés** en ville.       *Yesterday we **went** downtown.*

### 5  Quand j'étais petit(e) …

**PARLER/ÉCRIRE**  Décrivez ce que vous faisiez quand vous étiez petit(e) en complétant
les phrases suivantes.

**1.** Ma famille et moi, nous habitions …
  • dans le centre-ville   • dans la banlieue
  • à la campagne     • ??

**2.** J'allais à l'école …
  • à pied       • en bus
  • à vélo       • ??

**3.** À la télé, je regardais surtout *(mainly)* …
  • les dessins animés   • les films d'action
  • les sports     • ??

**4.** Mes amis et moi, nous jouions …
  • aux jeux vidéo   • au baseball
  • au football    • ??

**5.** Comme animal, j'avais …
  • un hamster     • une tortue
  • un chat       • ??

**6.** Je collectionnais …
  • les timbres *(stamps)*  • les posters
  • les poupées *(dolls)*  • ??

**7.** Le soir, je me couchais …
  • juste après le dîner  • à neuf heures
  • à dix heures    • ??

**8.** Je voulais être …
  • pilote       • astronaute
  • acteur/actrice   • ??

**6** **Il y a cent ans** *(One hundred years ago)*

**PARLER/ÉCRIRE** Dites si oui ou non on faisait les choses suivantes il y a cent ans.

▶ on / travailler avec des ordinateurs?
**On ne travaillait pas avec des ordinateurs.**

1. beaucoup de gens / habiter à la campagne?
2. on / vivre dans des gratte-ciel *(skyscrapers)*?
3. on / manger des produits naturels?
4. on / voyager en train?
5. les jeunes / jouer aux jeux vidéo?

6. les gens / avoir des réfrigérateurs?
7. les maisons / avoir l'air conditionné?
8. les gens / travailler beaucoup?
9. tout le monde / aller à l'université?
10. on / regarder les nouvelles *(news)* à la télé?

**7** **Un millionnaire**

**PARLER/ÉCRIRE** Monsieur Michel a gagné dix millions d'euros à la loterie. Cet événement a changé sa vie *(life)*. Décrivez sa vie maintenant et sa vie avant. Utilisez les phrases suggérées et votre imagination.

**Maintenant**

▶ Maintenant, Monsieur Michel
vit à la campagne. Il habite …

**Avant**

▶ Avant, Monsieur Michel vivait
en ville. Il habitait …

• dans quel genre de maison / habiter?
• quelle voiture / avoir?
• quels vêtements / porter?
• dans quel restaurant / dîner?
• quels sports / faire?
• comment / voyager?
• où / passer ses vacances?

**VOCABULAIRE** **Quelques expressions de temps**

| Événements spécifiques | | Événements habituels | |
|---|---|---|---|
| **un soir** | one evening | **le soir** | in the evening |
| | | **tous les soirs** | every evening |
| **mardi** | Tuesday | **le mardi** | on Tuesdays |
| **un mardi** | one Tuesday | **tous les mardis** | every Tuesday |
| **un jour** | one day | **chaque jour** | every day |
| **le 4 mai** | on May 4 | **tous les jours** | every day |
| **une fois** | once | **d'habitude** | usually |
| **deux fois** | twice | **habituellement** | usually |
| **plusieurs fois** | several times | **autrefois** | in the past |
| | | **parfois** | sometimes |

**8** 𝓔**n vacances**

**PARLER/ÉCRIRE** Décrivez les vacances des personnes suivantes. Pour cela, complétez les phrases avec **allait** ou **est allé(e)**.

▶ Un dimanche, Frédéric **est allé** chez sa tante.

▶ Le dimanche, Isabelle **allait** au restaurant.

1. L'après-midi, Philippe … à la piscine.
2. Tous les mardis, Mélanie … à un concert de jazz.
3. Le matin, Vincent … au marché.
4. Plusieurs fois, Paul … au concert.
5. D'habitude, Marc … à la plage.
6. Le samedi soir, Pauline … au cinéma.
7. Le 3 août, Sylvie … à Monaco.
8. Un jour, Anne … chez sa grand-mère.
9. Une fois, mon cousin … au cirque.
10. Le 14 juillet, Claudine … voir le feu d'artifice *(fireworks)*.

**9** 𝓤**ne fois n'est pas coutume**  *(Once does not make a habit.)*

**PARLER** Valérie demande à Patrick s'il faisait les choses suivantes tous les jours pendant les vacances. Patrick dit qu'un jour il a fait des choses différentes. Jouez les deux rôles.

▶ aller à la piscine (à la plage)

1. jouer au volley (au rugby)
2. déjeuner chez toi (au restaurant)
3. dîner à sept heures (à neuf heures)
4. sortir avec Monique (avec Sylvie)
5. aller à la discothèque (à un concert)
6. danser le rock (le cha-cha-cha)
7. rentrer à onze heures (à minuit)
8. se lever à neuf heures (à midi)

Tu allais tous les jours à la piscine?

Oui, mais un jour je suis allé à la plage.

## D  L'usage de l'imparfait: actions progressives

Compare the uses of the IMPERFECT and the PASSÉ COMPOSÉ in the following sentences.

À sept heures, je **regardais** un film.      *At seven, I **was watching** a movie.*
Après le film, je **suis sorti**.             *After the movie, I **went out**.*

Nous **attendions** Marc au café.             *We **were waiting** for Marc at the café.*
Finalement, il **est arrivé**.                *Finally, he **arrived**.*

> The **IMPERFECT** is used to describe **actions that were in progress** at a certain point in time. It describes what **WAS GOING ON**, what people **WERE DOING**.
>
> À sept heures, je **faisais** mes devoirs.      *At seven, I **was doing** my homework.*

→ The imperfect is used to express the English construction *was/were + ... ing*.

> The **PASSÉ COMPOSÉ** is used to describe **specific actions that occurred at a specific time**. It describes what **TOOK PLACE**, what people **DID**.
>
> À sept heures, quelqu'un **a téléphoné**.      *At seven, someone **phoned**.*

---

**10  À ce moment-là ...**

**PARLER/ÉCRIRE** Décrivez ce que les personnes faisaient quand les choses suivantes sont arrivées.

1. Quelqu'un a téléphoné après le dîner.
   - mes parents / regarder la télé
   - moi / faire la vaisselle
   - ma soeur / ranger sa chambre

2. Ce matin, le directeur est venu dans notre classe.
   - le prof / raconter une histoire
   - nous / écouter
   - toi / prendre des notes

3. Hier soir, j'ai vu un OVNI (*UFO*).
   - moi / être avec mes copains
   - nous / faire une promenade
   - on / regarder le ciel (*sky*)

4. Samedi dernier, il y a eu un tremblement de terre (*earthquake*).
   - nous / jouer aux cartes
   - les voisins / dîner
   - mon grand-père / dormir

**11  Conversations**

**PARLER** Hier Isabelle a téléphoné à ses copains mais personne n'a répondu. Maintenant elle veut savoir où chacun était et ce qu'il faisait. Jouez les dialogues.

▶ —Où étais-tu à midi?
   —J'étais au café.
   —Qu'est-ce que tu faisais?
   —J'attendais ma copine.
   —Et qu'est-ce que tu as fait après?
   —Je suis allé au ciné avec elle.

1. après le déjeuner
   au garage
   réparer mon vélo
   jouer au basket

2. à cinq heures
   dans le jardin
   aider mon père
   sortir

3. avant le dîner
   dans la rue
   faire du roller
   finir mes devoirs

4. à sept heures
   chez un copain
   dîner avec lui
   rentrer chez moi

# À votre tour!

Digital
**performance** space

**OBJECTIFS**

Now you can …
• say what people were doing at a certain time in the past
• describe what you used to do when you were younger

## 1 Une enquête *(A survey)*

**PARLER/ÉCRIRE** Vous êtes un(e) journaliste français(e) qui faites une enquête sur les jeunes Américains. Vous voulez savoir comment ils occupent leurs soirées.

Choisissez quatre camarades et demandez à chacun …
• ce qu'il/elle faisait hier soir à six heures
• ce qu'il/elle faisait hier soir à huit heures
• ce qu'il/elle faisait hier soir à dix heures

Inscrivez les résultats de votre enquête sur une feuille de papier.

|  | à 6 heures | à 8 heures | à 10 heures |
|---|---|---|---|
| 1. Claudia | Claudia aidait sa mère. | Claudia faisait ses devoirs. | Elle surfait sur le Net. |
| 2. Jim |  |  |  |

## 2 Notre enfance *(Our childhood)*

**PARLER** Avec un(e) camarade discutez de votre enfance. Vous pouvez parler des sujets suivants.

**La vie quotidienne**
• Dans quelle ville habitiez-vous?
• À quelle école alliez-vous?
• Comment est-ce que vous y alliez?
• Quelles classes est-ce que vous aimiez? (et aussi, quelles classes est-ce que vous n'aimiez pas?)

**Les loisirs**
• Est-ce que vous regardiez souvent la télé?
• Quelle était votre émission *(program)* favorite?
• Qui était votre acteur favori? et votre actrice favorite?
• Qui était votre groupe favori?
• Qu'est-ce que vous faisiez le week-end?
• Qu'est-ce que vous faisiez pendant les vacances?

## 3 À huit heures hier

En un petit paragraphe de 10 lignes, dites quelles étaient les occupations de votre famille hier à huit heures du soir. Mettez les verbes à l'imparfait. Vous pouvez utiliser les verbes suivants:

parler / travailler / téléphoner / étudier / regarder / écouter / jouer / préparer / dîner / être / avoir / faire / se promener / se reposer

Mon père regardait la télé. Il y avait un bon film. Mes frères jouaient aux cartes.

**LESSON REVIEW**
my.hrw.com

# Lecture  À l'école autrefois

Juliette passe souvent des vacances chez son grand-père.
Celui-ci° habite dans un petit village où il a toujours vécu.
Il aime raconter à Juliette la vie° du village autrefois.
Aujourd'hui il décrit l'école où il allait.

«Quand j'étais jeune, nous habitions dans une ferme située à six kilomètres
du village. À cette époque-là, il n'y avait pas de car scolaire° et je n'avais pas
de vélo. Alors, j'allais à l'école à pied. Six kilomètres aller° et six kilomètres retour.°
C'était long, surtout quand il pleuvait ou quand il neigeait. Évidemment,° je me levais
tôt le matin et en hiver, quand je rentrais le soir, il faisait noir.°

Les écoles d'autrefois n'étaient pas mixtes comme aujourd'hui. Il y avait une école
pour les garçons et une école pour les filles. Moi, évidemment, j'allais à l'école
de garçons. En classe, nous portions tous un tablier° gris. (À leur école, les filles
portaient des tabliers bleus.) C'était obligatoire!

Nous arrivions à l'école à huit heures. Une cloche° annonçait le commencement
des classes. (Quand on arrivait en retard, on était puni!) À dix heures, il y avait une
grande récréation.° Souvent mes camarades et moi, on se battait° pendant
la récréation, mais après on était amis.

Il y avait un seul° maître pour toute l'école. C'était un homme petit, mais très
costaud.° Il n'hésitait pas à nous tirer° les oreilles quand on parlait en classe ou
quand on faisait des bêtises.° C'est vrai, il était sévère, mais il était juste et avec
lui on apprenait beaucoup. Tout le monde le respectait. Les gens du village l'ont
beaucoup regretté° quand il a pris sa retraite.°

À quatorze ans, j'ai passé mon certificat et j'ai quitté l'école. Je suis allé en ville
où j'ai trouvé un travail dans une usine.° Je n'aimais pas ce travail. Alors, je me
suis engagé° sur un bateau qui faisait le commerce avec l'Amérique du Sud.
Mais ça, c'est une autre histoire … »

---

**celui-ci** *the latter*  **la vie** *life*  **car scolaire** *school bus*  **aller** = pour aller à l'école  **retour** = pour rentrer à la maison
**Évidemment** = Bien sûr  **il faisait noir** *it was dark*  **tablier** *smock*  **cloche** *bell*  **récréation** *recess*
**se battait** *used to fight*  **seul** *only one*  **costaud** *strong*  **tirer** *to pull*  **bêtises** *silly things*  **ont regretté** *missed*
**a pris sa retraite** *retired*  **usine** *factory*  **je me suis engagé** *I signed on*

## NOTE *Culturelle*

### Les écoles françaises d'autrefois

Autrefois, l'école était obligatoire jusqu'à l'âge de 14 ans.
À la fin de leur scolarité, les élèves des écoles primaires passaient un examen et recevaient un diplôme appelé le «certificat d'études». En général, la discipline était très stricte et les élèves devaient étudier beaucoup pour obtenir leur certificat.

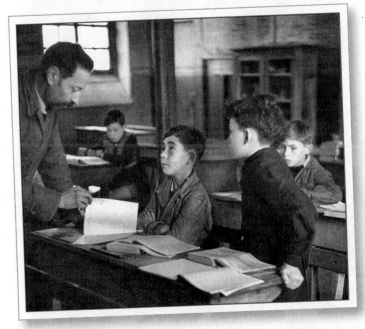

*Le maître était sévère mais il était juste.*

*À dix heures, il y avait
une grande récréation.*

### Vrai ou faux?

1. Autrefois, les enfants allaient à l'école en car scolaire, c'est-à-dire en bus.
2. Autrefois, les écoles étaient mixtes, c'est-à-dire les filles et les garçons allaient en classe ensemble.
3. Autrefois, les filles portaient des tabliers bleus et les garçons portaient des tabliers gris.
4. Autrefois, dans les villages, le maître était très respecté.
5. Autrefois, on pouvait quitter l'école à quatorze ans.

# Montrez-moi vos papiers!

Dans l'épisode précédent, Pierre a montré à Armelle et à sa cousine Corinne la maison où il habitait quand il était petit.

Mais quand il a voulu ouvrir la porte de la cuisine, l'alarme s'est déclenchée.

L'alarme a alerté un gendarme qui passait dans le quartier.

Oh, non … !

Le gendarme a l'air sévère.

Montrez-moi vos papiers. Qu'est-ce que vous faisiez ici?

Les amis montrent leurs papiers d'identité.

Pierre explique ce qu'ils faisaient.

Euh, nous nous promenions … Je voulais montrer cette maison à ma copine.

@HOMETUTOR
my.hrw.com

Pourquoi cette maison?

Euh, c'est la maison où j'habitais quand j'étais petit.

Vous ne saviez pas que c'était une propriété privée?

Euh, si … mais il n'y avait personne … Alors, on est entré.

Bon, ça va pour cette fois … Mais ne recommencez pas!

Le gendarme est parti … Les trois amis retrouvent leur bonne humeur.

FIN

## Compréhension

1. Qui arrive sur la scène?
2. Qu'est-ce qu'il demande?
3. Comment Pierre explique-t-il sa présence ici?
4. Que fait le gendarme à la fin de la scène?

## UN ACCIDENT

---

**Petit VOCABULAIRE** **Un accident**

| | |
|---|---|
| Qu'est-ce qui est arrivé? | What happened? |
| Un accident a eu lieu. | An accident took place. |
| un conducteur (une conductrice) | driver |
| un témoin | witness |
| un panneau | (traffic) sign |
| heurter | to run into |
| traverser | to cross |

## 1 Un accident

**PARLER** Savez-vous observer? Imaginez que vous avez assisté à la scène de l'accident représenté par les illustrations à gauche. Regardez bien ces illustrations et faites attention aux détails. Puis, répondez aux questions suivantes.

1. Quelle heure était-il?
   - Il était une heure.
   - Il était deux heures.
   - Il était six heures.

2. Quel temps faisait-il?
   - Il faisait beau.
   - Il pleuvait.
   - Il neigeait.

3. Combien de personnes est-ce qu'il y avait dans la rue?
   - Il y avait une personne.
   - Il y avait deux personnes.
   - Il y avait trois personnes.

4. Combien de personnes est-ce qu'il y avait dans la voiture?
   - Il y avait une personne.
   - Il y avait deux personnes.
   - Il y avait trois personnes.

5. Qui était le conducteur?
   - C'était un jeune homme.
   - C'était une jeune fille.
   - C'était un vieux monsieur.

6. Qui a traversé la rue?
   - le garçon
   - la dame
   - le chien

7. Qu'est-ce que la voiture a fait?
   - Elle a continué sa route.
   - Elle est entrée dans le magasin d'antiquités.
   - Elle a heurté le panneau de stop.

8. Qu'est-ce que la dame a fait?
   - Elle a téléphoné à la police.
   - Elle est partie.
   - Elle a aidé le conducteur.

9. Qu'est-ce que le conducteur a fait?
   - Il est resté dans la voiture.
   - Il est sorti de sa voiture.
   - Il a parlé aux témoins de l'accident.

10. Qu'est-ce que le garçon a fait?
    - Il a parlé au conducteur.
    - Il est parti avec son chien.
    - Il a pris une photo de l'accident.

11. Qu'est-ce qui est arrivé ensuite?
    - Le jeune homme est entré dans le magasin.
    - Une voiture de police est arrivée.
    - Une ambulance a transporté le jeune homme à l'hôpital.

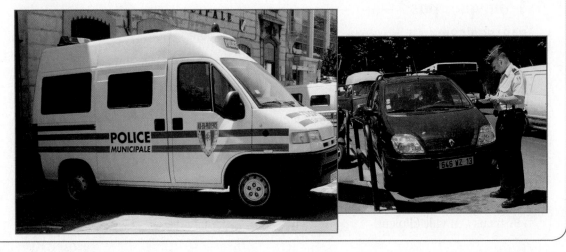

## A L'usage de l'imparfait: circonstances d'un événement

In the sentences below, an accident is described.
Note the use of the PASSÉ COMPOSÉ and the IMPERFECT.

The PASSÉ COMPOSÉ is used to describe a **well-defined action,** completed at a specific point in time. (The mention of time may be omitted.)

| | |
|---|---|
| Hier, Pauline **a vu** un accident. | *Yesterday Pauline **saw** an accident.* |
| Elle **a téléphoné** à la police. | *She **called** the police.* |
| Une ambulance **est arrivée.** | *An ambulance **arrived**.* |

The IMPERFECT is used to describe **conditions and circumstances** that form the **background** of another past action.

TIME AND WEATHER

| | |
|---|---|
| Il **était** deux heures. | *It **was** two (o'clock).* |
| La visibilité **était** mauvaise. | *The visibility **was** poor.* |
| Il **neigeait.** | *It **was snowing.*** |

OUTWARD APPEARANCE; PHYSICAL, MENTAL, OR EMOTIONAL STATE

| | |
|---|---|
| Le conducteur **était** un homme jeune. | *The driver **was** a young man.* |
| Il **portait** un manteau gris. | *He **was wearing** a gray coat.* |
| Il **n'était pas** prudent. | *He **was not** careful.* |

EXTERNAL CIRCUMSTANCES

| | |
|---|---|
| Il **n'y avait pas** d'autres passagers. | ***There were no** other passengers.* |
| La voiture **allait** vite. | *The car **was going** fast.* |

OTHER ACTIONS IN PROGRESS

| | |
|---|---|
| Pauline **allait** en ville. | *Pauline **was going** downtown.* |
| Sa copine l'**attendait.** | *Her friend **was waiting** for her.* |

### 2 Pourquoi pas?

**PARLER/ÉCRIRE** Ces personnes ne sont pas allées à certains endroits. Expliquez pourquoi.

► Patrick / au lycée (il est malade). **Patrick n'est pas allé au lycée parce qu'il était malade.**

1. Catherine / à la classe de français (elle a la grippe)
2. Jérôme / au cinéma (il a mal à la tête)
3. Isabelle / au restaurant (elle n'a pas faim)
4. Marc / au stade (il est fatigué)
5. Thomas / au concert (il n'a pas de billet)
6. Hélène / au musée (elle veut ranger sa chambre)
7. Monsieur Panisse / au bureau (c'est samedi)
8. nous / à la plage (il fait froid)
9. vous / en ville (il pleut)

**3** ℰxcuses

**PARLER** Expliquez à un(e) camarade pourquoi vous n'avez pas fait certaines choses.

Tu as fait du jogging hier?

Non, je n'ai pas fait de jogging.

Ah bon? Pourquoi pas?

J'avais mal aux jambes.

1. étudier
   avoir mal à la tête
2. faire les courses
   être fatigué(e)
3. dîner au restaurant
   n'avoir pas assez
   d'argent
4. aller en classe
   être malade
5. écrire à Cécile
   n'avoir pas son adresse
6. faire tes devoirs
   vouloir regarder
   la télé

**4** Un coup de chance *(A stroke of luck)*

**PARLER/ÉCRIRE** L'été dernier vous étiez à Paris. Racontez votre coup de chance. (Dans votre narration, choisissez bien entre l'imparfait et le passé composé.)

1. C'est le 3 juillet.
2. Il est deux heures.
3. Il fait chaud.
4. J'ai soif.
5. Je vais dans un café.
6. Je commande une limonade.
7. Une femme entre dans le café.
8. Elle porte des lunettes noires.
9. Je reconnais la grande chanteuse Bella Labelle.
10. Je me lève.
11. Je lui demande un autographe.
12. Elle me donne un autographe, sa photo et un billet pour son prochain concert.

**5** Pas de chance

**PARLER** Vous passez l'année scolaire en France. Hier soir, vous avez eu un petit accident. En rentrant chez vous, vous avez été heurté(e) par une moto et vous êtes tombé(e) dans la rue. Vous passez au poste de police. Répondez (en français, bien sûr) aux questions de l'inspecteur de police.

—À quelle heure avez-vous eu votre accident?
*Say that it was nine o'clock.*

—Où étiez-vous?
*Say that you were on Boulevard Victor Hugo.*

—Qu'est-ce que vous faisiez?
*Say that you were going home.*

—Vous avez traversé la rue et une moto vous a heurté(e)?
*Answer affirmatively and say that you fell in the street.*

—Avez-vous noté la marque *(make)* de la moto?
*Say that it was a Peugeot.*

— Avez-vous noté son numéro?
*Answer negatively and say that the visibility was bad.*

— Avez-vous vu le conducteur de la moto?
*Answer affirmatively. Say that it was a tall man with a mustache* (**une moustache**).

— Quels vêtements est-ce qu'il portait?
*Say that he was wearing jeans and a black sweater.*

— Est-ce que vous avez téléphoné à la police?
*Answer negatively and say that you were too upset* (**énervé**).

— Merci, nous allons faire notre enquête.

**B** **Résumé: L'usage de l'imparfait et du passé composé**

In talking about the past, the French use both the IMPERFECT and the PASSÉ COMPOSÉ. The choice of tense reflects the type of actions or events that are being described.

| IMPERFECT | PASSÉ COMPOSÉ |
|---|---|
| HABITUAL OR REPEATED ACTIONS<br>Le samedi soir, nous **allions** au cinéma. | SPECIFIC AND ISOLATED ACTIONS<br>Samedi dernier, nous **sommes allés** au concert. |
| PROGRESSIVE ACTIONS<br><br>J'**allais** en ville … | ACTIONS THAT TAKE PLACE AT A GIVEN TIME OR FOR A GIVEN PERIOD<br>… quand j'**ai rencontré** ma cousine. |
| CIRCUMSTANCES OF A MAIN EVENT<br>Il **pleuvait**. | MAIN EVENT<br>Nous **sommes allés** dans un café. |

**6** **Un accident qui finit bien**

**PARLER/ÉCRIRE** Racontez au passé l'accident de Philippe. Pour cela, combinez les deux phrases avec **parce que**. (Notez que la première phrase décrit une action précise: utilisez le passé composé. La seconde phrase décrit les circonstances: utilisez l'imparfait.)

▶ Philippe va en ville. Il a un rendez-vous chez le dentiste.
**Philippe est allé en ville parce qu'il avait un rendez-vous chez le dentiste.**

1. Il met sa veste. Il fait froid.
2. Il prend sa moto. Il veut être à l'heure.
3. Il tombe. Il y a de la neige *(snow)*.
4. Il va à l'hôpital. Il est blessé *(hurt)*.
5. Il reste dix jours à l'hôpital. Il a une jambe cassée *(broken)*.
6. Il aime l'hôpital. Tout le monde est gentil *(nice)* avec lui.
7. Il rentre chez lui. Il peut marcher avec des béquilles *(crutches)*.

**7** **Pas possible!**

**PARLER** Avec un(e) camarade, racontez les événements suivants en faisant les substitutions suggérées.

▶ —J'ai vu Oprah Winfrey.
—Pas possible! Où étais-tu?
—J'étais à l'aéroport.
—Qu'est-ce que tu faisais?
—J'attendais un avion.
—Alors, qu'est-ce que tu as fait?
—Et bien, j'ai pris sa photo.

1. rencontrer Brad Pitt
à Hollywood
visiter les studios de télévision
demander un autographe
2. voir un accident
dans un café
lire un magazine
téléphoner à la police
3. voir un ours *(bear)*
à la campagne
faire du jogging
partir à toute vitesse
4. assister à l'arrivée du Tour de France
sur les Champs-Élysées
se promener avec des amis
prendre des photos

## 8 Êtes-vous un bon témoin?

**PARLER/ÉCRIRE** Imaginez que vous avez été le témoin de la scène suivante.
La police vous pose quelques questions. Répondez.

1. Quelle heure était-il?
2. Est-ce qu'il y avait beaucoup de clients dans la banque?
3. Combien de personnes sont entrées?
4. Comment était l'homme physiquement? Était-il grand ou petit? blond ou brun? Quel âge avait-il?
5. Quels vêtements portait-il?
6. Décrivez l'aspect physique de la femme.
7. Décrivez ses vêtements. Portait-elle une jupe longue ou courte *(short)*?

8. À qui est-ce que l'employé a donné l'argent?
9. Qu'est-ce que l'homme a fait avec l'argent?
10. Où est-ce que la femme a mis l'argent?

11. Quelle heure était-il quand les deux bandits sont sortis?
12. Quel temps faisait-il?
13. Est-ce qu'il y avait d'autres voitures dans la rue?
14. Qu'est-ce que les bandits ont fait?
15. Décrivez leur voiture.

# À votre tour!

### OBJECTIFS

Now you can ...
• describe the background of past events

## 1 Thanksgiving

**PARLER/ÉCRIRE** Décrivez votre dernier dîner de Thanksgiving avec des verbes
à **l'imparfait** et au **passé composé**.

**Voici ce que vous pouvez décrire:**

**Les circonstances ...**

• La date: le jour?
• L'heure?
• L'endroit: la ville? chez vous? chez des amis?
• Les invités: combien étaient-ils? qui étaient-ils?
• Le repas: qu'est-ce qu'il y avait à manger? à boire?

**Ce que vous avez fait ...**

• Qui avez-vous vu? De quoi avez-vous parlé?
• Qu'est-ce que vous avez mangé? bu?
• Qu'est-ce que vous avez fait avant le dîner? pendant? après?
• Qu'est-ce que les autres personnes ont fait?

# Lecture  Au voleur!

Philippe est au café avec sa copine Martine. Il raconte une histoire curieuse.

—C'était jeudi dernier. Comme il pleuvait, je me suis arrêté dans ce café. Il était une heure de l'après-midi. J'étais assis° ici, à la même table qu'aujourd'hui. Je mangeais un sandwich.

**assis** *seated*

Tout à coup,° j'ai entendu du bruit. J'ai regardé à la fenêtre. J'ai vu un homme qui courait. Il portait une casquette et des lunettes noires, et à la main, il avait un sac de dame. Il courait très, très vite …

**Tout à coup** *All of a sudden*

Derrière, il y avait une petite dame qui courait aussi. Mais elle ne courait pas aussi vite que le voleur. Elle criait: «Au voleur! Au voleur! Arrêtez-le! Arrêtez-le!»

J'ai entendu une sirène. C'était une voiture de police qui venait en sens inverse.° La voiture de police s'est arrêtée. Deux policiers sont descendus pour bloquer le passage au bandit.

**en sens inverse** *from the opposite direction*

Additional readings @ **my.hrw.com**
**FRENCH**
**InterActive Reader**

Un policier a sorti° son revolver et il a tiré en l'air. Le voleur a eu très peur et il est tombé dans la rue. Je me suis levé pour voir ce qui se passait.

**a sorti** *pulled out*

C'est alors que j'ai vu quelque chose de très curieux. Le bandit s'est levé, il a serré la main du policier et il lui a dit: «Bravo, c'est parfait!» Puis il a enlevé° sa casquette et ses lunettes de soleil.

**a enlevé** *took off*

J'ai tout de suite reconnu Jean-Paul Maldonado, le célèbre° acteur de cinéma.
Je suis sorti et j'ai vu les projecteurs et la caméra qui filmait la scène.
J'ai compris que j'assistais au tournage° de son nouveau film *Le Crime ne paie pas.*

—Tu lui as parlé? a demandé Martine.
—Non, je voulais lui demander un autographe, mais je n'ai pas osé.°
  Je suis rentré chez moi, content d'avoir vu mon acteur favori.

**célèbre** *famous* **tournage** *filming* **n'ai pas osé** *didn't dare*

---

**Cognate pattern: -que ↔ -ck, -k, -c**

| | |
|---|---|
| moquer ↔ *to mock* | un chèque ↔ *?* |
| bloquer ↔ *?* | la banque ↔ *?* |
| masquer ↔ *?* | la musique ↔ *?* |

# Tests de contrôle

By taking the following tests, you can check your progress in French and also prepare for the unit test. Write your answers on a separate sheet of paper.

**1 L'intrus** ────────────────────

**Review...**
• vocabulary:
  pp. 322-326, 330

The following sentences can be completed logically by 3 of the 4 suggested options. Find the option that does NOT fit and circle it.

▶ Éric est sportif. Il fait —. (du ski / du camping / de la natation / du foot)

**1.** Nous habitons dans —. (la banlieue / le couloir / le centre-ville / un immeuble)

**2.** Les WC sont au —. (sous-sol / rez-de-chaussée / 1ᵉʳ étage / jardin)

**3.** Dans la cuisine, il y a —. (un four / une cuisinière / un évier / un lit)

**4.** Dans la salle de bains, il y a —. (un lave-vaisselle / une douche / une baignoire / un lavabo)

**5.** Au salon, il y a —. (un grille-pain / un tapis / des tableaux / un fauteuil)

**6.** Fermez — , s'il vous plaît. (la fenêtre / le mur / la porte / le placard)

**7.** Allumez —. (la télé / le toit / la radio / le four)

**8.** Mon oncle a — un an à Paris. (vécu / habité / ouvert / travaillé)

**2 Qui ou que?** ────────────────────

**Review...**
• pronouns **qui** and **que**:
  pp. 332, 333

Complete the following sentences with **qui** or **que**, as appropriate.

**1.** Comment s'appelle la fille — a téléphoné hier soir?

**2.** Qui est le garçon — tu as rencontré ce matin?

**3.** Est-ce que tu aimes la veste — j'ai achetée?

**4.** Où est le CD — était sur cette table?

**5.** J'habite dans une maison — a un grand jardin.

**3 Autrefois!** ────────────────────

**Review...**
• imperfect forms:
  pp. 338-339, 340

Complete the following sentences with the IMPERFECT of the verbs in parentheses.

**1.** Nous — (**habiter**) dans une ferme. Nous — (**avoir**) beaucoup d'animaux.

**2.** Mon père — (**travailler**) beaucoup. Il ne — (**gagner**) pas beaucoup d'argent.

**3.** J'— (**aller**) souvent au cinéma. J'— (**aimer**) beaucoup les westerns.

**4.** Vous — (**être**) très sportifs. Vous — (**faire**) du jogging tous les jours.

**5.** Les gens — (**voyager**) en train. Ils ne — (**prendre**) pas l'avion.

**6.** Tu — (**être**) un bon élève. Tu — (**réussir**) à tes examens.

## 4 Contextes et dialogues

Complete the following dialogues with the forms of the IMPERFECT or PASSÉ COMPOSÉ of the verbs in parentheses, as appropriate.

**(1)** *Julien parle à Thomas.*

**J:** Où est-ce que tu — **(être)** hier à onze heures?

**T:** Chez moi. Je — **(regarder)** la télé.

**J:** Et tes parents?

**T:** Ils — **(être)** dans leur chambre. Ils — **(dormir)**.

**J:** Ah, je comprends maintenant pourquoi personne ne (n') — **(répondre)** quand je (j') — **(téléphoner)**.

**(2)** *Pauline parle à Élodie.*

**P:** Tu — **(sortir)** hier soir?

**É:** Non, je — **(rester)** à la maison.

**P:** Comment? C'— **(être)** samedi.

**É:** Oui, mais je — **(être)** fatiguée et je ne — **(vouloir)** pas sortir.

**Review...**
• uses of the imperfect and passé composé: pp. 344, 352, 354

## 5 Contextes

Marc, a young Canadian, is describing a bike ride he took with his brother many years ago. Complete his description with the appropriate forms of the IMPERFECT or PASSÉ COMPOSÉ of the verbs in parentheses.

Quand j'— **(être)** petit, ma famille — **(habiter)** à la campagne. Mon petit frère et moi, nous — **(se promener)** souvent dans la nature. Un jour, nous — **(prendre)** nos VTT et nous — **(aller)** dans la forêt. Il — **(faire)** beau et nous — **(avoir)** chaud. Tout à coup *(suddenly)*, j'— **(entendre)** du bruit. Nous — **(s'arrêter)** et nous — **(voir)** un énorme animal. Il — **(être)** brun et il — **(porter)** des grandes cornes *(antlers)*. C'— **(être)** un orignal *(moose)*. Mon frère, qui — **(avoir)** très peur, — **(partir)**. Moi, je — **(rester)**. Heureusement *(fortunately)*, j'— **(avoir)** mon appareil-photo et je (j') — **(prendre)** cette photo.

**Review...**
• uses of the imperfect and passé composé: pp. 341, 344, 352, 354

## 6 Composition: Une promenade à la campagne

*Digital* **performance space**

In a short paragraph, describe a real or imaginary walk in the country. Use complete sentences. Mention …

• what day of the week it was
• how the weather was
• if you were warm or cold
• what clothes you were wearing

• what animals you saw
• if you took any pictures
• what else you did
• when you came home

**STRATEGY Writing**

| **1** | **2** | **3** |
|---|---|---|
| Write out brief answers to the above questions. | Organize your notes into a paragraph, using complete sentences. | Check over your paragraph, paying special attention to the use of the imperfect and the passé composé. |

# Vocabulaire

## POUR COMMUNIQUER

**Talking about an accident**

| Qu'est-ce qui est arrivé? | *What happened?* |
| Un accident a eu lieu. | *An accident took place.* |

**Talking about what happened**

| J'ai attendu Paul. | *I waited for Paul.* |
| Il n'est pas venu. | *He didn't come.* |

**Talking about habitual past actions**

| Tous les jours j'allais à l'école. | *Every day I went to school.* |
| Je prenais le métro. | *I used to take the subway.* |

**Describing a past scene**

| Il faisait beau. | *It was beautiful weather.* |
| Il y avait un joli jardin. | *There was a pretty garden.* |
| Les gens dansaient. | *The people were dancing.* |

## MOTS ET EXPRESSIONS

**Personnes**

| un conducteur | *driver* | une conductrice | *driver* |
| un témoin | *witness* | | |

**La ville**

| le centre-ville | *downtown* | la banlieue | *suburbs* |
| un lotissement | *subdivision* | | |
| un panneau | *(traffic) sign* | | |
| un quartier | *district, neighborhood* | | |

**La résidence**

| un appartement | *apartment* | une cave | *cellar* |
| un couloir | *hall, corridor* | une chambre (à coucher) | *(bed)room* |
| un escalier | *staircase* | une clé | *key* |
| les escaliers | *stairs* | une cuisine | *kitchen* |
| un étage | *floor* | une fenêtre | *window* |
| le premier étage | *second floor* | une pièce | *room* |
| un garage | *garage* | une porte | *door* |
| un grenier | *attic* | une salle à manger | *dining room* |
| un immeuble | *apartment building* | une salle de bains | *bathroom* |
| un jardin | *yard* | les toilettes | *toilet* |
| un living | *(informal) living room* | les WC | *toilet* |
| un mur | *wall* | | |
| un plafond | *ceiling* | | |
| le rez-de-chaussée | *ground floor, first floor* | | |
| un salon | *(formal) living room* | | |
| le sol | *floor* | | |
| un sous-sol | *basement* | | |
| un toit | *roof* | | |

Interactive **Flashcards**
@ **HOME**TUTOR
my.hrw.com

### Le mobilier et l'équipement de la maison

| | | | |
|---|---|---|---|
| un appareil | *machine, appliance* | une baignoire | *bathtub* |
| un bureau | *desk* | une chaise | *chair* |
| un évier | *kitchen sink* | une cuisinière | *stove, range* |
| un fauteuil | *armchair* | une douche | *shower* |
| un four à micro-ondes | *microwave* | une étagère | *bookshelf* |
| un four | *oven* | une glace | *mirror* |
| un grille-pain | *toaster* | une lampe | *lamp* |
| un lavabo | *sink* | une machine à laver | *washing machine* |
| un lave-vaisselle | *dishwasher* | une table | *table* |
| un lit | *bed* | | |
| un meuble | *piece of furniture* | | |
| le mobilier | *furniture* | | |
| un placard | *closet; cabinet* | | |
| un réfrigérateur | *refrigerator* | | |
| un rideau (des rideaux) | *curtain* | | |
| un sofa | *sofa, couch* | | |
| un tableau | *painting* | | |
| un tapis | *rug, carpet* | | |

### Verbes réguliers

| | |
|---|---|
| allumer | *to turn on* |
| fermer | *to turn off* |
| heurter | *to run into, to crash into* |
| traverser | *to cross* |

### Verbes irréguliers

| | |
|---|---|
| éteindre | *to turn off* |
| mettre | *to turn on* |
| vivre | *to live* |
| ouvrir | *to open* |
| couvrir | *to cover* |
| découvrir | *to discover* |

### Expressions utiles: événements habituels

| | |
|---|---|
| le soir | *in the evening* |
| tous les soirs | *every evening* |
| le mardi | *on Tuesdays* |
| tous les mardis | *every Tuesday* |
| chaque jour | *every day* |
| tous les jours | *every day* |
| autrefois | *in the past* |
| parfois | *sometimes* |
| d'habitude | *usually* |
| habituellement | *usually* |

### événements spécifiques

| | |
|---|---|
| un soir | *one evening* |
| mardi | *Tuesday* |
| un mardi | *one Tuesday* |
| un jour | *one day* |
| le 4 mai | *on May 4* |
| une fois | *once* |
| deux fois | *twice* |
| plusieurs fois | *several times* |

### Adjectif

| | |
|---|---|
| ancien(ne) | *old* |

Interlude 6

La Maison hantée

Additional readings @ **my.hrw.com**

**FRENCH**
**InterActive Reader**

### PRE-READING STRATEGY Avant de lire

Quand quelqu'un mentionne une maison hantée, à quoi pensez-vous?

- à une maison abandonnée?
- à des bruits étranges?
- à un fantôme qui se manifeste de temps en temps?

Et vous-même, avez-vous peur des fantômes ou aimez-vous explorer les maisons abandonnées?

Dans l'histoire que vous allez lire, Jean-François et son copain vont visiter une maison qui a la réputation d'être hantée. Qu'est-ce qu'ils vont trouver?

## Une vieille maison hantée

# A Le défi

Je m'appelle Jean-François Dupré.
J'ai 21 ans et je suis étudiant. J'habite
à Paris, mais en réalité je ne suis pas parisien.
Ma famille est originaire de province.°

Quand j'avais 14 ans, ma famille s'est installée°
à Marcillac, une petite ville dans le centre de la France.
La raison de ce déplacement° est que mon père venait
d'être nommé sous-directeur de la banque locale.
Nous avons vécu deux ans là-bas.

Comme nous étions nouveaux au village, je n'avais pas
beaucoup d'amis. J'avais un camarade de classe qui s'appelait
Benoît. Nous étions voisins, mais nous n'étions pas vraiment copains.
Nous allions ensemble° à l'école, et parfois nous jouions au foot après
les classes, mais c'était tout.

Benoît avait 14 ans comme moi, mais il était plus grand et beaucoup
plus fort que moi. Ce qui m'irritait en lui, c'est qu'il voulait toujours
avoir raison et quand nous jouions à un jeu, il voulait toujours gagner.

Un jour, pendant les vacances de printemps, Benoît m'a demandé:
«Dis, Jean-François, est-ce que tu veux aller explorer la maison
hantée avec moi?» La maison hantée, c'était une vieille ferme
abandonnée à deux kilomètres du village. J'avais bien envie d'aller visiter
la maison hantée, mais je ne voulais pas y aller avec Benoît. Je lui ai répondu …

—Non, merci! Je ne me sens pas très bien aujourd'hui.

—Tu ne te sens pas très bien? Ah, oh, … dis plutôt que tu te dégonfles° …

—Non, je ne me dégonfle pas.

—Si, tu te dégonfles parce que tu as peur des fantômes … Ha, ha, ha!

—Je n'ai pas peur des fantômes plus que toi.

—Alors, dans ce cas, viens avec moi. Si tu ne viens pas, je vais dire à tout
le monde que tu es une poule mouillée.°

> ## Mots utiles
>
> | | |
> |---|---|
> | **un défi** | challenge, dare |
> | **comme** | since |
> | **plutôt** | rather |
> | **dans ce cas** | in that case |

## Avez-vous compris?

**1.** Qui est Jean-François?
**2.** Pourquoi est-ce que Jean-François n'aimait pas Benoît?
**3.** Quel est le défi de Benoît?

**originaire de province** *comes from one of the French provinces*  **s'est installée** *settled*
**déplacement** *move*  **ensemble** *together*  **tu te dégonfles** *you are losing courage (lit. becoming deflated)*
**une poule mouillée** *"chicken" (lit. wet hen)*

## B L'expédition

J'ai bien été obligé d'accepter le défi de Benoît. Je suis allé chez moi prendre une lampe de poche et je suis parti avec Benoît … sans rien dire à mes parents.

Nous sommes sortis du village et nous sommes allés dans la direction de la maison hantée. Nous avons d'abord pris un chemin de terre, puis nous avons marché à travers champs. Finalement, nous sommes arrivés devant la ferme. J'ai regardé ma montre. Il était six heures et demie. La nuit commençait à tomber.

La ferme était une grande maison rectangulaire de deux étages avec un grenier. Dans le village, on disait qu'elle était habitée par le fantôme d'un ancien° fermier, assassiné par des brigands° au siècle dernier. C'est vrai que, isolée au milieu des champs, la ferme avait un aspect sinistre …

J'ai pris une pierre que j'ai lancée dans la porte et j'ai crié:

—Fantôme, es-tu là?

—Arrête, a dit Benoît, on ne sait jamais …

—On ne sait jamais quoi? lui ai-je répondu.

—Euh, rien!

—Alors, on entre?

—Écoute, Jean-François, on peut peut-être revenir demain. Regarde, il pleut.

C'est vrai, la pluie commençait à tomber. À vrai dire, j'avais aussi un peu peur, mais je voulais donner une leçon à Benoît. Alors, je lui ai dit:

—Dis donc, Benoît, tu ne veux pas entrer dans la maison, hein? C'est toi la poule mouillée!

—Non, mais dis donc, ça ne va pas?°

### Mots utiles

| | |
|---|---|
| une lampe de poche | *flashlight* |
| à travers champs | *across the fields* |
| au siècle dernier | *in the last century, 100 years ago* |
| au milieu de | *in the middle of* |
| lancer | *to throw* |

### Avez-vous compris?

**1.** Pourquoi la maison avait-elle la réputation d'être hantée?
**2.** Que voulait dire Benoît quand il a dit: «On ne sait jamais …»?
**3.** Pourquoi est-ce-que Jean-François a insisté pour visiter la maison?

**ancien** *former*   **brigands** *robbers*   **ça ne va pas?** *are you crazy?*

# C Dans la maison hantée

Nous avons donc décidé d'entrer dans la maison. Oui, mais comment? La porte était fermée. Les volets aussi étaient fermés à l'exception d'un volet du salon. Nous avons cassé une vitre et nous sommes entrés par la fenêtre. À l'intérieur, il faisait très noir. J'ai allumé ma lampe de poche et nous avons exploré les pièces du rez-de-chaussée.

La maison était vraiment abandonnée. Le salon, la salle à manger, la cuisine, tout était vide … Maintenant, on entendait la pluie qui tombait de plus en plus fort. C'était sinistre …

J'ai dit à Benoît: «Tu me suis?° Nous allons explorer le premier étage.» Je n'avais vraiment pas envie d'aller au premier étage, mais je voulais voir ce que Benoît allait faire.

«D'accord, je te suis, mais ne va pas trop vite», a-t-il répondu. Nous avons monté l'escalier en faisant très attention° car° les marches n'étaient pas très solides. Le premier étage était encore plus désolé et plus sinistre que le rez-de-chaussée. Des piles de vieux journaux traînaient° sur le sol. Les murs étaient couverts de toiles d'araignées. Dans la salle de bains, le lavabo et la baignoire étaient cassés.

Tout à coup, l'orage s'est mis à éclater. Un coup de tonnerre, suivi d'un autre coup de tonnerre … Puis, entre les coups de tonnerre, un bruit beaucoup plus étrange.

> *Hou, hou, hou, hou, hou …*

—Tu as entendu? m'a demandé Benoît.

—Oui, j'ai entendu.

> *Hou, hou, hou …*

Le bruit étrange venait du grenier.

> *Hou, hou, hou …*

J'ai dit à Benoît: —Je vais voir ce que c'est.

—Non, non, c'est le fantôme. Ne monte pas. Reste avec moi. J'ai peur …, a supplié Benoît.

—Écoute, reste ici si tu veux, mais moi, je vais dans le grenier.

| Mots utiles | |
|---|---|
| **vide** | *empty* |
| **de plus en plus fort** | *harder and harder* |
| **se mettre à** | *to begin to* |
| **supplier** | *to beg* |

## Avez-vous compris?

**1.** Décrivez l'intérieur de la maison.
**2.** Décrivez l'orage.
**3.** Pourquoi Benoît ne voulait-il pas monter au grenier?

**Tu me suis?** *Are you following me?* **en faisant très attention** *being very careful* **car** *because* **traînaient** *were lying around*

## D Le fantôme

HÉ, BENOÎT!!!

Moi aussi, j'avais terriblement peur, mais je ne pouvais plus reculer. Alors, je suis allé jusqu'à l'échelle qui menait au grenier.

*Hou, hou, hou …*

Je ne sais pas comment j'ai eu la force de monter à l'échelle, mais bientôt j'étais dans le grenier. J'ai alors vu le «fantôme». C'était une chouette effrayée par l'intrusion de visiteurs dans son domaine. Alors, j'ai ouvert une lucarne et la chouette s'est envolée dans la nature … J'ai regardé dehors. J'ai vu aussi une ombre qui courait. C'était Benoît.

Je lui ai crié: «Hé, Benoît! N'aie pas peur! J'ai découvert le fantôme … C'est une vieille chouette. Attends-moi!»

Mais Benoît ne m'a pas entendu. Et il a continué à courir à toute vitesse dans la direction du village.

### Mots utiles

| | |
|---|---|
| reculer | *to back up, back down* |
| mener | *to lead* |
| bientôt | *soon* |
| une chouette | *owl* |
| effrayer | *to frighten* |
| s'envoler | *to fly off* |
| dehors | *outside* |

### Avez-vous compris?

1. Pourquoi est-ce que Jean-François a dit qu'il ne pouvait pas reculer?
2. Qu'est-ce qui était à l'origine du bruit mystérieux?
3. Quelle leçon Jean-François a-t-il donnée à Benoît?

## READING STRATEGY  L'Art de la lecture

There are many French words that closely resemble English words, but whose meanings differ to some extent. These are called partial cognates. Some of the partial cognates in this story are familiar to you:

| | | | | |
|---|---|---|---|---|
| **grand** | may mean | *grand* | but it often corresponds to | *big, large* |
| **répondre** | may mean | *to respond* | but it often corresponds to | *answer* |

### Exercice de lecture

Can you find the more usual meanings of the following partial cognates from the story?

| | | | | |
|---|---|---|---|---|
| **un fantôme** | may mean | *phantom* | but it often corresponds to | ?? |
| **commencer** | may mean | *to commence* | but it often corresponds to | ?? |
| **marcher** | may mean | *to march* | but it often corresponds to | ?? |
| **crier** | may mean | *to cry (out)* | but it often corresponds to | ?? |

Some expressions in French are considered IDIOMATIC because they cannot be translated word for word into English. For example, French has many IDIOMS built on the word **un coup** *(a stroke or blow)*. Here are a few that are found in the **Interlude** stories:

| | | |
|---|---|---|
| **tout à coup** | *all at once* | **Tout à coup**, l'orage a éclaté. |
| **un coup de tonnerre** | *thunder clap* | J'ai entendu **un coup de tonnerre**. |
| **un coup de téléphone** | *phone call* | Il y a eu **un coup de téléphone** pour toi. |
| **un coup d'oeil** | *glance* | Donne **un coup d'oeil** à cet article. |

> **Cognate pattern: -er ↔ -ate**
>
> **participer** ↔ *to participate*
> **estimer** ↔ ?
> **créer** ↔ ?

> **Cognate pattern: -é ↔ -ated, -ate**
>
> **assassiné** ↔ *assassinated*
> **séparé** ↔ *separate, separated*
> **isolé** ↔ ?
> **désolé** ↔ ?

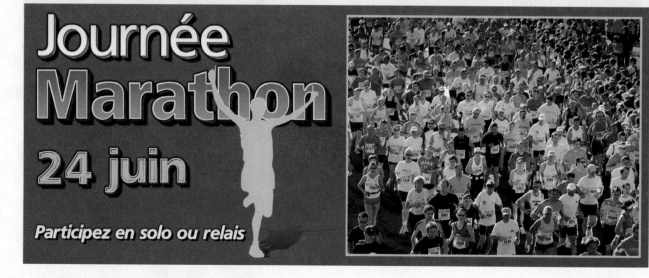

# Journée
# Marathon
## 24 juin
*Participez en solo ou relais*

# Unité 7

# Soyez à la mode!

## THÈME ET OBJECTIFS

### Culture

In this unit, you will learn where French people buy their clothes and how they dress.

### Communication

**You will learn how ...**

- to describe your clothes and other accessories: their color, design, fabric or material, size and fit
- to shop in a French department store

**You will also learn how ...**

- to count beyond 100
- to rank items in a series
- to make comparisons
- to ask people to make a choice

**DIGITAL FRENCH** my.hrw.com
*ONLINE STUDENT EDITION with...*

performance)space

News + Networking

@HOMETUTOR

- Audio Resources
- Video Resources
- Interactive Flashcards
- WebQuest

*PRACTICE FRENCH WITH HOLT MCDOUGAL APPS!*

# Achetons des vêtements!

### Aperçu culturel ... **Les jeunes Français et la mode**

Les jeunes Français, filles et garçons, aiment avoir une bonne présentation. Ils font très attention à leur «look» et veulent être à la mode. Parce que leur budget est assez limité, ils n'achètent pas beaucoup de vêtements, mais quand ils achètent quelque chose de nouveau, ils insistent sur le style et la qualité. Beaucoup de jeunes achètent leurs vêtements dans des chaînes de magasins spécialisés dans la «mode-jeunes» ou dans la «mode-sports» où les prix sont raisonnables. Ils ajoutent une note personnelle à leur look en portant des accessoires intéressants: bagues, colliers, foulards, ceintures et boucles d'oreilles pour les filles, lunettes de soleil et sacs pour les garçons.

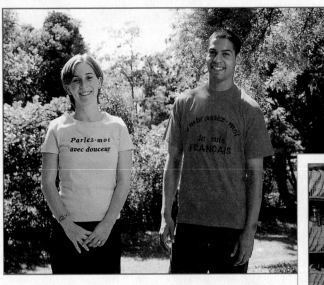

**1.** En France, comme aux États-Unis, le jean et le tee-shirt constituent l'uniforme des jeunes. Avec un tee-shirt on peut communiquer beaucoup de choses. On peut dire, par exemple, «Embrassez-moi! Je suis français!»

**2.** Les jeunes Français font particulièrement attention aux choix de leurs chaussures. D'accord, la pointure est importante, mais aussi la forme, le style et la couleur.

**3.** Chez les jeunes, le choix des vêtements est souvent le moyen d'affirmer sa personnalité.

**4.** En France, la mode est généralement très chère. Beaucoup de Français attendent donc la période des soldes pour acheter leurs vêtements. Pendant les soldes, les boutiques font des réductions de 30 à 50% sur le prix des vêtements. Légalement, les soldes ont lieu deux fois par an: en janvier et en juillet.

**5.** Saint-Laurent, Dior, Chanel ... Ces grands noms ont fait la réputation de la mode française. Au printemps et en automne, tous les «grands couturiers» présentent leurs nouvelles collections à une clientèle internationale.

## COMPARAISONS *Culturelles*

Comparez l'attitude des jeunes Américains et des jeunes Français dans les domaines suivants:

- importance du look
- importance de la mode
- importance des vêtements
- achat des vêtements
- choix des chaussures
- façon de s'habiller

### Et vous?

Dans toute la France, tous les magasins et toutes les boutiques ont des soldes deux fois par an exactement les mêmes jours. (C'est la législation!) Selon vous *(in your opinion)*, quels sont les avantages et les désavantages du système français? Préférez-vous ce système au système américain?

## A | VOCABULAIRE | Les vêtements 🔊

> Je vais porter un pantalon et un blouson.

Je vais | **porter** un pantalon et un blouson.
**mettre** ma veste bleue

**Au rayon** (department) **des vêtements**

Pour hommes et femmes

Pour hommes

un blazer

un costume (suit)

une veste

un imper (un imperméable)

un manteau

un pantalon

une chemise

Pour femmes

un tailleur (suit)

une robe

un blouson

un chemisier
(long-sleeved blouse)

un pull

un jean

des chaussettes (f.)

une jupe

des collants (m.)
(tights, pantyhose)

**Au rayon des vêtements de sports**

un polo *(polo shirt)*

un tee-shirt

un short

un maillot de bain

un sweat

un survêtement *(jogging, track suit)*

**Au rayon des chaussures**

des chaussures *(f.)*

des bottes *(f.)* *(boots)*

des sandales *(f.)*

des baskets *(m.)* *(high tops)*

des tennis *(m.)* *(sneakers, running shoes)*

## 1 Qu'est-ce que tu vas mettre?

**PARLER** Choisissez les vêtements que vous allez porter dans les circonstances suivantes. Indiquez votre choix dans une conversation avec un(e) camarade.

▶ Il fait très froid ce matin.
—Il fait très froid ce matin.
—Qu'est-ce que tu vas mettre?
—Je vais mettre un pull, un jean et un manteau.

1. Il va pleuvoir.
2. La météo *(weather forecast)* a annoncé de la neige.
3. Je vais jouer au tennis.
4. Je vais aller à la plage.
5. Je suis invité(e) à un mariage.
6. Je vais sortir avec mon nouveau copain (ma nouvelle copine).
7. Mon copain français m'a invité(e) à dîner.
8. Je vais faire une promenade à cheval.

## 2 Les valises?

**PARLER/ÉCRIRE** Nommez cinq choses que vous allez mettre dans votre valise *(suitcase)* dans les circonstances suivantes.

1. Vous allez faire du camping cet été.
2. Vous allez faire du ski cet hiver.
3. Vous allez passer une semaine à la campagne en avril.
4. Vous allez passer deux semaines à la Martinique en juin.
5. Vous allez passer une semaine à Québec en février.
6. Vous allez visiter Paris en juillet.

**B** **VOCABULAIRE** **D'autres choses que l'on porte**

### Les accessoires et les articles personnels

un chapeau

une casquette

un foulard

des gants (m.)

une cravate

un portefeuille

des lunettes (f.) de soleil

un sac

un parapluie

une ceinture

**Les bijoux**

un bracelet

une bague

des boucles (f.) d'oreilles

un collier

une chaîne avec une médaille

**3** 𝔍oyeux anniversaire!

**PARLER/ÉCRIRE** C'est l'anniversaire des personnes suivantes. Vous allez acheter un cadeau différent pour chaque personne. Dites ce que vous allez choisir. Utilisez votre imagination!

▶ mon père

1. mon meilleur copain
2. ma petite soeur
3. mon petit frère
4. ma cousine
5. ma meilleure copine
6. ma soeur aînée (older)
7. ma mère
8. mon prof de français

Pour mon père, je vais acheter une cravate (un portefeuille … ).

**C** | **VOCABULAIRE** | **La description des vêtements**

### Les couleurs

—**De quelle couleur** est ton nouveau polo? | **la couleur** *color*

—Il est bleu et vert.

| blanc (blanche) | gris(e) | rouge | orange* | bleu(e) | marron* | bleu clair* |
|---|---|---|---|---|---|---|

| noir(e) | beige | rose | jaune | vert(e) | violet (violette) | bleu foncé* |
|---|---|---|---|---|---|---|

De quelle couleur est ton nouveau polo?

Il est bleu et vert.

→ Colors indicated by an asterisk are invariable.
Paul porte une chemise **bleu foncé** et des chaussures **marron**.

### Le dessin

—Aimes-tu ce **tissu à rayures**?

—Oui, il est assez joli, mais je préfère le tissu uni.

| **le dessin** | *pattern, design* |
|---|---|
| **le tissu** | *fabric* |

| uni | à rayures | à carreaux | à fleurs | à pois |
|---|---|---|---|---|

### Les tissus et les autres matières

| **la matière** | *material* |
|---|---|

—Cette chemise est **en coton**?

—Non, elle est **en laine. C'est une chemise de laine**.

| le coton | le velours *(velvet)* | la laine *(wool)* |
|---|---|---|
| le nylon | le velours côtelé *(corduroy)* | la toile *(linen, canvas)* |
| le polyester | | la soie *(silk)* |
| l'argent *(m.) (silver)* | le cuir *(leather)* | la fourrure *(fur)* |
| l'or *(m.) (gold)* | le caoutchouc *(rubber)* | |
| | le plastique | |

**4** **Et vous?**

**PARLER/ÉCRIRE** Décrivez en détail (couleur, dessin, matière) les vêtements des personnes suivantes.

1. Moi, je porte …
2. Le/la prof porte …
3. L'élève à ma gauche porte …
4. L'élève à ma droite porte …
5. L'élève devant *(in front of)* moi porte …
6. L'élève derrière *(behind)* moi porte …

### 5  La transformation de Mademoiselle Jolivet

**PARLER/ÉCRIRE** Décrivez ce que portait Mademoiselle Jolivet en différentes circonstances.

- Vendredi au bureau, elle portait …
- Samedi soir, à la discothèque, …
- Dimanche après-midi, à la plage, …

AU BUREAU  À LA DISCOTHÈQUE  À LA PLAGE

### 6  En quelle matière?

**PARLER/ÉCRIRE** Dites en quelle matière peuvent être les choses suivantes.

▶ une cravate
**Une cravate peut être en coton, en laine ou en soie.**

1. une chemise
2. un pantalon
3. un blouson
4. un sac
5. un portefeuille
6. des chaussures
7. une veste
8. une ceinture
9. un pull
10. des bottes
11. une bague
12. des boucles d'oreilles

### 7  Conversation

**PARLER** Dites au vendeur (à la vendeuse) ce que vous voulez acheter et ce que vous préférez.

caoutchouc ou cuir?

1 coton ou polyester?

2 laine ou velours

3 toile ou velours côtelé?

4 cuir ou plastique?

5 laine ou soie?

Vous désirez?

Je cherche des bottes.

En caoutchouc ou en cuir?

Je préfère les bottes de caoutchouc (de cuir).

### 8  Questions personnelles  **PARLER/ÉCRIRE**

1. Quelle est ta couleur préférée? Quels vêtements as-tu de cette couleur?
2. Est-ce que tu as un portefeuille? une montre? une chaîne? En quelle matière sont-ils?
3. Est-ce que tu portes une chemise? De quelle couleur est-elle? En quel tissu?
4. Est-ce que tu as des chemises avec un dessin particulier? Décris ces dessins.
5. Imagine que tu achètes une cravate pour l'anniversaire de ton oncle favori. Quelle couleur choisis-tu? Quel dessin?

**D** | **VOCABULAIRE** | **Où et comment acheter des vêtements**

J'aime être **à la mode** (*in fashion*).

J'achète mes vêtements …

| **dans une boutique** | **dans une boutique de soldes** (*discount shop*) |
|---|---|
| **dans un magasin** | **dans un grand magasin** (*department store*) |
| **sur catalogue** | **sur Internet** |

—Vous désirez?

Je **cherche** des chaussettes.

Je voudrais **essayer** cette veste.  | **essayer** *to try on* |

J'achète mes vêtements dans une boutique.

Moi aussi!

—Quelle est | votre **taille?** | **la taille** (*clothing*) *size* |
| | votre **pointure** | **la pointure** *shoe size* |

Je **fais** | du 40.
Je **porte** |

—Est-ce que ce pantalon **vous va** (*fit you*)?

Oui, **il me va bien.**

Non, **il ne me va pas.**

Non, il est trop | **grand.** | ≠ | **petit** |
| | **court** (*short*) | ≠ | **long** (*f.* **longue**) |
| | **étroit** (*tight*) | ≠ | **large** (*wide, baggy*) |

—Est-ce que ce pull **vous plaît?** (*Do you like this sweater?* [*lit: Does it please you?*])

Oui, **il me plait.**  |  Non, **il ne me plaît pas.**

Il est | joli | Il est | **moche** (*ugly*). |
| | super | | **affreux** (*f.* **affreuse**) (*awful*) |
| | élégant | | **ridicule** (*ridiculous*) |
| | **bon marché** (*inexpensive*) | | **trop cher** (*f.* **chère**) (*expensive*) |
| | **en solde** (*on sale*) | | |

—Vous avez choisi?

Oui, je vais acheter ces chaussures.

Non | je ne suis pas **décidé(e).**
| je vais **réfléchir** (*think it over*)
| je vais chercher **quelque chose**
| **d'autre** (*something else*)

Vous avez choisi?

Non, je vais réfléchir.

→ Note the plural forms of the following expressions:

Est-ce que **ces chaussures vous vont?**
Oui, **elles me vont** très bien.

Est-ce que **ces lunettes vous plaisent?**
Non, **elles ne me plaisent pas** beaucoup.

**9** ℚuestions personnelles **PARLER/ÉCRIRE**

1. Est-ce qu'il y a des grands magasins dans la ville où tu habites, ou près de ta ville? Comment est-ce qu'ils s'appellent?
2. Est-ce qu'il y a des boutiques de vêtements? Comment est-ce qu'elles s'appellent? Quel genre de vêtements est-ce qu'on vend dans ces boutiques?
3. Quand tu achètes des vêtements, quelle est la chose la plus importante? le style? la qualité? le prix?
4. Quand tu achètes des vêtements (ou des chaussures), est-ce que tu essaies beaucoup de choses avant de prendre une décision?

**10** ℚu'est-ce qui ne va pas?

**PARLER** Jouez le dialogue entre vendeurs et clients sur la base des illustrations.

▶ —Ce pantalon vous va?
  —Non, il est trop court.

**11** ℚuestions et réponses

**PARLER** Vous travaillez dans une boutique de vêtements. Posez des questions à un(e) client(e) qui va vous répondre en choisissant une réponse logique.

| QUESTIONS | RÉPONSES |
|---|---|
| 1. —Vous désirez? | a. Je fais du 38. |
| 2. —Ce manteau vous va? | b. Non, je vais réfléchir. |
| 3. —Ces bottes vous vont? | c. Je voudrais essayer ce manteau. |
| 4. —Quelle est votre pointure? | d. Non, il est trop court. |
| 5. —Comment trouvez-vous cette veste? | e. Oui, elles sont très confortables. |
| 6. —Vous avez choisi? | f. Elle me plaît beaucoup, mais elle est un peu chère. |

@HOMETUTOR
my.hrw.com

# Au jour le jour

## Tailles et pointures

Les tailles et les pointures sont différentes en France et aux États-Unis. Le tableau suivant présente les équivalences entre ces tailles et ces pointures.

| 🇫🇷 | 🇺🇸 | 🇫🇷 | 🇺🇸 | 🇫🇷 | 🇺🇸 | 🇫🇷 | 🇺🇸 | 🇫🇷 | 🇺🇸 |
|---|---|---|---|---|---|---|---|---|---|
| 34 | 6 | 36 | 14 | 30 | 24 | 36 | 5½ | 39 | 6½ |
| 36 | 8 | 37 | 14½ | 32 | 26 | 37 | 6 | 40 | 7 |
| 38 | 10 | 38 | 15 | 34 | 28 | 38 | 7 | 41 | 8 |
| 40 | 12 | 39, 40 | 15½ | 36 | 29 | 39 | 7½ | 42 | 9 |
| 42 | 14 | 41 | 16 | 38 | 30 | 40 | 8½ | 43 | 10 |
| 44 | 16 | 42 | 16½ | 40 | 32 | 41 | 9 | 44 | 10½ |
| | | 43 | 17 | 42 | 34 | 42 | 10 | 45 | 11 |

## 12 Shopping

**PARLER** Vous avez passé une semaine à Paris. La veille *(day before)* de votre départ, vous allez dans différentes boutiques. Complétez les dialogues avec le vendeur (la vendeuse). Jouez ces dialogues avec un(e) camarade.

**A**

—Vous désirez, monsieur (mademoiselle)?
—*Say that you are looking for a jacket.*

—Est-ce que cette veste vous va?
—*Say that it does not fit you and say why: too short? tight? …*

—Et cette veste bleue? Est-ce qu'elle vous plaît?
—*Say you like it and think it is very elegant and ask how much it costs.*

—Trois cents euros.
—*Say that it is too expensive and that you are going to look for something else.*

**B**

—Vous désirez?
—*Say that you are looking for a pair of shoes: indicate the type and color.*

—Quelle est votre pointure?
—*Give your French shoe size.*

—Est-ce que vous voulez essayer ces chaussures?
—*Answer affirmatively … Having tried them on, say that they fit and ask what they cost.*

—Cent euros. Elles sont en solde.
—*Say that you are buying them.*

# Armelle compte son argent

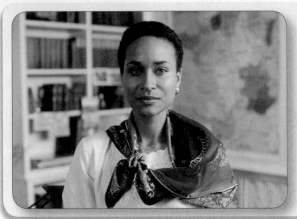

Dimanche prochain, Pierre va célébrer son anniversaire. À cette occasion, il a organisé une grande soirée pour tous ses amis … et particulièrement pour Armelle.

Pour cette occasion, Armelle voudrait mettre quelque chose de spécial et d'original. Oui, mais voilà, elle a un problème commun à beaucoup de jeunes.

Cet après-midi, Corinne est allée chez Armelle.

**Cent, cent cinquante, deux cents, deux cent cinquante, deux cent soixante-dix, deux cent quatre-vingt-dix …**

**Mais, qu'est-ce que tu fais?**

**Tu vois, je compte mon argent.**

**Pourquoi?**

**Je voudrais m'acheter une nouvelle robe pour aller à la soirée de Pierre.**

Qu'est-ce que tu cherches?

Quelque chose d'original et de pas trop cher!

Combien d'argent as-tu?

Euh … seulement trois cent trente francs.

Évidemment, ce n'est pas beaucoup. Écoute, je connais une boutique dans la rue Carnot. Généralement ils ont des soldes! On peut y aller, si tu veux.

Oui. Quand?

Eh bien, pourquoi pas maintenant?

D'accord, allons-y.

Armelle et Corinne sortent pour faire leurs achats.

à suivre . . .

## Compréhension

1. Où se passe la scène?
2. Quel est le problème d'Armelle?
3. Combien d'argent a-t-elle?
4. Qu'est-ce que Corinne lui suggère?

### A  Les nombres de 100 à 1 000 000

| | | | | | | | |
|---|---|---|---|---|---|---|---|
| 100 | **cent** | | 500 | **cinq cents** | | 2 000 | **deux mille** |
| 101 | **cent un** | | 510 | **cinq cent dix** | | 5 000 | **cinq mille** |
| 110 | **cent dix** | | | | | | |
| 200 | **deux cents** | | 600 | **six cents** | | 10 000 | **dix mille** |
| 250 | **deux cent cinquante** | | 900 | **neuf cents** | | 100 000 | **cent mille** |
| 420 | **quatre cent vingt** | | 1 000 | **mille** | | 1 000 000 | **un million** |

**1** *C'est combien?*

**PARLER** Vous faites des achats en France. Choisissez trois articles et demandez combien ils coûtent. Un(e) camarade va vous répondre.

Pardon, monsieur, combien coûtent les gants?

Ils coûtent vingt euros.

Merci.

### B  Les nombres ordinaux

Ordinal numbers (*first, second, third, fourth,* etc.) are used to indicate rank or order.

In French, ordinal numbers are formed according to the following pattern:

> ORDINAL NUMBER  =  NUMBER  +  **ième**
> (minus **-e**, if any)

| | | | |
|---|---|---|---|
| deux → | **deuxième** | EXCEPTIONS: | |
| trois → | **troisième** | un(e) → | **premier (première)** |
| onze → | **onzième** | cinq → | **cinquième** |
| cent → | **centième** | neuf → | **neuvième** |

my.hrw.com

## 2 La course *(The race)*

**PARLER/ÉCRIRE** Vous avez participé à une course de dix kilomètres avec des camarades. Dites dans quel ordre ils sont arrivés.

► Stéphanie (18)

1. Nathalie (25)
2. Jean-Pierre (6)
3. Jérôme (12)
4. Éric (1)
5. Philippe (40)
6. Pauline (9)
7. François (10)
8. Corinne (17)
9. Isabelle (100)

Stéphanie est arrivée dix-huitième.

## C Révision: Les adjectifs irréguliers

Many irregular adjectives have endings that follow predictable patterns.

Irregular FEMININE endings:

| -on | -onne | bon | bonne |
|-----|-------|-----|-------|
| -ien | -ienne | canadien | canadienne |
| -el | -elle | naturel | naturelle |
| -et | -ète | discret | discrète |
| -er | -ère | cher | chère |
| -eux | -euse | généreux | généreuse |
| -f | -ve | attentif | attentive |

Irregular MASCULINE PLURAL ending:

| -al | -aux | normal | normaux |
|-----|------|--------|---------|

## 3 Substitutions

**PARLER/ÉCRIRE** Remplacez les mots soulignés par les mots entre parenthèses et faites les changements nécessaires.

1. Philippe porte <u>un pantalon</u> vert. (une chemise, des chaussettes, un pull)
2. Je vais acheter <u>un costume</u> italien. (des chaussures, une veste, une ceinture)
3. Est-ce que <u>cet imper</u> est anglais? (ce foulard, ces lunettes, cette cravate)
4. <u>Ce tee-shirt</u> est mignon. (cette robe, ces chemises, ce maillot de bain)
5. <u>Cette bague</u> est trop chère. (ce bracelet, ces boucles d'oreilles, ces colliers)
6. <u>Cette vendeuse</u> est très sérieuse. (ce vendeur, ces employés, mes copines)
7. <u>Nathalie</u> est sportive. (Éric, Paul et David, mes cousines)
8. <u>Cette casquette</u> est originale. (ces sandales, ce chapeau, ces tee-shirts)
9. <u>Ces produits</u> sont naturels. (ces couleurs, ce textile, cette boisson)
10. En classe, <u>Jean-Paul</u> est très attentif. (ses copains, Mélanie, Isabelle et Sophie)

## D  Les adjectifs *beau, nouveau, vieux*

The adjectives **beau** (*beautiful, pretty, good-looking*), **nouveau** (*new*), and **vieux** (*old*) are irregular.

| SINGULAR | | | |
|---|---|---|---|
| **MASCULINE**<br>(+ vowel) | le **beau** costume<br>le **bel**_ imper | le **nouveau** costume<br>le **nouvel**_ imper | le **vieux** costume<br>le **vieil** /j/ imper |
| **FEMININE** | la **belle** veste | la **nouvelle** veste | la **vieille** veste |

| PLURAL | | | |
|---|---|---|---|
| **MASCULINE**<br>(+ vowel) | les **beaux** costumes<br>les **beaux**_ /z/ impers | les **nouveaux** costumes<br>les **nouveaux**_ /z/ impers | les **vieux** costumes<br>les **vieux**_ /z/ impers |
| **FEMININE** | les **belles** vestes | les **nouvelles** vestes | les **vieilles** vestes |

The adjectives **beau, nouveau,** and **vieux** usually come BEFORE the noun.

→ When the noun begins with a vowel sound, liaison is required.

les **vieux** /z/ acteurs          les **nouvelles** /z/ actrices

→ Often **des** → **de** before a plural adjective.

Ce sont **des** sandales.          Ce sont **de** vieilles sandales.

### LANGUAGE COMPARISON

In French, there are two adjectives that correspond to the English *new*:

| | | |
|---|---|---|
| **nouveau (nouvelle)** | *new (to the owner)* | Mes parents ont une **nouvelle** voiture. |
| **neuf (neuve)** | *brand-new* | Ce n'est pas une voiture **neuve.** |

---

**4** *Expression personnelle*

**PARLER/ÉCRIRE** Décrivez les choses suivantes. Utilisez la forme appropriée de **beau, nouveau** ou **vieux.**

▶ J'ai un … vélo.
J'ai un beau vélo. (J'ai un vieux vélo.)

1. Notre école est une … école.
2. Mon immeuble est un … immeuble.
3. À Québec, il y a beaucoup de … maisons.
4. Les voisins ont une … voiture.
5. Je voudrais acheter un … ordinateur.
6. Quand je travaille dans le jardin, je mets un … tee-shirt et de … chaussures.
7. Au Marché aux puces *(flea market)*, on peut acheter de … choses.
8. Dans les musées, on peut voir de … voitures.

---

**5** **Pas d'accord**

**PARLER** Léa n'est pas d'accord avec les achats de Jean. Jouez les deux rôles.

▶ ma chemise
—Comment trouves-tu ma nouvelle chemise?
—Elle est assez belle.
—Assez belle? Tu ne l'aimes pas?
—Si, mais je préfère ta vieille chemise.

1. mon imper          4. ma casquette
2. mon blouson       5. mes baskets
3. mes chaussures    6. mon jean

## E  Les adverbes en -*ment*

To tell HOW we do certain things, we use ADVERBS OF MANNER. In English, most adverbs of manner end in -*ly.* In French, many adverbs of manner end in -ment.

| | |
|---|---|
| Tu parles **calmement.** | *You speak **calmly.*** |
| Nous étudions **sérieusement.** | *We study **seriously.*** |
| J'attends **patiemment.** | *I am waiting **patiently.*** |

French adverbs of manner are formed from adjectives according to the following patterns:

■ Most adjectives (regular and irregular)

> FEMININE ADJECTIVE + **ment**

| | | | |
|---|---|---|---|
| normal | **normale** | → | **normale**ment |
| calme | **calme** | → | **calme**ment |

| | | | |
|---|---|---|---|
| sérieux | **sérieuse** | → | **sérieuse**ment |
| actif | **active** | → | **active**ment |
| naturel | **naturelle** | → | **naturelle**ment |

→ When the adjective ends in -**i** or -**é**, the adverb is derived from the masculine form.
  **poli** → **poli**ment       **spontané** *(spontaneous)* → **spontané**ment

→ Adverbs based on ordinal numbers follow the regular pattern.
  premier  **première** → **première**ment *first*       **deuxième** → **deuxième**ment

■ Adjectives ending in -**ant** and -**ent**

| | | | |
|---|---|---|---|
| -**ant** | → | -**amment** | élég**ant** → élég**amment** |
| -**ent** | → | -**emment** | pati**ent** → pati**emment** |

---

**6** *Expression personnelle*

**PARLER/ÉCRIRE** Dites comment vous faites les choses suivantes en complétant les phrases avec un adverbe de la liste.

▶ Je parle français …
  **Je parle français facilement
  (difficilement, lentement).**

1. J'étudie …
2. Je fais mes devoirs …
3. J'écoute le professeur …
4. J'aide mes amis …
5. Je parle à mes parents …
6. J'attends mes amis …
7. J'arrive à l'école …
8. Quand j'ai un problème, j'agis *(act)* …
9. Quand je vais à un match de baseball, je m'habille …

> **attentivement**
> **calmement**
> **difficilement**
> *(with difficulty)*
> **facilement** *(easily)*
> **généreusement**
> **lentement** *(slowly)*
> **patiemment**
> **poliment**
> **ponctuellement**
> **prudemment**
> **rapidement**
> **sérieusement**
> **simplement**

**7** *Comment?*

**PARLER/ÉCRIRE** Dites comment ces personnes agissent *(act)*.

▶ Jean-Claude est calme.
  (faire tout)
  **Il fait tout calmement.**

1. Catherine est rapide.
   (lire le livre)
2. Jean-Pierre est actif.
   (faire du sport)
3. Alice est généreuse.
   (aider ses amis)
4. Nicolas est consciencieux.
   (faire ses devoirs)
5. Paul est élégant.
   (s'habiller)
6. Mélanie est intelligente.
   (répondre au professeur)

# À votre tour!

## 1 Situation: Au grand magasin

**PARLER** You meet your partner at a department store.
Ask your partner …

• which floor he/she is going to
• what he/she is going to buy
• how much he/she wants to spend
• if the item is a present and, if so, for whom

| ÉTAGE | RAYONS |
|---|---|
| rez-de-chaussée | parfums, accessoires |
| 1er | librairie, papeterie |
| 2e | équipement ménager |
| 3e | vêtements d'hommes |
| 4e | vêtements de femmes |
| 5e | articles de sport, vêtements d'enfants |
| 6e | photo et équipement stéréo |

## 2 Préparatifs de voyage

**ÉCRIRE/PARLER** Vous allez faire un voyage en France cet été.
Faites une liste de trois choses que vous devez acheter avant
votre départ. Choisissez un(e) partenaire et comparez vos listes
d'achats.

Ensuite, imaginez que vous allez ensemble *(together)* dans un
grand magasin de votre ville pour acheter ces choses. Avec votre
partenaire, composez un dialogue où vous dites …
• dans quel magasin vous allez aller
• à quels rayons vous allez faire vos achats
• combien d'argent vous allez dépenser

LISTE D'ACHATS

1.
2.
3.

🌐 **LESSON REVIE**
my.hrw.com

Additional readings @ **my.hrw.com**
**FRENCH**
**InterActive Reader**

# Lecture  Le 5 000 mètres

Six amis font du sport régulièrement. Le week-end dernier, ils ont fait une course de 5 000 mètres. Chacun portait un maillot de couleur différente: bleu, rouge, vert, jaune, orange et rose.

Lisez attentivement les descriptions suivantes. Avec ces renseignements, déterminez l'ordre d'arrivée des coureurs et la couleur de leurs maillots.

1. Stéphanie est arrivée immédiatement avant Nicolas.

2. Christine portait un maillot bleu.

3. Le maillot vert est arrivé premier.

4. Nicolas est arrivé quatrième.

5. André est arrivé avant Nicolas mais il n'était pas le premier.

6. Le maillot rouge est arrivé deuxième.

7. Paul portait un maillot vert.

8. Le dernier portait un maillot jaune.

9. Christine est arrivée entre Nicolas et Thomas.

10. Stéphanie portait un maillot orange.

**SUGGESTIONS:**

- Sur une feuille de papier, faites une grille semblable à la grille suivante.
- Lisez le texte plusieurs fois. À chaque fois, remplissez la grille avec des nouvelles informations.

| ordre d'arrivée | nom | couleur du maillot |
|---|---|---|
| 1 | | |
| 2 | | |
| 3 | | |
| 4 | | |
| 5 | | |
| 6 | | |

**Mots utiles**

**une course**  race
**un coureur**  runner
**un maillot**  athletic T-shirt

# Corinne a une idée

Armelle voudrait acheter une nouvelle robe pour aller à la soirée de Pierre. Elle cherche quelque chose d'original, mais de pas trop cher. Corinne lui a suggéré d'aller dans une boutique qui a souvent des soldes.

Armelle et Corinne sont maintenant dans cette boutique.

Qu'est-ce que tu penses de cette jupe et de cette veste?

Oui, c'est pas mal ... mais ce n'est pas très original.

Regarde cette robe! Elle est plus jolie?

Oui, tu as raison! Elle est beaucoup plus jolie.

Mais elle est aussi beaucoup plus chère! Regarde le prix!

2000

Oh là là! Je parie que c'est la robe la plus chère du magasin!

Et cette robe-ci? Elle est moins chère?

Euh … oui, elle est moins chère, mais elle est moins jolie.

Et regarde, elle est trop longue pour moi.

Vraiment, ces robes sont chères.

Quoi?

J'ai une idée …

J'ai une grand-mère qui a des tas de robes anciennes très chouettes. On peut aller chez elle. Je suis sûre qu'on va trouver quelque chose d'intéressant. Qu'est-ce que tu en penses?

Oui, excellente idée! Allons chez ta grand-mère!

Les deux amies sortent du magasin pour aller chez la grand-mère de Corinne.

à suivre …

## Compréhension

1. Où sont Armelle et Corinne?
2. Qu'est-ce qu'elles font là?
3. Pourquoi est-ce qu'Armelle n'achète rien?
4. Quelle solution Corinne propose-t-elle à son amie?

## A Le comparatif des adjectifs

> MA VOITURE EST PLUS GRANDE ET PLUS CONFORTABLE.

> OUI, MAIS ELLE EST MOINS RAPIDE!

Note how comparisons are expressed in the following sentences:

| | |
|---|---|
| La veste est **plus** chère **que** le pull. | *The jacket is **more** expensive **than** the sweater.* |
| La moto est **plus** rapide **que** la voiture. | *The motorcycle is faster **than** the car.* |
| Le pull est **moins** cher **que** le blouson. | *The sweater is **less** expensive **than** the jacket.* |
| La moto est **moins** confortable **que** la voiture. | *The motorcycle is **less** comfortable **than** the car.* |
| Paul est **aussi** intelligent **que** toi. | *Paul is **as** intelligent **as** you.* |
| Tu n'es pas **aussi** sérieux **que** lui. | *You are not **as** serious **as** he (is).* |

COMPARISONS with adjectives are expressed according to the following pattern:

| + **plus** | | | **plus cher (que)** | *more expensive (than)* |
|---|---|---|---|---|
| – **moins** | } | ADJECTIVE (+ **que ...**) { | **moins cher (que)** | *less expensive (than)* |
| = **aussi** | | | **aussi cher (que)** | *as expensive (as)* |

→ Liaison is required after **plus** and **moins**.

plus‿intelligent    moins‿intelligent

→ Stress pronouns are used after **que**.

Paul est plus grand que **toi**.    Tu es moins grand que **lui**.

→ The comparative of **bon/bonne** *(good)* is **meilleur/meilleure** *(better)*.

La tarte aux pommes est **bonne**.        La tarte aux poires est **meilleure**.

## 1 Et vous?

**PARLER/ÉCRIRE** Choisissez une personne de la colonne B et comparez-vous à cette personne en utilisant au moins deux adjectifs de la colonne A.

|  | A | B |
|---|---|---|
| je suis | jeune<br>grand(e)<br>optimiste<br>patient(e)<br>sportif (sportive)<br>sérieux (sérieuse)<br>bon(ne) en français<br>bon(ne) en maths | mon copain<br>ma copine<br>mon frère<br>ma soeur<br>mes camarades de classe<br>?? |

▶ Je suis plus jeune que mon frère.
Je ne suis pas aussi grand que lui.
Je suis moins bon en maths,
mais je suis meilleur en français.

## VOCABULAIRE    Quelques adjectifs

### Les personnes

| | | |
|---|---|---|
| **fort** (strong) | ≠ | **faible** (weak) |
| **gentil (gentille)** (nice) | ≠ | **méchant** (mean, nasty) |

### Les choses

Mon sac est plus lourd que ton sac.

| | | |
|---|---|---|
| **chaud** (warm, hot) | ≠ | **froid** (cold) |
| **facile** (easy) | ≠ | **difficile** (difficult) |
| **rapide** (fast) | ≠ | **lent** (slow) |
| **léger (légère)** (light) | ≠ | **lourd** (heavy) |
| **cher (chère)** (expensive) | ≠ | **bon marché** (inexpensive, cheap) |
| **utile** (useful) | ≠ | **inutile** (useless) |

→ **Bon marché** is invariable. Its comparative form is **meilleur marché.**

## LANGUAGE COMPARISON

In French there are two words that mean *fast*: **rapide** (an adjective), and **vite** (an adverb). Compare their use:

| | |
|---|---|
| Cette voiture est **rapide.** | *This car is **fast.*** |
| Elle va **vite.** | *It goes **fast.*** |

**2** ## À votre avis

**PARLER/ÉCRIRE** Comparez les choses ou les personnes suivantes.

▶ le français / facile / l'allemand
**Le français est plus (moins, aussi) facile que l'allemand.**

1. le français / utile / italien
2. Paris / grand / New York
3. la Californie / jolie / la Floride
4. King Kong / méchant / Dracula
5. Spiderman / fort / Tarzan

6. les filles / indépendantes / les garçons
7. les adultes / idéalistes / les jeunes
8. l'argent / important / l'amitié *(friendship)*
9. les Yankees / bons / les Red Sox
10. les pizzas / bons / les hamburgers

**3** ## Rien n'est parfait!

**PARLER** Avec vos camarades, composez et jouez les dialogues en faisant les substitutions suggérées et les changements nécessaires.

1. porter la bague en or
   • la bague en argent
   • léger
   • joli
2. prendre le sac en toile
   • le sac en plastique
   • solide
   • grand
3. mettre ta veste de laine
   • ma veste de velours
   • élégant
   • chaud
4. louer la voiture de sport
   • le minivan
   • confortable
   • rapide

5. manger la tarte aux fraises
   • le gâteau au chocolat
   • bon
   • gros *(big)*

Tu vas **acheter** les **bottes de cuir**?

Ah bon. Pourquoi?

Non, je vais acheter **les bottes de caoutchouc**.

C'est vrai, mais elles ne sont pas aussi **confortables**.

Parce qu'elles sont plus **pratiques**.

Rien n'est parfait!

**4** ## Comparaisons

**PARLER/ÉCRIRE** Choisissez un des éléments de chaque paire et comparez-le à l'autre élément. Dans vos comparaisons, utilisez un maximum d'adjectifs de la liste entre parenthèses.

▶ un scooter / une moto        (rapide, confortable, économique, joli, cher)
**Un scooter est moins rapide, plus confortable ... qu'une moto.**

1. un blazer / une veste de cuir        (élégant, léger, confortable, pratique, cher)
2. une tablette / un smartphone        (lourd, pratique, bon, cher)
3. un hamburger / une salade        (léger, bon, riche en calories)
4. un ordinateur / une calculatrice        (lourd, utile, pratique, cher)
5. un chien / un chat        (gentil, fort, mignon)

**@HOMETUTOR**
my.hrw.com

## B  Le comparatif des adverbes

Comparisons with adverbs follow the same pattern as comparisons with adjectives.

| Je fais du jogging | { plus, moins, aussi } | **souvent que** toi. | I jog | { more, less, as } | often | { than, than, as } | you. |

→ The comparative of **bien** *(well)* is **mieux** *(better)*.
Contrast the use of **meilleur(e)** and **mieux** in the following sentences:

| Je suis **bon** en français. | I am **good** in French. |
| Je suis **meilleur** que toi. | I am **better** than you. |
| Je parle **bien**. | I speak **well**. |
| Je parle **mieux** que toi. | I speak **better** than you. |

## VOCABULAIRE  Quelques adverbes

Le lundi, je me lève tôt.

| **tôt** | *early* | Le lundi, je me lève **tôt**. |
| **tard** | *late* | Le samedi, je me couche **tard**. |
| **vite** | *fast* | Cette moto va très **vite**! |
| **lentement** | *slowly* | Allez plus **lentement**! |
| **longtemps** | *(for) a long time* | Où étais-tu? Je t'ai attendu **longtemps**. |

## 5  Expression personnelle

**PARLER/ÉCRIRE** Complétez les phrases en choisissant l'une des expressions proposées.

1. Je vais plus vite à l'école … (en bus ou à vélo?)
2. Je me lève plus tard … (le dimanche ou le lundi?)
3. Je me couche plus tôt … (le samedi soir ou le jeudi soir?)
4. Je regarde la télé plus longtemps … (le week-end ou pendant la semaine?)
5. Je cours plus lentement … (quand je suis en forme ou quand je suis fatigué[e]?)
6. Je vais plus souvent à la piscine … (en hiver ou en été?)
7. Je m'habille plus élégamment … (pour une boum ou pour un mariage?)
8. Je m'habille plus simplement … (pour un pique-nique ou pour une boum?)
9. J'étudie mieux … (le soir ou le matin?)
10. On mange mieux … (à la cantine de l'école ou à la maison?)
11. On mange mieux … (dans un restaurant chinois ou dans un restaurant italien?)

## C Le superlatif des adjectifs

In a superlative construction, one or several people or things are compared to the rest of the group. Note the superlative constructions in the following sentences.

| | |
|---|---|
| Anne est la fille **la plus gentille** de la classe. | *Anne is **the nicest** girl in the class.* |
| C'est l'hôtel **le plus moderne** de la ville. | *It's **the most modern** hotel in the city.* |
| Où est la boutique **la moins chère**? | *Where is **the least expensive** shop?* |
| Qui sont les élèves **les moins sérieux**? | *Who are **the least serious** students?* |

Superlative constructions are formed according to the pattern:

| le/la/les | { plus<br>moins | ADJECTIVE | **le/la/les plus moderne(s)** *the most modern*<br>**le/la/les moins moderne(s)** *the least modern* |
|---|---|---|---|

→ The position of the superlative adjective (BEFORE or AFTER the noun) is usually the same as the simple adjective.

| | |
|---|---|
| Voici une fille **intelligente.** | C'est la fille **la plus intelligente** de la classe. |
| Voici une **jolie** boutique. | C'est **la plus jolie** boutique de la ville. |

→ Note that if the superlative adjective comes AFTER the noun, the definite article **le, la, les** is used twice: both BEFORE and AFTER the noun.

### LANGUAGE COMPARISON

After a superlative construction, French uses **de** whereas English uses *in*.

C'est la boutique la plus chère **de** la ville.    *It's the most expensive shop **in** the city.*

→ The superlative of **bon/bonne** is **le meilleur/la meilleure** *(the best)*.

Qui est **le meilleur** athlète du lycée?    *Who is **the best** athlete in the school?*

### 6 Le savez-vous?

**PARLER** Pouvez-vous faire correspondre les choses suivantes avec le pays où elles sont situées?

| | | |
|---|---|---|
| 1. le plus grand stade de foot | | a. en Chine |
| 2. la plus grande piscine | | b. aux États-Unis |
| 3. la plage la plus longue | se trouve | c. au Japon |
| 4. le train le plus rapide | | d. au Brésil |
| 5. le sommet *(peak)* le plus élevé | | e. au Maroc |

### 7 Questions personnelles PARLER/ÉCRIRE

1. Quel est le sport le plus intéressant? le plus difficile? dangereux? le moins intéressant?
2. Quelle est la classe la plus intéressante? Quelle est la matière la plus facile? la plus utile?
3. Qui est la fille la plus sportive de la classe? le garçon le plus sportif?
4. Quelle est la plus grande pièce de ta maison (de ton appartement)? la pièce la plus petite? la pièce la plus confortable? la pièce la moins confortable?
5. Quelle est la plus grande ville de ta région? la plus jolie ville? la ville la plus intéressante?

## 8 Les champions

**PARLER/ÉCRIRE** Dites qui est meilleur dans les catégories suivantes. Vous pouvez faire un sondage *(poll)* d'opinion dans la classe.

1. le meilleur acteur de cinéma
2. la meilleure actrice
3. le meilleur chanteur
4. la meilleure chanteuse
5. le meilleur groupe musical
6. le meilleur athlète professionnel
7. la meilleure athlète

8. le comédien le plus drôle
9. la comédienne la plus drôle
10. la meilleure émission de télé *(TV show)*
11. le meilleur film de l'année
12. la meilleure équipe de baseball
13. la meilleure équipe de basket
14. la meilleure équipe de football américain

## 9 Tu as raison

**PARLER** Maxime et Marie sont d'accord sur beaucoup de choses. Jouez les deux rôles.

▶ une boutique chère / la ville

1. un hôtel moderne / la ville
2. un costume cher / le magasin
3. une pièce confortable / l'appartement
4. un professeur intéressant / l'école
5. un élève sérieux / la classe
6. un copain sympathique / notre groupe
7. une fille sportive / le club

> C'est une boutique chère!

> Tu as raison! C'est la boutique la plus chère de la ville!

# À votre tour!

## 1 Situation: En visite

**PARLER** You are a French exchange student. You are new in town and have a few questions. Ask your partner to name …

▶ the best restaurant
  **Quel est le meilleur restaurant?**

### OBJECTIFS

Now you can …
• make comparisons

• the least expensive restaurant
• the most interesting shops
• the least expensive boutique
• the largest supermarket
• the best music shop

LESSON REVIEW
my.hrw.com

# Lecture Quelques records

Lisez la description de certains records dans les paragraphes suivants. Pouvez-vous répondre aux questions?

**1.** L'animal terrestre le plus lourd est l'éléphant. L'animal le plus haut° est la girafe. L'animal le plus long est le python réticulé.

Quel est l'animal le plus rapide?
- le guépard°
- l'antilope
- le cheval

**2.** La plus longue voiture est une limousine de 100 pieds de long. Cette voiture est équipée d'une piscine, d'un plongeoir° et d'une piste d'atterrissage° pour hélicoptère.

Combien de roues° a-t-elle?
- 12
- 26
- 48

**3.** Entre le 3 juin et le 17 octobre 1994, trois personnes ont fait l'aller et retour° Londres (Angleterre) et Le Cap (Afrique du Sud) en taxi. Ce voyage de 21 691 miles est la plus longue course° en taxi du monde.

Combien a coûté cette course?
- 1 500 dollars
- 15 000 dollars
- 65 000 dollars

**4.** Le plus long voyage spatial a été accompli par Valéri Poliakov, un astronaute russe.

Combien de temps a duré° ce voyage?
- 12 jours
- 162 jours
- 437 jours

**5.** Plus de 100 millions de personnes portent le nom de Chang. C'est le nom de famille le plus commun du monde. Aux États-Unis, le nom de famille le plus commun est Smith.

Quel est le nom de famille le plus commun en France?
- Dupont
- Leblanc
- Martin

MARTIN Claudine 14 r Abel 12e -------------01 43 47 58 87
>> Claudine 4 r Baulant 12e ----------------01 43 43 23 68
>> Claudine 23 r Commerce 15e ------------01 45 75 18 50
>> Claudine avocate16 r Naples 8e-------01 43 87 02 67
>> Clotilde 19 r Chaufourniers 19e--------01 42 41 58 43
>> Clotil
>> Colet      LE BLANC Claudine 24 r Haies 20e------------01 43 67 1
>> Colet      LEBLANC Claudine
>> Colet          20 cité Popincourt 11e ------------------01 48 07 0
>> Colet          >> Claudine 295 r St Jacques 5e -----------01 46 33 8

DUPONT-(suite)                                    LE BLANC Claudine 45 r Ulm 5e --------------01 43 26 4
>> Therese 113 r Fbg St Antione 11e------     LEBLANC Colette 26 r Vavin 6e------------------01 46 33 9
>> Thierry 11 r Croix Faubin 11e------------01 43 52     >> Corinne 10 r Thibaud 14e ---------------01 45 40 6
>> Thierry 59 r Eugène Carrière 18e------01 46 28 1     >> Daniel 14 bd Gouvion Saint Cyr 17e--01 40 55 0
>> Thierry 11 pass Foubert 13e------------01 45 59 6     >> Daniel 33 r Tolbiac 13e ---------------01 45 83 0
>> Thierry médecin 1 r Louvre 1er---------01 42 35 2     >> Danièle 59 r Moulin Vert 14e ---------01 45 43 7
>> Thierry 50 r Sévigné 3e----------------01 42 33 4
>> Thomas 3 r Didier 16e------------------01 45 50 5

**6.** Le plus jeune champion olympique est un Français. Ce garçon a participé aux Jeux Olympiques de Paris en 1900 et a gagné une médaille d'or en aviron.°

Quel âge avait-il?
- moins de dix ans
- douze ans
- quinze ans

**le plus haut** tallest/le **guépard** cheetah **plongeoir** diving board **piste d'atterrissage** landing area
**roues** wheels **aller et retour** round trip **course** ride **a duré** lasted **aviron** crew, rowing

Additional readings @ **my.hrw.com**

**FRENCH**
**InterActive Reader**

**7.** La plus grande publicité° lumineuse a été créée en 1925 pour la marque° d'automobile Citroën. Réalisée en six couleurs avec 250 000 ampoules° électriques, cette publicité était visible à une distance de 40 kilomètres.

Quel monument a servi de support à cette publicité?
- l'Arc de Triomphe
- La Tour Eiffel
- L'Empire State Building

**9.** Couru sur une distance de plus de 3 000 kilomètres, le Tour de France est la plus longue course cycliste du monde. D'une durée de° 21 jours, c'est aussi la plus grande épreuve° d'endurance. Finalement, c'est l'événement sportif qui attire° le plus grand nombre de spectateurs.

Combien de personnes vont voir le Tour de France chaque année?
- un million
- cinq millions
- quinze millions

**8.** Le peintre Vincent Van Gogh (1853-1890) a probablement été l'un des artistes les plus malheureux et les moins chanceux° de l'histoire. Durant sa vie,° il a vendu un seul° tableau.° Aujourd'hui, ses tableaux sont parmi les plus chers du monde. Le prix payé en 1990 pour son tableau «Le portrait du Docteur Gachet» a établi un record mondial.°

Quel était le prix de ce tableau?
- un million de dollars
- dix millions de dollars
- plus de quatre-vingts millions de dollars

**10.** Le plus grand dîner du monde a eu lieu à Paris le 22 septembre 1900. C'est le président de la République qui a offert ce dîner. Il y avait 22 925 personnes à ce grand banquet.

Qui étaient ces invités?
- des artistes
- des supporters politiques
- tous les maires° de France

**Cognate pattern:**  **-ir ↔ -ish**

finir ↔ *finish*
accomplir ↔ ?
établir ↔ ?

---

**publicité** *advertisement*  **marque** *make*  **ampoules** *bulbs*  **chanceux** *lucky*  **vie** *life*  **un seul** *only one*  **tableau** *painting*
**mondial** *world*  **D'une durée de** *Lasting*  **épreuve** *trial*  **attire** *attracts*  **maires** *mayors*

# Les vieilles robes de Mamie

Dans l'épisode précédent, Armelle est allée dans une boutique avec Corinne pour acheter une robe, mais elle n'a rien trouvé d'intéressant. Corinne a proposé à Armelle d'aller chez sa grand-mère qui a une collection de robes anciennes. Les deux amies viennent d'arriver chez la grand-mère de Corinne.

La grand-mère de Corinne est dans son jardin. Elle n'entend pas la sonnette.

Les deux amies retrouvent la grand-mère au jardin.

Bonjour, Mamie.

Bonjour, ma chérie. Je suis contente de te voir.

Bonjour, madame.

Bonjour, Armelle.

Dis, Mamie, on peut aller voir tes vieilles robes?

Lesquelles?

Tu sais bien, celles que tu m'as montrées le mois dernier.

Ah oui, tu veux dire celles qui sont dans le grenier?

Oui, c'est ça.

Mais bien sûr, allez les voir si ça vous amuse!

Les deux amies sont montées au grenier. Là, elles découvrent des choses très intéressantes.

Laquelle est-ce que tu vas choisir?

Je crois que je vais essayer celle-ci aussi ... et celle-là! Et toi?

Je vais essayer celle-ci ... et celle-là.

Je ne sais pas ... Celle-ci peut-être.

C'est vrai, il y a des tas de robes géniales ici!

Tu ne veux pas essayer ce chapeau?

Corinne et Armelle essaient toutes sortes de robes ...

Celle-ci me va très bien ... ! Et toi, essaie donc celle-là!

Le jour de la boum, la soirée de Pierre a commencé, mais Armelle et Corinne ne sont pas là.

Finalement les voilà qui arrivent.

Bonsoir, Armelle. Bonsoir, Corinne. Elles sont géniales, vos robes! Où est-ce que vous les avez achetées?

Les robes de «chez Mamie» ont beaucoup de succès!

FIN

## Compréhension

1. Où est la grand-mère de Corinne?
2. Pourquoi Corinne et Armelle lui rendent-elles visite?
3. Qu'est-ce qu'elles font dans le grenier?
4. Qu'est-ce que Pierre pense des robes d'Armelle et de Corinne?

## A | Le pronom interrogatif *lequel*

Note the forms and use of the pronoun **lequel** *(which one)* in the following sentences.

Voici un CD de jazz et un CD de rock.
**Lequel** veux-tu écouter?

***Which one** do you want to listen to?*

Voici plusieurs chaussures.
**Lesquelles** voulez-vous essayer?

***Which ones** do you want to try on?*

The interrogative pronoun **lequel** agrees with the noun it replaces. It has the following forms:

|  | SINGULAR | PLURAL |
|---|---|---|
| MASCULINE | lequel? | lesquels? |
| FEMININE | laquelle? | lesquelles? |

→ Note that **lequel** consists of two parts, both of which agree with the noun it replaces:

| DEFINITE ARTICLE | + | INTERROGATIVE ADJECTIVE |
|---|---|---|
| le | + | quel |

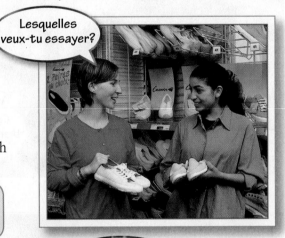

### 1 Au centre commercial

**PARLER** Des clients veulent essayer certaines choses. Jouez le rôle des clients et des vendeurs. (Notez que chaque chose est identifiée par sa couleur.)

## B   Le pronom démonstratif *celui*

Note the forms and use of **celui** *(the one)* in the answers to the questions below.

Tu aimes **ce pantalon**?    Non, je préfère **celui-ci**.    *No, I prefer **this one**.*
Tu vas acheter **ces bottes**?    Non, je vais acheter **celles-là**.    *No, I am going to buy **those**.*

### FORMS

The demonstrative pronoun **celui** agrees with the noun it replaces.
It has the following forms:

|  | SINGULAR | PLURAL |
|---|---|---|
| MASCULINE | celui | ceux |
| FEMININE | celle | celles |

### USES

The pronoun **celui** cannot stand alone. It is used in the following constructions:

- **celui-ci** and **celui-là**
  **Celui-ci** usually means *this one* (or *these,* in the plural).
  **Celui-là** usually means *that one* (or *those,* in the plural).

  Quelle veste préfères-tu? **Celle-ci** ou **celle-là**?    ***This one** or **that one?***

- **celui de** + NOUN
  This construction is used to express ownership or relationship.

  Est-ce que c'est ton parapluie?    *Is it your umbrella?*
  Non, c'est **celui de ma soeur**.    *No, it's **my sister's** (umbrella).*
              *[= the one belonging to my sister]*

- **celui qui** and **celui que**
  Usually **celui qui** and **celui que** mean *the one(s) that* or *the one(s) who/whom.*

  Tu aimes cette veste?
    Je préfère **celle qui** est en solde.    *I prefer **the one that** is on sale.*
    Je préfère **celle que** je porte.    *I prefer **the one (that)** I am wearing.*

  Qui est cette fille?
    C'est **celle qui** parle espagnol.    *She is **the one who** speaks Spanish.*
    C'est **celle que** je vais inviter    *She is **the one (whom)** I am going to invite*
    à la boum.    *to the party.*

## 2 Clients difficiles

**PARLER** Vous travaillez dans un grand magasin. Vous présentez certains articles à un(e) camarade qui va jouer le rôle d'un(e) client(e) difficile.

Une veste …

longue    courte    petite

ET CELLE-CI?    ET CELLE-LÀ?

COMMENT TROUVEZ-VOUS CETTE VESTE?

ELLE EST TROP LONGUE!

ELLE EST TROP COURTE!

ELLE EST TROP PETITE!

**1. des chaussures …**
larges    étroites    grandes

**4. des cravates …**
simples    criardes (tacky)    chères

**2. un imper …**
court    long    cher

**5. un maillot de bain …**
grand    étroit    moche

**3. des tee-shirts …**
petits    longs    bizarres

**6. une raquette de tennis …**
lourde    légère    chère

## 3 À qui est-ce?

**PARLER** Claire demande à Pierre si certains objets sont à lui. Pierre dit que non et il indique leurs propriétaires *(owners)*. Jouez les deux rôles.

▶ la guitare (mon frère)
Claire:  C'est ta guitare?
Pierre:  Non, c'est celle de mon frère.

1. ton sac (mon cousin)
2. ta cravate (mon père)
3. ta casquette (ma soeur)
4. tes lunettes de soleil (Léa)
5. ton survêtement (Nicolas)
6. tes gants (Thomas)
7. ton parapluie (Alice)
8. ta ceinture (Marc)

## 4 Au choix *(Your choice)*

**PARLER/ÉCRIRE** Exprimez vos choix, d'après le modèle.

▶ des amis qui sont sincères
  ou des amis qui sont riches?
**Je préfère ceux qui sont riches.**
**(Je préfère ceux qui sont sincères.)**

1. des profs qui sont stricts
   ou des profs qui donnent de bonnes notes?
2. une voiture qui est économique
   ou une voiture qui va vite?
3. un appartement qui a une belle vue *(view)*
   ou un appartement qui est très moderne?
4. une amie qui aime les sports
   ou une amie qui aime la musique?
5. des amis qui ont des idées originales
   ou des amis qui pensent comme toi?
6. des chaussures qui sont confortables
   ou des chaussures qui sont à la mode?

@HOME**TUTOR**
my.hrw.com

**5** À vrai dire *(To tell the truth)*

**PARLER** Caroline exprime des réserves sur le choix de Grégoire. Jouez les deux rôles en faisant les substitutions suggérées.

**1.** ma veste
porter lundi
plus jolie

**2.** ce livre
lire hier
plus amusant

**3.** mon chien
avoir avant
plus mignon

**4.** ma nouvelle copine
avoir l'année dernière
moins snob et plus gentille

**5.** cette chanson
chanter ce matin
plus géniale

> Tu aimes <u>mes chaussures</u>?

À vrai dire, je préfère celles que tu <u>portais la semaine dernière</u>.

Ah bon? Pourquoi?

Elles étaient <u>plus élégantes</u>.

# À votre tour!

Digital
**performance))space**

### OBJECTIFS
Now you can …
• be more specific when talking about things

**1** Emprunts

**PARLER/ÉCRIRE** Dites à qui vous empruntez certaines choses. Complétez les phrases suivantes avec la forme appropriée de **celui de** + un nom de votre choix.

> Si je n'ai pas mon portable …

Si je n'ai pas mon portable,
j'emprunte celui de mon frère (de ma copine … ).

**1.** Si je n'ai pas mon livre de français, …
**2.** Si je n'ai pas mes clés, …
**3.** Si je n'ai pas mon appareil-photo, …
**4.** Si je n'ai pas ma calculatrice, …

**5.** Quand j'ai besoin d'un MP3, …
**6.** Si j'oublie mes CD, …
**7.** Si j'oublie mes lunettes de soleil, …
**8.** Si j'ai oublié mes notes, …

**2** Un catalogue

**PARLER** Apportez un catalogue ou un magazine en classe. Dans ce catalogue ou magazine, choisissez deux objets de la même nature et demandez à un(e) camarade d'indiquer l'objet qu'il/elle préfère. Par exemple, vous pouvez trouver des photos de:
• deux vestes
• deux paires de chaussures
• deux vélos
• deux voitures

Regarde ces deux vestes. Laquelle préfères-tu?

Je préfère celle-ci.

Ah bon? Pourquoi?

Elle est plus élégante.

(J'aime la couleur. Je la trouve jolie … ).

LESSON REVIEW
my.hrw.com

# Lecture Monsieur Belhomme cherche une veste

Monsieur Belhomme est un homme très élégant. Aujourd'hui, il cherche une veste. Il entre dans une boutique. Un vendeur aimable° vient vers lui.

—Vous désirez, monsieur?

—Je cherche une veste.

—Vous avez de la chance. Notre nouvelle collection vient justement d'arriver …°
Nous avons un très grand choix de vestes.

Le vendeur prend les mesures de Monsieur Belhomme. Puis il va chercher plusieurs vestes qu'il lui présente.

—Dans votre taille, nous avons celles-ci. Laquelle voulez-vous essayer d'abord?

—Celle-ci en bleu.

Monsieur Belhomme essaie la veste.

—Hm, elle est un peu trop grande.

—Alors, essayez celle-ci en beige.

—J'aime le style, mais je n'aime pas beaucoup la couleur.

—Qu'est-ce que vous pensez de celle-ci en marron?

—Hm, c'est un peu trop classique pour moi.

—Et celle-là alors?

—Elle est bien! Combien coûte-t-elle?

—300 euros.

—C'est un peu trop cher pour moi.

—Alors, essayez celle-ci. Elle est en solde.

Monsieur Belhomme essaie la veste, mais elle ne lui va pas.

D'autres clients entrent dans la boutique. Le vendeur va s'occuper d'eux, laissant à Monsieur Belhomme le soin de choisir lui-même.°

**aimable** *friendly*   **vient justement d'arriver** *has just come in*   **lui-même** *himself*

**Mots utiles**

| | | |
|---|---|---|
| un cintre | hanger | La veste beige est sur **un cintre**. |
| au fond de | at the back of | **Au fond** de la boutique, il y a une porte. |
| prendre les mesures de quelqu'un | to take someone's measurements | Le vendeur **prend les mesures** du client. |
| s'occuper de quelqu'un | to take care of someone | Le vendeur **s'occupe de** ses clients. |
| laisser le soin à quelqu'un de … | to leave it up to someone to … | Le vendeur **laisse** au client **le soin de** choisir une veste. |

Monsieur Belhomme essaie toutes les vestes de la boutique, les unes après les autres. Après trois quarts d'heure, il appelle° le vendeur:

—J'ai essayé toutes vos vestes. Eh bien, finalement, j'ai trouvé celle que je veux.

—C'est laquelle?

—C'est celle qui est sur le cintre là-bas.

—Au fond du magasin?

—Oui, c'est celle-là. Je l'ai essayée. Elle me va parfaitement.

—Hélas, monsieur, je regrette, mais c'est la seule veste que je ne peux pas vous vendre.

—Ah bon? Pourquoi?

—Parce que c'est celle du patron!

**appelle** calls

## Avez-vous compris?

Monsieur Belhomme n'a pas de chance aujourd'hui. Faites correspondre chaque veste avec le problème qu'elle présente.

| LES VESTES | LES PROBLÈMES |
|---|---|
| • la veste bleue | ■ Elle est trop classique. |
| • la veste en solde | ■ Elle n'est pas à vendre. |
| • la veste à 300 euros | ■ Elle ne va pas à Monsieur Belhomme. |
| • la veste sur le cintre | ■ Elle est un peu trop grande. |
| • la veste marron | ■ La couleur ne plaît pas à Monsieur Belhomme. |
| • la veste beige | ■ Elle est trop chère. |

# Tests de contrôle

By taking the following tests, you can check your progress in French and also prepare for the unit test. Write your answers on a separate sheet of paper.

## 1 Qu'est-ce qu'ils portent?

*Review...*
- vocabulary:
  pp. 372-373, 374

Describe what the following people are wearing. Mention as many items of clothing and accessories as possible.

Monsieur Giraud porte …

Vanessa porte …

## 2 L'intrus

*Review...*
- vocabulary:
  pp. 372-373, 374,
  375, 377

The following sentences can be completed logically by two of the three suggested options. Find the option that does not fit and circle it.

▶ Pauline aime les sports. Elle fait —.   (du ski / du camping / de la natation)

1. Je mets — parce qu'il fait froid.           (une cravate / un blouson / un manteau)
2. Éric est très élégant avec son nouveau —.  (tailleur / costume / blazer)
3. Quand je fais du jogging, je mets —.       (un survêtement / un short / un sac)
4. Quand il pleut, je prends mon —.           (imper / parapluie / sweat)
5. Céline a acheté une bague en —.            (or / argent / fourrure)
6. Est-ce que ces bottes sont en — ?          (caoutchouc / cuir / velours)
7. Le foulard est en —.                       (soie / laine / plastique)
8. J'aime beaucoup ce tissu —.                (en or / à pois / à fleurs)
9. Ce pull n'est pas cher. Il est —.          (bon marché / en solde / court)
10. Cette cravate ne me plaît pas. Elle est —. (élégante / moche / affreuse)
11. Ce pantalon ne me va pas. Il est trop —.   (cher / court / étroit)
12. J'aime bien cette veste. Je vais —.         (l'essayer / l'acheter / la vendre)

## ③ Comparaisons

Make logical comparisons with each pair of items using the words indicated.

▶ un scooter / rapide / une moto
**Un scooter est moins rapide qu'une moto.**

1. un pull / chaud / un tee-shirt
2. une chemise / cher / une veste
3. les filles / intelligentes / les garçons
4. un cheval / fort / un éléphant
5. un C / bon / un B
6. un A / bon / un C

**Review...**
• comparisons
pp. 390, 391

## ④ Contextes

Complete the following dialogues with the appropriate options.

**(1)** *Corinne et Léa sont dans un magasin de mode.*

**C:** Comment trouves-tu **(ce / celui)** foulard?
**L:** **(Quel / Lequel)**?
**C:** **(Ce / Celui)** en soie.
**L:** Il est joli, mais il coûte 100 euros.
**C:** Oh là là! Je parie *(bet)* que c'est **(plus cher / le plus cher)** du magasin.
**L:** Tu as **(probable / probablement)** raison.

**(2)** *Thomas et sa soeur Isabelle choisissent leurs vêtements pour aller à une soirée.*

**T:** **(Quelle / Laquelle)** robe est-ce que tu vas mettre?
**I:** **(Cette / Celle)** que j'ai achetée samedi dernier.
**T:** Elle est très jolie. Tu vas **(certaine / certainement)** être la fille **(plus élégante / la plus élégante)** de la soirée.
**I:** Tu sais, j'aime m'habiller **(élégant / élégamment)**, pas toi?
**T:** Non, je préfère m'habiller **(simple / simplement)**.

**Review...**
• expressions
pp. 385, 394, 400, 401

## ⑤ Composition: Comparaisons personnelles

*Digital* **performance space**

Write a paragraph in which you compare yourself to another member of the class (real or imaginary) and also decide who is the best in the class. Use complete sentences. Mention ...

• the name of your classmate
• if you are older or younger than your classmate
• if you are better in French than he/she is
• if he/she is taller or shorter than you are
• who is the most athletic **(sportif)**
• who is the best student in the class
• who is the nicest

| **STRATEGY Writing** | | |
|---|---|---|
| **1** | **2** | **3** |
| Answer the above questions with brief phrases. | Use these notes to write out your paragraph. | Read over your work, checking the agreement of adjectives and whether you have used the appropriate comparative and superlative forms. |

# Vocabulaire

## POUR COMMUNIQUER

**Buying clothes**

| | | | |
|---|---|---|---|
| **Ce manteau vous va?** | *Does this coat fit you?* | **Ces bottes vous vont?** | *Do these boots fit you?* |
| **Il me va bien.** | *It fits me well.* | **Elles ne me vont pas.** | *They don't fit.* |
| **Il me plaît.** | *I like it.* | **Elles ne me plaisent pas.** | *I don't like them.* |

## MOTS ET EXPRESSIONS

**L'achat des vêtements**

| | | | |
|---|---|---|---|
| **un catalogue** | *catalog* | **une boutique** | *boutique* |
| **un grand magasin** | *department store* | **une boutique de soldes** | *discount shop* |
| **un magasin** | *store* | **la couleur** | *color* |
| **un rayon** | *department (in a store)* | **la pointure** | *(shoe) size* |
| | | **la taille** | *(clothing) size* |

**Les vêtements**

| | | | |
|---|---|---|---|
| **un accessoire** | *accessory* | **des bottes** | *boots* |
| **des baskets** | *high tops* | **une casquette** | *cap* |
| **un blazer** | *blazer* | **une ceinture** | *belt* |
| **un blouson** | *jacket* | **une chaussette** | *sock* |
| **un chapeau** | *hat* | **des chaussures** | *shoes* |
| **un chemisier** | *blouse* | **une chemise** | *long-sleeved shirt* |
| **des collants** | *tights, pantyhose* | **une cravate** | *tie* |
| **un costume** | *suit* | **une jupe** | *skirt* |
| **un foulard** | *scarf* | **des lunettes de soleil** | *sunglasses* |
| **des gants** | *gloves* | **une robe** | *dress* |
| **un imper(méable)** | *raincoat* | **des sandales** | *sandals* |
| **un jean** | *pair of jeans* | **une veste** | *jacket* |
| **un maillot de bain** | *bathing suit* | | |
| **un manteau** | *coat* | | |
| **un pantalon** | *pair of pants* | | |
| **un parapluie** | *umbrella* | | |
| **un polo** | *polo shirt* | | |
| **un portefeuille** | *wallet* | | |
| **un pull** | *sweater* | | |

## Les vêtements (suite)

| | |
|---|---|
| un sac | *handbag, pocketbook* |
| un short | *pair of shorts* |
| un survêtement | *jogging, track suit* |
| un sweat | *sweatshirt* |
| un tailleur | *suit* |
| un tee-shirt | *t-shirt* |
| des tennis | *sneakers, running shoes* |
| un vêtement | *item of clothing* |

## Les bijoux

| | | | |
|---|---|---|---|
| un bijou | *piece of jewelry* | une bague | *ring* |
| un bracelet | *bracelet* | des boucles d'oreilles | *earrings* |
| un collier | *necklace* | une chaîne | *chain* |
| | | une médaille | *medal* |

## Les tissus et les autres matières

| | | | |
|---|---|---|---|
| l'argent | *silver* | la fourrure | *fur* |
| le caoutchouc | *rubber* | la laine | *wool* |
| le coton | *cotton* | la matière | *material* |
| le cuir | *leather* | la soie | *silk* |
| le nylon | *nylon* | la toile | *linen, canvas* |
| l'or | *gold* | | |
| le plastique | *plastic* | | |
| le polyester | *polyester* | | |
| le tissu | *fabric* | | |
| le velours | *velvet* | | |
| le velours côtelé | *corduroy* | | |

## Les couleurs

| | | | |
|---|---|---|---|
| blanc (blanche) | *white* | marron | *brown* |
| beige | *tan, beige* | noir(e) | *black* |
| bleu(e) | *blue* | orange | *orange* |
| bleu clair | *light blue* | rose | *pink* |
| bleu foncé | *dark blue* | rouge | *red* |
| gris(e) | *grey* | vert(e) | *green* |
| jaune | *yellow* | violet(te) | *purple* |

## Le dessin (pattern, design)

| | | | |
|---|---|---|---|
| à carreaux | *checked* | à rayures | *striped* |
| à fleurs | *floral* | uni | *solid* |
| à pois | *dotted, polka-dotted* | | |

### Adjectifs descriptifs

| | | | |
|---|---|---|---|
| affreux (-euse) | *awful* | inutile | *useless* |
| bon marché | *inexpensive, cheap* | large | *wide, baggy* |
| chaud | *warm, hot* | léger (-ère) | *light* |
| cher (-ère) | *expensive* | lent | *slow* |
| court | *short* | long(ue) | *long* |
| difficile | *difficult* | lourd | *heavy* |
| élégant | *elegant* | méchant | *mean, nasty* |
| étroit | *tight* | meilleur marché | *cheaper* |
| facile | *easy* | moche | *ugly* |
| faible | *weak* | petit | *small* |
| fort | *strong* | rapide | *fast* |
| froid | *cold* | ridicule | *ridiculous* |
| gentil(le) | *nice* | trop cher (-ère) | *too expensive* |
| grand | *big* | utile | *useful* |

### Adjectifs irréguliers

| | |
|---|---|
| beau (bel, belle; beaux, belles) | *beautiful* |
| nouveau (nouvel, nouvelle; nouveaux, nouvelles) | *new* |
| vieux (vieil, vieille; vieux, vieilles) | *old* |

### Quelques adverbes

| | | | |
|---|---|---|---|
| tôt | *early* | calmement | *calmly* |
| tard | *late* | sérieusement | *seriously* |
| vite | *fast, quickly* | | |
| lentement | *slowly* | élégamment | *elegantly* |
| longtemps | *(for) a long time* | patiemment | *patiently* |

### Le comparatif des adjectifs/adverbes

| | |
|---|---|
| plus … que | *more … than* |
| moins … que | *less … than* |
| aussi … que | *as … as* |
| meilleur(e) | *better (adjective)* |
| mieux | *better (adverb)* |

### Le superlatif des adjectifs

| | |
|---|---|
| le/la/les plus … | *the most …* |
| le/la/les moins … | *the least …* |
| le/la/les meilleur(e)(s) … | *the best …* |

### Verbes réguliers

| | |
|---|---|
| décider | *to decide* |
| essayer (j'essaie) | *to try on* |
| porter | *to wear* |
| porter du [38] | *to wear size [38]* |
| réfléchir | *to think it over* |

### Verbes irréguliers

| | |
|---|---|
| faire du [40] | *to wear size [40]* |
| mettre | *to put on, to wear* |

## Expressions utiles

| | | | |
|---|---|---|---|
| **lequel/laquelle** | *which one* | **à la mode** | *in fashion* |
| **lesquels/lesquelles** | *which ones* | **en solde** | *on sale* |
| **celui/celle** | *this one* | | |
| **ceux/celles** | *these* | **quelque chose d'autre** | *something else* |

## Les nombres de 100 à 1 000 000

| | | | |
|---|---|---|---|
| **100** | *cent* | **1 000** | *mille* |
| **101** | *cent un* | **2 000** | *deux mille* |
| **110** | *cent dix* | **5 000** | *cinq mille* |
| **200** | *deux cents* | **10 000** | *dix mille* |
| **250** | *deux cent cinquante* | **100 000** | *cent mille* |
| **900** | *neuf cents* | **1 000 000** | *un million* |

## Nombres ordinaux

| | | | |
|---|---|---|---|
| **premier (première)** | *first* | **cinquième** | *fifth* |
| **deuxième** | *second* | **neuvième** | *ninth* |
| **troisième** | *third* | **centième** | *one hundredth* |

## Adverbes numéraux

| | | | |
|---|---|---|---|
| **premièrement** | *first* | **cinquièmement** | *fifth* |
| **deuxièmement** | *second* | | |

## Interlude 7

# L'affaire des bijoux

### PRE-READING STRATEGY  Avant de lire

- D'abord, regardez le titre de cette histoire: «L'affaire des bijoux». D'après vous, est-ce que c'est une histoire d'amour ou une histoire policière?

- Regardez maintenant le format de la lecture et le premier extrait de journal: C'est évidemment l'histoire d'un crime, plus précisément l'histoire d'un vol.

- Maintenant vous savez que vous devez faire attention aux détails si vous voulez découvrir le criminel!

Chatel-Royan, 28 juillet

## La série des vols de bijoux continue

Pour la troisième fois en un mois, un bijoutier de notre ville a été victime d'un audacieux malfaiteur. M. Kramer, propriétaire de la bijouterie Au Bijou d'Or, a signalé à la police la disparition de plusieurs diamants de grande valeur.° Comme° les fois précédentes, le vol a été découvert peu après le passage dans la bijouterie d'un mystérieux monsieur blond. Selon la description donnée par M. Kramer, l'homme portait des lunettes de soleil et un imperméable beige. Il parlait avec un léger accent britannique. La police continue son enquête.°

### Mots utiles

| | |
|---|---|
| **un vol** | *theft* |
| **un voleur** | *thief* |
| **un malfaiteur** | *criminal* |
| **la disparition** | *disappearance* |
| **un bijou, des bijoux** | *jewel, jewelry* |
| **un bijoutier** | *jeweler* |
| **une bijouterie** | *jewelry store* |
| **un diamant** | *diamond* |

### Avez-vous compris?

1. De quelle sorte de crime s'agit-il dans le journal?
2. Quelle est la description du voleur, selon Monsieur Kramer?

**valeur** *value*  **Comme** *Like*  **enquête** *investigation*

**Mots utiles**

| | |
|---|---|
| **commettre (commis)** | *to commit* |
| **vers** | *toward* |
| **satisfait** | *satisfied* |
| **la vitrine** | *store window* |
| **un plateau** | *tray* |
| **une bague ornée** | *ring set* |
| **de rubis** | *with rubies* |
| **gros (grosse)** | *large* |

Quelques jours plus tard …

Monsieur Rochet, propriétaire de la bijouterie
Top Bijou, a engagé une nouvelle employée.
Bien entendu,° il lui a recommandé d'être très prudente:

—Soyez très vigilante, mademoiselle! Vous savez
que des vols importants ont été commis dans
les bijouteries de notre ville. Je ne veux pas être
la prochaine victime.

—Vous pouvez compter sur moi, Monsieur Rochet!
Je vais faire très attention.

Ce matin-là, il n'y a pas beaucoup de clients à Top Bijou.
La première cliente est une vieille dame. Elle demande à regarder
des médailles. Peu après, un autre client entre dans la boutique.
Il est blond et très élégant. Il ne porte pas de lunettes de soleil,
mais il a un imperméable beige sur le bras.

**Bien entendu** *Of course*

Monsieur Rochet appelle son employée:

—C'est certainement lui. Faites très, très attention, mais ne soyez pas trop nerveuse. Je suis là. Si quelque chose arrive, je déclenche° le signal d'alarme.

L'employée accueille° le client.

—Bonjour, monsieur. Vous désirez?

—Je voudrais une bague …

L'employée remarque que l'homme parle avec un accent étranger.° Elle tourne nerveusement les yeux vers Monsieur Rochet. Celui-ci° reste très calme.

L'employée est rassurée.

—C'est pour un homme ou pour une femme?

—Pour une femme.

Prudemment, l'employée montre quelques bagues assez bon marché au client. Celui-ci répond:

—Ces bagues sont jolies, mais vous avez certainement mieux.

L'employée montre d'autres bagues beaucoup plus chères au client qui ne semble pas satisfait.

—Ces bagues sont plus jolies, mais je cherche quelque chose de vraiment exceptionnel. C'est pour l'anniversaire de ma femme.

L'employée jette un coup d'oeil désespéré° vers Monsieur Rochet. Celui-ci, impassible, lui dit:

—Eh bien, mademoiselle, qu'est-ce que vous attendez? Montrez à monsieur la «collection Top Bijou».

L'employée va chercher dans une vitrine un plateau de bagues ornées d'émeraudes, de rubis et de diamants de plusieurs carats. C'est la «collection Top Bijou».

Le client examine chaque bague sous la surveillance de Monsieur Rochet et de son employée. Finalement, il choisit une bague ornée d'un gros rubis.

—Voilà, c'est cette bague que je voudrais acheter. Combien coûte-t-elle?

—Cent mille euros.

—Cent mille euros? Très bien. Est-ce que je peux payer par chèque?

---

**déclenche** *set off*  **accueille** *welcomes*  **étranger** *foreign*  **Celui-ci** *The latter*
**jette un coup d'oeil désespéré** *glances desperately*

Monsieur Rochet est très prudent.

—Excusez-nous, monsieur, mais la maison accepte
seulement les traveller's chèques. Pouvez-vous
payer en travellers?

—Oui, monsieur. C'était mon intention.

—Très bien. Est-ce que vous voulez un paquet-cadeau?°

—Oui, s'il vous plaît.

—Mademoiselle, est-ce que vous pouvez faire
un paquet-cadeau pour monsieur?

L'employée va dans l'arrière-boutique° préparer le paquet.
Pendant ce temps, le client signe les traveller's chèques sous
le regard extrêmement vigilant de Monsieur Rochet.
L'employée revient dans la boutique avec un joli paquet.

—Voici votre paquet, monsieur.

—Merci, mademoiselle … Au revoir, mademoiselle.

—Au revoir, monsieur.

Le client sort de la boutique.

L'employée s'adresse alors à la première cliente.
Mais celle-ci sort de la boutique sans acheter
de médaille.

Après le départ de la vieille dame, l'employée va
trouver Monsieur Rochet.

—Eh bien, dites donc, j'ai eu peur.

—À vrai dire, moi aussi!

—J'ai vraiment pensé que c'était lui le malfaiteur.

—Et même si c'est lui, cela n'a pas d'importance. Il m'a payé!
Regardez … cent mille euros en traveller's chèques.

**Expressions utiles**

| | |
|---|---|
| **bien entendu** | *of course* |
| **dites donc** | *hey! I say* |
| **à vrai dire** | *to tell the truth* |
| **cela n'a pas** | *that doesn't* |
| **d'importance** | *matter* |

**paquet-cadeau** *gift-wrapped package*   **l'arrière-boutique** *back of the store*

## *Avez-vous compris?*

**1.** Pourquoi est-ce que la nouvelle employée est nerveuse pendant
cette scène?

**2.** Décrivez la visite du client à la bijouterie. Comment est-il?
Qu'est-ce qu'il achète?

**3.** Que fait la vieille dame pendant la scène?

**4.** Pourquoi Monsieur Rochet est-il content?

Quelques minutes plus tard …

L'employée va remettre la «collection Top Bijou»
dans la vitrine. Elle a alors une surprise très désagréable.

—Monsieur Rochet, Monsieur Rochet!

—Qu'est-ce qu'il y a?

—Venez voir, les diamants ont disparu!

—Mon Dieu, ce n'est pas possible!

Monsieur Rochet est bien obligé de se rendre
à l'évidence.° Il manque trois bagues serties°
de gros diamants. Les trois bagues les plus
chères de la boutique … Trois bagues qui valent°
plus de trois cent mille euros chacune!

—J'appelle la police tout de suite!

Grâce à la signature sur les chèques et à la description donnée
par Monsieur Rochet et son employée, la police n'a eu aucune
difficulté à arrêter le client de la bijouterie.

Le lendemain, l'article suivant a paru dans *L'Écho du Centre:*

| **Mots utiles** | |
|---|---|
| **disparaître (disparu)** | *to disappear* |
| **paraître (paru)** | *to appear* |
| **grâce à** | *thanks to* |
| **ne … aucun(e)** | *not any, no* |
| **le lendemain** | *the next day* |
| **nier** | *to deny* |

Chatel-Royan, 6 août

## Le voleur de bijoux arrêté

La police a arrêté hier soir un
certain Sven Ericsen, touriste
suédois, de passage dans
notre ville. M. Rochet,
propriétaire de la bijouterie
Top Bijou, et son employée,
Mlle Picard, ont
formellement identifié ce
personnage comme étant°
l'auteur d'un vol de trois
bagues.

M. Ericsen a reconnu avoir
rendu visite à la bijouterie,
mais il nie catégoriquement
le vol. Malgré° une longue
perquisition° dans la
chambre de M. Ericsen à
l'Hôtel Excelsior, la police
n'a pas encore retrouvé la
trace des bijoux, à l'exception
d'une bague que le touriste
suédois affirme avoir payée
en traveller's chèques.

**Avez-vous compris?**

1. Quelle est la désagréable surprise de Mademoiselle Picard?
2. Qu'est-ce que Monsieur Rochet dit à la police?
3. Que dit l'article du 6 août?

**se rendre à l'évidence** *face facts* **serties** *set* **valent** *are worth*
**comme étant** *as (being)* **Malgré** *Despite* **perquisition** *search*

Pour la dixième fois, une vieille dame relit l'article publié dans *L'Écho du Centre*. Cette vieille dame est la première cliente de la bijouterie. Elle pense: «La police n'a pas retrouvé les bijoux? Tiens, c'est curieux! Moi, je sais où ils sont. Mais d'abord, je dois vérifier quelque chose.»

Elle se lève et va téléphoner.

...

—Ah bon? Tu es absolument sûr? Alors, dans ce cas, je vais à la police immédiatement.

La vieille dame met son chapeau, prend sa canne et sort.

Une demi-heure plus tard, elle se trouve° dans le bureau de l'inspecteur.

—Alors, Inspecteur, est-ce que vous avez retrouvé les bijoux?

—Non, non, pas encore! Mais nous avons arrêté le voleur. Il n'a pas encore confessé son crime, mais ce n'est qu'une affaire de temps!

—Ce n'est pas parce que vous avez arrêté quelqu'un que cette personne est coupable.

**se trouve** *is*

**Mots utiles**

| | |
|---|---|
| **ce n'est qu'une affaire de temps** | *it's only a matter of time* |
| **coupable** | *guilty* |
| **faire erreur** | *to make a mistake* |
| **un passe-partout** | *passkey* |

—Qu'est-ce que vous dites? Le voleur a été formellement
identifié par Monsieur Rochet et son employée.

—Je dis que vous faites erreur.

—Mais c'est impossible!

—Moi aussi, j'étais dans la bijouterie au moment
de la disparition des bijoux. J'ai tout vu et je sais
où sont les trois bagues de diamants.

—Mais …

—Suivez-moi,° Inspecteur.

—Mais, où allons-nous?

—À la bijouterie, pour la reconstitution du vol!
Et n'oubliez pas de prendre votre passe-partout!

**Suivez-moi** *Follow me*

L'inspecteur Poiret et la vieille dame entrent dans la bijouterie.
Monsieur Rochet est seul à l'intérieur.

—Bonjour, Inspecteur! Alors, vous avez retrouvé mes bijoux?

—Non, Monsieur Rochet. Mais madame prétend savoir où ils sont.

—Eh bien, où sont-ils?

La vieille dame prend la parole.

—Ils sont là … Dans ce tiroir!

Monsieur Rochet devient très pâle.

—Mais c'est impossible, madame.
Les bijoux ont été volés.
Le voleur a été arrêté!

L'inspecteur s'adresse au bijoutier:

—Ouvrez ce tiroir, s'il vous plaît.

Monsieur Rochet est devenu de plus en plus° pâle.

—Euh, c'est que j'ai laissé la clé chez moi.

La vieille dame se tourne alors vers l'inspecteur.

—Inspecteur, pouvez-vous ouvrir le tiroir?

L'inspecteur Poiret prend son passe-partout et ouvre le tiroir.
À l'intérieur, tout au fond,° il y a trois magnifiques bagues.
Monsieur Rochet paraît° très surpris.

—Ça alors! Mais qui a pu mettre les bagues dans ce tiroir?
Vraiment, je ne comprends pas. Je vais demander à mon
employée si elle a remarqué quelque chose.

La vieille dame lui répond:

—Allons, Monsieur Rochet, ne faites pas l'innocent.
C'est vous-même° qui les avez mises dans le tiroir.

—Moi?

—Oui, vous! J'étais là. Je vous ai vu. Quand votre employée
est allée dans l'arrière-boutique, vous avez discrètement
sorti les bagues du plateau et vous les avez mises dans
votre poche. Après le départ de votre client, vous avez mis
les bagues dans le tiroir et vous l'avez fermé à clé.

**Mots utiles**

| | |
|---|---|
| **prétendre** | to claim |
| **prendre la parole** | to speak, take the floor |
| **le tiroir** | drawer |
| **faire l'innocent** | to act innocent |
| **une poche** | pocket |
| **l'assurance** | insurance |
| **simuler** | to fake |
| **fou (folle)** | crazy |

**de plus en plus** *more and more* **tout au fond** *all the way at the back*
**paraît** *looks, appears* **vous-même** *yourself*

—Mais, c'est ridicule! Pourquoi voler mes propres° bagues?

—À cause de° l'assurance! Hier après-midi, après le constat° de la police, vous avez téléphoné à votre compagnie d'assurance et vous avez réclamé un million d'euros.

—Mais comment savez-vous cela?

—Ce matin, j'ai téléphoné à mon cousin. C'est lui le directeur de votre compagnie d'assurance. Il m'a tout expliqué.

—Qu'est-ce que vous inventez là?

—Je n'invente rien. Vous êtes en difficultés financières. Vous avez besoin d'argent. Alors, vous profitez de la série de vols qui affligent° les bijoutiers de notre ville pour simuler un vol dans votre propre boutique.

Hier matin, vous avez vu entrer un client ressemblant vaguement au signalement de la police. C'était l'occasion idéale pour commettre votre crime!

—Cette femme est folle!

L'inspecteur intervient.

—C'est inutile, Monsieur Rochet. Suivez-moi au poste de police.

### Avez-vous compris?

**1.** Où se trouvent les trois bagues ornées de diamants? Qui les a mises là?

**2.** Pourquoi Monsieur Rochet a-t-il simulé ce vol?

**propres** *own*  **À cause de** *Because of*  **constat** *report*  **affligent** *afflict*

## Épilogue

Sven Ericsen est rentré chez lui avec les excuses de la police.

La vieille dame a reçu° une médaille de la compagnie d'assurance et les félicitations du maire° de Chatel-Royan.

L'inspecteur Poiret a reçu une promotion.

Monsieur Rochet attend d'être jugé.

**a reçu** *received*  **maire** *mayor*

## READING STRATEGY  L'Art de la lecture

If you look in a dictionary, you will notice that many English words have two or more meanings. For example, a *bat* might be either something you play baseball with or a small flying animal. When you encounter the word *bat* in an English sentence, you know from the CONTEXT which meaning is appropriate. When people are afraid of bats, you know they are not scared of sports equipment.

Similarly, if you look up a French word in a dictionary, you will often discover that it has several meanings. For example, **un vol** could be a *theft* or *a flight*. However, in the phrase **nous arrivons sur le vol 23 d'Air France**, the word **vol** can only mean *flight*. As in English, it is the context that helps you decide which meaning is appropriate.

## Exercice de lecture

Select the appropriate meaning of the key word in each of the following sentences.

**1. arrêter**       a. *to arrest*       b. *to stop*

- La police **a arrêté** le voleur.
- Le gendarme **a arrêté** la voiture.

**2. arriver**       a. *to arrive*       b. *to happen*

- L'accident **est arrivé** hier à 11 heures.
- Mon cousin **est arrivé** hier à 11 heures.

**3. assurance** *(f.)*       a. *assurance*       b. *insurance*

- Jacques parle avec beaucoup d'**assurance.**
- Jacques a acheté beaucoup d'**assurance.**

**4. porter**       a. *to wear*       b. *to carry*

- La dame **portait** un imper.
- La dame **portait** son enfant.

**5. temps** *(m.)*       a. *time*       b. *weather*

- Nous allons trouver le voleur. C'est une question de **temps.**
- Je ne sais pas si nous pouvons faire du ski. Ça dépend du **temps.**

# L'AFRIQUE
## Le français en Afrique

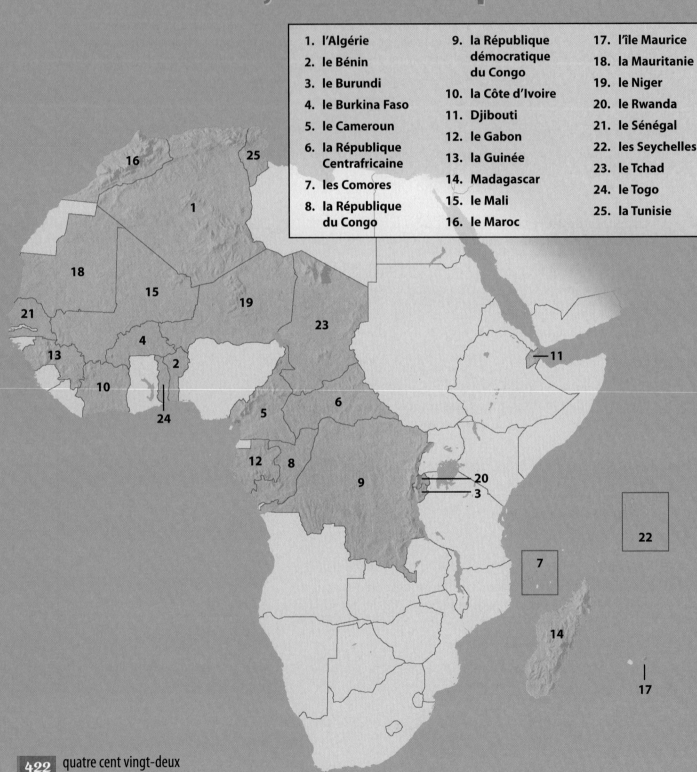

1. l'Algérie
2. le Bénin
3. le Burundi
4. le Burkina Faso
5. le Cameroun
6. la République Centrafricaine
7. les Comores
8. la République du Congo
9. la République démocratique du Congo
10. la Côte d'Ivoire
11. Djibouti
12. le Gabon
13. la Guinée
14. Madagascar
15. le Mali
16. le Maroc
17. l'île Maurice
18. la Mauritanie
19. le Niger
20. le Rwanda
21. le Sénégal
22. les Seychelles
23. le Tchad
24. le Togo
25. la Tunisie

**C'est en Afrique** que le domaine du français est géographiquement le plus étendu.° Une vingtaine de pays africains utilisent cette langue à titres divers.° Dans certains pays, le français est la langue officielle ou administrative (exclusivement ou avec d'autres langues nationales). Dans d'autres pays, le français est utilisé comme langue d'enseignement° dans le système public. Dans tous ces pays, le français est souvent utilisé dans le commerce et l'industrie.

**l'Algérie**

**le Bénin**

**le Burundi**

**le Burkina Faso**

**le Cameroun**

**la République Centrafricaine**

**les Comores**

**la République du Congo**

**la République démocratique du Congo**

**la Côte d'Ivoire**

**Djibouti**

**le Gabon**

**la Guinée**

**Madagascar**

**le Mali**

**le Maroc**

**l'île Maurice**

**la Mauritanie**

**le Niger**

**le Rwanda**

**le Sénégal**

**les Seychelles**

**le Tchad**

**le Togo**

**la Tunisie**

---

**étendu** *widespread*    **à titres divers** *in different ways*    **enseignement** *instruction*

# L'Afrique occidentale

## Un peu d'histoire

L'histoire de l'Afrique occidentale est très ancienne. On sait, par exemple, qu'un vaste royaume° existait au neuvième siècle° dans la région du Sénégal actuel. Ce royaume s'appelait le royaume de Tekrour. Au dixième siècle, les Arabes sont arrivés dans cette région et ils ont converti ses habitants à l'Islam. Au quatorzième siècle, des marins° français ont exploré la Côte d'Ivoire (qu'on appelait alors la «côte des dents», c'est-à-dire des dents d'éléphant) pour faire le commerce de l'ivoire. À partir du° quinzième siècle, les Portugais, les Hollandais, les Anglais et les Français ont établi des comptoirs° sur les côtes d'Afrique. Au dix-septième et dix-huitième siècles, ces Européens ont fait le commerce des esclaves° avec leurs colonies d'Amérique.

Dans la seconde moitié° du dix-neuvième siècle, la France a colonisé une grande partie de l'Afrique occidentale. Dans ses colonies, elle a établi une administration et un système d'enseignement public. En 1960, les colonies françaises d'Afrique sont devenues des républiques indépendantes. Aujourd'hui, tous ces pays sont membres des Nations unies.

## Le rôle du français en Afrique occidentale

Après l'indépendance, les pays d'Afrique occidentale ont conservé° le français comme langue officielle. Pourquoi? La raison est très simple. La population de ces pays est composée d'un grand nombre de tribus qui parlent généralement des dialectes différents. Pour faciliter la communication entre ces tribus et ainsi promouvoir° l'unité nationale, il était nécessaire d'adopter une langue commune. Pour cela, on a choisi le français.

Dans la majorité des pays africains, l'instruction est faite en français. Chez eux, les jeunes Africains parlent la langue locale, mais à l'école secondaire ils font leurs études en français. Aujourd'hui, le français est non seulement une langue d'enseignement. C'est la langue utilisée dans le commerce, dans les journaux, à la radio et à la télévision.

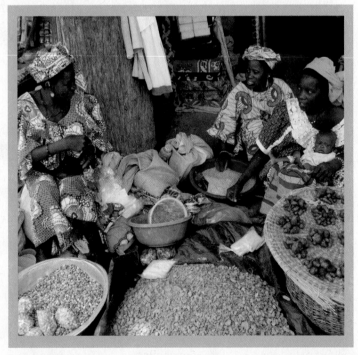

*Bamako, Mali*

**royaume** *kingdom*   **siècle** *century*   **marins** *sailors*   **À partir du** *Beginning with the*   **comptoirs** *trading centers*   **esclaves** *slaves*   **moitié** *half*
**ont conservé** *kept*   **promouvoir** *to promote*

# L'Afrique du nord

## Le Maroc, l'Algérie et la Tunisie

constituent l'Afrique du nord ou le Maghreb.
La majorité des habitants de ces pays sont arabes
et pratiquent la religion musulmane.° Beaucoup
d'Algériens, de Marocains et de Tunisiens travaillent
en France où ils représentent un pourcentage
important de la population immigrée.

L'Algérie est le plus grand pays du Maghreb. Une
vaste partie de son territoire est occupée par
le Sahara, un immense désert de sable.° L'Algérie
est membre de l'OPEP (Organisation des Pays
Exportateurs de Pétrole). Elle exporte son pétrole
et son gaz naturel en France et aussi aux États-Unis.

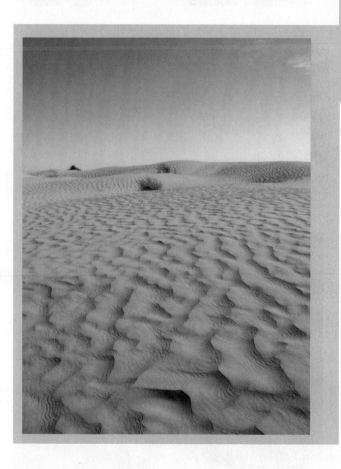

### CONNEXIONS

#### Les pays d'Afrique francophone

En groupes de deux ou troix, choisissez
un pays d'Afrique où le français est utilisé et
préparez un poster sur ce pays. Ce poster
peut contenir …

- une carte du pays
- des informations de base (population,
  langues, religions, histoire et géographie,
  économie)
- des photos et illustrations

Sources: encyclopédies, brochures touristiques, Internet, etc.

**musulmane** *Moslem* **sable** *sand*

90% des **Sénégalais** sont musulmans. À l'heure de la prière,° les fidèles° s'agenouillent° en direction de la Mecque,° la ville sainte° de l'Islam.

**Les Dakaroises** ont la réputation d'être très élégantes. Ces femmes portent un «boubou» qui est le costume traditionnel du pays. C'est une longue tunique généralement ornée° de broderies.°

**Le baobab** est éternel comme l'Afrique. (Certains baobabs peuvent vivre° jusqu'à° 5 000 ans!) C'est un arbre très utile. On mange ses fruits. On utilise son écorce° pour faire des cordes. On utilise ses feuilles° dans la préparation de certains plats et de certains médicaments. Finalement, avec la calebasse, qui est son fruit séché° et vidé,° on fait des récipients et des instruments de musique.

**Le «griot»** est un personnage typiquement africain. Il est poète, musicien, historien … Son prestige est très grand dans la société traditionelle d'Afrique de l'ouest. Chaque village a son griot. Il assiste à toutes les cérémonies religieuses et familiales. Là, il écoute et il raconte.° Aujourd'hui, il raconte une fable. Dans cette fable, il met en scène° les animaux de la savane et de la forêt: le lion, l'éléphant, la gazelle, la girafe, le singe° … Évidemment,° ces animaux sont des symboles. Ils représentent en réalité les habitants du village ou leurs ancêtres. Chacun comprend le sens de la fable. On rit° ou on pleure° …

Le griot joue un rôle très important. C'est lui qui transmet l'histoire et les traditions orales des villages d'Afrique.

---

**prière** *prayer*  **fidèles** *faithful*  **s'agenouillent** *kneel*  **Mecque** *Mecca*  **sainte** *holy*  **ornée** *decorated*  **broderies** *embroidery*  **vivre** *live*
**jusqu'à** *up to*  **écorce** *bark*  **feuilles** *leaves*  **séché** *dried*  **vidé** *emptied out*  **raconte** *tells stories*  **met en scène** *puts on stage, features*
**singe** *monkey*  **Évidemment** *Obviously*  **rit** *laughs*  **pleure** *cries*

# Images d'Afrique

**Les Touareg** sont les hommes du désert. Ces courageux nomades accompagnent les caravanes qui traversent° le Sahara. À cause de la couleur de leurs vêtements, on les appelle les «hommes bleus».

**Abidjan** est la capitale économique de la Côte d'Ivoire. Elle avait 120 000 habitants en 1960. Aujourd'hui, elle en a 4 000 000. C'est l'une des villes les plus modernes et les plus dynamiques d'Afrique.

Située au terminus de la route des caravanes transsahariennes, la mystérieuse ville de **Tombouctou** était autrefois° la capitale du puissant° empire du Mali. Avec sa célèbre° université coranique et ses riches bibliothèques, Tombouctou était aussi le centre d'une brillante vie° culturelle, intellectuelle et religieuse, basée sur l'enseignement° de l'Islam. La mosquée de Sankoré date du quinzième (15e) siècle.° C'était le centre de cette université où d'éminents professeurs enseignaient° la théologie, l'astronomie, l'histoire et les mathématiques à 25 000 étudiants du monde° islamique.

## CONNEXIONS  L'Islam

L'Islam, ou religion musulmane, est la principale religion de l'Afrique de l'ouest. En groupe de deux ou trois, préparez un petit rapport sur l'un des sujets suivants:

- le Coran
- les cinq piliers de l'Islam
- l'histoire de l'Islam en Afrique de l'ouest.

Sources: L'Internet, encyclopédies.

---

**traversent** *cross* **autrefois** *in the past* **puissant** *powerful* **célèbre** *famous* **vie** *life* **enseignement** *teaching* **siècle** *century* **enseignaient** *taught* **monde** *world*

# Masques africains

«Masques! O Masques

Masque noir masque rouge, vous masques
blanc-et-noir

Masques aux quatre points° d'où souffle°
l'Esprit

Je vous salue dans le silence!»

Boy's initiation, Pole dance mask          Female Lwalwa mask, Southern Congo

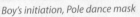

Ces lignes sont les premiers vers° d'un poème intitulé
«Prière aux masques». Ce poème a été écrit par Léopold
Senghor, l'un des grands poètes africains d'expression
française. Dans ce poème, Senghor évoque l'Afrique de
ses ancêtres.

Aujourd'hui, les masques africains font partie du patrimoine°
artistique universel. Ils ont inspiré des grands peintres
européens comme Picasso et Modigliani. On les trouve
dans les plus grands musées du monde. Mais en Afrique,
le masque n'est pas un objet artistique. C'est avant tout°
un objet religieux.

**points** *directions* **souffle** *blows* **vers** *lines* **patrimoine** *heritage*
**avant tout** *above all*

Selon les religions africaines, la destinée humaine est déterminée par des forces surnaturelles° toujours présentes autour de° nous. Le masque représente le moyen° d'entrer en communication avec ces forces et surtout avec l'esprit des ancêtres. Les masques sont particulièrement importants aux moments critiques de l'existence individuelle et collective: naissance, passage de l'adolescence à l'âge adulte, mariage, funérailles pour l'individu; saison des récoltes° ou période de la chasse° pour le village. À ces moments-là, des cérémonies rituelles sont organisées où les participants portent des masques pour obtenir la protection des déités.

Les masques africains sont très variés. La majorité sont en bois,° mais il y a des masques en bronze et des masques en cuivre.° Certains représentent des figures humaines. D'autres représentent des animaux: lions, girafes, antilopes, boeufs,° crocodiles. Il y a des masques simples et des masques très complexes. Certains ont des formes abstraites; d'autres sont très réalistes et très détaillés. Chaque village et chaque tribu a son style. La variété des masques africains est infinie.

Punu funerary mask

Fang mask, Ivory Coast

Baoule mask, Ivory Coast

Kwele tribe mask, Congo

### CONNEXIONS  Masques africains

Comme projet de classe, préparez une exposition avec des illustrations de masques africains. Pour chaque masque, donnez:

- l'origine
- le(s) matériau(x) utilisé(s)
- une brève description de ce masque

Source: Livres sur l'art africain; sites Internet

---

**surnaturelles** *supernatural* **autour de** *around* **moyen** *means* **récoltes** *harvest* **chasse** *hunting*
**bois** *wood* **cuivre** *brass* **boeufs** *oxen*

# Rencontre avec René Philombe

René Philombe (1930-2001)
est un poète camerounais.
Dans le poème suivant,
il exprime avec beaucoup
de sensibilité° l'universalité
de la race humaine.

## L'homme qui te ressemble

J'ai frappé° à ta porte
J'ai frappé à ton coeur
pour avoir bon lit
pour avoir bon feu°
pourquoi me repousser?°
Ouvre-moi° mon frère! …

Pourquoi me demander
si je suis d'Afrique
si je suis d'Amérique
si je suis d'Asie
si je suis d'Europe?
Ouvre-moi mon frère! …

Pourquoi me demander
la longueur° de mon nez
l'épaisseur° de ma bouche
la couleur de ma peau°
et le nom de mes dieux?°
Ouvre-moi mon frère! …

Je ne suis pas un noir
je ne suis pas un rouge
je ne suis pas un jaune
je ne suis pas un blanc
mais je ne suis qu'un° homme
Ouvre-moi mon frère! …

Ouvre-moi ta porte
Ouvre-moi ton coeur
car je suis un homme
l'homme de tous les temps
l'homme de tous les cieux°
l'homme qui te ressemble! …

*Petites gouttes de chant
pour créer l'homme,
in Le Monde, 8 février 1973*

## ACTIVITÉ

1. Expliquez le message de ce poème.
2. Expliquez la simplicité de ce poème.
3. Expliquez la beauté de ce poème.

**sensibilité** *sensitivity*  **J'ai frappé** *I knocked*  **bon feu** *warm fire*
**repousser** *push away*  **Ouvre-moi** *Open up for me*
**longueur** *length*  **épaisseur** *thickness*  **peau** *skin*  **dieux** *gods*
**je ne suis qu'un …** *I am only a …*  **cieux** *heavens*

# LE SAVEZ-VOUS?

1. Les pays d'Afrique du Nord sont l'Algérie, la Tunisie et …
   a. le Niger
   b. le Maroc
   c. le Sénégal

2. Un autre nom pour l'Afrique du nord est …
   a. le Maghreb
   b. le Burkina Faso
   c. la République démocratique du Congo

3. La majorité des habitants d'Afrique du nord sont …
   a. protestants
   b. catholiques
   c. musulmans

4. L'Algérie produit et exporte …
   a. du pétrole
   b. du coton
   c. des automobiles

5. Les pays d'Afrique occidentale sont devenus indépendants …
   a. en 1880
   b. en 1910
   c. en 1960

6. Au Sénégal et dans les pays africains d'expression française, l'enseignement à l'école secondaire est fait principalement …
   a. en anglais
   b. en français
   c. en langue locale

7. Le «griot» est …
   a. un village africain
   b. un légume tropical
   c. un homme qui raconte des fables

8. Le baobab est …
   a. un animal
   b. un arbre
   c. une plante

9. Le «boubou» est …
   a. un vêtement
   b. un fruit
   c. un sorcier

10. Les Touareg sont …
    a. des médecins
    b. des administrateurs
    c. des nomades du Sahara

11. Abidjan est une grande ville …
    a. de la Tunisie
    b. du Sénégal
    c. de la Côte d'Ivoire

12. Il y avait une célèbre université coranique à …
    a. Dakar
    b. Tombouctou
    c. Abidjan

13. Pour les Africains, les masques sont des objets …
    a. artistiques
    b. religieux
    c. de la vie courante

# Unité 8

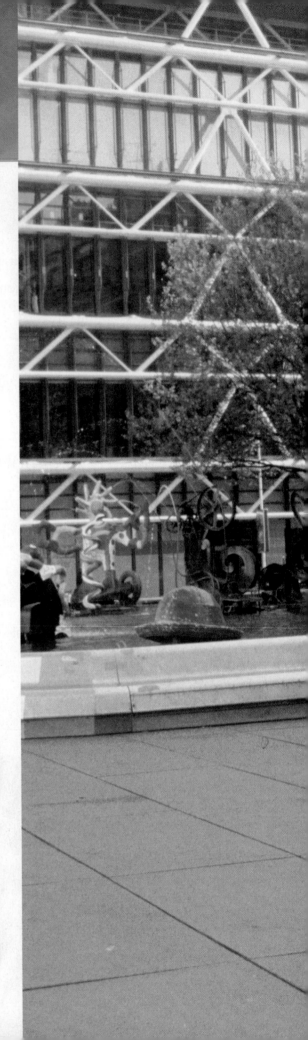

## Bonnes vacances!

## THÈME ET OBJECTIFS

### Culture

In this unit, you will learn what young French people like to do during the summer vacation and where they go.

### Communication

**You will learn how …**

- to plan a camping trip
- to describe your vacation plans
- to travel by train or plane
- to name many countries of the world

**You will also learn how …**

- to talk about your plans and to describe what you will do in the future
- to discuss what you would do under a variety of circumstances

**DIGITAL FRENCH** my.hrw.com
*ONLINE STUDENT EDITION with...*

**performance space**

**News Networking**

**@HOMETUTOR**

- Audio Resources
- Video Resources
- Interactive Flashcards
- WebQuest

*PRACTICE FRENCH WITH HOLT MCDOUGAL APPS!*

# Les vacances et les voyages

### Aperçu culturel ... **Les Français en vacances**

Les «grandes vacances» commencent en juillet et finissent en septembre. Pour beaucoup de Français, c'est la période la plus importante de l'année. Les adultes ont cinq semaines de vacances payées par leurs compagnies. Pendant cette période, ils ne restent pas chez eux. Beaucoup quittent les villes et vont de préférence à la mer. D'autres vont à la campagne et à la montagne où ils font du «tourisme vert», c'est-à-dire, des excursions dans la nature.

**Les «grands départs»**

1. Le 1$^{er}$ juillet, le 15 juillet et le 1$^{er}$ août sont les jours de « grands départs». Ces jours-là, des millions de Français partent en vacances, par le train ou en voiture.

2. À la différence des jeunes Américains, la majorité des jeunes Français ne travaillent pas pendant les vacances. En général, ils voyagent avec leurs parents. Les plus jeunes vont en colonies de vacances. Les « colos» , ou centres de vacances, sont organisées par les écoles, les municipalités ou les entreprises où travaillent leurs parents. En colonie de vacances, les jeunes pratiquent toutes sortes de sports: natation, voile, canoë, etc.

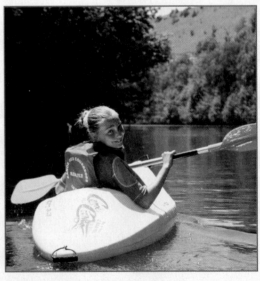

**En colonie de vacances**

3. Où loger pendant les vacances? On peut aller chez des amis, louer une villa ou aller à l'hôtel. Une autre solution, extrêmement populaire en France, est de faire du camping. La France est le pays d'Europe qui a le plus grand nombre de terrains de camping: 9 000 au total! En général, ces terrains de camping sont très bien équipés. Certains ont une piscine, des terrains de sport, des salles de jeux et même des restaurants et des boutiques.

**Un terrain de camping près de la mer**

**Une auberge de jeunesse près du Mont-Saint-Michel**

4. Chaque année des millions d'étudiants étrangers visitent la France. Ils viennent principalement d'Angleterre, d'Allemagne, d'Italie et des États-Unis. Beaucoup sont logés dans des familles françaises. Ceux qui préfèrent voyager peuvent aller dans les «auberges de jeunesse». Ces auberges offrent un logement qui est bon marché et relativement confortable. Un autre avantage important est qu'on y rencontre d'autres jeunes de tous les pays du monde.

**Le TGV en Gare de Lyon**

5. Pour beaucoup de jeunes Américains, le train est le moyen de transport le plus pratique, le plus économique et le plus rapide pour visiter la France et les autres pays d'Europe. En achetant un «Eurailpass», ils peuvent faire un nombre illimité de voyages dans 23 pays différents.

## COMPARAISONS *Culturelles*

Comparez les vacances en France et aux États-Unis pour les adultes et pour les jeunes. Quelles sont les différences et les similarités?

### Et vous?

Imaginez que vous avez l'occasion de passer deux semaines en France. Est-ce que vous préférez loger dans une famille française pendant quinze jours ou est-ce que vous préférez explorer la France avec un «Eurailpass» et dormir dans les auberges de jeunesse? Expliquez.

### A VOCABULAIRE — Les vacances

—Où vas-tu aller pendant les vacances?

Je vais aller | **à la mer.**
| **à la montagne**
| **à la campagne**

> **la mer** *ocean, sea*
> **la montagne** *mountains*

—Combien de temps est-ce que tu vas rester là-bas?

Je vais passer | quinze jours.
| trois semaines
| deux mois

> **FLASH d'information**
>
> 15 jours = 2 weeks
> 8 jours = 1 week

—Où est-ce que tu vas rester?

Je vais | **loger** à l'hôtel.
| loger chez des amis
| **louer une caravane**
| louer **une villa**
| faire du camping

> **loger** *to stay (have a room)*
> **louer** *to rent*
> **une caravane** *camping trailer*
> **une villa** *country house*

—Est-ce que tu es **prêt(e) à** partir?

Oui, j'ai | mon **passeport.**
| mon **visa**
| **une carte** de la région

> **prêt à** *ready to*

> **une carte** *map*
> **une valise** *suitcase*
> **faire ses valises** *to pack*

**J'ai fait mes valises.**

> *Où vas-tu aller en vacances?*
>
> *Je vais aller à la mer.*

### Le camping

Pour **transporter** ses affaires, on **utilise** … **un sac à dos**

Pour préparer ses repas, on utilise … **une casserole** **une poêle**

**un réchaud** *(camping stove)*

Pour dormir, il est utile d'avoir … **un sac de couchage** *(sleeping bag)*

**une tente**

**une couverture** *(blanket)*

**une lampe de poche**

> **transporter** *to carry*
> **utiliser** *to use*

@**HOME**TUTOR
my.hrw.com

## 1 **Et vous?**

**PARLER/ÉCRIRE** Complétez les phrases en exprimant votre opinion personnelle.

1. Je préfère passer les vacances …
   • à la mer
   • à la montagne
   • à la campagne

2. Je préfère voyager avec …
   • un sac à dos
   • une petite valise
   • beaucoup de valises

3. Quand on visite une grande ville, il est préférable de …
   • loger à l'hôtel
   • loger chez des amis
   • louer un appartement

4. Quand on passe les vacances à la mer, il est préférable de …
   • loger à l'hôtel
   • louer une villa
   • faire du camping

5. Quand on veut visiter l'ouest des États-Unis, il est préférable de voyager …
   • en train
   • en bus
   • en caravane

6. Quand on est sur une île déserte, l'objet le plus utile est …
   • une lampe de poche
   • un sac de couchage
   • un réchaud

7. Quand on est perdu dans la campagne, l'objet le plus utile est …
   • une couverture
   • une carte de la région
   • une lampe de poche

8. Si on veut aller en France, il est nécessaire d'avoir …
   • un passeport
   • une carte de France
   • beaucoup de valises

## 2 **Le matériel de camping**

**PARLER/ÉCRIRE** Complétez les phrases suivantes.

1. Pour voir la nuit, on utilise …
2. Pour transporter ses vêtements, on utilise …
3. On peut dormir dans …
4. Quand il fait froid le soir, on peut s'envelopper *(wrap oneself up)* dans …
5. Quand il pleut, on va dans …
6. On fait frire *(fry)* les oeufs dans …
7. On fait cuire *(cook)* les spaghetti dans …
8. On fait la cuisine sur …

## 3 **Questions personnelles** **PARLER/ÉCRIRE**

1. Est-ce que tu as déjà voyagé en caravane? À quelle occasion? À ton avis, quels sont les avantages et les désavantages de voyager en caravane?
2. Est-ce que tu as déjà fait du camping? Quand? Où? Avec qui? Est-ce que tu as aimé cette expérience? Pourquoi ou pourquoi pas?
3. Est-ce que tu as un sac à dos? Quand est-ce que tu l'utilises? En général, qu'est-ce que tu transportes dedans *(in it)*?
4. Est-ce que tu as un sac de couchage? Quand est-ce que tu l'utilises? À ton avis, est-ce qu'on dort bien dans un sac de couchage?
5. À ton avis, quels sont les avantages et les désavantages de faire du camping?

**B** | **VOCABULAIRE** | Les voyages à l'étranger

—Qu'est-ce que tu vas faire cet été?

Je vais | aller | à l'étranger.
| voyager |
| **faire un voyage** |
| **faire un séjour** |

> **à l'étranger** *abroad*
>
> **faire un voyage** *to take a trip*
>
> **faire un séjour** *to spend some time*

—Quels pays est-ce que tu vas visiter?
  Je vais visiter la France, le Portugal et l'Espagne.

### Un peu de géographie

**un continent**         **une région**

  **un état** (state)
  **un pays** (country)

le nord
le nord-ouest          le nord-est
l'ouest  ←→  l'est
le sud-ouest          le sud-est
le sud

**l'Amérique du Nord**      **l'Europe**            **l'Afrique**

  **le Canada**              **l'Allemagne** (Germany)    **l'Égypte**
  **le Mexique**             **l'Angleterre** (England)   **le Sénégal**
  **les États-Unis**         **la Belgique** (Belgium)
                             **l'Espagne** (Spain)     **le Moyen Orient** (Middle East)
**l'Amérique Centrale**      **la France**
  **le Guatemala**           **l'Irlande**              **Israël**
                             **le Portugal**            **le Liban**
**l'Amérique du Sud**        **la Suisse** (Switzerland)
  **l'Argentine**            **la Russie**              **l'Asie**
  **le Brésil**                                         **le Cambodge**
                                                        **la Chine**
**l'Australie**                                         **la Corée** (Korea)
                                                        **l'Inde** (India)
                                                        **le Japon**
                                                        **le Viêt-Nam**

→ In French, most geographical names *(except names of cities and small islands)* are introduced by a definite article.

> **Le** Vermont est un état de la Nouvelle-Angleterre.
> **Le** Mississippi est un très grand fleuve *(river)*.

→ Names of countries and states that end in **-e** are generally FEMININE.
> **la** France    **la** Louisiane

EXCEPTIONS: **le Mexique, le Cambodge, le Maine, le Nouveau-Mexique**
Other geographical names are MASCULINE.

> **le** Japon    **le** Colorado

## 4 Le jeu des capitales

**PARLER/ÉCRIRE** Choisissez une capitale et faites correspondre cette capitale avec son pays.

▶ **Tokyo est la capitale du Japon.**

| CAPITALES | |
|---|---|
| Mexico | Ottawa |
| Bruxelles | Washington |
| Rome | Londres |
| Dakar | Berlin |
| Le Caire | Moscou |
| Tokyo | Lisbonne |
| Beijing | Beyrouth |

| PAYS | |
|---|---|
| le Canada | l'Allemagne |
| le Mexique | l'Angleterre |
| le Japon | l'Égypte |
| le Liban | l'Italie |
| le Portugal | la Belgique |
| le Sénégal | la Chine |
| les États-Unis | la Russie |

## 5 Tourisme

**PARLER/ÉCRIRE** Utilisez les renseignements *(information)* suivants et dites quel pays les personnes ont visité.

▶ Vincent a pris des photos du Kremlin.
**Il a visité la Russie.**

1. Sabine a fait une croisière *(cruise)* sur le Nil.
2. Nous avons acheté des cartes postales de Venise.
3. Nous avons écouté un orchestre de mariachi.
4. Vous avez pris des photos du Palais de Buckingham.
5. J'ai fait une promenade sur la Grande Muraille *(wall)*.
6. Tu as vu les vestiges du Mur de Berlin.
7. Nous avons visité les temples bouddhistes à Kyoto.
8. Mes cousins sont allés au Grand Canyon.

## 6 Questions personnelles PARLER/ÉCRIRE

1. Dans quelle région des États-Unis est-ce que tu habites? (l'est? le nord-est? … )
2. Est-ce que tu as visité le Colorado? la Californie? la Floride? le Kentucky? le Vermont?
3. Comment s'appelle l'état où tu habites? Quelle est sa capitale? Quels sont les états environnants *(neighboring)*?
4. Quels états aimerais-tu visiter? Pourquoi?

**C** | **VOCABULAIRE** | **À la gare et à l'aéroport** 🔊

> *Pour acheter un billet:*

—Vous désirez, mademoiselle (monsieur)?

Je voudrais **un billet** | **de train** / **d'avion** | pour Bordeaux.

—Un aller simple?

Non, **un aller et retour**.

| **un aller simple** one way [ticket] |
| **un aller et retour** round trip [ticket] |

—**En première classe ou en seconde classe?**

En seconde classe, s'il vous plaît.

—Voilà, c'est 112 euros.

> *Pour demander les horaires:*

| **un horaire** schedule |

—À quelle heure part | le train? / l'avion

Il part à quatorze heures.

—Et à quelle heure est-ce qu'il arrive à Bordeaux?

Il arrive à seize heures cinquante-huit.

*Vous désirez, mademoiselle?*

*Je voudrais un billet de train pour Bordeaux.*

---

## Au jour le jour

**RÉSERVEZ VOTRE VOYAGE**
○ Aller simple  ● Aller-retour

Départ*     Paris
Arrivée*    Rennes

Aller le*   10/03/2013
Retour le*  18/03/2013

○ 1e class   ● 2e class
Nombre de passagers   2

**RÉSERVEZ**

| Départ le | le 10/03/2013 | | |
|---|---|---|---|
| Départ à | 07h15 | 09h12 | 12h56 |
| À partir de | 45,00€ | 27,00€ | 22,00€ |
| Durée | 02h05 | 02h05 | 02h05 |
| Voyage | TGV | TGV | TGV |
| **Retour le** | **le 18/03/2013** | | |
| Départ à | 15h14 | 16h20 | 17h58 |
| À partir de | 22,00€ | 35,00€ | 55,00€ |
| Durée | 02h05 | 02h06 | 02h05 |
| Voyage | TGV | TGV | TGV |

## 7 Départs et arrivées

**PARLER** Le TGV (train à grande vitesse) est un train très moderne et très rapide. Vous êtes à Paris avec des copains.

Vous devez aller à Rennes ensemble. Vous devez choisir votre heure de départ et de retour. Vous discutez entre vous pour vous mettre d'accord. Utilisez les informations ci-dessous.

- À quelle heure partent les trains pour Rennes?
- Il y a un train à 7h15 et...
- D'accord. Et le retour?
- On prend le train de... ?

## 8 Au guichet (At the ticket window)

**PARLER** Vous allez voyager en TGV. Choisissez une destination, le type de billet (aller simple ou aller et retour) et la classe (première/seconde), et puis achetez votre billet. Jouez le dialogue avec un(e) camarade.

- —Vous désirez mademoiselle (monsieur)?
- —Je voudrais un billet pour <u>Rennes</u>.
- —Un aller simple ou un aller et retour?
- —<u>Un aller et retour</u>.
- —En quelle classe?
- —En <u>seconde</u> classe, s'il vous plaît.
- —Alors, ça fait <u>54 euros</u>.
- —Voilà <u>54 euros</u>.
- —Merci. Au revoir, mademoiselle (monsieur).
- —Au revoir, monsieur (madame).

## RÉSERVER VOTRE VOYAGE...

Vous voyagez de Paris à Rennes

| Vous voyagez | moins de 2 fois par an | plus de 2 fois par an |
|---|---|---|
| Meilleur prix | Tarif Petit Prix à partir de 17,00 € | **Carte d'abonnement** |
| Escapade | Tarif Tourisme à partir de 26,00 € | Carte jeunes 12-26 ans 50% de réduction à partir de 18,00 € |
| Facilité de voyage | Tarif Affaires à partir de 35,00 € | Carte sénior 60% de réduction à partir de 15,00 € |
| | | Carte enfants 50% de réduction à partir de 18,00 € |

# Les collections de Jérôme

Vous vous souvenez de Jérôme et de son accident? Maintenant Jérôme est parfaitement remis° de cet accident.

**remis** *recovered*

Hier il a téléphoné à Pierre pour l'inviter à passer chez lui avec Armelle.

Aujourd'hui, Pierre et Armelle sont allés à l'appartement de Jérôme, mais Jérôme n'est pas chez lui.

PIERRE

Tiens, il y a une note de Jérôme. Qu'est-ce qu'il dit?

Pierre lit la note.

Il dit qu'il sera ici dans cinq minutes.

On entre?

Oui, entrons!

Pierre et Armelle entrent chez Jérôme. Armelle regarde les objets qui sont là.

Dis donc, Jérôme a des tas de trucs intéressants!

Tu sais, il aime collectionner les objets.

@HOMETUTOR
my.hrw.com

Ça, qu'est-ce que c'est?

C'est une tampoura. Ça vient des Indes.

Et ce masque?

Il vient de la Côte d'Ivoire.

Et celui-là, il vient de la Côte d'Ivoire aussi?

Non, il vient du Mexique.

Armelle trouve un chapeau qu'elle essaie.

Il est super, le chapeau de cowboy …

Dis, quand est-ce qu'il est allé aux États-Unis, Jérôme?

Aux États-Unis? Il n'y est jamais allé.

Sans blague!

Pierre explique à Armelle où Jérôme achète tous ses objets.

À vrai dire, il n'a pas beaucoup voyagé. Il déteste prendre l'avion.

Tu plaisantes? Mais alors, tous ces objets, où est-ce qu'il les a trouvés?

Au Marché aux Puces. Jérôme y achète des tas de trucs bizarres!

à suivre …

## Compréhension

1. Où Pierre et Armelle sont-ils allés?

2. Qu'est-ce qu'ils ont trouvé sur la porte?

3. Quels sont les divers objets qu'Armelle regarde?

4. Qu'est-ce qu'elle essaie?

5. Où est-ce que Jérôme a acheté tous ces objets?

## A — L'usage des prépositions avec les noms de pays

Note the use of PREPOSITIONS with names of countries.

|  | FEMININE COUNTRY | MASCULINE COUNTRY | PLURAL COUNTRY |
|---|---|---|---|
|  | Je visite **la** France. | Je visite **le** Canada. | Je visite **les** États-Unis. |
| *in*<br>*to* | Je suis **en** France.<br>Je vais **en** France. | Je suis **au** Canada.<br>Je vais **au** Canada. | Je suis **aux** États-Unis.<br>Je vais **aux** États-Unis. |
| *from* | Je viens **de** France. | Je viens **du** Canada. | Je viens **des** États-Unis. |

→ Note that **en** and **d'** are used with MASCULINE countries beginning with a VOWEL.

Je suis allé **en** Iran.    J'habite **en** Haïti.    Je reviens **d'**Uruguay.

### 1 Dans quel pays?

**PARLER/ÉCRIRE** Remplacez le nom des villes par le nom du pays correspondant.

▶ Monsieur Katagiri travaille à Tokyo.    **Il travaille au Japon.**

1. Mon copain habite à Rio de Janeiro.
2. Éric revient de Casablanca.
3. Françoise est à Bruxelles.
4. Je passe les vacances à Genève.
5. Florence arrive de Moscou.
6. Nous passons une semaine à San Francisco.
7. Monsieur Santos téléphone de Lisbonne.

| la Belgique | les États-Unis | le Portugal |
|---|---|---|
| le Brésil | le Japon | la Russie |
| l'Espagne | le Maroc | la Suisse |

8. Les athlètes arrivent de Barcelone.

### 2 D'où reviennent-ils?

**PARLER/ÉCRIRE** Des amis ont passé les vacances à l'étranger. Dites de quel pays chacun revient.

▶ Alice revient de France.

Alice    1. Jérôme    2. Martine    3. Isabelle    4. Alain    5. Thomas

## B  Les verbes *recevoir* et *apercevoir*

Note the forms of the irregular verbs **recevoir** *(to get, receive; to entertain people)*
and **apercevoir** *(to see, catch sight of).*

| INFINITIVE | recevoir | apercevoir |
|---|---|---|
| **PRESENT** | Je **reçois** une carte.<br>Tu **reçois** un télégramme.<br>Il/Elle/On **reçoit** une lettre.<br><br>Nous **recevons** un cadeau.<br>Vous **recevez** une lettre.<br>Ils/Elles **reçoivent** leurs amis. | J' **aperçois** mon copain.<br>Tu **aperçois** le bus.<br>Il/Elle/On **aperçoit** la Tour Eiffel.<br><br>Nous **apercevons** Notre Dame.<br>Vous **apercevez** les Alpes.<br>Ils/Elles **aperçoivent** leurs amis. |
| **PASSÉ COMPOSÉ** | J'**ai** **reçu** une lettre. | J'ai **aperçu** le prof au café. |

### 3  À Montréal

**PARLER/ÉCRIRE**  Des amis visitent Montréal. Ils sont au sommet du Mont Royal. Dites ce que
chacun aperçoit.

1. Jean-Paul / l'Île Sainte Hélène
2. vous / le Pont *(bridge)* Jacques-Cartier
3. nous / la Tour Olympique
4. moi / le Vieux Montréal
5. mes cousins / la Basilique Notre-Dame
6. toi / l'Université McGill
7. on / l'Île Notre-Dame
8. Sophie / le Saint-Laurent

### 4  Questions personnelles  PARLER/ÉCRIRE

1. Reçois-tu beaucoup de lettres? Est-ce que tu as reçu une lettre ou une carte récemment?
   De qui?
2. Est-ce que tu reçois tes copains chez toi? Est-ce que tu les reçois au salon ou dans ta chambre?
3. Est-ce que tes parents reçoivent souvent leurs amis?
4. Est-ce que tu as reçu un cadeau récemment?
5. Est-ce que tu as reçu des vêtements pour ton anniversaire? Qu'est-ce que tu as reçu?
6. Qu'est-ce que tu aperçois de la fenêtre de ta chambre?

## C La construction verbe + infinitif

In French as in English, verbs are frequently used together with an infinitive.
In French, such constructions follow one of three patterns:

| VERB + INFINITIVE | VERB + à + INFINITIVE | VERB + de + INFINITIVE |
|---|---|---|
| Je **dois travailler**. | Je **commence à travailler**. | Je **finis de travailler**. |
| Je **veux danser**. | J'**apprends à danser**. | Je **décide de danser**. |
| Je n'**aime** pas **nager**. | J'**hésite à nager**. | Je **refuse de nager**. |

→ The choice of the pattern depends on the first verb.

### VOCABULAIRE  Verbes suivis de l'infinitif

**VERBE + à + INFINITIF**

| | | |
|---|---|---|
| **apprendre à** | *to learn (how) to* | Nous **apprenons à faire** de la planche à voile. |
| **commencer à** | *to begin to* | Je **commence à être** assez bon. |
| **continuer à** | *to continue, go on* | Pauline **continue à prendre** des leçons. |
| **hésiter à** | *to hesitate, be hesitant about* | Éric **hésite à prendre** des risques. |
| **réussir à** | *to succeed in, manage* | J'**ai réussi à gagner** la course *(race)*. |

**VERBE + de + INFINITIF**

| | | |
|---|---|---|
| **accepter de** | *to accept, agree to* | J'**accepte de répondre** à ta question. |
| **arrêter de** | *to stop* | Nous **arrêtons de travailler** à cinq heures. |
| **cesser de** | *to stop, quit* | Monsieur Arnaud **a cessé de fumer** *(smoking)*. |
| **décider de** | *to decide to* | Nous **avons décidé de faire** du sport. |
| **essayer de** | *to try to* | Vous **essayez de rester** en forme. |
| **finir de** | *to finish* | Tu **as fini de jouer** au tennis? |
| **oublier de** | *to forget to* | J'**ai oublié de prendre** ma raquette. |
| **refuser de** | *to refuse to* | Marc ne **refuse** jamais **d'aider** ses amis. |
| **rêver de** | *to dream about* | Je **rêve d'avoir** une voiture de sport. |

### 5 Un séjour aux États-Unis

**PARLER/ÉCRIRE** Ces jeunes Français sont aux États-Unis. Certains aiment parler anglais.
D'autres ont des difficultés à parler anglais. Décrivez l'attitude de chacun en complétant
les phrases avec **à / de parler anglais.**

1. Jean-Pierre essaie …
2. Nathalie apprend …
3. Philippe n'hésite pas …
4. Thomas refuse …
5. Stéphanie décide …
6. Patrick commence …
7. Alice réussit …
8. Marc hésite …
9. Isabelle n'essaie pas …
10. Jérôme n'arrête pas …

@**HOME**TUTOR
my.hrw.com

## 6 Qu'est-ce qu'ils apprennent?

**PARLER/ÉCRIRE** Pour chaque personne, choisissez un endroit où aller. Dites ce que cette personne apprend à faire là.

▶ Nathalie va à la piscine.
Elle apprend à nager.

| moi | à la plage |
|---|---|
| toi | à la piscine |
| vous | au conservatoire |
| nous | à l'auto-école |
| Nathalie | au Racket-Club |
| Alice et Pierre | à l'Alliance Française |
| mes copains | à l'école d'informatique |
| ma cousine | au Studio Fred Astaire |

| conduire *(to drive)* |
|---|
| danser |
| utiliser un PC |
| nager |
| chanter |
| jouer du piano |
| jouer au tennis |
| faire de la voile |
| parler français |

## 7 Oui ou non?

**PARLER/ÉCRIRE** Lisez la description des personnes et dites si oui ou non elles font les choses indiquées entre parenthèses.

▶ Paul est timide (hésiter / parler en public)    **Il hésite à parler en public.**
▶ Jacqueline est généreuse. (hésiter / aider ses amis)    **Elle n'hésite pas à aider ses amis.**

1. Sylvie est paresseuse. (refuser / étudier)
2. Catherine n'a pas beaucoup de mémoire. (oublier / téléphoner)
3. Philippe prend des leçons de guitare. (commencer / jouer très bien)
4. Thomas est maladroit *(clumsy)*. (réussir / réparer son vélo)
5. Caroline est ambitieuse. (rêver / être présidente)
6. Jean-Pierre est bavard *(talkative)*. (arrêter / parler)
7. Nicolas est persévérant. (continuer / prendre des leçons d'anglais)
8. Françoise veut parler anglais. (décider / passer ses vacances à Londres)
9. Alice est une mauvaise élève. (essayer / comprendre le prof)

## OBJECTIFS

Now you can . . .
• discuss travel plans

# À votre tour!

**Digital performance)space**

## 1 Voyage international

**ÉCRIRE** Votre camarade et vous, vous avez reçu un billet d'avion. Avec ce billet, vous pouvez visiter cinq pays différents. Ensemble, faites une liste de cinq pays que vous voulez visiter et expliquez votre choix.

▶ Nous avons décidé de visiter l'Irlande parce que c'est le pays de nos ancêtres, (parce que nous aimons faire des promenades dans la nature, … ).

CINQ PAYS
1. l'Irlande
2. la Russie

**LESSON REVIEW**
my.hrw.com

# Lecture  Séjours à l'étranger

Pendant les vacances, des copains sont allés à l'étranger. Maintenant ils parlent de leur voyage sans° mentionner le pays où ils sont allés. Lisez ce qu'ils disent. Savez-vous dans quel pays chacun est allé?

**sans** *without*

On peut faire beaucoup de choses dans le pays où je suis allé. On peut visiter des châteaux° et des musées. On peut aller à des concerts de musique classique. On peut assister à des spectacles folkloriques … Moi, j'ai préféré faire du sport. J'ai fait de la voile et j'ai fait beaucoup de marche à pied. (Le dimanche, la marche à pied est l'une des distractions° favorites des gens!) Autrefois ce pays était divisé. Maintenant, il est uni.° C'est le plus grand pays d'Europe centrale.

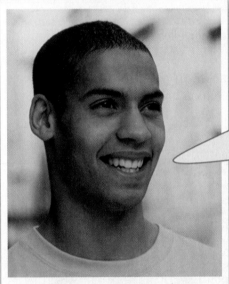

*André*

Où est allé André?
- en Allemagne    • en Italie    • au Portugal

**châteaux** *castles*  **distractions** *pastimes*  **uni** *united*

J'ai visité un pays qui est l'un des pays les plus modernes et les plus développés d'Afrique occidentale.° Quand j'étais dans la capitale, je n'ai pas eu de difficultés à communiquer avec les gens parce que beaucoup parlent français. Dans la campagne, au contraire, les gens parlent seulement le dialecte régional. Beaucoup de citoyens° américains ont des ancêtres qui ont été déportés par force de ce pays.

*Renée*

Où est allée Renée?
- en Tunisie    • au Sénégal    • en Afrique du Sud

**occidentale** *west*  **citoyens** *citizens*

Additional readings @ **my.hrw.com**
**FRENCH**
**InterActive Reader**

*Juliette*

J'ai visité un pays qui est constitué de quatre îles° principales. Pendant mon voyage, j'ai visité beaucoup de temples et j'ai mangé beaucoup de poisson et de riz qui sont les principaux aliments° de ce pays. Les gens étaient toujours très polis avec moi, mais j'ai eu des difficultés à communiquer avec eux parce qu'ils ne parlent pas français.

Où est allée Juliette?
• en Angleterre   • au Japon   • en Israël

**îles** *islands*   **aliments** *foods*

Pendant mon voyage, j'ai fait beaucoup de choses intéressantes. Un jour, par exemple, j'ai fait une excursion dans le désert à dos de chameau.° La chose la plus intéressante de mon séjour a été la visite de pyramides très anciennes. Comme je ne parle pas arabe, j'ai dû parler anglais. L'anglais est une langue que beaucoup de gens comprennent, mais ce n'est pas la langue de ce pays.

*Grégoire*

Où est allé Grégoire?
• en Chine   • en Inde   • en Égypte

**chameau** *camel*

# Projet de voyage

Dans l'épisode précédent, Pierre et Armelle sont allés chez Jérôme, mais Jérôme n'était pas chez lui. Alors ils ont regardé les objets qui étaient dans la chambre de Jérôme. Finalement, Jérôme est arrivé.

Salut!

Salut!

Ça va?

Oui, ça va.

Dites donc, j'ai quelque chose à vous proposer pour samedi prochain.

Qu'est-ce que vous pensez d'un voyage à Genève?

Moi, je veux bien …

Quoi donc?

C'est une bonne idée.

Comment est-ce qu'on ira là-bas?

Eh bien, on prendra le train.

Et qu'est-ce qu'on fera quand on sera à Genève?

Moi, j'aimerais faire le tour du lac en bateau.

Ah non, moi, les musées ça ne m'intéresse pas du tout.

On pourra visiter le Musée d'Art et d'Histôire …

Pour ça, je su d'accord.

Bon. Alors, on fera le tour du lac en bateau.

@ HOMETUTOR
my.hrw.com

Et qu'est-ce qu'on fera ensuite?

Il y a des tas de choses à faire à Genève. On verra bien …

À quelle heure est-ce qu'on partira?

Non, ça va.

Il y a un train vers huit heures et quart. C'est pas trop tôt?

Bon alors, puisque vous êtes d'accord, j'irai demain à la gare et j'achèterai les billets.

Et où est-ce qu'on se retrouvera samedi matin?

Devant la gare à huit heures. J'espère que vous serez à l'heure.

Et toi aussi!

T'en fais pas. Je serai à la gare à huit heures pile avec les billets!

## Compréhension

1. Qu'est-ce que Jérôme propose?
2. Comment les amis iront-ils à Genève?
3. Qu'est-ce que Pierre ne veut pas faire?
4. Qu'est-ce qu'Armelle veut faire?
5. Qui achètera les billets?
6. À quelle heure les amis seront-ils à la gare?

## A — Le futur: formation régulière

The sentences below describe what WILL HAPPEN in the future. The verbs are in the FUTURE TENSE.

| | |
|---|---|
| Cet été, je **voyagerai** avec mes amis. | *This summer, I **will travel** with my friends.* |
| Nous **visiterons** le Canada. | *We **will visit** Canada.* |
| Est-ce que tu **prendras** le train? | ***Will** you **take** the train?* |
| Non, je **ne prendrai pas** le train. | *No, I **will not (won't) take** the train.* |

The future tense is a *simple* tense that is formed as follows:

> FUTURE STEM + FUTURE ENDINGS

Note the future forms of the regular verbs **voyager, finir,** and **vendre,** paying special attention to the endings.

| INFINITIVE | | voyager | finir | vendre | FUTURE |
|---|---|---|---|---|---|
| FUTURE STEM | | voyager- | finir- | vendr- | ENDINGS |
| FUTURE | je | **voyagerai** | **finirai** | **vendrai** | **-ai** |
| | tu | **voyageras** | **finiras** | **vendras** | **-as** |
| | il/elle/on | **voyagera** | **finira** | **vendra** | **-a** |
| | nous | **voyagerons** | **finirons** | **vendrons** | **-ons** |
| | vous | **voyagerez** | **finirez** | **vendrez** | **-ez** |
| | ils/elles | **voyageront** | **finiront** | **vendront** | **-ont** |
| NEGATIVE | je **ne** | **voyagerai pas** | | | |
| INTERROGATIVE | est-ce que tu | **voyageras?** | | | |
| | | **voyageras-tu?** | | | |

## STEM

The future stem always ends in **-r.**

For most regular verbs and many irregular verbs, the future stem is derived as follows:

> FUTURE STEM = INFINITIVE (minus final **-e**, if any)

**sortir:** je **sortir**ai        **écrire:** j'**écrir**ai
**partir:** je **partir**ai        **boire:** je **boir**ai

→ Note the following stem changes:

|  | PRÉSENT | FUTUR |
|---|---|---|
| acheter | j'**achète** | j'**achèterai** |
| payer | je **paie** | je **paierai** |

## ENDINGS

The future endings are the same for all verbs, both regular and irregular.

### 1  Séjours à l'étranger

**PARLER/ÉCRIRE** Les étudiants suivants vont voyager cet été. Dites quelle ville chacun visitera et quelle langue il parlera.

▶ moi / Mexico

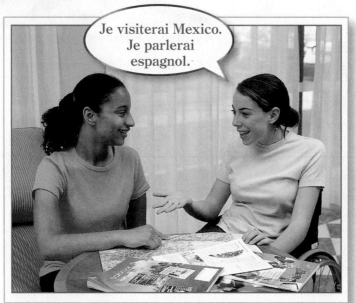

Je visiterai Mexico.
Je parlerai espagnol.

1. Isabelle / Moscou
2. moi / Berlin
3. vous / Bordeaux
4. nous / Boston
5. toi / Buenos Aires
6. Anne et Hélène / Munich
7. Éric et Thomas / Dakar
8. mes copains / Saint Pétersbourg
9. ma soeur / Madrid
10. la cousine de Paul / Québec

allemand
anglais
espagnol
français
russe

## 2 Voyages en France

**PARLER** Des copains vont visiter les différentes provinces de France cet été.
Décrivez leurs projets.

| | moi | Alice | nous | Nicolas et Philippe |
|---|---|---|---|---|
| • visiter ➤ | la Normandie | la Provence | la Bretagne | l'Alsace |
| • voyager ➤ | en scooter | en voiture | en train | en moto |
| • loger ➤ | chez un copain | à l'hôtel | dans une ferme | chez leur oncle |
| • partir ➤ | le 30 juin | le 1ᵉʳ juillet | le 3 juillet | le 15 juillet |
| • rentrer ➤ | le 15 août | le 1ᵉʳ septembre | le 25 août | le 30 août |

▶ Je visiterai la Normandie. Je voyagerai en scooter, …

## 3 Peut-être

**PARLER** André veut connaître les projets
de Karine. Jouez les deux rôles.

▶ voyager / en juin

1. sortir / samedi soir
2. étudier / après le dîner
3. dîner au restaurant / dimanche
4. jouer au basket / vendredi
5. acheter un ordinateur / ce week-end
6. te promener / avant le dîner
7. partir en vacances / en juillet
8. apprendre à skier / cet hiver

> Tu vas voyager?

> Je ne sais pas. Je voyagerai peut-être en juin.

## 4 Oui ou non?

> Je ne voyagerai pas.

**PARLER/ÉCRIRE** Dites si oui ou non les
personnes suivantes vont faire les choses
suggérées cet été. Soyez logique!

▶ Je n'ai pas d'argent.   • voyager?

1. Je veux gagner de l'argent.
   • partir en vacances?    • travailler?
   • chercher un job?

2. Mes parents sont fatigués.
   • se reposer?    • prendre des vacances?
   • travailler?

3. Tu es paresseux.
   • dormir beaucoup?    • te coucher tard?
   • te lever tôt?

4. Stéphanie est très sportive.
   • nager?    • rester à la maison?
   • jouer au tennis?

5. Vous voulez faire du camping.
   • loger à l'hôtel?    • acheter une tente?
   • dormir dans un sac de couchage?

6. Nous allons aller en France.
   • prendre l'avion?    • nous amuser?
   • parler espagnol?

## B Futurs irréguliers

A few French verbs are irregular in the future tense. These verbs have:

• an IRREGULAR future STEM    • REGULAR future ENDINGS

| INFINITIVE | FUTURE STEM | |
|---|---|---|
| aller | ir- | Cet été nous **irons** au Sénégal. |
| avoir | aur- | Tu **auras** assez d'argent? |
| être | ser- | Je ne **serai** pas à Paris en juin. |
| faire | fer- | Pierre **fera** un voyage en Algérie. |
| voir | verr- | Nous **verrons** la Tour Eiffel. |

### 5 Expression personnelle

Dans cinq ans,
j'aurai une moto.

**PARLER/ÉCRIRE** Comment imaginez-vous votre existence dans cinq ans? Dites si oui ou non vous ferez les choses suivantes.

▶ avoir une moto?

1. aller à l'université?
2. avoir un job intéressant?
3. être marié(e)?
4. être millionnaire?
5. avoir un avion?
6. être très heureux (heureuse)?
7. faire beaucoup de voyages?
8. être complètement indépendant(e)?
9. être président(e) d'une compagnie?
10. voir tes copains d'aujourd'hui?

### 6 Rêve ou réalité?

**PARLER/ÉCRIRE** Comment sera la vie dans 25 ans?
Indiquez si les prédictions suivantes vous semblent
certaines, possibles, probables ou impossibles.

| | certain | possible | probable | impossible |
|---|---|---|---|---|
| 1. Il y aura un vaccin contre le cancer. | ☐ | ☐ | ☐ | ☐ |
| 2. On vivra en moyenne° jusqu'à° cent ans. | ☐ | ☐ | ☐ | ☐ |
| 3. Tout le monde aura un ordinateur et on restera à la maison pour travailler. | ☐ | ☐ | ☐ | ☐ |
| 4. On habitera dans des maisons en verre° qui utiliseront l'énergie solaire pour l'électricité. | ☐ | ☐ | ☐ | ☐ |
| 5. Il fera toujours beau parce que les savants° contrôleront le climat. | ☐ | ☐ | ☐ | ☐ |
| 6. Pendant les vacances on ira sur la lune° où il y aura de grands hôtels interspaciaux. | ☐ | ☐ | ☐ | ☐ |
| 7. Les gens seront plus heureux qu'aujourd'hui. | ☐ | ☐ | ☐ | ☐ |

**en moyenne** *on the average*  **jusqu'à** *until*  **verre** *glass*  **savants** *scientists*  **lune** *moon*

## 7 Week-end en Touraine

**LIRE/PARLER** Catherine, une jeune Parisienne, a décidé de passer un week-end en Touraine. La Touraine est une province célèbre pour ses châteaux et sa capitale, Tours. Catherine a préparé son itinéraire pour le week-end. Regardez bien cet itinéraire et répondez aux questions suivantes.

*vendredi*
*départ Paris (train de 16h40)*
*arrivée à Tours (18h30)*
*Hôtel de Bordeaux*
*dîner Chez Balzac*

*samedi*
*matin: visite du vieux Tours*
*(maisons anciennes)*
*après-midi: pique-nique*
*promenade à vélo*
*(Amboise)*
*soir: spectacle «Son et Lumière» au château*

*dimanche*
*matin: repos*
*après-midi: promenade en voiture*
*(châteaux de Villandry et de Langeais)*
*soir: départ pour Paris*
*(train de 20h31 ou de 21h46)*

1. Quel jour est-ce que Catherine ira à Tours? Comment voyagera-t-elle? À quelle heure est-ce qu'elle arrivera? À quel hôtel est-ce qu'elle ira? Où dînera-t-elle?

2. Qu'est-ce qu'elle fera d'abord samedi matin? Qu'est-ce qu'elle verra?

3. Qu'est-ce qu'elle fera samedi après-midi? Et après, comment est-ce qu'elle ira à Amboise? Qu'est-ce qu'elle verra le soir?

4. Qu'est-ce qu'elle fera dimanche matin? Quels châteaux est-ce qu'elle verra?

5. Quand est-ce qu'elle partira de Tours? À quelle heure est-ce que le premier train partira? À quelle heure est-ce qu'il y aura un autre train?

Le château de Villandry

Le château de Langeais

Le château d'Amboise

## C L'usage du futur dans les phrases avec *si*

Note the use of the future in the following sentences.

S'il **fait** beau,      *If the weather **is** nice,*
nous **irons** à la plage.      *we **will go** to the beach.*

Si j'**ai** de l'argent,      *If I **have** money,*
je **voyagerai** cet été.      *I **will travel** this summer.*

The above sentences express what WILL HAPPEN if a certain condition is met.
They consist of two parts:
- the **si** *(if)* clause, which expresses the condition
- the result clause, which tells what WILL HAPPEN

In French, as in English, the pattern of tenses is:

| **si**-clause: PRESENT | result clause: FUTURE |
|---|---|
| **Si** nous **achetons** une caravane, | nous **ferons** du camping. |

→ NOTE: **Si** becomes **s'** before **il** and **ils,** but not before **elle** and **elles.**

### 8 Fais attention!

**PARLER/ÉCRIRE** Dites à vos camarades ce qui arrivera s'ils font ou s'ils ne font pas certaines choses. Soyez logique!

1. Si tu lis trop …
2. Si tu n'étudies pas …
3. Si tu manges trop de bonbons *(candy)* …
4. Si tu ne te dépêches pas …
5. Si tu ne te reposes pas …
6. Si tu dépenses tout ton argent maintenant …

> **rater** *(miss)* **le bus**
> **être fatigué(e) demain**
> **être fauché(e)** *(broke)* **pour les vacances**
> **avoir mal au ventre**
> **avoir mal aux dents**
> **avoir mal à la tête**
> **avoir une mauvaise note à l'examen**

▶ Si tu manges trop …
  Fais attention! Si tu manges trop, tu auras mal au ventre.

### 9 Ça dépend!

**PARLER** Ce que nous allons faire dépend souvent des circonstances. Exprimez cela dans des dialogues.

Tu vas <u>aller à la plage ou au cinéma ce week-end</u>?

Ça dépend! <u>S'il fait beau, j'irai à la plage.</u>

Et s'il ne fait pas beau?

J'irai au cinéma.

1. acheter une moto ou un vélo?
   Si j'ai assez d'argent …
2. prendre le bus ou un taxi?
   Si je suis pressé(e) …
3. dîner chez toi ou au restaurant?
   Si j'ai envie de sortir …
4. faire du jogging ou une promenade à pied?
   Si je suis fatigué(e) …
5. manger un steak ou un sandwich?
   Si j'ai très faim …

**D**  **L'usage du futur après *quand***

The following sentences describe what will HAPPEN *when* another event occurs.
Compare the use of tenses in the French and English sentences below.

| | |
|---|---|
| Quand Sophie **sera** en vacances, elle **voyagera.** | *When Sophie **is** on vacation, she **will** travel.* |
| Quand nous **irons** au Canada, nous **visiterons** Québec. | *When we **go** to Canada, we **will visit** Quebec City.* |

When referring to future events, the French use the future tense in BOTH the main clause
and the **quand**-clause. In French, the pattern is:

| **quand**-clause: FUTURE | main clause: FUTURE |
|---|---|
| **Quand** nous **aurons** une caravane, | nous **ferons** du camping. |

---

**10** *Vacances aux États-Unis*

**PARLER/ÉCRIRE** Des étudiants français iront aux États-Unis cet été.
Dites ce que chacun visitera quand il sera dans la ville ou l'état où
il passera ses vacances.

la Maison Blanche
Hollywood
l'Alamo
Mesa Verde
le Cap Canaveral
la Statue de la Liberté
le Grand Canyon

▶ Paul / à New York
   **Quand il sera à New York, Paul visitera la Statue de la Liberté.**

1. Jacqueline / à Washington
2. Thomas et André / à San Antonio
3. nous / en Californie
4. vous / en Floride
5. moi / dans le Colorado
6. toi / en Arizona

---

**11** *C'est évident!*

**PARLER/ÉCRIRE** Ce que nous ferons plus tard dépend souvent des circonstances
dans lesquelles nous nous trouverons. Exprimez cela par des phrases logiques
en utilisant les éléments des colonnes A, B et C.

| A | B | C |
|---|---|---|
| moi | avoir 18 ans | voter |
| toi | avoir une voiture | étudier beaucoup |
| ma soeur | être riche | s'amuser |
| nous | être en vacances | se reposer |
| mes copains | aller en Suisse | voir Genève |
| vous | aller à l'université | faire du camping |
| | | acheter une voiture |

▶ **Quand nous aurons 18 ans, nous voterons.**

## E  D'autres futurs irréguliers

The verbs below have irregular future stems.

|  | INFINITIVE | FUTURE STEM |  |
|---|---|---|---|
| to know (how) | **savoir** | **saur-** | Je **saurai** la réponse demain soir. |
| to have to | **devoir** | **devr-** | Éric **devra** travailler cet été. |
| to receive | **recevoir** | **recevr-** | Marc **recevra** une lettre de Sophie. |
| to see | **apercevoir** | **apercevr-** | D'ici, tu **apercevras** la mer. |
| to come | **venir** | **viendr-** | Mes amis **viendront** demain. |
| to come back | **revenir** | **reviendr-** | Quand est-ce que nous **reviendrons**? |
| to become | **devenir** | **deviendr-** | Je ne **deviendrai** jamais très riche. |
| to want | **vouloir** | **voudr-** | Paul ne **voudra** pas sortir s'il pleut. |
| to send | **envoyer** | **enverr-** | Je t'**enverrai** un mail. |
| to be able | **pouvoir** | **pourr-** | Tu **pourras** me téléphoner ce soir? |

### 12  *Oui ou non?*

**PARLER/ÉCRIRE** Dites si oui ou non vous ferez les choses suivantes.

Oui, je recevrai un «A» à l'examen.

▶ recevoir un «A» à l'examen?

(Non, je ne recevrai pas d'«A» à l'examen.)

1. recevoir un mail aujourd'hui?
2. recevoir un vélo pour mon anniversaire?
3. savoir très bien parler français?
4. devoir travailler cet été?
5. devoir étudier ce soir?
6. envoyer une carte au professeur cet été?
7. vouloir nager ce week-end?
8. pouvoir aller en France au printemps?
9. devenir célèbre *(famous)* un jour?
10. devenir millionnaire?

**OBJECTIFS**

Now you can . . .
• talk about future plans

# À votre tour!

Digital *performance* space

### *Conversation: Voyage*

**PARLER/ÉCRIRE** Vous décidez de voyager cet été avec un camarade. Discutez des sujets suivants.
• où vous irez
• quand vous partirez
• comment vous voyagerez
• ce que vous ferez (visites, promenades, sports, autres activités)
• quand vous reviendrez chez vous
Ensuite, écrivez un paragraphe où vous décrivez vos projets.

Où est-ce que nous irons pendant les vacances?

Moi, j'aimerais aller à Miami.

Bonne idée! On ira en Floride.

Quand est-ce que nous partirons?

**LESSON REVIEW**
my.hrw.com

# Lecture Arrivée en France

Stéphanie habite à Paris. Elle est vice-présidente du club international de son école. De temps en temps, elle va accueillir° des étudiants qui viennent visiter Paris. Lisez les lettres de quatre de ces étudiants. Pouvez-vous les identifier d'après la description qu'ils font d'eux-mêmes?° **accueillir** *to greet* **eux-mêmes** *themselves*

**A**

Je partirai de Munich le 20 juin et j'arriverai à la gare de l'Est par le train de 18 h 22. Tu me reconnaîtras facilement. Je serai en jean et je porterai une chemise rouge à carreaux. Je viendrai avec un sac à dos. Je n'aurai pas d'autre bagage.

À bientôt!

Gaby

**B**

Merci de venir me chercher à la gare. J'arriverai de Londres samedi prochain par le train de 15h12. Je ne sais pas exactement ce que je porterai ce jour-là. Cela dépendra du temps. S'il fait beau, je porterai une jupe grise et le blazer vert de mon école. S'il pleut, je mettrai mon imperméable. Je suis petite et j'ai les cheveux roux.

Amicalement,
Christy

**roux** *red*

**C**

Je serai à Paris le 3 août. Est-ce que tu viendras me chercher à l'aéroport ce jour-là? J'arriverai de Boston à 8 h 35 par le vol Air France 331. Je ne sais pas comment je serai habillé, mais ce sera facile de me reconnaître parce que j'aurai un foulard rouge autour du cou. Je viendrai avec une valise et ma guitare.

Mes amitiés,

David

**D**

Dans deux semaines je serai en France! Je prendrai le train Barcelone-Paris qui arrive à la gare d'Austerlitz le 15 août à 10h25.

Il y aura certainement beaucoup de monde à la gare, mais je ne serai pas difficile à reconnaître: je suis grand et je porte des lunettes. Je serai en short et en chemise à carreaux et je porterai un sac à dos et une valise rouge.

Merci de te déplacer pour moi,

Antonio

Additional readings @ **my.hrw.com**
**FRENCH**
**InterActive Reader**

# À la gare

Dans le module précédent, Armelle, Pierre et Jérôme ont décidé d'aller à Genève samedi. C'est Jérôme qui prendra les billets. Il a dit qu'il serait à l'heure à la gare.
Nous sommes samedi matin à la gare d'Annecy.

Armelle est déjà là.

Pierre arrive.

Salut!

Salut!

Tu as les billets?

Mais non, c'est Jérôme qui les a.

Tu sais bien, il a dit qu'il les achèterait.

Ah oui, c'est vrai! Il a aussi dit qu'il serait ici à huit heures pile.

Quelle heure est-il?

Huit heures cinq.

@HOMETUTOR
my.hrw.com

Zut alors! Mais qu'est-ce qu'il fait??!! Le train va partir dans deux minutes.

Si on montait dans le train?!

Mais on n'a pas les billets! Qu'est-ce qu'on ferait si on était contrôlé?

Eh bien, on expliquerait la situation au contrôleur.

Tu parles! Il nous donnerait une amende!

Tiens, voilà Jérôme.

Finalement, Jérôme arrive.

Il retrouve ses amis.

Mais il est trop tard ... Le train est parti ...

Le voyage à Genève sera pour une autre fois.

FIN

## Compréhension

1. Qui arrive la première à la gare?

2. Qui arrive ensuite?

3. Pourquoi est-ce que Pierre ne veut pas monter dans le train?

4. Comment se termine l'histoire?

## A — Révision: L'imparfait

SI J'ÉTAIS JEUNE …

SI J'ÉTAIS RICHE …

The imperfect is a past tense that describes what people USED TO DO on a regular basis:

Nous **passions** l'été à la mer.
We **used to spend** the summer at the ocean.

**J'allais** tous les jours à la plage.
Every day I **used to go** to the beach.

→ You may want to review the forms of the imperfect on page 339, Leçon 23.

### 1 Souvenirs de vacances

**PARLER/ÉCRIRE** Des copains parlent de leurs vacances. Décrivez ce que chacun faisait tous les jours.

|  | le matin | l'après-midi | le soir |
|---|---|---|---|
| **moi** | aller au marché | aller à la plage | retrouver mes copains au café |
| **nous** | faire du jogging | jouer au tennis | aller au cinéma |
| **Thomas** | faire une promenade | nager | dîner au restaurant |
| **Alice et Léa** | aller en ville | faire de la voile | sortir |
| **vous** | travailler dans le jardin | se reposer | aller danser dans les discothèques |
| **toi** | se lever à dix heures | se promener en ville | se coucher à une heure |

▶ Le matin, j'allais au marché. L'après-midi …

## B  Le conditionnel: formation

The CONDITIONAL is used to describe what people WOULD DO, or what WOULD HAPPEN in certain circumstances. Note the use of the conditional in the following sentences.

S'ils avaient de l'argent, …               *If they had money,….*

- Isabelle **voyagerait**                   - *Isabelle **would travel***
- mes cousins **achèteraient une moto**     - *my cousins **would buy** a motorcycle*
- mes parents **iraient** au Japon          - *my parents **would go** to Japan*

In French, the conditional is a simple tense. It consists of one word and it is formed as follows:

> FUTURE STEM + IMPERFECT ENDINGS

Note the conditional forms of the regular **verbs parler, finir, vendre,** and the irregular verb **aller.**

| INFINITIVE | parler | finir | vendre | aller | IMPERFECT |
|---|---|---|---|---|---|
| FUTURE | je **parler**ai | **finir**ai | **vendr**ai | **ir**ai | ENDINGS |
| CONDITIONAL | je **parlerais** | **finirais** | **vendrais** | **irais** | -ais |
| | tu **parlerais** | **finirais** | **vendrais** | **irais** | -ais |
| | il/elle/on **parlerait** | **finirait** | **vendrait** | **irait** | -ait |
| | nous **parlerions** | **finirions** | **vendrions** | **irions** | -ions |
| | vous **parleriez** | **finiriez** | **vendriez** | **iriez** | -iez |
| | ils/elles **parleraient** | **finiraient** | **vendraient** | **iraient** | -aient |
| NEGATIVE | je **ne parlerais pas** | | | | |
| INTERROGATIVE | est-ce que tu **parlerais?**    **parlerais-tu?** | | | | |

→ Verbs that have an irregular future stem keep this same irregular stem in the conditional. For example:

> **avoir:** j'**aur**ais    **être:** je **ser**ais    **aller:** j'**ir**ais    **faire:** je **fer**ais    **voir:** je **verr**ais

## 2  La tombola (Raffle)

**PARLER**  Imaginez que vos camarades ont participé à une tombola. Demandez-leur s'ils feraient les choses suivantes s'ils gagnaient le grand prix de mille dollars.

▶ voyager?

1. partir en vacances
2. acheter une moto
3. organiser une fête
4. visiter l'Europe
5. faire un voyage

6. passer l'été à Paris
7. aider les pauvres
8. faire du ski en Suisse
9. aller à la Martinique
10. être très généreux

Si tu gagnais le grand prix, est-ce que tu voyagerais?

Oui, je voyagerais.

(Non, je ne voyagerais pas.)

## 3 Vive les vacances!

**PARLER/ÉCRIRE** Les personnes suivantes rêvent aux vacances d'été. Dites si oui ou non elles feraient les choses suivantes pendant leurs vacances.

▶ nous / préparer l'examen?
**Nous ne préparerions pas l'examen.**

1. moi / voyager?
2. Monsieur Boulot / travailler?
3. les élèves / étudier?
4. toi / finir les exercices?
5. vous / se reposer?
6. nous / s'amuser?
7. on / partir à la mer?
8. Catherine et Hélène / sortir avec des copains?
9. vous / se promener sur la plage?
10. Marc / écrire à ses copains?

## 4 Décisions, décisions ...

**PARLER/ÉCRIRE** Imaginez que vous avez le choix entre les choses suivantes. Que choisiriez-vous?

▶ avoir un vélo ou une moto?
**J'aurais une moto (un vélo).**

1. avoir un chien ou un chat?
2. avoir des patins à glace ou des rollers?
3. aller au Canada ou au Mexique?
4. aller à un concert ou à un match de baseball?
5. faire du ski ou du surf des neiges?
6. faire de la planche à voile ou du parapente?
7. être architecte ou avocat(e)?
8. être en vacances à Tahiti ou en Floride?
9. voir Paris ou Rome?
10. voir un OVNI *(UFO)* ou une éclipse?

## C Le conditionnel de politesse

The conditional is sometimes used to make polite requests. Compare the following sentences.

| | |
|---|---|
| Je **veux** te parler. | *I **want** to talk to you.* |
| Je **voudrais** te parler. | *I **would like** to talk to you.* |
| **Peux**-tu m'aider? | ***Can** you help me?* |
| **Pourrais**-tu m'aider? | ***Could** you help me?* |
| Tu **dois** étudier. | *You **must** study.* |
| Tu **devrais** étudier. | *You **should** study.* |

## 5 La politesse

**PARLER/ÉCRIRE** Vous voulez dire les choses suivantes à vos copains. Dites-leur ces choses d'une manière plus polie. Pour cela, utilisez le conditionnel.

▶ Je veux jouer au tennis avec toi.

1. Je veux te demander un service *(favor)*.
2. Je veux t'emprunter ton vélo.
3. Est-ce que je peux prendre tes livres?
4. Est-ce que tu peux me prêter cinq dollars?
5. Tu dois être plus patient(e) avec moi.
6. Tu dois m'écouter.
7. Est-ce que tu peux m'aider à faire le devoir?
8. Je veux te parler.

Je voudrais jouer au tennis avec toi.

## D  Le conditionnel dans les phrases avec *si*

Note the use of the conditional in the following sentences.

Si j'avais de l'argent, …      *If I had money (but I don't), …*
  j'**achèterais** une voiture.    *I **would buy** a car.*

Si nous étions en vacances, …   *If we were on vacation (but we're not), …*
  nous **irions** à la plage.     *we **would** go to the beach.*

The CONDITIONAL is used to express what WOULD HAPPEN if a certain condition contrary to reality were met. In such sentences, the construction is:

| **si**-clause: IMPERFECT | result clause: CONDITIONAL |
|---|---|
| **Si** tu **étais** au lycée à Paris, | tu **parlerais** français en classe. |

→ The CONDITIONAL is *never* used in the **si**-clause.

### 6  Oui ou non?

**PARLER/ÉCRIRE** Supposez que vous êtes dans les situations suivantes. Dites si oui ou non vous feriez les choses suggérées.

Si j'avais beaucoup d'argent, je voyagerais tout le temps.

(Si j'avais beaucoup d'argent, je ne voyagerais pas tout le temps.)

▶ avoir beaucoup d'argent
  **voyager tout le temps?**

1. être en vacances
   • étudier?
   • aller à la piscine?
2. être le président
   • aider les pays pauvres?
   • faire beaucoup de voyages?
3. être le professeur
   • donner des examens faciles?
   • être très strict(e)?
4. habiter dans un château
   • inviter tous mes copains?
   • organiser des concerts chez moi?
5. aller en France
   • voir la Tour Eiffel?
   • manger des éclairs?
6. voir un fantôme
   • rester calme?
   • avoir peur?

# À votre tour!

### Discussion: Les billets de tombola (raffle)

**PARLER/ÉCRIRE** Supposez que vous avez acheté des billets à la tombola de l'école avec 4 ou 5 camarades. Discutez avec eux de ce que chacun ferait avec les prix suivants et inscrivez ces choix sur une feuille de papier.

**OBJECTIFS**

Now you can …
• discuss what you would like to do

| | les prix | | |
|---|---|---|---|
| les participants | $100 | $500 | $1 000 |
| moi | | | |
| Anne | | | |

**LESSON REVIEW**
my.hrw.com

# Lecture  Pas de panique

Parfois nous nous trouvons dans des circonstances difficiles. Il est alors important de réagir° avec calme et sang-froid.° Analysez les situations suivantes et dites comment vous réagiriez. Ensuite, comparez vos réponses avec vos camarades de classe. Discutez de votre choix.

**réagir** *to react*  **avec calme et sang-froid** *calmly and coolly*

**1.** Vous passez devant une banque. Deux hommes masqués sortent d'une voiture et entrent dans la banque.

Que feriez-vous?

**A.** Vous attaqueriez les bandits.
**B.** Vous noteriez le numéro de la voiture des bandits.
**C.** Vous partiriez à toute vitesse.

**2.** Vous êtes seul(e) dans une maison isolée. Pendant la nuit, vous entendez des bruits mystérieux.

Que feriez-vous?

**A.** Vous crieriez° très fort.°
**B.** Vous allumeriez la lumière° pour identifier la source des bruits.
**C.** Vous vous cacheriez° sous le lit.

**crieriez** *would scream*  **fort** *loudly*
**lumière** *light*  **cacheriez** *would hide*

**3.** Vous faites une promenade à pied dans une région que vous ne connaissez pas très bien. Il est tard et vous vous apercevez que vous êtes perdu(e).

Que feriez-vous?

**A.** Vous feriez un grand feu° pour attirer° l'attention.
**B.** Vous grimperiez° dans un arbre pour mieux voir où vous êtes.
**C.** Vous continueriez votre route dans l'espoir° de trouver une ferme.

**feu** *fire*  **attirer** *to attract*  **grimperiez** *would climb*  **espoir** *hope*

**4.** Vous faites une promenade en bateau avec un copain qui ne sait pas très bien nager. Vous êtes à cinquante mètres de la plage quand vous vous apercevez que le bateau prend l'eau très lentement.

Qu'est-ce que vous feriez?

**A.** Vous resteriez avec votre copain en attendant le passage d'un autre bateau.

**B.** Vous nageriez jusqu'à° la plage en aidant votre copain.

**C.** Vous nageriez seul(e) jusqu'à la plage pour trouver du secours.°

**jusqu'à** *up to*   **secours** *help*

**5.** Vous avez un rendez-vous très important en ville. Vous prenez le bus pour aller à ce rendez-vous. En route, le bus a un accident léger.° Il n'y a pas de blessés graves° mais le bus est immobilisé.

Que feriez-vous?

**A.** Vous aideriez les autres passagers.

**B.** Vous feriez de l'auto-stop° pour être à l'heure au rendez-vous.

**C.** Vous attendriez le prochain bus, en sachant° que vous serez en retard à votre rendez-vous.

**léger** *minor*   **blessés graves** *seriously injured people*
**feriez de l'autostop** *would hitchhike*   **en sachant** *knowing*

**6.** Vous êtes à Québec en tant que° délégué(e) à un congrès international de jeunes. Vous avez une belle chambre au premier étage d'un hôtel. Un jour vous sentez° une drôle d'°odeur dans votre chambre. Vous remarquez de la fumée° sous la porte.

Que feriez-vous?

**A.** Vous téléphoneriez à la réception.

**B.** Vous ouvririez° la porte pour tirer° la sonnette° d'alarme qui est dans le couloir.

**C.** Vous ouvririez la fenêtre et vous sauteriez° dans la rue.

**en tant que** *as*   **sentez** *smell*   **une drôle d'** *a strange*   **fumée** *smoke*
**ouvririez** *would open*   **tirer** *to pull*   **sonnette** *bell*   **sauteriez** *would jump*

# Tests de contrôle

By taking the following tests, you can check your progress in French and also prepare for the unit test. Write your answers on a separate sheet of paper.

**Review...**
• countries and prepositions: pp. 438, 444

## 1 Géographie

Complete each of the following sentences with the missing words.

**1.** Cécile visite — Portugal.
**2.** Paul va — Canada le 2 août.
**3.** Mon cousin habite — Mexique.
**4.** Mon oncle a travaillé — États-Unis.
**5.** Voici des photos — Espagne.
**6.** — Suisse est un beau pays.
**7.** Léa fait un séjour — Irlande.
**8.** J'ai reçu une lettre — Japon.

**Review...**
• verbs and prepositions: p. 446

## 2 Le verbe logique

Complete each of the following sentences by selecting the verb in parentheses which logically fits. Put this verb in the present and add **à** or **de (d')** as appropriate.

**1.** Mélanie aime voyager. Elle — aller au Japon. **(rêver / commencer)**
**2.** Thomas est égoïste. Il — aider ses copains. **(essayer / refuser)**
**3.** Alice est timide. Elle — parler en public. **(hésiter / continuer)**
**4.** En général, les gens — travailler à 9 heures. **(commencer / finir)**
**5.** Tu n'es pas poli. Tu — dire «merci». **(cesser / oublier)**
**6.** Ma petite soeur — nager à la piscine. **(apprendre / accepter)**

**Review...**
• regular future forms: pp. 452-453

## 3 Cet été à Paris

Say what the following people will do by using the future of the verbs in parentheses.

**1. (partir)** Léa — le 2 juillet.
**2. (voyager)** Les touristes — en avion.
**3. (monter)** Je — à la Tour Eiffel.
**4. (louer)** Vous — une voiture.
**5. (rendre)** Éric — visite à un copain.
**6. (prendre)** Nous — beaucoup de photos.
**7. (choisir)** Tu — un cadeau pour ta mère.
**8. (rentrer)** Je — le 12 août.

**Review...**
• irregular future forms: pp. 455, 459

## 4 En vacances

Complete the following sentences with the FUTURE forms of the verbs in parentheses.

**1. (avoir)** Nous — une caravane.
**2. (aller)** Vous — à la campagne.
**3. (faire)** Ils — du camping.
**4. (voir)** Mathieu — ses amis.
**5. (être)** En juillet, je — en France.
**6. (envoyer)** Tu m'— des cartes?
**7. (pouvoir)** Mélanie — faire de la voile.
**8. (venir)** Est-ce que vous — me voir?

## 5 S'ils étaient millionnaires ...

Review...

• conditional forms: p. 465

Say what people would do by completing the following sentences with the conditional forms of the verbs in parentheses.

**1. (aller)** Tu — à Tahiti.
**2. (aider)** Vous — votre famille.
**3. (acheter)** Éric — une voiture.
**4. (se reposer)** Mes parents — .

**5. (voyager)** Je — en première classe.
**6. (faire)** Nous — un grand voyage.
**7. (avoir)** Vous — une belle maison.
**8. (être)** Je — généreux avec tout le monde.

## 6 Contexes et dialogues

Review...

• use of present and future: pp. 457, 458

Complete the dialogue with the PRESENT OR FUTURE forms of the verbs in parentheses.

*Claire is asking Alain about his vacation plans.*

CLAIRE: Tu — **(avoir)** des **projets** *(plans)* pour cet éte?
ALAIN: Oui. Si j'— **(avoir)** assez d'argent, j'— **(aller)** au Canada.
CLAIRE: Et qu'est-ce que tu — **(faire)** quand tu — **(être)** là-bas?
ALAIN: Je — **(louer)** une voiture quand j' — **(arriver)** à Montréal, et je — **(visiter)** le pays.

## 7 Composition: Un voyage à l'étranger

Digital
**performance space**

Imagine that you are going to spend some time abroad with your best friend. Describe what you will do. Mention ...

• what day you will leave
• which countries you will go to
• how you will travel when you are there
• what cities you will see
• what else you will do and see
• what day you will come back

| **STRATEGY** Writing | | |
|---|---|---|
| **1** | **2** | **3** |
| Note down your brief answers to the above questions. | Use these notes to write out the description of your trip. | Check that you have used the appropriate articles with the names of the countries, and be sure you have used the correct future forms of the verbs. |

# Vocabulaire

## POUR COMMUNIQUER

### Talking about countries

| | |
|---|---|
| Je visite la France (le Canada, les États-Unis). | I visit France (Canada, the United States). |
| Il habite en France (au Canada, aux États-Unis). | He lives in France (Canada, the United States). |
| Elle vient de France (du Canada, des États-Unis). | She comes from France (Canada, the United States). |

### Talking about what one will do

| | |
|---|---|
| Je voyagerai en Italie. | I will travel in Italy. |
| Tu finiras ta leçon. | You will finish your lesson. |
| Ils vendront leur maison. | They will sell their house. |

### Talking about what one would do

| | |
|---|---|
| Si j'étais en France, je parlerais français. | If I were in France, I would speak French. |
| Si tu avais le temps, tu finirais ta leçon. | If you had the time, you would finish your lesson. |
| Si nécessaire, elles vendraient leur voiture. | If necessary, they would sell their car. |

## MOTS ET EXPRESSIONS

### À la gare et à l'aéroport

| | | | |
|---|---|---|---|
| un aller et retour | round trip [ticket] | en première classe | (in) first class |
| un aller simple | one way [ticket] | en seconde classe | (in) second class |
| un billet d'avion | plane ticket | | |
| un billet de train | train ticket | | |
| un horaire | schedule | | |

### Pays et continents

| | | | |
|---|---|---|---|
| le Brésil | Brazil | l'Afrique | Africa |
| le Cambodge | Cambodia | l'Allemagne | Germany |
| le Canada | Canada | l'Amérique Centrale | Central America |
| le Guatemala | Guatemala | l'Amérique du Nord | North America |
| Israël | Israel | l'Amérique du Sud | South America |
| le Japon | Japan | l'Angleterre | England |
| le Liban | Lebanon | l'Argentine | Argentina |
| le Mexique | Mexico | l'Asie | Asia |
| le Moyen Orient | Middle East | l'Australie | Australia |
| le Portugal | Portugal | la Belgique | Belgium |
| le Sénégal | Senegal | la Chine | China |
| le Viêt-Nam | Vietnam | la Corée | Korea |
| les États-Unis | United States | l'Égypte | Egypt |
| | | l'Espagne | Spain |
| | | l'Europe | Europe |
| | | la France | France |
| | | l'Inde | India |
| | | l'Irlande | Ireland |
| | | l'Italie | Italy |
| | | la Russie | Russia |
| | | la Suisse | Switzerland |

## Les vacances et les voyages

| | | | |
|---|---|---|---|
| un continent | continent | une caravane | camping trailer |
| un état | state | une carte | map |
| un passeport | passport | la mer | ocean, sea |
| un pays | country | la montagne | mountains |
| un sac à dos | backpack | une région | region |
| un visa | visa | une valise | suitcase |
| | | une villa | country house |

## Équipement de camping

| | | | |
|---|---|---|---|
| un réchaud | camping stove | une casserole | pot |
| un sac de couchage | sleeping bag | une couverture | blanket |
| | | une lampe de poche | flashlight |
| | | une poêle | pan |
| | | une tente | tent |

## Les points cardinaux (compass points)

| | | | |
|---|---|---|---|
| l'est | east | le nord-est | northeast |
| l'ouest | west | le nord-ouest | northwest |
| le nord | north | le sud-est | southeast |
| le sud | south | le sud-ouest | southwest |

## Verbes réguliers

| | |
|---|---|
| loger | to stay (have a room) |
| louer | to rent |
| passer | to spend (time) |
| transporter | to carry |
| utiliser | to use |

## Verbes irréguliers

| | |
|---|---|
| apercevoir | to see, catch sight of |
| recevoir | to get, receive; to entertain people |
| faire un séjour | to spend some time |
| faire ses valises | to pack |
| faire un voyage | to take a trip |

## Verbe + de + INFINITIF

| | |
|---|---|
| accepter de | to accept, agree to |
| arrêter de | to stop |
| cesser de | to stop, quit |
| décider de | to decide to |
| essayer de | to try to |
| finir de | to finish |
| oublier de | to forget to |
| refuser de | to refuse to |
| rêver de | to dream about |

## Verbe + à + INFINITIF

| | |
|---|---|
| apprendre à | to learn (how) to |
| commencer à | to begin to |
| continuer à | to continue, to go on |
| hésiter à | to hesitate, be hesitant about |
| réussir à | to succeed in, manage |

## Expressions utiles

| | |
|---|---|
| à l'étranger | abroad |
| prêt à | ready to |

**Interlude 8**

# LA CHASSE AU TRÉSOR

Voici une lecture différente: C'est une chasse au trésor qui permet aux participants de créer leur propre itinéraire. La carte à droite te donnera une idée générale du parcours. À chaque étape tu devras prendre une décision. Cette décision déterminera la suite de ta promenade. Bonne lecture … et bonne route!

Veux-tu participer à une chasse au trésor? C'est facile.
Lis attentivement les instructions suivantes.

Dans ce texte, tu vas faire une promenade à vélo. Pendant cette promenade, tu devras choisir certaines options. Tu auras aussi l'occasion de découvrir certains objets cachés et de prendre certaines photos. Comment découvriras-tu le trésor? Essaie de rapporter le plus grand nombre d'objets et de photos. (Marque toutes ces choses sur une liste comme celle en bas de la page.) Mais attention, toutes ces choses (objets ou photos) ne sont pas équivalentes. Une seule te donnera l'accès au trésor!

Es-tu prêt(e) maintenant? Va au ( **DÉPART** ) et bonne chance!

**Mots utiles**

| | |
|---|---|
| **une chasse au trésor** | *treasure hunt* |
| **un parcours** | *route* |
| **une étape** | *stage, lap* |
| **la suite** | *continuation* |
| **caché** | *hidden* |
| **rapporter** | *to bring back* |

| Je m'arrête … | De ma promenade, je ramène … | |
|---|---|---|
| ÉTAPES | OBJETS | PHOTOS |
| 10 | • | • photo du lac |
| 20 | | |
| | | |
| | | |
| | | |

Additional readings @ **my.hrw.com**
**FRENCH**
**InterActive Reader**

# LA CARTE

2 MAISON

1

DÉPART

RESTAURANT

LAC

PLAGE

ARRIVÉE

CAFÉ

3

FORÊT

AUTOROUTE A3

FERME

ARBRE

GRANGE

ROUTE DU NORD

ROND-POINT

AUTOROUTE A3

ROUTE DU SUD

4

---

## O    DÉPART

C'est samedi matin. Qu'est-ce que tu vas faire aujourd'hui?
Cela dépend du temps. Tu écoutes la radio. La météo°
annonce du beau temps avec possibilité d'averses dans
l'après-midi. Tu décides de faire une promenade à vélo
dans la campagne. Tu prends ton sac à dos. Dans ton sac,
tu mets ton imperméable, ton maillot de bain, une lampe de poche,
une carte de la région et ton nouvel appareil-photo.
Tous ces objets te seront peut-être utiles pendant ta promenade.
Tu prends aussi une bouteille de limonade et deux sandwichs.

**une averse**

Va au 10

**météo**  *weather report*

## 10 À MIDI

Il est midi. Tu as fait 20 kilomètres. Tu es un peu fatigué(e) et tu as faim. Tu t'arrêtes près d'un lac. Il y a une belle plage. Il y a aussi une pancarte qui indique: Restaurant du Lac à 200 mètres.

une pancarte

**Qu'est-ce que tu feras?**

- Tu t'arrêteras cinq minutes. Tu mangeras tes sandwichs, puis tu continueras ta promenade.

  Va au  20

- Tu prendras une photo du lac et après tu feras un pique-nique sur la plage.

  Va au  11

- Tu iras au Restaurant du Lac.

  Va au  101

## 11 APRÈS LE PIQUE-NIQUE

Tu as mangé tes deux sandwichs et tu as bu de la limonade. Tu es reposé(e) maintenant.

**Qu'est-ce que tu feras après?**

- Tu continueras ta promenade.

  Va au  20

- Tu iras nager.

  Va au  12

- Tu rentreras chez toi.

  Va au  100

**Mots utiles**

| | |
|---|---|
| **véritable** | *real, true* |
| **tout à coup** | *suddenly* |

## 12 SUR LA PLAGE

Tu mets ton maillot de bain et tu vas nager. C'est un véritable plaisir de nager ici. L'eau est pure et pas très froide. Tu nages pendant dix minutes et tu sors de l'eau.

**Qu'est-ce que tu feras après?**

- Tu t'habilleras et tu continueras
  ta promenade à vélo.

Va au 20

- Tu prendras une photo de la plage et tu feras
  une petite promenade à pied.

Va au 13

## 13 LE PORTE-MONNAIE

Tu marches sur une belle plage de sable fin. Tout à coup ton pied heurte quelque chose. Qu'est-ce que c'est? Tu cherches l'objet caché dans le sable. C'est un porte-monnaie.

**le sable**

**un porte-monnaie**

Tu ouvres ce porte-monnaie. Il n'y a pas de nom, pas d'adresse. Il y a seulement trois choses: un billet de 50 euros, un billet de loterie et une clé. Tu peux choisir seulement une chose.

**Qu'est-ce que tu choisiras?**

- le billet de 50 euros

- le billet de loterie

- la clé

- Tu mettras la chose que tu as choisie dans
  ton sac et tu continueras ta promenade.

Va au 20

### 20  LA MAISON ABANDONNÉE

Tu pédales, tu pédales … Maintenant, tu montes une côte.
Oh là là, c'est difficile. Au sommet de la côte,
tu aperçois une belle maison de pierre.

le sommet
une côte
monter la côte; la montée
descendre la côte; la descente

Ça y est! Tu es maintenant au sommet.
Tu arrives devant la maison. Surprise,
c'est une maison abandonnée! La porte
principale est fermée à clé. Sur la porte,
il y a un écriteau: «Interdiction d'entrer».
Cette maison est mystérieuse et fascinante.
Tu as bien envie de la visiter.

un écriteau

**Qu'est-ce que tu feras?**

- Tu prendras une photo de la maison et
  tu continueras ta promenade.

Va au ⟨30⟩

- Tu prendras une photo de la maison et ensuite
  tu exploreras la maison malgré l'interdiction.

Va au ⟨21⟩

### 21  PAR QUELLE ENTRÉE?

D'accord, tu veux explorer la maison, mais comment entrer?
Ce n'est pas si difficile. Tu fais le tour de la maison et tu
découvres trois entrées possibles. À droite, il y a une échelle
qui mène à un grenier. À gauche, il y a une petite trappe qui
ouvre sur une cave. Derrière, il y a une fenêtre ouverte qui
mène dans la cuisine.

faire le tour de

**Qu'est-ce que tu feras?**

- Tu monteras au grenier par l'échelle.

Va au ⟨102⟩

- Tu descendras dans la cave
  par la trappe.

Va au ⟨22⟩

- Tu entreras dans la cuisine
  par la fenêtre.

Va au ⟨25⟩

**Mots utiles**

| | |
|---|---|
| **malgré** | *in spite of* |
| **mener** | *to lead* |

## 22 DANS LA CAVE

Tu descends dans la cave. Il fait froid et humide …
Cette cave est vraiment très noire. Heureusement
tu as pris ta lampe de poche, mais est-ce que les piles
sont bonnes?

Vroum! Euh, qu'est-ce que c'est que ce bruit?
C'est une chauve-souris!

Ploc! Qu'est-ce que c'est que cet autre bruit?
C'est une brique qui vient de tomber.

**Est-ce que tu veux vraiment continuer
l'exploration de la cave?**

des piles

une chauve-souris

une brique

• Oui, tu continueras l'exploration de la cave.     Va au 23

• Non, mais tu entreras dans la maison
  par la fenêtre de la cuisine.     Va au 25

• Non, vraiment, cette maison est trop
  dangereuse. Tu sortiras de la cave et tu
  continueras ta promenade à vélo.     Va au 30

## 23 DANS LE TUNNEL

Tu continues l'exploration de la cave. (Tu as de la chance.
Ta lampe fonctionne bien!) Maintenant tu es dans
un tunnel.

Ploc! Une autre brique tombe.

Vroum! Une autre chauve-souris passe.

Tu avances très lentement. Tu arrives à
une bifurcation. Il y a un passage à droite
et un passage à gauche.

**Qu'est-ce que tu feras?**

une bifurcation

• Tu iras à droite.     Va au 24

• Tu iras à gauche.     Va au 104

## 24   LE PASSAGE DE DROITE

Le passage de droite mène à un mur. Tu ne peux pas continuer.
Le passage est bloqué. Tu es fatigué(e) et, avoue-le, tu as un peu peur!

**Qu'est-ce que tu feras?**

• Tu exploreras le passage de gauche.             Va au 104

• Tu sortiras de la cave et tu continueras
  ta promenade à vélo.                               Va au 30

## 25   DANS LA CUISINE

Tu réussis à entrer dans la cuisine par la fenêtre.
(C'est assez facile parce que tu es très athlétique.)

Cette cuisine n'est vraiment pas très hospitalière.
Les murs, autrefois blancs, sont maintenant gris.
Il y a des toiles d'araignée partout. Au centre
de la cuisine, il y a une vieille table de métal.
Autour de la table, il y a six chaises cassées.
À gauche, il y a un placard avec l'inscription: «Attention! Danger!»
À droite, il y a un buffet. En face de la fenêtre, il y a une porte fermée.
Tu peux faire seulement l'une des choses suivantes.

**une toile d'araignée**

**Qu'est-ce que tu feras?**

• Tu ouvriras le placard.                    Va au 103

• Tu ouvriras le buffet.                      Va au 26

• Tu ouvriras la porte.                      Va au 27

---

### Mots utiles

| | | | |
|---|---|---|---|
| **avouer** | *to admit* | **sauf** | *except* |
| **hospitalier (hospitalière)** | *welcoming* | **au centre de** | *in the middle of* |
| **partout** | *everywhere* | **autour de** | *around* |
| **un dessin** | *drawing, picture* | **en face de** | *opposite, across from* |
| **vide** | *empty* | | |

## 26 LE BUFFET

Le buffet est un buffet ancien. Il y a trois tiroirs.
Dans chaque tiroir, il y a un objet différent.
Dans le premier tiroir, il y a un pot de confiture.
Dans le second tiroir, il y a une assiette avec
un dessin qui représente un homme à cheval et
l'inscription: «Waterloo 1814». Cette assiette
est cassée. Dans le troisième tiroir, il y a
une enveloppe avec des vieilles photos représentant
des gens habillés à la mode de 1900.

Tu peux prendre seulement un objet avec toi.

**Quel objet choisiras-tu?**

un tiroir

- ■ le pot de confiture?

- ■ l'assiette?

- ■ l'enveloppe avec les photos?

- • Prends l'objet que tu as choisi et
  continue ta promenade à vélo.

Va au 30

## 27 DANS LA SALLE À MANGER

Tu ouvres la porte. Tu entres dans une grande pièce. C'est
probablement la salle à manger de la maison. Cette pièce est
complètement vide. Il n'y a rien sauf un portrait ancestral au mur.
Ce portrait représente une belle jeune femme avec un grand
chapeau. Tu prends une photo de ce portrait.

Il y a deux autres portes, mais elles sont fermées à clé.

**Qu'est-ce que tu feras?**

- • Tu quitteras la maison et tu continueras
  ta promenade à vélo.

Va au 30

- • Tu descendras dans la cave
  par la petite trappe.

Va au 22

### 30  LA PLUIE

Maintenant tu descends la côte. La descente est beaucoup plus facile que la montée.

Le paysage est magnifique. La route traverse d'abord une forêt de sapins. Ensuite, elle traverse des prairies et des champs couverts de fleurs. Là-bas, au loin, on peut voir une rivière. Malheureusement, il y a maintenant de gros nuages noirs dans le ciel. Bientôt, la pluie commence à tomber. Tu mets ton imperméable. La pluie devient plus forte. Il y a des éclairs et du tonnerre. Tu décides de t'arrêter. Oui, mais où trouver un abri?

Heureusement, il y a plusieurs possibilités. Sur le bord de la route, il y a un grand arbre. Un peu plus loin, il y a une grange. Si tu continues par un petit chemin, il y a une ferme avec une grande cheminée.

un sapin

un nuage

un éclair

un abri          du tonnerre

au bord de

**Qu'est-ce que tu feras?**

• Tu iras sous l'arbre.                          Va au (105)

• Tu iras dans la grange.                        Va au [31]

• Tu iras dans la ferme.                         Va au (106)

### 31  DANS LA GRANGE

La grange n'est pas fermée à clé. Tu entres. Cette grange est en réalité un garage. À l'intérieur, il y a une grosse Peugeot noire.

C'est drôle, mais tu as l'impression que tu as vu cette Peugeot quelque part. Oui, mais où? Tu ne te souviens pas. Tu inspectes de près la Peugeot. Tiens, c'est bizarre. Les roues sont blanches. Sur le capot, il y a un masque de ski. Tu regardes à l'intérieur. Sur le siège arrière, il y a un talkie-walkie. Tu es vraiment très intrigué(e).

le capot

le siège arrière

**Qu'est-ce que tu feras?**

• Tu ouvriras la porte de la Peugeot et tu prendras le talkie-walkie.                    Va au (107)

• Tu prendras le masque de ski.                  Va au [40]

• Tu prendras une photo de la Peugeot.           Va au [40]

## 40 LE ROND-POINT

La pluie a cessé de tomber maintenant. Tu peux ôter ton imper, remonter sur ton vélo et continuer ta promenade. Tu regardes ta montre. Oh là là, il est six heures du soir. Tu es pressé(e) de rentrer chez toi, et puis tu commences à être fatigué(e).

Tu arrives à un rond-point. Il y a trois possibilités pour rentrer chez toi. Tu peux prendre l'autoroute A3. Le problème, c'est qu'il y a toujours beaucoup de circulation. Tu peux prendre la route du nord. C'est une petite route pittoresque avec un café où tu peux t'arrêter. Le problème, c'est que cette route n'est pas en très bon état. Tu peux prendre la route du sud. Le problème, c'est que cette route n'est pas très intéressante.

**Quelle route choisiras-tu?**

• Tu prendras l'autoroute A3.                    Va au (108)

• Tu choisiras la route du nord.                  Va au (109)

• Tu prendras la route du sud.                    Va au (110)

### Mots utiles

| | |
|---|---|
| **le paysage** | *landscape, scenery* |
| **le ciel** | *sky* |
| **à l'intérieur** | *inside* |
| **quelque part** | *somewhere* |
| **ôter** | *to take off* |
| **une autoroute** | *toll road* |
| **la circulation** | *traffic* |
| **en bon état** | *in good shape (condition)* |

**100**

Ce n'est pas chez toi que tu trouveras le trésor.

**Retourne au** 11 **et choisis une autre option.**

**101**

Tu n'as pas de chance. Quand tu arriveras au restaurant,
tu verras une pancarte qui dit: «Fermé le samedi».

**Retourne au** 10 **et choisis une autre option.**

**102**

Fais attention! Ne monte pas sur cette échelle. Elle n'est pas solide.
Si tu montais, tu risquerais de tomber et de te casser le cou.
Qui viendrait à ton secours?

**Choisis une autre option:** 22 **ou** 25

AU SECOURS!

**103**

Mais pourquoi est-ce que tu as ouvert
le placard? À l'intérieur, il y a un squelette!
Oui, un squelette humain!

Vraiment, tu as très peur! Tu sautes par
la fenêtre. Tu montes sur ton vélo et
tu quittes la maison à toute vitesse.

un squelette

**Va au** 30

sauter par la fenêtre

(Ne t'inquiète pas. Le squelette que tu as vu est un squelette utilisé
dans les laboratoires d'école. L'ancien propriétaire de la maison
était en effet un professeur d'anatomie qui, pour des raisons
inconnues, gardait ce squelette dans le placard de sa cuisine.)

## Mots utiles

| | | | | | |
|---|---|---|---|---|---|
| **casser** | *to break* | **garder** | *to keep* | **féroce** | *ferocious* |
| **inconnu** | *unknown* | **énorme** | *enormous* | | |

**104**

Tu as eu une bonne intuition. Après quelques mètres, tu trouves une porte. Cette porte est ouverte. Elle donne dans une petite salle. Avec ta lampe de poche, tu regardes l'intérieur de la salle. Dans un coin il y a trois sacs.

Tu prends un sac. Oh là là, il est lourd! Qu'est-ce qu'il y a dedans? Tu regardes avec ta lampe. Il y a des pièces de métal jaune. Est-ce que tu as découvert le trésor?

Attends! L'histoire n'est pas finie! Tu prends quelques pièces que tu mets dans ton sac à dos. Tu sors de la cave et tu continues ta promenade à vélo.

**Va au** [30]

un coin

une pièce

**105**

Ne va pas sous l'arbre. Tu sais bien qu'il est très dangereux de se mettre sous un arbre quand il y a un orage!

**Retourne au** [30] **et choisis une autre option.**

**106**

Tu vas vers la ferme. Quand tu arrives à la ferme, tu vois un énorme chien. C'est un berger allemand. Bien sûr, il est attaché avec une chaîne, mais il a l'air très, très féroce.

un berger allemand

Fais demi-tour et va dans la grange. C'est plus prudent.

**Va au** [31]

faire demi-tour

**107**

Ça, vraiment, ce n'est pas une bonne idée. D'abord, c'est illégal de prendre quelque chose qui n'est pas à soi.° Et puis, la Peugeot est équipée d'un système d'alarme. Si tu ouvrais la porte, tu déclencherais ce système d'alarme.

**Retourne au** 31 **et choisis une autre option.**

**qui n'est pas à soi** *that doesn't belong to you*

**108**

Oh là là! Qu'est-ce que c'est? Oh là là, mon Dieu! C'est une voiture de la gendarmerie. Ne sais-tu pas qu'il est absolument interdit de circuler à vélo sur une autoroute? Tu dois payer une amende de 50 euros et retourner au rond-point.

**Retourne au** 40 **et choisis une autre option.**

une voiture
de la gendarmerie

**109**

C'est vrai, cette route est en mauvais état. Ta roue avant heurte une pierre très pointue° et tu as une crevaison. Impossible de réparer ta roue. Tu n'as pas les outils nécessaires. Tu dois faire de l'auto-stop. Heureusement, un automobiliste généreux s'arrête et t'amène directement chez toi. (Et il a même la gentillesse d'embarquer ton vélo dans son coffre.)

**Va à** 200 ARRIVÉE

**pointue** *sharp*

une roue

une
pierre

une crevaison

faire de l'auto-stop

un coffre

des outils

**Mots utiles**

| | | | |
|---|---|---|---|
| **déclencher l'alarme** | *to set off the alarm* | **même** | *even* |
| **interdit** | *forbidden, illegal* | **la gentillesse** | *kindness* |
| **une amende** | *fine* | | |

**110**

C'est vrai, cette route n'est pas très pittoresque, mais elle est en bon état et il n'y a pas beaucoup de circulation. Tu arrives chez toi fatigué(e) mais content(e) de ta journée.

Va à ⎢ 200 ARRIVÉE ⎢

**200** ARRIVÉE

Tu es enfin chez toi! Qu'est-ce que tu vas faire maintenant? D'abord, tu vas prendre un bain. Ensuite, tu vas dîner. Pendant le dîner, tu racontes les détails de ta journée à ta famille. Après le dîner, tu ouvres ton sac à dos et tu vérifies la liste de tous les objets que tu as trouvés et de toutes les photos que tu as prises.

un bain

| OBJETS | PHOTOS |
|---|---|
| • clé | • photo du lac |
| • enveloppe | • photo de la maison |

**Est-ce qu'il y a les choses suivantes sur ta liste?**

• le billet de loterie?

• les pièces de métal jaune?

• la photo de la Peugeot?

• Si tu n'as trouvé aucune de ces choses,  va au ⟨300⟩

• Si tu as le billet de loterie,  va au ⟨301⟩

• Si tu as les pièces,  va au ⟨302⟩

• Si tu as la photo de la Peugeot,  va au ⟨400⟩

**300**

Tu as fait une belle promenade, mais tu n'as rien trouvé de très intéressant.
Si tu veux découvrir le trésor, recommence ta promenade demain matin.

Retourne à | 0 DÉPART | et essaie de trouver les trois choses de la liste.

À la fin de ta promenade, va au  400

**301**

On ne gagne pas souvent quand on joue à la loterie. Mais aujourd'hui, tu as
de la chance. Le billet de loterie que tu as trouvé gagne 200 euros.
(C'est beaucoup d'argent, mais ce n'est pas le trésor.)

- Si tu as aussi les pièces, **va au** 302

- Si tu as aussi la photo de la Peugeot, **va au** 400

- Si tu as seulement le billet de loterie, **retourne demain matin au** | 20 |
  et cherche les deux choses que tu n'as pas rapportées
  de ta promenade.

**Continue ta promenade jusqu'à** | 200 ARRIVÉE |

**Va ensuite au** 400

**302**

Qu'est-ce que c'est que ce métal jaune? Est-ce que c'est de l'or? Mais non,
c'est du cuivre. Et ces pièces de cuivre ne sont pas très anciennes. Leur valeur?
À peu près 100 euros. Ce n'est pas le trésor.

- Si tu as aussi la photo de la Peugeot, **va au**  400

- Si tu n'as pas la photo, **retourne au** | 30 |

**Prends la photo et continue ta promenade jusqu'à** | 200 ARRIVÉE |

**Va ensuite au**  400

**Mots utiles**

| | |
|---|---|
| **la fin** | *end* |
| **le cuivre** | *copper* |
| **la valeur** | *value* |
| **la prime** | *reward* |

400

Tu as eu raison de prendre la photo de la Peugeot. Évidemment, ce n'est pas le trésor. Mais c'est la clé du trésor.

Souviens-toi! Quand tu es entré(e) dans la grange, tu as eu la vague impression d'avoir vu cette Peugeot quelque part. Après le dîner, tu as montré les photos que tu avais prises à ta soeur. Elle, elle a reconnu immédiatement la Peugeot. La photo était en première page du journal de samedi. C'est la voiture utilisée par le célèbre gangster Jo Lagachette quand il a attaqué la Banque Populaire la semaine dernière. Tu sais où il a caché la voiture. Tu peux apporter ce renseignement à la police. Elle va arrêter le gangster et toi, tu vas gagner la prime offerte par la Banque Populaire: 20 000 euros. Ça, c'est le trésor!

## READING STRATEGY  L'Art de la lecture

Words that look alike in French and English but have *different* meanings are FALSE COGNATES. (The French call them **faux amis** or *false friends*.)

You encountered several as you were searching for the treasure:

| | | | | | |
|---|---|---|---|---|---|
| **une cave** | is | *a cellar* | and not | *a cave* | **(une caverne)** |
| **un pot** | is | *a jar* | and not | *a pot* | **(une casserole)** |
| **un coin** | is | *a corner* | and not | *a coin* | **(une pièce)** |
| **une pièce** | is | *a coin* | and not | *a piece* | **(un morceau)** |

You also are familiar with these false cognates:

| | | | | | |
|---|---|---|---|---|---|
| **attendre** | means | *to wait* | and not | *to attend* | **(assister à)** |
| **assister (à)** | means | *to attend* | and not | *to assist* | **(aider)** |
| **quitter** | means | *to leave* | and not | *to quit* | **(abandonner)** |
| **rester** | means | *to stay* | and not | *to rest* | **(se reposer)** |
| **crier** | means | *to yell* | and not | *to cry* | **(pleurer)** |
| **une lecture** | means | *a reading* | and not | *a lecture* | **(une conférence)** |

# Unité 9

# Bonne route

## THÈME ET OBJECTIFS

### Culture

In France, as in the United States, the car plays an important role in people's daily lives. In this unit, you will learn about …

- what kinds of cars French people drive
- how to get a driver's license in France

### Communication

**You will learn how …**

- to name different kinds of vehicles
- to identify the parts of a car
- to ask for assistance at a service station

**You will also learn how …**

- to describe how you feel about certain events
- to say what you and other people have to do
- to tell others what you want or expect them to do

**DIGITAL FRENCH** my.hrw.com
*ONLINE STUDENT EDITION with…*

**performance)space**

**News ⊕ Networking**

**@HOMETUTOR**

- Audio Resources
- Video Resources
- Interactive Flashcards
- WebQuest

*PRACTICE FRENCH WITH HOLT MCDOUGAL APPS!*

# En voiture

### Aperçu culturel … Les Français et la voiture

En 1862, un ingénieur français, Alphonse Beau de Rochas, a inventé le principe du moteur «à quatre temps»°. Cette invention a permis le développement de la voiture moderne. Aujourd'hui la France produit plus de trois millions de véhicules par an. Il y a deux grands constructeurs d'automobiles: Renault et Peugeot-Citroën. Ces constructeurs produisent toute une gamme de véhicules, y compris des voitures de tourisme, voitures de sport, minivans, camping cars et des camions de toutes sortes.

**moteur à quatre temps** *four-stroke engine*

**1.** La Peugeot 207 est une des voitures les plus populaires en France. Elle est petite, très économique … et très rapide. On dit que c'est une voiture «musclée».

**2.** Les jeunes Français apprennent à conduire dans des «auto-écoles». Ces auto-écoles sont des écoles privées qui coûtent généralement très cher. On estime que pour obtenir le permis de conduire, il faut dépenser en moyenne 800 à 1 000 euros en leçons.

**3.** Quand ils sont au volant, les Français conduisent bien … et vite. Sur les autoroutes, la vitesse est limitée à 130 kilomètres/heure. Dans les villes, elle est limitée à 50 kilomètres/heure. Attention! Si vous ne respectez pas cette limitation de vitesse, vous pouvez avoir une contravention. Après un certain nombre de contraventions, vous pouvez perdre votre permis de conduire.

**4.** Les «24 heures du Mans» sont une grande course automobile. Cette course a lieu chaque année en juin sur le circuit du Mans, une ville qui a joué un rôle important dans le développement de l'industrie automobile en France. La course dure exactement 24 heures. Il y a environ 70 voitures avec, pour chaque voiture, trois pilotes qui se relaient de jour et de nuit. La voiture gagnante est celle qui a couvert la plus grande distance pendant cette période de temps.

## COMPARAISONS *Culturelles*

- Comparez la Peugeot 207 avec une voiture américaine semblable.
- Calculez les limites de vitesse françaises en miles/heure. (10 kilomètres égalent à peu près 6 miles.) Comparez-les aux limites de vitesse dans votre région.
- Quelles sont les grandes courses automobiles aux États-Unis? Comment sont-elles différentes des 24 heures du Mans?

**A** | **VOCABULAIRE** | **La conduite** *(Driving)*

Est-ce que tu as le permis de conduire?

Non, je ne sais pas conduire.

—Est-ce que tu as **le permis de conduire?**
—Non, je ne sais pas **conduire.**

| | |
|---|---|
| **un permis de conduire** | *driver's license* |
| **conduire** | *to drive* |

—Est-ce que tu vas apprendre à conduire?
—Oui, je vais **suivre des cours** dans **une auto-école.**

| | |
|---|---|
| **suivre un cours** | *to take a class* |
| **une auto-école** | *driving school* |

| | conduire | | | suivre | | |
|---|---|---|---|---|---|---|
| **PRESENT** | je **conduis** | nous **conduisons** | | je **suis** | nous **suivons** | |
| | tu **conduis** | vous **conduisez** | | tu **suis** | vous **suivez** | |
| | il/elle/on **conduit** | ils/elles **conduisent** | | il/elle/on **suit** | ils/elles **suivent** | |
| **PASSÉ COMPOSÉ** | j'**ai** **conduit** | | | j'**ai** **suivi** | | |

→ **Suivre** has two meanings:

*to follow*      La voiture rouge **suit** le camion.
*to take (a class)*      Hélène **suit** des cours de piano.

**On peut conduire:**

**une voiture**

**une voiture de sport**

**une décapotable**

**un camion**

**un minivan**

**un SUV**

@**HOME**TUTOR
my.hrw.com

**1** *Questions personnelles* **PARLER/ÉCRIRE**

1. As-tu une voiture favorite? Quelle est sa marque *(make)*? Est-ce que c'est une voiture confortable? rapide? spacieuse *(roomy)*? économique?
2. Dans ta famille, qui sait conduire? En général, qui conduit quand vous faites un voyage?
3. Est-ce que tu sais conduire? Si oui, depuis combien de temps est-ce que tu as le permis? Sinon *(If not)* est-ce que tu suis des cours? Où? Quand est-ce que tu vas avoir le permis?
4. Est-ce que tu voudrais avoir une décapotable? Pourquoi ou pourquoi pas?
5. Préférerais-tu avoir une voiture ou un minivan? Pourquoi?
6. Est-ce que tu as conduit une mobylette *(moped)*? une moto? un scooter? Quand?
7. Est-ce que tu as suivi des cours de danse? des cours de piano? Quand et où?

## NOTE *Culturelle*

### Le permis de conduire

Pour conduire en France, il faut avoir le permis de conduire et être âgé de 18 ans. Pour avoir ce permis, il faut réussir à un examen très difficile. Cet examen consiste en deux parties: une partie théorique sur le code de la route° et une partie pratique de conduite. Pour la partie théorique, on peut s'entraîner sur l'Internet, mais pour la partie pratique, on doit aller dans une «auto-école». Beaucoup de gens échouent° à cette épreuve° pratique et doivent se présenter plusieurs fois à l'examen avant d'obtenir le permis.

Les jeunes Français de 16 ans peuvent conduire une voiture, mais à deux conditions. D'abord, ils doivent suivre des cours dans une auto-école. Ensuite, quand ils conduisent, ils doivent être accompagnés par un adulte âgé d'au moins 25 ans qui a le permis.

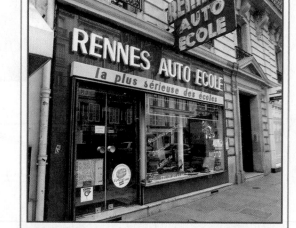

**code de la route** *traffic regulations*
**échouent** *fail*  **épreuve** *test*

### COMPARAISONS *Culturelles*

Selon vous, est-ce que le permis de conduire est plus difficile à obtenir en France ou aux États-Unis? Expliquez.

**B** | **VOCABULAIRE** | **À la station-service**

La voiture

- l'essence (f.)
- le toit
- le capot
- le moteur
- le phare (headlight)
- la porte
- le coffre
- le réservoir
- le clignotant (blinker)
- le siège
- un pneu
- la ceinture de sécurité
- une roue (wheel)

- le pare-brise (windshield)
- un essuie-glace
- le rétroviseur
- le volant
- le klaxon
- le frein
- la clé
- l'accélérateur (m.)

Avant de partir en voyage, il faut …
**faire le plein d'essence**
**nettoyer le pare-brise**
**vérifier** | **l'huile** (f.)
| **les freins**
| **les pneus**

**faire le plein** to fill it up

**vérifier** to check

@HOME**TUTOR**
my.hrw.com

**2** *Une leçon de conduite*

**PARLER/ÉCRIRE** Complétez les phrases suivantes avec les mots qui conviennent.

1. Quand on conduit, il est obligatoire de mettre …
2. Quand on conduit la nuit, il faut mettre …
3. Quand on tourne à droite ou à gauche, il faut mettre …
4. Quand il pleut, on met …
5. On met l'essence dans …
6. On met les valises dans …
7. Pour s'arrêter, il faut appuyer sur *(step on)* …
8. Quand on veut vérifier l'huile, il faut ouvrir …
9. Quand on conduit, on doit garder *(keep)* les deux mains sur …
10. Tous les 40 000 ou 50 000 kilomètres, il est recommandé de changer …

# *Au jour le jour*

Si vous conduisez en France et vous arrivez à une intersection, il est essentiel de savoir qui a la priorité.

Voici trois panneaux que vous devez reconnaître:

Vous avez la priorité.　　Vous n'avez pas la priorité.　　La voiture qui vient
de la droite a la priorité.

Regardez les trois illustrations tirées d'un manuel du Code de la Route.

Essayez de déterminer l'ordre de passage des voitures. Puis vérifiez vos réponses en lisant les solutions.

**A.**

**B.**

**C.**

**A. ORDRE DE PASSAGE DES VOITURES**
1. LA BLANCHE AVANCE JUSQU'AU CENTRE DE L'INTERSECTION
2. LA JAUNE PASSE
3. LA BLEUE PASSE
4. LA BLANCHE PASSE LA DERNIÈRE

**B. ORDRE DE PASSAGE DES VOITURES**
1. LA BLEUE PASSE
2. LA BLANCHE PASSE DERRIÈRE LA BLEUE
3. LA ROUGE PASSE LORSQUE LA ROUTE EST LIBÉRÉE

**C. ORDRE DE PASSAGE DES VÉHICULES**
1. LA ROUGE PASSE
2. LA JAUNE PASSE DERRIÈRE LA ROUGE
3. LA BLEUE PASSE ENSUITE

# Une leçon de conduite

Jérôme vient d'acheter une voiture. La voiture de Jérôme est une petite décapotable blanche. C'est une voiture d'occasion, mais elle marche bien et elle est assez rapide … Jérôme est très fier de sa nouvelle voiture.

Aujourd'hui, il va proposer une leçon de conduite à Pierre.

Tu veux que je te donne une leçon de conduite?

Ça dépend. Qui va conduire?

Moi … pour commencer.

Bon, d'accord. Je veux bien aller avec toi, mais il faut absolument que je sois de retour à deux heures.

Et moi, est-ce que je conduirai?

Oui enfin, … on verra.

Ah bon? Pourquoi?

Parce que j'ai rendez-vous avec Armelle.

T'en fais pas! On sera de retour pour ton rendez-vous.

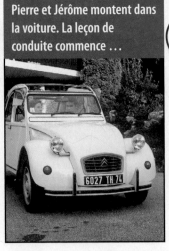

Pierre et Jérôme montent dans la voiture. La leçon de conduite commence …

Pour démarrer, je mets le contact … Après, je passe en première.

Et qu'est-ce qu'il faut faire avant de partir?

Je ne sais pas, moi … Il faut klaxonner?

Mais non, tu sais bien qu'il est interdit de klaxonner en ville! …

Il faut bien regarder devant et derrière … et il faut indiquer qu'on va partir en mettant le clignotant. Regarde!

Après ces remarques préliminaires, Jérôme met finalement la voiture en marche …

Maintenant la voiture roule° le long du Lac d'Annecy. La vue est magnifique.

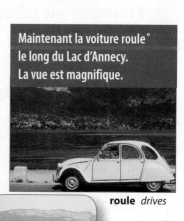

**roule** *drives*

Jérôme remarque que Pierre ne fait pas attention.

Et c'est pas non plus en écoutant la radio!

Regarde donc ce que je fais … ce n'est pas en regardant dehors que tu apprendras à conduire!

à suivre …

## Compréhension

1. Qu'est-ce que Jérôme propose à Pierre?
2. Quelle est la condition de Pierre?
3. Qu'est-ce qu'on doit faire avant de partir?
4. Quelle est l'attitude de Pierre pendant la leçon?

## A La construction: adjectif + *de* + infinitif

Note the use of the infinitive in the following sentences.

| | |
|---|---|
| Je suis **heureux de faire** ta connaissance. | *I am **pleased to meet** you.* |
| Catherine est **contente d'aller** à Genève. | *Catherine is **happy to go** to Geneva.* |
| Nous sommes **tristes de partir**. | *We are **sad to leave**.* |

Adjectives are often followed by an infinitive according to the construction:

> ADJECTIVE + **de** + INFINITIVE

→ A similar construction is used with nouns.

Je n'ai pas **le temps de jouer** au tennis. *I don't have **the time to play** tennis.*

> Zoé est triste d'avoir un «F» à l'examen.

### 1 Heureux ou tristes?

**PARLER/ÉCRIRE** Dites si les personnes suivantes sont **heureuses** ou **tristes**.

▶ Zoé a un «F» à l'examen.

1. Catherine a un «A».
2. Corinne part en vacances cet été.
3. Philippe reste à la maison ce week-end.
4. Juliette sort avec un garçon sympathique.
5. François perd son match de tennis.
6. Pauline conduit la voiture de sport de son frère.
7. Christophe reçoit des lettres de sa copine.
8. Nicole a des problèmes avec son copain.

## B La construction: préposition + infinitif

Note the use of the infinitive in the following sentences.

| | |
|---|---|
| Je travaille **pour gagner** de l'argent. | *I work **(in order) to earn** money.* |
| Prends de l'essence **avant de partir**. | *Get gas **before leaving**.* |
| Ne pars pas **sans mettre** ta ceinture. | *Don't leave **without fastening** your seat belt.* |

In French, the infinitive is used after prepositions such as **pour** *(in order to)*, **avant de** *(before)*, and **sans** *(without)*.

### LANGUAGE COMPARISON

→ While the expression *in order* to is often omitted in English, **pour** must be used in French.

> Signalez avant de démarrer!

AUTO-ÉCOLE

## 2 Pourquoi?

**PARLER/ÉCRIRE** Choisissez une destination pour les personnes suivantes et dites pourquoi elles sont allées là-bas.

| A | B | C |
|---|---|---|
| moi | à Québec | acheter une veste |
| vous | au café | apprendre à conduire |
| nous | dans les magasins | prendre de l'essence |
| Monsieur Rimbaud | à la station-service | réserver les billets d'avion |
| Anne et Florence | à l'agence de voyages | retrouver des copains |
| ma cousine | à l'auto-école | apprendre le français |

▶ Vous êtes allés à Québec pour apprendre le français.

## 3 Une question de priorité

**PARLER/ÉCRIRE** On fait certaines choses avant d'en faire d'autres. Exprimez cela en utilisant la construction **avant de** + infinitif.

▶ Léa met une veste et elle sort.
  **Léa met une veste avant de sortir.**

1. Vous téléphonez et vous allez chez des amis.
2. Ils étudient et ils vont au cinéma.
3. Éric vérifie les pneus et il part.
4. Nous suivons des cours et nous passons *(take)* l'examen.
5. Tu prends de l'essence et tu pars.
6. Nous achetons les billets d'avion et nous allons à Tahiti.
7. Je demande la permission et j'organise une boum.
8. Je me lave les mains et je dîne.
9. Tu mets le clignotant et tu tournes.

## 4 Conseils *(Advice)*

**PARLER/ÉCRIRE** On ne doit pas faire certaines choses sans en faire d'autres. Exprimez cela dans des dialogues.

Qu'est-ce que tu fais cet après-midi?

Je vais <u>aller en ville</u>.

Eh bien, ne va pas en ville sans <u>mettre ta veste.</u>

1. après le dîner
   sortir
   dire au revoir
2. samedi soir
   aller en ville
   prendre de l'argent
3. cet été
   partir en vacances
   laisser ton adresse
4. ce week-end
   prendre la voiture
   faire le plein

## La construction: *en* + participe présent

Read the following sentences, paying attention to the verbs in heavy print. These verbs are in a new form: the PRESENT PARTICIPLE.

| | |
|---|---|
| J'écoute la radio en **étudiant.** | *I listen to the radio while **studying.*** |
| Paul gagne de l'argent en **travaillant** dans une station-service. | *Paul earns money by **working** in a gas station.* |

### FORMS

The present participle always ends in **-ant.** It is derived as follows:

| STEM | + | ENDING |
|---|---|---|
| **nous**-form of present *minus* **-ons** | | **-ant** |

| | | | |
|---|---|---|---|
| travailler: | nous **travaill**ons | → | **travaillant** |
| finir: | nous **finiss**ons | → | **finissant** |
| attendre: | nous **attend**ons | → | **attendant** |
| aller: | nous **all**ons | → | **allant** |
| prendre: | nous **pren**ons | → | **prenant** |

### USES

The construction **en** + PRESENT PARTICIPLE is used to express:

- simultaneous action (***while*** *doing something*)
  Il écoute la radio **en lavant** sa voiture.    *He listens to the radio **while washing** his car.*

- cause and effect (***by*** *doing something*)
  Il gagne de l'argent **en lavant** des voitures.    *He earns money **by washing** cars.*

**5** **Comment?**

**PARLER/ÉCRIRE** Expliquez comment les personnes suivantes font certaines choses. (Si vous voulez, vous pouvez aussi expliquer comment vous faites les mêmes choses.).

▶ Christine / gagner de l'argent (faire du baby-sitting)

1. Pauline / rester en forme (faire de la gymnastique)
2. Robert / apprendre le français (écouter de la musique)
3. Juliette / réussir à ses examens (étudier tous les jours)
4. Stéphanie / apprendre les nouvelles *(news)* (regarder la télé)
5. Jean-Paul / aider sa mère (faire la vaisselle)
6. Catherine / aider son père (laver la voiture)
7. Olivier / se reposer (écouter de la musique classique)
8. Nicolas / s'amuser (lire des bandes dessinées)

> Christine gagne de l'argent en faisant du baby-sitting. Moi, je gagne de l'argent en travaillant dans un supermarché.

@**HOME**TUTOR
my.hrw.com

**6** *Et vous?*

**PARLER/ÉCRIRE** Dites si oui ou non vous faites les choses suivantes en même temps.

▶ écouter mon lecteur MP3? (faire du jogging)

1. écouter la radio? (étudier)
2. écouter les nouvelles *(news)*? (prendre le petit déjeuner)
3. regarder la télé? (dîner)
4. chanter? (prendre un bain)
5. parler à mes copains? (attendre le bus)
6. m'arrêter dans les magasins? (rentrer chez moi)

J'écoute mon lecteur MP3 en faisant du jogging.

(Je n'écoute pas mon lecteur MP3 en faisant du jogging.)

**OBJECTIFS**

Now you can …
• give reasons for your decisions

# À votre tour!

*Digital* **Performance space**

## Pourquoi?

**ÉCRIRE/PARLER** Complétez les phrases suivantes en indiquant pour quelles raisons vous voudriez faire ou avoir certaines choses. Utilisez la construction **pour** + infinitif. Ensuite comparez vos réponses avec celles d'un(e) camarade.

• Je voudrais avoir de l'argent …
• Je voudrais avoir une voiture …
• Je voudrais aller à l'université …
• Je voudrais aller en France …
• Je voudrais être riche …

▶ —Moi, je voudrais avoir de l'argent pour acheter un ordinateur. Et toi, André?
—Moi, je voudrais avoir de l'argent pour faire un voyage.

Moi, je voudrais avoir de l'argent pour acheter un ordinateur.

|  | MOI | ANDRÉ |
|---|---|---|
| avoir de l'argent | pour acheter un ordinateur | pour faire un voyage |
| avoir une voiture | pour aller à l'école |  |

 **LESSON REVIEW**
my.hrw.com

# Lecture  Le test du bon conducteur

Un jour ou l'autre, vous conduirez une voiture. Pour juger si vous êtes bien qualifié(e), complétez les phrases suivantes avec l'option qui vous semble être la meilleure.

**1.** Avant de partir pour un long voyage, il est très important de …
**A.** laver la voiture
**B.** vérifier les pneus et les freins
**C.** acheter des lunettes de soleil

**2.** Avant de démarrer, il faut …
**A.** mettre sa ceinture de sécurité
**B.** se regarder dans la glace
**C.** mettre les phares

**3.** En conduisant, il est toujours prudent de …
**A.** mettre la radio
**B.** fermer les fenêtres
**C.** regarder souvent dans le rétroviseur

**4.** Quand il neige, il est recommandé de …
**A.** mettre de l'eau dans le radiateur
**B.** accélérer aux feux rouges°
**C.** conduire lentement
**feux rouges** red lights

**5.** En traversant une ville, il faut …
**A.** klaxonner
**B.** ralentir
**C.** accélérer

**6.** En arrivant devant un feu rouge, il faut …
**A.** changer de voie°
**B.** mettre le frein à main
**C.** s'arrêter progressivement
**voie** lane

**7.** Avant de doubler une autre voiture, il faut …
**A.** nettoyer le pare-brise
**B.** vérifier les freins
**C.** signaler avec le clignotant

**8.** Pour s'arrêter, il faut …
**A.** arrêter le moteur
**B.** enlever la ceinture de sécurité
**C.** appuyer° sur le frein
**appuyer** to step on

**9.** En sortant de la voiture, il ne faut pas oublier de …
**A.** ouvrir le coffre
**B.** prendre les clés
**C.** faire le plein d'essence

## Mots utiles: la conduite

**Un conducteur / Une conductrice peut ...**

| | |
|---|---|
| • mettre / garder / enlever sa ceinture | *to put on / keep on / take off one's seatbelt* |
| • démarrer / s'arrêter / arrêter le moteur | *to start / stop / stop the engine* |
| • accélérer / ralentir | *to accelerate, speed up / slow down* |
| • klaxonner | *to honk* |
| • doubler | *to pass* |

## RÉSULTATS:

Marquez un point pour les réponses suivantes:
1-B, 2-A, 3-C, 4-C, 5-B, 6-C, 7-C, 8-C, 9-B

• Si vous avez huit ou neuf points, vous êtes un excellent
conducteur/une excellente conductrice.

• Si vous avez cinq à sept points, vous devez prendre des leçons.

• Si vous avez moins de cinq points, prenez le bus.

# En panne

Dans l'épisode précédent, Jérôme a proposé à Pierre de lui donner une leçon de conduite. Pierre a accepté l'offre de son frère, mais à deux conditions. Il faut que Jérôme le laisse conduire la voiture et il faut aussi qu'il soit de retour pour son rendez-vous avec Armelle. Jérôme et Pierre sont finalement partis. Maintenant, Pierre veut conduire.

**Dis donc, tu me laisses conduire?**

**Pas sur cette route! C'est trop dangereux. Il faut qu'on trouve une petite route où il n'y a pas trop de circulation.**

Jérôme trouve une petite route de campagne.

Pierre attend impatiemment son tour. Finalement Jérôme décide de le laisser conduire. Il arrête la voiture.

Pierre a hâte de prendre le volant.

**Mais il n'y a pas de station-service sur cette route.**

**Bon, tu vas conduire! Mais il faut que tu sois très prudent!**

**T'en fais pas. Je suis la prudence même.**

Au moment où Pierre va démarrer,° il remarque quelque chose.

**Zut! Il faut qu'on prenne de l'essence.**

**Regarde! L'aiguille° est à zéro!**

**Il faut qu'on fasse demi-tour. Je vais reprendre le volant.**

**démarrer** to start up (a car)
**aiguille** pointer, needle

Pierre et Jérôme changent de place à nouveau ...

La voiture fait demi-tour.°

Stop ... stop!

**demi-tour** *U-turn*

La voiture s'arrête. Jérôme met le triangle signalant que la voiture est en panne.°

**en panne** *broken down*

Pierre et Jérôme partent dans des directions différentes.

Eh bien, il faut que je trouve une station-service.

Et moi, il faut que je trouve une cabine téléphonique pour téléphoner à Armelle.

Pierre marche sur la route.

Finalement, il trouve une cabine téléphonique.

Il explique à Armelle pourquoi il est en retard.

Salut Armelle! Tu ne sais pas ce qui m'arrive ... Écoute! Ce n'est pas de ma faute ... Bon, alors, dans ce cas, il faut que tu viennes me chercher ...

à suivre ...

### Compréhension

1. Où se passe la scène?
2. Quel est le problème?
3. Que fait Jérôme à la fin de la scène?
4. Que fait Pierre?
5. Qu'est-ce que Pierre demande à Armelle?

### A  Le subjonctif: formation régulière

In the following sentences, people are being told what to do.
To express NECESSITY or OBLIGATION, the French use a verb form called the SUBJUNCTIVE.
In the sentences below, the verbs in heavy print are in the subjunctive.

Il faut **que tu conduises** bien.

*It is necessary **that you drive** well.*
*(You have to drive well.)*

Il faut **que je mette** ma ceinture de sécurité.

*It is necessary **that I fasten** my seat belt.*
*(I have to fasten my seat belt.)*

The SUBJUNCTIVE is a verb form that occurs frequently in French. It is used after certain verbs and expressions in the construction.

| VERB OR EXPRESSION | **+ que +** | SUBJECT + | SUBJUNCTIVE VERB ... |
|---|---|---|---|
| Il faut | **que** | Paul | **réponde** à la question. |

→ The subjunctive is always introduced by **que.**

## FORMS

For all regular verbs and many irregular verbs, the subjunctive is formed as follows:

> SUBJUNCTIVE STEM     +     SUBJUNCTIVE ENDINGS
> **ils**-form of the present
> *minus* **-ent**

Note the subjunctive forms of the regular verbs **parler, finir, vendre,** and the irregular verb **sortir.**

| INFINITIVE | | parler | finir | vendre | sortir | SUBJUNCTIVE ENDINGS |
|---|---|---|---|---|---|---|
| **PRESENT STEM** | ils | parlent | finissent | vendent | sortent | |
| | | parl- | finiss- | vend- | sort- | |
| **SUBJUNCTIVE** | que je | parle | finisse | vende | sorte | -e |
| | que tu | parles | finisses | vendes | sortes | -es |
| | qu'il/elle/on | parle | finisse | vende | sorte | -e |
| | que nous | parlions | finissions | vendions | sortions | -ions |
| | que vous | parliez | finissiez | vendiez | sortiez | -iez |
| | qu'ils/elles | parlent | finissent | vendent | sortent | -ent |

## 1  *Le subjonctif, s'il vous plaît!*

**PARLER/ÉCRIRE** Pour chaque verbe du tableau, donnez la forme **ils** du présent.
Ensuite, complétez les phrases correspondantes avec le subjonctif.

Il faut que j'écoute
le professeur.

Il faut que
vous écoutiez
le professeur.

| Infinitif | Présent | Subjonctif |
|---|---|---|
| ▶ écouter | [ils écoutent] | Il faut que (je, vous) … le professeur. |
| **1.** téléphoner | [ils … ] | Il faut que (tu, nous) … à Jean-Claude. |
| **2.** assister | [ils … ] | Il faut que (Marc, mes copains) … à la conférence. |
| **3.** finir | [ils … ] | Il faut que (je, vous) … ce livre. |
| **4.** réussir | [ils … ] | Il faut que (tu, les élèves) … à l'examen. |
| **5.** attendre | [ils … ] | Il faut que (Madame Moreau, nous) … le taxi. |
| **6.** répondre | [ils … ] | Il faut que (tu, Véronique) … à l'invitation. |
| **7.** lire | [ils … ] | Il faut que (je, nous) … ce roman. |
| **8.** écrire | [ils … ] | Il faut que (vous, Sophie) … à Catherine. |
| **9.** partir | [ils … ] | Il faut que (je, Marc et Julie) … à deux heures. |
| **10.** mettre | [ils … ] | Il faut que (nous, Olivier) … la ceinture de sécurité. |

### B  L'usage du subjonctif après *il faut que*

Note the use of the subjunctive after **il faut que** in the sentences below.

**Il faut que** je **finisse** mon travail.     *I **must (have to) finish** my work.*
**Il faut que** vous **répariez** la voiture.     *You **must (have to)** fix the car.*

To state what specific people *must do* or *have to do,* the French often use the construction:

**il faut que** + SUBJUNCTIVE

---

### 2  Oui ou non?

**PARLER/ÉCRIRE** Dites si oui ou non vous devez faire les choses suivantes à la maison.

▶ aider ta soeur?

Oui, il faut que j'aide ma soeur.

(Non, il ne faut pas que j'aide ma soeur.)

1. étudier?
2. finir tes devoirs avant de dîner?
3. laver la voiture?
4. ranger ta chambre?
5. mettre la table?
6. sortir les ordures *(take out the garbage)*?
7. passer l'aspirateur *(run the vacuum)*?
8. tondre la pelouse *(mow the lawn)*?

---

### 3  Avant le départ

**PARLER** La famille Aubin habite à Montréal. Madame Aubin dit à son fils Guy ce qu'il doit faire avant de partir passer un mois avec une famille en Normandie. Jouez les deux rôles.

Mme A: **Guy, il faut que tu cherches ton passeport.**

Guy: **D'accord, je vais chercher mon passeport.**

☐ chercher ton passeport
☐ passer à l'agence de voyages
☐ réserver ton billet d'avion
☐ préparer tes valises
☐ choisir des cadeaux pour tes hôtes
☐ acheter une carte de France

---

### 4  Je regrette, mais …

**PARLER** Vous invitez vos camarades à faire certaines choses. Ils doivent faire d'autres choses.

▶ —Dis, est-ce que tu veux <u>aller au cinéma</u> avec moi?
—Je regrette, mais je ne peux pas.
—Ah bon? Pourquoi?
—Il faut que <u>j'étudie</u>.

| INVITATIONS | EXCUSES POSSIBLES |
|---|---|
| 1. sortir | • travailler |
| 2. dîner en ville | • finir mes devoirs |
| 3. jouer au volley | • rentrer chez moi |
| 4. faire du roller | • dîner chez ma tante |
| 5. voir un film | • écrire une lettre |
| 6. aller au concert | • lire un livre |

**5** Qu'est-ce qu'il faut faire? ──────

**PARLER/ÉCRIRE** Dites ce que chacun doit faire dans les circonstances suivantes.

▶ Nous recevons des invités *(guests)* ce soir.

- toi / mettre la table
  **Il faut que tu mettes la table.**

- nous / préparer le repas
  **Il faut que nous préparions le repas.**

**1.** Nous faisons une promenade en voiture.
- moi / choisir l'itinéraire
- vous / mettre vos ceintures
- Marc / conduire prudemment *(carefully)*

**2.** Nous avons une panne *(breakdown)*.
- nous / nous arrêter
- vous / téléphoner au mécanicien
- le mécanicien / changer la roue

**3.** Nous allons faire du camping ce week-end.
- moi / vérifier la tente
- toi / réparer le réchaud
- vous / apporter une lampe électrique

**4.** Nous organisons une boum
- vous / écrire les invitations
- Sandrine / choisir la musique
- nous / décorer le salon

**6** Bons conseils *(Good advice)*  ──────

**PARLER** Vos camarades ont les problèmes suivants. Dites-leur ce qu'ils doivent faire.

▶ —Je suis fatigué(e).
—**Il faut que tu te reposes.**
(**Il faut que tu dormes.**)

| | SUGGESTIONS |
|---|---|
| 1. J'ai chaud. | • dormir |
| 2. J'ai froid. | • trouver un travail |
| 3. J'ai la grippe. | • manger moins |
| 4. Je n'ai pas d'argent. | • ouvrir la fenêtre |
| 5. Je veux maigrir. | • mettre un pull |
| 6. Je suis fatigué(e) | • se reposer |

**OBJECTIFS**

Now you can …
• explain what has to be done

# À votre tour!

Digital **performance space**

Projets

**PARLER/ÉCRIRE** Avec un(e) camarade, choisissez l'un des projets suivants. Discutez les choses que vous devez faire dans la réalisation de ce projet et faites une liste de ces choses. Commencez vos phrases par **Il faut que nous** … (N'utilisez pas le subjonctif des verbes **être, avoir, faire,** ou **aller**.)

**Project:**
- organiser une boum
- organiser un pique-nique
- faire du camping
- faire une promenade en auto
- passer une semaine à Québec

Liste

*Nous allons organiser une boum.*

1. Il faut que nous demandions la permission à nos parents.
2. Il faut que nous rangions le salon.
3. …

 **LESSON REVIEW**
my.hrw.com

# Lecture La meilleure décision

Dans la vie,° nous devons prendre certaines décisions. Analysez les situations suivantes et dites quelle est la meilleure décision à prendre. Discutez de votre choix avec vos camarades de classe.

**vie** *life*

**1.** Jean-Marc a un copain Vincent. Vincent a une copine, Isabelle, qu'il aime beaucoup. Un jour, en allant au cinéma, Jean-Marc voit Isabelle avec un autre garçon.

Qu'est-ce que Jean-Marc doit faire?
**A.** Il faut qu'il parle à Vincent.
**B.** Il faut qu'il dise quelque chose à Isabelle.
**C.** Il ne faut pas qu'il s'occupe° de ce problème.

**s'occupe** *get involved*

**2.** Sur la route° de l'école, Irène trouve un portefeuille. Dans le portefeuille, il y a 100 dollars, mais il n'y a aucun° papier concernant l'identité du propriétaire.°

Que doit faire Irène?
**A.** Il faut qu'elle apporte le portefeuille à la police.
**B.** Il faut qu'elle mette une annonce° dans le journal. (Elle pourra garder l'argent si personne ne répond.)
**C.** Elle peut garder le portefeuille à condition de donner 50 dollars à une organisation charitable.

**Sur la route** *On her way*  **ne ... aucun** *no*
**propriétaire** *owner*  **annonce** *ad*

Additional readings @ **my.hrw.com**
FRENCH
InterActive Reader

**3.** Jacqueline a reçu deux invitations pour le même jour. Son cousin Laurent l'a invitée à sa fête d'anniversaire. Son camarade de classe Jean-Michel l'a invitée à un concert de rock. Le problème est que Laurent et Jean-Michel sont très jaloux l'un de l'autre et qu'on ne peut pas accepter l'invitation de l'un sans offenser l'autre.

Que doit faire Jacqueline?
**A.** Il faut qu'elle refuse les deux invitations.
**B.** Il faut qu'elle accepte l'invitation de Laurent parce que c'est son cousin.
**C.** Il faut qu'elle choisisse l'invitation qu'elle préfère et qu'elle invente une excuse pour l'autre invitation.

**4.** Par erreur,° Monsieur Masson a ouvert une lettre destinée à son voisin Monsieur Rimbaud. En lisant cette lettre, Monsieur Masson a appris que Monsieur Rimbaud est le cousin d'un criminel.

Que doit faire Monsieur Masson?
**A.** A. Il faut qu'il rende la lettre à Monsieur Rimbaud.
**B.** Il faut qu'il détruise° la lettre.
**C.** Il faut qu'il alerte la police.°

**Par erreur** *By mistake* **détruise** *destroy*

# Merci pour la leçon

Dans l'épisode précédent, Jérôme a finalement donné le volant à Pierre.

Malheureusement, la voiture est tombée en panne. Jérôme est allé chercher de l'essence. Pierre a téléphoné à Armelle.

Armelle accepte d'aller chercher Pierre.

**Armelle termine sa conversation avec Pierre.**

Bien, au revoir Pierre! À tout de suite!

**Puis elle quitte sa maison et monte sur son scooter.**

**La route est longue. Finalement, Armelle retrouve Pierre.**

Salut.

On rentre à Annecy?

Qu'est-ce qu'on fait maintenant?

Bon, si tu veux …

Et Jérôme? Tu ne veux pas qu'on aille l'aider?

**Pierre et Armelle vont chercher Jérôme.**

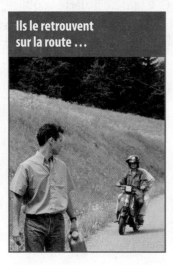

**Ils le retrouvent sur la route …**

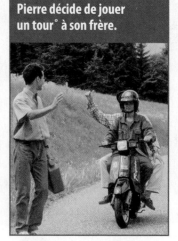

**Pierre décide de jouer un tour° à son frère.**

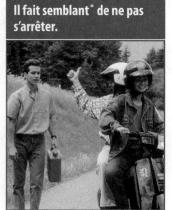

**Il fait semblant° de ne pas s'arrêter.**

**jouer un tour**  to play a joke on, trick
**faire semblant**  to pretend

Eh! Eh!
Arrêtez-vous!
Arrêtez-vous!

**Armelle et Pierre font demi-tour.**

Tu veux
qu'on t'aide?

Ben oui,
je voudrais bien que vous
m'ameniez à la prochaine
station-service.

Tu vois bien
qu'il n'y a pas de place
sur ce scooter.

Bon. Eh bien alors,
est-ce que vous pouvez aller
chercher de l'essence?

Bon,
d'accord!
On peut
faire ça
pour toi!

Pendant ce temps,
je vais retourner
à la voiture.

**Peu après, Pierre et Armelle reviennent avec de l'essence.**

Tiens, voilà.

Merci.

**Jérôme prend le bidon d'essence.**

**Pierre et Armelle repartent. Pierre est un peu sarcastique …**

Et merci pour
la leçon de conduite!

**Pierre et Armelle rentrent à Annecy. Au revoir, Pierre! Au revoir, Armelle.**

FIN

## Compréhension

1. Que fait Armelle au début de la scène?
2. Où Pierre et Armelle retrouvent-ils Jérôme?
3. Quel service est-ce qu'ils lui rendent?
4. Que font Pierre et Armelle à la fin de la scène?

## A Le subjonctif: formation irrégulière

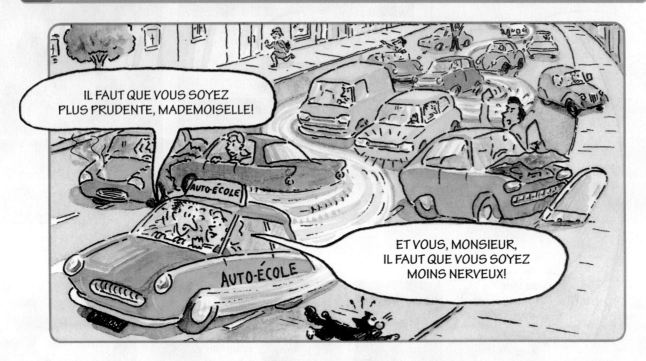

IL FAUT QUE VOUS SOYEZ PLUS PRUDENTE, MADEMOISELLE!

ET VOUS, MONSIEUR, IL FAUT QUE VOUS SOYEZ MOINS NERVEUX!

The subjunctive forms of **être, avoir, aller,** and **faire** are irregular.

|  | **être** | **avoir** | **aller** | **faire** |
|---|---|---|---|---|
| que je (j') | **sois** | **aie** | **aille** | **fasse** |
| que tu | **sois** | **aies** | **ailles** | **fasses** |
| qu'il/elle/on | **soit** | **ait** | **aille** | **fasse** |
| que nous | **soyons** | **ayons** | **allions** | **fassions** |
| que vous | **soyez** | **ayez** | **alliez** | **fassiez** |
| qu'ils/elles | **soient** | **aient** | **aillent** | **fassent** |

### 1 Pour réussir à l'examen

**PARLER/ÉCRIRE** Vous passez l'examen du permis de conduire. Dites si oui ou non vous devez faire les choses suivantes. Commencez vos phrases par **Il faut que** ou **Il ne faut pas que.**

▸ être nerveux (nerveuse)?
  **Il ne faut pas que je sois nerveux (nerveuse).**

1. être calme?
2. être prudent(e) *(careful)*?
3. être impatient(e)?
4. avoir peur?
5. avoir un accident?
6. faire attention?
7. aller très vite?
8. avoir ma ceinture de sécurité?
9. aller lentement?
10. avoir de bons réflexes?

## 2 Que faire?

**PARLER/ÉCRIRE** Dites ce que les personnes suivantes doivent faire. Utilisez la construction **il faut que** + subjonctif.

▶ Monsieur Martin veut aller en Chine. (avoir un passeport)
   **Il faut qu'il ait un passeport.**

Il faut qu'il ait un passeport.

1. Nous voulons voir un film. (aller au cinéma)
2. Mes copains veulent bien parler français. (aller en France)
3. Tu veux rester en forme. (faire du sport)
4. Ma cousine veut être médecin. (faire de la biologie)
5. Vous voulez avoir des amis. (être polis, généreux et gentils)
6. Je veux prendre l'avion. (être à l'aéroport à l'heure)
7. Vous voulez voyager cet été. (avoir une voiture)
8. Tu veux jouer au tennis. (avoir une raquette)

## 3 Pas possible!

**PARLER** Proposez à vos camarades de faire certaines choses. Ils vont refuser en expliquant pourquoi ce n'est pas possible.

▶ aller à la piscine?

Veux-tu <u>aller à la piscine?</u>

Ce n'est pas possible. Il faut que je <u>fasse les courses.</u>

| INVITATIONS | EXCUSES |
|---|---|
| 1. voir un film? | faire des achats |
| 2. sortir ce soir? | faire les courses |
| 3. faire une promenade? | faire mes devoirs |
| 4. dîner en ville? | aller chez ma tante |
| 5. venir chez moi cet après-midi? | aller à la bibliothèque |
| 6. aller à un concert de jazz? | être chez moi à sept heures |
| | faire du baby-sitting pour les voisins |

## B L'usage du subjonctif après *vouloir que*

Note the use of the subjunctive in the sentences below.

| | |
|---|---|
| Je **voudrais que tu sois** à l'heure. | *I would like you to be on time.* |
| Marc **veut que je sorte** avec lui. | *Marc wants me to go out with him.* |
| Mon père **ne veut pas que je conduise.** | *My father does not want me to drive.* |

In French, the subjunctive is used after **vouloir que** to express <u>a wish</u>.

→ Note that the wish must concern someone or something OTHER THAN THE SUBJECT. When the wish concerns the SUBJECT, the INFINITIVE is used. Contrast:

| the wish concerns the subject: INFINITIVE | the wish concerns someone else: SUBJUNCTIVE |
|---|---|
| **Je** veux **sortir.** | **Je** veux que tu **sortes** avec moi. |
| **Mon père** veut **conduire.** | **Mon père** ne veut pas que **je conduise.** |

→ The subjunctive is also used after **je veux bien (que).**

| —Est-ce que je peux sortir? | *Can I go out?* |
|---|---|
| —Oui, **je veux bien que tu sortes.** | *Sure, **it's OK with me if you go out.*** |

### 4 Baby-sitting

**PARLER/ÉCRIRE** Vous faites du baby-sitting pour un enfant français. Expliquez-lui ce qu'il doit faire et ce qu'il ne doit pas faire. (Commencez vos phrases par **Je veux que** ou **Je ne veux pas que.**)

▶ ranger ta chambre?
**Je veux que tu ranges ta chambre.**

▶ jouer avec des allumettes *(matches)*
**Je ne veux pas que tu joues avec des allumettes.**

1. être sage *(be good)*
2. faire tes devoirs
3. manger ton dîner
4. finir tes épinards *(spinach)*
5. manger trop de chocolat
6. mettre les pieds sur la table
7. jouer au foot dans la maison
8. tirer la queue *(pull the tail)* du chat

### 5 Exigences *(Demands)*

**PARLER/ÉCRIRE** Tout le monde exige *(demands)* quelque chose. Expliquez les exigences des personnes suivantes.

▶ le professeur / les élèves / étudier
**Le professeur veut que les élèves étudient.**

1. le médecin / Monsieur Legros / maigrir
2. le professeur de l'auto-école / tu / conduire moins vite
3. les adultes / les jeunes / être polis avec eux
4. les jeunes / les adultes / être plus tolérants
5. je / tu / aller au cinéma avec moi
6. Hélène / son copain / aller danser à la discothèque avec elle
7. mon père / je / avoir de bonnes notes
8. ma mère / je / faire les courses

## 6 Oui ou non?

**PARLER** Vos camarades vous demandent la permission de faire certaines choses. Acceptez ou refusez.

▶ écouter tes CD

Est-ce que je peux écouter tes CD?

Oui, je veux bien que tu écoutes mes CD.

(Non, je ne veux pas que tu écoutes mes CD.)

1. dîner chez toi
2. regarder tes photos
3. lire ton journal *(diary)*
4. emprunter ton portable
5. prendre ton vélo
6. sortir avec ton copain (ta copine)
7. amener mes copains à ta fête
8. écrire dans ton livre

## 7 Pas de chance

**PARLER** Aujourd'hui Julien et sa mère ne sont pas d'accord. Composez les dialogues et jouez les rôles correspondants.

▶ sortir ce soir/faire tes devoirs

—Je voudrais <u>sortir ce soir</u>.
—Eh bien, moi, je ne veux pas que tu sortes.
—Mais pourquoi?
—Parce qu'il faut que tu <u>fasses tes devoirs</u>.

1. aller chez ma copine/ faire les courses
2. conduire la voiture/ avoir le permis
3. regarder la télé/ aller chez le dentiste
4. déjeuner en ville/ être à midi à ta leçon de piano
5. rester à la maison ce week-end/ aller chez tes grands-parents
6. acheter une moto/ faire des économies *(save money)*

# À votre tour!

Digital **Performance** space

### Tant pis! *(Too bad!)*

**PARLER** Demandez à un(e) camarade de faire trois choses pour vous. Il/Elle va refuser en donnant une excuse.

▶ —Je voudrais que tu me <u>prêtes tes CD</u>.
—Je regrette mais je ne peux pas.
—Pourquoi pas?
—Parce que je veux les écouter ce soir.
—Tant pis!

**OBJECTIFS**

Now you can . . .
• ask others to do things for you

▶ me prêter tes CD

• m'aider à faire mes devoirs
• m'attendre après la classe
• faire une promenade avec moi
• faire du skate avec moi
• aller au ciné avec moi
• sortir avec moi samedi
• me prêter ton lecteur MP3
• m'inviter au restaurant

**LESSON REVIEW**
my.hrw.com

# Lecture  La vie n'est pas juste

Le petit Pierre (10 ans) pense que la vie° n'est pas juste. Êtes-vous d'accord avec lui?

**vie** *life*

### jeudi soir, à la maison

—Dis, Papa, est-ce que je peux regarder la télé?

—Oui, je veux bien que tu regardes la télé, mais avant je veux que tu finisses ton dîner et que tu fasses tes devoirs …

—Et à neuf heures, il faut que tu sois au lit.

### vendredi après-midi, à la maison

—Dis, Maman, est-ce que je peux aller chez mon copain?

—Mais oui, je veux bien que tu ailles chez lui, mais d'abord je voudrais bien que tu fasses ton lit et que tu ranges ta chambre.

—Et je veux absolument que tu sois rentré° à sept heures pour le dîner.

**rentré** *back home*

Additional readings @ **my.hrw.com**

FRENCH
InterActive Reader

## samedi matin, chez la voisine Madame Lamballe

—S'il vous plaît, madame, est-ce que je peux jouer dans votre jardin?

—Oui, je veux bien que tu y joues, mais je ne veux pas que tu marches° sur les fleurs.

**marches** *step*

—Je ne veux pas non plus° que tu arroses° le chien ou que tu fasses peur° au chat.

**non plus** *neither*
**arroses** *spray water on*
**fasses peur** *scare*

## dimanche matin, chez son copain

—Dis, Éric, est-ce que tu peux me prêter ton vélo?

—Si tu veux que je te prête mon vélo, il faut que tu m'invites chez toi et que tu me laisses jouer avec tes jeux vidéo.

La vie n'est pas juste!

### ET VOUS?

Pensez à l'époque où vous aussi vous étiez petit(e). Vous vous souvenez probablement d'une situation où vous avez pensé que la vie n'était pas juste. Composez un dialogue et faites un dessin où vous décrivez cette situation de façon humoristique. Comparez votre dessin avec les dessins préparés par vos camarades.

# Tests de contrôle

By taking the following tests, you can check your progress in French and also prepare for the unit test. Write your answers on a separate sheet of paper.

**1** **Le choix logique** ───────────────

Complete each of the following sentences with the logical option.

**1.** À l'auto-école, nous apprenons à —.    **(conduire / suivre / marcher)**
**2.** Hélène — des cours de piano.    **(sait / suit / apprend)**
**3.** Éric a une voiture de sport. C'est —.    **(un camion / un minivan / une décapotable)**
**4.** Mettez vos valises dans —.    **(le coffre / le siège / le capot)**
**5.** Quand on conduit la nuit, on met —.    **(les phares / le clignotant / le siège)**
**6.** Les voitures ont quatre —.    **(roues / volants / pare-brise)**
**7.** Pour s'arrêter, on appuie sur —.    **(l'accélérateur / le pneu / le frein)**
**8.** On ouvre une porte avec —.    **(une clé / un frein / un toit)**

**Review...**
• vocabulary:
pp. 494, 496

**2** **La bonne construction** ───────────────

Complete each of the following sentences with the appropriate option

**1.** Nous sommes contents — partir en vacances.    **(à / de)**
**2.** Cécile va à une auto-école — apprendre à conduire.    **(de / pour)**
**3.** On doit vérifier les pneus — partir en voyage.    **(avant de / avant)**
**4.** Thomas fait ses devoirs — écoutant de la musique.    **(en / sans)**
**5.** Élodie gagne de l'argent — du baby-sitting.    **(en faisant / pour faire)**
**6.** Les élèves étudient — à l'examen.    **(en réussissant / pour réussir)**

**Review...**
• constructions with
verbs: pp. 500, 502

**3** **Il faut que ...** ───────────────

Describe what each of the people in parentheses has to do, using the expression **il faut que** + SUBJUNCTIVE.

▶ **(toi / nous)** réussir à l'examen
  **Il faut que tu réussisses à l'examen.**
  **Il faut que nous réussissions à l'examen.**

**1.** **(moi / vous)** finir les devoirs
**2.** **(Léa / nous)** téléphoner à un ami
**3.** **(Éric / vous)** répondre à une lettre
**4.** **(les élèves / toi)** parler au prof
**5.** **(moi / mes copains)** attendre un peu
**6.** **(Pauline / nous)** écrire un mail
**7.** **(moi / vous)** lire ce livre
**8.** **(toi / les enfants)** mettre la ceinture de sécurité

**Review...**
• regular subjunctive
forms: pp. 508–509,
510

**4** Souhaits *(Wishes)*

Express the wishes of the following people by completing each sentence with the appropriate subjunctive form of the verb in parentheses.

**Review...**
• irregular subjunctive forms: p. 516

**1.** (faire)  Le professeur veut que les élèves — attention en classe.

**2.** (être)  Je veux que vous — à l'heure au rendez-vous.

**3.** (aller)  Mon copain veut que j'— au stade avec lui.

**4.** (avoir)  Vos parents veulent que vous — une bonne note à l'examen.

**5.** (faire)  Nos copains veulent que nous — une promenade avec eux.

**6.** (aller)  Je voudrais que vous — au cinéma avec moi.

**5** Contexes et dialogues

Complete the dialogue with the appropriate verb forms.

**Review...**
• use of the subjunctive: pp. 510, 518

*Pierre wants to borrow Marc's moped.*

PIERRE:  Dis, Marc, est-ce que tu peux me prêter ta mobylette? Il faut que **(je vais / j'aille)** en ville.

MARC:  Je veux bien que tu **(prendre / prennes)** ma mobylette, mais il faut que tu **(as / aies)** ton casque et que tu **(sois / es)** très prudent.

PIERRE:  Tu sais, je **(suis /sois)** toujours prudent!

MARC:  Et avant de partir, je veux aussi que tu **(vérifies / vérifier)** l'huile.

PIERRE:  D'accord!

**6** Composition: *Obligations personnelles*

Digital performance space

Indicate what you have to do in certain situations. Choose four options from the following list and complete each one with two sentences beginning with **il faut que**.

• Ce soir, avant le dîner …
• Demain matin …
• À la maison, en général …
• Ce week-end, …
• Avant l'examen, …
• Avant les vacances …
• Pour gagner de l'argent …
• Si je veux conduire une voiture …

**STRATEGY Writing**

| **1** | **2** | **3** |
|---|---|---|
| Choose the four options you wish to write about, and note two completions for each one. Aim for variety and originality in your answers. | Write out your paragraph. | Check that you have used the appropriate subjunctive verb forms. |

# Vocabulaire

## POUR COMMUNIQUER

**Expressing feelings**

Je suis heureux de faire ta connaissance.
*I am happy to meet you.*

Nous sommes tristes de partir.
*We are sad to leave.*

**Describing cause and effect, purpose, and sequence**

Je travaille pour gagner de l'argent.
*I work (in order) to earn money.*

Fais le plein avant de partir.
*Fill up the tank before leaving.*

Ne pars pas sans mettre ta ceinture de sécurité.
*Don't leave without attaching your seatbelt.*

J'écoute la radio en étudiant.
*I listen to the radio while studying.*

Paul gagne de l'argent en lavant des voitures.
*Paul earns money by washing cars.*

**Expressing an obligation**

Il faut que tu répondes à ma question.
*You have to answer my question.*

Il faut qu'ils sortent avant midi.
*They have to leave before noon.*

**Expressing one's wishes**

Je voudrais que tu sois ici.
*I would like you to be here.*

Elle veut que tu viennes maintenant.
*She wants you to come now.*

## MOTS ET EXPRESSIONS

**La conduite**

| | | | |
|---|---|---|---|
| un permis de conduire | *driver's license* | une auto-école | *driving school* |
| | | la conduite | *driving* |
| | | une station-service | *gas station* |

**Les véhicules**

| | | | |
|---|---|---|---|
| un camion | *truck* | une décapotable | *convertible* |
| un minivan | *minivan* | une voiture | *car* |
| un SUV | *SUV* | une voiture de sport | *sports car* |

Interactive Flashcards

@ HOMETUTOR

my.hrw.com

## La voiture

| | | | |
|---|---|---|---|
| un accélérateur | *accelerator, gas pedal* | une ceinture de sécurité | *seatbelt* |
| un capot | *hood* | une clé | *key* |
| un clignotant | *blinker* | l'essence | *gas* |
| un coffre | *trunk* | l'huile | *oil* |
| un essuie-glace | *windshield wiper* | une porte | *door* |
| un frein | *brake* | une roue | *wheel* |
| un klaxon | *horn* | | |
| un moteur | *motor* | | |
| un pare-brise | *windshield* | | |
| un phare | *headlight* | | |
| un pneu | *tire* | | |
| un réservoir | *gas tank* | | |
| un rétroviseur | *rearview mirror* | | |
| un siège | *seat* | | |
| un toit | *roof* | | |
| un volant | *steering wheel* | | |

## À la station-service

| | |
|---|---|
| faire le plein [d'essence] | *to fill it up [with gas]* |
| nettoyer [le pare-brise] | *to clean [the windshield]* |
| vérifier [l'huile] | *to check [the oil]* |

## Verbes irréguliers

| | |
|---|---|
| conduire | *to drive* |
| suivre | *to follow* |
| suivre un cours | *to take a class* |

## Prépositions

| | |
|---|---|
| avant de + INFINITIVE | *before [doing]* |
| pour + INFINITIVE | *in order [to do]* |
| sans + INFINITIVE | *without [doing]* |
| en + PRESENT PARTICIPLE | *while, by [doing]* |

## Expressions suivies du subjonctif

| | |
|---|---|
| il faut que + SUBJUNCTIVE | *it is necessary that* |
| vouloir que + SUBJUNCTIVE | *to want, wish that* |

## Expression utile

| | |
|---|---|
| Je n'ai pas le temps de … | *I don't have the time to …* |

## VOCABULAIRE SUPPLÉMENTAIRE: En voiture

| | |
|---|---|
| accélérer (j'accélère) | *to accelerate, to speed up* |
| arrêter le moteur | *to stop the engine* |
| s'arrêter | *to stop (the car)* |
| démarrer | *to start (the car)* |
| doubler | *to pass* |
| enlever (j'enlève) sa ceinture | *to take off, unbuckle one's seatbelt* |
| garder sa ceinture | *to keep one's seatbelt on* |
| klaxonner | *to honk* |
| mettre sa ceinture | *to put on, buckle one's seatbelt* |
| ralentir | *to slow down* |

# Interlude 9

# Quelle soirée!

**PRE-READING STRATEGY  Avant de lire**

Lisez le titre de ce drame: **Quelle soirée!** *(What an evening!)*

- À votre avis, est-ce que ce titre veut dire que c'était une soirée réussie ou une soirée désastreuse?

Regardez maintenant les illustrations et lisez les titres des trois actes.

- Avez-vous une impression plus précise de la soirée?
- D'après vous, qu'est-ce qui est arrivé?

Quelle soirée!

*Drame en trois actes*

PERSONNAGES:

Olivier

Caroline

Jean-Jacques, *cousin d'Olivier*

Monsieur Jamet, *père d'Olivier*

Madame Jamet, *mère d'Olivier*

**Expressions pour la conversation**

| | |
|---|---|
| **justement** | *precisely, exactly* |
| **vraiment** | *really* |
| **évidemment** | *obviously* |
| **heureusement** | *fortunately* |
| **en effet** | *as a matter of fact* |
| **cependant** | *however* |
| **lorsque** | *when* |

# Acte 1: Olivier trouve une solution

## SCÈNE 1

Aujourd'hui, c'est samedi. Olivier est très content. Ce matin il a fait la queue pendant trois heures devant le Rex-Palace. Finalement il a obtenu les deux derniers billets pour le grand concert de ce soir. La seule° question est de savoir qui il va inviter …

Olivier pense à Caroline. Caroline est une fille très sympathique et très jolie. Voilà justement le problème. Elle a des quantités d'admirateurs et, par conséquent, beaucoup d'invitations. Est-ce qu'elle sera libre ce soir? Olivier décide de tenter sa chance. Il téléphone à Caroline.

OLIVIER: Allô, Caroline?
CAROLINE: Ah, c'est toi, Olivier? Ça va?
OLIVIER: Ça va! Tu sais, j'ai pu obtenir des billets pour le concert de ce soir.
CAROLINE: Comment as-tu fait? J'ai téléphoné au Rex-Palace. Tout est vendu! Impossible de trouver des billets! Je voulais absolument aller à ce concert …
OLIVIER: Si tu veux, je t'invite.
CAROLINE: Tu es vraiment gentil de m'inviter. Bien sûr, j'accepte avec plaisir.
OLIVIER: Bon! Je viendrai te chercher chez toi à huit heures! D'accord?
CAROLINE: D'accord! À ce soir!

### Expressions utiles

| | |
|---|---|
| tenter sa chance | to try one's luck |
| être de mauvaise humeur | to be in a bad mood |
| être déçu | to be disappointed |
| perdre espoir | to lose hope |

### Avez-vous compris?

**1.** Le premier paragraphe dit qu'Olivier est très content. Pourquoi?
**2.** Si Caroline a beaucoup d'admirateurs, pourquoi a-t-elle accepté l'invitation d'Olivier?

**seule** *only*

## SCÈNE 2

En rentrant chez lui, Olivier pense au rendez-vous de ce soir. Évidemment, il y a un petit problème. Il a promis à Caroline de venir la chercher chez elle. Oui, mais comment?

«Heureusement, pense Olivier, il y a la voiture de Papa! Papa est toujours très généreux. Il me prête souvent sa voiture quand j'en ai besoin. Je suis sûr qu'il me la prêtera ce soir.»

Quand il est rentré à la maison, Olivier a tout de suite remarqué que son père était de très mauvaise humeur.

OLIVIER:     Dis, Papa. Est-ce que je peux prendre ta voiture?

M. JAMET:   Pour aller où?

OLIVIER:     Je voudrais sortir avec une copine.

M. JAMET:   Écoute, Olivier, je veux bien que tu sortes, mais je ne veux pas que tu prennes
            la voiture!

OLIVIER:     Mais, tu sais que je suis toujours très prudent.

M. JAMET:   Je ne veux absolument pas que tu prennes la voiture ce soir. Un point, c'est tout!°
            Si tu veux sortir, tu peux prendre le bus!

OLIVIER:     Mais …

M. JAMET:   Vraiment, il est inutile que tu insistes.

**Un point, c'est tout!** *Period*

## SCÈNE 3

Olivier est déçu, très déçu. Il comptait en effet sur la voiture de son père. C'est une voiture de sport toute neuve. Caroline aurait certainement été° très impressionnée° … Dommage!

Olivier, cependant, ne perd pas tout espoir. Il sait que ses parents sortent ce soir. Ils sont invités chez les Roussel, des voisins. Olivier sait aussi que lorsque ses parents rendent visite aux Roussel, ils ne rentrent jamais avant une heure du matin.

Olivier réfléchit … Le concert finira vers onze heures et demie. Vers minuit il sera de retour chez lui. Ses parents rentreront beaucoup plus tard. Alors?

Alors, Olivier n'hésite plus. Il attend patiemment le départ de ses parents. Puis, à huit heures moins le quart, il prend les clés de la voiture et va dans le garage … Il monte dans la voiture de son père et sort sans faire de bruit … À huit heures, Olivier est chez Caroline.

**aurait … été** *would have been*
**impressionnée** *impressed*

### Avez-vous compris?

**Scène 2**
1. Olivier a un petit problème. Qu'est-ce que c'est?
2. Quel est le résultat de sa conversation avec son père?

**Scène 3**
1. Comment Olivier voulait-il impressionner Caroline?
2. Comment Olivier trouve-t-il une solution au problème de transport?

# Acte 2: Olivier a des problèmes

## SCÈNE 1

Le concert a commencé à huit heures et demie. L'orchestre est excellent. Caroline est ravie et Olivier est très heureux et très fier d'être avec elle.

Soudain, Olivier pense à quelque chose. «Zut, j'ai oublié d'éteindre° les phares° de la voiture! Bon, ça ne fait rien.° Je vais aller les éteindre pendant l'entracte.°»

À dix heures, l'entracte commence. Olivier dit à Caroline de l'attendre cinq minutes. Il va au parking où il a laissé la voiture. Là, il a une très, très mauvaise surprise! Olivier remarque en effet que le feu arrière de la voiture de son père est complètement défoncé.°

«Zut, alors! Pendant que j'étais avec Caroline, quelqu'un est rentré dans° la voiture de Papa! Quelle catastrophe! Qu'est-ce que je vais faire? Il faut que je trouve quelqu'un pour changer le feu arrière! Oui, mais qui va réparer la voiture maintenant? À cette heure, tous les garages sont fermés … Il faut absolument que je trouve une solution! Il faut absolument que cette voiture soit réparée avant demain matin, sinon° …

**éteindre** *turn off*   **phares** *headlights*
**ça ne fait rien** *that doesn't matter*   **entracte** *intermission*
**défoncé** *smashed in*   **est rentré dans** *ran into*   **sinon** *if not*

### Mots utiles

| | |
|---|---|
| **ravi(e)** | *delighted* |
| **fier (fière)** | *proud* |
| **désobéir** | *to disobey* |
| **la désobéissance** | *disobedience* |
| **fou (folle)** | *crazy* |

## Avez-vous compris?

1. Comment commence la soirée?
2. Où va Olivier pendant l'entracte?
3. Qu'est-ce qu'il découvre?

## SCÈNE 2

Olivier pense à son cousin Jean-Jacques. Jean-Jacques est mécanicien. Il a peut-être les pièces° nécessaires. Olivier lui téléphone. Une voix légèrement irritée répond.

JEAN-JACQUES: Allô …

OLIVIER: Jean-Jacques? Il faut que tu m'aides.

JEAN-JACQUES: Ah, c'est toi Olivier? Qu'est-ce qui se passe?°

OLIVIER: Un accident!

JEAN-JACQUES: Grave?°

OLIVIER: Je ne sais pas. Quelqu'un est rentré dans la voiture de Papa.

JEAN-JACQUES: Et c'est pour ça que tu me téléphones? Dis donc, je suis en train de regarder un film à la télé. Tu peux bien attendre lundi.

OLIVIER: Non, non! Il faut que tu répares la voiture.

JEAN-JACQUES: Dis! Tu ne sais pas qu'on est samedi soir?

OLIVIER: Écoute, c'est très sérieux.

Olivier a expliqué toute la situation: le refus de son père, sa désobéissance, le concert, l'accident.

JEAN-JACQUES: Bon, bon! J'ai compris! Si tu veux que je répare ta voiture avant le retour de tes parents, il faut que tu viennes immédiatement.

OLIVIER: Merci, Jean-Jacques! Tu es un vrai copain!

**pièces** *parts*  **Qu'est-ce qui se passe?** *What's up?*  **Grave** *Serious*

## SCÈNE 3

Maintenant Olivier est rassuré, mais il est aussi inquiet.° Il faut qu'il aille chez Jean-Jacques immédiatement! Est-ce que Caroline comprendra la situation? Olivier retourne au concert … C'est la fin° de l'entracte.

CAROLINE: Dis, Olivier, où étais-tu? Je commençais à m'impatienter …

OLIVIER: Excuse-moi! … Euh … Il faut que je te raccompagne chez toi …

CAROLINE: Mais le concert n'est pas fini.

OLIVIER: Il faut absolument que je rentre.

CAROLINE: Tu es malade?

OLIVIER: Euh, non … Il faut que j'aille chez mon cousin qui est garagiste.

CAROLINE: Comment? Il faut que tu ailles chez le garagiste à dix heures du soir? Si tu n'es pas malade, tu es fou!

OLIVIER: Je suis vraiment désolé, mais il faut que je parte …

CAROLINE: Eh bien, moi, je suis furieuse que tu me traites de cette façon!° Veux-tu que je te dise quelque chose? Tu es un vrai mufle!° Et la prochaine fois, il est inutile que tu m'invites. Après tout, j'ai d'autres copains!

**inquiet** *worried*  **fin** *end*  **de cette façon** *like that*
**un vrai mufle** *a real clod (jerk)*

### Avez-vous compris?

**Scène 2**
1. Qu'est-ce qu'Olivier demande à son cousin Jean-Jacques?
2. Pourquoi est-ce qu'il faut réparer la voiture tout de suite?

**Scène 3**
1. Pourquoi Olivier est-il inquiet?
2. Est-ce que Caroline comprend la situation d'Olivier? Quelle est sa réaction?

# Acte 3: Sauvé? Pas tout à fait!

**Expressions utiles**

| | |
|---|---|
| être sauvé | *to be saved* |
| une pièce de rechange | *spare part* |
| une réparation | *repair* |
| réparer | *to repair* |
| s'apercevoir de | *to notice* |
| tant pis | *too bad* |
| un type | *guy* |
| endommagé | *damaged* |

## SCÈNE 1

Olivier a raccompagné Caroline chez elle. Il arrive chez son cousin. Il est onze heures maintenant. Jean-Jacques examine la voiture.

> OLIVIER: Alors?
>
> JEAN-JACQUES: Il faut que je répare le pare-chocs et que je change le feu arrière.
>
> OLIVIER: Ce n'est pas trop sérieux?
>
> JEAN-JACQUES: Non, mais tu as de la chance que j'aie les pièces de rechange.

Jean-Jacques est un excellent mécanicien. À minuit, il a fini la réparation.

Olivier remercie son cousin et rentre chez lui …

## SCÈNE 2

Olivier est arrivé chez lui à minuit et demi. Ses parents sont rentrés bien plus tard, vers une heure et demie. Ils n'ont rien remarqué …

Olivier s'est couché immédiatement après son retour, mais il n'a pas pu dormir. Il pense aux événements de la soirée.

«Quelle soirée! Elle avait si bien° commencé. Et puis, il y a eu cet accident ridicule! Heureusement Jean-Jacques était chez lui! Est-ce que Papa s'apercevra de la réparation? Non! Jean-Jacques est un excellent mécanicien et Papa est un peu myope.° Il ne s'apercevra de rien … Sinon, ce serait un drame à la maison!

«Et Caroline? Elle était vraiment furieuse! Bah, tant pis! L'essentiel c'est que la voiture soit réparée.

Je suis sauvé, sauvé … »

**si bien** *so well*   **myope** *nearsighted*

### Avez-vous compris?

**Scène 1**
1. Que fait Jean-Jacques?
2. Pourquoi Jean-Jacques dit qu'Olivier a de la chance?

**Scène 2**
1. Que fait Olivier en rentrant chez lui?
2. Pourquoi dit Olivier: «Je suis sauvé, sauvé … »?

## SCÈNE 3

Dimanche matin, Olivier s'est levé assez tard. Il a trouvé sa mère dans la cuisine.
Madame Jamet est en train de préparer le déjeuner.

MME JAMET: Tu sais, Olivier, il ne faut pas que tu sois fâché contre° ton père. S'il ne t'a pas prêté sa voiture hier, c'est qu'il y avait une raison. Il faut que je t'explique ce qui s'est passé.° Hier matin, comme tous les samedis, ton père est allé faire les courses. Pendant qu'il était au supermarché, quelqu'un est rentré dans sa voiture. Évidemment, le type qui a fait ça est parti sans laisser de trace. Il paraît que le pare-chocs et le feu arrière sont endommagés! Quand Papa est rentré à la maison, il était absolument furieux. Il était si furieux qu'il n'a rien dit à personne. Enfin, il s'est calmé et chez les Roussel il a tout raconté. Tu t'imagines?° Une voiture toute neuve!° Tu comprends maintenant pourquoi il n'a pas voulu te prêter la voiture hier soir!

**fâché contre** *angry with, upset with*
**ce qui s'est passé** *what happened*
**Tu t'imagines?** *Do you realize?*
**toute neuve** *brand-new*

### Avez-vous compris?

**1.** Qu'est-ce qu'Olivier apprend dimanche matin?
**2.** Est-ce qu'il est vraiment sauvé?

## ÉPILOGUE

À cause de l'accident, Olivier est dans une situation très embarrassante. Selon vous, quelle est la meilleure solution?

• Il faut qu'il prenne un marteau° et qu'il casse à nouveau le feu arrière de la voiture.
• Il faut qu'il propose à son père de réparer lui-même la voiture.
• Il faut qu'il dise la vérité.

Avez-vous une autre solution à proposer à Olivier?

**marteau** *hammer*

**READING STRATEGY** *L'Art de la lecture*

French and English both commonly use FIGURES OF SPEECH, such as METAPHORS and SIMILES. Sometimes both languages use the same image. For example, consider the following figures of speech referring to animals:

SIMILE:   Tu es **lent comme une tortue**.   You're **slow as a turtle**.

Other times the images are close, but not identical.

Tu es **une poule mouillée** (*a wet hen*)!      You're **chicken**.

And there are some images that simply do not translate at all.

Tu es **un mufle** (*snout of an ox*).      You have **terrible manners**!

Quel **chameau** (*camel*)!      What a **disagreeable person**!

C'est **une vraie vache** (*a real cow*).      He/She is **really mean**.

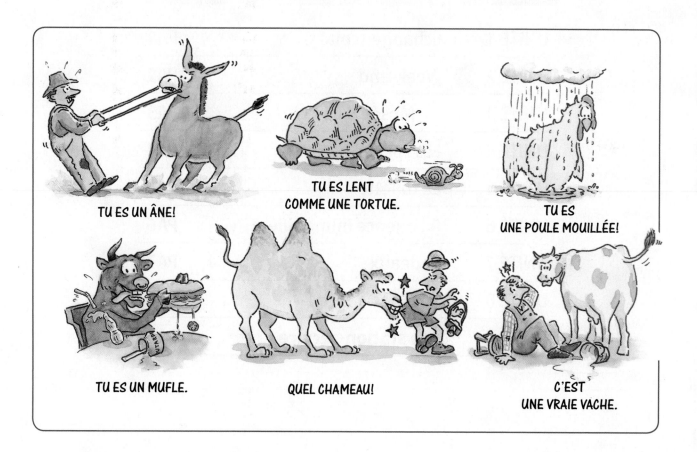

TU ES UN ÂNE!

TU ES LENT COMME UNE TORTUE.

TU ES UNE POULE MOUILLÉE!

TU ES UN MUFLE.

QUEL CHAMEAU!

C'EST UNE VRAIE VACHE.

# Tête à tête Pair Activities

## CONTENTS

## Élève B

Imagine you and your partner are doing volunteer work at an office that sets up international school exchanges.

### Partie 1

Your partner has a letter from Renée.
Ask him/her for the information you need to complete the form below. Write your answers on a separate sheet of paper.

**Nom:**

**Prénom:** Renée

**Âge:**

**Lieu de naissance:**

**Nationalité:**

**Domicile:**

**Numéro de téléphone:**

### Partie 2

You have just opened a letter from André.
Use the information in the letter to answer your partner's questions about this exchange student.

*Bonjour,*

*Je voudrais bien passer un mois dans une école américaine. Je m'appelle André Lacour. J'ai 18 ans. J'habite à Tours, mais je suis né à Paris. Je suis de nationalité française. J'aime beaucoup les États-Unis.*

*Mon numéro de téléphone est le (33) 2.47.35.82.11.*

*Sincèrement,*
*André Lacour*

---

## Échange scolaire

### Élève A

Imagine you and your partner are doing volunteer work at an office that sets up international school exchanges.

### Partie 1

You have just opened a letter from Renée.
Use the information in the letter to answer your partner's questions about this exchange student.

*Bonjour,*

*Je voudrais visiter les États-Unis au printemps.*

*Je m'appelle Renée Tan. J'ai quinze ans. Je suis née à Toulouse mais maintenant j'habite à Paris. Je suis française.*

*Mon numéro de téléphone est le (33) 1.45.32.77.52.*

*Sincèrement,*
*Renée Tan*

### Partie 2

Your partner has a letter from André.
Ask him/her for the information you need to complete the form below. Write your answers on a separate sheet of paper.

**Nom:**

**Prénom:** André

**Âge:**

**Lieu de naissance:**

**Nationalité:**

**Domicile:**

**Numéro de téléphone:**

## Week-end — Élève B

### Partie 1

You were pretty busy last weekend. The calendar below indicates where you were at different times. For each place, imagine an activity that you did there.

### Partie 2

Now find out where your partner went last weekend (or when he/she stayed home). Also ask what he/she did in each place and complete the chart below, marking your answers on a separate sheet of paper.

Élève B:  Où es-tu allé(e) samedi matin?
Qu'est-ce que tu as fait?

| | | aller/rester où? | faire quoi? |
|---|---|---|---|
| samedi | matin | | |
| | après-midi | | |
| | soir | | |
| dimanche | matin | | |
| | après-midi | | |
| | soir | | |

Did you do any of the same things last weekend?

---

## Week-end — Élève A

### Partie 1

You were pretty busy last weekend. The calendar below indicates where you were at different times. For each place, imagine an activity that you did there.

samedi matin — activité?  
samedi après-midi — activité?  
samedi soir — activité?

dimanche matin — activité?  
dimanche après-midi — activité?  
dimanche soir — activité?

### Partie 2

Now find out where your partner went last weekend (or when he/she stayed home).  Also ask what he/she did in each place and complete the chart below, marking your answers on a separate sheet of paper.

Élève A:  Où es-tu allé(e) samedi matin?
Qu'est-ce que tu as fait?

| | | aller/rester où? | faire quoi? |
|---|---|---|---|
| samedi | matin | | |
| | après-midi | | |
| | soir | | |
| dimanche | matin | | |
| | après-midi | | |
| | soir | | |

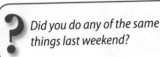

Did you do any of the same things last weekend?

# UNITÉ 3 Pair Activity

## Élève B

### Au Musée d'Orsay

After visiting the Musée d'Orsay in Paris, you go to lunch at the "Café des Hauteurs" located on its top floor. Select three items and a beverage. Your partner will first play the role of the waiter and take your order. Then change roles.

| M/O | Café des Hauteurs | |
|---|---|---|
| **Les salades composées** | | |
| Salade antiboise | | |
| (thon, tomates, oeuf dur) | | 3,75 |
| Salade flash | | |
| (jambon, poulet, fromage) | | 3,50 |
| Salade végétarienne | | 3,25 |
| Salade verte | | 2,50 |
| **Les sandwichs** | | |
| Jambon | | 2,75 |
| Thon | | 2,50 |
| Fromage | | 2,50 |
| Jambon et fromage | | 3,50 |
| **Les pâtisseries** | | |
| Croissant au beurre | | 1,25 |
| Pain au chocolat | | 1,50 |
| Tarte aux pommes | | 3,50 |
| Brownies au chocolat | | 4,00 |
| **Les boissons** | | |
| Eau minérale (25 cl) | | 1,75 |
| Sodas (20 cl) | | 2,00 |
| Café arabica | | 1,25 |
| Thé Earl Grey | | 2,15 |

| COMMANDE | PRIX |
|---|---|
| Salade: | |
| Sandwich: | |
| Pâtisserie: | |
| Boisson: | |
| Total: | |

**Élève A:** Qu'est-ce que vous prenez comme salade?

**Élève B:** Je vais prendre …

---

### Au Musée d'Orsay

Élève A

After visiting the Musée d'Orsay in Paris, you go to lunch at the "Café des Hauteurs" located on its top floor. Select three items and a beverage. First play the role of the waiter and take your partner's order. Then change roles.

| COMMANDE | PRIX |
|---|---|
| Salade: | |
| Sandwich: | |
| Pâtisserie: | |
| Boisson: | |
| Total: | |

| M/O | Café des Hauteurs | |
|---|---|---|
| **Les salades composées** | | |
| Salade antiboise | | |
| (thon, tomates, oeuf dur) | | 3,75 |
| Salade flash | | |
| (jambon, poulet, fromage) | | 3,50 |
| Salade végétarienne | | 3,25 |
| Salade verte | | 2,50 |
| **Les sandwichs** | | |
| Jambon | | 2,75 |
| Thon | | 2,50 |
| Fromage | | 2,50 |
| Jambon et fromage | | 3,50 |
| **Les pâtisseries** | | |
| Croissant au beurre | | 1,25 |
| Pain au chocolat | | 1,50 |
| Tarte aux pommes | | 3,50 |
| Brownies au chocolat | | 4,00 |
| **Les boissons** | | |
| Eau minérale (25 cl) | | 1,75 |
| Sodas (20 cl) | | 2,00 |
| Café arabica | | 1,25 |
| Thé Earl Grey | | 2,15 |

**Élève A:** Qu'est-ce que vous prenez comme salade?

**Élève B:** Je vais prendre …

## Les sorties — Élève B

**Élève B: Combien de fois est-ce que Marc est allé au théâtre?**

Marc

Your partner has a copy of Marc's calendar. Ask your partner questions so that you can complete the chart. Write your answers on a separate sheet of paper.

|  | 1 fois | 2 fois | 3 fois | 4 fois ou + |
|---|---|---|---|---|
| • aller au théâtre? | ☐ | ☐ | ☐ | ☐ |
| • aller au concert? | ☐ | ☐ | ☐ | ☐ |
| • aller au cinéma? | ☐ | ☐ | ☐ | ☐ |
| • aller au musée? | ☐ | ☐ | ☐ | ☐ |
| • aller à un match sportif? | ☐ | ☐ | ☐ | ☐ |

**Calendrier de Céline**

| LUN | MAR | MER | JEU | VEN | SAM | DIM |
|---|---|---|---|---|---|---|
| 1 | 2 | 3 | 4 | 5 | 6 Musée de l'Homme | 7 match de tennis |
| 8 | 9 | 10 théâtre **Hamlet** | 11 | 12 | 13 | 14 concert de rock |
| 15 | 16 | 17 | 18 | 19 cinéma | 20 Musée d'Orsay | 21 |
| 22 | 23 cinéma | 24 | 25 Musée du Louvre | 26 | 27 | 28 cinéma |

Here is Céline's calendar.

Marc and Céline love to go out. Who went out the most last month?

## Les sorties — Élève A

Marc and Céline love to go out. Who went out the most last month?
Here is Marc's calendar.

**Calendrier de Marc**

| LUN | MAR | MER | JEU | VEN | SAM | DIM |
|---|---|---|---|---|---|---|
| 1 | 2 concert de rock | 3 | 4 | 5 | 6 Musée Picasso | 7 match de foot |
| 8 théâtre **Le cid** | 9 | 10 cinéma | 11 | 12 | 13 | 14 concert de jazz |
| 15 | 16 | 17 | 18 | 19 cinéma | 20 match de basket | 21 |
| 22 | 23 cinéma | 24 | 25 Musée du Louvre | 26 | 27 | 28 cinéma |

Your partner has a copy of Céline's calendar. Ask your partner questions so that you can complete the chart. Write your answers on a separate sheet of paper.

Céline

|  | 1 fois | 2 fois | 3 fois | 4 fois ou + |
|---|---|---|---|---|
| • aller au théâtre? | ☐ | ☐ | ☐ | ☐ |
| • aller au concert? | ☐ | ☐ | ☐ | ☐ |
| • aller au cinéma? | ☐ | ☐ | ☐ | ☐ |
| • aller au musée? | ☐ | ☐ | ☐ | ☐ |
| • aller à un match sportif? | ☐ | ☐ | ☐ | ☐ |

**Élève A: Combien de fois est-ce que Céline est allée au théâtre?**

## Élève B

### Partie 2

You have packed the following items in your toiletry bag. Now you are in the bathroom getting ready for the day. Your partner will ask whether you are going to do certain things. Answer yes or no, according to whether you have the appropriate item with you.

### La toilette

### Partie 1

Your partner is in the bathroom getting ready for the day. Ask whether he/she is going to do the following.

| | | |
|---|---|---|
| oui | non | se laver les mains |
| oui | non | se raser *(un garçon)* |
| oui | non | se brosser les dents |
| oui | non | se laver les cheveux |
| oui | non | se peigner |
| oui | non | se maquiller *(une fille)* |

Élève B: Est-ce que tu vas te laver les mains?

Élève A: Non, je ne vais pas me laver les mains.
Je n'ai pas de savon.

---

## La toilette — Élève A

### Partie 1

You have packed the following items in your toiletry bag. Now you are in the bathroom getting ready for the day. Your partner will ask whether you are going to do certain things. Answer yes or no, according to whether you have the appropriate item with you.

Élève B: Est-ce que tu vas te laver les mains?

Élève A: Non, je ne vais pas me laver les mains.
Je n'ai pas de savon.

### Partie 2

Your partner is in the bathroom getting ready for the day. Ask whether he/she is going to do the following.

| | | |
|---|---|---|
| oui | non | se laver les mains |
| oui | non | se brosser les dents |
| oui | non | se laver les cheveux |
| oui | non | se brosser les cheveux |
| oui | non | se maquiller *(une fille)* |
| oui | non | se raser *(un garçon)* |

---

## À l'agence immobilière (At the real estate agency) —— Élève B

### Partie 2

Imagine you are working in a real estate agency in the Geneva area in Switzerland. Your partner is calling to have more information on the listing below. Answer his/her questions.

**BELLE MAISON DE CAMPAGNE**
**à 10 km de Genève**

(RDC: cuisine, salle à manger, salon, WC)
(1er: chambre, chambre, salle de bains)
(2e: chambre, salle de bains)

### Partie 1

Imagine you are moving to Tours with your best friend. You are inquiring about a recommended listing. Ask your partner (a real estate agent) for the following information.

| |
|---|
| • On which floor is the apartment? |
| • How many rooms are there? |
| • How many bedrooms? |
| • How many bathrooms? |
| • Is the kitchen large or small? |
| • Is the living room large or small? |

---

## À l'agence immobilière (At the real estate agency) —— Élève A

### Partie 1

Imagine you are working in a real estate agency in Tours. Your partner is calling to have more information on the listing below. Answer his/her questions.

**IMMEUBLE CENTRE-VILLE**
Appartement, 2è etage

(chambre, chambre, salle de bains, salon, cuisine)

### Partie 2

Imagine you are moving with your family to the Geneva area. You are inquiring about a recommended listing. Ask your partner (a real estate agent) for the following information.

| |
|---|
| • Is it a house or an apartment? |
| • Is it downtown? |
| • How many floors are there? |
| • How many bedrooms? |
| • How many bathrooms? |
| • Is the kitchen large or small? |

# UNITÉ 7 Pair Activity

## Élève B

### Cadeaux

**Partie 1**

You and your partner are buying holiday presents. Look at the pictures and select a gift for each of the people on your list.

- copain • frère • oncle
- copine • soeur • tante

**Partie 2**

Now find out what your partner bought for the people on his/her list and the price of each gift.

| PERSONNE | CADEAU | PRIX |
|---|---|---|
| copain | | |
| copine | | |
| frère | | |
| soeur | | |
| oncle | | |
| tante | | |

A: Qu'est-ce que tu as acheté pour ton copain?
B: J'ai acheté …
A: Combien est-ce que tu as payé?
B: J'ai payé …
Et toi, qu'est-ce que tu as acheté pour ton copain?

## Élève A

### Cadeaux

**Partie 1**

You and your partner are buying holiday presents. Look at the pictures and select a gift for each of the people on your list.

- copain • frère • oncle
- copine • soeur • tante

**Partie 2**

Now find out what your partner bought for the people on his/her list and the price of each gift.

| PERSONNE | CADEAU | PRIX |
|---|---|---|
| copain | | |
| copine | | |
| frère | | |
| soeur | | |
| oncle | | |
| tante | | |

A: Qu'est-ce que tu as acheté pour ton copain?
B: J'ai acheté …
A: Combien est-ce que tu as payé?
B: J'ai payé …
Et toi, qu'est-ce que tu as acheté pour ton copain?

## Voyages — Élève B

### Partie 1

you are working in a travel agency. A customer (your partner) phones to make a reservation. Ask for the following information and use your partner's answers to complete the form below, writing the answers on a separate sheet of paper.

**RÉSERVATION**

- Nom
- Destination
- Jour de départ
- Mode de transport
- Type de billet
- Type de billet

### Partie 2

You are a Canadian tourist preparing your next trip. Mark your preferences of the choices given below on a separate paper, and then answer the questions of your travel agent (your partner).

- **Où?**
  □ Los Angeles  □ Québec  □ New York

- **Jour de départ?**
  □ dimanche  □ jeudi  □ vendredi

- **Comment?**
  □ train  □ avion  □ bus

- **Type de billet?**
  □ aller simple  □ aller et retour

- **Classe?**
  □ première  □ seconde/économie

---

## Voyages ———————————————————— Élève A

### Partie 1

You live in Paris and want to go on a week vacation. Mark your preferences of the choices given below on a separate sheet of paper, and then answer the questions of your travel agent (your partner).

- **Où?**
  □ Bruxelles  □ Nice  □ Genève

- **Jour de départ?**
  □ lundi  □ mardi  □ vendredi

- **Comment?**
  □ train  □ avion

- **Type de billet?**
  □ aller simple  □ aller et retour

- **Classe?**
  □ première  □ seconde/économie

### Partie 2

You are working in a travel agency. A customer (your partner) phones to make a reservation. Ask for the following information and use your partner's answers to complete the form below, writing the answers on a separate sheet of paper.

**RÉSERVATION**

| Nom ▶ | _____ |
| Destination ▶ | _____ |
| Jour de départ ▶ | _____ |
| Mode de transport ▶ | _____ |
| Type de billet ▶ | _____ |
| Classe ▶ | _____ |

## À la station-service — Élève B

Imagine you are a mechanic in a French service station. A customer wants his/her car checked.

Find out what the customer wants done, by asking the following questions:

Élève B:

Qu'est-ce que je dois vérifier?
Qu'est-ce que je dois changer?
Qu'est-ce que je dois réparer?
Qu'est-ce que je dois ajuster?

Copy the repair chart on the right onto a separate piece of paper and fill it in according to the answers you get.

### Élève B

**LISTE DES RÉPARATIONS**

- vérifier ——————————
  ——————————
- changer ——————————
  ——————————
- réparer ——————————
  ——————————
- ajuster ——————————
  ——————————

---

## À la station-service — Élève A

Imagine you are traveling through France with your family. It is time to bring your leased car to a service station for a checkup.

- From the pad on the right, choose what you want done. Pick one option for each item and note it on a separate piece of paper.

- Now the mechanic on duty (your partner) will ask you what should be done. Answer the mechanic's questions. Begin each sentence with **Il faut que vous …**

Élève B: **Qu-est-ce que je dois vérifier?**
Élève A: **Il faut que vous vérifiez …**
 **[les freins].**

**vérifier**
- ❑ le moteur
- ❑ les freins
- ❑ les pneus

**changer**
- ❑ l'huile
- ❑ les essuie-glaces
- ❑ les phares

**réparer**
- ❑ le capot
- ❑ la porte gauche avant
- ❑ les clignotants

**ajuster**
- ❑ les essuie-glaces
- ❑ le siège avant
- ❑ le rétroviseur

# Reference Section

## CONTENTS

## A   VOCABULAIRE   Les nombres

▶ **How to count:**

| | 0 to 19 | | | | 20 to 59 | | |
|---|---|---|---|---|---|---|---|
| 0 | zéro | 10 | dix | 20 | vingt | 30 | trente |
| 1 | un | 11 | onze | 21 | vingt et un | 31 | trente et un |
| 2 | deux | 12 | douze | 22 | vingt-deux | 32 | trente-deux |
| 3 | trois | 13 | treize | 23 | vingt-trois | | … |
| 4 | quatre | 14 | quatorze | 24 | vingt-quatre | 40 | quarante |
| 5 | cinq | 15 | quinze | 25 | vingt-cinq | 41 | quarante et un |
| 6 | six | 16 | seize | 26 | vingt-six | 46 | quarante-six |
| 7 | sept | 17 | dix-sept | 27 | vingt-sept | | … |
| 8 | huit | 18 | dix-huit | 28 | vingt-huit | 50 | cinquante |
| 9 | neuf | 19 | dix-neuf | 29 | vingt-neuf | 51 | cinquante et un |
| | | | | | | 59 | cinquante-neuf |

| | 60 to 99 | | | | 100 to 1,000 | |
|---|---|---|---|---|---|---|
| 60 | soixante | 80 | quatre-vingts | 100 | cent | |
| 61 | soixante et un | 81 | quatre-vingt-un | 101 | cent un | |
| 62 | soixante-deux | 82 | quatre-vingt-deux | 110 | cent dix | |
| 63 | soixante-trois | 88 | quatre-vingt-huit | 200 | deux cents | |
| | … | | … | 211 | deux cent onze | |
| 70 | soixante-dix | 90 | quatre-vingt-dix | 300 | trois cents | |
| 71 | soixante et onze | 91 | quatre-vingt-onze | 400 | quatre cents | |
| | | | | 1 000 | mille | |

→ Note the use of **et** in the numbers 21, 31, 41, 51, 61, 71.
→ Note that French uses a space where English uses a comma. **1 000** *(1,000)*

## B   VOCABULAIRE   La date

▶ **How to give the date:**

**Quel jour est-ce aujourd'hui?**
  C'est jeudi.

**Quelle est la date?**
  C'est le trois janvier.
  C'est le dix-sept mai.
  C'est le trois août deux mille douze.

**Quand est-ce, ton anniversaire?**
  C'est le vingt-deux novembre.

**Les jours de la semaine:**

| | | | |
|---|---|---|---|
| lundi | mercredi | vendredi | dimanche |
| mardi | jeudi | samedi | |

**Les mois de l'année:**

| | | | |
|---|---|---|---|
| janvier | avril | juillet | octobre |
| février | mai | août | novembre |
| mars | juin | septembre | décembre |

→ The first of the month is **le premier**.   Demain, c'est **le premier** juillet.

## C | VOCABULAIRE | L'heure

▶ *How to tell time:*

**Quelle heure est-il?**
**Il est ...**

une heure

dix heures

midi

minuit

une heure et quart

neuf heures et demie

cinq heures moins le quart

une heure dix

dix heures vingt

deux heures
moins vingt

six heures
moins cinq

—**À quelle heure est le film?**
—**Il est à huit heures et demie.**

→ In French, official time is given on a 24-hour clock. Compare:

| | CONVERSATIONAL TIME | OFFICIAL TIME |
|---|---|---|
| 10 A.M. | Il est **dix heures du matin.** | Il est **dix heures.** |
| 1 P.M. | Il est **une heure de l'après-midi.** | Il est **treize heures.** |
| 9 P.M. | Il est **neuf heures du soir.** | Il est **vingt et une heures.** |

## D | VOCABULAIRE | Le temps

▶ *How to talk about the weather:*

**Quel temps fait-il?**

| | | |
|---|---|---|
| | **beau.** | *It's nice.* |
| | **bon.** | *It's fine, pleasant.* |
| **Il fait** | **chaud.** | *It's hot.* |
| | **froid.** | *It's cold.* |
| | **mauvais.** | *It's bad.* |

**Les saisons:**

| | |
|---|---|
| **le printemps** | *spring* |
| **l'été** | *summer* |
| **l'automne** | *fall* |
| **l'hiver** | *winter* |

| | |
|---|---|
| **Il pleut.** | *It's raining.* |
| **Il neige.** | *It's snowing.* |

## A   Les articles

In French, articles and adjectives agree with the nouns they introduce. They are MASCULINE or FEMININE, SINGULAR or PLURAL.

**Definite Articles** (*the*)

|  | SINGULAR | PLURAL |  |  |
|---|---|---|---|---|
| **MASCULINE** | **le (l')** | **les** | **le** garçon, **l'**ami | **les** garçons, **les** amis |
| **FEMININE** | **la (l')** | **les** | **la** fille, **l'**amie | **les** filles, **les** amies |

**Elision and Liaison**

- Before a vowel sound, **le** and **la** become **l'** and **ne** becomes **n'**.
  This is called ELISION.
  > **L'**appareil-photo **n'**est pas sur la table.

- Before a vowel sound, the final **s** of **les** is pronounced.
  This is called LIAISON.
  > Où sont **les** affiches?

## VOCABULAIRE   Quelques objets

| | | | |
|---|---|---|---|
| **un objet** | object, thing | **une chose** | thing |
| **un crayon** | pencil | **une montre** | watch |
| **un stylo** | pen | **des lunettes** | glasses |
| **un cahier** | notebook | **des lunettes de soleil** | sunglasses |
| **un livre** | book | | |
| **un sac** | bag | | |
| **un bureau** | desk | **une table** | table |
| **un lit** | bed | **une chaise** | chair |
| | | **une affiche** | poster |
| **un ordinateur** | computer | | |
| **un appareil-photo** | camera | | |
| **un (lecteur) MP3** | MP3 player | **une télé** | TV set |
| **un CD** | CD | | |
| **un portable** | cell phone | | |
| **un vélo** | bicycle | **une voiture** | car |

*Vocabulaire supplémentaire: Quelques couleurs*

| **blanc** (blanche) | **noir** (noire) | **bleu** (bleue) | **rouge** (rouge) | **jaune** (jaune) | **vert** (verte) | **marron** (marron) | **orange** (orange) |
|---|---|---|---|---|---|---|---|

## Indefinite Articles *(a, an; some + noun)*

|  | **SINGULAR** | **PLURAL** |  |  |
|---|---|---|---|---|
| **MASCULINE** | **un** | **des** | **un** sac, **un** ordinateur | **des** sacs, **des** ordinateurs |
| **FEMININE** | **une** | **des** | **une** table, **une** affiche | **des** tables, **des** affiches |

→**Des** often corresponds to the English *some*. Although the word *some* may be omitted in English, the article **des** must be used in French.

    J'ai **des** cousins à Québec.    *I have (some) cousins in Quebec.*

→ After a NEGATIVE verb (other than **être**), **un, une,** and **des** become **de (d').**

    Philippe a **un** vélo.    Alice **n'**a **pas de** vélo.    *Alice **doesn't** have a bike.*
    J'ai **des** amis à Paris.    Je **n'**ai **pas d'**amis à Rome.    *I **don't** have **any** friends in Rome.*

## VOCABULAIRE   Quelques vêtements

| | | | |
|---|---|---|---|
| **des vêtements** | *clothes* | | |
| **un pantalon** | *(pair of) pants* | **une chemise** | *shirt* |
| **un jean** | *(pair of) jeans* | **une veste** | *jacket* |
| **un short** | *(pair of) shorts* | **une cravate** | *tie* |
| **un pull** | *sweater* | **une ceinture** | *belt* |
| **un sweat** | *sweatshirt* | **une casquette** | *(baseball) cap* |
| **un survêtement** | *warm-up suit* | | |
| **un maillot de bain** | *bathing suit* | | |
| | | | |
| **un chemisier** | *blouse* | **une jupe** | *skirt* |
| **un tee-shirt** | *T-shirt* | **une robe** | *dress* |
| | | | |
| **un blouson** | *windbreaker* | **des chaussures** | *shoes* |
| **un manteau** | *coat* | **des chaussettes** | *socks* |
| **un imper (imperméable)** | *raincoat* | | |

*Vocabulaire supplémentaire*

| | |
|---|---|
| **un jogging** | *jogging suit* |
| **des sandales** *(f.)* | *sandals* |
| **des baskets** *(m.)* | *high tops* |
| **des tennis** *(m.)* | *sneakers, running shoes* |

## B   À et *de* + l'article défini

The definite articles **le** and **les** contract **with à** *(to, at)* and **de** *(of, from)*.

| à + le | → | au |
|---|---|---|
| à + les | → | aux |

| de + le | → | du |
|---|---|---|
| de + les | → | des |

Voici **le** café.          Marc va **au** café.          Alice vient **du** café.
Voici **les** élèves.          Le prof parle **aux** élèves.          Vous parlez **des** élèves.

→ There is no contraction with **l'** and **la.**

Voici **la** plage.          Anne est **à la** plage.          Nous rentrons **de la** plage.
Voici **l'**hôpital.          Le docteur va **à l'**hôpital.          Je rentre **de l'**hôpital.

### VOCABULAIRE   Quelques endroits

| | | | |
|---|---|---|---|
| **un endroit** | *place* | **une ville** | *city, town* |
| **un quartier** | *district, neighborhood* | **une maison** | *house* |
| | | **une rue** | *street* |
| **un café** | *café* | | |
| **un centre commercial** | *mall* | **une bibliothèque** | *library* |
| **un cinéma (un ciné)** | *movie theater* | **une boutique** | *shop* |
| **un hôpital** | *hospital* | **une école** | *school* |
| **un hôtel** | *hotel* | **une église** | *church* |
| **un magasin** | *store* | **une piscine** | *swimming pool* |
| **un musée** | *museum* | **une plage** | *beach* |
| **un restaurant** | *restaurant* | | |
| **un stade** | *stadium* | | |
| **un supermarché** | *supermarket* | | |

*Vocabulaire supplémentaire*

| | | | |
|---|---|---|---|
| **un aéroport** | *airport* | **une gare** | *station* |
| **un parc** | *park* | **une poste** | *post office* |

## C   La possession avec *de*

To express possession or relationship, the French often use the following construction:

NOUN + **de (d')** + { NAME OF PERSON
                       ARTICLE + NOUN

Voici **le vélo de Caroline.**          *Here is **Caroline's bike.***
Voilà la **voiture du professeur.**          *There is **the teacher's car.***

## D Les adjectifs possessifs

Another way to express possession or relationship is to use POSSESSIVE ADJECTIVES. In French, possessive adjectives agree with the nouns they introduce.

Voici **un** stylo.          C'est **mon** stylo.
Voici **une** veste.         C'est **ma** veste.
Voici **des** livres.        Ce sont **mes** livres.

| THE OWNER | THE POSSESSIVE ADJECTIVE | | | ENGLISH EQUIVALENT |
|---|---|---|---|---|
| | before a singular noun | | before a plural noun | |
| | MASCULINE | FEMININE | | |
| je | **mon** | **ma (mon)** | **mes** | *my* |
| tu | **ton** | **ta (ton)** | **tes** | *your* |
| il, elle | **son** | **sa (son)** | **ses** | *his, her, its* |
| nous | **notre** | | **nos** | *our* |
| vous | **votre** | | **vos** | *your* |
| ils, elles | **leur** | | **leurs** | *their* |

→ The possessive adjectives in parentheses are used before a vowel sound.

Voici **une** auto.          C'est **mon** auto.          Ce n'est pas **ton** auto.

→ The gender and number of a possessive adjective are determined only by the noun it introduces.

Voici Corinne et **sa voiture**.          *Here is Corinne and **her car**.*
Voici Philippe et **sa voiture**.         *Here is Philippe and **his car**.*
Voici Nathalie et **son vélo**.           *Here is Nathalie and **her bicycle**.*
Voici Marc et **son vélo**.               *Here is Marc and **his bicycle**.*

## E Les adjectifs démonstratifs et interrogatifs

**Demonstrative Adjectives** (*this, that; these, those* + NOUN)

| | SINGULAR | PLURAL | | |
|---|---|---|---|---|
| MASCULINE | ce (cet) | ces | **ce** pull, **cet** ami | **ces** pulls, **ces** amis |
| FEMININE | cette | ces | **cette** robe, **cette** amie | **ces** robes, **ces** amis |

→ To distinguish between *this (over here)* and *that (over there)*, the French add **-ci** or **-là** after the noun.

Patrick aime **cette** chemise-**ci**.          *Patrick likes **this** shirt.*
Je préfère **cette** chemise-**là**.            *I prefer **that** shirt.*

**Interrogative Adjectives** (*which, what* + NOUN)

| | SINGULAR | PLURAL | | |
|---|---|---|---|---|
| MASCULINE | quel | quels | **quel** café, **quel** ami | **quels** cafés, **quels** amis |
| FEMININE | quelle | quelles | **quelle** rue, **quelle** amie | **quelles** rues, **quelles** amies |

## A  Les verbes réguliers en -*er*: formes affirmatives et négatives

| | AFFIRMATIVE | | NEGATIVE | | | ENDINGS |
|---|---|---|---|---|---|---|
| **INFINITIVE** | parler | | | | | |
| **STEM** | parl- | | | | | |
| **PRESENT** | je | parl**e** | je | **ne** parl**e** | **pas** | -e |
| | tu | parl**es** | tu | **ne** parl**es** | **pas** | -es |
| | il/elle/on | parl**e** | il/elle/on | **ne** parl**e** | **pas** | -e |
| | nous | parl**ons** | nous | **ne** parl**ons** | **pas** | -ons |
| | vous | parl**ez** | vous | **ne** parl**ez** | **pas** | -ez |
| | ils/elles | parl**ent** | ils/elles | **ne** parl**ent** | **pas** | -ent |

➔ For verbs ending in -**ger**, the **nous-** form is written with -**geons**:
   nous man**geons**, nous na**geons**

➔ The stem of the verb **acheter** is written with **è** in the **je, tu, il,** and **ils-** forms:
   j'ach**è**te, tu ach**è**tes, il/elle ach**è**te, ils/elles ach**è**tent

## VOCABULAIRE  Quelques activités

**en semaine**   *during the week*

| | | | |
|---|---|---|---|
| **étudier** | *to study* | **manger** | *to eat* |
| **travailler** | *to work* | **dîner** | *to have dinner* |

| | |
|---|---|
| **parler (anglais, français, espagnol)** | *to speak (English, French, Spanish)* |
| **regarder (un magazine)** | *to look at (a magazine)* |
| **(la télé)** | *to watch (TV)* |
| **écouter (la radio, le professeur)** | *to listen to (the radio, the teacher)* |
| **téléphoner à (un copain)** | *to call, to phone (a friend)* |
| **rencontrer (des amis)** | *to meet (by chance), to run into (friends)* |
| **retrouver (des amis)** | *to meet (friends) at an arranged time and place* |
| **habiter (à Paris, en France)** | *to live (in Paris, in France)* |
| **rentrer** | *to go back, to come home* |
| **rester (à la maison)** | *to stay (home, at home)* |
| **aider (ses parents)** | *to help (one's parents)* |
| **préparer (le dîner)** | *to prepare, to fix (dinner)* |
| **(ses devoirs)** | *to do (one's homework)* |
| **prêter (5 euros)** | *to loan, lend (5 euros)* |

## The pronoun *on*

- The pronoun **on** always takes the il/elle- form of the verb.
- The pronoun **on** has several English equivalents: *they, you* (in general), *people, one.*

| À Montréal, **on** parle français. | *In Montreal, **people (they)** speak French.* |
| Quand **on** est jeune, **on** aime la musique. | *When **one** is young, **one** likes music.* |

In conversation, **on** is frequently used instead of **nous** to mean *we.*

Quand est-ce qu'**on** mange?  *When are **we** eating?*

| le week-end | on weekends | | |
| pendant les vacances | during vacation | | |
| chanter | to sing | **nager** | to swim |
| danser | to dance | **marcher** | to walk |

| **organiser (une boum, un pique-nique)** | to organize (a party, a picnic) |
| **apporter (un CD)** | to bring (a CD) |
| **inviter (une copine)** | to invite (a friend) |
| **louer (un film)** | to rent (a movie) |
| **acheter (des vêtements)** | to buy (clothes) |
| **porter (un jean)** | to wear (jeans) |
| **(un sac)** | to carry (a bag) |
| **jouer (au foot, aux jeux vidéo)** | to play (soccer, video games) |
| **(du piano, de la guitare)** | to play (the piano, the guitar) |
| **gagner (un match)** | to win (a game) |
| **(de l'argent)** | to earn (money) |
| **voyager (en voiture, en train, en avion)** | to travel (by car, by train, by plane) |
| **visiter (une ville)** | to visit (a city) |

## B   Les questions avec *est-ce que*

When you ask a question, you may want a YES or NO answer, or you may be looking for SPECIFIC INFORMATION. In French, you may ask both types of questions using **est-ce que.**

### Yes/No Questions

**est-ce que** + rest of sentence

| | |
|---|---|
| **Est-ce que** tu habites ici? | *Do you live here? (Are you living here?)* |
| **Est-ce qu'**Alice travaille? | *Does Alice work? (Is Alice working?)* |

→ In conversation, YES/NO questions can also be formed:
  • by letting your voice rise at the end of the sentence

   **Tu habites ici?**          **Alice travaille?**

  • by adding **n'est-ce pas?** (when an affirmative answer is expected)

   Tu habites ici, **n'est-ce pas?**      Alice travaille, **n'est-ce pas?**

### Information Questions

QUESTION WORD(S) + **est-ce que** + rest of sentence

| | |
|---|---|
| **Où est-ce que** tu habites? | *Where do you live?* |
| **Quand est-ce que** vous travaillez? | *When do you work?* |

→ In informal conversation, information questions can also be formed by placing the question words at the end of the sentence.

   Tu habites **où?**          Vous travaillez **quand?**

Qu'est-ce que tu vas faire samedi après-midi?

Je vais voir un film.

## C Les verbes réguliers en -*ir* et -*re*

| INFINITIVE | finir | | | vendre | | |
|---|---|---|---|---|---|---|
| | fin- | | ENDINGS | vend- | | ENDINGS |
| PRESENT | je | fin**is** | -**is** | je | vend**s** | -**s** |
| | tu | fin**is** | -**is** | tu | vend**s** | -**s** |
| | il/elle/on | fin**it** | -**it** | il/elle/on | vend | – |
| | nous | fin**issons** | -**issons** | nous | vend**ons** | -**ons** |
| | vous | fin**issez** | -**issez** | vous | vend**ez** | -**ez** |
| | ils/elles | fin**issent** | -**issent** | ils/elles | vend**ent** | -**ent** |
| NEGATIVE | je **ne** | finis **pas** | | je **ne** | vends **pas** | |

## VOCABULAIRE Quelques activités

| | | | |
|---|---|---|---|
| **choisir** | *to choose, select, pick* | **attendre** | *to wait, wait for* |
| **finir** | *to finish, end* | **entendre** | *to hear* |
| **grossir** | *to gain weight, get fat* | **perdre** | *to lose* |
| **maigrir** | *to lose weight, get thin* | **rendre visite à** | *to visit (a person)* |
| **réussir** | *to succeed, to be successful* | **répondre (à)** | *to answer* |
| **réussir à un examen** | *to pass a test* | **vendre** | *to sell* |

→ Note the two ways to say visit:

| **visiter** | *to visit (places)* | Je **visite** Paris. |
|---|---|---|
| **rendre visite à** | *to visit (people)* | Je **rends visite** à Sophie. |

Qu'est-ce que tu vends?

Je vends des mini-chaînes.

## D   L'impératif

The IMPERATIVE form of the verb is used to give orders and make suggestions.

| IMPERATIVE | AFFIRMATIVE | | NEGATIVE | |
|---|---|---|---|---|
| (tu) | **Attends!** | *Wait!* | **N'attends pas!** | *Don't wait!* |
| (vous) | **Attendez!** | *Wait!* | **N'attendez pas!** | *Don't wait!* |
| (nous) | **Attends!** | *Let's wait!* | **N'attendons pas!** | *Let's not wait!* |

→ The forms of the imperative are the same as the present tense.
  EXCEPTION: In the **tu-** form of all **-er** verbs, the final **s** is dropped.

  **Écoute!** *Listen!*        **Ne parle pas!** *Don't speak!*

→ Note the use of **moi** in affirmative commands:

  **Téléphone-moi!** *Call me!*    **Apporte-moi** ce livre. *Bring me that book.*

¹Also known as Île-de-France
²Also known as Nord-Pas-de-Calais
³Also known as Provence-Alpes-Côte d'Azur *(Bottin 1989)*

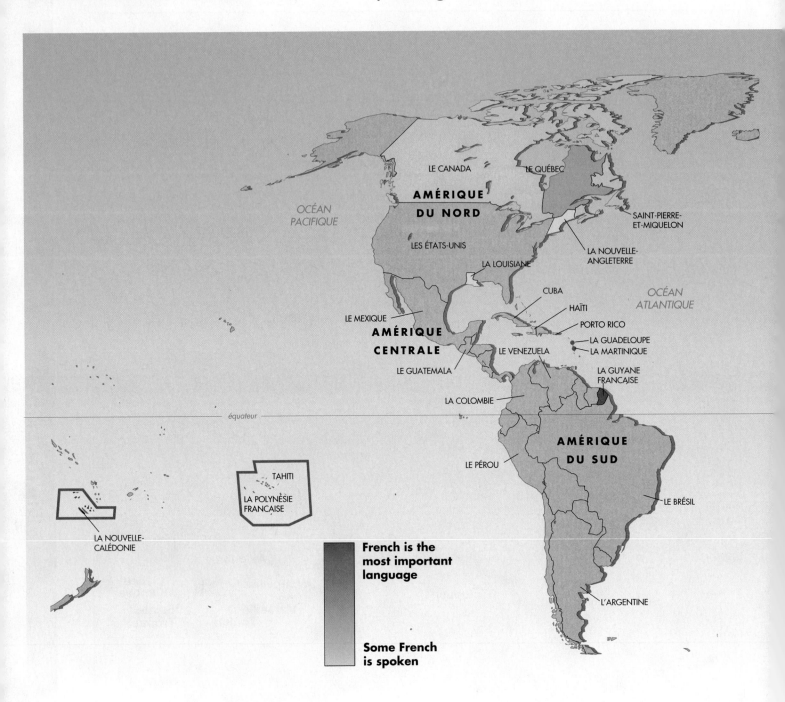

LE CANADA
LE QUÉBEC
AMÉRIQUE DU NORD
OCÉAN PACIFIQUE
SAINT-PIERRE-ET-MIQUELON
LES ÉTATS-UNIS
LA NOUVELLE-ANGLETERRE
LA LOUISIANE
CUBA
HAÏTI
OCÉAN ATLANTIQUE
PORTO RICO
LE MEXIQUE
LA GUADELOUPE
AMÉRIQUE CENTRALE
LA MARTINIQUE
LE VENEZUELA
LE GUATEMALA
LA GUYANE FRANÇAISE
LA COLOMBIE
équateur
AMÉRIQUE DU SUD
LE PÉROU
LE BRÉSIL
TAHITI
LA POLYNÉSIE FRANÇAISE
LA NOUVELLE-CALÉDONIE
L'ARGENTINE

**French is the most important language**

**Some French is spoken**

LA BELGIQUE
LE LUXEMBOURG
LA SUISSE

LA RUSSIE

LA FRANCE

**EUROPE**

**ASIE**

LE MAROC

L'ITALIE

L'ALGÉRIE

LA TUNISIE

ISRAËL

LE LIBAN

LA CHINE

L'ÉGYPTE

LA
MAURITANIE

LE
MALI

LE
NIGER

LE
TCHAD

L'INDE

LE SÉNÉGAL

**AFRIQUE**

LE LAOS

LA GUINÉE

LE CAMBODGE
LE VIÊT-NAM

OCÉAN
PACIFIQUE

LE BURKINA
FASO

LA RÉPUBLIQUE
CENTRAFRICAINE

LA CÔTE D'IVOIRE

LE TOGO
LE BÉNIN
LE CAMEROUN

LE RWANDA
LE BURUNDI

équateur

OCÉAN
ATLANTIQUE

LE GABON

LA RÉPUBLIQUE
DU CONGO

OCÉAN
INDIEN

LA RÉPUBLIQUE
DÉMOCRATIQUE
DU CONGO

L'ÎLE MAURICE
LA RÉUNION

**AUSTRALIE**

MADAGASCAR

# APPENDIX C  SOUND-SPELLING CORRESPONDENCES

## Vowels

| SOUND | SPELLING | EXAMPLES |
|---|---|---|
| /a/ | a, à, â | Madame, là-bas, théâtre |
| /i/ | i, î | visite, Nice, dîne |
| | y (initial, final, or between consonants) | Yves, Guy, style |
| /u/ | ou, où, oû | Toulouse, où, août |
| /y/ | u, û | tu, Luc, sûr |
| /o/ | o (final or before silent consonant) | piano, idiot, Margot |
| | au, eau | jaune, Claude, beau |
| | ô | hôtel, drôle, Côte d'Ivoire |
| /ɔ/ | o | Monique, Noël, jolie |
| | au | Paul, restaurant, Laure |
| /e/ | é | Dédé, Québec, télé |
| | e (before silent final z, t, r) | chez, et, Roger |
| | ai (final or before final silent consonant) | j'ai, mai, japonais |
| /ɛ/ | è | Michèle, Ève, père |
| | ei | seize, neige, Tour Eiffel |
| | ê | tête, être, Viêt-nam |
| | e (before two consonants) | elle, Pierre, Annette |
| | e (before pronounced final consonant) | Michel, avec, cher |
| | ai (before pronounced final consonant) | française, aime, Maine |
| /ə/ | e (final or before single consonant) | je, Denise, venir |
| /ø/ | eu, oeu | deux, Mathieu, euro, oeufs |
| | eu (before final se) | nerveuse, généreuse, sérieuse |
| /œ/ | eu, oeu (before final pronounced consonant except /z/) | heure, neuf, Lesieur, soeur, coeur, oeuf |

## Nasal Vowels

| SOUND | SPELLING | EXAMPLES |
|---|---|---|
| /ɑ̃/ | an, am | France, quand, lampe |
| | en, em | Henri, pendant, décembre |
| /ɔ̃/ | on, om | non, Simon, bombe |
| /ɛ̃/ | in, im | Martin, invite, impossible |
| | yn, ym | syndicat, sympathique, Olympique |
| | ain, aim | Alain, américain, faim |
| | (o) + in | loin, moins, point |
| | (i) + en | bien, Julien, viens |
| | un, um | un, Lebrun, parfum |
| /œ̃/ | un, um | un, Lebrun, parfum |

## Semi-Vowels

| Sound | Spelling | Examples |
|-------|----------|----------|
| /j/ | **i, y** (before vowel sound) | bien, piano, Lyon |
| | **-il, -ill** (after vowel sound) | oeil, travaille, Marseille |
| /ɥ/ | **u** (before vowel sound) | lui, Suisse, juillet |
| /w/ | **ou** (before vowel sound) | oui, Louis, jouer |
| /wa/ | **oi, oî, oy** (before vowel) | voici, Benoît, voyage |

## Consonants

| Sound | Spelling | Examples |
|-------|----------|----------|
| /b/ | **b** | Barbara, banane, Belgique |
| /k/ | **c** (before **a, o, u,** or consonant) | casque, cuisine, classe |
| | **ch(r)** | Christine, Christian, Christophe |
| | **qu, q** (final) | Québec, qu'est-ce que, cinq |
| | **k** | kilo, Kiki, ketchup |
| /ʃ/ | **ch** | Charles, blanche, chez |
| /d/ | **d** | Didier, dans, médecin |
| /f/ | **f** | Félix, franc, neuf |
| | **ph** | Philippe, téléphone, photo |
| /g/ | **g** (before **a, o, u,** or consonant) | Gabriel, gorge, légumes, gris |
| | **gu** (before **e, i, y**) | vague, Guillaume, Guy |
| /ɲ/ | **gn** | mignon, champagne, Allemagne |
| /ʒ/ | **j** | je, Jérôme, jaune |
| | **g** (before **e, i, y**) | rouge, Gigi, gymnastique |
| | **ge** (before **a, o, u**) | orangeade, Georges, nageur |
| /l/ | **l, ll** | Lise, elle, cheval |
| /m/ | **m** | Maman, moi, tomate |
| /n/ | **n** | banane, Nancy, nous |
| /p/ | **p** | peu, Papa, Pierre |
| /r/ | **r, rr** | arrive, rentre, Paris |
| /s/ | **c** (before **e, i, y**) | ce, Cécile, Nancy |
| | **ç** (before **a, o, u**) | ça, garçon, déçu |
| | **s** (initial or before consonant) | sac, Sophie, reste |
| | **ss** (between vowels) | boisson, dessert, Suisse |
| | **t** (before **i** + vowel) | attention, Nations Unies, natation |
| | **x** | dix, six, soixante |
| /t/ | **t** | trop, télé, Tours |
| | **th** | Thérèse, thé, Marthe |
| /v/ | **v** | Viviane, vous, nouveau |
| /gz/ | **x** | examen, exemple, exact |
| /ks/ | **x** | Max, Mexique, excellent |
| /z/ | **s** (between vowels) | désert, télévision, Louise |
| | **z** | Suzanne, zut, zéro |

# APPENDIX D    VERBS

## A. REGULAR VERBS

| INFINITIVE | PRESENT | IMPERATIVE | PASSÉ COMPOSÉ | IMPERFECT |
|---|---|---|---|---|
| **parler**<br>*(to talk, speak)* | je **parle**<br>tu **parles**<br>il **parle** | **parle** | j'**ai parlé**<br>tu **as parlé**<br>il **a parlé** | je **parlais**<br>tu **parlais**<br>il **parlait** |
| | nous **parlons**<br>vous **parlez**<br>ils **parlent** | **parlons**<br>**parlez** | nous **avons parlé**<br>vous **avez parlé**<br>ils **ont parlé** | nous **parlions**<br>vous **parliez**<br>ils **parlaient** |
| **finir**<br>*(to finish)* | je **finis**<br>tu **finis**<br>il **finit** | **finis** | j'**ai fini**<br>tu **as fini**<br>il **a fini** | je **finissais**<br>tu **finissais**<br>il **finissait** |
| | nous **finissons**<br>vous **finissez**<br>ils **finissent** | **finissons**<br>**finissez** | nous **avons fini**<br>vous **avez fini**<br>ils **ont fini** | nous **finissions**<br>vous **finissiez**<br>ils **finissaient** |
| **vendre**<br>*(to sell)* | je **vends**<br>tu **vends**<br>il **vend** | **vends** | j'**ai vendu**<br>tu **as vendu**<br>il **a vendu** | je **vendais**<br>tu **vendais**<br>il **vendait** |
| | nous **vendons**<br>vous **vendez**<br>ils **vendent** | **vendons**<br>**vendez** | nous **avons vendu**<br>vous **avez vendu**<br>ils **ont vendu** | nous **vendions**<br>vous **vendiez**<br>ils **vendaient** |
| **se laver**<br>*(to wash oneself)* | je **me lave**<br>tu **te laves**<br>il **se lave** | **lave-toi** | je **me suis lavé(e)**<br>tu **t'es lavé(e)**<br>il/elle **s'est lavé(e)** | je **me lavais**<br>tu **te lavais**<br>il **se lavait** |
| | nous **nous lavons**<br>vous **vous lavez**<br>ils **se lavent** | **lavons-nous**<br>**lavez-vous** | nous **nous sommes lavé(e)s**<br>vous **vous êtes lavé(e)(s)**<br>ils/elles **se sont lavé(e)s** | nous **nous lavions**<br>vous **vous laviez**<br>ils **se lavaient** |

| FUTURE | CONDITIONAL | SUBJUNCTIVE | PRESENT PARTICIPLE |
|---|---|---|---|
| je **parlerai** | je **parlerais** | que je **parle** | **parlant** |
| tu **parleras** | tu **parlerais** | que tu **parles** | |
| il **parlera** | il **parlerait** | qu'il **parle** | |
| | | | |
| nous **parlerons** | nous **parlerions** | que nous **parlions** | |
| vous **parlerez** | vous **parleriez** | que vous **parliez** | |
| ils **parleront** | ils **parleraient** | qu'ils **parlent** | |
| je **finirai** | je **finirais** | que je **finisse** | **finissant** |
| tu **finiras** | tu **finirais** | que tu **finisses** | |
| il **finira** | il **finirait** | qu'il **finisse** | |
| | | | |
| nous **finirons** | nous **finirions** | que nous **finissions** | |
| vous **finirez** | vous **finiriez** | que vous **finissiez** | |
| ils **finiront** | ils **finiraient** | qu'ils **finissent** | |
| je **vendrai** | je **vendrais** | que je **vende** | **vendant** |
| tu **vendras** | tu **vendrais** | que tu **vendes** | |
| il **vendra** | il **vendrait** | qu'il **vende** | |
| | | | |
| nous **vendrons** | nous **vendrions** | que nous **vendions** | |
| vous **vendrez** | vous **vendriez** | que vous **vendiez** | |
| ils **vendront** | ils **vendraient** | qu'ils **vendent** | |
| je **me laverai** | je **me laverais** | que je **me lave** | **se lavant** |
| tu **te laveras** | tu **te laverais** | que tu **te laves** | |
| il **se lavera** | il **se laverait** | qu'il **se lave** | |
| | | | |
| nous **nous laverons** | nous **nous laverions** | que nous **nous lavions** | |
| vous **vous laverez** | vous **vous laveriez** | que vous **vous laviez** | |
| ils **se laveront** | ils **se laveraient** | qu'ils **se lavent** | |

# APPENDIX D    VERBS    *continued*

## B. *-er* VERBS WITH SPELLING CHANGES

| INFINITIVE | PRESENT | | IMPERATIVE | PASSÉ COMPOSÉ | IMPERFECT |
|---|---|---|---|---|---|
| **acheter** *(to buy)* | j'**achète** <br> tu **achètes** <br> il **achète** | nous **achetons** <br> vous **achetez** <br> ils **achètent** | **achète** <br> **achetons** <br> **achetez** | j'**ai acheté** | j'**achetais** |

Verbs like **acheter: amener** *(to take, bring along)*, **se lever** *(to get up)*, **se promener** *(to take a walk, take a ride)*

| | | | | | |
|---|---|---|---|---|---|
| **appeler** *(to call)* | j'**appelle** <br> tu **appelles** <br> il **appelle** | nous **appelons** <br> vous **appelez** <br> ils **appellent** | **appelle** <br> **appelons** <br> **appelez** | j'**ai appelé** | j'**appelais** |

*Verbs like* **appeler: s'appeler** *(to be named)*

| | | | | | |
|---|---|---|---|---|---|
| **préférer** *(to prefer)* | je **préfère** <br> tu **préfères** <br> il **préfère** | nous **préférons** <br> vous **préférez** <br> ils **préfèrent** | **préfère** <br> **préférons** <br> **préférez** | j'**ai préféré** | je **préférais** |

Verbs like **préférer: accélérer** *(to accelerate, go faster)*, **espérer** *(to hope)*, **répéter** *(to repeat)*

| | | | | | |
|---|---|---|---|---|---|
| **manger** *(to eat)* | je **mange** <br> tu **manges** <br> il **mange** | nous **mangeons** <br> vous **mangez** <br> ils **mangent** | **mange** <br> **mangeons** <br> **mangez** | j'**ai mangé** | je **mangeais** <br> nous **mangions** |

Verbs like **manger: changer** *(to change)*, **nager** *(to swim)*, **neiger** *(to snow)*, **voyager** *(to travel)*

| | | | | | |
|---|---|---|---|---|---|
| **commencer** *(to start, begin)* | je **commence** <br> tu **commences** <br> il **commence** | nous **commençons** <br> vous **commencez** <br> ils **commencent** | **commence** <br> **commençons** <br> **commencez** | j'**ai commencé** | je **commençais** <br> nous **commencions** |

Verbs like **commencer: annoncer** *(to announce, proclaim)*, **divorcer** *(to divorce)*, **se fiancer** *(to get engaged)*, **menacer** *(to threaten)*

| | | | | | |
|---|---|---|---|---|---|
| **payer** *(to pay, pay for)* | je **paie** <br> tu **paies** <br> il **paie** | nous **payons** <br> vous **payez** <br> ils **paient** | **paie** <br> **payons** <br> **payez** | j'**ai payé** | je **payais** <br> nous **payions** |

Verb like **payer: essayer** *(to try)*

| Future | Conditional | Subjunctive | Present Participle |
|---|---|---|---|
| j'**achèterai** | j'**achèterais** | que j'**achète**<br>que nous **achetions** | **achetant** |
| j'**appellerai** | j'**appellerais** | que j'**appelle**<br>que nous **appelions** | **appelant** |
| je **préférerai** | je **préférerais** | que je **préfère**<br>que nous **préférions** | **préférant** |
| je **mangerai** | je **mangerais** | que je **mange**<br>que nous **mangions** | **mangeant** |
| je **commencerai** | je **commencerais** | que je **commence**<br>que nous **commencions** | **commençant** |
| je **paierai** | je **paierais** | que je **paie**<br>que nous **payions** | **payant** |

## C. IRREGULAR VERBS

| INFINITIVE | PRESENT | | IMPERATIVE | PASSÉ COMPOSÉ | IMPERFECT |
|---|---|---|---|---|---|
| **avoir** *(to have)* | j'**ai** tu **as** il **a** | nous **avons** vous **avez** ils **ont** | **aie** **ayons** **ayez** | j'**ai eu** | j'**avais** |
| **être** *(to be)* | je **suis** tu **es** il **est** | nous **sommes** vous **êtes** ils **sont** | **sois** **soyons** **soyez** | j'**ai été** | j'**étais** |
| **aller** *(to go)* | je **vais** tu **vas** il **va** | nous **allons** vous **allez** ils **vont** | **va** **allons** **allez** | je **suis allé(e)** | j'**allais** |
| **s'asseoir** *(to sit down)* | je **m'assieds** tu **t'assieds** il **s'assied** | nous **nous asseyons** vous **vous asseyez** ils **s'asseyent** | **assieds-toi** **asseyons-nous** **asseyez-vous** | je **me suis assis(e)** | je **m'asseyais** |
| **boire** *(to drink)* | je **bois** tu **bois** il **boit** | nous **buvons** vous **buvez** ils **boivent** | **bois** **buvons** **buvez** | j'**ai bu** | je **buvais** |
| **conduire** *(to drive)* | je **conduis** tu **conduis** il **conduit** | nous **conduisons** vous **conduisez** ils **conduisent** | **conduis** **conduisons** **conduisez** | j'**ai conduit** | je **conduisais** |

Verbs like **conduire: construire** *(to build)*, **détruire** *(to destroy)*, **produire** *(to produce)*, **traduire** *(to translate)*

| | | | | | |
|---|---|---|---|---|---|
| **connaître** *(to know)* | je **connais** tu **connais** il **connaît** | nous **connaissons** vous **connaissez** ils **connaissent** | **connais** **connaissons** **connaissez** | j'**ai connu** | je **connaissais** |

Verbs like **connaître: reconnaître** *(to recognize)*

| | | | | | |
|---|---|---|---|---|---|
| **croire** *(to believe)* | je **crois** tu **crois** il **croit** | nous **croyons** vous **croyez** ils **croient** | **crois** **croyons** **croyez** | j'**ai cru** | je **croyais** |
| **devoir** *(must, to have to, to owe)* | je **dois** tu **dois** il **doit** | nous **devons** vous **devez** ils **doivent** | **dois** **devons** **devez** | j'**ai dû** | je **devais** |
| **dire** *(to say, tell)* | je **dis** tu **dis** il **dit** | nous **disons** vous **dites** ils **disent** | **dis** **disons** **dites** | j'**ai dit** | je **disais** |

Verbs like **dire: contredire** *(to contradict)*, **prédire** *(to predict)*

| FUTURE | CONDITIONAL | SUBJUNCTIVE | | PRESENT PARTICIPLE |
|---|---|---|---|---|
| j'aurai | j'aurais | que j'aie<br>que tu aies<br>qu'il ait | que nous ayons<br>que vous ayez<br>qu'ils aient | ayant |
| je serai | je serais | que je sois<br>que tu sois<br>qu'il soit | que nous soyons<br>que vous soyez<br>qu'ils soient | étant |
| j'irai | j'irais | que j'aille<br>que nous allions | | allant |
| je m'assiérai | je m'assiérais | que je m'asseye<br>que nous nous asseyions | | s'asseyant |
| je boirai | je boirais | que je boive<br>que nous buvions | | buvant |
| je conduirai | je conduirais | que je conduise<br>que nous conduisions | | conduisant |
| je connaîtrai | je connaîtrais | que je connaisse<br>que nous connaissions | | connaissant |
| je croirai | je croirais | que je croie<br>que nous croyions | | croyant |
| je devrai | je devrais | que je doive<br>que nous devions | | devant |
| je dirai | je dirais | que je dise<br>que nous disions | | disant |

# APPENDIX D   VERBS   *continued*

## C. IRREGULAR VERBS

| Infinitive | Present | | Imperative | Passé Composé | Imperfect |
|---|---|---|---|---|---|
| **dormir** *(to sleep)* | je **dors**<br>tu **dors**<br>il **dort** | nous **dormons**<br>vous **dormez**<br>ils **dorment** | **dors**<br>**dormons**<br>**dormez** | j'ai **dormi** | je **dormais** |
| **écrire** *(to write)* | j'**écris**<br>tu **écris**<br>il **écrit** | nous **écrivons**<br>vous **écrivez**<br>ils **écrivent** | **écris**<br>**écrivons**<br>**écrivez** | j'ai **écrit** | j'**écrivais** |
| | Verbs like **écrire: décrire** *(to describe)*, **inscrire** *(to write)* | | | | |
| **envoyer** *(to send)* | j'**envoie**<br>tu **envoies**<br>il **envoie** | nous **envoyons**<br>vous **envoyez**<br>ils **envoient** | **envoie**<br>**envoyons**<br>**envoyez** | j'ai **envoyé** | j'**envoyais** |
| **faire** *(to make, do)* | je **fais**<br>tu **fais**<br>il **fait** | nous **faisons**<br>vous **faites**<br>ils **font** | **fais**<br>**faisons**<br>**faites** | j'ai **fait** | je **faisais** |
| **lire** *(to read)* | je **lis**<br>tu **lis**<br>il **lit** | nous **lisons**<br>vous **lisez**<br>ils **lisent** | **lis**<br>**lisons**<br>**lisez** | j'ai **lu** | je **lisais** |
| **mettre** *(to put, place)* | je **mets**<br>tu **mets**<br>il **met** | nous **mettons**<br>vous **mettez**<br>ils **mettent** | **mets**<br>**mettons**<br>**mettez** | j'ai **mis** | je **mettais** |
| | Verbs like **mettre: permettre** *(to let, allow, permit)*, **promettre** *(to promise)* | | | | |
| **ouvrir** *(to open)* | j'**ouvre**<br>tu **ouvres**<br>il **ouvre** | nous **ouvrons**<br>vous **ouvrez**<br>ils **ouvrent** | **ouvre**<br>**ouvrons**<br>**ouvrez** | j'ai **ouvert** | j'**ouvrais** |
| | Verbs like **ouvrir: découvrir** *(to discover)*, **offrir** *(to offer)*, **souffrir** *(to suffer)* | | | | |
| **partir** *(to leave)* | je **pars**<br>tu **pars**<br>il **part** | nous **partons**<br>vous **partez**<br>ils **partent** | **pars**<br>**partons**<br>**partez** | je **suis parti(e)** | je **partais** |
| | Verbs like **partir: sortir** *(to go out)* | | | | |
| **pleuvoir** *(to rain)* | il **pleut** | | | il **a plu** | il **pleuvait** |
| **pouvoir** *(can, may, to be able)* | je **peux**<br>tu **peux**<br>il **peut** | nous **pouvons**<br>vous **pouvez**<br>ils **peuvent** | | j'ai **pu** | je **pouvais** |
| **prendre** *(to take, have)* | je **prends**<br>tu **prends**<br>il **prend** | nous **prenons**<br>vous **prenez**<br>ils **prennent** | **prends**<br>**prenons**<br>**prenez** | j'ai **pris** | je **prenais** |
| | Verbs like **prendre: apprendre** *(to learn)*, **comprendre** *(to understand)* | | | | |

| Future | Conditional | Subjunctive | Present Participle |
|---|---|---|---|
| je **dormirai** | je **dormirais** | que je **dorme** <br> que nous **dormions** | **dormant** |
| j'**écrirai** | j'**écrirais** | que j'**écrive** <br> que nous **écrivions** | **écrivant** |
| j'**enverrai** | j'**enverrais** | que j'**envoie** <br> que nous **envoyions** | **envoyant** |
| je **ferai** | je **ferais** | que je **fasse** <br> que nous **fassions** | **faisant** |
| je **lirai** | je **lirais** | que je **lise** <br> que nous **lisions** | **lisant** |
| je **mettrai** | je **mettrais** | que je **mette** <br> que nous **mettions** | **mettant** |
| j'**ouvrirai** | j'**ouvrirais** | que j'**ouvre** <br> que nous **ouvrions** | **ouvrant** |
| je **partirai** | je **partirais** | que je **parte** <br> que nous **partions** | **partant** |
| il **pleuvra** | il **pleuvrait** | qu'il **pleuve** | **pleuvant** |
| je **pourrai** | je **pourrais** | que je **puisse** <br> que nous **puissions** | **pouvant** |
| je **prendrai** | je **prendrais** | que je **prenne** <br> que nous **prenions** | **prenant** |

## C. IRREGULAR VERBS

| Infinitive | Present | | Imperative | Passé Composé | Imperfect |
|---|---|---|---|---|---|
| **recevoir**<br>*(to receive)* | je **reçois**<br>tu **reçois**<br>il **reçoit** | nous **recevons**<br>vous **recevez**<br>ils **reçoivent** | **reçois**<br>**recevons**<br>**recevez** | j'**ai reçu** | je **recevais** |

Verbs like **recevoir: apercevoir** *(to see, catch sight of)*, **s'apercevoir** *(to notice, realize)*

| Infinitive | Present | | Imperative | Passé Composé | Imperfect |
|---|---|---|---|---|---|
| **rire**<br>*(to laugh)* | je **ris**<br>tu **ris**<br>il **rit** | nous **rions**<br>vous **riez**<br>ils **rient** | **ris**<br>**rions**<br>**riez** | j'**ai ri** | je **riais** |

Verbs like **rire: sourire** *(to smile)*

| Infinitive | Present | | Imperative | Passé Composé | Imperfect |
|---|---|---|---|---|---|
| **savoir**<br>*(to know)* | je **sais**<br>tu **sais**<br>il **sait** | nous **savons**<br>vous **savez**<br>ils **savent** | **sache**<br>**sachons**<br>**sachez** | j'**ai su** | je **savais** |
| **suivre**<br>*(to follow)* | je **suis**<br>tu **suis**<br>il **suit** | nous **suivons**<br>vous **suivez**<br>ils **suivent** | **suis**<br>**suivons**<br>**suivez** | j'**ai suivi** | je **suivais** |
| **se taire**<br>*(to be quiet)* | je **me tais**<br>tu **te tais**<br>il **se tait** | nous **nous taisons**<br>vous **vous taisez**<br>ils **se taisent** | **tais-toi**<br>**taisons-nous**<br>**taisez-vous** | je **me suis tu(e)** | je **me taisais** |
| **tenir**<br>*(to hold)* | je **tiens**<br>tu **tiens**<br>il **tient** | nous **tenons**<br>vous **tenez**<br>ils **tiennent** | **tiens**<br>**tenons**<br>**tenez** | j'**ai tenu** | je **tenais** |

Verbs like **tenir: appartenir** *(to belong to)*, **obtenir** *(to get, obtain)*, **retenir** *(to reserve, retain)*, **se tenir** *(to keep, stay)*

| Infinitive | Present | | Imperative | Passé Composé | Imperfect |
|---|---|---|---|---|---|
| **venir**<br>*(to come)* | je **viens**<br>tu **viens**<br>il **vient** | nous **venons**<br>vous **venez**<br>ils **viennent** | **viens**<br>**venons**<br>**venez** | je **suis venu(e)** | je **venais** |

Verbs like **venir: devenir** *(to become)*, **prévenir** *(to warn, tell in advance)*,
   **revenir** *(to come back)*, **se souvenir** *(to remember)*

| Infinitive | Present | | Imperative | Passé Composé | Imperfect |
|---|---|---|---|---|---|
| **vivre**<br>*(to live)* | je **vis**<br>tu **vis**<br>il **vit** | nous **vivons**<br>vous **vivez**<br>ils **vivent** | **vis**<br>**vivons**<br>**vivez** | j'**ai vécu** | je **vivais** |
| **voir**<br>*(to see)* | je **vois**<br>tu **vois**<br>il **voit** | nous **voyons**<br>vous **voyez**<br>ils **voient** | **vois**<br>**voyons**<br>**voyez** | j'**ai vu** | je **voyais** |
| **vouloir**<br>*(to want, wish)* | je **veux**<br>tu **veux**<br>il **veut** | nous **voulons**<br>vous **voulez**<br>ils **veulent** | **veuille**<br>**veuillons**<br>**veuillez** | j'**ai voulu** | je **voulais** |

| Future | Conditional | Subjunctive | Present Participle |
|---|---|---|---|
| je **recevrai** | je **recevrais** | que je **reçoive**<br>que nous **recevions** | **recevant** |
| je **rirai** | je **rirais** | que je **rie**<br>que nous **riions** | **riant** |
| je **saurai** | je **saurais** | que je **sache**<br>que nous **sachions** | **sachant** |
| je **suivrai** | je **suivrais** | que je **suive**<br>que nous **suivions** | **suivant** |
| je **me tairai** | je **me tairais** | que je **me taise**<br>que nous **nous taisions** | **se taisant** |
| je **tiendrai** | je **tiendrais** | que je **tienne**<br>que nous **tenions** | **tenant** |
| je **viendrai** | je **viendrais** | que je **vienne**<br>que nous **venions** | **venant** |
| je **vivrai** | je **vivrais** | que je **vive**<br>que nous **vivions** | **vivant** |
| je **verrai** | je **verrais** | que je **voie**<br>que nous **voyions** | **voyant** |
| je **voudrai** | je **voudrais** | que je **veuille**<br>que nous **voulions** | **voulant** |

# FRENCH-ENGLISH VOCABULARY

The French-English vocabulary contains active and passive words from the text, as well as the important words of the illustrations used within the units. Obvious passive cognates and adverbs have not been listed.

The numbers following an entry indicate the first lesson in which the word or phrase is activated. The following abbreviations have been used:

**A**  Appendix A
**R**  Reprise
**I**  Interlude

An asterisk (*) after the lesson or unit number indicates that the word or phrase is presented in the **Mots utiles** section of the reading.

**Nouns:** If the article of a noun does not indicate gender, the noun is followed by *m. (masculine)* or *f. (feminine)*. If the plural *(pl.)* is irregular, it is given in parentheses.

**Adjectives:** Adjectives are listed in the masculine form. If the feminine form is irregular, it is given in parentheses. Irregular plural forms *(pl.)* are also given in parentheses.

**Verbs:** Verbs are listed in the infinitive form. An asterisk (*) in front of an active verb means that it is irregular. (For forms, see the verb charts in the Appendix.) Irregular past participle *(p.p.)*, present participle *(pres. part.)*, future *(fut.)*, and subjunctive *(subj.)* forms are listed separately.

Words beginning with an **h** are preceded by a bullet (•) if the **h** is aspirate; that is, if the word is treated as if it begins with a consonant sound.

**à** at, to **R**; in
  **à** + *hour, day, date, moment*
    see you (at/on) …
  **à quelle heure?** at what time? **A**
  **à qui?** to whom? **R**
**abandonner** to abandon, give up, quit
**abord: d'abord** first, at first **6**
un **abri** shelter
**absolu** absolute
**absolument** absolutely
**abstrait** abstract
un **acadien (une acadienne)** Acadian
un **accélérateur** accelerator **33**
**accélérer** to accelerate, go faster **34***
**accentué: un pronom accentué** stress pronoun
**accepter (de)** to accept, agree **30**
un **accès** approach
un **accessoire** accessory **25**
un **accident** accident **24**
**accompagner** to accompany, go along with
**accomplir** to accomplish
**accord: d'accord** okay, all right **13**
  **être d'accord avec** to agree with **2**
**accueillir** to greet, welcome
un **achat** purchase **5**

**faire des achats** to go shopping **5**
**acheter (à)** to buy (for) **11**
un **acteur** actor **1**
**actif (active)** active **2**
**activement** actively **26**
une **activité** activity
une **actrice** actress **1**
**actuel (actuelle)** present
l' **addition** *f.* check, bill **9**; addition
un **adjectif** adjective
**administratif (administrative)** administrative **1**
un **admirateur, une admiratrice** admirer
**admirer** to admire
**adorer** to love **9**; to worship
une **adresse** address **1**
un **aéroport** airport **A**
**affaire: ce n'est qu'une affaire de temps** it's only a matter of time **I7***
des **affaires** *f.* things, personal belongings **5**
  **un homme (une femme) d'affaires** businessman (woman) **1**
**affectueusement** affectionately **14***
une **affiche** poster **A**; sign
**affirmatif (affirmative)** affirmative
**affliger** to afflict
**affreux (affreuse)** awful **25**

**affronter** to confront
l' **Afrique** *f.* Africa **29**
  **l'Afrique du Sud** South Africa
un **âge** age **3**
**âgé** old
  **plus âgé** older **1**
une **agence** agency
  **une agence immobilière** real estate agency
s' **agenouiller** to kneel
un **agent** agent
  **un agent de police** policeman
**agir** to act
**agréable** pleasant, agreeable
**ah bon?** really?
**aider** to help **A**
l' **aiguille** *f.* needle
**aille** *(subj. of aller)* **36**
**aimable** friendly; pleasant, nice **2**
**aimer** to like **R**
  **aimer mieux** to prefer
  **j'aimerais** I would like
**aîné** oldest
**ainsi** therefore; so
l' **air** *m.* air; tune
  **avoir l'air** to look **3**
  **l'air conditionné** *m.* air conditioning
**ait** *(subj. of avoir)* **36**
**ajouter** to add
**alarmer** to alarm
**alerter** to alert, warn
**algérien (algérienne)** Algerian

l' **alimentation** f. food,
nourishment
les **aliments** m. foods
l' **Allemagne** f. Germany **29**
**allemand** German **R**
**aller** to go **4**
**aller** + inf. to be going to
+ inf. **4**
**aller à pied** to go on foot,
walk **5**
**aller chercher** to go get,
pick up **4**
un **aller et retour** round trip
(ticket) **29**
un **aller simple** one-way
(ticket) **29**
**est-ce que [ce pantalon]
vous va?** do [these pants]
fit you? **25**
**est-ce que [ces chaussures]
vous vont?** do [those shoes]
fit you? **25**
**il (elle) me va bien** it fits me
well **25**
**il (elle) ne me va pas** it
doesn't fit **25**
**ils (elles) me vont très bien**
they fit very well **25**
**allergique** allergic
**allô** hello (on the telephone)
**allumer** to light **I2\*, 21**
une **allumette** match
**alors** then, so
l' **alpinisme** m. mountain
climbing
l' **Alsace** f. Alsace (province in
eastern France)
**ambitieux (ambitieuse)**
ambitious **2**
un **aménagement** facility
une **amende** fine **I8\***
**amener** to take, bring (along)
(mainly people) **11**
**américain** American **1**
l' **Amérique** f. America
**l'Amérique centrale** Central
America **29**
**l'Amérique du Nord** North
America **29**
**l'Amérique du Sud** South
America **29**
un **ami, une amie** friend **1**
un **meilleur ami, une
meilleure amie** best
friend **1**

**amicalement** love (at the end of
a letter) **I4\***
l' **amitié** f. friendship
**amitiés** best regards (at the end
of a letter)
l' **amour** m. love **I4\***
**amoureux (amoureuse) de** in
love with
une **ampoule** lightbulb
**amusant** amusing
**amuser** to amuse
**s'amuser** to have fun **20**
un **an** year
**avoir … ans** to be …
(years old) **3**
**le jour de l'An** New Year's
Day
un **ananas** pineapple
un(e) **ancêtre** ancestor
les **anchois** m. anchovies **9**
**ancien (ancienne)** former;
old **21**
un **âne** donkey
**anglais** English **1**
l' **anglais** m. English (language) **R**
l' **Angleterre** f. England **29**
un **animal** (pl. **animaux**) animal **5**
des **animations** f. organized
activities
**animé** animated, lively
une **année** (whole) year **A**
un **anniversaire** birthday **A**
**joyeux anniversaire!** happy
birthday!
une **annonce** ad
**des annonces publicitaires**
advertising
**annoncer** to announce;
to proclaim
un **anorak** ski jacket
**ans: avoir … ans** to be …
(years old) **3**
les **Antilles** f. West Indies
les **antiquités** f. antiques
**août** August **A**
\* **apercevoir** to see, catch sight
of **30**
**s'apercevoir (de)** to note,
notice, realize **I9\***
**apercevra** (fut. of
**apercevoir**) **31**
un **aperçu** glimpse
**apparaître** to appear **I1\***
un **appareil** machine, appliance **21**
un **appareil-photo** camera **A**

**apparenté: un mot apparenté**
cognate
un **appartement** apartment **21**
**appeler** to call
**s'appeler** to be named **1**
un **appétit** appetite
**applaudir** to applaud
**apporter (à)** to take, bring
(along) (things) **A, 14**
\* **apprendre** to learn **6**; to teach
**apprendre à** + inf. to learn
(how) to **6**
s' **apprêter (à)** to get ready
s' **approcher (de)** to approach,
get near (to)
**approprié** appropriate
**appuyer (sur)** to step (on), push
**après** after **6**
**après tout** after all
**d'après (moi)** according to
(me) **18**
l' **après-midi** m. afternoon,
in the afternoon **7**
**cet après-midi** this
afternoon **7**
**de l'après-midi** in the
afternoon, P.M. **A**
**(lundi) après-midi** (on)
(Monday) afternoon
un **aqueduc** aqueduct
**arabe** Arabic
un **arbre** tree **5**
un **architecte, une architecte**
architect
l' **argent** m. money; silver **25**
**l'argent de poche** pocket
money
l' **Argentine** f. Argentina **29**
une **armée** army
l' **arrêt** m. **de bus** bus stop
**arrêter (de)** to arrest, stop
(someone, something) **30**
**s'arrêter** to stop **20**
l' **arrière** m. back
une **arrivée** arrival; finish
**arriver (à, de)** to arrive, come;
to happen **8**
**j'arrive!** I'm coming!
**qu'est-ce qui est arrivé?**
what happened? **24**
un **arrondissement** district, borough
**arroser** to spray (water) on
un **article** article
**artistique** artistic
l' **ascendance** f. ancestry

# FRENCH-ENGLISH VOCABULARY  *continued*

un **ascenseur** elevator
une **ascension** ascent, climb
**asiatique** Asian
l' **Asie** f. Asia **29**
l' **aspect** m. aspect, appearance
un **aspirateur** vacuum cleaner
  **passer l'aspirateur**
    to vacuum
*s' **asseoir** to sit down **20**
  **asseyez-vous** sit down **20**
  **assez (de)** rather **2**, enough **12**
  **assieds-toi** sit down **20**
une **assiette** plate **9**
  **assis** seated
  **assister à** to attend **5**
l' **assurance** f. insurance **I7***;
    assurance
  **assurer** to make, ensure
un **astérisque** asterisk
un(e) **astronaute** astronaut
un **atelier** studio
  **atmosphérique** atmospheric
  **attaquer** to attack
  **atteindre** to reach
  **attendre** to wait, wait for **A**
  **attentif (attentive)** careful **26**
l' **attention** f. care, attention
  **attention!** watch out!
  **faire attention (à)** to pay
    attention (to), be careful
    (about) **3**
  **attentivement** carefully
  **attirer** to attract
  **attraper** to catch
  **au (à + le)** at (the), to (the) **R**
une **auberge de jeunesse** youth
    hostel
  **aucun** no
  **ne … aucun** not any, no **I7***
  **audacieux (audacieuse)** daring
  **au-dessus** above **I3***
  **augmenter** to increase, turn up
  **aujourd'hui** today **7**
  **aura** (*fut. of* **avoir**) **31**
  **aussi** also, too; that, so,
    therefore
  **aussi … que** as … as **27**
l' **Australie** f. Australia **29**
un **auteur** originator, author
une **auto** car
  **en auto** by car
une **auto-école** driving school **33**
un **autographe** autograph
l' **automne** m. autumn, fall **A**
un **autoportrait** self-portait

l' **autorité** f. authority
une **autoroute** toll road **I8***
l' **auto-stop** m. hitchhiking
  **autour (de)** around **I8***
  **autre** other **12**
  **d'autres** other(s) **12**
  **les autres** the others;
    other people
  **un (une) autre** another **12**
  **autrefois** in the past **23**
l' **Auvergne** f. Auvergne (*province
    in central France*)
  **aux (à + les)** at (the), to (the) **R**
  **avance: être en avance** to be
    early **2**
  **avancer** to advance
  **avant** before **6; first**
  **avant de** before **34**
  **avant tout** above all
  **avec** with **R**
  **avec qui?** with whom? **R**
une **aventure** adventure
  **un film d'aventures** action
    movie **13**
un **aventurier, une aventurière**
    adventurer
une **avenue** avenue
une **averse** rain shower
un **avion** plane **A**
  **en avion** by plane **A**
l' **aviron** m. rowing
un **avis** opinion **18**
  **à (mon) avis** in (my)
    opinion **18**
un **avocat, une avocate** lawyer **1**
* **avoir** (*p.p.* **eu**) to have **3**
  **avoir … ans** to be …
    (years old) **3**
  **avoir besoin de**
    to need **3**
  **avoir chaud** to be warm,
    hot **3**
  **avoir de la chance** to be
    lucky **3**
  **avoir envie de** to feel like,
    want **3**
  **avoir faim** to be hungry **3**
  **avoir froid** to be cold **3**
  **avoir la grippe** to have
    the flu **17**
  **avoir l'air** to look **3**
  **avoir un vertige** to feel dizzy
  **avoir lieu** to take place **24**
  **avoir l'intention de** to intend
    to, plan to **3**

  **avoir mal à** + *part of body*
    to have a sore …, to have
    a … ache **17**
  **avoir peur** to be afraid **3**
  **avoir raison** to be right **3**
  **avoir soif** to be thirsty **3**
  **avoir sommeil** to be sleepy **3**
  **avoir tort** to be wrong **3**
  **avoir un rhume** to have
    a cold **17**
  **avouer** to admit **I8***
  **avril** April **A**
  **ayez** (*subj. of* **avoir**) **36**

## B

le **babyfoot** tabletop soccer game
le **bac** high school diploma
les **bagages** m. baggage, luggage
un **bagne** prison
une **bague** ring **25**
une **baguette** long, thin loaf of
    French bread
une **baignoire** bathtub **21**
un **bain** bath
  **un bain de soleil** sunbath **5**
  **un maillot de bain** bathing
    suit **A, 25**
  **une salle de bains**
    bathroom **21**
  **baisser** to lower
un **bal** dance
un **ballon** ball
une **banane** banana **9**
un **banc** bench
une **bande dessinée** comic strip **16**
un **bandit** thief
la **banlieue** suburbs **21**
une **banque** bank
  **bas (basse)** soft; low
  **en bas** at the bottom;
    downstairs
  **basé** based
une **basilique** basilica
le **basket (ball)** basketball
les **baskets** m. high tops **A, 25**
une **bataille** battle
un **bateau** (*pl.* **bateaux**) boat
une **batte** (baseball) bat
se **battre** to fight
  **battu** beaten, defeated
  **bavard** talkative
le **bavardage** chatter, gossip
  **beau (bel, belle; beaux)**

good-looking, beautiful **2**

**il fait beau** it's nice (weather) **A**

**beaucoup (de)** (very) much, a lot, many **12**

un **beau-père** stepfather **1**; father-in-law

les **beaux-arts** *m.* fine arts

**beige** beige **25**

**bel** good-looking, beautiful **26**

**belge** Belgian **1**

la **Belgique** Belgium **29**

**belle** good-looking, beautiful **2**

une **belle-mère** stepmother **1**; mother-in-law

**ben …** well …

les **béquilles** *f.* crutches

un **berger allemand** German shepherd

**besoin: avoir besoin de** to need **3**

**bête** stupid, dumb, silly **2**

une **bête** animal

la **bêtise** stupidity, foolishness

le **beurre** butter **9**

une **bibliothèque** library **A**; bookcase

une **bicyclette** bicycle

un **bidon** (gas) can

**bien** well **27**; indeed, very much **R**

**bien à toi** yours (at the end of a letter) **14***

**bien entendu** of course **17***

**bien sûr** of course **13**

**eh bien** well…

**ou bien** or else

**vouloir bien** to want (used to accept an offer), to accept, agree **R**

**bientôt** soon **16***

**à bientôt** see you soon (in a few days)

une **bifurcation** fork

un **bijou** (*pl.* **bijoux**) jewel, jewelry **25**

une **bijouterie** jewelry store **17***

un **bijoutier** jeweler **17***

un **billet** ticket **11***, **13**

**un billet (de métro)** subway ticket **5**

**un billet d'avion (de train)** plane (train) ticket **29**

la **biologie (bio)** biology **R**

**blague: sans blague!** really?

**blanc (blanche)** white **A, 25**

un **blazer** blazer **25**

**blessé** hurt

un **blessé, une blessée** injured person

**bleu** blue **A, 25**

**bleu clair** light blue **25**

**bleu foncé** dark blue **25**

**blond** blond

**bloqué** blocked

un **blouson** jacket **A, 25**

le **boeuf** beef, ox, steer

\* **boire** to drink **11**

le **bois** wood

une **boisson** beverage, drink **9**

une **boîte** box, can **12**

**bon (bonne)** good **2**

**ah bon?** really?

**bon marché** *inv.* cheap, inexpensive **25**

des **bonbons** *m.* candy

le **bonheur** happiness

un **bonhomme de neige** snowman

**bonjour** hello, good morning, good afternoon

un **bonnet** (wool) hat

le **bord** shore

**au bord de** at the edge of **12***

**botanique** botanical

des **bottes** *f.* boots **25**

un **boubou** traditional Senegalese costume

une **bouche** mouth **17**

une **boucherie** butcher shop

des **boucles d'oreilles** *f.* earrings **25**

**bouddhiste** Buddhist

le **boudin blanc** meatless milk-based sausage

la **bouillabaisse** fish chowder

un **boulanger, une boulangère** baker

une **boulangerie** bakery

les **boules** *f.* bowling

un **boulevard** boulevard

une **boum** (informal) party **A**

la **Bourgogne** Burgundy (province in central France)

un **bout** end

**au bout de** after **13***

une **bouteille** bottle **12**

une **boutique** boutique, shop **A, 25**

**une boutique de soldes** discount shop **25**

un **bracelet** bracelet **25**

la **branche** branch

un **bras** arm **17**

le **Brésil** Brazil **29**

**brésilien (brésilienne)** Brazilian

la **Bretagne** Brittany (province in western France)

un **bricoleur, une bricoleuse** mechanically inclined person

**brièvement** briefly

un **brigand** robber

une **brioche** type of French bread with a sweet, light dough

la **brique** brick

**britannique** British

la **broderie** embroidery

**bronzer** to tan **5**

une **brosse à cheveux** hairbrush **19**

une **brosse à dents** toothbrush **19**

se **brosser** to brush **19**

un **bruit** noise **12***

**brûler** to burn

**brun** dark-haired; dark brown

**brusquement** suddenly

**Bruxelles** Brussels

**bu** (*p. p. of* **boire**) **11**

un **bureau** office **1**; desk **A, 21**

un **bus** bus **5**

## C

**c'** (*see* **ce**)

**ça** that **9**

**ça fait combien?** how much does that cost? **9**

**ça ne fait rien** that doesn't matter, no problem

**ça, par exemple!** wow!; what do you know!

**ça va** I'm fine **17**

**ça va?** how are you? **17**

**et avec ça?** anything else? **9**

une **cabine téléphonique** telephone booth

**caché** hidden **18***

se **cacher** to hide

un **cadeau** (*pl.* **cadeaux**) gift, present **14**

un **cadre** frame

le **café** coffee **9**

un **café** café **A, 5**

un **cahier** notebook **A**

la **caisse** cashbox

une **calculatrice** calculator

une **calebasse** gourd
un **calendrier** calendar
**calmement** calmly 26
un **camarade, une camarade**
classmate 1; friend
un(e) **camarade de chambre**
roommate
le **Cambodge** Cambodia 29
**cambodgien (cambodgienne)**
Cambodian 1
un **cambriolage** burglary
**cambriolé** burglarized
une **caméra** movie camera
**camerounais** Cameroonian
un **caméscope** camcorder 16
un **camion** truck 33
une **camionnette** (small) van 33
la **campagne** country,
countryside 29
**à la campagne** in the
country 5
le **camping** camping 29
**faire du camping** to go
camping 29
le **Canada** Canada 29
**canadien (canadienne)**
Canadian 1
un **canard** duck 5
une **canne** cane
une **cantine** cafeteria
un **canton** canton, district
le **caoutchouc** rubber 25
une **capitale** capital (city)
le **capot** hood (of a car) 33
**capter** to capture
**car** since, because
un **car scolaire** school bus
**caraïbe** Caribbean
une **caravane** camping trailer 29
un **carnet** small notebook
**un carnet d'adresses** address
book 13*
une **carotte** carrot 9
**carreau: à carreaux**
checked 25
une **carrière** career
une **carte** card 16; map 29
**les cartes** (playing) cards
**une carte postale**
postcard 16
un **cas** case
**dans ce cas** in that case 16*
**en cas de** in case of
une **case** box
un **casque** helmet, headphones

une **casquette** (baseball) cap A, 25
**casser** to break 18*
**se casser (la jambe)** to break
(one's leg)
une **casserole** pot, pan 29
un **catalogue** catalog 25
**cause: à cause de** because of
une **cave** cellar 21
une **caverne** cave
un **CD** compact disc A
**ce** it, that A
**ce que** what
**c'est** that's, it's, he's, she's 2
**c'est-à-dire** that is (to say)
**c'est le (3 janvier)** it's
(January 3rd) A
**c'est tout?** is that all? 9
**qu'est-ce que c'est?** what is
it? what's that? R
**ce (cet, cette; ces)** this, that,
these, those A
**ce … -ci** this (over here) A, 28
**ce … -là** that (over there)
A, 28
**ceci** this
**céder** to give up
un **cédérom (un CD-ROM)**
CD-ROM
une **ceinture** belt 25
**une ceinture de sécurité** seat
belt 33
**cela** that
**célèbre** famous
**célébrer** to celebrate
le **céleri** celery 9
**célibataire** single 1
**celle** the one 28
**celle-ci** this one 28
**celle de** the one of/
belonging to/from 28
**celle-là** that one 28; the
latter
**celles** these, those 28
**celles-ci** these 28
**celles de** the ones of/
belonging to/from 28
**celles-là** those 28
**celtique** Celtic
**celui (celle)** the one 28
**celui-ci** this one 28
**celui de** the one of/
belonging to/from 28
**celui-là** that one 28
**celui que** the one(s)
that/whom 28

**celui qui** the one(s)
who/whom 28
**cent** one hundred A, 26
un **cent** or **un centime** 1/100 of a
euro
**pour cent** percent
**centième** hundredth 26
un **centre** center
**au centre (de)** in the
center (of)
un **centre commercial** shopping
center A
le **centre-ville** downtown 21
**cependant** however 19*
les **céréales** f. cereal 9
une **cérémonie** ceremony
une **cerise** cherry 9
**certain** certain
**certains** some
**certainement** certainly
un **certificat** diploma
**ces** these, those A
**cesser de** to stop 30
**c'est** (see **ce**)
**c'est-à-dire** that is (to say)
**cet** this, that A
**cette** this, that A
**ceux (celles)** these, those 28
**ceux-ci** these; the latter 28
**ceux de** the ones of/
belonging to/from 28
**ceux-là** those 28
**chacun** each one, each person
une **chaîne** chain 25
une **chaîne hi-fi** hi-fi set A
une **chaise** chair A, 21
une **chambre (à coucher)** room;
bedroom 5
un **chameau** (pl. **chameaux**) camel
un **champ** field 5
la **Champagne** Champagne
(province in northeastern
France)
des **champignons** m. mushrooms 9
un **champion, une championne**
champion
la **chance** luck
**avoir de la chance** to be
lucky 3
**tenter sa chance** to try one's
luck 19*
**chanceux (chanceuse)** lucky
la **Chandeleur** Candlemas
un **changement** change
**changer (de)** to change

une **chanson** song **13**
**chanter** to sing **A**
un **chanteur, une chanteuse**
singer **13**
un **chapeau** (*pl.* **chapeaux**) hat **25**
**chaque** each **23**
un **char** float (*in a parade*), chariot
une **charcuterie** delicatessen
**chargé de** in charge of
la **chasse** hunting; hunt **18***
un **chat** cat
un **château** (*pl.* **châteaux**) castle
**chatter** to chat (online)
**chaud** warm, hot **27**
   **avoir chaud** to be warm,
    hot **3**
   **il fait chaud** it's hot
    (weather) **A**
le **chauffage** heat
des **chaussettes** *f.* socks **A, 25**
des **chaussures** *f.* shoes **A, 25**
une **chauve-souris** bat
un **chef** chef, head; chief, leader
un **chemin** path
un **chemin de fer** railroad
un **chemin de terre** dirt path
une **cheminée** fireplace; chimney
une **chemise** shirt **A, 25**
un **chemisier** blouse **A, 25**
**cher (chère)** expensive **25**;
   dear
**chercher** to get, pick up **4**;
   to look for **5**
un **chercheur** seeker
**chéri** darling
un **cheval** (*pl.* **chevaux**) horse **5**
   **à cheval** on horseback **5**
les **cheveux** *m.* hair **17**
**chez** home, at home, at the
   house (office, shop, etc.) of,
   to the house of **R**
   **chez moi (toi, lui … )** (at) (my,
    your, his, her … ) home **R**
un **chien** dog
les **chiffres** *m.* statistics, numbers
la **chimie** chemistry **R**
**chimique** chemical
un **chimiste, une chimiste** chemist
la **Chine** China **29**
**chinois** Chinese **1**
un **chocolat** cocoa, hot
   chocolate **9**
**choisir** to choose, pick **A**
un **choix** choice
   **au choix** choose one, your

   choice
une **chorale** choir
une **chose** thing **A**
   **quelque chose** something **7**
la **choucroute** sauerkraut
**chouette** great, terrific, neat
une **chouette** owl **16***
**ci: ce … -ci** this (over here) **28**
le **cidre** cider
le **ciel** heaven; sky **18***
le **cimetière** cemetery
un **cinéaste, une cinéaste**
filmmaker **1**
un **ciné-club** film club
le **cinéma** movies
   **au ciné** at/to the movies **5**
un **cinéma** movie theater **A**
un **cinéphile** movie lover
**cinq** five **A**
une **cinquantaine** about fifty
**cinquante** fifty **A**
**cinquième** fifth **26**
un **cintre** hanger **28***
une **circonstance** circumstance
la **circulation** traffic,
   circulation **18***
**circuler** to get around
un **citoyen, une citoyenne** citizen
un **citron pressé** lemon juice
**clair** clear, light
   **bleu clair** light blue **25**
une **clarinette** clarinet
une **classe** class **R**
   **en classe** to class, in class
   **première classe** first class **29**
   **seconde classe** second
    class **29**
un **classement** ranking
**classique** classical
le **clavier** keyboard (computer)
une **clé** key **13*, 21**
   **fermer à clé** to lock **21**
un **client, une cliente** client,
   customer
le **clignotant** blinker **33**
des **clips** *m.* music videos
une **cloche** bell
un **club de théâtre** drama club
un **cochon** pig **5**
le **code de la route** traffic
   regulations
un **coeur** heart **17**
un **coffre** trunk (*of a car*) **33**
un **coiffeur** hairdresser
un **coin** corner, spot

des **collants** *m.* tights,
   pantyhose **25**
**collectionner** to collect
un **collège** middle school **R**
un **collier** necklace **25**
une **colline** hill
un **colon** colonist
une **colonie** colony
une **colonie de vacances** (summer)
   camp
une **colonne** column
**combattre** to fight
**combien** how much **12**
   **combien de fois?** how many
    times?
une **comédie** comedy **13**
   **une comédie musicale**
    musical comedy **13**
**commander** to order **9**;
   to command
**comme** like; for, as **9**; since **16***;
   as well as
**commémorer** to commemorate
le **commencement** beginning
**commencer** to start,
   begin **13*, 13**
   **commencer à** + *inf.* to begin
    to **30**
**comment?** how?; what? **R**
   **comment est-il/elle?** what's
    he/she like? what does
    he/she look like?
un **commentaire** comment
un **commerçant,**
   **une commerçante**
    shopkeeper, merchant
le **commerce** business
**commercial** commercial **1**
* **commettre** to commit **17***
une **commode** dresser
**commun** common
la **communauté** community
un **compact (un CD)** compact
   disc **A**
une **compagnie** company
un **compagnon** friend, companion
une **comparaison** comparison
**comparer** to compare
**complément: un pronom**
   **complément** object
   pronoun
**complet (complète)** full
**complètement** completely
**compléter** to complete
**composer** to compose, write;

to dial

\* **comprendre** to understand 6; to include

**compris** included I4\*, 9

**y compris** including

un **comptable, une comptable** accountant 1

**compter** to count I3\*; to intend

le **comptoir** counter

un **comptoir** trading post

un **concert** concert 13

**un concert de rock** rock concert 5

un **concierge, une concierge** concierge (building superintendent)

un **concours** contest

un **conducteur, une conductrice** driver 24

\* **conduire** (*p. p.* **conduit**) to drive 33

**un permis de conduire** driver's license 33

la **conduite** driving 33

une **conférence** lecture

la **confiture** jam 9

le **confort** comfort

**confortable** comfortable

**confus** ashamed, embarrassed I1\*

un **congrès** congress, convention

**conjuguer** to conjugate

**connaissance: faire la connaissance de** to meet 15

\* **connaître** (*p.p.* **connu**) to know, be acquainted or familiar with 15; (*in passé composé*) to make the acquaintance of 15; (*p.p.* **connu**) known

**conquérir** to conquer

se **consacrer** to devote oneself

**consciencieux (consciencieuse)** conscientious 2

un **conseil** piece of advice, council

**conseiller** to advise

un **conseiller** advisor

**conséquent: par conséquent** consequently, therefore

**conserver** to keep

un **constat** report

**consterné** dismayed

**constitué (par)** made up (of)

un **constructeur** manufacturer

\* **construire** to build

**contact: mettre le contact** to turn on the ignition

**contenir** to contain

**content** happy, content 2

**contenu** contained

un **continent** continent 29

**continuer (à)** to continue; to go on 30

le **contraire** opposite

**au contraire** on the contrary

une **contravention** traffic ticket

**contre** against

un **contrebandier** smuggler

**contrôler** to control, to check

un **contrôleur, une contrôleuse** inspector

**convenable** suitable

**convient: qui convient** (that is) appropriate

**convoquer** to call together

un **copain** pal, friend 1

une **copine** pal, friend 1

un **coquillage** shellfish

la **Corée** Korea 29

**coréen (coréenne)** Korean 1

une **corde** rope

le **corps** body, corps 17

**correspondant** corresponding

un **correspondant, une correspondante** pen pal

**correspondre** to correspond

la **Corse** Corsica (*French island off the Italian coast*)

un **cosmonaute** astronaut

**costaud** strong, strapping

un **costume** suit 25

la **côte** coast, shore; hill

un **côté** side

**à côté (de)** beside, next to R

le **coton** cotton 25

**en coton** made of cotton 25

le **cou** neck 17

**couchage: un sac de couchage** sleeping bag 29

se **coucher** to go to bed 19; to set (*the sun*)

une **couleur** color 25

**de quelle couleur est … ?** what color is … ? 25

un **couloir** corridor 21

un **coup** stroke, blow

**un coup de chance** stroke of luck

**un coup de téléphone** telephone call

**un coup de tonnerre** thunder clap

**un coup d'oeil** glance

**coupable** guilty I5\*

un **coupable, une coupable** guilty one I5\*

une **coupe** cup, trophy

**couper** to cut

**se couper** to cut oneself

la **cour** court(yard) R

**courageux (courageuse)** courageous

**courant** running; current

un **coureur** racer, runner 26\*

\* **courir** (*p.p.* **couru**) to run I2\*, 17

la **couronne** crown

**couronner** to crown

le **courrier** mail

un **cours** course R

**suivre un cours** to take a course (*class*) 33

une **course** race 26\*; ride

les **courses** *f.* shopping 9

**faire les courses** to go shopping, do the shopping, to do errands 3

**court** short 25

un **court métrage** short film

un **cousin, une cousine** cousin 1

un **couteau** knife 9

**coûter** to cost 13

une **coutume** habit, custom

un **couturier, une couturière** fashion designer

une **couverture** blanket 29

\* **couvrir** (*p.p.* **couvert**) to cover 21

**craindre** to fear

une **cravate** tie A, 25

un **crayon** pencil A

**créer** to create, set up

la **crème** custard

**la crème glacée** ice cream (*Canadian*)

une **crémerie** dairy store

le **créole** Creole (*French dialect spoken in the Caribbean*)

une **crêpe** pancake

une **crêperie** pancake shop

une **crevaison** flat tire

**criard** tacky, loud

**crier** to shout, yell, scream I1\*

**critique** critical

\* **croire (à, que)** (*p.p.* **cru**) to believe (in, that) **18**

**je crois que** I believe that **18**

une **croisière** cruise

un **croissant** crescent; crescent roll **9**

une **croix** cross

la **Croix-Rouge** Red Cross

un **croque-monsieur** grilled ham and cheese sandwich **9**

**croustillant** crisp, crusty

**cru** (*p.p. of* **croire**) **18**

**cubain (cubaine)** Cuban **1**

une **cuillère** spoon **9**

le **cuir** leather **25**

**cuire** to cook

la **cuisine** cooking **9**

**faire la cuisine** to cook, do the cooking **3**

une **cuisine** kitchen **21**

un **cuisinier** cook

une **cuisinière** range, stove **21**; cook

le **cuivre** copper **18\***; brass

**cultiver** to cultivate

**curieux (curieuse)** curious **2**

les **cybernautes** people who like to use the Internet

**cycliste** cycling (*adj.*)

# D

**d'** (*see* **de**)

**d'abord** first, at first **6**

**d'accord!** okay, all right **13**

**être d'accord avec** to agree with **2**

une **dame** woman, lady

**dangereux (dangereuse)** dangerous

**dans** in, into; inside **R**

la **danse** dance

**danser** to dance **A**

**d'après** according to **18**

**d'après moi** according to me **18**

la **date** date **1**

**quelle est la date aujourd'hui?** what's the date today? **A**

**d'autres** other(s) **12**

**de** of, from; any; with **R**

**débarquer** to land

le **début** beginning

**décamper** to leave (*fam.*)

une **décapotable** convertible **33**

**décembre** December **A**

**décider (de)** to decide (to) **25, 30**

une **décision** decision

**déclencher (l'alarme)** to set off (the alarm) **18\***

**décorer** to decorate

\* **découvrir** (*p.p.* **découvert**) to discover **21**

\* **décrire** to describe **16**

**déçu** disappointed **19\***

**dedans** into; inside

**défense de** + *inf.* do not …

un **défi** challenge, dare **16\***

un **défilé** parade

**défini** definite

**défoncé** smashed in

**défunt** deceased

se **dégonfler** to become deflated

**déguisé** disguised

**dehors** outside **16\***

une **déité** deity

**déjà** already; before, ever **6**

le **déjeuner** lunch **9**

**le petit déjeuner** breakfast **9**

**déjeuner** to have (eat) lunch **9**

**délicieux (délicieuse)** delicious

le **deltaplane** hang gliding

**demain** tomorrow **7**

**à demain** see you tomorrow

**demander (à)** to ask, ask for **16**

**démarrer** to start (*a car*) **34\***

le **déménagement** moving

**demi** half

**… heure(s) et demie** half past … **A**

un **demi-frère** half brother **1**

une **demi-heure** half-hour

une **demi-soeur** half sister **1**

un **demi-tour** about-face, U-turn

**démonstratif (démonstrative)** demonstrative

se **dénoncer** to confess

le **dentifrice** toothpaste **19**

un **dentiste, une dentiste** dentist **1**

une **dent** tooth **17**

**avoir mal aux dents** to have a toothache **14\***

un **départ** departure; start

un **département** department (*administrative division of France*)

se **dépêcher** to hurry **19\*, 20**

**dépend: ça dépend** that depends

**dépenser** to spend

un **déplacement** move

se **déplacer** to move, go out of one's way

**déporté** deported

**depuis** since **4**

**depuis combien de temps?** for how long? **4**

**depuis quand?** since when? **4**

**depuis que** since

le **dérangement** turmoil

**dernier (dernière)** last **11\*, 7**

**derrière** behind, in back (of) **R**

**des (de + les)** some **10**; of (the), from (the) **R**

**dès** as early as, upon

**désagréable** unpleasant

un **désavantage** disadvantage

**descendre** to go down **5**

le **désert** desert

**désert** deserted

**désespéré** desperate, hopeless

se **déshabiller** to get undressed

**désigner** to designate

un **désir** wish

**désirer** to wish, desire; to want **9**

**désobéir** to disobey **19\***

la **désobéissance** disobedience, failure to obey **19\***

**désolé** sad; very sorry **13**

**je suis désolé(e)** I am sorry **1**

un **dessert** dessert **9**

un **dessin** pattern, design **25**; drawing **18\***

un **dessin animé** cartoon **13**

un **dessinateur, une dessinatrice** designer, draftsperson **1**

**dessinées: des bandes** *f.* **dessinées** comics **16**

**destiné** intended

la **destinée** destiny

**détaillé** detailed

**détester** to hate, dislike **9**

\* **détruire** to destroy

le **deuil** mourning **14\***

**deux** two

**deuxième** second **26**

**deuxièmement** secondly **26**

**devant** in front (of) **R**

**développer** to develop

* **devenir** (*p. p.* **devenu**) to become **4**
**deviendra** (*fut. of* **devenir**) **31**
**deviner** to guess
une **devinette** guessing game
une **devise** motto
un **devoir** homework assignment **3**
* **devoir** (*p.p.* **dû**) must, to have to, owe **R**
**dévoré** eaten up
**devra** (*fut. of* **devoir**) **31**
**d'habitude** usually **23**
un **diable** devil
un **diabolo-menthe** lemonade with mint
un **dialecte** dialect
un **diamant** diamond **17***
un **dieu** god
**Dieu: mon Dieu!** my goodness!
**difficile** difficult, hard **27**
**dimanche** *m.* Sunday, on Sunday **A**
le **dîner** dinner **9**
**dîner** to have (eat) dinner, supper **A, 9**
un **diplôme** diploma
* **dire (à)** (*p.p.* **dit**) to say, tell **16**
**à vrai dire** to tell the truth **17***
**vouloir dire** to mean
**directement** directly
un **directeur, une directrice** director, principal
**diriger** to steer, direct
**dis donc** hey!; I say
une **discothèque** disco
un **discours** speech
**discret (discrète)** discreet **26**
**discuter** to discuss
**disparaître** to disappear **17***
la **disparition** disappearance **17***
**dispersé** spread, scattered
**disputé** fought, held
**disputer** to compete in
une **distance** distance
une **distraction** pastime
**dites donc!** hey! I say **17***
**divers** various
**divisé** divided
**divorcé** divorced **1**
**dix** ten **A**
**dix-huit** eighteen **A**
**dix-neuf** nineteen **A**
**dix-sept** seventeen **A**
une **dizaine** about ten

un **dock** docking station
un **docteur** doctor **1**
un **doigt** finger **17**
un **dollar** dollar
un **domaine** domain
le **domicile** place of residence
**dommage: (c'est) dommage!** what a pity! that's too bad!
**donc** therefore, so **12***
**donner (à)** to give **14**
**dont** whose
* **dormir** to sleep **8**
un **dortoir** dormitory
un **dos** back **17**
**un sac à dos** backpack, knapsack **29**
**doubler** to pass **34***
une **douche** shower **21**
**doué** gifted
une **douzaine** about twelve, a dozen **9**
**douze** twelve **A**
un **drame** scene, drama
un **drame psychologique** psychological drama **13**
un **drapeau** flag
une **drogue** drug
**droit** right **17**
**à droite (de)** to the right (of) **R**
**le droit** law, right
**drôle** funny
**ça, c'est drôle!** that's funny!
**drôlement** extremely
**du (de + le)** of (the), from (the) **R**; some **10**
**dû** (*p. p. of* **devoir**) **10**
**dur** hard, tough **14***
**durant** during
la **durée** duration, length
**durer** to last
un **DVD** DVD
**dynamique** dynamic, energetic

**E**

l' **eau** *f.* (*pl.* **eaux**) water **9**
l' **eau minérale** mineral water **9**
un **échange** exchange
une **échelle** ladder
**échouer** to fail
un **éclair** (flash of) lightning **12***
**éclater** to break out
une **école** school **R**

l' **économie** economics **R**
**économique** economical
l' **écorce** *f.* bark
**écouter** to listen to **A**
un **écran** screen (computer)
* **écrire (à)** (*p. p.* **écrit**) to write (to) **16**
un **écriteau** notice
un **écrivain** writer **1**
un **écureuil** squirrel **5**
l' **éducation** *f.* **physique** physical education **R**
**effet: en effet** in fact; indeed, as a matter of fact **19***
**efficace** efficient
**effrayer** to frighten **16***
**égal** (*pl.* **égaux**) equal
**également** also
l' **égalité** equality
une **église** church **A**
**égoïste** selfish **2**
l' **Égypte** *f.* Egypt **29**
**eh bien** well …
**électrique** electric, electrical
**électroménager: des appareils** *m.* **électroménagers** household appliances
l' **électronique** *f.* electronics
**élégamment** elegantly **26**
**élégant** elegant **25**
un **élève, une élève** student
**élevé** high, raised
**élever (des animaux)** to raise (animals)
**elle** she, it; her **R**
**elles** they, them **R**
**élu** elected
**embarquer** to take on
**embarrassant** embarrassing
**embrasser** to embrace, kiss **14***
**je t'embrasse** love and kisses (*at the end of a letter*) **14***
une **émeraude** emerald
**émigrer** to emigrate
une **émission (de télé)** (TV) show
**emménager** to move in
un **emplacement délimité** marked campsite
un **employé (une employée) de bureau** office worker **1**
**employer** to use
**emporter** to carry away
un **emprunt** borrowed thing, loan
**emprunter (à)** to borrow (from) **16**

**en** some, any, from there, of (about) it/them **18**

**en** in, by, to **A**

  **en** + *pres. part.* while, on, upon, by …ing **34**

  **en (argent, coton)** made of (silver, cotton) **25**

  **en autobus (avion, bateau)** by bus (plane, boat) **A**

  **en semaine** during the week **A**

**encerclé** encircled

**enchanté(e)** glad to meet you **1**

**encore** still, yet; again

  **encore une fois** once more **15\***

**endommagé** damaged **19\***

**endormi** sleepy, asleep

un **endroit** place; spot **A, 5**

l' **énergie** *f.* energy

l' **enfance** *f.* childhood

un **enfant, une enfant** child **1**

un (une) **enfant unique** only child **1**

**enfin** at last **6**

s' **engager** to enlist

**enlever** to take off **34\***

**ennuyeux (ennuyeuse)** boring **2**

**énorme** enormous, huge **13\***

une **enquête** inquiry, survey

**enregistré** recorded

l' **enseignement** *m.* teaching

**ensemble** together

  **un grand ensemble** high-rise complex

**ensuite** then, after **6**

**entendre** to hear **A, 13;** to understand

**entendre parler** to hear about

**entier (entière)** whole, entire

**entouré** surrounded

un **entracte** intermission

s' **entraîner** to train

**entre** between, among **R**

une **entreprise** company

**entrer** to enter **8**

une **enveloppe** envelope; bag

**envelopper** to wrap

  **s'envelopper** to wrap oneself up

**enverra** (*fut. of* **envoyer**) **31**

**envers** toward(s)

l' **envie** *f.* envy

  **avoir envie de** to feel like,

want **3**

**environ** approximately

**environnant** neighboring

s' **envoler** to fly off **16\***

\* **envoyer** to send **11**

  **envoyer un mail (un mél)** to send an e-mail

l' **épaisseur** *f.* thickness

l' **épaule** *f.* shoulder **17**

une **épicerie** grocery, grocery store

les **épinards** *m.* spinach

un **épisode** episode

une **époque** period, time

une **épreuve** competition, hardship, test

l' **équilibre** *m.* balance

un **équipage** team, crew

une **équipe** team **13**

**équipé** equipped

l' **équipement** *m.* equipment **21**

l' **équitation** *f.* horseback riding **17**

une **erreur** mistake **13\***

  **faire erreur** to make a mistake **17\***

l' **escalade** rock climbing **17**

**escalader** to climb

un **escalier** staircase **21**

  **les escaliers** stairs **13\*, 21**

un **escargot** snail

l' **esclavage** *m.* slavery

un **esclave, une esclave** slave

l' **escrime** *f.* fencing

l' **Espagne** *f.* Spain **29**

**espagnol** Spanish **1**

l' **espagnol** *m.* Spanish *(language)* **R**

**espérer** to hope **11**

l' **espoir** *m.* hope **19\***

un **esprit** spirit, mind

**essayer** to try, try out, try on **25**

  **essayer de** to try to **30**

l' **essence** *f.* gas **33**

l' **essentiel** *m.* important thing

l' **essuie-glace** *m.* windshield wiper **33**

l' **est** *m.* east **29**

  **est-ce que** *phrase used to introduce a question* **R**

**estimer** to estimate

l' **estomac** *m.* stomach **17**

**et** and **R**

**établir** to establish

un **étage** floor, story **13\*, 21**

une **étagère** bookshelf **21**

**étant** (*pres. part. of* **être**)

une **étape** stage, lap **18\***

l' **état** state, government

un **état** state **29;** condition

  **en bon état** in good shape (condition) **18\***

les **États-Unis** *m.* United States **29**

**été** (*p. p. of* **être**) **7**

l' **été** *m.* summer **A**

**éteindre** to turn off **21**

**étendu** spread out, extensive

une **étoile** star

**étonné** surprised; astonished

**étrange** strange

**étranger (étrangère)** foreign **29**

  **à l'étranger** abroad **29**

**être** (*p. p.* **été**) to be **2**

  **être à** to belong to **2**

  **être à l'heure** to be on time **2**

  **être d'accord (avec)** to agree (with) **2**

  **être de retour** to be back

  **être en avance** to be early **2**

  **être en bonne santé** to be in good health **17**

  **être en forme** to be in shape **17**

  **être en retard** to be late **2**

  **être en train de** to be in the midst of **2**

une **étrenne** New Year's gift

**étroit** tight **25**

l' **étude** *f.* study **R**

un **étudiant, une étudiante** student

**étudier** to study **A**

**eu** (*p. p. of* **avoir**) **7**

**euh …** er …, uh …

un **euro** euro

l' **Europe** *f.* Europe **29**

**européen (européenne)** European

**eux** them **R**

  **eux-mêmes** themselves

un **événement** event **23**

**évidemment** obviously **19\***

**évident** evident, obvious

un **évier** kitchen sink **21**

**éviter** to avoid

**évoquer** to evoke, recall

**exactement** exactly

**exagérer** to exaggerate

**exaltant** exciting

un **examen** exam A

s' **excuser** to apologize 20

un **exemple** example

    **ça, par exemple!** what do you mean!; what do you know!

    **par exemple** for example

**exercer** to do, carry out, perform

une **exigence** demand

un **exode** exodus

**expliquer** to explain 13*

    s'**expliquer** to be explained

un **exploit** exploit, feat

un **explorateur, une exploratrice** explorer

un **explosif** explosive

un **exportateur** exporter

une **exposition** exhibition, exhibit 13

une **expression** expression

    d'**expression française** French-speaking

**exprimer** to express 18

    s'**exprimer** to express oneself

**expulser** to expel

un **extrait** extract

**extraordinaire** extraordinary, unusual

**extrêmement** extremely

la **fabrication** manufacturing

**fabriqué** made

**face: en face (de)** across (from), opposite 18*

**fâché (contre)** angry, upset (with)

se **fâcher** to get angry

**facile** easy 27

**faciliter** to facilitate, make easy

une **façon** manner, way

**facultatif (facultative)** optional

**faible** weak 27

**faim: avoir faim** to be hungry 3

\* **faire** (*p. p.* **fait**) to do, make 3; to manage

**faire attention (à)** to pay attention (to), be careful (about) 3

**faire de** + *activity* to play, participate in, study, learn, learn to play, be active in 3

**faire des achats** to go shopping 5

**faire des économies** to save money

**faire du camping** to go camping 29

**faire du mal** to hurt

**faire du [40]** to wear size [40] 25

**faire la connaissance de** to meet 15

**faire la cuisine** to cook, do the cooking 3

**faire la queue** to stand in line

**faire la vaisselle** to do (wash) the dishes 3

**faire le plein** to fill the tank 33

**faire les courses** to go shopping, do the shopping 3

**faire ses devoirs** to do one's homework 3

**faire ses valises** to pack one's suitcase 29

**faire une promenade (à pied, en auto)** to go for a walk, go for a ride 3

**faire une randonnée** to take a hike, a long ride 5

**faire un match** to play a game

**faire un pique-nique** to have a picnic 5

**faire un séjour** to spend some time 29

**faire un tour** to take a walk, ride 5

**faire un voyage** to go on a trip, take a trip 29

un **faire-part** announcement

**fais: ne t'en fais pas** don't worry

**fait: au fait** by the way

    **en fait** in fact

**fait: ça ne fait rien** that doesn't matter, no problem

**il fait beau (bon, mauvais, chaud, froid)** it's nice (pleasant, bad, hot, cold) (weather) A

**quel temps fait-il?** how's the weather? A

un **fait** fact

**falloir** to be necessary

**fameux (fameuse)** notorious, famous; great

**familial** (*pl.* **familiaux**) family

**familier (familière)** familiar

une **famille** family 1

un **fan, une fan** fan

un **fantôme** ghost

**fasse** (*subj. of* **faire**) 36

**fatigué** tired 12*, 17

**fauché** broke (without money)

**faut: il faut** one has to (must, should), you should (need to, have to), it is necessary 12

une **faute** fault, mistake

un **fauteuil** armchair 21

un **fauteuil roulant** wheelchair

**faux (fausse)** wrong, false

**favori (favorite)** favorite

**féliciter** to congratulate

**féminin** feminine

une **femme** woman; wife 1

une **fenêtre** window 21

**fera** (*fut. of* **faire**) 31

**férié: un jour férié** holiday 14*

une **ferme** farm 5

**fermer** to close, turn off 21

**fermer à clé** to lock 21

un **fermier (une fermière)** farmer

**féroce** ferocious 18*

un **festin** feast

une **fête** holiday, feast; name day, party, festival

    **la fête du Travail** Labor Day (May 1)

un **feu** fire 12*

    **faire un feu** to build a fire

    **des feux d'artifice** fireworks

    **un feu de joie** bonfire

un **feu arrière** taillight

un **feu rouge** red light

une **feuille** leaf 5

    **une feuille de papier** piece of paper

un **feuilleton** soap opera, series

**février** February A

un **fiancé, une fiancée** fiancé(e)

se **fiancer** to get engaged
**fidèle** faithful
**fier (fière)** proud I9*
une **figure** face 17
un **fil** wire
une **fille** girl; daughter 1
un **film** movie 5
   **un film d'aventures** action movie 13
   **un film d'horreur** horror movie 13
   **un film policier** detective movie 13
   **un film de science-fiction** science fiction movie 13
un **fils** son 1
la **fin** end I8*
   **en fin de** at the end of I2*
**finalement** finally 6
**finir** to finish, end A
   **finir de** to finish 30
**fixe** specific
le **flamand** Flemish (language)
une **flèche** arrow
une **fleur** flower 5
   **à fleurs** flowered 25
un **fleuve** river
**flipper: jouer au flipper** to play pinball 5
la **fois** time I1*, 13
   **à la fois** at the same time
   **combien de fois?** how many times?
   **deux fois** twice 13
   **plusieurs fois** several times 13
   **une fois** once, one time 13, 23
**fonctionner** to work, function
**fond: au fond (de)** at the back (of) 28*
le **fondateur** founder
**fonder** to found
**fondre** to melt
la **fondue** melted cheese dish
le **foot(ball)** soccer A
   **le football américain** football
la **force** strength
une **forêt** forest 5
une **forme** form
   **en forme** in shape 17
**formidable** terrific, super
**formuler** to formulate
**fort** strong 27
**fou (fol, folle)** crazy, mad I2*
un **foulard** scarf 25

un **four** oven 21
   **un four à micro-ondes** microwave 21
une **fourchette** fork 9
la **fourrure** fur 25
**frais (fraîche)** fresh, cool
une **fraise** strawberry 9
une **framboise** raspberry
un **franc** franc (former currency of France and Belgium, current currency of Switzerland)
**français** French 1
le **français** French (language) R
la **France** France 29
**franco-américain** French-American
**francophone** French-speaking
**frapper** to knock
la **fraternité** brotherhood
le **frein** brake 33
**fréquenter** to keep company with, visit
un **frère** brother 1
**frire** to fry
**frisé** curly
les **frites** f. French fries 9
**froid** cold 27
   **avoir froid** to be cold 3
   **il fait froid** it's cold (weather) A
le **fromage** cheese 9
une **frontière** border
un **fruit** fruit 9
**fumé** smoked
la **fumée** smoke
**fumer** to smoke
les **funérailles** f. funeral
**furieux (furieuse)** furious, mad; upset, angry
une **fusée** rocket
le **futur** future

**gagner** to win; to earn A
une **galerie** gallery, tunnel
une **galette** cake
une **gamme** range
un **gant** glove 25
un **garage** garage 5
un **garagiste** mechanic
un **garçon** boy; waiter
   **un garçon de courses** errand boy

un **garde-boue** fender
**garder** to keep 13
une **gare** station A
un **gars** guy, fellow
le **gâteau** (pl. **gâteaux**) cake 9
un **gâteau sec** biscuit
**gauche** left 17
   **à gauche (de)** to the left (of) R
**gazeux (gazeuse)** carbonated
un **gendarme** police officer
la **gendarmerie** highway police
**généalogique** genealogical
**général** (pl. **généraux**) general
   **en général** in general
**généreux (généreuse)** generous 2
**génial** (pl. **géniaux**) great 2
un **génie** genius
un **genou** knee 17
un **genre** type, kind, gender 13
   **quel genre de film est-ce?** what type of film is it? 13
les **gens** m. people 1
**gentil (gentille)** nice 27
la **gentillesse** kindness I8*
la **géographie (géo)** geography R
**géographique** geographic
**gigantesque** gigantic
la **glace** ice cream 9; mirror 21; ice
le **golfe** gulf
la **gomme** chewing gum (Canadian)
un **gourmand** glutton
la **gourmandise** gluttony
**goûter** to taste, try I3*
une **goutte d'eau** drop of water
**gouverné** governed
**grâce à** thanks to I7*
**grand** tall, big 2; great
un **grand magasin** department store 25
**grandir** to grow
une **grand-mère** grandmother 1
un **grand-père** grandfather 1
les **grands-parents** m. grandparents
une **grange** barn
un **gratte-ciel** skyscraper
**gratuit** free of charge
**grave** serious
un **graveur** engraver
**grec (grecque)** Greek
un **grenier** attic 21

le **gril (du four)** broiler
une **grille** grid
un **grille-pain** toaster 21
**grimper** to climb
un **grimpeur, une grimpeuse**
    climber
la **grippe** flu 17
**gris** gray 25
**gros (grosse)** fat, big I3*
**grossir** to gain weight, get fat A
un **groupe** band 13
le **gruyère** Swiss cheese
la **Guadeloupe** Guadeloupe
    *(French island in the
    West Indies)*
le **Guatemala** Guatemala 29
le **guépard** cheetah
une **guerre** war
un **guichet** ticket window
un **guidon** handlebars
une **guitare** guitar A
la **Guyane française** French
    Guiana
le **gymnase** gymnasium
la **gym(nastique)** gymnastics 17

s' **habiller** to get dressed 19
un **habitant** inhabitant
**habiter** to live A, 22
une **habitude** habit, custom I4*
    **d'habitude** usually 23
**habituel (habituelle)** usual 23
**habituellement** usually 23
**haïtien (haïtienne)** Haitian 1
**hanté** haunted
les • **haricots verts** *m.* (green)
    beans 9
la • **hâte** hurry, haste
• **haut** high
    **en haut** at the top
• **hein?** huh?
• **hélas** unfortunately
un **hélicoptère** helicopter
**helvétique** Swiss
l' **herbe** *f.* grass
**hésiter à** to hesitate, be
    hesitant about 30
l' **heure** *f.* time, hour, o'clock A
    **à l'heure** on time 2; per hour
    **à quelle heure?** at what
        time? A
    **à … heures** at … o'clock A

... **heure(s) (cinq)**
    (five) past … A
... **heure(s) et demie**
    half past … A
... **heure(s) et quart**
    quarter past … A
... **heure(s) moins (cinq)**
    (five) of … A
... **heure(s) moins le quart**
    quarter of … A
**il est … heure(s)** it is …
    (o'clock) A
**quelle heure est-il?** what
    time is it? A
**heureusement** fortunately 8*
**heureux (heureuse)** happy 2
**heurter** to run into 24
**hier** yesterday 6
l' **histoire** *f.* history R
une **histoire** story 16
**historique** historical
l' **hiver** *m.* winter A
• **hollandais** Dutch
un **homme** man
    **un homme (une femme)
    d'affaires** business
    person 1
**honnête** honest
l' **honneur** *m.* honor
un **hôpital** hospital A
un **horaire** schedule 29
les • **hors-d'oeuvre** *m.* appetizers 9
**hospitalier (hospitalière)**
    welcoming 18*
un **hôte, une hôtesse** host, hostess;
    flight attendant
un **hôtel** hotel A
l' **huile** *f.* oil 33
• **huit** eight A
    **à (mardi) en huit** see you a
    week from (Tuesday)
une **huître** oyster
**humain** human
**humeur: de bonne humeur** in a
    good mood
    **de mauvaise humeur** in a bad
    mood 19*
**humoristique** humorous

**ici** here
**idéaliste** idealistic
une **idée** idea

**identifier** to identify
**ignorer** to not know
**il** he, it R
    **il faut** one must
    **il faut que** + *subjunctive* it is
        necessary that 35
    **il n'y a pas** there is no, there
        aren't any R
    **il y a** there is, there are R
    **il y a eu** there was 7
    **il y a** + *time* time ago 7
    **il y avait** there had been 23
    **qu'est-ce qu'il y a?** what's up?;
        what's wrong? what's the
        matter? what's going
        on? R
une **île** island
**illustré** illustrated
**ils** they R
**imaginatif (imaginative)**
    imaginative 2
**imaginer** to imagine
**imbattable** unbeatable
**immédiatement** immediately
un **immeuble** apartment building
    I4*, 21
**immigré** immigrant
**immobiliser** to immobilize
**immortaliser** to immortalize
l' **imparfait** *m.* imperfect *(tense)*
s' **impatienter** to get impatient
l' **impératif** *m.* imperative
    *(command)* mood
un **imperméable (imper)** raincoat
    A, 25
**importance: cela n'a pas
    d'importance** that doesn't
    matter I7*
**impoli** impolite 2
**impressionné** impressed
une **imprimante** printer A
**impulsif (impulsive)**
    impulsive 2
**inauguré** inaugurated
**inclus gratuitement** included
    at no extra cost
**incolore** colorless I5*
**inconnu** unknown I8*
**incroyable** unbelievable,
    incredible
l' **Inde** *f.* India 29
**indéfini** indefinite
**indemne** unhurt
**indien (indienne)** Indian 1
**indiquer** to indicate, point out

**indiscret (indiscrète)** indiscreet
un **individu** individual
**individuel (individuelle)** individual **17**
**infini** infinite
un **infinitif** infinitive
un **infirmier, une infirmière** nurse **1**
un **informaticien, une informaticienne** computer specialist **1**
l' **informatique** *f.* computer science **R**
s' **informer** to find out, make inquiries
un **ingénieur** engineer **1**
un **ingrédient** ingredient **9**
**injuste** unfair **2**
**innocent: faire l'innocent** to act innocent **17\***
**inquiet (inquiète)** worried, concerned
s' **inquiéter** to worry
\* **inscrire** to write *(in a notebook)*
**inscrit** registered
**s'inscrire** to join
un **inspecteur, une inspectrice** inspector
s' **installer** to settle
**instituer** to set up
**intellectuel (intellectuelle)** intellectual **2**
**intelligent** smart, intelligent
**intention: avoir l'intention de** to intend to, plan to **3**
une **interdiction** prohibition
**interdit** forbidden, illegal **18\***
**intéressant** interesting
**intéresser** to interest
**s'intéresser (à)** to be interested (in)
l' **intérieur** *m.* interior
**à l'intérieur** inside **18\***
les **internautes** people who like to use the Internet
**Internet** the Internet
**interrogatif (interrogative)** interrogative
**interroger** to interrogate
**interrompre** to interrupt
**interviewer** to interview
**intriguer** to puzzle
**introduire** to introduce
**intuitif (intuitive)** intuitive **2**
**inutile** useless; unnecessary **27**

**inverse: en sens inverse** in the opposite direction
**à l'inverse** conversely
l' **inversion** *f.* inversion
un **invité, une invitée** guest
**inviter** to invite **A**
**ira** *(fut. of* **aller***)* **31**
l' **Irlande** *f.* Ireland **29**
**irrégulier (irrégulière)** irregular
**irriter** to irritate
**isolé** alone, separate
**Israël** *m.* Israel **29**
**issu de** from
l' **Italie** *f.* Italy **29**
**italien (italienne)** Italian **1**
un **itinéraire** itinerary, route
l' **ivoire** *m.* ivory

**j'** *(see* **je***)*
**jaloux (jalouse)** jealous
**jamais: ne … jamais** never **6**
une **jambe** leg **17**
le **jambon** ham **9**
**janvier** January **A**
le **Japon** Japan **29**
**japonais** Japanese **1**
un **jardin** garden **21**
**jaune** yellow **A, 25**
**je** I **R**
un **jean** (pair of) jeans **25**
**jeter** to throw
un **jeu** *(pl.* **jeux***)* game
**les jeux d'ordinateur** computer games
**les jeux télévisés** TV game shows
**les jeux vidéo** video games **A**
**jeudi** Thursday, on Thursday **A**
**jeune** young **1**
les **jeunes** *m.* young people
la **jeunesse** youth
le **jogging** jogging **17**
**joli** pretty **2**
**c'est bien joli, ça** that's all well and good
un **jongleur, une jongleuse** juggler
**jouer** to play **R**
**jouer à** + *sport, game* to play **R**
**jouer de** + *instrument* to play **R**

**jouer un tour (à)** to play a joke (on)
**qu'est-ce qu'on joue?** what's playing (at the movies)? **13**
un **joueur, une joueuse** player **13**
un **jour** day **A, 23**
un **journal** *(pl.* **journaux***)* newspaper; diary, journal **16**
un **journaliste, une journaliste** journalist **1**
une **journée** (whole) day
**bonne journée!** have a good day!
**joyeux (joyeuse)** joyous
**judicieux (judicieuse)** judicious, discerning
**juger** to judge
**juillet** July **A**
**juin** June **A**
des **jumeaux** *m.* twins
une **jupe** skirt **A, 25**
le **jus** juice
**le jus de fruits** fruit juice
**le jus de pomme** apple juice **9**
**le jus d'orange** orange juice **9**
**le jus de raisin** grape juice **9**
**jusqu'à** until, up to; as far as
**juste** fair **2**
**justement** as a matter of fact; precisely, exactly **19\***

le **karaté** karate
le **ketchup** ketchup **9**
un **kilo** kilo(gram) **9**
un **kilomètre** kilometer
un **klaxon** horn **33**
**klaxonner** to honk (the horn) **34\***

**l'** *(see* **le, la***)*
**la** the **R**; her, it **15**
**là** there **28**
**ce …-là** that (over there) **28**
**là-bas** over there **5**
**oh là là!** oh dear! wow! whew!

**French-English Vocabulary**

le **laboratoire** laboratory
un **lac** lake 5
la **laine** wool 25
**laisser** to leave 13; to let
  **laisser le soin à quelqu'un …** to leave it up to someone to 28*
le **lait** milk 9
le **lambi** conch
une **lampe** lamp 21
  **une lampe de poche** flashlight I6*, 29
**lancer** to throw I6*; to launch
une **langue** language R
un **lapin** rabbit 5
**laquelle** which one 28
**large** wide, baggy 25
un **lavabo** sink 21
**laver** to wash 5
  **se laver** to wash (oneself), wash up 19
  **une machine à laver** washing machine 21
un **lave-vaisselle** dishwasher 21
le **the** R; him, it 15
une **leçon** lesson
un **lecteur** reader, player
un **lecteur de CD** CD player
la **lecture** reading
**légal** legal 1
une **légende** legend
**léger (légère)** light 27; minor
un **légume** vegetable 9
le **lendemain** the next day I4*
**lent** slow I4*, 27
**lentement** slowly 27
**lequel (laquelle)** which one 28
**les the** R; them 15
**lesquels (lesquelles)** which ones 28
une **lettre** letter 16
**leur** their A; (to) them 16
se **lever** to get up 17; to rise
**lèvres: le rouge à lèvres** lipstick 19
le **Liban** Lebanon 29
**libéral (pl. libéraux)** liberal 2
**libérer** to liberate
la **liberté** liberty
une **librairie** bookstore
**libre** free I3
un **lieu** place, area 1
  **au lieu de** instead of
  **avoir lieu** to take place 24
les **lieux** premises

une **ligne** line; figure
la **limitation de vitesse** speed limit
la **limonade** lemon soda 9
\* **lire** (*p. p.* **lu**) to read 16
**lisiblement** legibly
un **lit** bed A, 21
un **litre** liter 12
la **littérature** literature
un **living** informal living room 21
un **livre** book A
une **livre** metric pound 9
une **location** rental
un **logement** lodging
**loger** to stay (have a room) 29
le **logiciel** software
**logique** logical
**loin (de)** far (from), far away from R
de **loin** by far
**lointain** distant
un **loisir** leisure-time activity
**long (longue)** long 25
  **le long de** along
**longtemps** (for) a long time 27
la **longueur** length
**lorsque** when I9*
la **loterie** lottery
un **lotissement** subdivision 21
**louer** to rent 29
  **louer un film** to rent a movie A
un **loup** wolf
**lourd** heavy 27
le **Louvre** *museum in Paris*
le **loyer** rent
**lu** (*p. p. of* **lire**) 16
une **lueur** flash of light, glimmer, glow
**lui** him R; (to) him, (to) her 16
  **lui-même** himself
une **lumière** light I5*
**lumineux (lumineuse)** illuminated
**lundi** Monday, on Monday A, 7
la **lune** moon
des **lunettes** *f.* glasses A
  **des lunettes de soleil** sunglasses A, 25
la **lutte** struggle
un **Luxembourgeois, une Luxembourgeoise** native of Luxembourg
un **lycée** high school R
un **lycéen, une lycéenne** high school student

**M**

**M.** Mr.
**m'** (*see* **me**)
**ma** my A
**mâcher** to chew
une **machine à laver** washing machine 21
**Madame (Mme)** Mrs., ma'am
**Mademoiselle (Mlle)** Miss
un **magasin** store A, 5
  **faire les magasins** to go shopping
  **un grand magasin** department store 25
le **magasinage** shopping (*Canadian*)
**magasiner** to go shopping (*Canadian*)
un **magazine** magazine 16
le **Maghreb** French-speaking northern Africa
**magnifique** magnificent
**mai** May A
**maigrir** to lose weight, get thin A
un **mail** e-mail 16
un **maillot** jersey, athletic T-shirt 26*
un **maillot de bain** bathing suit A, 25
une **main** hand 17
**maintenant** now 7
un **maire** mayor
**mais** but
le **maïs** corn
une **maison** house A, 21
  **à la maison** at home 5
  **une Maison des Jeunes** youth center
  **une maison individuelle** single-family home 21
un **maître** master
**mal** badly, poorly
  **avoir mal à la tête** to have a headache 17
  **où est-ce que tu as mal?** where does it hurt? 17
**malade** sick 17
un(e) **malade** patient
**maladroit** clumsy
la **malchance** bad luck
un **malfaiteur** evildoer; criminal I7*
**malgré** despite, in spite of I8*
**malheureusement**

unfortunately **8\***

**malheureux (malheureuse)** unhappy **2**

**malhonnête** dishonest

**Mamie** grandma, nana

**manger** to eat **A**

    **une salle à manger** dining room **21**

une **manière** manner, way

un **mannequin** fashion model **1**

les **manoeuvres** *f.* maneuvers

**manque: il manque … …** is missing **I5\***

un **manuel** manual, guidebook

un **manteau** (*pl.* **manteaux**) coat **A, 25**

**m'appelle: je m'appelle** my name is **A**

se **maquiller** to put on make-up **19**

un **marchand, une marchande** merchant, storekeeper

la **marche** march, course, progress

    **la marche à pied** hiking **17**

    **mettre en marche** to start (a car)

une **marche** step

un **marché** market **9; deal**

    **bon marché** *inv.* cheap; inexpensive **25**

    **meilleur marché** cheaper **27**

    **un marché aux puces** flea market

    **un marché en plein air** outdoor market

**marcher** to walk **A, 5;** to function

**mardi** Tuesday, on Tuesday **A, 23**

la **margarine** margarine **9**

un **mari** husband **1**

le **mariage** marriage, wedding

**marié** married **1**

un **marié** groom

une **mariée** bride

se **marier (avec)** to marry (someone), get married

**marin** sea *(adj.)*

un **marin** sailor

le **Maroc** Morocco

**marocain** Moroccan

une **marque** make, brand name

**marqué (par)** marked (with)

**marrant** funny

**marron** brown **A, 25**

**mars** March **A**

la **Marseillaise** *French national anthem*

un **marteau** (*pl.* **marteaux**) hammer

un **Martiniquais, une Martiniquaise** *person from Martinique*

la **Martinique** Martinique *(French island in the West Indies)*

une **mascotte** mascot

un **masque** mask

**masqué** masked

un **match** game, match **13**

    **faire un match** to play a game

    **un match de foot** soccer game **5**

**matériel (matérielle)** material

**maternel (maternelle)** maternal

les **maths** *f.* math **R**

la **matière** material **25**

les **matières** *f.* school subjects **R**

le **matin** morning, in the morning **R**

    **ce matin** this morning **7**

    **du matin** in the morning, A.M. **A**

    **(lundi) matin** (on) (Monday) morning

une **matinée** (whole) morning; afternoon performance

**mauvais** bad **2**

    **il fait mauvais** it's bad (weather) **A**

la **mayonnaise** mayonnaise **9**

**me** me, to me **14; myself 19**

un **mécanicien, une mécanicienne** mechanic

**mécanique** mechanical

**méchant** nasty, mean **27**

le **mécontentement** displeasure **I4\***

une **médaille** medal **25**

un **médecin** doctor **1**

**médical** (*pl.* **médicaux**) medical **1**

des **médicaments** *m.* drugs, medicine

la **Méditerranée** Mediterranean Sea

**meilleur** better **27**

    **le (la) meilleur(e)** the best **27**

**meilleur marché** *inv.* cheaper **27**

**un meilleur ami, une meilleure amie** best friend **1**

**un meilleur copain, une meilleure copine** best friend **1**

un **mél** e-mail **16**

un **melon** melon **9**

un **melon d'eau** watermelon *(Canadian)*

un **membre** member

**même** same; even **I8\*;** exactly

    **le (la) même** the same one

    **même si** even if

    **tout de même** all the same **I4\***

une **mémoire** memory

**ménager** household *(adj.)*

**mener** to lead **I6\***

un **mensonge** lie **16**

**mentionner** to mention

**mentir** to lie **I1\***

la **mer** sea **29**

**merci** thank you

**mercredi** Wednesday, on Wednesday **A**

une **mère** mother **1**

une **merveille** wonder

**merveilleux (merveilleuse)** marvelous

**mes** my **A**

la **messagerie vocale** voice mail

la **messe** Mass

les **mesures** *f.* measurements **28\***

la **météo** weather forecast

un **métier** profession

un **mètre** meter

le **métro** subway **5**

**métropolitaine: la France métropolitaine** *France with the exception of its overseas territories*

\* **mettre** (*p. p.* **mis**) to put, place **6;** to put on, to wear *(clothing)* **25;** to turn on *(the radio)* **21;** to set *(the table)* **9**

    **mettre la table** to set the table **9**

    **mettre la ceinture** to fasten one's seatbelt **34\***

    **se mettre à** to begin,

start **I6***

un **meuble** piece of furniture **21**

**mexicain** Mexican **1**

le **Mexique** Mexico **29**

**midi** noon **A**

**mieux** better **17**

le **mieux** the best

**mignon (mignonne)** cute **2**

une **migraine** headache, migraine

**milieu: au milieu (de)** in the middle (of) **I6***

**militaire** military

**mille** one thousand **A, 26**

un **mille** mile

**milliers: des milliers** thousands

un **million** million **26**

**mince** thin

une **mini-chaîne** compact stereo

un **minivan** minivan **33**

**minuit** midnight **A**

**mis** (*p. p. of* **mettre**) **7**

**mixte** mixed, coed

**Mlle** Miss

**Mme** Mrs.

le **mobilier** furniture **21**

une **mobylette** moped

**moche** plain, unattractive **25**

la **mode** fashion

**à la mode** fashionable, in fashion **25**

un **modèle** model

**moderne** modern **21**

**modifier** to modify, alter

**moi** me **R**

**moi non plus** neither do I, "me neither"

**moins** less, minus **A**

**au moins** at least **I2***

**… heure(s) moins (cinq)** (five) of … **A**

**le (la, les) moins …** the least … **27**

**… moins le quart** quarter of … **A**

**moins … que** less … than **27**

un **mois** month **A**

la **moitié** half

un **moment** moment

**au moment où** when

**mon (ma; mes)** my **A**

une **monarchie** monarchy

le **monde** world

**beaucoup de monde** many people **I1***

**du monde** (many) people

**tout le monde** everybody, everyone **I2*, 12**

**mondial** (*pl.* **mondiaux**) world

un **moniteur, une monitrice** counselor

la **monnaie** change (coin)

**une pièce de monnaie** coin

**Monsieur (M.)** Mr., sir

la **montagne** mountain(s) **29**

la **montée** climb

**monter** to go up **8**; to get on (*a bus, subway*) **8**; to put up

une **montre** watch **A**

**montrer (à)** to show (to) **14**

un **monument** monument

se **moquer de** to make fun of

un **morceau** piece **12**

**mort** (*p. p. of* **mourir**)

un **mot** word

**un mot apparenté** cognate, related word

un **moteur** motor, engine **33**

un **moteur à quatre temps** four-stroke engine

une **moto** motorcycle

**mouillé** wet

**mourir** to die

un **moustique** mosquito **I2***

la **moutarde** mustard **9**

**mouvementé** action-packed

**moyen (moyenne)** middle

**en moyenne** on the average

un **moyen** means, resources

le **Moyen-Orient** Middle East **29**

**muet (muette)** silent

un **mufle** "clod," muzzle, snout

le **multimédia** multimedia

un **mur** wall **21**

**musclé** muscular, brawny

un **musée** museum **A, 13**

**musicien (musicienne)** musical **2**

la **musique** music **R**

**musulman** Moslem

**myope** nearsighted

**mystérieux (mystérieuse)** mysterious

**n'** (*see* **ne**)

**nager** to swim **A**

**naïf (naïve)** naive **2**

la **naissance** birth **1**

**naître** to be born

la **natation** swimming **17**

une **nationalité** nationality **1**

**nature** plain (*of food*) **9**

**naturellement** naturally **26**

**nautique: le ski nautique** waterskiing **17**

un **navet** turnip; a flop

**ne: ne … aucun** not any, no **I7***

**ne … jamais** never **6**

**ne … pas** not **R**

**ne … personne** no one, nobody, not anyone **7**

**ne … plus** no longer, no more, not anymore **10**

**ne … presque jamais** almost never **18**

**ne … rien** nothing, not anything **7**

**n'est-ce pas?** no? isn't it so? right? **A**

**né** (*p. p. of* **naître**): **je suis né(e)** I was born **1**

**nécessaire** necessary

**négatif (négative)** negative

la **neige** snow

**neige: il neige** it's snowing **A**

**neiger** to snow

**il neigeait** it snowed **23**

**nerveusement** nervously

**nerveux (nerveuse)** nervous

**n'est-ce pas?** no? isn't it so? right? **A**

**nettoyer** to clean **5**

**neuf** nine **A**

**neuf (neuve)** brand new **26**

**toute neuve** brand new

**neuvième** ninth **26**

un **neveu** (*pl.* **neveux**) nephew **1**

un **nez** nose **17**

**ni … ni …** neither … nor …

une **nièce** niece **1**

**nier** to deny **I7***

un **niveau** (*pl.* **niveaux**) level

les **noces** *f.* wedding festivities

**Noël** *m.* Christmas

**noir** black **A, 25**

**il faisait noir** it was dark

une **noix de coco** coconut

un **nom** name, last name **1**; noun

**un nom de famille** last name

un **nombre** number

**nombreux (nombreuse)**

numerous
**nommer** to name
**non** no
   **non plus** neither
**non-alcoolisé** nonalcoholic
le **nord** north 29
   le **nord-est** northeast 29
   le **nord-ouest** northwest 29
**normal** (*pl.* **normaux**)
   normal 26
**normalement** normally 26
la **Normandie** Normandy
   (*province in northwestern*
   *France*)
**nos** our A
une **note** note, grade; bill 14*
**noter** to mark (write) down, note
**notre** (*pl.* **nos**) our A
la **nourriture** food 9
**nous** we R; us R; to us 14;
   ourselves 19; each other,
   one another 19
**nouveau** (**nouvel, nouvelle;**
   **nouveaux**) new 2
   **à nouveau** again 13*
**nouvel** new 26
**nouvelle** new 2
une **nouvelle** news item
les **nouvelles** the news
la **Nouvelle-Angleterre** New
   England
la **Nouvelle-Écosse** Nova Scotia
**novembre** November A
un **nuage** cloud
la **nuit** night, at night
   **il fait nuit** it's nighttime,
   it's dark
un **numéro** number 1
   le **numéro de téléphone** phone
   number 1
le **nylon** nylon 25

**obéir (à)** to obey
**obéissant** obedient
les **objectifs** *m.* objectives
un **objet** object A
   les **objets trouvés** lost and
   found
**obligatoire** compulsory,
   required
**obligé** obliged
l' **obscurité** *f.* darkness

\* **obtenir** to get, obtain
une **occasion** occasion; opportunity
   **d'occasion** second-hand
**occidental** (*pl.* **occidentaux**)
   western
une **occupation** activity
**occupé** busy 13
s' **occuper (de)** to take care of
   someone, keep busy 28*
   **occupe-toi (de tes oignons)**
   mind you own business
l' **Océanie** *f.* South Pacific
**octobre** October A
un **oeil** (*pl.* **yeux**) eye 17
un **oeuf** egg 9
   **des oeufs sur le plat** fried
   eggs 9
une **oeuvre** work
**offenser** to offend
\* **offrir** to offer, give
un **oiseau** (*pl.* **oiseaux**) bird 5
une **ombre** shadow
une **omelette** omelet 9
**on** one, you, people, they,
   we A
un **oncle** uncle 1
**onze** eleven A
**onzième** eleventh 26
**opérer** to operate
une **opinion** opinion 18
**optimiste** optimistic
l' **or** *m.* gold 25
un **orage** storm
**oralement** orally
**orange** orange *(color)* A, 25
une **orange** orange 9
   le **jus d'orange** orange
   juice 9
   une **orange pressée** fresh
   orange juice
un **orchestre** orchestra, band 13
**ordinal: un nombre ordinal**
   ordinal number
un **ordinateur** computer A
un **ordinateur portable** (**un PC**
   **portable**) laptop computer
l' **ordre** *m.* order
les **ordures** *f.* garbage
une **oreille** ear 17
   **avoir mal aux oreilles**
   to have an earache 17
   **des boucles** *f.* **d'oreilles**
   earrings 25
un **orfèvre** silversmith
**organiser** to organize A

**original** (*pl.* **originaux**)
   original 2
une **origine** origin, beginning
**orner** to adorn 17*
**oser** to dare
**ôter** to take off 18*
**ou** or R
**où?** where? R
   **n'importe où** anywhere
**ouais** yeah, yup
**oublier (de)** to forget (to) 13
l' **ouest** *m.* west 29
**oui** yes
un **outil** tool
**outre-mer** overseas
   **la France d'outre-mer**
   *overseas territories of France*
un **ouvrier, une ouvrière** worker
\* **ouvrir** (*p.p.* **ouvert**) to open
   14*, 21
un **OVNI (Objet Volant Non-Identifié)**
   UFO

le **pain** bread 9
le **pain grillé** toast
la **paix** peace
un **palais** palace
un **pamplemousse** grapefruit 9
une **pancarte** sign
la **panique** panic
une **panne** breakdown
   **en panne** out of order
   **une panne d'électricité**
   power failure
un **panneau** (*pl.* **panneaux**) (traffic)
   sign 24
un **pantalon** pants A, 25
le **pape** pope
la **papeterie** stationery store
le **papier** paper
**Pâques** *m.* Easter
un **paquet** package, pack 12
   un **paquet-cadeau** gift-wrap
**par** by, through; per 13
   **par conséquent** consequently,
   therefore
**par exemple** for example
le **parachutisme** parachuting
**paraître** to appear 17*
   **il paraît** it seems
le **parapente** parasailing
un **parapluie** umbrella 25

# FRENCH-ENGLISH VOCABULARY *continued*

un **parc** park **A**
**parce que** because
**parcourir** to cover, travel
un **parcours** route **I8\***
**pardon** excuse me
le **pare-brise** windshield **33**
une **parenthèse** parenthesis
les **parents** *m.* parents, relatives **1**
**paresseux (paresseuse)** lazy **2**
**parfait** perfect
**parfois** sometimes **18**
le **parfum** perfume
une **parfumerie** perfume store
**parie: je parie** I bet
un **parking** parking lot
**parler (à)** to speak, talk **A, 16**
　**tu parles!** no way!; you're
　　telling me!
**parmi** among
une **paroisse** parish
**parole: prendre la parole** to
　speak, take the floor **I7\***
**partager** to share
un(e) **partenaire** partner
un **participe** participle
**participer (à)** to participate,
　take part (in)
**particulier (particulière)**
　specific
**en particulier** in particular
une **partie** part **17**
　**faire partie de** to be part of
\* **partir** to leave **8**
　**à partir de** beginning with
**partitif: l'article partitif**
　partitive article
**partout** everywhere **I8\***
un **parvis** square
**pas** not **R**, no
　**ne … pas** not **R**
　**(pas) encore** still (not) **19\***
　**pas possible!** that can't be!
un **pas** step
un **passage** route
un **passager, une passagère**
　passenger
un **passant** passer-by
le **passé** past
le **passé composé** compound
　past tense
un **passe-partout** passkey **I7\***
un **passeport** passport **29**
**passer** to spend *(time)* **5**; to
　pass, come by, go by **8**
**passer un examen** to take

a test
**qu'est-ce qui se passe?**
　what's happening?
**qu'est-ce qui s'est passé?**
　what happened?
**se passer** to take place,
　happen
un **passe-temps** pastime
**passionnant** exciting
**passionner** to excite, interest
　greatly
une **pastèque** watermelon
une **patate douce** sweet potato
**patiemment** patiently **26**
le **patinage artistique** figure
　skating
un **patineur, une patineuse** skater
le **patin à roulettes** roller-skating **17**
le **patinage** ice skating **17**
des **patins** *m.* **à glace** ice skates
une **pâtisserie** pastry shop
le **patrimoine** heritage
un **patron, une patronne** boss **1**;
　**patron saint**
une **patte** foot, paw *(of animal
　or bird)*
**pauvre** poor **2**
**payer** to pay, pay for **9**
un **pays** country **29**
le **paysage** landscape **I8\***
un **PC** PC
la **peau** skin **I5\***
la **pêche** fishing **5**
　**aller à la pêche** to go
　　fishing **5**
un **pédalier** pedal shaft
le **pédalo** pedal boat
un **peigne** comb **19**
se **peigner** to comb one's
　hair **19**
**peindre** to paint
un **peintre** painter **I4\***
la **peinture** painting
une **pellicule** roll of film
**pendant** during, for **6**
　**pendant les vacances** during
　　vacation
**pendant que** while
**pénible** boring, "a pain";
　painful, unpleasant **2**
une **péniche** barge
**penser (que)** to think (that) **18**
　**penser à** to think about
　**penser de** to think of
**perdre** to lose **A**

**perdre son temps** to waste
　one's time
un **père** father **1**
**perfectionner** to perfect
\* **permettre** to let, allow,
　permit **6**
un **permis** license
un **permis de conduire** driver's
　license **33**
une **perquisition** search
**persévérant** persevering
la **personnalité** personality **2**
**personne: ne … personne**
　no one, nobody, not
　anyone **7**
une **personne** person **1**
**personnel (personnelle)**
　personal
**peser** to weigh
**pessimiste** pessimistic
la **pétanque** *French bowling game*
**pétillant** sparkling
**petit** short, small **2**
le **petit déjeuner** breakfast **9**
la **petite-fille** granddaughter **1**
le **petit-fils** grandson **1**
les **petits pois** *m.* peas **9**
le **pétrole** oil
**peu (de)** little, not much, few,
　not many **12**
　**un peu** a little; some **12**
un **peuple** people
**peuplé** populated
**peur: avoir peur** to be
　afraid **3**
**peut-être** maybe, perhaps
un **phare** headlight **33**
une **pharmacie** pharmacy
un **pharmacien, une pharmacienne**
　pharmacist **1**
la **philosophie (la philo)** philosophy **R**
une **photo** photograph, picture
un **photographe, une**
　**photographe**
　photographer **1**
un **photo-roman** "photo novel"
　*(novel in comic-book format,
　illustrated with photographs)*
une **phrase** sentence
la **physique** physics **R**
**physiquement** physically
une **pièce** room *(in general)* **21**;
　coin; part
　**une pièce de monnaie** coin
　**une pièce de rechange** spare

part I9*

une **pièce de théâtre** play 13

un **pied** foot 17

    **à pied** on foot 5

la **pierre** stone; rock

une **pile** battery

    **à (huit) heures pile** at (eight) on the dot

un **pique-nique** picnic A

    **faire un pique-nique** to have a picnic 5

**piquer** to sting

une **pirogue** canoe

**pis: tant pis!** too bad! I9*

une **piscine** swimming pool A, 5

une **piste d'atterrissage** landing area

**pittoresque** picturesque

une **pizza** pizza 9

un **placard** closet 21

des **placards** *m.* cabinets 21

une **place** place, square; seat 13

    **à la place de** instead of

le **plafond** ceiling 21

une **plage** beach A

une **plaine** plain

**plaisanter** to joke

**plaisent: est-ce que [ces lunettes] vous plaisent?** do you like [these glasses]? 25

**ils/elles (ne) me plaisent (pas)** I (don't) like them 25

le **plaisir** pleasure 13

    **avec plaisir** with pleasure 13

**plaît: s'il te (vous) plaît** please

**est-ce que [ce pull] vous plaît?** do you like [this sweater]? 25

**il/elle (ne) me plaît (pas)** I (don't) like it 25

un **plan** plan; (street) map

une **planche** board

    **la planche à voile** windsurfing 17

une **plante** plant 5

une **plaque** baking sheet

le **plastique** plastic 25

un **plat** dish, course *(of a meal)* 9

    **le plat principal** main dish

un **plateau** tray 17*

un **plâtre** plaster cast

**plein** full

    **faire le plein** to fill the tank 33

**pleurer** to cry

**pleut: il pleut** it's raining A

* **pleuvoir** to rain

    **il pleuvait** it rained 23

**plier** to bend, fold 17

la **plongée sous-marine** scuba diving

un **plongeoir** diving board

**plonger** to dive

**plu: il a plu** it rained

la **pluie** rain

la **plupart** majority

**plus** more 27

    **de plus en plus** more and more I6*

    **le (la, les) plus** the most, the ...-est 27

    **moi non plus** neither do I, "me neither"

    **ne ... plus** no longer, no more, not anymore

    **plus de** more than

    **plus ... que** more ... than, ...er than 27

    **plus tard** later 1

**plusieurs** several 12

**plutôt** rather I6*

un **pneu** tire 33

une **poche** pocket I7*

    **l'argent** *m.* **de poche** allowance, pocket money

    **une lampe de poche** flashlight I6*, 29

une **poêle** frying pan 29

un **poème** poem 16

la **poésie** poetry

un **poète** poet

une **poignée** handle

un **point** period, point; direction

    **les points cardinaux** compass points

**pointu** sharp

la **pointure** shoe size 25

une **poire** pear 9

**pois: les petits pois** *m.* peas

    **à pois** dotted, polkadotted 25

un **poisson** fish 5

    **un poisson rouge** goldfish

le **poivre** pepper 9

**poli** polite 2

**policier: un film policier** detective movie 13

un **policier** police officer

**poliment** politely 26

la **politesse** politeness

**politique** political

un **polo** polo shirt 25

le **polyester** polyester 25

la **Polynésie française** French Polynesia

une **pomme** apple 9

une **pomme de terre** potato 9

**ponctuel (ponctuelle)** punctual 2

un **pont** bridge

le **porc** pork 9

un **portable** cell phone A

une **porte** door 21

un **porte-bagages** luggage rack

un **portefeuille** wallet 25

un **porte-monnaie** coin purse

**porter** to bring; to wear A, 25; to carry A

    **porter du [40]** to wear size [40] 25

le **porte-parole** spokesperson

**portoricain** Puerto Rican 1

le **portugais** Portuguese *(language)*

le **Portugal** Portugal 29

**poser** to pose, to ask *(a question)*

**posséder** to own

**possessif (possessive)** possessive

**postale: une carte postale** postcard 16

la **poste** post office A

un **pot** jar 12

    **prendre un pot** to have a drink

la **poterie** pottery

une **poule** hen 5

le **poulet** chicken 9

    **le poulet rôti** roast chicken 9

les **poumons** *m.* lungs

une **poupée** doll

**pour** for; in favor of R

    **pour +** *inf.* (in order) to 34

    **pour cent** percent

un **pourboire** tip 14*

un **pourcentage** percentage

**pourquoi?** why? R

**pourra** (*fut. of* **pouvoir**) 31

**pourtant** however, nevertheless

* **pouvoir** (*p. p.* **pu**) can, may, to be able, to be allowed R, 10

    **je pourrais** I could R

# FRENCH-ENGLISH VOCABULARY *continued*

une **prairie** meadow 5
**pratique** practical
**pratiquer** to practice, play, take part in, participate in 17
**précédent** preceding
**précipitamment** quickly
se **précipiter** to dash into
**précis** precise, well-defined
des **précisions** *f.* detailed information
* **prédire** to predict
**préféré** favorite 9
**préférer** to prefer R
**premier (première)** first I1*, 26
le **premier (mars)** (March) first A
**premièrement** first 26
* **prendre** (*p. p.* **pris**) to take, have, eat, drink 9; to get, pick up 5
**prendre la direction [Balard]** to take the subway toward [Balard] 5
**prendre la parole** to speak, take the floor I7*
**prendre le petit déjeuner** to have breakfast 9
**prendre les mesures de quelqu'un** to take someone's measurements 28*
un **prénom** first name 1
se **préoccuper** to worry
des **préparatifs** *m.* preparations
**préparer** to prepare, fix A
une **préposition** preposition
**près (de)** near R
le **présent** present
**présenter ... à** to introduce ... to 14
**je te présente** I introduce to you 1
**je voudrais vous présenter ...** I would like to introduce ... to you 1
**presque** almost
**pressé** in a hurry 19*
**prêt (à)** ready I2*, 19*, 29
**prétendre** to try, claim I7*
**prêter ... à** to loan to, lend A, 14
**prêter serment** to pledge allegiance
* **prévenir** to warn, tell in advance I3*
**prévu** planned
une **prière** prayer

**primaire** primary
la **prime** reward I8*
**principal** (*pl.* **principaux**) principal, main
une **principauté** principality
un **principe** principle
**en principe** in principle
le **printemps** spring A
une **priorité** priority, right of way
**pris** (*p. p. of* **prendre**) 7
**prisonnier (prisonnière)** captive
**privé** private R
**en privé** in private I5*
un **prix** prize; price
un **problème** problem 14*
un **procédé** procedure, process
**prochain** next I1*, 7
**proche de** close to
un **producteur** producer
* **produire** to produce
un **produit** product I5*
un **professeur** teacher, professor
une **profession** profession 1
**professionnel (professionnelle)** professional
**profiter** to take advantage
**programmer** to program (a computer)
un **programmeur, une programmeuse** programmer 1
**progrès: faire des progrès** to make progress
un **projet** plan 13
**faire des projets** to make plans
une **promenade** walk, drive
**faire une promenade (à pied, en auto)** to go for a walk, go for a ride 3
**promener** to walk (*a dog, etc.*)
se **promener** to take a walk, a ride 19
une **promesse** promise
* **promettre** to promise 6
**promouvoir** to promote
un **pronom** pronoun
**un pronom complément** object pronoun
un **pronostic** forecast
**proposer (à)** to propose, suggest
**propre** own; clean
un **propriétaire, une propriétaire** landlord/ landlady; owner

la **propriété** property
**prospère** prosperous
**protéger** to protect
**provençal** (*pl.* **provençaux**) from Provence
la **Provence** Provence (*province in southern France*)
**prudemment** carefully
**prudent** careful; advisable, prudent
**pu** (*p. p. of* **pouvoir**) 10
**public (publique)** public R
**en public** in public
**publicitaire** advertising
la **publicité** advertising, advertisement
**publié** published
**puis** then; moreover
**puisque** since I2*
**puissant** powerful
un **pull** sweater A, 25
**punir** to punish
**pur** pure
les **Pyrénées** *f.* Pyrenees (*mountains between France and Spain*)

**qu'** (*see* **que**)
une **qualité** quality
**quand?** when? R
**depuis quand?** since when? 4
une **quantité** quantity, amount 12
**quarante** forty A
**quart: ... heure(s) et quart** quarter past ... A
**... heure(s) moins le quart** quarter of ... A
un **quartier** district, neighborhood A, 21
**quatorze** fourteen A
**quatre** four A
**quatre-vingt-dix** ninety A
**quatre-vingts** eighty A
**que** that, whom, which 22; than 27; what
les **Québécois** *m.* people of Quebec
**qu'est-ce que** what R
**qu'est-ce que c'est?** what is

it? **R**

**qu'est-ce que tu as?** what's wrong with you? **3**

**qu'est-ce qui est arrivé?** what happened? **24**

**qu'est-ce qu'il y a?** what's up?; what's wrong? what's the matter? what's going on? **R**

**qu'est-ce qui se passe?** what's happening?

**qu'est-ce qui s'est passé?** what happened?

**quel (quelle)** what, which **A**

**à quelle heure?** at what time? **A**

**quel + noun!** what (a) …!

**quel temps fait-il?** how's the weather? **A**

**quelle est la date aujourd'hui?** what's the date today? **A**

**quelle heure est-il?** what time is it? **A**

**quelque chose** something **7**

**quelque chose d'autre** something else **25**

**quelquefois** sometimes **18**

**quelque part** somewhere **18***

**quelques** some, a few **12**

**quelques-uns** some

**quelqu'un (de)** someone, somebody **7**

une **querelle** quarrel

**qu'est-ce que?** what? **R**

**qu'est-ce qui?** what? **R**

une **question** question

une **queue** tail

**faire la queue** to stand in line

**tirer la queue** to pull the tail

**qui** who(m) **R**; that, which; people **22**

**à qui?** to whom? **R**

**avec qui?** with whom? **R**

**qu'est-ce qui?** what?

**qui est-ce qui?** who? **R**

**quinze** fifteen **A**

**quinze jours** two weeks **29**

**quitter** to leave

**ne quittez pas** hold on (on telephone) **1**

**quoi?** what? **R**

**quotidien (quotidienne)**

daily **14***

---

## R

**raccompagner** to take back (home)

**raconter** to tell (a story); to tell about **16**

un **radiateur** radiator

une **radio** radio

un **radis** radish

du **raisin** grapes

une **raison** reason

**avoir raison** to be right **3**

**raisonnable** reasonable

**ralentir** to slow down **34***

un **rallye** rally

**ramener** to bring back, take home **11***

un **rang** row

**ranger** to put away, to pick up **5**

**râpé** grated

**rapide** rapid; fast **27**

**rapidement** rapidly, quickly

**rappeler** to call back **1; to remind 14***

**je rappellerai** I will call back **1**

un **rapport** relationship, report

**rapporter** to bring back **18***

une **raquette** racket

**rarement** rarely **18**

se **raser** to shave **19**

un **rasoir** razor **19**

**rassurer** to reassure

**rater** to fail (an exam), to miss (a train)

**ravi** delighted **19***

un **rayon** department (in a store) **25;** spoke (of a wheel)

**rayure: à rayures** striped **25**

**réagir** to react

**réaliser** to achieve, fulfill, see come true, carry out

**réalité: en réalité** in reality

**récemment** recently

une **recette** recipe

* **recevoir** (p.p. **reçu**) to receive, get, entertain (people) **30**

**recevra** (fut. of **recevoir**) **31**

**rechange: une pièce de**

**rechange** spare part **19***

un **réchaud** (portable) stove **29**

la **recherche** research

**rechercher** to search for

un **récipient** container

la **réciprocité** reciprocity, mutual exchange

**réciproque** reciprocal

**réclamer** to ask for

**reçoit: il reçoit** he welcomes, receives **30**

la **récolte** harvest

**recommander** to recommend

* **reconnaître** to recognize **15;** to survey

**reconstituer** to reorganize

une **reconstitution** reenactment

* **reconstruire** to rebuild

la **récréation** recess

**reçu** (p. p. of **recevoir**) **30**

**reculer** to back up, back down **16***

la **rédaction** drawing up, writing

**réel** real

**réfléchi** reflexive

**réfléchir** to think over, reflect **15*, 25**

**refléter** to reflect

un **réfrigérateur** refrigerator **21**

un **refus** refusal

**refuser** to refuse, say "no"

**refuser de** to refuse to **30**

se **régaler** to have a great time

**regarder** to look at, watch **A**

**se regarder** to look at oneself

un **régime** diet

une **région** region **29**

une **règle** rule

**réglé** taken care of, settled

**regretter** to be sorry **13**

**régulier (régulière)** regular

**régulièrement** regularly

une **reine** queen

**rejoindre** to join

**relatif (relative)** relative

se **relayer** to take turns

**relier** to join, to link

**religieux (religieuse)** religious

**remarquer** to notice, remark

**remercier (de)** to thank (for)

* **remettre** to put back

**remis** recovered

le **remords** regrets, remorse

un **rempart** rampart

# FRENCH-ENGLISH VOCABULARY   *continued*

**remplacer** to replace
**remplir** to fill (in)
**remporter** to win
une **rencontre** meeting
**rencontrer** to meet A
un **rendez-vous** date,
    appointment, meeting
    place I4*
    **avoir rendez-vous** to have
    a date I1*
**rendre (à)** to give back, return 14;
    to make
    **rendre visite (à)** to visit (a
    person) 16
    **rendu** made
    **se rendre à l'évidence** to
    face facts
**renouveler** to renew
un **renseignement** information I4*
**renseigner** to inform, tell
la **rentrée** opening of school,
    back to school
**rentrer (à, de)** to go home,
    return, come back A, 8
    **rentrer dans** to run (bump)
    into
**renvoyer** to fire (an employee) I5*
une **réparation** repair I9*
**réparer** to fix, repair I9*
**réparti** divided
un **repas** meal 9
**répéter** to repeat
**répondre (à)** to answer
    A, 16
une **réponse** answer, reply
un **reportage** news story
se **reposer** to rest 19
**repousser** to push away
un **représentant** representative
une **reprise** rerun, review
    **à (trois) reprises** on (three)
    occasions
**réservé** reserved
le **réservoir** gas tank 33
la **résidence** residence 21
**résoudre** to solve
**respirer** to breathe
se **ressembler** to resemble one
    another
une **ressource** resource
un **restaurant** restaurant A
**rester** to stay A, 8; to remain
**restituer** to return
un **résultat** result
un **résumé** résumé, summary

**rétablir** to reestablish
**retard: de retard** delay
    **être en retard** to be late 2
**réticulé** reticulate
**retirer** to take out
un **retour** return
    **être de retour** to be back
**retourner** to return, go back 8
la **retraite** retirement
un **retraité, une retraitée** retired
    person
**retrouver (des amis)** to meet
    (friends) at an arranged time
    and place A;
    to recover
    **se retrouver** to meet again
un **rétroviseur** rearview mirror 33
une **réunion** meeting
se **réunir** to get together
**réussir** to succeed A
**réussir à** to succeed in 30
    **réussir à un examen** to pass
    a test A
un **rêve** dream
se **réveiller** to wake up 19
le **réveillon** Christmas Eve party
* **revenir (de)** to come back
    (from) 4
**rêver (de)** to dream (about)
    I2*, 30
**reviendra** (*fut. of* **revenir**) 31
une **révision** review
**revoir** to see again
    **au revoir** good-bye
se **révolter** to revolt, to rebel
**révolutionner** to revolutionize
une **revue** magazine 16
le **rez-de-chaussée** ground
    floor 21
un **rhume** cold 17
**riche** rich 2
un **rideau** (*pl.* **rideaux**) curtain 21
**ridicule** ridiculous 25
**rien** nothing 7
    **ça ne fait rien** that doesn't
    matter, no problem
    **ne … rien** nothing, not
    anything 7
* **rire** to laugh
**risquer** to risk, venture
une **rivale** rival
une **rivière** river 5
le **riz** rice 9
une **robe** dress A, 25
un **rocher** rock

le **rock** rock-and-roll
un **roi** king
un **rôle** role, part
les **rollers** in-line skates
le **roller** in-line skating 17
**romain** Roman
un **roman** novel 16; story
le **romanche** Romansh (*language
    spoken in a section of
    Switzerland*)
**rond** round
un **rond-point** traffic circle
le **rosbif** roast beef 9
**rose** pink 25
une **roue** wheel 33
**rouge** red A, 25
le **rouge à lèvres** lipstick 19
**rougir** to blush
**rouler** to roll along, drive
**roulettes: le patin à roulettes**
    roller skating 17
une **roulotte** trailer
une **route** highway, road; way
**roux (rousse)** red (*hair*)
un **royaume** kingdom
un **ruban** ribbon
un **rubis** ruby I7*
une **rue** street A
une **rumeur** rumor
**russe** Russian 1
la **Russie** Russia 29

**s'** (*see* **se**) (*see* **si**)
**sa** his, her, its; one's A
le **sable** sand
un **sac** bag; sack A, 12
    **un sac à dos** backpack,
    knapsack 29
    **un sac de couchage** sleeping
    bag 29
**sachant** (*pres. part. of* **savoir**)
**sage: être sage** to be good,
    well-behaved
**sain** healthy
**saint** holy
le **Saint-Laurent** St. Lawrence
    River
une **saison** season A
la **salade** salad 9
le **salaire** salary
**sale** dirty
une **salle** large room; concert

hall I1*

**une salle à manger** dining room **21**

**une salle de bains** bathroom **21**

**une salle de réunion** conference room

**une salle de séjour** living room

un **salon** (formal) living room **21**

**saluer** to greet, hail

**salut** hi

**samedi** Saturday, on Saturday **A**

**samedi dernier** last Saturday **6**

des **sandales** f. sandals **A, 25**

un **sandwich** sandwich **9**

le **sang-froid** cool

**sans** without **34**

**sans engagement** at no obligation

**santé: en bonne santé** in good health, healthy **17**

un **sapin** pine tree

**satisfait** satisfied I7*

des **saucisses** f. sausages

le **saucisson** sausage **9**

**sauf** except I8*

le **saumon** salmon **9**

**saura** (fut. of **savoir**) **31**

**sauter** to jump

**sauvé** saved I9*

**sauver** to save

la **savane** savannah

un **savant, une savante** scientist

la **Savoie** Savoy (province in eastern France)

* **savoir** (p.p. **su**) to know, know how to **16**

le **savon** soap **19**

une **scène** scene, stage

les **sciences** f. science **R**

**scolaire** academic **R**

la **scolarité** schooling

un **scooter** motorscooter

**se** himself, herself, oneself, themselves; each other, one another **19**

une **séance** performance **13**

**séché** dried

le **secours** help

un **secrétaire, une secrétaire** secretary **1**

**seize** sixteen **A**

un **séjour** stay

**faire un séjour** to stay **29**

**une salle de séjour** living room

le **sel** salt **9**

une **selle** seat

**selon (moi)** according to (me) **18**

une **semaine** week **A**

**en semaine** during the week **A**

**semblable** similar

**semblant: faire semblant** to pretend

**sembler** to seem, appear I3*

le **Sénégal** Senegal **29**

un **sens** sense, meaning

**le bon sens** common sense

la **sensibilité** sensitivity

**sensible** sensitive **2**

**sentir** to smell; to feel

**se sentir (bien)** to feel (well) **17**

**séparer** to separate

**sept** seven **A**

**septembre** September **A**

**sera** (fut. of **être**) **31**

**sérieusement** seriously **26**

**sérieux (sérieuse)** serious **2**

**serrer** to shake

**serti** set

un **serveur, une serveuse** waiter, waitress

le **service** service, change, tip **9;** favor

une **serviette** napkin **9**

**servir** to serve

**se servir** to help or serve oneself I5*

**ses** his, her, its; one's **A**

**seul** alone, by oneself, only I5*

**un seul** only one person I5*

**seulement** only I2*

**sévère** strict, severe

le **shampooing** shampoo **19**

un **short** shorts **25**

**si** if, whether **31**

**même si** even if

**s'il te (vous) plaît** please **9**

**si!** yes! (to a negative question)

un **siècle** century I6*

un **siège** seat **33**

**signaler** to signal, indicate

un **signe** sign

une **signification** meaning

**signifier** to mean

**s'il te (vous) plaît** please **9**

**simuler** to fake I7*

un **singe** monkey

**sinon** otherwise, if not, or else

une **sirène** siren

**situé** located

**être situé** to be (situated, located)

**six** six **A**

un **skate** skateboard

le **skate(board)** skateboarding **17**

le **ski** skiing **17**

**le ski nautique** waterskiing **17**

**skier** to ski

**snob** snobbish, stuck-up

le **snowboard** snowboarding **17**

une **société** society

un **soda** carbonated soft drink **9**

une **soeur** sister **1**

un **sofa** sofa **21**

**soi** himself, herself, oneself

la **soie** silk **25**

**soif: avoir soif** to be thirsty **3**

le **soir** evening **A,** in the evening **23**

**à ce soir** see you tonight

**ce soir** this evening, tonight **7**

**du soir** in the evening **A**

**tous les soirs** every evening **23**

une **soirée** (whole) evening, evening party

**sois** be **2**

**soit** (subj. of **être**) **36**

**soixante** sixty **A**

**soixante-dix** seventy **A**

le **sol** ground **21**

**solaire** solar

un **soldat** soldier

une **solde** sale

**en solde** on sale **25**

la **sole** sole **9**

le **soleil** sun

**des lunettes** f. **de soleil** sunglasses **A, 25**

**un bain de soleil** sunbath **5**

**solennel (solennelle)** solemn

une **somme** sum

**sommeil: avoir sommeil** to be sleepy **3**

un **sommet** top, summit, peak

**son (sa; ses)** his, her, its;

# FRENCH-ENGLISH VOCABULARY   *continued*

one's **A**

un **sondage** poll, survey

**sonner** to ring (the bell) I3*

la **sonnette** bell

une **sorte** sort, type, kind 13

\* **sortir** to go out; to take out 8

**sortir de** to get out of

une **soucoupe volante** flying saucer

**soudain** all of a sudden

**souffler** to blow

\* **souffrir** to suffer

un **souhait** wish

**souhaiter** to wish

**souligné** underlined

se **soumettre** to submit

la **soupe** soup 9

le **souper** dinner *(Canadian)*

\* **sourire** to smile I3*

une **souris** mouse (computer)

**un tapis (de) souris** mousepad

**sous** under; in R

**sous-marin** underwater

un **sous-marin** submarine

le **sous-sol** basement 21

la **soustraction** subtraction

**souterrain** underground

un **souvenir** remembrance

\*se **souvenir (de)** to remember 20

**souvent** often 18

**soyez** be *(subj. of* être*)* 2

**soyons** let's be 2

**spacial** *(pl.* spaciaux*)* space

**spacieux (spacieuse)** roomy

les **spaghetti** *m.* spaghetti 9

**spécialisé** specialized

une **spécialité** specialty

**spécifique** specific 23

le **spectacle** show 13

un **spectateur, une spectatrice** spectator

**spirituel (spirituelle)** witty 2

**spontanément** spontaneously 26

le **sport** sports R

**sportif (sportive)** athletic, who likes sports; active in sports 2

un **sportif, une sportive** person who likes sports, athlete

un **squelette** skeleton

un **stade** stadium **A, 5**

**stage: faire un stage** to train

une **station de ski** ski resort

**stationnement: en stationnement** parked

une **station-service** gas station 33

un **steak-frites** steak with French fries 9

un **studio** studio apartment

un **stylo** pen **A**

**su** *(p. p. of* savoir*)* 16

le **subjonctif** subjunctive (mood)

le **sucre** sugar 9

le **sud** south; southern 29

**le sud-est** southeast 29

**le sud-ouest** southwest 29

la **Suède** Sweden

**suédois** Swedish

**suffit** enough

**suggérer** to suggest

**suisse** Swiss 1

la **Suisse** Switzerland 29

la **suite** continuation I8*

**à la suite** following

**tout de suite** right away, immediately 19

**suivant** following

**suivant le cas** accordingly

\* **suivre** to follow 33

**à suivre** to be continued

**suivre un cours** to take a course (class) 33

un **sujet** topic, subject

**un pronom sujet** subject pronoun

**super** super 25

le **superlatif** superlative

un **supermarché** supermarket **A**

**supplémentaire** extra

**supplier** to beg I6*

**sur** on; about R

**sûr** sure, certain

**bien sûr** of course

**sûrement** surely

le **surf** surfboarding 17

le **surf des neiges** snowboarding 17

**surfer sur l'Internet (sur le Net)** to surf the Internet

le **surnaturel** supernatural

**surtout** especially, above all, mainly

un **survêtement (un survêt)** jogging suit, track suit **A, 25**

**survivre** to survive

un **sweat** sweatshirt **A, 25**

**sympathique (sympa)** nice 2

**t'** *(see* te*)*

**ta** your **A**

le **tabac** tobacco

une **table** table **A, 9**

**à table** at the table

un **tableau** *(pl.* tableaux*)* painting, picture 21

une **tablette** tablet (computer)

un **tablier** smock

une **tache** spot

**tahitien (tahitienne)** Tahitian

la **taille** (clothing) size 25

un **tailleur** suit 25

**\*se taire** to be quiet 20

**tais-toi** be quiet 20

**taisez-vous** be quiet 20

un **tambour** drum

une **tampoura** Indian stringed instrument

**tant: en tant que** as

**tant pis!** too bad! I9*

une **tante** aunt 1

**taper (à la machine)** to type

un **tapis** rug I3*, 21; doormat

un **tapis (de) souris** mousepad

**tard** late I1*, 27

**plus tard** later 1

la **tarte** pie 9

des **tas** *m.* **(de)** lots (of)

une **tasse** cup 9

un **taureau** bull

**te** you, to you 14; yourself 19

un **technicien, une technicienne** technician 1

**technique** technical 1

la **technologie (la techno)** technology class R

un **tee-shirt** T-shirt 25

**tel (telle)** such

la **télé** TV **A**

**télécharger** to download

**téléphoner (à)** to call, phone **A, 16**

un **téléviseur** TV set

la **télévision** television

**tellement** that, very; so

**je n'aime pas tellement …** I don't like … that much 9

**tellement de** so much, so many

un **témoin** witness 24; best man

une **tempête** storm

**une tempête de neige** blizzard

le **temps** weather A; time 13

**de temps en temps** once in a while; from time to time 18

**depuis combien de temps?** for how long? 4

**quel temps fait-il?** how's the weather? A

**tout le temps** all the time 12

**tenez!** look!

\* **tenir** to hold

des **tennis** *m.* sneakers A, 25

le **tennis** tennis

une **tente** tent 29

**tenter** to try

**tenter sa chance** to try one's luck 19*

**termes: en bons termes** on good terms

une **terminaison** ending

**terminer** to end

un **terrain** grounds

**un terrain de camping** campground

la **terre** earth

**terrestre** land *(adj.)*

la **terreur** terror

un **territoire** territory

**tes** your A

une **tête** head 17

**avoir mal à la tête** to have a headache 17

**en tête (de)** at the top (of)

les **textiles** *m.* textiles

un **texto** text message

le **thé** tea 9

**le thé glacé** iced tea 9

un **théâtre** theater 13

**théorique** theoretical

le **thon** tuna 9

un **ticket de métro** subway ticket 5

**tiens!** look! hey!

le **Tiers-Monde** Third World

un **timbre** stamp

**timide** timid, shy 2

le **tir à l'arc** archery

**tiré** taken

un **tiroir** drawer 17*

le **tissu** fabric 25

**titre: à titre divers** in different ways

**toc, toc, toc!** knock, knock!

**toi** you R

une **toile** canvas, linen 25

**une toile d'araignée** spider's web 16*

la **toilette** washing and dressing 19

les **toilettes** *f.* toilet 21

un **toit** roof 21

une **tomate** tomato 9

**tomber** to fall 8

**tomber en panne** to have a breakdown

la **tombola** raffle

**ton (ta; tes)** your A

**tondre (la pelouse)** to mow the lawn

une **tonne** ton

le **tonnerre** thunder

**tort: avoir tort** to be wrong 3

une **tortue** turtle

**tôt** early 11*, 27

**toujours** always; still 19*

**tour: à votre tour** it's your turn

**le tour du monde** trip around the world

**tour à tour** one after the other

une **tour** tower

la **Touraine** Touraine *(province in central France)*

**touristique** touristy

le **tournage** filming

**tourner** to turn

un **tournoi** tournament

**tous (toutes)** all, every 12

**tous les jours** every day 23

**tous les (mardis)** every (Tuesday) 23

la **Toussaint** All Saints' Day

**tout** all, everything, any 12

**tout (toute)** all, every 12

**à tout âge** at any age

**à tout de suite** see you (meet you) right away

**après tout** after all

**pas tout à fait** not quite

**tout à coup** suddenly 12*

**tout de suite** right away,

immediately 19

**tout (toute) le (la)** the whole 12

**tout le monde** everybody, everyone 12

**tout le temps** all the time 12

**toutes sortes** all kinds

la **trace** tracks

**traditionnel (traditionnelle)** traditional

\* **traduire** to translate

**train: être en train de** to be in the midst of 2

un **train** train A

**en train** by train A

**traîner** to lie around

un **traité** treaty

une **tranche** slice 12

**tranquille** quiet

**être tranquille** to relax, be calm

un **transistor** transistor radio

\* **transmettre** to transmit

**transmis** transmitted

le **transport** transportation

**transporter** to transport 29

une **trappe** trap door, bulkhead door

le **travail** work

**la fête du Travail** Labor Day (May 1)

**travailler** to work A

**travailleur (travailleuse)** hardworking

un **travailleur, une travailleuse** worker

un **traveller's chèque** traveler's check

**travers: à travers** across 16*

une **traversée** crossing

**traverser** to cross 24

**treize** thirteen A

un **tremblement de terre** earthquake

**trente** thirty A

**très** very 2

un **trésor** treasure 18*

une **tribu** tribe

**triste** sad 2

**trois** three A

**troisième** third 11*, 26

se **tromper** to be mistaken, make a mistake

une **trompette** trumpet

**trop (de)** too much, too; too many 2

# FRENCH-ENGLISH VOCABULARY  *continued*

tropical (*pl.* tropicaux) tropical

une troupe troop

trouver to find 13; to think 18

    se trouver to find oneself; to be (located)

    trouver le temps long to be impatient

    trouvés: les objets *m.* trouvés lost and found

un truc thing, knick-knack

tu you R

tuer to kill

une tunique tunic

la Tunisie Tunisia

le tunnel routier highway tunnel

la Turquie Turkey

un type guy, fellow 19*

typique typical

typiquement typically

un one; a, an R

une a, an R

uni solid *(color)* 25; close, united

uniquement only

une unité unit

une université university

urbain urban

l' usage *m.* use

une usine factory

un ustensile utensil

utile useful 27

utilisant: en utilisant (by) using

utiliser to use 12*, 29

**V**

les vacances *f.* vacation 29

    en vacances on vacation

    pendant les vacances during vacation A

un vaccin vaccine

une vache cow 5

un vainqueur winner

vaisselle: faire la vaisselle to do (wash) the dishes 3

la valeur value 18*

une valise suitcase 29

une vallée valley

valoir to be worth

la vanille vanilla 9

varier to vary

les variétés *f.* variety show

vas-y! go on! go ahead! keep going! 18

vaut: il vaut mieux it is better 12*

le veau veal 9

vécu (*p. p. of* vivre) 22

une vedette star

un véhicule vehicle

la veille eve, day before 14*

le vélo cycling 17

un vélo bicycle A

    à vélo by bicycle 5

    le vélo tout terrain mountain biking

    un vélo tout terrain mountain bike A

    le vélo-cross dirt bike (circuit)

un vélomoteur moped, motorbike

le velours velvet 25

    le velours côtelé corduroy 25

un vendeur, une vendeuse salesperson 1

vendre to sell A

    à vendre for sale

vendredi Friday, on Friday A

\* venir to come 4

    venir de + *inf.* (to have) just 4

le vent wind

une vente sale

le ventre stomach 17

    avoir mal au ventre to have a stomach ache 17

vérifier to check 33

véritable true, real 18*

la vérité truth 16

verra (*fut. of* voir) 31

un verre glass 9

des verres de contact contact lenses

vers toward(s), around 12*

un vers line (of poetry), verse

vert green A, 25

une veste jacket A, 25

des vestiges *m.* ruins, remains

des vêtements *m.* clothes A, 25

un vétérinaire, une vétérinaire veterinarian 1

veuillez m'adresser please send me

la viande meat 9

une victoire victory

victorieusement victoriously

vide empty 16*

une vidéo video

la vie life R; living

    la vie de tous les jours daily life

vieil old 2

vieille old 2

viendra (*fut. of* venir) 31

le Viêt-nam Vietnam 29

vietnamien (vietnamienne) Vietnamese 1

vieux (vieil, vieille; vieux) old 2

une villa country house, villa 29

un village town, village 21

une ville city A, 21

    en ville downtown 5

le vin wine

le vinaigre vinegar

la vinaigrette salad dressing

vingt twenty A

une vingtaine about twenty

violet (violette) purple 25

un violon violin

un visa visa 29

un visage face

la visibilité visibility

une visite visit

    rendre visite (à) to visit (a person) A, 16

    visiter to visit (a place) A

un visiteur, une visiteuse visitor

vite quickly, fast 27

la vitesse speed

    à toute vitesse full speed 19*

    en vitesse very quickly, fast 12*

une vitre window pane

la vitrine store window 17*

vivant lively

vive … ! hurray for … !

\* vivre (*p.p.* vécu) to live 22

le vocabulaire vocabulary

voici this is, here's, here comes R

une voie lane

voilà there's, that is R

la voile sailing 17

une voile sail

    la planche à voile windsurfing 17

\* voir (*p.p.* vu) to see 5

    se voir to see one another

un voisin, une voisine neighbor 1

une **voiture** car **A, 5**
    **en voiture** by car **A**
    **une voiture de sport** sports car **33**
une **voix** voice
un **vol** flight **14\*; theft 17\***
un **volant** steering wheel **33**
    **au volant** at the wheel
    **voler** to fly
un **voleur** thief **17\***
    **au voleur!** stop thief!
un **volet** shutter
le **volley** volleyball
    **volontaire** voluntary
la **volonté** will
    **volontiers!** sure! I'd love to! **13**
    **vos** your **A**
    **voter** to vote
    **votre** (*pl.* **vos**) your **A**
    **voudra** (*fut. of* **vouloir**) **31**
    **voudrais: je voudrais** I would like **R**
\* **vouloir** (*p.p.* **voulu**) to want; to wish **10**
    **vouloir bien** to want *(used to accept an offer)*; to accept, agree **R**
    **vouloir dire** to mean
    **vous** you **R**; to you **14**; yourself, yourselves, each other, one another **19**
    **vous-même** yourself
un **voyage** trip **29**
    **bon voyage!** have a nice trip!
    **faire un voyage** to go on a trip, take a trip **29**
    **voyager** to travel **A**
un **voyageur, une voyageuse** traveler
    **voyons!** come on!
    **vrai** true, right
    **à vrai dire** to tell the truth **17\***
    **vraiment** really, truly **19\***
un **VTT (vélo tout terrain)** mountain bike **A**

    **vu** (*p.p. of* **voir**) **7**
la **vue** view

les **WC** *m.* toilet **21**
un **week-end** weekend **A**
le **week-end** on (the) weekends

    **y** there, (in) it, (about) them **18**
    **allons-y!** let's go! **18**
    **il n'y a pas** there is no, there aren't any **R**
    **il y a** there is, there are **R**
    **il y a** + *time* time ago **7, 8**
    **on y va?** should we go? are we going? **18**
    **qu'est-ce qu'il y a?** what's up?; what's wrong? what's the matter? what's going on? **R**
    **vas-y** go on! go ahead! keep going! **18**
le **yaourt** yogurt **9**
les **yeux** *m.* eyes **17**

    **zéro** zero **A**
    **zut (alors)!** darn! rats!

# ENGLISH-FRENCH VOCABULARY

The English-French vocabulary contains active vocabulary as well as words introduced in the **Mots utiles** sections of the Lectures and interludes.

The numbers following an entry indicate the lesson in which the word or phrase is activated.

**A** Appendix A
**R** Reprise
**I** Interlude

An asterisk (*) after the lesson or unit number indicates that the word or phrase is presented in the **Mots utiles** section of the reading.

**Nouns:** If the article of a noun does not indicate gender, the noun is followed by *m. (masculine)* or *f. (feminine)*. If the plural *(pl.)* is irregular, it is given in parentheses.

**Verbs:** Verbs are listed in the infinitive form. An asterisk (*) in front of an active verb means that it is irregular. (For forms, see the verb charts in Appendix.)

Words beginning with an **h** are preceded by a bullet (·) if the **h** is aspirate; that is, if the word is treated as if it begins with a consonant sound.

**a, an un,** une R
　**a few** quelques 12
　**a little** un peu; un peu de 12
　**a lot** beaucoup (de) 12
**able: to be able (to)** *pouvoir 10
**about: about it/them** y, en 18
　**about whom (what)?** de qui (quoi)? à qui (quoi)? R
　**to be careful about** faire attention à 3
　**to be hesitant about** hésiter à 30
　**to dream about** rêver de 30
　**to tell about** raconter 16
　**to think about** penser à
**above:** au-dessus I3*
　**above all** surtout
**abroad** à l'étranger 29
to **accelerate** accélérer 34*
**accelerator** un accélérateur 33
to **accept** accepter (de) 30; vouloir bien R
**accessory** un accessoire 25
**accident** un accident 24
**according to** d'après, selon 18
**accountant** un (une) comptable 1
**acquainted: to be acquainted with** *connaître 15
**across (from)** en face (de) I8*; à travers I6*
**act: to act innocent** faire l'innocent I7*
**action movie** un film d'aventures 13

**active** actif (active) 2
　**active in sports** sportif (sportive) 2
**actively** activement 26
**actor** un acteur 1
**actress** une actrice 1
**address** une adresse 1
　**address book** un carnet d'adresses I3*
to **admit** avouer I8*
to **adorn** orner I7*
**advance: to tell in advance** *prévenir I3*
**adventure** une aventure
**advice: piece of advice** un conseil
**advisable** prudent
to **advise** conseiller
**afraid: to be afraid** avoir peur 3
**Africa** l'Afrique *f.* 29
**after** après 6; ensuite 6; au bout de I3*
　**after all** après tout
**afternoon** l'après-midi *m.* A, 7
　**in the afternoon** l'après-midi, de l'après-midi A
　**on (Tuesday) afternoon** (mardi) après-midi
　**this afternoon** cet après-midi 7
**again** à nouveau I3*
**against** contre
**age** l'âge *m.* 3
　**at any age** à tout âge
**ago** il y a + *elapsed time* 7
to **agree** accepter (de) 30; vouloir bien R, 10

　**to agree with** être d'accord avec 2
**agreeable** agréable
**airplane** un avion A
　**airplane ticket** un billet d'avion 29
　**by airplane** en avion A
**alarm: to set off the alarm** déclencher l'alarme I8*
**alive: to be alive** *vivre 22
**all** tout 12; tout (toute; tous, toutes) 12; tous (toutes) les 23
　**all right** d'accord! 13
　**all the** tous (toutes) les 23
　**all the time** tout le temps 12
　**is that all?** c'est tout? 9
to **allow** *permettre 6
**allowed: to be allowed to** *pouvoir 10
**alone** seul I5*
**along: to bring/take along** *(mainly people)* amener 11; *(things)* apporter A, 14
**already** déjà 6
**also** aussi
**always** toujours
**ambitious** ambitieux (ambitieuse) 2
**America: North America** l'Amérique *f.* du Nord 29
　**South America** l'Amérique *f.* du Sud 29
**American** américain 1
**among** entre R
**amount** une quantité 12
**amusing** amusant
**an** un, une R

anchovies les anchois *m.* 9

and et R

angry furieux (furieuse)

   angry (with) fâché (contre)

animal un animal

   (*pl.* animaux) 5

to announce annoncer

announcement un faire-part

another un (une) autre 12

   another (one) un (une)

      autre 12

answer une réponse

to answer répondre (à) A, 16

any du, de la, de l', des, *(in negative*

   *sentences)* de (d') R; en 18

   any other d'autres 12

   is there any … est-ce qu'il

      y a … R

   not any ne … aucun 17*

   not any longer ne … plus

   there aren't any il n'y a pas

      de R

anymore: not anymore

   ne … plus

anyone: not anyone

   ne … personne 7

anything: not anything

   ne … rien 7

   anything else? et avec ça? 9

apartment un appartement 21

   apartment building un

      immeuble 14*, 21

to apologize s'excuser 20

to appear apparaître 11*; avoir

   l'air 3; paraître 17*;

   sembler 13*

appetizers les ·hors-d'oeuvre

   *m.* 9

apple une pomme 9

   apple juice le jus de

      pomme 9

appliance un appareil 21

appointment un

   rendez-vous 14*

to approach s'approcher (de)

April avril *m.* A

architect un (une) architecte

are (*see* to be)

   there are il y a R

   there aren't any il n'y a

      pas de R

area un lieu 1

Argentina l'Argentine *f.* 29

arm un bras 17

armchair un fauteuil 21

around autour (de) 18*; *(time)*

   vers 12*

to arrive arriver (à, de) 8

art class les arts (*m.*) plastiques R

as *(in comparisons)* que;

   comme 9

   as … as aussi … que 27

   as a matter of fact en effet

      19*; justement

   as far as jusqu'à

ashamed confus 11*

Asia l'Asie *f.* 29

to ask (for) demander (à) 16

aspirin l'aspirine *f.*

at à R

   at … (o'clock) à … heure(s) A

   at (home) chez R

   at first d'abord 6

   at last enfin 6

   at least au moins 12*

   at the house (office, shop, etc.)

      of chez R

   at what time? à quelle

      heure? A

athletic sportif (sportive) 2

   athletic T-shirt un maillot

      26*

to attend assister à 5

attended: well-attended

   fréquenté

attention: to pay attention (to)

   faire attention (à) 3

attic un grenier 21

August août *m.* A

aunt une tante 1

Australia l'Australie *f.* 29

autumn l'automne *m.* A

   in the autumn en automne

avenue une avenue

away: right away tout de

   suite 19

awful affreux (affreuse) 25

## B

back un dos 17

   at the back of au fond

      de 28*

   in back (of) derrière 17

   to come back rentrer (à, de)

      A, 8

   to come back (from) *revenir

      (de) 4

   to give back rendre 14

   to go back rentrer A, 8

   to have a sore back avoir

      mal au dos 17

to back up, back down reculer 16*

backpack un sac à dos 29

bad mauvais 2

   in a bad mood de mauvaise

      humeur 19*

   it's bad (weather) il fait

      mauvais A

   that's too bad! c'est dommage!

   too bad! tant pis! 19*

badly mal

bag un sac A, 12

   sleeping bag un sac de

      couchage 29

baggy large 25

bakery une boulangerie

banana une banane 9

band un orchestre, un groupe 13

bank une banque

baseball cap une casquette

   A, 25

basement le sous-sol 21

basketball le basket A

bathing suit un maillot de bain

   A, 25

bathroom une salle de bains

   21

bathtub une baignoire 21

to be être 2; être situé, se trouver

   be quiet! tais-toi! taisez-vous!

      20

   to be … (years old)

      avoir … ans 3

   to be able *pouvoir 10

   to be acquainted (familiar)

      with *connaître 15

   to be active in faire de +

      *pastime* 3

   to be afraid avoir peur 3

   to be alive *vivre 22

   to be allowed to *pouvoir 10

   to be careful (to) faire

      attention à 3

   to be cold avoir froid 3

   to be early (late, on time)

      être en avance (en retard, à

      l'heure) 2

   to be going to *(do something)*

      aller + *inf.* 4

   to be hesitant about

      hésiter à 30

   to be hot avoir chaud 3

   to be hungry avoir faim 3

# ENGLISH-FRENCH VOCABULARY  *continued*

to be in good health être en bonne santé 17

to be in shape être en forme 17

to be in the midst of être en train de 2

to be lucky avoir de la chance 3

to be named s'appeler 1

to be quiet *se taire 20

to be ready être prêt 19*

to be right avoir raison 3

to be sleepy avoir sommeil 3

to be supposed to *devoir 10

to be thirsty avoir soif 3

to be warm avoir chaud 3

to be wrong avoir tort 3

beach une plage A

beans: green beans des •haricots (verts) 9

beautiful beau (bel, belle; beaux) 2, 26

because car, parce que

to become *devenir 4

bed un lit A, 21

to go to bed se coucher 19

bedroom une chambre 5

beef: roast beef le rosbif 9

before avant 6; avant de 34

to beg supplier 16*

to begin commencer 13*, 13; se mettre à 16*

to begin to commencer à + inf. 30

behind derrière R

beige beige 25

Belgian belge 1

Belgium la Belgique 29

to believe *croire (à, que) 18; penser 18

bell: to ring the bell sonner 13*

to belong to *être à 2

belonging to: the one(s) belonging to celui, celle (ceux, celles) de 28

belt une ceinture 25

beside à côté (de) R

best: best friend un meilleur ami, une meilleure amie 1

the best le meilleur, la meilleure 27

better meilleur 27; mieux 17

it's (it would be) better il vaut (il vaudrait) mieux 12*

between entre R

beverage une boisson 9

bicycle un vélo A; une bicyclette

by bicycle à vélo (bicyclette) 5

big grand 2, gros (grosse) 13*

bill l'addition f. 9; une note 14*

biology la biologie R

bird un oiseau (pl. oiseaux) 5

birth la naissance 1

birthday un anniversaire A

black noir A, 25

blanket une couverture 29

blazer un blazer 25

blinker le clignotant 33

blond blond

blouse un chemisier A, 25

blue bleu A, 25

dark blue bleu foncé 25

light blue bleu clair 25

boat un bateau (pl. bateaux)

by boat en bateau

body le corps 17

book un livre A

bookshelf une étagère 21

boots des bottes f. 25

boring pénible 2; ennuyeux 2

born: I was born je suis né(e) 1

to borrow (from) emprunter (à) 16

boss un patron, une patronne 1

bottle une bouteille 12

boulevard un boulevard

boutique une boutique A, 25

box une boîte 12

boy un garçon

bracelet un bracelet 25

brake le frein 33

Brazil le Brésil 29

bread le pain 9

to break casser 18*

to break (one's leg) se casser (la jambe)

breakdown une panne

breakfast le petit déjeuner 9

to have breakfast prendre le petit déjeuner 9

bride une mariée 1

to bring (along) (mainly people) amener 11; (things) apporter A

to bring back ramener 11*, rapporter 18*

to bring ... to apporter ... à 14

broke (without money) fauché

brother un frère 1

half brother un demi-frère 1

brown marron (inv.) A, 25

dark brown brun

to brush (one's teeth) se brosser (les dents) 19

building: apartment building un immeuble 14*, 21

to bump into rentrer dans

bus un autobus, un bus 5

by bus en autobus

businessperson un homme (une femme) d'affaires 1

busy occupé 13

but mais

butcher shop une boucherie

butter le beurre 9

to buy acheter 11

to buy for acheter à 16

by: by ...-ing en + pres. part. 34

by boat (bus, car, plane, train) en bateau (autobus, auto [voiture], avion, train) A

by oneself seul 15*

to come by passer (par) 8

## C

cabinets des placards m. 21

café un café A, 5

cake le gâteau (pl. gâteaux) 9

calculator une calculatrice

calendar un calendrier

to call téléphoner A, 16; appeler

I'll call back je rappellerai 1

calm calme

calmly calmement 26

Cambodia le Cambodge 29

Cambodian cambodgien (cambodgienne) 1

camera un appareil-photo (pl. appareils-photo) A

movie camera une caméra

camping le camping 29

camping trailer une caravane 29

to go camping faire du camping 29

can une boîte 12

can *pouvoir 10

Canada le Canada 29

Canadian canadien (canadienne) 1

canvas la toile 25

cap une casquette 25

car une auto, une voiture A, 5

by car en auto (voiture) A

card une carte 16
(playing) cards les cartes
careful attentif (attentive) 26; prudent
to be careful (about) faire attention (à) 3
careless imprudent
carrot une carotte 9
cartoon un dessin animé 13
case: in that case dans ce cas 16*
cat un chat
to catch sight of *apercevoir 30
CD player un lecteur de CD
ceiling le plafond 21
celery le céleri 9
cell phone un portable A
cellar une cave 21
cent (1/100 of a euro) un cent, un centime
center: in the center of au centre de
Central America l'Amérique centrale f. 29
century un siècle 16*
cereal les céréales f. 9
certain sûr
chain une chaîne 25
chair une chaise A, 21
challenge un défi 16*
to change changer (de)
cheap bon marché (inv.) 25
cheaper meilleur marché 27
check l'addition f. 9
to check vérifier 33
checked à carreaux 25
cheese le fromage 9
chemistry la chimie R
cherry une cerise 9
chicken le poulet 9
child un (une) enfant 1
only child un (une) enfant unique 1
China la Chine 29
Chinese chinois 1
chocolate: hot chocolate un chocolat 9
chocolate ice cream une glace au chocolat 9
to choose choisir A
church une église A
city une ville A, 21
class un cours R; une classe R
first class première classe 29
second class seconde classe 29
classmate un (une) camarade 1

to clean nettoyer 5
climbing: mountain climbing l'alpinisme m.; rock climbing l'escalade f.
to close fermer 21
closet un placard 21
clothes des vêtements m. A, 25
coat un manteau (pl. manteaux) A, 25
cocoa un chocolat 9
coffee le café 9
cold froid 27
it's cold il fait froid A
to be cold avoir froid 3
cold un rhume 17
to have a cold avoir un rhume 17
color une couleur 25
what color is … ? de quelle couleur est … ? 25
colorless incolore 15*
comb un peigne 19
to comb one's hair se peigner 19
to come arriver (à, de) 8; *venir 4
to come back rentrer (à, de) A, 8; *revenir (de) 4
to come by passer 8
comedy une comédie 13
musical comedy une comédie musicale 13
comic strip une bande dessinée 16
to commit *commettre 17*
compact disc un CD A, un compact A
compact stereo une mini-chaîne A
computer un ordinateur A
computer games les jeux m. d'ordinateur
computer specialist un informaticien, une informaticienne 1
concerned inquiet (inquiète)
concert un concert 13
rock concert un concert de rock 5
condition: in good condition en bon état 18*
conscientious consciencieux (consciencieuse) 2
content content 2
continent un continent 29
continuation la suite 18*
to continue continuer (à) 30

to contradict *contredire
convertible une décapotable 33
to cook faire la cuisine 3
cooking la cuisine 9
to do the cooking faire la cuisine 3
copper le cuivre 18*
corduroy le velours côtelé 25
corridor un couloir 21
to cost coûter 13
how much does that cost? ça fait combien? 9
cotton le coton 25
made of cotton en coton 25
could: I could je pourrais R
to count compter 13*
country un pays 29
country house une villa 29
in the country à la campagne 5
country(side) la campagne 29
courageous courageux (courageuse)
course un cours R; (of a meal) un plat 9
of course bien sûr 13, bien entendu 17*
to take a course suivre un cours 33
cousin un cousin, une cousine 1
to cover couvrir 21
cow une vache 5
crazy fou (folle) 12*
crescent roll un croissant 9
criminal un malfaiteur 17*
to cross traverser A
Cuban cubain (cubaine) 1
cuisine la cuisine 9
cup une tasse 9
curious curieux (curieuse) 2
curtain un rideau (pl. rideaux) 21
custom une habitude 14*
cute mignon (mignonne) 2
cycling le vélo 17

D

daily quotidien (quotidienne) 14*
damaged endommagé 19*
to dance danser A
dangerous dangereux (dangereuse)

# ENGLISH-FRENCH VOCABULARY   *continued*

**dare** un défi 16*

**dark: dark blue** bleu foncé 25

  **dark brown** brun

  **dark-haired** brun

**data processing** l'informatique f. R

**date** *(on the calendar)* une date 1; un rendez-vous 14*

  **date of birth** la date de naissance 1

  **to have a date** avoir rendez-vous 11*

  **what's the date today?** quelle est la date aujourd'hui? A

**daughter** une fille 1

**day** un jour A, 23

  **day before** la veille 14*

  **every day** tous les jours 23

  **the next day** le lendemain 14*

  **(whole) day** une journée

**dear** cher (chère)

**December décembre** m. A

to **decide (to)** décider (de) 25

**delighted** ravi 19*

**dentist** un (une) dentiste 1

to **deny** nier 17*

**department** *(in a store)* un rayon 25

**department store** un grand magasin 25

to **describe** *décrire 16

**design** un dessin 25

**designer** un dessinateur, une dessinatrice 1

to **desire** désirer 9

**desk** un bureau (*pl.* bureaux) A, 21

**despite** malgré 18*

**dessert** un dessert 9

to **destroy** *détruire

**detective movie** un film policier 13

**diamond** un diamant 17*

**diary** un journal 16

to **die** mourir

**difficult** difficile 27

**dining room** une salle à manger 21

**dinner** le dîner 9

  **to have (eat) dinner** dîner A, 9

to **disappear** disparaître 17*

**disappearance** la disparition 17*

**disappointed** déçu 19*

**discount shop** une boutique de soldes 25

to **discover** *découvrir 21

**discreet** discret (discrète) 26

**dish** un plat 9

  **main dish** le plat principal

**dishes: to do (wash) the dishes** faire la vaisselle 3

**dishwasher** un lave-vaisselle 21

to **dislike** détester 9

**disobedience** la désobéissance 19*

to **disobey** désobéir 19*

**displeasure** le mécontentement 14*

**district** un quartier A, 21

**divided highway** une autoroute 18*

**divorced** divorcé 1

to **do** *faire (a pastime) 3; **faire de** + *pastime* 3

  **to do one's homework** faire ses devoirs 3

  **to do the cooking** faire la cuisine 3

  **to do the dishes** faire la vaisselle 3

  **to do the shopping** *(for food)* faire les courses 3; faire des achats 5

**docking station** un dock

**doctor** un médecin 1; un docteur 1

**dog** un chien

**dollar** un dollar

**door** une porte 21

**dotted** à pois 25

**down: to go down** descendre 5

**downtown** en ville 5; le centre-ville 21

**dozen** une douzaine 9

**drama: psychological drama** un drame psychologique 13

**drawer** un tiroir 17*

**drawing** un dessin 18*

to **dream (about)** rêver (de) 12*, 30

**dress** une robe A, 25

**dressed: to get dressed** s'habiller 19

  **to get undressed** se déshabiller

**drink** une boisson 9

to **drink** *boire 25, *prendre 6

to **drive** *conduire 33

**driver** un conducteur, une conductrice 24

**driver's license** un permis de conduire 33

**driving** la conduite 33

  **driving school** une auto-école 33

**druggist** un pharmacien, une pharmacienne 1

**duck** un canard 5

**dumb** bête 2; idiot

**during** pendant 6

  **during the week** en semaine A

**e-mail** un mail (un mél) 16

**each** chaque 23

  **each one, each person** chacun

  **each other** nous, vous, se 19

**ear** une oreille 17

  **to have an earache** avoir mal aux oreilles 17

**early** tôt 11*, 27

  **to be early** être en avance 2

to **earn** gagner A

**earrings** des boucles f. d'oreilles 25

**earth** la terre

**east** l'est m. 29

**easy** facile 27

to **eat** manger A; *prendre 6

  **to eat dinner** dîner 9

  **to eat lunch** déjeuner 9

**economics** l'économie f. R

**edge: at the edge of** au bord de 12*

**egg** un oeuf 9

  **fried eggs** des oeufs sur le plat 9

**Egypt** l'Égypte f. 29

**eight** · huit A

**eighteen** dix-huit A

**eighty** quatre-vingts A

**eighty-one** quatre-vingt-un A

**elegant** élégant 25

**elegantly** élégamment 26

**eleven** onze A

**eleventh** onzième 26

**else: anything else?** et avec ça? 9

something else quelque chose
d'autre 25

empty vide 16*

end un bout; la fin 18*

at the end of en fin de 12*

to end finir A

engaged: to get engaged
se fiancer

engine un moteur 33

engineer un ingénieur 1

England l'Angleterre f. 29

English anglais 1

English (language) l'anglais m. R

enormous énorme 13*

enough assez 2; assez de 12

to enter entrer 8

to entertain (people) *recevoir 30

equipment l'équipement
m. 21

error une erreur 13*

especially surtout

euro un euro

Europe l'Europe f. 29

eve la veille 14*

even même 18*

even if même si

evening le soir A

in the evening le soir 23;
du soir A

on (Wednesday) evening
(mercredi) soir

this evening ce soir 7

(whole) evening une soirée

event un événement 23

ever déjà 6

every tout (toute; tous, toutes) 12;
tous (toutes) les 23

every day chaque jour 23,
tous les jours 23

everybody, everyone tout le
monde 12*, 12

everything tout 12

everywhere partout 18*

evidently évidemment 19*

exactly justement 19*

exam un examen A

except sauf 18*

exhibition une exposition 13

expensive cher (chère) 25

to explain expliquer 13*

explanation une explication

to express exprimer 18

to express oneself
s'exprimer

eye un oeil (pl. yeux) 17

**F**

fabric le tissu 25

face une figure 17

fact: as a matter of fact
en effet 19*; justement

failure to obey la
désobéissance 19*

fair juste 2

to fake simuler 17*

fall l'automne m. A

in the fall en automne

to fall tomber 8

false faux (fausse)

familiar: to be familiar with
*connaître 15

family une famille 1

famous célèbre

far, far away (from) loin (de) R

as far as jusqu'à

farm une ferme 5

fashion: in fashion à la
mode 17

fast (adv.) vite 27; (adj.) rapide
27; en vitesse 12*

faster: to go faster
accélérer 34*

fat: gros (grosse) 13*

to get fat grossir A

father un père 1

favor: in favor of pour R

favorite préféré 9

feast une fête

February février m. A

feel: to feel like (having) avoir
envie de 3

to feel (well) se sentir (bien) 17

fellow un type 19*

ferocious féroce 18*

few peu de 12

a few quelques 12

fiancé(e) un fiancé, une fiancée

field un champ 5

fifteen quinze A

fifth cinquième 26

fifty cinquante A

to fill remplir

to fill the tank faire le plein 33

film un film 5

filmmaker un (une) cinéaste 1

finally finalement 6

to find trouver 13

fine: it's fine (weather) il fait
bon A

I'm fine ça va 17

fine une amende 18*

finger un doigt 17

to finish finir A; finir de 30

finished fini

fire le feu 12*

to fire (an employee) renvoyer 15*

first premier (première) 11*, 26;
premièrement 26

first name le prénom 1

(at) first d'abord 6

(March) first le premier
(mars) A

fish un poisson 5

fishing la pêche 5

to fit: do these pants (shoes) fit
you? est-ce que ce pantalon
(ces chaussures) vous va
(vont)? 25

it doesn't fit il/elle ne me va
pas 25

it fits well il/elle me va
bien 25

they (don't) fit ils/elles (ne) me
vont (pas) 25

five cinq A

to fix préparer A; réparer 19*

flash: flash of lightning un
éclair 12*

flashlight une lampe de poche
16*, 29

flight un vol 14*

floor un étage 13*, 21

ground floor le rez-de-
chaussée 21

second floor le premier
étage 21

flower une fleur 5

flowered à fleurs 25

flu la grippe 17

to have the flu avoir la
grippe 17

to fly off s'envoler 16*

to fold plier 17

to follow *suivre 33

following suivant

food la nourriture 9

foot un pied 17

on foot à pied 5

for pour R; pendant 6; depuis
4; comme 9

for a long time
longtemps 27

for how long? depuis combien
de temps? 4

**forbidden** interdit 18*
**foreign** étranger (étrangère) 29
**forest** une forêt 5
to **forget** oublier 13
    to **forget to** oublier de 30
**fork** une fourchette 9
**formal living room** un salon 21
**former** ancien (ancienne) 21
**fortunately** heureusement 8*
**forty** quarante A
**four** quatre A
**fourteen** quatorze A
**franc** un franc *(former currency of France and Belgium, current currency of Switzerland)*
**France** la France 29
**free** libre 13
**French** français 1
**French (language)** le français R
**French fries** des frites *f.* 9
**Friday** vendredi *m.* A
    on **Friday** vendredi 7
    on **Fridays** le vendredi 23
**friend** un ami, une amie 1; un copain, une copine 1
    best **friend** un meilleur ami (copain), une meilleure amie (copine) 1
**fries: French fries** des frites *f.* 9
to **frighten** effrayer I6*
**from** de R
    from **time to time** de temps en temps 18
    from **there** en 18
**front: in front (of)** devant R
**fruit** un fruit 9
    fruit **juice** le jus de fruits
**frying pan** une poêle 29
**full** plein 33
    full **speed** à toute vitesse 19*
**fun: to have fun** s'amuser 20
**funny** drôle 2
**fur** la fourrure 25
**furious** furieux (furieuse)
**furniture** le mobilier 21
    piece of **furniture** un meuble 21

## G

to **gain weight** grossir A
**game** un match 13
    to play a **game** faire un match

**garage** un garage 5
**garden** un jardin 21
**gas** l'essence *f.* 33
    gas **station** une station-service 33
    gas **tank** le réservoir 33
**generally** généralement
**generous** généreux (généreuse) 2
**geography** la géographie (géo) R
**German** allemand R
**Germany** l'Allemagne *f.* 29
to **get** chercher 4; *recevoir 30; *obtenir
    to **get dressed** s'habiller 19
    to **get on, into (a bus, subway)** monter 5
    to **get out (of)** sortir (de) 8
    to **get up** se lever 17
**gift** un cadeau *(pl.* cadeaux) 14
to **give** donner (à) 14; *offrir
    to **give back** rendre (à) 14
**glad** content
    glad **to meet you** enchanté(e) 1
**glass** le verre; *(for drinking)* un verre 9
**glasses** des lunettes *f.* A
**glove** un gant 25
to **go** *aller 4; passer 8
    go **on! go ahead! keep going!** vas-y! 18
    let's **go!** allons-y! 18
    should we **go? are we going?** on y va? 18
    to be **going to** aller + *inf.* 4
    to **go back** rentrer A, 8; retourner
    to **go (camping)** faire du (camping) 29
    to **go down** descendre 5
    to **go faster** accélérer 34*
    to **go fishing** aller à la pêche 5
    to **go for a ride** faire une promenade (en auto) 35
    to **go for a walk** faire une promenade (à pied) 35
    to **go get** aller chercher 4
    to **go home** rentrer (à, de) A, 8
    to **go in** entrer 8
    to **go on** continuer à 30
    to **go on a trip** faire un voyage 29

    to **go out** *sortir 8
    to **go shopping (for food)** faire les courses 3; faire des achats 5
    to **go to bed** se coucher 19
    to **go to stores** aller dans les magasins 5
    to **go up** monter 8
**going: what's going on?** qu'est-ce qu'il y a? R
**gold** l'or *m.* 25
**good** bon (bonne) 2
    in a good **mood** de bonne humeur
    in good **health** en bonne santé 17
    it's **good** il est bon, c'est bon
**good-looking** beau (bel, belle; beaux) 2
**granddaughter** la petite-fille 1
**grandfather** un grand-père 1
**grandmother** une grand-mère 1
**grandparents** les grands-parents *m.*
**grandson** le petit-fils 1
**grapefruit** un pamplemousse 9
**grapes** du raisin *m.*
    grape **juice** le jus de raisin 9
**gray** gris 25
**great** génial *(pl.* géniaux) 2
**green** vert A, 25
    green **beans** des •haricots (verts) 9
**groom** un marié 1
**ground** le sol 21
**ground floor** le rez-de-chaussée 21
**Guatemala** le Guatemala 29
**guilty** coupable I5*
    guilty **one** un coupable, une coupable I5*
**guitar** une guitare A
**guy** un type I9*
**gymnastics** la gym(nastique) 17

**habit** une habitude I4*
**hair** les cheveux *m.* 17
**hairbrush** une brosse à cheveux 19
**Haitian** haïtien (haïtienne) 1

**half: it's half past …** il est … heure(s) et demie **A**
**half brother** un demi-frère **1**
**half sister** une demi-soeur **1**
**hall** une salle
**ham** le jambon **9**
  **grilled ham and cheese sandwich** un croque-monsieur **9**
**hand** une main **17**
**hanger** un cintre **28***
to **happen** arriver **8**, se passer
  **happened: what happened?** qu'est-ce qui est arrivé (s'est passé)? **24**
  **happening: what's happening?** qu'est-ce qui se passe?
**happy** content **2**; heureux (heureuse) **2**
**hard** dur **I4***, difficile **27**
**has: one has to** il faut **12**
**hat** un chapeau (*pl.* chapeaux) **25**
to **hate** détester **9**
to **have** *avoir **3**; *prendre **6**
  **to have a headache** avoir mal à la tête **17**
  **to have a picnic** faire un pique-nique **5**
  **to have a sore back** avoir mal au dos **17**
  **to have breakfast** prendre le petit déjeuner **9**
  **to have dinner** dîner **A, 9**
  **to have fun** s'amuser **20**
  **to have just** venir de + *inf.* **4**
  **to have lunch** déjeuner **9**
  **to have the flu** avoir la grippe **17**
  **to have to** *devoir **10**
  **you have to** il faut **12**
**he** il **R**
**he's** c'est **R**; il est
**head** une tête **17**
**headache: to have a headache** avoir mal à la tête **17**
**headlight** un phare **33**
**health: in good health** en bonne santé **17**
**healthy** en bonne santé **17**
to **hear** entendre **A**
**heart** un coeur **17**
**heavy** lourd **27**
to **help** aider **A**
  **to help oneself** se servir **I5***

**hen** une poule **5**
**her** elle; la **15**; son, sa, ses **A**
  **(to) her** lui **16**
**here** ici
  **here is, here comes** voici **R**
  **this … (over here)** ce …-ci **A, 28**
**herself** se **19**
**hesitant: to be hesitant about** hésiter à **30**
to **hesitate** hésiter à **30**
**hey!** tiens!, dites donc! **I7***
**hidden** caché **I8***
to **hide** cacher
**hi-fi set** une chaîne hi-fi **A**
**high school** un lycée **R**
**high tops** *(shoes)* des baskets *m.* **A, 25**
**highway** une route
  **divided highway** une autoroute **I8***
**hike: to take a hike** faire une randonnée **5**
**hiking** la marche à pied **17**
**him** lui **R**; le **15**
  **(to) him** lui **16**
**himself** se **19**
**his** son, sa, ses **A**
**history** l'histoire *f.* **R**
to **hold** *tenir
  **hold on** ne quittez pas **1**
**holiday** une fête, un jour férié **14***
**home: (at) home** chez + *stress pronoun* **R**; à la maison **A, 5**
  **to go home** rentrer (à, de) **A, 8**
**homework: to do one's homework** faire (préparer) ses devoirs **3**
to **honk (the horn)** klaxonner **34***
**hood (of a car)** le capot **33**
**hope** l'espoir *m.* **I9***
to **hope** espérer **11**
**horror movie** un film d'horreur **13**
**horse** un cheval (*pl.* chevaux) **5**
**horseback riding** l'équitation *f.* **17**
  **on horseback** à cheval **5**
**hospital** un hôpital **A**
**hot** chaud **27**
  **hot chocolate** un chocolat **9**
  **it's hot** il fait chaud **A**
  **to be hot** avoir chaud **3**
**hotel** un hôtel **A**
**house** une maison **A, 21**
  **at/to the house of** chez + *person* **R**

**country house** une villa **29**
**single-family house** une maison individuelle **21**
**how: for how long?** depuis combien de temps? **4**
**how?** comment? **R**
**how are you?** ça va? **17**, comment allez-vous?, comment vas-tu?
**how many?** combien (de)? **12**
**how many times?** combien de fois?
**how much?** combien? **12**
**how's the weather?** quel temps fait-il? **A**
**to know how to** *savoir **16**
**to learn how to** apprendre à + *inf.* **6**
**however** cependant **I9***
**huge** énorme **I3***
**hundred** cent **A, 26**
  **(one) hundred and one** cent un **A**
  **two hundred** deux cents **A**
  **hundredth** centième **26**
**hungry: to be hungry** avoir faim **3**
**hunting** la chasse **I8***
**hurry: in a hurry** pressé **I9***
to **hurry** se dépêcher **I9***
**hurt: where does it hurt?** où est-ce que tu as (vous avez) mal? **17**
**husband** un mari **1**

**I** je **R**
  **I would like** je voudrais **R**; j'aimerais
**ice cream** la glace **9**
  **vanilla (chocolate) ice cream** une glace à la vanille (au chocolat) **9**
**ice skating** le patinage **17**
**iced tea** le thé glacé **9**
**idiotic** idiot
**if** si **31**
  **even if** même si
**illegal** interdit **I8***
**imaginative** imaginatif (imaginative) **2**
**immediately** tout de suite **19**
**impolite** impoli **2**
**important** important

# ENGLISH-FRENCH VOCABULARY   *continued*

**impulsive** impulsif
   (impulsive) **2**
**in** à; en **18**; dans **R**
   **in a good (bad) mood** de
     bonne (mauvaise) humeur
     **19***
   **in a hurry** pressé **19***
   **in back (of)** derrière **R**
   **in favor of** pour **R**
   **in front (of)** devant **R**
   **in good health** en bonne
     santé **17**
   **in it/them** y **18**
   **in (my) opinion** à (mon) avis **18**
   **in order to** pour + *inf.* **34**
   **in shape** en forme **17**
   **in the middle (of)** au milieu
     (de) **16***
   **in the morning (afternoon,**
     **evening)** le matin
     (l'après-midi, le soir) **23**
   **in the (mornings)** le (matin)
     **23**
   **in the past** autrefois **23**
   **in the spring** au printemps
   **in the summer (autumn,**
     **winter)** en été (automne,
     hiver)
**included** compris **9, 14***
**indeed** bien; en effet **19***
**India** l'Inde *f.* **29**
**Indian** indien (indienne) **1**
**individual** individuel
   (individuelle) **17**
**inexpensive** bon marché *(inv.)*
   **25**
**information** un renseignement
   **14***
**ingredient** un ingrédient **9**
**in-line skating** le roller **17**
**innocent: to act innocent** faire
   l'innocent **17***
**inside** dans **R**; à l'intérieur **18***
**insurance** l'assurance *f.* **17***
**intellectual** intellectuel
   (intellectuelle) **2**
**intelligent** intelligent
to **intend to** avoir l'intention de **3**
**interested: to be interested (in)**
   s'intéresser (à)
**into** dans **R**
to **introduce (to)** présenter (à) **1**
**intuitive** intuitif (intuitive) **2**
to **invite** inviter **A**
**Ireland** l'Irlande *f.* **29**

**is** (see **to be**)
   **isn't it so?** n'est-ce pas? **A**
   **there is** il y a **R**
   **there is no** il n'y a pas de **R**
**island** une île
**Israel** Israël *m.* **29**
**it** il/elle **A**; le/la **15**
   **(in) it** y **18**
   **it's** c'est **A**
   **it's … (o'clock)** il est …
     heure(s) **A**
   **it's (easy) to** il est (facile) de +
     *inf.*
   **it's (five) of (four)** il est (quatre)
     heures moins (cinq) **A**
   **it's (five) past (two)** il est
     (deux) heures (cinq) **A**
   **it's half past …** il est …
     heure(s) et demie **A**
   **it's (it would be) better** il vaut
     (il vaudrait) mieux **12***
   **it's (January 3rd)** c'est le (3
     janvier) **A**
   **it's necessary to** il faut **12**
   **it's nice (bad, hot, cold)**
     **(weather)** il fait beau
     (mauvais, chaud, froid) **12**
   **it's noon (midnight)** il est midi
     (minuit) **A**
   **it's a quarter of …** il est …
     heure(s) moins le quart **A**
   **it's a quarter past …** il est …
     heure(s) et quart **A**
   **it's raining** il pleut **A**
   **it snowed (rained)** il a neigé
     (plu)
   **it's snowing** il neige **A**
**Italian** italien (italienne) **1**
**Italy** l'Italie *f.* **29**
**its** son, sa, ses **A**

**jacket** une veste **A, 25**;
   un blouson **A, 25**
   **ski jacket** un anorak
**jam** la confiture **9**
**January** janvier *m.* **A**
**Japan** le Japon **29**
**Japanese** japonais **1**
**jar** un pot **12**
**jealous** jaloux (jalouse)
**jeans** un jean **25**
**jeweler** un bijoutier **17***

**jewelry** les bijoux *m. pl.* **25**
   **jewelry store** une bijouterie
     **17***
**jogging** le jogging **A, 17**
   **jogging suit** un survêtement
     (un survêt) **A, 25**
**journal** un journal **16**
**journalist** un (une) journaliste **1**
**juice: apple juice** le jus de
   pomme **9**
   **fruit juice** le jus de fruits
   **grape juice** le jus de raisin **9**
   **orange juice** le jus d'orange **9**
**July** juillet *m.* **A**
**June** juin *m.* **A**
**just: (to have) just** venir de +
   *inf.* **4**

to **keep** garder **13**
   **to keep a promise** tenir une
     promesse
**ketchup** le ketchup **9**
**key** une clé **13*, 21**
**kilogram** un kilo **9**
**kilometer** un kilomètre
**kind** *adj.* gentil (gentille) **27**
**kind** *n.* un genre **13,** une sorte
   **13**
**kindness** la gentillesse **18***
**kisses: love and kisses** *(at the end
   of a letter)* je t'embrasse
   … **14***
**kitchen** une cuisine **21**
   **kitchen sink** un évier **21**
**knapsack** un sac à dos **29**
**knee** un genou **17**
**knife** un couteau **9**
to **know** *connaître **15**; *savoir **16**
   **to know how to** *savoir **16**
**Korea** la Corée **29**
**Korean** coréen (coréenne) **1**

**lake** un lac **5**
**lamp** une lampe **21**
**landscape** un paysage **18***
**language** une langue **R**
**lap** *(of a race)* une étape **18***
**large** grand **2**

**large room** une salle
**last** dernier (dernière) I1*, 7
  **at last** enfin 6
  **last (Monday)** (lundi) dernier 7
**late** tard I1*, 27
  **to be late** être en retard 2
**later** plus tard 1
**lawyer** un avocat, une avocate 1
**lazy** paresseux (paresseuse) 2
to **lead** mener I6*
**leaf** une feuille 5
to **learn** *apprendre 6
  **to learn** *(a subject)* faire de +
    *subject* 3
  **to learn how to** apprendre à +
    *inf.* 6
  **to learn to play** *(an*
    *instrument)* faire de +
    *instrument*
**least: at least** au moins I2*
  **the least …** le/la/les moins +
    *adj.* 27
**leather** le cuir 25
to **leave** quitter; *partir 8; *(a place)*
  *partir de; (someone or*
  *something behind)* laisser 13
  **to leave for** *(a place)* partir à
  **to leave it up to someone (to)**
    laisser le soin à
    quelqu'un *(de)* 28
**left** gauche 17
  **to the left (of)** à gauche (de) R
**leg** une jambe 17
**lemon soda** la limonade 9
to **lend (to)** prêter (à) 14
**less … than** moins … que 27
to **let** *permettre 6; laisser
  **let's go!** allons-y! 18
**letter** une lettre 16
**lettuce** la salade
**liberal** libéral 2
**library** une bibliothèque A
**license: driver's license** un permis
    de conduire 33
**lie** un mensonge 16
to **lie** mentir I1*
**life** la vie R
**light** léger (légère) 27
  **light blue** bleu clair 25
**light** une lumière I5*
to **light** allumer I2*, 21
**lightning: flash of lightning**
    un éclair I2*
**like** comme 9
to **like** aimer R

**do you like [these glasses]?**
  est-ce que [ces lunettes] vous
  plaisent? 25
**do you like [this sweater]?** est-
  ce que [ce pull] vous plaît? 25
**I (don't) like it** il/elle (ne) me
  plaît (pas) 25
**I (don't) like them** ils/elles (ne)
  me plaisent (pas) 25
**I would like** je voudrais R;
  j'aimerais
**linen** la toile 25
**lipstick** le rouge à lèvres 19
to **listen to** écouter A
**liter** un litre 12
**little** peu (de) 12
  **a little** un peu 12
  **a little** *(+ sing. noun)* un peu
    de 12
to **live** *(in a place)* habiter A, 22; *(in a*
  *given place, in a certain way)*
  *vivre 22
**living room** un salon 21, une salle
  de séjour
  **formal living room** un salon 21
  **informal living room** un
    living 21
to **loan (to)** prêter (à) A, 14
to **lock** fermer à clé 21
**long** long (longue) 25
  **for a long time**
    longtemps 27
  **for how long?** depuis
    combien de temps? 4
to **look** avoir l'air 3
  **look!** tiens!
  **to look at** regarder A
  **to look for** chercher 5, 12*
to **lose** perdre A
  **to lose weight** maigrir A
**lot; a lot** beaucoup 12
**love** l'amour *m.* I4*
  **love and kisses** *(at the end of a*
  *letter)* je t'embrasse … 14*;
    amicalement 14*
to **love** adorer 9
  **I'd love to!** volontiers! 13
**luck** la chance
  **to try one's luck** tenter sa
    chance I9*
**lucky: to be lucky** avoir de la
    chance 3
**luggage** les valises *f.* 29
**lunch** le déjeuner 9
  **to have (eat) lunch** déjeuner 9

**M**

**machine** un appareil 21
  **washing machine** une machine
    à laver 21
**mad** furieux (furieuse); fou
    (folle) I2*
**made of (silver)** en (argent) 25
**magazine** un magazine 16,
  une revue 16
to **make** *faire 3
**make-up: to put on make-up**
    se maquiller 19
**man** un homme
**many** beaucoup (de) 12
  **how many** combien (de) 12
  **many people** beaucoup de
    monde I1*
  **so many** tellement de
  **too many** trop (de) 12
**map** une carte 29
  **(street) map** un plan
**March** mars *m.* A
**margarine** la margarine 9
**market** un marché 9
**match** une allumette; *(game)* un
    match 13
**material** la matière 25
**math** les maths *f.* R
**matter: as a matter of fact**
    en effet I9*; justement
  **that doesn't matter** cela n'a pas
    d'importance I7*
  **what's the matter?** qu'est-ce
    qu'il y a? R
**May** mai *m.* A
**may** *pouvoir 10
**maybe** peut-être
**mayonnaise** la mayonnaise 9
**me** moi R; me 14
  **to me** me 14
**meadow** une prairie 5
**meal** un repas 9
**mean** méchant 27
to **mean** vouloir dire
**measurement: to take someone's**
    **measurements** prendre les
    mesures de quelqu'un 28*
**meat** la viande 9
**mechanic** un mécanicien, une
    mécanicienne
**medal** une médaille 25
to **meet** faire la connaissance de 15;
  *(by chance)* rencontrer A; *(at*

*an arranged time and place)*
retrouver **A**
**glad to meet you** enchanté(e) **1**
**meeting place** un
rendez-vous **I4***
**melon** un melon **9**
**meter** un mètre
**metric pound** une livre **9**
**Mexican** mexicain **1**
**Mexico** le Mexique **29**
**microwave oven** un four à
micro-ondes **21**
**middle: in the middle (of)** au
milieu (de) **I6***
**Middle East** le Moyen-Orient **29**
**middle school** un collège **R**
**midnight: it's midnight** il est
minuit **A**
**midst: to be in the midst of** être
en train de **2**
**mile** un mille
**milk** le lait **9**
**million** un million **26**
**mineral water** l'eau *f.*
minérale **9**
**minivan** un minivan **33**
**minute** une minute
**mirror** une glace **21**
**Miss** Mademoiselle (Mlle)
**mistake** une erreur **I3***
**to make a mistake** *faire
(une) erreur **I7***
**missing: … is missing**
… manque **I5***
**model: fashion model** un
mannequin **1**
**modern** moderne **21**
**Monday** lundi *m.* **A**
**on Monday** lundi **7**
**on Mondays** le lundi **23**
**money** l'argent *m.* **A**
**month** un mois **A**
**monthly** par mois **13**
**mood: in a good (bad) mood**
de bonne (mauvaise)
humeur **I9***
**moped** une mob (mobylette), un
vélomoteur
**more** plus **27**
**more and more** de plus
en plus **I6***
**more … than** plus … que **27**
**no more** ne … plus
**once more** encore
une fois **I5***

**morning** le matin **A, 7**
**in the morning** le matin
**on (Monday) morning** (lundi)
matin
**this morning** ce matin **7**
**mosquito** un moustique **I2***
**most: the most …** le/la/les plus
+ *adj.* **27**
**mother** une mère **1**
**motor** un moteur **33**
**motorbike** une mob (mobylette),
un vélomoteur
**motorcycle** une moto
**mountain(s)** la montagne **29**
**mountain bike** un VTT (un vélo
tout terrain) **A**
**mountain biking** le VTT **17**
**mountain climbing**
l'alpinisme *m.*
**mourning** le deuil **I4***
**mouse (computer)** une souris
**mousepad** un tapis (de)
souris
**mouth** une bouche **17**
**movie** un film **5**
**action movie** un film
d'aventures **13**
**at (to) the movies** au ciné **5**
**detective movie** un film
policier **13**
**horror movie** un film
d'horreur **13**
**science fiction movie**
un film de science-fiction
**13**
**movie camera** une caméra **A**
**movie theater** un cinéma **A**
**much** beaucoup **12**
**how much** combien (de) **12**
**not much** peu (de) **12**
**so much** tellement de
**that much** tellement **9**
**too much** trop (de) **12**
**museum** un musée **A, 13**
**mushroom** un champignon **9**
**music** la musique **R**
**musical** musicien
(musicienne) **2**
**musical comedy** une
comédie musicale **13**
**must** *devoir **10**
**one must** il faut **12**
**mustard** la moutarde **9**
**my** mon, ma, mes **A**
**myself** me **19**

**naive** naïf (naïve) **2**
**name** un nom **1**
**first name** le prénom **1**
**named: to be named**
s'appeler **1**
**napkin** une serviette **9**
**nasty** méchant **27**
**nationality** une nationalité **1**
**naturally** naturellement **26**
**near** près (de) **R**
**necessary** nécessaire
**it's necessary to** il faut **12**
**neck** un cou **17**
**necklace** un collier **25**; une
chaîne **25**
to **need** avoir besoin de **3**
**you need to** il faut **12**
**neighbor** un voisin,
une voisine **1**
**neighborhood** un quartier
**A, 21**
**nephew** un neveu (*pl.* neveux) **1**
**never** ne … jamais **6**
**almost never** ne … presque
jamais **18**
**new** neuf (neuve) **26**; nouveau
(nouvel, nouvelle,
nouveaux) **2**
**newspaper** un journal **16**
**next** prochain **I1*, 7**
**next (Monday)** (lundi)
prochain **7**
**next to** à côté de **R**
**the next day** le lendemain
**I4***
**nice** sympathique **2**; aimable **2**;
gentil (gentille) **27**
**it's nice (weather)** il fait beau
**A**
**niece** une nièce **1**
**night** la nuit
**on (Thursday) night** (jeudi)
soir
**nine** neuf **A**
**nineteen** dix-neuf **A**
**ninety** quatre-vingt-dix **A**
**ninety-one** quatre-vingt-onze **A**
**ninth** neuvième **26**
**no** non; ne … aucun **I7***
**no?** non?; n'est-ce pas? **A**
**no one** personne,
ne … personne **7**

to say no refuser 30

no more ne … plus 10

nobody ne … personne 7

noise un bruit 12*

noon: it's noon il est midi A

normal normal (*pl.* normaux) 26

normally normalement 26

north le nord 29

North America l'Amérique *f.* du Nord 29

nose le nez 17

not ne … pas R

not (+ *inf.*) ne pas + *inf.*

not any ne … aucun 17*

not anyone ne … personne 7

not anything ne … rien 7

not many, not much peu (de) 12

to note *s'apercevoir (de) 19*; noter

notebook un cahier A

small notebook un carnet

nothing rien, ne … rien 7

to notice remarquer; *s'apercevoir (de) 19*

novel un roman 16

November novembre *m.* A

now maintenant 7

number un nombre; un numéro 1

phone number le numéro de téléphone 1

nurse un infirmier, une infirmière 1

nylon le nylon 25

to obey obéir (à)

failure to obey la désobéissance 19*

object un objet A

to obtain *obtenir

obviously évidemment 19*

o'clock heure(s) A

at … o'clock à … heure(s) A

it's … o'clock il est … heure(s) A

October octobre *m.* A

of de R

it's (five) of (four) il est (quatre) heures moins (cinq) A

it's a quarter of … il est … heure(s) moins le quart A

of it/them en 18

office un bureau 1

at/to the office of chez R

office worker un employé (une employée) de bureau 1

often souvent 18

okay d'accord 13

oil l'huile *f.* 33

old âgé 1; vieux (vieil, vieille; vieux) 2; ancien (ancienne) 21

to be … years old avoir … ans 3

omelet une omelette 9

on sur R

on …-ing en + *pres. part.* 34

on foot à pied 5

on Monday lundi 7

on Monday morning (afternoon, evening, night) lundi matin (après-midi, soir)

on (Mondays) le (lundi) 23

on the weekend, on (the) weekends le week-end

on time à l'heure 2

once une fois 13

one un, une R

one time une fois 13

one-way ticket un aller simple 29

one (you, they, people) on A

another one un (une) autre 12

one another nous, vous, se 19

one has to (must) il faut 12

that one celui-là (celle-la) 28

the one celui (celle) 28

the one(s) of/belonging to/from celui, celle (ceux, celles) de 28

the one(s) that/who/whom celui, celle (ceux, celles) que/qui 28

the same one le/la même

the same ones les mêmes

this one celui-ci (celle-ci) 28

oneself se 19

by oneself seul 15*

only seulement 12*; seul 15*

only child un (une) enfant unique 1

to open *ouvrir 14*, 21

opinion un avis 18, une opinion 18

in (my) opinion à (mon) avis 18; d'après (moi) 18

opposite en face (de) 18*

or ou R

orange (*color*) orange A, 25

orange une orange 9

orange juice le jus d'orange 9

orchestra un orchestre 13

order: in order to pour + *inf.* 34

to order commander 9

to organize organiser A

original original (*pl.* originaux) 2

other autre 12

(any) other d'autres 12

others d'autres 12

our notre, nos A

ourselves nous 19

out: to get out (of) sortir (de) 8

to try out essayer 25

outside dehors 16*

oven un four 21

microwave oven un four à micro-ondes 21

over: over there là-bas 5

that … (over there) ce …-là A, 28

this … (over here) ce …-ci A, 28

to owe *devoir 10

owl une chouette 16*

Pacific: South Pacific l'Océanie *f.*

pack un paquet 12

to pack one's suitcase faire ses valises 29

package un paquet 12

pain: "a pain" pénible 2

painful pénible 2

painter un peintre 14*

painting un tableau (*pl.* tableaux) 21

pal un copain, une copine 1

pan une casserole 29

frying pan une poêle 29

pants un pantalon A, 25

pantyhose des collants *m.* 25

paper le papier

parents les parents *m.* 1

**park** un parc **A**

**part** une partie **17**, une pièce

    **spare part** une pièce de rechange **19***

    **to take part (in)** participer (à)

to **participate (in)** participer (à)

    **to participate in** *(a sport)* faire de + *sport* **3, 17**

**party** une boum **A**; une soirée, une fête

    **(evening) party** une soirée

to **pass** *(in a car)* doubler **34***

    **to pass a test** réussir à un examen **A**

    **to pass by** passer **8**

**passkey** un passe-partout **17***

**passport** un passeport **29**

**past: in the past** autrefois **23**

    **it's (five) past (two)** il est (deux) heures (cinq) **A**

    **it's half past …** il est … heure(s) et demie **A**

    **it's a quarter past …** il est … heure(s) et quart **A**

**patiently** patiemment **26**

**pattern** un dessin **25**

to **pay (for)** payer **9**

    **to pay attention (to)** faire attention (à) **3**

**pear** une poire **9**

**peas** des petits pois *m.* **9**

**pen** un stylo **A**

**pen pal** un correspondant, une correspondante

**pencil** un crayon **A**

**people** les gens *m.* **1**; on **A**; du monde

    **many people** du monde, beaucoup de monde **11***

    **young people** les jeunes *m.*

**pepper** le poivre **9**

**per** par **13**

**performance** une séance **13**

**perhaps** peut-être

to **permit** *permettre **6**

**person** une personne **1**

**personal belongings** des affaires *f.* **5**

**personality** la personnalité **2**

**pharmacist** un pharmacien, une pharmacienne **1**

**philosophy** la philosophie **R**

**phone** un téléphone

to **phone** téléphoner (à) **A, 16**

**photograph** une photo

**photographer** un photographe, une photographe **1**

**physical education** l'éducation *f.* physique **R**

**physics** la physique **R**

**piano** un piano **A**

to **pick** choisir **A**

    **to pick up** *(go get)* chercher **4**; *(tidy up)* ranger **5**

**picnic** un pique-nique **A**

    **to have a picnic** faire un pique-nique **5**

**picture** une photo; un tableau *(pl. tableaux)* **21**

**pie** une tarte **9**

**piece** un morceau *(pl.* morceaux) **12**

    **piece of furniture** un meuble **21**

**pig** un cochon **5**

**pinball: to play pinball** jouer au flipper **5**

**pink** rose **25**

**pity: what a pity!** c'est dommage!

**pizza** une pizza **9**

**place** un endroit **A, 5**; un lieu **1**

    **meeting place** un rendez-vous **14***

    **to take place** avoir lieu **24**, se passer

to **place** *mettre **6**

**plain** moche **25**; *(of food)* nature **9**

**plan** un projet **13**

    **to make plans** faire des projets

**plane** un avion **A**

    **by plane** en avion **A**

**plant** une plante **5**

**plastic** le plastique **25**

**plate** une assiette **9**

**play** une pièce de théâtre **13**

to **play** jouer **R**

    **to (learn to) play** *(an instrument)* faire de + *instrument*

    **to play** *(a musical instrument)* jouer de **R**

    **to play** *(a sport)* faire de + sport **3**

    **to play** *(a sport or a game)* jouer à **R**

    **to play a game** faire un match

**player** un joueur, une joueuse **13**

    **what's playing?** qu'est-ce qu'on joue? **13**

**pleasant** aimable **2**

    **it's pleasant (weather)** il fait bon **A**

**please** s'il te (vous) plaît **9**

**pleasure** le plaisir **13**

**pocket** une poche **17***

**poem** un poème **16**

**polite** poli **2**

**politely** poliment **26**

**polka-dotted** à pois **25**

**polo shirt** un polo **25**

**polyester** le polyester **25**

**pool** une piscine **A**

**poor** pauvre **2**

**poorly** mal

**pork** le porc **9**

**portable stove** un réchaud **29**

**Portugal** le Portugal **29**

**postcard** une carte postale **16**

**poster** un poster, une affiche **A**

**post office** la poste **A**

**pot** une casserole **29**

**potato** une pomme de terre **9**

**pound: metric pound** une livre **9**

**precisely** justement **19***

to **prefer** aimer mieux; préférer **11**

to **prepare** préparer **A**

**present** un cadeau *(pl.* cadeaux) **14**

**pretty** joli **2**

**price** un prix

**private** privé

    **in private** en privé **15***

    **private school** une école privée **R**

**prize** un prix

**problem** un problème **14***

**product** un produit **15***

**profession** une profession **1**

**professor** un professeur

**programmer** un programmeur, une programmeuse **1**

to **promise** *promettre **6**

**proud** fier (fière) **19***

**prudent** prudent

**public** public (publique)

    **public school** une école publique **R**

**Puerto Rican** portoricain **1**

**punctual** ponctuel (ponctuelle) **2**

**purple** violet (violette) **25**

to **put** *mettre **6**

to **put away** ranger 5
to **put on** (clothing) *mettre 6
to **put on make-up**
se maquiller 19

## Q

**quantity** une quantité 12
**quarter: it's a quarter of …**
il est … heure(s) moins
le quart **A**
**it's a quarter past …** il est …
heure(s) et quart **A**
**quickly** vite 27
**quiet** tranquille
**be quiet!** tais-toi! taisez-vous!
20
**to be quiet** *se taire 20

## R

**rabbit** un lapin 5
**race** une course 26*
**racer** un coureur 26*
**racket** une raquette
**radio** une radio
**boom box** une
radiocassette **A**
to **rain** *pleuvoir
**raincoat** un imperméable
(imper) **A**, 25
**rained: it rained** il a plu
**raining: it's raining** il pleut **A**
**it was raining** il pleuvait 23
**range** une cuisinière 21
**rapid** rapide 27
**rarely** rarement 18
**rather** assez 2; plutôt 16*
**razor** un rasoir 19
to **read** *lire 16
**ready** prêt 12*, 29
**real** véritable 18*
to **realize** *s'apercevoir (de) 19*
**really** vraiment 19*
**really?** ah bon?
**rearview mirror** un rétroviseur 33
to **receive** *recevoir 30
to **recognize** *reconnaître 15
**red** rouge **A**, 25
to **reflect** réfléchir 15*, 25
**refrigerator** un réfrigérateur 21
to **refuse to** refuser de 30

**region** une région 29
**relatives** les parents m. 1
to **remember** se souvenir (de) 20
to **remind** rappeler 14*
to **rent** louer 29
**louer un film** to rent a movie **A**
**repair** une réparation 19*
to **repair** réparer 19*
to **repeat** répéter
**reply** une réponse 14*
**residence** une résidence 21
to **rest** se reposer 19
**restaurant** un restaurant **A**
**restless** agité
to **return** rentrer (à, de) **A**, 8;
(something) rendre 14;
retourner 8
**reward** la prime 18*
**rice** le riz 9
**rich** riche 2
**ride: to go for a ride** faire une
promenade (en auto) 3
**to take a ride** se promener
19; faire un tour 5; faire une
randonnée 5
**ridiculous** ridicule 25
**right** droit 17; vrai
**all right!** d'accord! 13
**right?** n'est-ce pas? **A**
**right away** tout de suite 19*
**to be right** avoir raison 3
**to the right (of)** à droite (de) **R**
**ring** une bague 25
to **ring (the bell)** sonner 13*
**river** une rivière 5
**road** une route
**toll road** une autoroute 18*
**roast: roast beef** le rosbif 9
**roast chicken** le poulet rôti 9
**rock climbing** l'escalade f. 17
**roll: crescent roll** un croissant 9
**roller skating** le patin à
roulettes 17
**roof** un toit 21
**room** (in general) une pièce 21
**(bed)room** une chambre 5
**dining room** une salle à
manger 21
**formal living room** un salon 21
**large room** une salle
**living room** un salon 21, une
salle de séjour, un living 21
**roundtrip (ticket)** un aller et
retour 29
**route** un parcours 18*

**rubber** le caoutchouc 25
**ruby** un rubis 17*
**rug** un tapis 13*, 21
to **run** courir 12*, 17
**to run into** rentrer dans;
heurter 24
**running shoes** des tennis m. 25
**Russia** la Russie 29
**Russian** russe 1

## S

**sack** un sac **A**, 12
**sad** triste 2
**sailing** la voile 17
**salad** une salade 9
**sale: on sale** en solde 25
**salesperson** un vendeur, une
vendeuse 1
**salmon** le saumon 9
**salt** le sel 9
**same** même
**all the same** tout de
même 14*
**the same one** le/la même
**the same ones** les mêmes
**sandals** des sandales f. 25
**sandwich** un sandwich 9
**grilled ham and cheese
sandwich** un croque-
monsieur 9
**satisfied** satisfait 17*
**Saturday** samedi m. **A**
**on Saturday** samedi 7
**on Saturdays** le samedi 23
**sausage(s)** des saucisses f.; le
saucisson 9
**saved** sauvé 19*
to **say** *dire 16
**to say no** refuser 30
**scarf** un foulard 25
**schedule** un horaire 29
**school** (adj.) scolaire **R**
**school** une école **R**
**driving school** une
auto-école 33
**high school** un lycée **R**
**private school** une école
privée **R**
**public school** une école
publique **R**
**science** les sciences f. **R**
**science fiction movie** un film de
science-fiction 13

**English -French Vocabulary** **R69**

to **scream** crier I1*

**sea** la mer 29

**season** une saison A

**seat** un siège 33; une place 13

  **seat belt** une ceinture de

    sécurité 33

**second** deuxième 26

  **secondly** deuxièmement 26

**secretary** un secrétaire, une

  secrétaire 1

to **see** *voir 5; *apercevoir 30

  **see you tomorrow!**

    à demain!

to **seem** sembler I3*, avoir l'air 3

**selfish** égoïste 2

to **sell** vendre A

to **send** envoyer 11

**Senegal** le Sénégal 29

**sensitive** sensible 2

**September** septembre m. A

**serious** sérieux (sérieuse) 2

**seriously** sérieusement 26

**service charge** le service 9

to **set** *(the table)* *mettre (la table) 6

  **to set off the alarm**

    déclencher l'alarme I8*

**seven** sept A

**seventeen** dix-sept A

**seventy** soixante-dix A

**seventy-one** soixante et onze A

**seventy-two** soixante-douze A

**several** plusieurs 12

**shampoo** le shampooing 19

**shape: in shape** en forme 17

  **in good shape** en bon

    état I8*

  **to be in shape** être en

    forme 17

to **shave** se raser 19

**she** elle R

**she's** c'est R

**shirt** une chemise A, 25

  **T-shirt** un tee-shirt

**shoes** des chaussures f. A, 25

**shop** une boutique A, 25

  **at/to the shop of** chez R

  **discount shop** une boutique de

    soldes 25

**shopping** les courses f. 9

  **to go (do the) shopping** *(for*

    *food)* faire les courses 3; faire

    des achats 5

  **shopping center** un centre

    commercial A

**short** petit 2; court 25

**shorts** un short 25

**should: you should** il faut 12

  **you should not** il ne faut

    pas 12

**shoulder** l'épaule f. 17

to **shout** crier I1*

**show** un spectacle 13

to **show (to)** montrer (à) 14

**shower** une douche 21

**shy** timide 2

**sick** malade 17

**sight: to catch sight of**

  *apercevoir 30

**sign** *(traffic)* un panneau 24

**silk** la soie 25

**silly** bête 2

**silver** l'argent m. 25

**since** car; depuis 4; depuis que;

  comme I6*; puisque 12*

  **since what time?** depuis quelle

    heure?

  **since when?** depuis quand? 4

to **sing** chanter A

**singer** un chanteur, une

  chanteuse 13

**single** célibataire 1

**sink** un lavabo 21

  **kitchen sink** un évier 21

**sister** une soeur 1

  **half sister** une demi-soeur 1

to **sit down** *s'asseoir 20

  **sit down!** assieds-toi!

    asseyez-vous! 20

**six** six A

**sixteen** seize A

**sixty** soixante A

**size** *(clothing)* la taille 25; *(shoe)*

  la pointure 25

  **to wear size [40]** faire (porter)

    du [40] 25

**skateboarding** le skate(board) 17

  **roller-skating** le patin à

    roulettes 26

to **ski** faire du ski, skier

**skiing** le ski 17

  **waterskiing** le ski nautique 17

**skin** la peau I5*

**skirt** une jupe A, 25

**sky** le ciel I8*

to **sleep** *dormir 8

**sleeping bag** un sac de

  couchage 29

**sleepy: to be sleepy** avoir

  sommeil 3

**slice** une tranche 12

**slow** lent I4*, 27

to **slow down** ralentir 34*

**slowly** lentement 27

**small** petit 2

**smart** intelligent

to **smile** *sourire I3*

**sneakers** des tennis m. A, 25

  **high top sneakers** des

    baskets m. A, 25

to **snow** neiger

**snowboarding** le snowboard, le

  surf des neiges 17

**snowed: it snowed** il a neigé

**snowing: it's snowing** il neige A

  **it was snowing** il neigeait 23

**so** alors; donc I2*; si; tellement

  **so much (many)** tellement de

**soap** le savon 19

**soccer** le foot A

  **soccer game** un match de

    foot 5

**socks** des chaussettes f. A, 25

**soda** *(carbonated soft drink)* un

  soda 9

  **lemon soda** la limonade 9

**sofa** un sofa 21

**sole** la sole 9

**solid** *(color)* uni 25

**some** des R; du, de la, de l', des

  10; quelques 12; en 18; un

  peu (de) 12

**somebody** quelqu'un 7

**someone** quelqu'un 7

**something** quelque chose 7

  **something else** quelque

    chose d'autre 25

**sometimes** parfois 18;

  quelquefois 18

**somewhere** quelque part I8*

**son** un fils 1

**song** une chanson 13

**soon** bientôt I6*

  **see you soon** à bientôt

**sore: to have a sore ...** avoir

  mal à + *part of body* 17

**sorry: very sorry** désolé 13

  **I'm sorry** je suis désolé 1

  **to be sorry** regretter 13

**sort** une sorte 13

**sound system** une chaîne hi-fi A

**soup** la soupe 9

**south** le sud 29

**South America** l'Amérique f. du

  Sud 29

**spaghetti** les spaghetti m. 9

**Spain** l'Espagne *f.* 29
**Spanish** espagnol 1
**Spanish (language)** l'espagnol *m.* R
**spare part** une pièce de rechange I9*
to **speak** parler A; prendre la parole I7*
**specific** spécifique 23
**speed: full speed** à toute vitesse 19*
to **spend** dépenser
  to **spend** (time) passer 5; faire un séjour 29
**spider's web** une toile d'araignée I6*
**spite: in spite of** malgré I8*
**spontaneously** spontanément 26
**spoon** une cuillère 9
**sports** le sport R
  **active in sports** sportif (sportive) 2
  **sports car** une voiture de sport 33
**spot** un endroit A, 5
**spring** le printemps A
  **in (the) spring** au printemps
**squirrel** un écureuil 15
**stadium** un stade A, 5
**stage** une étape I8*
**staircase** un escalier 21
**stairs** des escaliers *m.* I3*, 21
to **start** commencer 13; démarrer 34*; se mettre à I6*
**state** un état 29
**station** une gare A
  **gas station** une station-service 33
to **stay** rester A, 8; faire un séjour 29; loger 29
**steak with French fries** un steak-frites 9
**steering wheel** un volant 33
**stepfather** un beau-père 1
**stepmother** une belle-mère 1
**still** encore 19*; toujours 19*
**stomach** le ventre 17, l'estomac *m.* 17
  to **have a stomach ache** avoir mal au ventre 17
to **stop** s'arrêter 20; arrêter de 30; cesser de 30
  to **stop the engine** arrêter le moteur 34*
**store** un magasin A, 25

**department store** un grand magasin 25
**story** une histoire 16; *(floor)* un étage I3*, 21
**stove** une cuisinière 21
  **(portable) stove** un réchaud 29
**strawberry** une fraise 9
**street** une rue A
  **street map** un plan
**striped** à rayures 25
**strong** fort 27
**student** *(high school)* un élève, une élève
**studies** les études *f.* R
to **study** étudier A
  to **study** *(a subject)* faire de + *subject* 3
**stupid** bête 2
**subdivision** un lotissement 21
**subject: school subjects** les matières *f.* R
**suburbs** la banlieue 21
**subway** le métro 5
  **subway ticket** un billet/un ticket (de métro) 5
to **succeed** réussir A
  to **succeed in** réussir à 30
**suddenly** tout d'un coup I2*
**sugar** le sucre 9
**suit** un costume 25, un tailleur 25
  **bathing suit** un maillot de bain A, 25
  **jogging (track) suit** un survêtement (un survêt) A, 25
**suitcase** une valise 29
  to **pack one's suitcase** faire ses valises 29
**summer** l'été *m.* A
  **in (the) summer** en été
**summer vacation** les grandes vacances *f.*
**sun** le soleil
  **sunbath** un bain de soleil 5
**Sunday** dimanche *m.* A
  **on Sunday** dimanche 7
  **on Sundays** le dimanche 23
**sunglasses** des lunettes *f.* de soleil A, 25
**super** formidable, super 25
**supermarket** un supermarché A
**supper** le dîner 9
  to **have (eat) supper** dîner A, 9

**supposed: to be supposed to** *devoir 10
**sure** sûr; volontiers! 13
**surfboarding** le surf 17
**sweater** un pull A, 25
**sweatshirt** un sweat A, 25
to **swim** nager A
**swimming** la natation 17
**swimming pool** une piscine A
**Swiss** suisse 1
**Switzerland** la Suisse 29

**table** une table A, 9
**tablet (computer)** une tablette
to **take** *prendre 5
  to **take (along)** *(mainly people)* amener 11
  to **take (along)** *(things)* apporter A
  to **take a course (class)** suivre un cours 33
  to **take a hike** faire une randonnée 5
  to **take a trip** faire un voyage 29
  to **take a walk (ride)** se promener 19; faire un tour 5; faire une randonnée 5
  to **take care of someone** s'occuper de quelqu'un 28*
  to **take home** ramener I1*
  to **take off** enlever 34*, ôter I8*
  to **take place** avoir lieu 24; se passer
  to **take someone's measurements** prendre les mesures de quelqu'un 28*
  to **take the subway toward [Balard]** prendre la direction [Balard] 5
to **talk** parler A
  to **talk to** s'adresser à, parler à 16
**tall** grand 2
to **tan** bronzer 5
  **tank: to fill the tank** faire le plein 33
to **taste** goûter I3*
**tea** le thé 9
  **iced tea** le thé glacé 9
to **teach** apprendre 6
**teacher** un professeur

**team** une équipe **13**

**technician** un technicien, une technicienne **1**

**technology** la technologie (la techno) **A**

**teeth** les dents *f.* **17**

to **telephone** téléphoner (à) **A, 16**

**television** la télé **A**

   **television set** un téléviseur **A**

to **tell** *dire **16**

   **to tell** *(a story)* renseigner, raconter **16**

   **to tell (about)** raconter **16**

   **to tell in advance** *prévenir **13***

**ten** dix **A**

**tent** une tente **29**

**test** un examen **A**

   **to pass a test** réussir à un examen **A**

**text message** un texto

**than** *(in comparisons)* que **27**

**thank: thank you** merci

   **thanks to** grâce à **17***

**that** cela (ça) **9**; qui, que **22**; ce (cet, cette) **A**

   **that … (over there)** ce …-là **A, 28**

   **that one** celui-là (celle-là) **28**

   **that's** c'est **R**, voilà **R**

**the** le, la, l', les **R, A**

**theater** un théâtre **13**

**theft** un vol **17***

**their** leur, leurs **A**

**them** eux, elles **R**; les **15**

   **(in) it/them** y **18**

   **(to) them** leur **16**

**themselves** se **19**

**then** alors; ensuite **6**

**there** là **5**; y **18**

   **from there** en **18**

   **over there** là-bas **5**

   **that … (over there)** ce …-là **A, 28**

   **there is (are)** il y a **R**; voilà **R**

   **there is no (there aren't any)** il n'y a pas de **R**

**therefore** donc **12***

**these** ces **A**; ceux (celles) **28**, ceux-ci (celles-ci) **28**

**they** ils/elles **R**; on **A**

**thief** un voleur **17***

**thin: to get thin** maigrir **A**

**thing** une chose

   **things** des affaires *f.* **5**

to **think** penser **18**; *croire; réfléchir **15***, **25**; trouver (que) **18**

   **to think about** penser à

   **to think of** penser de

**third** troisième **11***, **26**

**thirsty: to be thirsty** avoir soif **3**

**thirteen** treize **A**

**thirty** trente **A**

**this** ce, cet, cette **A**; ceci

   **this (Friday)** ce (vendredi)

   **this is** voici **R**

   **this … (over here)** ce …-ci **A, 28**

   **this morning (afternoon, evening)** ce matin (cet après-midi, ce soir)

   **this one** celui-ci (celle-ci) **28**

**those** ces **A**; ceux (celles) **28**, ceux-là (celles-là) **28**

   **those are** ce sont **R**

**thousand** mille **A, 26**

**three** trois **A**

to **throw** lancer **16***

**Thursday** jeudi *m.* **A**

   **on Thursday** jeudi **7**

   **on Thursdays** le jeudi **23**

**ticket** un billet **11***, **13**

   **airplane (train) ticket** un billet d'avion (de train) **29**

   **one-way ticket** un aller simple **29**

   **round trip ticket** un aller et retour **29**

   **subway ticket** un billet/un ticket de métro **5**

**tie** une cravate **A, 25**

**tight** étroit **25**

**tights** des collants *m.* **25**

**time** l'heure *f.* **A**; le temps **13**; *(occasion)* la fois **11***, **13**

   **all the time** tout le temps **12**

   **at what time?** à quelle heure? **A**

   **(for) a long time** longtemps **27**

   **from time to time** de temps en temps **18**

   **it's only a matter of time** ce n'est qu'une affaire de temps **17***

   **on time** à l'heure **2**

   **one time (several times)** une fois (plusieurs fois) **13**

   **to spend some time** faire un séjour **29**

   **what time is it?** quelle heure est-il? **A**

**timid** timide **2**

**tip** le service **9**; un pourboire **14***

**tire** un pneu **33**

**tired** fatigué **12***, **17**

**to** à **A**; en **18**; *(in order to)* pour + *inf.* **34**

   **to the house (office, shop, etc.) of** chez **R**

   **to the left/right (of)** à gauche/droite (de) **R**

   **to whom?** à qui? **R**

**toaster** un grille-pain **21**

**today** aujourd'hui **7**

**toilet** les toilettes *f.* **21**; les WC *m.* **21**

**toll road** une autoroute **18***

**tomato** une tomate **9**

**tomorrow** demain **7**

   **see you tomorrow** à demain

**tonight** ce soir **7**, cette nuit

**too** aussi; trop **2, 25**

   **that's too bad!** c'est dommage!

   **too bad!** tant pis! **19***

   **too many** trop (de) **12**

   **too much** trop (de) **12**

**tooth** une dent **17**

**toothbrush** une brosse à dents **19**

**toothpaste** le dentifrice **19**

**toward** *(a place)* vers **12***

**town** une ville **A, 21**; un village **21**

**track suit** un survêtement (un survêt) **25**

**traffic** la circulation **18***

**trailer** *(camping)* une caravane **29**

**train** un train **A**

   **by train** en train **A**

   **train ticket** un billet de train **29**

to **transport** transporter **29**

to **travel** voyager **A**

**tray** un plateau **17***

**treasure** un trésor **18***

**tree** un arbre **5**

**trip: to go on (take) a trip** faire un voyage **29**

**truck** un camion **33**

**true** vrai; véritable **18***

**truly** vraiment **19***

**trunk** *(of a car)* un coffre **33**

**truth** la vérité **16**

**to tell the truth** à vrai
dire 17*
**to try** goûter 13*
**to try one's luck** tenter sa
chance 19*
**to try (out, on)** essayer 25
**to try to** essayer de + *inf.* 30
**T-shirt** un tee-shirt 25
**athletic T-shirt** un
maillot 26*
**Tuesday** mardi *m.* A
**on Tuesday** mardi 7
**on Tuesdays** le mardi 23
**tuna** le thon 9
**to turn** tourner
**to turn off** éteindre,
fermer 21
**to turn on** *(the radio, etc.)*
*mettre 6
**TV** la télé A
**TV set** un téléviseur
**twelve** douze A
**twenty** vingt A
**twice** deux fois 13
**two** deux A
**type** un genre 13; une sorte 13

**umbrella** un parapluie 25
**unattractive** moche 25
**uncle** un oncle 1
**under** sous R
**to understand** *comprendre 6
**unfair** injuste 2
**unfortunately**
malheureusement 8*;
hélas
**unhappy** malheureux
(malheureuse) 2
**United States** les États-Unis *m.*
29
**university** une université
**unknown** inconnu 18*
**unnecessary** inutile 27
**unpleasant** désagréable;
pénible 2
**until** jusqu'à
**up: to get up** se lever 19
**to go up** monter 5
**to wake up** se réveiller 19
**to wash up** se laver 19
**upon: upon …-ing** en + *pres.*
*part.* 34

**upset** furieux (furieuse)
**us** nous R
**to us** nous 14
**to use** utiliser 12*, 29
**useful** utile 27
**useless** inutile 27
**usual** habituel (habituelle) 23
**usually** d'habitude 23;
habituellement 23

**vacation** les vacances *f.* 29
**during vacation** pendant les
vacances A
**summer vacation** les grandes
vacances *f.*
**van** une camionnette 33
**value** la valeur 18*
**vanilla ice cream** une glace à
la vanille 9
**veal** le veau 9
**vegetables** les légumes *m.* 9
**velvet** le velours 25
**very** très 2; bien
**very much** beaucoup 12
**very sorry** désolé 1
**veterinarian** un vétérinaire, une
vétérinaire 1
**video games** les jeux vidéo A
**Vietnam** le Viêt-Nam 29
**Vietnamese** vietnamien
(vietnamienne) 1
**villa** une villa 29
**village** un village 21
**visa** un visa 29
**to visit** *(place)* visiter A; *(people)*
rendre visite (à) 16
**volleyball** le volley A

**W**

**to wait (for)** attendre A
**to wake up** se réveiller 19
**walk: to go for a walk** faire une
promenade (à pied) 5
**to take a walk** se promener 19;
faire un tour 5
**to walk** aller à pied 5;
marcher A, 5
**wall** un mur 21
**wallet** un portefeuille 25

**to want** *vouloir 10; avoir envie
de 3; désirer 9
**I want** je veux R
**to want to** vouloir bien R
**warm** chaud 27
**to be warm** avoir chaud 3
**to warn** *prévenir 13*
**to wash** laver 5
**to wash (oneself), wash up**
se laver 19
**to wash the dishes** faire la vaisselle 3
**washing machine** une
machine à laver 21
**watch** une montre A
**to watch** regarder A
**water** l'eau *f.* 9
**mineral water** l'eau minérale 9
**waterskiing** le ski nautique 17
**we** nous; on R
**weak** faible 27
**to wear** porter A, 25; *mettre 6
**to wear size [40]** faire (porter)
du [40] 25
**weather** le temps A
**how's (what's) the weather?**
quel temps fait-il? A
**it's nice (bad, hot, cold)
(weather)** il fait beau
(mauvais, chaud, froid) A
**Wednesday** mercredi *m.* A
**on Wednesday** mercredi 7
**on Wednesdays** le
mercredi 23
**week** une semaine A
**during the week** en
semaine A
**two weeks** quinze jours 29
**weekend** un week-end A
**on the weekend, on (the)
weekends** le week-end
**weekly** par semaine 13
**weight: to gain weight**
grossir A
**to lose weight** maigrir A
**welcoming** hospitalier
(hospitalière) 18*
**well** bien 27
**west** l'ouest *m.* 29
**what: about what?** de quoi?
à quoi? R
**at what time?** à quelle
heure? A
**what?** qu'est-ce que? R;
comment? R; que?
qu'est-ce qui? quoi? R

**what (a) … !** quel + *noun!*
**what a pity!** c'est dommage!
**what happened?** qu'est-ce
    qui est arrivé (s'est passé)? **24**
**what is it?** qu'est-ce que
    c'est? **R**
**what's the date today?**
    quelle est la date
    aujourd'hui? **A**
**what's the weather?** quel
    temps fait-il? **A**
**what's wrong (the matter,**
    **going on)?** qu'est-ce
    qu'il y a? **R**
**what time is it?** quelle heure
    est-il? **A**
**wheel** une roue **33**
**when** quand; lorsque **I9***
    **since when?** depuis
        quand? **4**
    **when?** quand? **R**
**where?** où? **R**
**whether** si **31**
**which** quel (quelle) **A**; qui,
    que **22**
    **which one, which ones**
        lequel, laquelle, lesquels,
        lesquelles **28**
**while** pendant que
    **while …-ing** en + *pres.*
        *part.* **34**
**white** blanc (blanche) **A, 25**
**who** qui **A, 22**
    **who?** qui? qui est-ce
        qui? **22**
**whole: the whole** tout le,
    toute la **12**
    **whole day (evening,**
        **morning, year)** une
        journée (soirée, matinée,
        année) **7**
**whom** que, qui **22**
    **about whom (what)?** de qui
        (quoi)?, à qui (quoi)? **R**
    **to whom?** à qui? **R**
    **whom?** qui? qui est-ce que?
        **R**
    **with whom?** avec qui? **R**
**why?** pourquoi? **R**; pour quelle
    raison?
**wide** large **25**
**wife** une femme **1**
to **win** gagner **A**
**window** une fenêtre **21**
    **store window** la vitrine **I7***

**windshield** le pare-brise **33**
    **windshield wiper** l'essuie-
        glace *m.* **33**
**windsurfing** la planche à voile **17**
**winter** l'hiver *m.* **A**
to **wish** désirer **9**; *vouloir **10**
**with** avec **R**
    **with what?** avec quoi?
    **with whom?** avec qui? **R**
**without** sans **34**
**witness** un témoin **24**
**witty** spirituel (spirituelle) **2**
**woman** une femme
**wool** la laine **25**
**word** un mot
to **work** travailler **A**; *(function)*
        fonctionner
**worker: office worker** un
        employé (une employée)
        de bureau **1**
**would: I would like** je voudrais
        **R**; j'aimerais
    **it would be better** il vaudrait
        mieux
to **write** *écrire **16**
**writer** un écrivain **1**
**wrong** faux (fausse)
    **to be wrong** avoir tort **3**
    **what's wrong?** qu'est-ce
        qu'il y a? **R**; qu'est-ce
        que tu as? **3**

**year** un an
    **last year** l'année dernière **7**
    **this year** cette année **7**
    **to be … years old** avoir …
        ans **3**
    **(whole) year** une année **A**
**yearly** par an **13**
to **yell** crier **I1***
**yellow** jaune **A, 25**
**yes** oui; *(in answer to a negative*
        *question)* si
**yesterday** hier **6**
**yet** encore **I4***
**yogurt** le yaourt **9**
**you** tu, vous **R**; toi, vous **R**;
        on **A**; te, vous **14**
    **to you** te, vous **14**
    **you should** il faut **12**
    **you should not** il ne faut
        pas **12**

**young** jeune **1**
**your** ton, ta, tes; votre, vos **A**
    **yours** *(in a letter)* bien à
        toi **14***
    **yourself** te, vous **19**
    **yourselves** vous **19**

**zero** zéro **A**

# CREDITS

**Front Cover**
©David Sanger/The Image Bank/Getty Images

**Back Cover**
Level 1a: ©David Noble/Travel Pictures
Level 1b: ©Patrice Coppee/Workbook Stock/Getty Images
Level 1: ©Travelpix Ltd/Stone/Getty Images
Level 2: ©David Sanger/The Image Bank/Getty Images
Level 3: ©Shaen Adey/Gallo Images/Getty Images

**Photography**
All photos by Lawrence Migdale/PIX except the following: xii ©Rebecca and Jean-Paul Valette; 9 (euro notes) ©Creativ Studio Heinemann/Getty Images; 9 (verso of 1 Euro coin from France) ©Gunter Kirsch/Alamy; 11 (bl) ©Guenter Fischer/Getty Images; 11 (br) ©Goodshoot/Jupiterimages/Getty Images; 31 (tl) ©Odilon Dimier/PhotoAlto/Corbis; 37 (tr) ©Jupiterimages/Getty Images; 37 (tcr) ©Moodboard/Alamy; 37 (tcl) ©amana images inc./Alamy; 37 (cl) ©Moodboard/Alamy; 59 (cl) ©Catchlight Visual Services/Alamy; 59 (cr) ©Catchlight Visual Services/Alamy; 63 (bg) ©ImagesEurope/Alamy; 80 (c) ©Corbis; 85 (t) ©DWP/Fotolia; 86 (tr) ©Patrick Kovarik/AFP/Getty Images; 86 (br) ©Jupiterimages/Getty Images; 86 (bg) ©Andrew Ward/Photodisc/Getty Images; 86 (tcr) ©Gunter Kirsch/Alamy; 86 (bcr) ©Image Source/Getty Images; 88 (tl) ©nagelstock.com/Alamy; 88 (bl) ©A. Beveratos/Getty Images; 88 (br) ©Eitan Simanor/Robert Harding Picture Library Ltd/Alamy; 89 (tl) © Pippa West/Alamy; 89 (tr) Elena Elisseeva/Alamy; 89 (bl) ©Photononstop/Superstock; 89 (c) ©Marka/Superstock; 89 (br) ©International Photobank/Alamy; 90 (bg) ©Corbis; 90 (cl) © Universal Images Group (Lake County Discovery Museum)/Alamy; 91 (t) ©JTB Photo Communications, Inc./Alamy; 91 (c) ©Migueal Medina/AFP/Getty Images; 91 (b) ©Patrick Hertzog/AFP/Getty Images; 92 (bg) Mike Coleman/Alamy; 92 (br) ©Joel Saget/AFP/Getty Images; 93 (cr) ©William Stevens/Gamma-Rapho/Getty Images; 93 (bl) ©Jean-Luc Lamaere/Getty Images; 94 (cr) ©Goodshoot/Jupiterimages/Getty Images; 94 (br) ©Corbis; 95 (tr) ©Bora/Alamy; 95 (b) ©Vladimir Wrangel/Alamy; 96 (bg) ©John Elk III/Alamy; 96 (tl) ©Arthur Thévenart/Corbis; 97 (tl) ©Stockbyte/Getty Images; 97 (t) ©Migueal Medina/AFP/Getty Images; 97 (bl) ©Jean-Luc Lamaere/Getty Images; 97 (br) ©Vladimir Wrangel/Alamy; 127 (br) ©Image Source/Getty Images; 127 (bl) ©Anna Yu/Alamy; 145 (tl) ©Grant Faint/The Image Bank/Getty Images; 145 (tr) ©ImagesEurope/Alamy; 145 (tc) ©Photononstop/Superstock; 154 (b) ©Directphoto.org/Alamy; 203 (b) ©imagebroker.net/Superstock; 206 (b) ©AP Photo/Reed Saxon; 207 (br) ©Serge Benhamou/Gamma-Rapho/Getty Images; 207 (tl) ©Francois Guillot/AFP/Getty Images; 207 (cl) ©Andia/Alamy; 207 (cr) ©Nicolas Asfouri/AFP/Getty Images; 210 (br) ©Francois Guillot/AFP/Getty Images; 214 (c) ©Graham Kuhn; 221 (bl) ©Photodisc/Getty Images; 221 (bg) ©Arap/Fotolia; 223 (b) ©Rolf Hicker Photography/Alamy; 229 (cl) Digital Vision/Getty Images; 229 (tcl) ©Claude Coquilleau/Fotolia; 229 (tcr) ©Photodisc/Getty Images; 229 (cr) ©Inge Yspeert/Corbis; 229 (bl) ©Stockbyte/Getty Images; 229 (bcl) ©Stockbyte/Getty Images; 229 (br) ©Bureau L.A. Collection/Sygma/Corbis; 244 (b) ©Jupiterimages/Getty Images; 259 (cr) ©Danita Delimont/Getty Images; 259 (tr) ©Norma Joseph/Alamy; 259 (br) ©Philip Gould/Corbis; 260 (tl) ©David Sanger/Digital Vision/Getty Images; 260 (b) ©Philippe Renault/Hemis/Alamy; 261 (tr) ©Rubens Abboud/Alamy; 261 (cr) ©Megapress/Alamy; 262 (b) Acadians in Philadelphia Harbor 1755. Courtesy Robert Dafford.; 262 (tr) ©CODOFIL - Council for the Development of French in Louisiana; 263 (t) ©Goss Images/Alamy; 263 (b) ©Goss Images/Alamy; 264 (tl) ©GL Archive/Alamy; 264 (tcl) ©Bettmann/Corbis; 264 (bcl) ©The Art Gallery Collection/Alamy; 264 (bl) ©Mary Evans Picture Library/Alamy; 265 (tr) ©Photo Researchers/Getty Images; 265 (tc) Courtesy of the Library of Congress, LC-USZ61-1608; 265 (br) Courtesy of the Library of Congress, LC-DIG-pga-00384; 266 (br) ©David Sanger Photography/Alamy; 266 (cr) Photodisc/Getty Images; 267 (tr) ©David Sanger Photography/Alamy; 267 (br) ©S. Martin/ESA/Getty Images; 267 (cr) ©Owen Franken/Corbis; 268 (tr) ©Megapress/Alamy; 269 (t) ©Megapress/Alamy; 269 (bl) ©GL Archive/Alamy; 269 (bc) ©Bettmann/Corbis; 269 (br) ©Goss Images/Alamy; 272 (cl) ©Action Plus Sports Images/Alamy; 272 (bl) ©Pierre Jacques/Hemis/Getty Images; 272 (tc) ©Photo and Co/Stone/Getty Images; 272 (cr) ©Adrian Dennis/AFP/Getty Images; 272 (br) ©Geoff Waugh/Alamy; 273 (tr) ©Merillon/Stevens/Getty Images; 273 (tl) ©AP Photo/Jacques Brinon; 273 (bl) ©Jill Sabella/Getty Images; 288 (bc) ©Arctic-Images/Iconica/Getty Images; 288 (tcl) ©Daniel Barbier/The Image Bank/Getty Images; 288 (bl) ©John Warburton-Lee Photography/Alamy; 288 (br) ©Michael Blann/Digital Vision/Getty Images; 320 (t) ©Martial Colomb/PhotoDisc/Getty Images; 332 (br) ©Huntstock/Getty Images; 345 (br) ©Dynamic Graphics Group/Jupiterimages/Getty Images; 347 (l) ©Bert Hardy/Hulton Archive/Getty Images; 347 (r) ©Albert Harlingue/Roger Viollet/Getty Images; 367 ©Imagebroker/Alamy; 371 (c) ©Antonio de Moraes Barros Filho/WireImage/Getty Images; 371 (tr) ©Elke Hesser/Getty Images; 373 (tc) ©Hemis/Alamy; 373 (tr) ©Image Source/Getty Images; 373 (bl) ©Medioimages/Getty Images; 373 (bc) ©Francis Vachon/Alamy; 373 (tl) ©Photodisc/Getty Images; 386 (tr) ©Alex Segre/Flickr/Getty Images; 396 (tl) © VisionsofAmerica.com/Joe Sohm; 396 (tr) ©Corbis; 396 (br) ©Ian Fraser/Alamy; 397 (bl) ©Peter Barritt/Alamy; 397 (br) ©Albert Harlingue/Roger Viollet/Getty Images; 397 (tl) ©Roger Viollet/Getty Images; 397 (tr) ©Jasper Juinen/Getty Images; 423 (tl) ©Friedrich Stark/Alamy; 424 (tl) ©PhotoSpin, Inc/Alamy; 424 (br) ©Doelan Yann/hemis.fr/Getty Images; 425 (tr) ©Ingolf Pompe/LOOK Die Bildagentur der Fotografen GmbH/Alamy; 425 (l) ©Edoardo Frola/Flickr/Getty Images; 426 (tl) ©Photononstop/Superstock; 426 (bg) ©Dynamic Graphics Group/Jupiterimages/Getty Images; 426 (tr) ©Beryl Goldberg; 426 (cl) ©Bruno Morandi/The Image Bank/Getty Images; 426 (br) ©Eye Ubiquitous/Superstock; 427 (tl) ©Peter Adams/The Image Bank/Getty Images; 427 (tr) ©José Nicolas/Hemis/Alamy; 427 (bl) ©Dariusz Wiejaczka/Fotolia; 428 (l) ©PhotoSpin, Inc/Alamy; 428 (cr) ©Doelan Yann/hemis.fr/Getty Images; 428 (c) ©akg-images/André Held; 429 (l) ©akg-images/André Held; 429 (cl) ©Nikreates/Alamy; 429 (cr) ©akg-images/André Held; 429 (r) ©Doelan Yann/hemis.fr/Getty Images; 430 (tl) ©Roger Turley/Alamy; 430 (bg) ©Photodisc/Getty Images; 430 (tr) ©Anthony Ham/Lonely Planet Images/Alamy; 431 (t) ©Peter Adams/The Image Bank/Getty Images; 431 (cr) ©PhotoSpin, Inc/Alamy; 431 (b) ©Friedrich Stark/Alamy; 434 (cl) ©Tor Eigeland/Alamy; 434 (br) ©Denise Hager/Catchlight Visual Services/Alamy; 435 (tr) ©Red Sky/Getty Images; 435 (cl) ©Andia/Alamy; 445 (c) ©Wernher Krutein/Corbis; 453 (br) ©Royalty-Free/CORBIS; 456 (br) ©Glowimages/Alamy; 456 (bl) ©John Elk III/Alamy; 456 (cr) ©incamerastock/Alamy; 492 (cl) ©culture-images GmbH/Alamy; 493 (tl) ©age fotostock/Superstock; 493 (cr) ©Rick Dole/Getty Images; 505 ©Jean Francois Frey/Maxppp/Landov; 505 ©Peter Titmuss/Alamy